中国社会科学院老学者文库

周震鳞全集
第一卷 1903—1918

周用宜 ◎ 主编   邓江祁 ◎ 编注

中国社会科学出版社

图书在版编目（CIP）数据

周震鳞全集：全二卷／周用宜主编；邓江祁编注. --北京：中国社会科学出版社，2025.1. --（中国社会科学院老学者文库）. -- ISBN 978-7-5227-4358-5

Ⅰ. Z429.7

中国国家版本馆 CIP 数据核字第 2024N6R162 号

出 版 人	赵剑英	
责任编辑	安　芳	
责任校对	张爱华	
责任印制	戴　宽	

出　　版	中国社会科学出版社	
社　　址	北京鼓楼西大街甲 158 号	
邮　　编	100720	
网　　址	http：//www.csspw.cn	
发 行 部	010-84083685	
门 市 部	010-84029450	
经　　销	新华书店及其他书店	
印　　刷	北京明恒达印务有限公司	
装　　订	廊坊市广阳区广增装订厂	
版　　次	2025 年 1 月第 1 版	
印　　次	2025 年 1 月第 1 次印刷	
开　　本	710×1000　1/16	
印　　张	73.25	
字　　数	970 千字	
定　　价	399.00 元（全二卷）	

凡购买中国社会科学出版社图书，如有质量问题请与本社营销中心联系调换
电话：010-84083683
版权所有　侵权必究

周震鳞（青年时期）

周震鳞（中年时期） 　　　　周震鳞（老年时期）

周震鳞（前右第二）摄于中国国民党本部（1921年）
（台湾"中国国民党中央党史委员会"提供）

周震鳞（前左第二）与留沪湘籍议员合影（1923年10月5日）

周震鳞（前排左）与覃振等摄于上海邺村1号覃宅（1947年）

周震鳞（前排右起第五）与第一届全国人大代表第一次会议湖南代表合影（1954年）

周震鳞与女儿周芳、女婿向皙浚全家合影（1960年）

周震鳞与家人合影（1961年）

纪念毛泽东诞辰一百周年国务院参事室、中央文史馆书画展
展出周震鳞书法（1993 年）

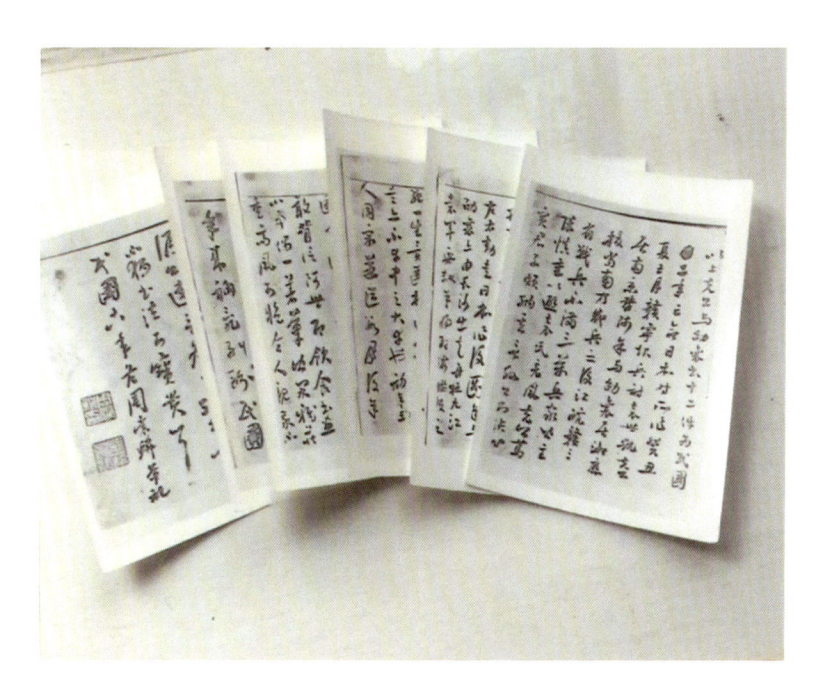

周震鳞《再跋黄克强手札》手迹

黄兴致周震鳞、谭人凤、柏文蔚等函（部分）（1914年9月12日）

中山先生钧座申江拜别倏逾三月每怀
俾范无任钦驰尧强先遽尔抛弃座寰国政
党务同遭损失立耗所播拳团怃惶
先生与克先气谊特深伤感之情宁可言喻惟
先生既发舒悲恸常手今后为团为党力任艰难
世赖
先生一人姓陀主持数月以来同声吞声分繫要幻
情形几不可以究诘些细则跋扈横溢旁出演新奇叙
总不外乘龙牙首指挥之作用全方鸟合之众有援
战长此不改则谋会之精神将无形束然政局前途益

不堪設想矣現在評察各方面情狀均感此種痛苦者有
覺悟以為非得歷史最深信譽最著之偉人標舉堂幟
出任堂魁此不足以挺望羣倫納諸軌道國民黨目團盟
會改名後分子複雜秩序早亂茲雨派革命功成覆亡
拋棄主義專心獵官者實蕃有徒舍之所謂中華新報派
峯廬派以獻人城州利用不堂主義以分裂我堂建功封
我之不足戚堂被乃以謀敗去母堂多恒新堂陰謀派
推岑梁為堂魁且妄言此已不長戲以此毛葉百出矣
東邪夫國民黨破鋌畢霧陷如上述叫所謂根本救濟局而袭
不立不景大洪心成一杯本救濟之消其時仍以保牌
者必不在保存國民黨之空名而在借今進步黨之袼他開派
及章太炎与民社陰合之新共和派此兩派皆在民國元年前

居正　張靜江　戴傳賢
孫洪伊　于右任　陳獨秀
楊庶堪　呂志伊　張继
杭辛齋　周震麟　劉積學
茅祖權　廖仲愷　謝持
覃振　田桐　王用賓

右十八人為參議

孫文　一月廿三日

孙中山签署的大本营委任状（1917年）

孝弟淵懿帥禮蹈仁根道
惇藝抱淑向真晶白清方
勉己治身宴梁宴尉乃
乃文遵孝詞假階司震武

民國八年十二月臨天璽神功碑奉呈
亞洲吾兄法家正之 道峽弟周震鱗

周震鱗臨《天璽神功碑》（1919年）
（国务院参事室提供，中央文史馆藏）

周震鳞临石鼓文宋拓本（1926年）

永和九年歲在癸丑暮春之初會于會稽山陰之蘭亭脩稧事也羣賢畢至少長咸集此地有崇山峻領茂林脩竹又有清流激湍暎帶左右引以為流觴曲水列坐其次雖無絲竹管

周震鳞临王羲之《兰亭序》（1931 年）

白水黑山风云灰色
天下雄关竟成虚设
岂无良将毁我负戈
鞠躬挞伐尸责谁何
南董尚存不忘明季
笔伐口诛春秋大义

民国癸酉秋周震鳞题

周震鳞为抗战题词（1933年）

身要严重意要安定色要温祥气要和平语要简切心要慈祥志要柔毅机要缜密书为明思贤友大雅属 周震鳞

周震鳞为向哲浚书条幅（1935年）

習勞 耐苦 崇樸 尚實

壬寅癸卯之際革命進行方始余身當疑謗之衝乃創此校以為同志聚義之所不數年而遁亡出湘校事特託彭君全方主持同學諸子一德一心協同並進經狂風鉅浪堅苦支柱以至於今規模日擴莘莘學子仍能實守校訓人才輩出嚮遺三湘全方諸公之苦可念功誠偉矣屬書校訓懸協進堂因識數言於此

中華民國三十二年校慶日周震鱗題

周震鱗为修业学校建校四十年题词（1943年）

周震鳞书四箴（1950年）

太炎先生遗孔流传同志来乞为
叙之文亨戌鸿鞏跛扈襄旅闽
长嵩随手寄来皆扫风致丛
卿苍聯选同志一篤之切会箸闻荒
务谋嫜该括者兵所穿见若附
余与太炎相携盔粤之属动言
长炎发轻浜逗而作昰嚳盖倒
去以沉谋除军闯筹动此
雖鳥老哥命题家议其经在
粘此 乙未秀畫周震鳞

周震鳞跋《章太炎翰札》（1955年）

江南蓟北三千里
读史著边二十年

宝珊老弟同志洪正
幸卯秋九行为周家祥 震鳞

周震鳞书赠邓宝珊对联（1958年）

年青人 谦你的
青春更美丽吧
与
用美长和 苦行品
岁笔十三

周震鳞为周用美题词（1958年）

我失骄杨君失柳，杨柳轻飏直上重霄九。问讯吴刚何所有，吴刚捧出桂花酒。

寂寞嫦娥舒广袖，万里长空且为忠魂舞。忽报人间曾伏虎，泪飞顿作倾盆雨。

淑一贤姪雅属　周震鳞　时年八十六

周震鳞为李淑一书毛泽东词《蝶恋花·答李淑一》（1960 年）

红军不怕远征难，万水千山只等闲。五岭逶迤腾细浪，乌蒙磅礴走泥丸。金沙水拍云崖暖，大渡桥横铁索寒。更喜岷山千里雪，三军过后尽开颜。

周震鳞 时年九十

周震鳞书毛泽东诗《七律·长征》（1964年）

大雨落幽燕，白浪滔天，秦皇岛外打鱼船。一片汪洋都不见，知向谁边。

往事越千年，魏武挥鞭，东临碣石有遗篇。萧瑟秋风今又是，换了人间。

周震鳞 时年九十

周震鳞书毛泽东词《浪淘沙·北戴河》（1964 年）

昨夜洞庭月今宵汉口风明朝何霭去豪唱大江东

熊亨瀚烈士遗中诗一首

周震鳞 卅年九十

周震鳞书熊亨瀚烈士诗（1964年）

秋来何处最销魂残照西风
白下门他日羊池春燕影祇
今憔悴晚烟痕愁生陌上黄
骢曲芜远江南鸟夜邨莫
听临风三弄笛玉关哀怨总
难论

周震鳞 时年九十

周震鳞书王士禛《秋柳》（一）（1964年）

桃根桃叶镇相怜,眺尽平芜欲化烟。秋色向人犹旖旎,春闺曾与致缠绵。新愁帝子悲今日,旧事王孙忆往年。记否青门珠络鼓,松枝相映夕阳边。

周震鳞 时年九十

周震鳞书王士禛《秋柳》（二）（1964年）

前　言

周震鳞（1875—1964），谱名为任，又名鲲，字道腴，晚年自号苦行翁，湖南省宁乡市人，中国近现代史上著名的民主革命家、政治家和教育家。

一

1875年12月1日（清光绪元年十一月初四），周震鳞出身在湖南省长沙府宁乡县一个农民家庭。其父周翠才在他不满4岁之时逝世，其母萧氏无力扶养周震鳞及二姊一兄一弟，改嫁杨家。1886年，在省城长沙开馆授徒的叔父周习才（字理琴）由长沙回乡探亲，见到12岁的周震鳞天资聪颖，体格健壮，认为可成大器，便高酬托付当地一位饱学塾师教导周震鳞在两年内学完"四书""五经"。两年之后，周习才发现周震鳞不仅学完了"四书""五经"，还能撰文属对，非常高兴，即决定将其带回长沙深造，又因其与妻毕氏膝下久无儿女，遂商得周震鳞祖父同意，抚震鳞为嗣。在叔父的悉心教导下，周震鳞学业进步很快，18岁时中了秀才。

为了争取进一步的发展，在叔父的支持下，1898年，周震鳞以优异的成绩考入湖北武昌两湖书院，与黄兴同窗，习读经史和兵法，又从邹代钧习舆地，还与谭嗣同、唐才常时相过从，"朝夕研求变法改制之道"，由此逐步萌发了反清革命思想。

1902年，周震鳞从两湖书院毕业后回湘办学，受聘湖南高等学堂（今湖南大学前身）和师范馆（今湖南第一师范学院前身）地理教习，"以为宣传运动革命前驱准备"。

1903年3月，胡元倓等在长沙创办明德学堂（今长沙市明德中学前身），聘周震鳞为地理教习。周震鳞以教书为掩护，积极开展反清革命活动，向学生灌输革命思想，但后因被旧派人物向巡署告密，即于是年夏被迫辞去明德学堂教职，旋于长沙将宁乡驻省试馆改为宁乡驻省中学堂，并仿效日本弘文书院体制，在学堂附设速成师范科，简称"速师"（今长沙幼儿师范高等专科学校的前身），聘请一批富有革命思想的教师，继续从事教育教学工作。是年秋，刚从日本留学回国的黄兴受胡元倓之邀，主持明德学堂新成立的速成师范班，使明德学堂聚集了苏曼殊、秦毓鎏、翁巩、张继、陈凤光、陆鸿逵、李步青、金华祝、沈迪民等一批具有反清革命思想教习。是年11月4日（农历九月十六日），周震鳞与黄兴、宋教仁、刘揆一、谭人凤、章士钊等人借黄兴过进三十岁生日（当时长沙习俗是男做进，女做满。男性逢九就做逢十的生日）为名，在长沙保甲巷彭渊洵家举行秘密会议，决定成立华兴会，提出"驱除鞑虏，复兴中华"的"国民革命"口号。次年2月15日，他们又借除夕宴聚作掩护，召开华兴会成立大会，举黄兴为会长，宋教仁、刘揆一为副会长。华兴会对外采用"华兴公司"的名义，以半公开的形式出现，并规定公司的任务是"兴办矿业，集股一百万元，作为开矿资本"，实际是以"矿业"二字代"革命"，"入股"代"入会"，股票即是会员证。同时，黄兴、周震鳞等人还提出"同心扑满，当面算清"的口号，隐含"扑灭满清"之意。

华兴会成立后，周震鳞与黄兴等人编印《血泪书》，广为散播，宣传反清革命思想，同时制定了利用慈禧太后11月16日七十生辰的当天在长沙城内乘机发难和外围五路同时进军长沙的起义计划。嗣后，周震鳞担任为起义筹措经费，储备武器的任务。起义因事机失密流产后，周震鳞按照黄兴先前关于"在起义中隐藏勿露，以便万一时能够设法保全革命实力"[①] 的嘱托留在湖南，掩护同志脱险，做好善后工作，同时继续利用教书为掩护，开展反清革命活动。他又创办修业学堂（今湖南农业大学前身），同时担任修业学堂和宁乡速成师范校长，教导学生"创造有利于国家民族的事业"，培养了姜济寰、何雨农和后来成为毛泽东老师的徐特立等一批革命志士；他兼任湖南高等学堂教务长，注意日夕训练学生，为反清革命事业培养后备人才；他还帮助朱剑凡筹设周氏家塾，创办周南女子师范学校，并兼任该校地理教员，时常对学生谈论列强侵华形势，灌输爱国思想。

1905年8月，中国同盟会在日本东京成立。次年初，孙中山、黄兴派宁调元、陈家鼎等持手书介绍周震鳞加盟，并以湖南党务付托。周震鳞"审慎主盟，数月之久，有力友朋，学生髦俊，多入吾彀"。同年夏，孙、黄又遣乔宜生偕法人欧契乐赴湘调查党务，对周震鳞的工作极为满意。但不慎被清政府密探侦知，遂下令缉捕。周震鳞闻讯避走日本，挂名留学法政大学，实与孙、黄等人运筹革命大计。

1906年12月，萍浏醴起义爆发，孙中山、黄兴等敦促周震鳞即刻回国，主持革命大计。周震鳞即于次年初与谭人凤、宁调元等回国策应，但至长沙时得知起义已被清军镇压而失败。周震鳞遂匆匆避走芜湖安徽公学（系李光炯在湘开办之安徽旅湘公学迁回芜湖办理），任历史、地理教习，以掩耳目，并赴安庆与徐锡麟研求革命方略，旋因徐锡麟刺恩铭就义而遭搜捕，幸得熊希龄及时出手帮助而脱险。

[①] 周震鳞：《关于黄兴、华兴会和辛亥革命后的孙黄关系》，《辛亥革命回忆录》第1集，文史资料出版社1961年版，第334页。

1910年，熊希龄荐刘霭堂充顺天高等学堂监督兼师范学堂总理，刘霭堂与周震鳞为至交，遂受聘为两校地理教习。时明德学堂的同事、革命党人陆鸿逵在京师开办《帝国日报》，亦欲聘周震鳞为主编。周震鳞无法分身，便推荐刚从湖南出狱的宁调元充任，自己则利用旁听资政院第一届年会和第一次中央教育会议的机会，以"炎炎"为笔名先后为《帝国日报》作社论、时评、短评等文章100余篇，大胆揭露和抨击清政府的腐朽统治，激发国人的爱国情感和反清革命热情。

1911年夏秋之间，周震鳞赴上海与谭人凤、宋教仁等策划在长江中下游发动起义，旋又潜回两湖作具体布置。武昌首义后，湖南首应，成立以焦达峰、陈作新为正副都督的军政府，周震鳞积极协助湘军北上援鄂之事。焦、陈被害后，正在武汉前线浴血奋战的黄兴闻之十分焦虑，立即致书周震鳞："湖南局面不能再乱，如果再乱，湖北也将支持不住，其他各省响应，恐生观望，我们再不能失去这次两湖光复千载一时的机会。……当前首要任务是迅速出兵援鄂。"[①] 根据黄兴的指示，周震鳞临危受命，秉持"不做官、不争权、专做事"的原则，与谭人凤竭力维持湘局，保证第二、三、四批援鄂湘军陆续派出，并担任湖南筹饷总局局长，筹集了大量应急经费，为巩固湖南革命政权，支援武汉前线，赢得各省次第响应，最后推翻清政府封建专制统治建立了不可磨灭的功勋。

1912年8月，周震鳞被推为湖南代表赴北京，参加组织政府事宜。周震鳞到京后，与时任临时大总统袁世凯晤面多次，因所商请之公事，久无结果，遂不辞而去。1913年3月，周震鳞当选参议院议员，旋因宋教仁被刺，毅然回湘参与发动"二次革命"，与谭人凤等人促谭延闿宣布湖南独立，失败后辗转亡命日本，加

[①] 周震鳞：《谭延闿统治湖南始末》，《湖南文史资料选辑》（第2辑），湖南人民出版社1981年版，第3页。

入由孙中山组织的中华革命党，又与谭人凤、李烈钧等前往南洋筹募，待机反袁。护国战争爆发后，周震鳞立即回国参与倒袁，坚决要求袁世凯退位，并往来京、沪之间，筹商对付北洋军阀之策，又创办《真共和报》，宣传民主共和思想。

1917年7月，面对以段祺瑞为首的北洋军阀政府宣布废除《临时约法》，拒绝召开国会，孙中山毅然举起了护法旗帜，发动和领导护法运动。周震鳞即随孙中山南下广州护法，先后任大元帅府参议，国民党广东支部总务部长、湖南劳军使等职，发起成立护法各省联合会，参与组织非常国会，选举孙中山为护法军政府大元帅、大总统，并代表非常国会在孙中山就职典礼上向其授大总统印玺。在此期间，周震鳞还先后奉孙中山之命奔赴广东、湖南、福建等地，协调各方矛盾，壮大护法力量，为护法运动的开展和深入做出了积极的贡献。

周震鳞担任参议院议员十余年，在各个不同的历史时期，始终与广大有爱国思想和正义感的议员一道，反对袁世凯、段祺瑞等北洋军阀，拥护孙中山护法，支持"五四"爱国运动，声援共产党领导的工人运动，坚决反对"安福国会"，反对贿选总统曹锟，揭露抨击皖系军阀亲日卖国的行径，强烈谴责帝国主义制造的"五卅"惨案，在维护民主共和制度、推进中国宪政进程、反对列强侵略、维护国家主权、呼吁社会公平正义等方面发挥了积极而重要作用。

1924年1月，中国国民党第一次代表大会召开，孙中山确立了"联俄、联共、扶助"农工的"三大政策"，将旧三民主义发展成为新三民主义。周震鳞衷心拥护孙中山的新三民主义政策，全力支持孙中山筹备北伐，奉孙中山之命与徐谦、张继等人北上策动冯玉祥、胡景翼、孙岳等组织国民军，于10月22日成功发动北京政变，囚禁曹锟，迫使北京政府下令停战并解除吴佩孚的职务，宣布废黜帝号，清室迁出紫禁城，驱逐溥仪出宫，并受冯、胡、孙的委托南下迎接孙中山进京,以定国是,有力地促进了南北双方革命的发展。

孙中山逝世后,周震鳞继承孙中山的遗志,继续为国家的统一奔波。1927年初,他奉命亲往山西劝说阎锡山归顺国民政府,其所率12万部队被改编为"北方革命军"。1928年,周震鳞出任国民政府委员、立法院立法委员,并代表南京政府赴北平,接收前北京政府部院机关,监督河北省政府成立。在平期间,周震鳞还十分关注民生,发起设立工商银号、改组北平电车公司董事会、争取开放南、北、中三海公园,促使北平国立、私立大学开学并担任北平民国大学校长等,为北平政治的平稳过渡和社会经济的迅速恢复,做出了积极贡献。1929年,他又作为中央特派代表积极促成东北易帜,并赴奉天接洽东北党务,代表南京政府监督张学良就职,为国民革命军结束北伐、国民政府完成中国统一作出了积极努力。

全国统一后,周震鳞认为:"武力告成,统一实现。……然欲保今日成功,在速树国家建设大计。建设何先?首在建设四万万人共循之轨道。此轨道为何?即促成吾党所主张之五权宪法是也。"[①] 1928年,国民党五次全会前夕,他要求蒋介石重点研究收束军队、各省实行地方自治、筹备国民会议,制定五权宪法等问题,并建言:"整理一党,与授权全民、监督行政,宜划为两事,并行不悖。"[②]

1930年5月,蒋介石与阎锡山、冯玉祥、李宗仁等之间的中原大战爆发,国家重生分裂,周震鳞痛感数十年苦心孤诣,均成泡影,予以坚决反对,通电指责蒋介石集团背叛孙中山三大政策的失政:"自北伐完成以来,震鳞日以从速召集国民会议,制定宪法,实现法制,永除一系专国乱政之害,忠告介石,乃介石不加采纳,更深闭固拒,

---

[①] 《周震鳞电李济深》,北京《顺天时报》1928年8月6日。
[②] 《周震鳞致蒋介石电》,北平《新晨报》1928年8月15日。

使舆论不能表见,遂致积愤日深,内战以起,全国骚乱,军民交困,流离死亡,不可收拾。"呼吁各方"力劝介石下野,南北一致,主张息战,凡事以国民会议解决,一切报国之诚,不平之见,均可尽量发抒。"①

"九一八"事变后,周震鳞坚决反对蒋介石攘外必先安内政策,呼吁停止内战,一致抗日,并坚信,"吾人枪炮子弹,虽远不若敌人之精锐,但能举国上下团结一致,以四万万同胞之血和肉,与暴日作长久之抗战,最后胜利当属诸我"②。1932年12月,周震鳞又致书蒋介石、林森等当道,指出:"内乱外祸,日兆危亡。……天下之恶,皆归于政府",呼吁"循世界宪政之常轨,修明国家典章制度,依据国法,行使一切职权,则秉国法而成统一安定之局,全国人民、各党各派共成之,不由一党一派、私人私智把持之",并要求立即成立宪政筹备处,甄采宪法草案,于1934年元旦实行宪政。③

但蒋介石集团一意倒行逆施,根本听不进周震鳞的正确意见,周震鳞于是再不问党事国事,经天津、上海回长沙及宁乡老家,息交绝游,过隐居生活。

1949年初,周震鳞参与发起湖南和平自救运动,任湖南人民促进和平委员会干事,8月4日,湖南国民党将领程潜、陈明仁等37人联名发表起义通电。同日,周震鳞与唐生智、仇鳌等100余名"各界名流"发出响应通电,促成湖南实现和平解放。

中华人民共和国成立后,周震鳞衷心拥护中国共产党的领导,尽管已届75岁高龄,仍热情投身国家建设事业,先后担任中南军政委员会顾问、湖南军政委员会委员、第一届全国政协委员,第一、二届全国人大代表,中国国民党革命委员会团结委员会委员等职。

1951年国庆节前,应毛泽东主席之邀,周震鳞定居北京。自此,他满怀感激之情,更加积极参政议政,为祖国建设事业献计

---

① 《周震鳞通电劝蒋下野》,(天津)《大公报》1930年8月3日。
② 《周震鳞在京之谈话》,《申报》1933年2月22日。
③ 周震鳞:《致林森蒋介石等书》,《申江日报》1932年12月18日。

献策，并致力于祖国统一大业。同时，周震鳞还撰写了大量的回忆文章，为后人留下了许多珍贵的历史资料。在京期间，周震鳞多次受到毛泽东、刘少奇、朱德等党和国家领导人的亲切接见和宴请。因为周震鳞曾为毛泽东主席老师徐特立的老师，毛泽东主席亲切地称周震鳞为"祖师"，并高度评价周震鳞是"老同盟会员，一向不附蒋"[①]。

1964年3月28日，周震鳞病逝北京，享年90岁。3月31日，全国人大常委会和中国国民党革命委员会中央委员会在嘉兴寺隆重举行周震鳞遗体告别仪式和追悼会。党和国家领导人毛泽东、刘少奇、周恩来、朱德、李维汉、彭真等，周震鳞生前好友张治中、程潜、熊克武、谢觉哉、章士钊、仇鳌、朱蕴山、周世钊等以及各有关机关团体敬献花圈，中共中央统战部部长李维汉主持追悼会，民革中央副主席朱蕴山致悼词。追悼会后，周震鳞的骨灰安放于八宝山革命公墓。

周震鳞的一生是爱国的一生，革命的一生，追求民主和进步的一生。

二

在长达将近一个世纪的时间里，周震鳞参加过辛亥革命、"二次革命"、反袁护国、护法运动、五四运动、北伐战争、抗日战争以及湖南和平解放运动，经历了晚清、南京临时政府时期、北洋军阀时期、南京国民政府时期和中华人民共和国早期等各个不同的历史时期。在长期的革命斗争和社会实践中，周震鳞留下了大量的遗著。这些遗著既是周震鳞所经历的各个历史时期的客观见证，也是周震鳞从事革命斗争和社会实践的真实记录，对于我们

---

① 毛泽东：《建国以来毛泽东文稿》（第3册）中央文献出版社1996年版，第397页。

认识和研究中国近现代史，对于我们认识和研究周震鳞的思想和事功都具有极为重要的学术价值和历史意义。有鉴于此，我们从2010年以来对周震鳞遗著进行了较为全面、深入、细致的挖掘、搜集和整理工作，经过近十年来的艰苦努力，共搜集和整理了周震鳞在各个不同历史时期留下的遗著760余篇，约100万字，结集为《周震鳞全集》，与广大读者分享，并借以缅怀这位曾为辛亥革命做出过重要贡献的著名民族民主革命家。

在搜集、整理和编辑周震鳞文集工作中，我们坚持了以下理念和原则：

第一，求"全"。如前所述，周震鳞的遗著是从清末到中华人民共和国成立早期不同历史时期的真实记录和珍贵史料，因此本集对于其遗著，尽力收录，力求给读者提供其齐全的著作。在搜集周震鳞遗著的过程中，我们主要采取以下方法：一是传统与现代相结合。既注重运用现代内容庞大、功能多样的历史资料数据库，如《晚清民国期刊全文数据库》《爱如生》《大成故纸堆》《瀚堂近代报刊数据库》等，又注意运用直接到图书馆、档案馆查阅尚未数字化的纸质历史文献资料的传统方法，先后前往北京、上海、南京、广州、西安、郑州、广西、云南等地查找资料，以扩大搜集范围，提高搜集的效益和效率。二是中国大陆与台湾地区相结合。在大陆搜集资料的同时，还前往中国台湾地区，并通过互联网等现代科技手段，在境外的相关数据库和图书馆搜集周震鳞遗著，以补充大陆现存报刊的缺失。三是深入与广泛相结合。在通过历史书籍和当时报刊深入挖掘周震鳞遗著的同时，将搜集扩大到博物馆及文物收藏界等，搜集周震鳞手迹和书法作品等。通过以上方法，我们认真查阅了境内外清末及民国时期的报刊、书籍100余种和相关档案资料，并得到周震鳞后人的帮助。经过不懈的努力，在力所能及的范围内，本集共收录了周震鳞遗著760余件，应该说能收到的基本上收到了。已发现而未收入本集的只有1941年周震鳞所修之《宁乡县志》，因湖南人民出版社已于2009年单行出版了该志影印本，本集不再收入。当然，正如李吉奎所言，号称"全集"者，难言"集全"。本集也不例外。本集之外，也还有一些有线索但未能收到的周震鳞遗著。例如，湖南省社科院贾维诚在其1988年的《辛亥革命后以谭延闿为代表的湖南地方势力的形成》一文的注释中曾提及周震鳞著有《莲花山人笔记》。此书未见出版，贾维诚在文中也未提供其来源，加之贾维诚早已故去，此书也成悬案。又如，华兴会成立后，周震鳞与黄兴等人曾编印的《血泪书》现已佚失，无从查找。此外，1916年秋，周震鳞曾在北京创办《真共和报》，其中应有周震鳞的作品，但编者在国家图书馆和首都图书馆均未发现该报的踪迹。除了以上有线索者外，可能还有一些周震鳞遗著散在民间，也有待发现。这些遗著将来如有发现，再行补充或通过其他方式公布，以使周震鳞文集不断得以完善。

第二，求"原"。在周震鳞遗著的搜集、整理和编辑中，我们也加强考辨工作，力求搜集到周震鳞的原始遗著。因此，编入本集的周震鳞遗著尽量采用其原文、原件、原电等原始文献，一般不用第二手史料。例如，周震鳞等人在护法运动中的一些文电，中国第二历史档案馆等编《护法运动》有所收录，但大多从第三方转译或转录而来，因此其中错漏较多。本集对于这部分文电则直接采用其首发的《军政府公报》上的版本，从而有效地避免了在转译或传抄过程中的错漏，确保了集主著作的原始性和权威性。这样，本集所收录的周震鳞遗著直接来自原始件者占比在95%以上，从而使之更为真实可信。

第三，求"真"。本集所收录周震鳞文电绝大部来自当时的报刊，在文字上除对于个别明显的讹误和脱文进行必要的补正外，一般原文照录，以保证其真实性。但由于当时各报刊的编辑风格和理念各异，对于这些文电有的全文刊登、有的摘要刊登，加之各地各报译电水平参差不齐，因此难免造成一些文电存在不完整、不真实，甚至多有错误等现象。针对这一现象，为了保证这些文电的完整性和真实性，本集尽量通过不同报刊查找相同的文电，经充分比较后，择优选用，或进行仔细地互为参校后，确定最终的收入版本。例如，1918年5月18日周震鳞与非常国会同人致西南各省电，上海《民国日报》《申报》均于1918年5月28日刊登，而孙曜1929年所编《中华民国史料》也从其他渠道收录了此电，但经仔细比较，《民国日报》和《申报》两个版本均缺抬头，且《申报》上的此电删节了其他两个版本中"然而段祺瑞以十余省之众……同人等所引为不幸中之幸也"的一段共120多字。而《中华民国史料》的版本则有抬头，内容也相对完整。因此，对于此电，本集以《中华民国史料》为底本，以《民国日报》为主校本，而以《申报》为参校本进行校注，从而确保了这一历史文献的完整性和真实性，比之汤锐祥所编《护法运动史料汇编》中从《民国日报》上收录的此电更为真实可信。又如，1928年3月18日，周震鳞在南京答记者问，3月20日的上海《民国日报》《时事新报》均有报道。但经比较，《民国日报》的报道比《时事新报》的报道省略了4小段共220余字，因而本集选用后者，从而使周震鳞所要表达的内容更为完整和真实。此外，周震鳞作为国会议员和一些政治组织中的成员，经常与他人一道就国家政策或重大历史事件发表意见，但由于这些文电的署名常常很多（或几十人，或多达四五百人），因此当时不同的报刊处理的方式自然不同，一些报刊刊发时全部照登，但一些报刊则从节省篇幅的角度出发，仅以"某某等"或"某某等多少人"的方式略去其他参与人的名字。例如，1923年10月9日，周震鳞与江浩、张继等171名旅沪国会议员联名通电反对曹锟贿选，《广州民国日报》刊登此电时，其署名为"移沪国会议员江浩、张继等一百七十一人"，而其他列名的169位国会议员的名字则全部被略去。经查当时上海

《民国日报》和《申报》所刊此电则将参与署名的171位国会议员的名字全部列出。再如,1925年3月15日周震鳞等67名国会议员因众议院议员刘重被杀一事联名致函段祺瑞,3月21日《申报》刊登此函的署名为"王家襄、褚辅成、彭养光等六十七人",而3月18日北京《晨报》则增加了焦易堂、韩玉辰、周震鳞、彭邦栋等20人。对于这类情况,本集也坚持尽量从不同的渠道搜集原始史料,经比较后,选用其中最完整者,以确保这些历史资料的完整性和真实性。

第四,求"实"。周震鳞曾任参议院议员十余年,并积极发起或参加各种爱国进步团体,经历了北洋军阀时期和护法运动等时期,积极参与对于一些重大问题、重要事件的研究,并与一些志同道合的国会议员和进步团体同人就这些重大问题、重要事件发表意见,表达观点。但这些意见和观点有时则是以集体名义发表,如国会全体议员、全体护法议员、离京全体议员、旅沪全体议员、国会同人、全体会员等;有的则是如前所述,常以"某某等"或"某某等多少人"的方式发表。对于上述情况,本集坚持从实际出发,以实事求是为原则,对于以与周震鳞同一阵营的"全体"或集体名义发表的文电,全部予以收入;而对于后一种情况,只要能判定周震鳞参与了相关会议和研究,或为该团体会员、持相同观点,也酌情予以收入,以使本集内容更加符合历史的实际情况,更趋完备。

三

本集是我国第一部周震鳞遗著的结集,其编纂和出版具有以下三个方面的重要价值和意义。

第一,为研究周震鳞的爱国思想和革命精神提供了最为全面、最为完整、最为翔实的史料。如前所述,在近代中国革命的各个历史时期，周震鳞始终作为一个爱国主义者和民主革命者活跃在历史的舞台。他的一生是爱国的一生，革命的一生，追求民主和进步的一生。但长期以来，由于相关资料缺乏，人们对于周震鳞或全然不知，或知之甚少，有关研究也相对落后。本集所收录周震鳞的遗著真实、客观地展现了其爱国思想和革命精神萌发、发展、深化的过程，并及时、全面、生动、历史地反映了周震鳞对不同历史时期发生的国际国内重大事件的重要观点、立场和主张，从而为全面、深入、精准地研究周震鳞的各种思想和实践，为全面、正确地评价周震鳞一生的事功奠定了坚实的史料基础，必将有力推动周震鳞研究的开展和深入。

第二，为研究辛亥革命史乃至中国近现代史提供了一部重要的历史文献。周震鳞的一生，经历了从晚清到新中国早期将近一个世纪的历史时期，先后参加过辛亥革命、"二次革命"、护国战争、护法运动、五四运动、北伐战争、抗日战争和湖南和平解放运动，不仅是中国近现代史上各种重大事件的亲历者和参与者，而且在许多重大事件中发挥过重要作用，具有重要的影响力，做出过不可磨灭的贡献。本集所收录周震鳞的遗著就是其亲历和参与不同历史时期重大事件的真实记录，也是中国历史上近一个世纪中政治、军事、外交、经济、文化及其发展变化的缩影，因而对于研究晚清史、辛亥革命史乃至中国近现代史都具有极为重要的史料价值和参考意义。

第三，为编纂与周震鳞相关的历史人物的文集，深入研究中国近现代史人物提供了有价值的资料。周震鳞是中国近现代史上的著名人物，也是近现代各个时期十分活跃的人物，他的许多遗著就是当时与其他同志、战友或同人共同署名发表的，因而这些既是周震鳞的遗著，也是其他参与人员的遗著，且其中有一部分这样的遗著至今并未被已出版的其他人物文集，如《黄兴集》《宋教仁集》《伍廷芳集》《刘揆一集》《熊希龄集》《谭延闿集》

《居正文集》《田桐集》《柏文蔚文集》等所收录。所以，本集出版后，对于完善或编纂相关历史人物文集均具有重要的史料价值和现实意义。同时，在其漫长的革命生涯中，周震鳞与中国近现代著名人物，如孙中山、黄兴、宋教仁、蔡锷、张继、李烈钧、熊希龄、黄钺、覃振、居正、谭延闿、林森、蒋介石、汪精卫、胡汉民、李宗仁、阎锡山、张学良、冯玉祥、田桐等有较深的交往或文电往来，因此本集的出版，对于推进中国近现历史人物及事件的研究也具有重要的历史意义和学术价值。

总之，本集具有较高的文献价值、史料价值和学术价值，对于推进相关研究的深入，弘扬爱国主义精神，为实现中华民族伟大复兴提供正能量都具有深远的历史意义和重要的现实意义，很值得对于中国近现代史研究者和有兴趣者阅读与参考。

邓江祁

2021 年 2 月于长沙

编辑凡例

一、本集为周震鳞所有著作的汇集，包括论文、序跋、书信、电稿、演讲、谈话、公牍、诗词、联语、广告、题词等，个别著作虽残篇、片断（语意尚完整者），亦为收录。

二、本集对于周震鳞同一著作或演说、谈话的原始记录如达两种以上，而内容文字出入较大且各具特色者，则选用其中较完整者为主文，其余以"同题异文"附载其后。

三、本集所辑各篇的编排以写作时间先后为序，日不清者置于月末，月不清者置于年末，年也不清者置于最后一卷末。如原件日期不清，但有发表、到达、批发等日期的，则以其发表、到达、批发的日期为断，并在标题下面圆括号标出的时间右上角标以"＊"号，以示区别。如原件日期不清，经编者考订可以判明的，则编入相应年月，并加注说明。

四、本集一律采为简体横排，故原文中出现的"如左""左列"或"如右""右列"等字样，依照现行规范，一律改为"如下""下列"或"如上""上列"等。又如，原文中出现的"北庭""北廷"等字样，均指北京政府，本集统一采用"北廷"。此外，周震鳞名字中"鳞"字，有的文电中误写为"麟"字，本集统一改为"鳞"，不另作说明。

五、本集所辑各篇标题下面用圆括号标出时间，统一采用公历，用阿拉伯数字。正文内时间及文末所署时间，则仍照原文用汉字；未特别说明者，则民国成立以前者一般为旧历，民国成立以后者一般为公历。所标为季的，以阳历二月至四月为春，五月至七月为夏，八月至十月为秋，十一月至次年元月为冬。但为编排和阅读方便，本集中所标示的"冬"，一般置于当年12月末。

六、为统一格式，本集各篇的标题，除为集主发表的专著和政论文章的原标题之外，一般由编者另拟。

七、本集所辑各篇均采用原始记载或版本，如有不同出处或有歧义之处者，均经比对后择善而从。

八、为保存资料原貌，本书所收资料一律原文照录。

九、本集的校勘和考释汲取了前人部分的成果，特此致谢，书中一般不再作具体说明。

十、本集对原文中的明显错字、词，原字、词置于"( )"内，改正字、词置于"［］"号，置错字、词之后；对无法确定的字、词，在其后加（?），以示存疑；对虽能确定字数而无法辨认的字，以"□"号代替，字数也不能确定者则以"……"代替；对原文明显遗漏的文字，补加诸"［］"号之内；对原文中之衍字，加诸"｛｝"号之内。

目 录

第一卷 1903—1918

明德学堂地理课程（1903 年）…………………………（3）
在宁乡驻省中学堂速成师范班结业时的
　　讲话（1905 年）……………………………………（36）
论中国宜组织少年政府以救亡
　　（1910 年 9 月 12—14 日）…………………………（37）
文字中之孝廉方正（1910 年 9 月 15 日）………………（41）
瑞莘儒（1910 年 9 月 16 日）……………………………（42）
议员耶行政官耶（1910 年 9 月 26 日）…………………（43）
十三经外之二经（1910 年 9 月 27 日）…………………（44）
中国陆军之活机（1910 年 9 月 29 日）…………………（45）
宪政筹备清单之可以破坏（1910 年 9 月 30 日）………（46）
陈善同弄巧成拙（1910 年 10 月 1 日）…………………（47）
中国之今日（1910 年 10 月 3 日）………………………（48）
摇铃！拍掌！耳语！（1910 年 10 月 6 日）……………（49）
此之谓硕学通儒（1910 年 10 月 7 日）…………………（50）
议员回避本省事件问题（1910 年 10 月 7 日）…………（51）
沈林一之面孔（1910 年 10 月 10 日）…………………（52）
时评（1910 年 10 月 11 日）……………………………（53）

代表团与资政院（1910年10月15日） ·················· (54)
政府听者资政院议员听者（1910年10月16日） ·········· (55)
政府对于资政院之玩弄（1910年10月19日） ············ (56)
官议员之露面（1910年10月20日） ···················· (57)
普及教育之话柄（1910年10月20日） ·················· (58)
贪利忘耻之议员听者（1910年10月21日） ·············· (59)
议长听者（1910年10月22日） ························ (60)
大快！大快！！大快！！！（1910年10月23日） ········ (61)
九月二十日资政院会议解决速开国会之乐观
　　（1910年10月24日） ···························· (62)
副议长其秘书长之傀儡欤（1910年10月24日） ·········· (64)
对于学部交议地方学务章程之感言
　　（1910年10月25、26日） ························ (65)
告泽尚（1910年10月25日） ·························· (68)
代奏耶具奏耶（1910年10月26日） ···················· (69)
再告泽尚（1910年10月27日） ························ (70)
中国教育新方针（1910年10月28日） ·················· (71)
丧心病狂之胡思敬（1910年10月29日） ················ (72)
中国立宪史第一宏文（1910年10月30日） ·············· (73)
评恩寿宝棻之电奏（1910年10月31日） ················ (74)
法人之军机大臣（1910年11月4日） ··················· (75)
速开国会之结果（1910年11月5日） ··················· (76)
读锡督第二次电奏感言（1910年11月6日） ············· (77)
试办国会（1910年11月7日） ························· (78)
论督抚联衔电奏事（1910年11月8日） ················· (79)
破坏学务之高凌霨（1910年11月9日） ················· (81)
论拜跪仪式之宜废（1910年11月11—12日） ············ (82)
立宪与汪荣宝（1910年11月13日） ···················· (85)

短评（1910年11月16日）	(86)
评侵权违法处分之争议（1910年11月17日）	(87)
请剪除辫发改良礼服说帖（1910年11月25—26日）	(88)
告弹劾军机者（1910年11月27日）	(91)
中国人富于惰性之特征（1910年11月30日）	(92)
一发千钧之资政院（1910年12月3日）	(94)
论荫尚书之器量才识（1910年12月7日）	(95)
新律维持会开会广告（1910年12月9日）	(96)
新律维持会广告（1910年12月12日）	(97)
大赦党人问题（1910年12月14日）	(98)
议员知识进步之特征（1910年12月16日）	(99)
论学部之误国溺职（1910年12月19—20日）	(100)
告农工商部（1910年12月27日）	(102)
督学局长之魔力（1910年12月28日）	(103)
儿戏之资政院（1910年12月30日）	(104)
议场谈屑（1910年12月30日）	(105)
议场谈屑（1910年12月31日）	(106)
人心论（1911年1月1日）	(107)
衰疲民族之惯态（1911年1月2日）	(109)
资政院之乐观（1911年1月13日）	(110)
永久防疫之方法安在（1911年3月16日）	(112)
中国不难治（1911年4月5日）	(113)
政府真欲令中国为埃及耶（1911年4月19—20日）	(114)
词臣中之朝阳鸣凤（1911年4月19日）	(117)
李家驹之为政府作怅（1911年4月23日）	(118)
礼教派之人物如是（1911年5月10日）	(119)
申论皇族不可组织内阁之理由（1911年5月17日）	(120)
邻邦内阁大臣之态度（1911年5月19日）	(122)

差强人意之教育联合会（1911年5月20日） …………（123）
立宪国民共有之职分（1911年5月23日） …………（124）
立宪欤专制欤（1911年5月24日） ………………（126）
赵尔巽之难题（1911年5月26日） ………………（127）
瑞澂是何居心（1911年5月27日） ………………（128）
恐怖时代之中国（1911年5月28日） ……………（129）
泽大臣岂能作壁上观耶（1911年5月28日） ……（131）
湖广会馆之恶剧（1911年6月4日） ……………（133）
求学与做官（1911年6月5日） …………………（134）
止谤不如自修（1911年6月7日） ………………（135）
有价值之奏议（1911年6月9日） ………………（136）
留学生拜老师（1911年6月12日） ………………（137）
军国民教育之必要（1911年6月13日） …………（138）
张鸣岐故意激乱广东（1911年6月14日） ………（139）
教育行政大臣如是（1911年6月15日） …………（140）
新军化为巡防营（1911年6月15日） ……………（142）
封折留中制度极宜废除（1911年6月16日） ……（143）
外债之利益如是（1911年6月17日） ……………（144）
论铁道国有政策万不可行于中国
　（1911年6月17、20日） ………………………（145）
何苦乃尔（1911年6月18日） ……………………（149）
疆臣反对皇族内阁之伟举（1911年6月19日） …（150）
此之谓格外体恤（1911年6月21日） ……………（151）
国会之旁不能并立皇族内阁（1911年6月20日） ………（153）
京官与名士之见解（1911年6月21日） …………（154）
名士万能（1911年6月22日） ……………………（155）
捉刀之报酬（1911年6月23日） …………………（156）
咄咄！资政院之口吻（1911年6月23日） ………（157）

强作解人之郑孝胥（1911 年 6 月 24 日） …………… (159)
国民公敌——郑孝胥（1911 年 6 月 25 日） …………… (160)
格杀勿论之运命到齐（1911 年 7 月 2 日） …………… (161)
宪政之怪谈（1911 年 7 月 3 日） …………………… (162)
上谕副署之定义（1911 年 7 月 4 日） ………………… (163)
解释郑孝胥铁路洋匠分段包工之说之错误
　（1911 年 7 月 5—6 日） …………………………… (164)
六月初十日上谕恭注（1911 年 7 月 6 日） …………… (168)
政府独不爱国耶（1911 年 7 月 7 日） ………………… (169)
古今无比大政治家大学者之郑孝胥
　（1911 年 7 月 8 日） ………………………………… (170)
大权政治与专制政治（1911 年 7 月 11 日） ………… (172)
百变不离其宗（1911 年 7 月 12 日） ………………… (173)
变通尽弊（1911 年 7 月 14 日） ……………………… (174)
庆内阁宣布政纲感言（1911 年 7 月 14—15 日） …… (175)
论王人文参劾盛宣怀事（1911 年 7 月 15 日） ……… (178)
告中央教育会（1911 年 7 月 16 日） ………………… (179)
中央教育会应设新闻记者旁听席（1911 年 7 月 16 日） … (181)
告中央教育会（1911 年 7 月 19 日） ………………… (182)
告学部大臣（1911 年 7 月 20 日） …………………… (183)
名实不孚之中央教育会（1911 年 7 月 21 日） ……… (184)
无教员先有薪俸（1911 年 7 月 22 日） ……………… (185)
摧残学堂之议案（1911 年 7 月 23 日） ……………… (186)
义务教育之师资（1911 年 7 月 24 日） ……………… (187)
差强人意之教育案（1911 年 7 月 25 日） …………… (188)
国库补助初等小学经费案再读之奇观
　（1911 年 7 月 26 日） ……………………………… (189)
中央教育会应急解决之问题（1911 年 7 月 27 日） ……… (190)

义务教育就学之年限（1911年7月28日） …………………（192）
中央教育会员之官话（1911年7月29日） …………………（193）
家塾私塾与普及教育之关系（1911年7月30日） …………（194）
奏定学堂章程最恶劣之点（1911年7月31日） ……………（195）
中央教育会之紊乱（1911年8月1日） ………………………（196）
中央教育会一线之光明（1911年8月2日） …………………（197）
反对军国民教育者之绝无知识（1911年8月3日） …………（198）
中央教育会之怪现象（1911年8月4日） ……………………（199）
中央教育会不平之鸣（1911年8月5日） ……………………（201）
是是非非（1911年8月5日） …………………………………（202）
修改中央教育会章程问题（1911年8月7日） ………………（203）
实行统一国语之次第（1911年8月8日） ……………………（204）
吾不欲观中央教育会矣（1911年8月9日） …………………（205）
办学务者不明教育（1911年8月10日） ……………………（206）
初等小学不读经讲经矣（1911年8月11日） ………………（207）
中央教育会员之无意识（1911年8月12日） ………………（208）
中央教育会之结果如是（1911年8月14日） ………………（209）
唐春卿又有一篇官样文章（1911年8月15日） ……………（210）
乔树枬怪状之追评（1911年8月16日） ……………………（211）
中央教育会专为商务印书馆而开耶
　（1911年8月17日） …………………………………………（212）
神禹其复出乎（1911年8月18日） …………………………（213）
粤患奈何（1911年8月21日） ………………………………（214）
无人道之国之危险（1911年8月22日） ……………………（215）
奴隶教育入人之深（1911年8月23日） ……………………（216）
致《长沙日报》主笔书（1911年12月16日） ………………（217）
挽黄少春联（1911年） ………………………………………（219）
致大共和日报馆电（1912年1月28日） ……………………（220）

湘路促进会简章（1912年3月10日） …………………（221）
与黎尚雯等关于湘路促进会公启
　　（1912年3月13日） ……………………………（223）
将曾文正祠改为烈士祠大概办法
　　（1912年3月19日） ……………………………（224）
在湘省大汉烈士祠开祭大会上的演说
　　（1912年3月21日） ……………………………（225）
与洪荣圻致黄钺书（1912年3月23日） ……………（226）
与谭延闿等致黄兴电（1912年4月上旬） ……………（228）
与谭延闿等致黄钺电（1912年4月上旬） ……………（229）
在同盟会湘支部成立大会上的演说
　　（1912年4月21日） ……………………………（230）
与谭延闿复谭人凤电（1912年4月22日稍后） ………（232）
与谭延闿致黄钺电（1912年5月28日） ………………（233）
与龙璋等发起湖南制革有限公司启事
　　（1912年7月2日） ………………………………（234）
湖南章楚造纸有限公司广告（1912年8月11日） ……（236）
呈谭延闿文（1911年10月—1912年8月间） …………（237）
致赖承裕谕（1911年10月—1912年8月间） …………（238）
与谭一鸿等发起中华印刷会社招股启事
　　（1912年9月4日） ………………………………（239）
与周家树等发起追悼自立军起义烈士启事
　　（1912年9月10日） ……………………………（240）
在中华民族五族大同会欢迎黄兴大会的演讲
　　（1912年9月16日） ……………………………（241）
《女子白话报》出版启事（1912年9月30日） …………（242）
在行政咨询处会议上的发言（1912年10月中旬） ……（244）
致各省代表书（1912年10月22日） …………………（245）

在国民党湘支部欢迎黄兴曹亚伯等大会上的主持词
　　（1912年11月3日）……………………………（246）
与仇鳌等发起追悼女烈士大会启事
　　（1912年11月上旬）……………………………（247）
在湖南报界欢迎黄兴大会上的演说
　　（1912年11月11日）……………………………（248）
与龙璋等发起湖南提倡国货会宣言书
　　（1912年11月12日）……………………………（248）
关于辛亥革命渊源的谈话（1912年）………………（250）
与黄兴等致谭延闿文（1913年2月）…………………（251）
《陇右光复记》序（1913年2月）……………………（252）
在湘省议会议长选举会上的讲话（1913年3月16日）…（254）
与谭延闿等致报界俱进会等电（1913年3月19日）…（255）
在湖南旅京同乡欢迎湖南国会议员大会上的演说
　　（1913年4月20日）……………………………（256）
与汤漪等关于大借款的质问书（1913年4月28日）……（257）
　　附录　国务院咨复函（1913年4月29日）………（258）
在参议院第二次全体会议上的发言
　　（1913年4月28日）……………………………（258）
在参议院第三次全体会议上的发言
　　（1913年4月29日）……………………………（259）
与胡元倓呈谭延闿文（1913年4月）…………………（260）
　　附录　谭延闿批（1913年4月）…………………（261）
与马君武等致各省都督等电（1913年5月5日）………（262）
与居正等致各省都督等电（1913年5月9日）…………（264）
与林森等致各省都督等电（1913年5月14日稍前）……（265）
与张继等致国民党湘支部电（1913年5月20日）………（267）
关于政府进兵江西质问书（1913年5月下旬）…………（268）

附录　国务院咨复函（1913年6月3日）……………（269）
关于库伦问题的质问书（1913年6月10日）………（269）
　　附录　国务院咨复函（1913年6月中旬）………（270）
关于政府派兵南下的质问书（1913年6月中旬）……（271）
　　附录　国务院咨复函（1913年6月中旬）………（272）
与龙璋呈湖南省教育司文（1913年6月）……………（273）
关于解散省议会联合会的质问书（1913年6月）……（274）
　　附录　国务院咨复函（1913年6月）……………（275）
与谭人凤等致马邻翼电（1913年7月23日）…………（277）
与谭人凤等致蒋翊武电（1913年7月25日稍前）……（278）
与吕志伊等介绍朱焯等请愿书（1913年7月）………（279）
致各报馆电（1915年10月16日）……………………（281）
与谷钟秀等致各国公使电（1916年3月26日）………（282）
与汤化龙等致各省各界电（1916年3月27日）………（284）
与唐绍仪等致冯国璋书（1916年5月16日）…………（286）
　　附录　冯国璋致张勋等电（1916年5月1日）…（288）
与唐绍仪等反袁宣言（1916年5月17—19日）………（292）
挽陈其美联（二件）（1916年5月下旬）………………（296）
与旅沪国会议员关于国会议员集会的通告
　（1916年6月2日）……………………………………（298）
与旅沪国会议员致吕公望书（1916年6月9日）……（301）
国会议员宣言（1916年6月11日）……………………（302）
与旅沪国会议员关于国会议员集会再通告
　（1916年6月12日）……………………………………（303）
与旅沪国会议员关于国会议员集会紧急通告
　（1916年6月18日）……………………………………（304）
与驻沪国会议员复段祺瑞电（1916年6月25日）……（305）
与凌毅等致黎元洪等电（1916年7月7日）…………（308）

与李执中等致黎元洪等电（1916年7月10日） ………… （309）
与李执中等致陆荣廷电（1916年7月10日） ………… （310）
与李执中等致望云亭电（1916年7月14日） ………… （311）
与李执中等致刘人熙等电（1916年7月14日） ………… （312）
与李执中等致岑春煊电（1916年7月14日） ………… （313）
与李执中等致陆荣廷电（1916年7月14日） ………… （314）
与李执中等致黎元洪等电（1916年7月17日） ………… （315）
与黎尚雯等关于胡瑞霖案质问书（1916年8月中旬） …… （316）
　　附录　国务院咨复函（1916年8月下旬） ………… （317）
与郭人漳等致谭延闿等电（1916年9月16日） ………… （319）
与马君武等关于实业借款的质问书（1916年9月25日） …… （320）
　　附录　国务院咨复函（1916年10月2日） ………… （321）
与吕志伊等关于宪法草案加国权一章的修正案
　　（1916年9月27日） ………………………………… （321）
与宋渊源等关于省制大纲的修正案
　　（1916年9月下旬） ………………………………… （324）
与黎尚雯等介绍水口山矿请愿书（1916年9月） ………… （329）
与焦易堂等关于宪法草案第十一章修正案
　　（1916年9月） ……………………………………… （331）
与罗永绍等关于宪法草案第十九条的修正案
　　（1916年10月6日） ………………………………… （334）
与陈家鼎等关于宪法草案第二章的修正案
　　（1916年10月） …………………………………… （338）
与符鼎升等介绍水口山矿的请愿书（1916年10月） …… （340）
与刘承烈等悼黄兴电（1916年11月1日） ……………… （345）
致孙中山书（1916年11月4日） ………………………… （346）
与黎尚雯等介绍余鏖等请愿书（1916年11月15日） …… （348）
与彭邦栋等介绍龙璋等请愿书（1916年11月15日） …… （350）

挽谭延闿母联（1916年11月中旬） ……………………（352）
与杨家骧等关于日本在厦门设立警察的质问书
　　（1916年11月27日） ………………………………（352）
与黎尚雯等关于水口山矿的请愿书（1916年11月） ……（353）
与陈敬棠关于归绥剿匪问题质疑书
　　（1916年12月2日） …………………………………（357）
与龚焕辰等弹劾段祺瑞意见书（1916年12月4日） ……（358）
与马君武等关于恢复地方自治机关决议案
　　（1916年12月12日） …………………………………（361）
与吴景濂林森等致黎元洪书（1916年12月20日） ……（362）
关于胡瑞霖任职的质问书（1916年12月27日） …………（364）
　　附录　国务院咨复函（1917年1月16日） …………（366）
与孙润宇等关于宪法草案地方制度修正案
　　（1916年12月29日） …………………………………（367）
与叶夏声等关于省制大纲草案的修正案
　　（1916年12月） ………………………………………（371）
与童杭时等关于民国纪念日修正案（1916年12月） ……（376）
为黄兴书札题签（1916年） ………………………………（378）
与刘芷芬等关于宪法草案第三章第十二条的修正案
　　（1917年1月8日） …………………………………（379）
与甘华黼等关于北京正阳门一二门改为共和门民国门的
　　请愿书（1917年1月16日） ………………………（380）
与向乃祺等关于整理金融维持中行的建议书
　　（1917年1月17日） …………………………………（382）
与陈焕南等关于政府任命将军的质问书
　　（1917年1月27日） …………………………………（384）
与王玉树等关于宪法草案第十二条的修正案
　　（1917年1月） ………………………………………（385）

与马君武等发起外交商榷会宣言
  （1917 年 2 月 17 日） ………………………………… （387）
外交商榷会简章（1917 年 2 月 18 日） …………………… （388）
与卢信等关于政府收买烟土一事的质问书
  （1917 年 2 月 22 日） ………………………………… （389）
与陈堃等关于宪法草案第三十二条的修正案
  （1917 年 3 月 2 日） …………………………………… （390）
与吕志伊等关于宪法草案第三十三条的修正案
  （1917 年 3 月 2 日） …………………………………… （391）
与马君武等致各省督军省长等电（1917 年 3 月 5 日） …… （392）
与马君武等关于梁启超越权干政事的质问书
  （1917 年 3 月 6 日） …………………………………… （393）
与马君武等致各省督军省长等电（1917 年 3 月 6 日） …… （395）
与秦广礼等关于宪法草案第三十二条修正案
  （1917 年 3 月 7 日） …………………………………… （397）
与曹振懋等关于宪法草案第二十二条的修正案
  （1917 年 3 月 7 日） …………………………………… （399）
与张光炜等关于政府特任熊希龄为平政院院长的质问书
  （1917 年 3 月 8 日） …………………………………… （400）
与黎尚文等关于惩处汤芗铭的请愿书
  （1917 年 3 月 10 日） ………………………………… （402）
与刘成禺等致各省督军省长等电（1917 年 3 月 11 日） …… （407）
与李自芳等关于政府收买上海外商存土的质问书
  （1917 年 3 月 14 日） ………………………………… （408）
与居正等关于宪法草案第八十条的修正案
  （1917 年 3 月 16 日） ………………………………… （411）
与丁象谦等关于宪法草案第七十五条第一项的修正案
  （1917 年 3 月 16 日） ………………………………… （413）

发起参议员谈话会启事（1917年3月中旬）……………（414）
与陶保晋等关于宪法草案第四百零四条的修正案
　　（1917年3月30日）……………………………………（415）
与曹振懋等关于宪法草案第八十一条第二项的修正案
　　（1917年4月4日）……………………………………（416）
与秦广礼等关于宪法草案地方制度条文的修正案
　　（1917年5月11日）……………………………………（417）
与居正等关于詹大悲等恢复资格案的质疑书
　　（1917年5月14日）……………………………………（421）
与孙洪伊等致陆荣廷等电（1917年7月4日）…………（422）
致黎元洪等电（1917年10月6日）……………………（423）
致陆荣廷等电（1917年10月6日）……………………（425）
与汪建刚等提议书（1917年10月9日）………………（427）
与非常国会同人致刘建藩电（1917年10月22日）………（428）
与非常国会同人复云南省议会电
　　（1917年10月22日）……………………………………（429）
与非常国会同人致冯国璋电（1917年10月25日）………（429）
与非常国会同人致黎元洪等电（1917年10月25日）……（430）
与非常国会同人致日本当局等电
　　（1917年10月25日）……………………………………（432）
关于内政外交问题的意见书（1917年11月17日）………（433）
与李执中等复谭浩明电（1917年11月19日稍后）………（434）
与非常国会同人致孙中山电（1917年11月21日）………（435）
关于改组军政府意见书（1918年1月17日）……………（436）
护法各省联合会议组织条例（1918年1月20日）………（437）
与李执中致廖仲恺书（1918年1月28日）………………（439）
与孙洪伊等致孙中山等电（1918年3月25日）…………（440）
与某军人的谈话（1918年4月4日）……………………（441）

与居正等关于惩戒吴景濂的提案（1918年5月上旬） …… (444)
与非常国会同人致西南各省电（1918年5月18日） …… (446)
与赵世钰等致各国公使书（1918年5月19日） ………… (447)
与非常国会同人通告选举总裁电
　　（1918年5月21日） ………………………………… (448)
与非常国会同人致当选各总裁电
　　（1918年5月21日） ………………………………… (449)
与居正等致赵世钰书（1918年6月中旬） …………… (450)
与李执中等致程潜等电（1918年6月26日） ………… (451)
挽山田良政联（1918年7月28日） …………………… (452)
关于惩戒宋汝梅的提案（1918年10月上旬） ……… (453)
审查军政府代行国务院职权摄行大总统职务条例报告
　　（1918年10月15日） ……………………………… (454)
启事（1918年10月26日） …………………………… (455)
在广州国会议员护法谈话会上的发言
　　（1918年10月30日） ……………………………… (456)
与护法议员致美国国会稿电（1918年10月30日） …… (457)
与白逾桓等致西南护法各省电（1918年10月31日） …… (459)
主张县知事民选意见书（一）（1918年11月下旬） …… (462)
主张县知事民选意见书（二）（1918年11月下旬） …… (465)
与王鸿庞等关于广东省议会改选问题的质问书
　　（1918年12月14日） ……………………………… (468)
关于召集县议会恢复地方自治的议案
　　（1918年12月16日） ……………………………… (469)
与林森等致广州军政府各总裁等电
　　（1918年12月18日） ……………………………… (470)
　　附录　广州军政府复林森周震鳞等电
　　　　（1918年12月28日） …………………………… (472)

第一卷

1903—1918

明德学堂地理课程①

(1903 年)

绪 言

新化邹先生②之言曰：有天生之舆地，有人置之舆地。何谓天生舆地，如山岳、河海是也，此亘古不变者。何谓人置舆地，如郡国、州县及各种建置是也。此则代各不同，随时为兴废者。又

---

① 此课程署名："宁乡周震鳞编述"，是为周震鳞于 1903 年上半年在明德学堂任地理教习时所编的地理教材。明德学堂，近代湖南最早的私立中学之一，1903 年 3 月建于长沙，初得龙璋、龙绂瑞兄弟资助，赁城北左文襄祠宇为校舍，龙父刑部侍郎龙湛霖出任总理，留日毕业生胡元倓任监督，延聘周震鳞、张继、王正廷、苏曼殊等革命志士及日人掘井觉太郎为教员，招中学两班，9 月设速成师范科，聘黄兴主持，遂成黄兴、周震鳞等人借为组织华兴会，掩护反清革命活动的场所。同年，为避保守士绅破坏，赁屋别建经正学堂，两学堂实为一体。1912 年春，合经正、明德为一校，改称明德学校，设四部：专门、中学、高小、初小，是为今长沙市明德中学的前身。

② 邹先生，即邹代钧（1854—1908），字甄伯，号沅帆，湖南新化县罗洪（今属隆回县）人。自幼喜爱史地之学，1886 年曾赴英、俄、西欧多国旅游，回国后撰写了《西征纪程》一书，应湖广总督张之洞之邀，主编《湖北全省地图》，其间用新法绘制了大量的中外地图，对中国地图制图学发展做出了卓越贡献。1895 年与陈三立、汪康年等在武昌创办"译图公会"；1898 年改名为武昌"舆地学会"。戊戌变法期间，被陈宝箴任命为湖南矿务总局提调，全面负责开矿之事，并为《湘学报》舆地栏撰稿人和南学会为讲论会友，主讲舆地。戊戌变法失败后，到武昌主讲两湖书院。1902 年赴北京，任编书局总纂兼学务处提调官，次年任《钦定书经图说》纂修兼校对官；1907 年任京师大学堂（今北京大学）总教习，主讲舆地，次年病逝武昌。

曰：天文为外国专门之学，至地球与天体关系之理则为地理学开宗明义所宜讲明，从此再讲天生舆地，再明人置舆地，方有条理，方有依据。震鳞观现今外国大地学家，如日本矢津昌永、中村五六诸人编出最新之舆地书，大率先讲数理地理学（一曰天文地理），次讲自然地理学（一曰地文地理），次讲政治地理学（一曰人文地理）。按：数理地理，即邹先生所谓地球与天体关系之理也；自然地理，即所谓天生之舆地也；政治地理，即所谓人置之舆地也。今所编述，皆本师说，谨遵京师大学堂定章地理讲义办法，由地球经纬之理以及全球大势、各洲各国大势而后分讲本国、外国，详略繁简，悉据外国新出教科图书及我国先辈所著适用图书，斟酌采择，不求文字之工，但求讲解之明，其古今沿革须考据始明者，则有历史舆地专科，在行军详细险要，必测量始密者，则又武备专门学堂分科之事，兹皆从略焉。

总　　论

凡人不可不识世界，世界不识则多狂举。今列强竞争，优胜劣败，视为天演公例，尤宜审知世界，否则忠爱精神无由振发，历史政治之变迁组织，无由洞悉。但世界非可空言识也，必自研究环球地理始。外国溥通学堂必教以世界地理，故其国人莫不有爱国心，其文化治术之进步未可以道里计。京师大学堂定章溥通学①亦必习中外地理，即欲令我国民湔洗固陋一隅之见，以求文明政治之发达。兹当细绎此旨，守为定义。

---

① 溥通学，即学生人人皆当通习之科目，当时包括经学、诸子学、公理学、中外史志及格算诸学之粗浅者。

数理地理学

地体浑然如球,因谓之地球。地球为行星之一,故地球上之理,必先论星。

天空之星无算,人居地面视之,有大有小,有动有静,有远有近,有赤有黄,有白有绿,有时或变其黄赤。昔人以目力判其大小,为十二等。然星之远近不同,人之目力不同,则星体大小,终难悬揣而定,后世以最精之远镜济目力,其所窥测乃称准确。今天学家分诸星为二大类:一曰恒星;一曰行星。

恒星

恒星皆能自发光热,有自转而无公转,故终古不移其位。太阳即恒星类也。太阳距地近故见其大,诸恒星离地极远,故视之若极小。

恒星麇聚于天河。天河者,星薮也。天文士以目力视之,约得八千七百;以远镜窥之,约得二千万。

最要之恒星,为北极星,因近地北极而名。此星在北斗七星之上,为地球上方位之所由定。

行星

凡有轨道运行者,名行星。行星本无光,受恒星之光以为光,故恒星为光明之本。如地球本无光,其所以光明者,因日光返照于外也。

太阳系之行星

以太阳为中心,共一统系而运行,四周诸星谓之太阳系之行星,为数甚多,其最大者凡八:曰水星、曰金星、曰地球、曰火星、曰木星、曰土星、曰天王星、曰海王星。此八星各有绕日之轨道。逐层分列，皆成椭圆。水星距日最近，次金星，次地球，又次火、木、土、天王、海王。海王距日最远。其轨道有大小，由距日有远近。绕日一周，历时有长短，由轨道有大小。距日近则轨道小，周绕历时少。距日远则道大，周绕历时多。列表于下：

八行星距太阳中里
水　　十千六百一十七万九千
金　　十九千八百三十九万三千
地　　二十七千四百二十九万
火　　四十一千七百九十三万六千
木　　一百四十二千七百〇七万九千
土　　二百六十一千六百四十万五千
天王　五百二十六千一百五十五万三千
海王　八百二十三千八百八十一万三千

八行星绕太阳日数
水　　八十七日二十三小时十五分
金　　二百二十四日十六小时四十八分
地　　三百六十五日六小时九分
火　　六百八十六日二十三小时三十一分
木　　四千三百三十二日十四小时二分
土　　十千七百五十九日五小时十六分
天王　三十千六百八十六日十七小时二十一分
海王　六十千一百二十六日

各行星直径有长短，自转有迟速，体质有轻重。其体质之轻重不以大小论；自转之迟速，不以绕转轨道大小论。列表如下：

八行星直径中里数
水　　八千八百八十六
金　　二万二千五百三十
地　　三万三千七百〇三
火　　一万四千七百六十
木　　二十五万六千一百七十
土　　二十一万五千七百一十二
天王　九万九千〇七十二
海王　十万九千八百六十

八行星自转之时刻
水　　二十四小时五分二十八秒
金　　二十三小时十六分十九秒
地　　二十三小时五十六分四秒
火　　二十四小时三十七分二十三秒
木　　九小时五十五分二十八秒
土　　十小时二十九分十七秒
天王　未测明
海王　未测明

八行星权质之轻重
水　　十二分四
金　　九分二
地　　十分
火　　九分二
木　　二分二
土　　一分二
天王　一分八

海王　　一分七

太阳直径最长（二百五十五万七千七百二十五中里），而自转最速（二十九日自转一周），体质最轻（八行星相较，地球十分，太阳二分五）。月直径最短（六千四百五十九中里），而自转最迟（一月自转一周），体质亦重（地球十分，太阳二分五，月五分六六）。然则热力大则轻气多，自转速；热力小则轻气少，自转迟欤。

论月

诸行星又恒有附属小行星绕行主星之周围，且随主星运行，此之谓卫星。八大行星中，惟金、水两星无卫星，余皆有之。列表如下：

地球　　附月一
火星　　附月二
木星　　附月四
土星　　附月八
王天星　附月二
海王星　附月二

日月八行星中，日之体质为最大，月之体质为最小。人在地球见日月大小若相等者，此视形之大小，非实形之大小也。盖日距地远，月距地近。物距人目近则见其大，距人目远则见其小。此一定之理。

月自转绕地球，又随地球绕太阳，故月之运动有三种。

月亦借日之光以为光，故向日者明，背日者晦。在地视之有盈有缺，是谓月之四游。

地在日月之后曰朔。朔之时，月之晦面对乎地，故自地视之不见光。

地与月并，月在地右曰上弦。上弦之时，月之对地者，明晦各半，故自地视之，一半见其光。

地在日月之中曰望。望之时，月之明面对乎地，故自地视之全见其光。

地与月并，月在地左曰下弦。下弦之时，月之对地者，明晦亦各半。故自地视之，见其光之一半。

月食

月食为日、月、地同居一直线，地在日、月之间，月所受之日光为地所蔽，月中黑影即地影也，故月食常在望。

日食

日食亦日、月、地同居一直线，月在日、地之间，日光为月所掩，人见日中黑影即月也，故（月）[日]食常在朔。

日食少而月食多有二原因：

一、地体大于月体而其影亦分巨细，所以月食多而日食少。

二、使日与月常在一平面，则每月必日、月各食一次，乃非在一平面，而在于交侧之两平面，其交侧处名为交点，而日、月不同时在此交点处则不食。若月在内交点，则食在日；月在外交点，则食在月。

月绕地球二十九日半，一周是为阴历一月。

彗星

彗星为星之未凝者，其质甚薄，见时有首有尾，尾长似彗，故名。各行星之轨道圆而略椭，惟彗星之轨椭率最大，故其绕日莫能定其方向，来去迟速一视其椭轨长短，或数年或十年、百年、数百年一见，行近太阳则速，渐远则渐缓。无论行何处，皆以首向日，尾则背之。

流星

流星为星之已散者。地球轨道入众行星中，小行星地球所吸落故散。

论地表

一、地圆

凡天空之星，皆为圆体。既明地为行星之类，则地圆之说可不必疑，更即地面而详其证据。

（一）人立一地，观望四周成一圆圈，此圈名天空地平界线（一曰天际线，俗曰天边、天涯）。人在平壤之处，则所见之圆界小，试即原地登高数丈，则所见之圆界必增大。使地非圆可一览无余，何必因立点之高低而异其界之广狭，盖由地面实形弯曲，远处之物体没于地平线之下而不得见。此种景象各地皆然，则地面弧曲益了然矣。

（二）平地望山，自远视之，仅见其巅，渐近则见山腰，又近则见山麓。立海岸望入港之船，先见樯头后见船体，此因地面成弧线而视线直行，愈远而地愈低，所见之物渐没于地平线之下也。

（三）凡物之影必适如其原形，按月之有食，为地体所蔽，月中之影即地影，其影圆则其形圆也。

（四）人向东径行，舟车递易，其终必归于始发之地。若非地圆，安能环游乎？

（五）[人] 向南方而行，见北方之星以次渐低，南方之星以次渐高。向北方者反是。若非地圆，则星之高度到处宜同矣。

（六）地隔东西则太阳之出没各处不同。如上海在湖南之东，其太阳之出没早于湖南；四川在湖南之西，其太阳出没迟于湖南。缘地为圆体，故日出地平，各处不能同时见也。

（七）地之有昼夜，因与日有向背，若为方体则日一出四方皆曙，何以东球日中则西球夜半，常成东西相反之势乎？

凡此皆显而易见之理，不必借测验而知者。中国浑天仪之说（浑天仪云：天如鸡子，地如其黄，地居天内，天大地小，天半覆地上，半绕地下，二十八宿，半隐半见），西人地圆之论，皆因理数之自然，非臆创也。

二、地体椭圆

前言地圆如球，然非正圆，其南北稍平扁而为椭圆，盖地球赤道径长于两极径，两极之距地球中心较赤道上距地球中心为近，若地非扁圆，则各径宜等，各半径距心亦宜等矣。又西人屡测各处经圈，其近北极处每纬度相距之弧皆长于近赤道，每纬度相距之弧，既有此差，可知地球近赤道处微凸于南北极处，必非正圆明甚。

据最近测定地球之数，南北直径七千八百九十九英里，东西直径七千九百二十五英里又二分英里之一，其平均中数直径八千英里（或七千九百十六英里），周围二万五千英里（或二万四千八百九十九英里），面积二亿平方英里（或一亿九千七百万方英里）

三、方位

欲于地球上指明甲处在乙处之何方，不可不立一定方位，方位基本于东西南北四点，太阳朝见之方为东，暮没之方为西，人面东立，则其左为北，右为南，是为定方位最便之法。又北极星者，吾人所共知，航海所最要。当地球正北位，在未有磁针时赖以定方位者也。今则以磁针定方位为最便。然磁针所指方位尚非正北，盖各处地平不同，故针之所指东西偏差，处处不等也。既知东西南北四向，即可于东与北、西与南、东与南，西与北之适中各平分画一方位线，是为东西南北，东北西北，东南西南八向，从此再析之为二十四向，三十二向，更析之为三百六十度，每度析为六十分，每分度析为六十秒，皆不能出东西南北基本范围内。

四、地球运动之关系

于地球上虚拟一直线，过地球中心，通贯其平扁两端是为地轴，其北端曰北极，南端曰南极；于地球南北两极适中最广大处作一大圈，是为赤道圈；赤道以北称北半球，赤道以南称南半球。

地球依地轴自转，凡二十四小时一周（即一昼夜一周，一昼夜为一日，故自转又名日动），自西向东（即左旋），昼夜不息，向太阳半面为昼，背太阳半面为夜。向背二面迭相交替，甲昼则乙夜，乙昼则甲夜。若非地球自转，则向太阳之半面宜常为昼，背太阳之半面宜常为夜，何以东西两半球各有昼夜乎？

地球运行瞬息千里，而人不觉者一因地上万物与人并居，地动则人物随之而移，无可为标识之处。一因其动有常，无端无际，无缓无急，无可为记忆之时。譬之人在舟中，闭窗静坐，舟行不息，人随而行，不自觉也。

古人以地为大块，终古不动，而日月星辰东出西没，绕地而行。试问海底孰为承扶，地底孰为基止？而此日月星辰其出也何自，其入也何归？则未有确定其说者，唯以地球为天空之一行星，被太阳之吸力而绕转于太空，太阳终古不易其位，人在地面见太阳之西行，实因地球之东转，乃足释一切疑窦。盖人目之知运动，生于彼此之位置改变，我之进行，则见人如却步，往往误认而主客倒置，如乘汽车、汽船，凭眺远方，每忘吾人前驶，反以为山峰退走。我之前行愈速，则见彼之退走愈疾，且身体之震荡愈少，而误认主客之感益多。况以大地运行之速，吾人误认为太阳退走，不其宜乎？又贸易风①之方向，必稍偏东，亦为地球左旋之据。其自转之缓急，因距赤道远近而分，赤道周最大（二万四千九百英里），自转之速度亦最大（以二十四小时约二万四千九百英里，是

---

① 由于海陆热力差异，南海盛行季风，冬季吹东北风，夏季吹西南风，已成为风向规律，古代称信风。中国人早就利用季风扬帆南溟，从事对外经济文化交流，所以又把季风称为"贸易风"。

一小时自转千余英里），渐近两极，纬圈渐小，自转速度即次第减少，至两极遂归于无。盖纬圈之大小各异，而自转一周之时刻则同平分计算，故有缓急也。

吸力之理

吸力亦名摄力，凡物皆有之。体大者其吸力大，体小者其吸力小。大小两力互相吸，则小者绕大者而行，其理如以一绳一端系球，手执一端而旋之，则球有向外之力，手有牵制之力。向外之力曰离心力，牵制之力曰向心力。二力相抵则球不能下坠，随绳旋绕，周而复始，循环无端。其旋绕所过之道，是为轨道。故离心、向心二力有反比例。凡轨道之大小，即可以二力之大小定之。以日、月、地之体而言，地小于日而月小于地，其吸力则地大于月而日大于地，故地有绕日之轨道，月有绕地之轨道。今推得地与太阳中距为二亿七千六百三十五万六千五百余中里（九千一百万余英里），中距者在春秋分前后约十余日为地距太阳之中数，即地轨之半径，亦即离心、向心二力相抵之处，譬犹系球之绳也。

地球之吸力由地心而生通地球，惟此一点有一定之处，若地面则有转率。人物环地而居，随地而转，上下左右，顷刻万状，各处不同而无颠倒之虞者，皆因同受吸力之故。即以中国与美国言之，二处相距适为半周，以中为上，则美为下，其国之人尽倒悬。以美为上，则中为下，其处之人宜颠坠。今各处之人皆安居无恙，皆以所戴为上，所履为下，并无立正倒悬之可言者，盖以两地人物所受者，皆此地心之吸力耳。

地球吸力，赤道处略小于两极处，盖地球自转，赤道所行之圈最大，其处各质点所生之离心力应较两极处多二百八十九分之一，其所受之吸力应较两极处少二百八十九分之一，是可以称物之重验之。凡在赤道处称物若干重，移至各纬圈称之，其重必以次渐增。在两极处称之,其重恒较原重多至二百八十九分之一,此因物在两极处所受地心吸力大,故其重加多也。又可以钟摆验之。盖钟之摆动悬于空中,无所倚着,专恃向心、离心二力以为推移,使其往来不息,如其处所生之离心力大,则其摆动迟而次数少;其处所生之离心力小,则其摆动速而次数多。今西人屡经考验,在赤道处每平太阳日,钟摆来往八万六千四百次;在伦敦来往八万六千五百三十五次。若非赤道离心力大,何以有此差耶?惟因赤道离心力最强则受太阳热力膨胀为自然之势,赤道处既形膨胀,是两极处距地球中心较赤道为近,因而受地心吸力亦较赤道为多,此地球所以为扁圆也。

地球既自转,又运行太阳之周围,称为公转。公转之线路为椭圆圈,是为地球轨道,谓之黄道。地球行轨道一周之期为一年(即三百六十五日又四分日之一),故公转亦曰年动。

地球虽运行于轨道,然地轴并非直立,乃为偏斜之势。地轴与轨道平面成六十六度半交角,即倾二十三度半,恒依此运行而不变者也。盖太阳居地行轨道椭圆之一心,与轨道在平面内,若此轴直立运行,则日光将永远正射赤道,不及他方。今因地轴斜立于轨道,黄道与赤道斜交,地球循黄道由赤道南入赤道北,由赤道北出赤道南,逐渐运行,故日光所射无定所。当地球北极倾向轨道之内时,则日光正射赤道以北,及行至南极倾向轨道之内时,则日光正射赤道以南,至南北两极各守不偏之位置,则日光正射赤道。

黄道者,太阳视行之道,地球实行之道,与赤道斜交而生两交点,交点所成之角谓之黄赤交角。黄赤道相距最大之处谓之黄赤大距(一曰黄赤距纬),大距之度与交角之度等,其数古今所测不同,其常用中数为二十三度三十分,其太阳当赤道之南,大距点为冬至点;太阳当赤道北,大距点为夏至点;其两交点一为春分点,一为秋分点。地球循黄道由赤道南入赤道北之点为春分点,由赤道北出赤道南之点为秋分点（人所居之地多在赤道北，故自南而北为入，自北而南为出）。夏至与冬至，春分与秋分皆两两相对，相距一百八十度，冬至至春分，春分至夏至，夏至至秋分，秋分至冬至，相距皆九十度。

地面之寒暑，生于日光之正射、斜射。正射则热甚，斜射则热减。一寸平方之光线直射，则物面受热之处，亦止一方寸，斜射则分散其热于数倍、数十倍之地，故其势力必衰减也。故日光直射赤道以北时，北半球受热盛为夏，同时南半球反之为冬。若直射赤道以南，则南半球为夏，北半球又为冬。至直射赤道时，则南北两半球温热均一而春秋之节生焉。至四时之循环、昼夜之长短，更详于下：

地球两极距太阳等，而日光正射赤道之时，一年中仅春分及秋分两日。此两日昼夜平分，世界各国均无长短。今设以春分日为地球公转发轫之点，此日以后北极日向太阳，北半球之昼次第增长，至夏至日太阳遂正射赤道北二十三度半之处，此时日光所及直至北极之背二十三度半而止，而距南极二十三度半以内全无日光，此时北半球太阳所烛照地面最广，昼长夜短，南半球反是。是为北半球夏至，南半球冬至。

夏至日以后，北极日渐倾向轨道之外，北半球昼次第以短，夜次第以长，太阳回归南方（实为赤道渐向太阳），至秋分日，太阳正照地，赤道上昼夜平分，是为北半球之秋分，南半球之春分。

自秋分日至冬至日，太阳正射赤道南二十三度半，日光所及直至南极之背二十三度半而止，而距北极二十三度半以内，亦全不见日光。此时南半球太阳所烛照地面最广，昼长夜短，北半球反是。是为北半球冬至，南半球夏至。

自冬至日以后，南极日自太阳而退，北极日自太阳而进，太阳即回归于北，至春分日，太阳正射赤道上，昼夜平分，是为北半球春分，南半球秋分。至是地球绕行轨道一周，复归其始发之点。

　　自春分至夏至，夏至至秋分，以北极倾斜向太阳之故，日光北越北极而照其背后，南极下地为日光所不到，故此半年间，北极地方常昼，南极地方常夜。自秋分至冬至，冬至春分，南极正向太阳，日光南越南极而照其背后，北极下地为日光所不到，则南极地方常昼，北极地方常夜。是两极端半年为昼，半年为夜，一年仅如一昼夜也。

　　地球之对太阳，其一部分常受太阳之直射而热，一部分常受斜射而寒，一部分得其中而温和，于是气候带生焉。气候带分之为五：曰热带，曰南温带，曰北温带，曰南寒带，曰北寒带。热带以赤道为中央，其南北各至二十三度半以内之处。由地球公转观之，若太阳终始往复此带者，夏期虽北进，不至北纬二十三度半以北，而还归于南，于此还归之界作一线周于地球，谓之北回归线，或曰夏至线。冬至，太阳虽南行，不逾南纬二十三度半而还归于北，于此还归之界作一线周于地球，是为南回归线。是故热带各地，太阳均能过天顶，四时皆热，草木繁茂，栖息极大动物，居民多野蛮。温带在南北寒带与热带之间，由夏至线到北纬六十六度半处（即北极圈处，亦即北寒带圈处）曰北温带。由冬至线至南纬六十六半处（即南极圈，亦曰南寒带圈）曰南温带。温带各地寒暑适中，有四时之分，生有用之动植物，适人智之发达，多优胜之国。由南北两极圈以至两极，北曰北寒带，南曰南寒带。寒带因受太阳光热极少，四时皆冰，近极之所，半年全昼，半年全夜，动植物种类皆少，人口更稀。

经纬

　　自来谈舆地者，多言某处在某地之何方若干远，惟言向不过八方。言远近又有人行道、鸟道之差。代远年湮，遂至茫然者有之。故纪地以能载经纬度者惟最确。虽历久可复按而得。惟度本属之于天地，与天上下悬绝，亦欲分度与天相应。其故何也？盖天虽大地虽小，而同为圆体则一，前试于平面纸上作一大圆圈，又于大圆圈中同心作一小圆圈，再自心向大圆边作半径线，分圆边为三百六十度，查大圆边之度与小圆边之度，其数必等。譬如天即大圆，地即小圆，其边所分之度自能遥遥相应也。地球之南北二点正当天空之南北两极，地之中腰大圈亦与天空赤道相当。《淮南子·坠形篇》云：凡地形东西为纬，南北为经。按东西为纬者，言其线东西环绕，与赤道相当之大圈渐南渐北为平行圈者皆是，名曰纬圈，亦曰距等圈。其圈渐南渐北均渐小。各纬圈之相距名曰纬度。自赤道起 0 度数，向两极各止于九十度，在赤道北曰北纬度，在赤道南曰南纬度。人居北纬若干度，则其处北极高出地平若干度。南极低入地平若干度，居南纬者反是。人所居愈南愈北则两极出入地平高低之度愈多，此纬度之理也。南北为经者，言其线南北相贯，与纬线正交。自北极而南过赤道至南极，复北绕而北过赤道交于北极，名为子午大圈。凡三百六十度，则为三百六十个子午大圈，即经圈也。各经线相距，名曰经度。当赤道每经度之相距等于每纬度之相距（每纬度相距中里二百，英海里六十六有奇），离赤道而渐南渐北，则经度之相距随各距等圈之小而狭。至于南北两极尽于一点矣。经度之起算不如纬度之一定，任测定各处子午线为中线（经度自 0 度向东西计之，故起算之线名曰中线）。自中线向东计之，曰东经度，向西计之，曰西经度，均至一百八十度而止。如中国以京师观象台为中线，英以伦敦天文台为中线，法以巴黎为中线，美以华盛顿为中线，是凡日出之早晏，以经度之东西而异，同经之地，日星之过午过子必同时，故赤经圈又名时圈，各赤经圈相交之角名时刻角，以其为时刻所由生也。此经度之理也。必先明经纬度之理，而后可以阅图。可以阅图而后，可详究地上之事。

自然地理学

地球表面其初本不如今日之状。陆、水、气三界如何发生，今日所不能确知，然据现时学者推测，地球之初，有吾人想象不及之热度，纯为气体，浮游宇宙，渐久渐冷，失其热度，一部化液，寻外部凝结成地壳，此地地体亦变为水之液体，沉降地面之凹处，为河海洋，唯空气今尚存其原形。

地面由陆与水而成球面。陆地皆从北极纷披下垂，凸凹参差，不一其形，为方英里者约五千二百万。陆地之外，海洋环之，为方英里者约一亿四千五百五十万，是陆地仅居三分之一，海洋居三分之二。而陆地之内又有湖泊江河，水多于陆殆近四分之三。水面多在南半球，陆面多在北半球，故人事以北球为特盛。

陆地因其大小，别为大陆与岛。

大陆者，陆区分最大者也。东半球大陆广大，称为东大陆，为方英里者三千二百二十万。东大陆之南有南大陆，方英里者三百十七万。在西半球者为西大陆，为方英里者一千五百七十万，故陆地东半球特多，陆偏东北，水偏西南，以是人类之经营竞逐，多在地球之东北。三大陆分为六大洲，曰亚细亚（后省曰亚洲），曰欧罗巴（后省曰欧洲），曰阿非利亚（后省曰阿洲）[①]，曰北亚美利加（后省曰北美洲），曰南亚美利加（后省曰南美洲），曰澳大利亚（后省曰澳洲），而亚美利加本为一洲，因中间狭地不绝如颈，其处名巴拿马，宽不过数十里，于是分亚美利加为南北两洲。世或称五大洲，或称六大洲一也。亚洲全疆为方英里者一千七百二十一万二千六百八十，亚洲之西北为欧洲，地形与海水相吞啮，为方英里者三百七十

---

① 即指非洲。

五万六千九百七十。亚洲之西南为阿洲，东西南三面皆海，为方英里者一千一百五十一万四千七百。此三洲地实相连（亚、阿两洲交界处为地颈，广仅三百里，北为地中海，南为红海，现经法兰西人名瑟留者沟通其处，名曰苏夷士河，于是亚、阿两洲中隔一河矣），同在东半球，故统名东大陆，由欧、阿两洲西渡大西洋为南北两美洲（其地自剖判以来未通别土，欧洲人于前明中叶始探得之），北美洲为方英里者七百九十万零三百五十，南美洲为方英里者六百五十五万四千一百，两洲相连（近又经瑟留立公司沟通巴拿马，以通大西、太平两洋，而苏夷士为沙地，巴拿马为石地，开沟之工较苏夷士为难。闻至今尚未卒事），其西北一角与亚洲东北相连，中隔海港数十里，故统名曰西大陆。亚洲东南海中为澳洲，为方英里者三百九十六万四千。就六大洲较其大小，澳、欧殆等，南美二倍于欧，北美二倍半于欧，阿洲三倍于欧，亚洲四倍半于欧。六大洲若两两相合，南北拟成三片：一为南北两美新世界之陆；一为欧、阿两洲旧世界西部之陆；一为亚、澳两洲旧世界东部之陆。各自北半球近极地起点，延及南半球中部，大率北广而南狭，又各大陆类皆三角形。

岛者四面环水之陆地，区分为二：一陆岛；二海岛。

陆岛者（一曰洲岛），本自大陆分离，附近大陆面积广大，山河之形势，动植物之生产，凡自然地理之状态颇类大陆，如日本及英吉利等是。盖当古初本连大陆，历年永久地面陷落，渐与大陆分离，复经雨水侵蚀，分离日远，遂悬为岛。又有一种遗迹岛，亦因往古大陆渐渐沉降，仅有高点残存，罗列海表，南洋群岛即其类也。

海岛者（一曰洋岛），与大陆无关系，孤立大洋中，或由火山喷出物质堆积而成，或生物遗体堆积而成，故有火山岛、珊瑚岛之别。又地面之变迁无常，海洋时有凹下之处，即时有隆起之处，隆起之处亦若大陆之有山岳，然凡众岛棋布海面，若联若续，相聚一隅，谓之群岛，又称列岛，以别于孤岛也。

大陆与岛之区别，因大小不同而其构造亦异。大陆旁边海岸处必有山地，中间必有大原野；岛则构造极简，绝少组织痕迹。陆地与海洋相接之界线是为海岸线。凡大陆多类楔形，其尖端南向，故海岸线之延长，大势自东北向西南，或自西北向东南逦迤，即各岬角、半岛、地峡所成之海峡、港湾亦多向南。

海岸线之长短，岬角、海湾之多少，于文化大有关系。盖海岸线延长则气候调和，便世界之交通，利天智之发达，故为文明进步之助。就陆地面积之广狭比较，海岸线之长短如下：

大陆	海岸线	地之面积
阿洲	一	百五十六
亚洲	一	百十五
美洲	一	九十一
欧洲	一	四十

由是观之，海岸线之最长者为欧洲，美洲次之，亚洲又次之，阿洲为最短，而文明迟速之程度亦准此为次第。盖现今世界各国惟欧洲溥化文明，美洲次之，阿洲内地今犹野蛮，我亚洲则惟东洋与欧西列强相追随，自谓为东方世界文明先进之国，因其濒太平洋，海岸线延长之故。而我中国海岸线自东北而西南连延亦甚远也。

大陆有半岛、岬、地峡之分：

半岛者，三面环海一面连陆地，亦称为土股。

岬者，突出海中之陆地，为陆之极点，其突尖隆之处曰海角，又曰山嘴、地嘴。

地峡者，陆之二大部分相连络处，地极狭窄，亦称为土腰。

大陆有低地、平原、高地之别：

平原者，平坦而广阔，高于海面二百余尺至三百尺之地。

低地者，高于海面百余尺以下之地。

高地者，高于海面三百尺以上之地。

大陆各处地平，皆有山与溪谷之形。

山者，自地面崛起之陆地，山岭连续处曰山脉，由脉相集必各走一向曰山系。

溪谷者，居各山之旁近，卑于人立处平地者也。

地壳，本自液体凝结而成，故表面处处生波状皱纹，山脉则其凸出者也，溪谷则其凹入者也。

火山者，喷蒸气、灰烟、石汁之山，大概为圆锥形，由地球内实质喷出堆积而成。以地底愈下热度愈增。考之知地球内部实质今尚非常炎热而为液体无疑。然地底之热气为地壳隔断，受无穷之压力，不能自在泄出，只传至岩石之罅隙，挤迫而出，故火山破裂地表，喷出火、汁、砂石、炭硫等物，甚为剧烈。

地面之改变

地面时有变动，吾人以为万古不易其形者，实非也。其改变之由，本于热、水二力之作用。

细察地球构造之状，自地体结合薄岩层后，地底液体屡爆溃，叠生新岩，皆经几次改变而来，是为不可掩之事实，即如今日地中之热，屡自火山喷出或生剧烈地震，一村一郡，转覆埋没。一瞬间，其地之情形全变，此世所共知也。然地热之作用尚不止此。以极精密之验器测知，地壳时有轻微震动，昼夜无间，寻常所称之地震不过其甚焉者也。地壳全部收缩，地热欲发散，压迫地壳而生震动，故有某部之平地渐现隆起状，彼海底之岩或耸出水面而生新岛，其明证也。要之，地热之作用为专使地面隆起也。

水力改变地形亦不弱于热力。雨点滴于岩石、土壤自然解碎，更渗入地底，穿通岩层，疏凿其通路，致成川流，挟土入海，淤于海底生新陆地，名曰冲积陆地。今日海滨或河边之平原沃土，皆为冲积层也，如尼罗河口埃及之三角洲，恒河口孟加拉之三角洲是也。即中国本部之千里沃野，亦皆由黄河、扬子江两河之作用。要之，水之作用专能使地面平坦也。

地热有隆起地面之动力，水有平坦地面之动力，二力作用相反，日夜相争，不稍停息。然其迹象徐缓，假吾人百年之寿，亦无从觉察。数千年后，今日之地形何时变为沧海，亦不能预指也。

水别为陆水海水

海水者，环绕陆地，其最深之处，不过四千五十寻（即二万四千三百尺，寻约六尺），实球面凹处之潴水耳。海水区分大洋海、海湾、海峡。

大洋者，海水最大之区，其数有五：曰太平洋（即东洋大海，因风浪平静而名），在亚洲之东，南北两美洲之西，约为方英里者六千七百八十万；曰大西洋，在欧、阿两洲之西，南北两美洲之东，为方英里者三千五百一十六万；曰印度洋，在印度俾路支波斯阿拉伯之南，阿洲之东，澳洲之西，为方英里者二千五百万；曰北冰洋，乃亚洲之西伯利亚、欧洲之俄罗斯、瑞典挪盛（一作挪耳瓦）、北美洲之加拿他（一作坎拿大）、阿拉斯喀等地北临之海，近北极三十度处是也，约为方英里者五百万；曰南冰洋，乃南美洲、阿洲、澳洲迤南之海，近南极三十度处是也，约为方英里者四百五十七万五千六百。

海者，接近陆地，小于洋之部分，随在而异，其名如亚洲冈札德加之西为霍喀斯克海，东为堪察次克海；日本之西、朝鲜之东为日本海；琉球之西为东海；中国福建、广东之南，安南之东为中国海；澳洲之北，中国、越南、暹罗之南为南洋；缅甸之西、印度之东为孟加拉海；印度之西、阿拉伯之东南为阿拉伯海；阿拉伯之西，阿洲埃及、阿比西里亚之东为红海；西伯利亚鄂毕河入海口之北为喀拉海；欧洲俄罗斯之北为白海；欧洲土耳其、希腊、义大利、法兰西、西班牙之南，阿洲埃及的黎波里、突尼斯之北为地中海；欧洲德意志之北、俄罗斯之西，瑞典、丹麦之东为波罗的海；荷兰、比利时之北，英吉利之东为北海；北美洲格凌兰之东为格凌兰海；阿拉斯喀之西北为白令海；南美洲委内瑞辣、可伦比亚之北为加勒海；澳洲之北，巴布亚之南为阿拉夫拉海；巴布亚之西为班达海；婆罗洲之南、葛留巴之北、苏门答腊之东为葛留巴海（一曰（瓜）[爪]哇海）；婆罗洲之东为西里伯海；西里伯海之北为苏禄海；又内陆大湖面积甚广，望洋如海者则为裨海，如黑海、里海等是。

海湾者，海水湾入陆地之称，如墨西哥湾、波斯湾等是。海之湾犹陆之岬及半岛云。

海峡者，水之二大部分相连络处，水极狭窄，如白令海峡、朝鲜海峡等是。水之有海峡，犹陆之有地峡。

内陆之水，区分为二：曰河；曰湖。

河者，地势洼下为水归流之处，始发之处是谓河源，河流入海，与湖或他大川处是谓河口。近河源之处是谓上游，近河口之处是谓下流。河水本支各流是谓河系，由某河系所排泄及灌溉之地面称某河领或某河流域。一河系与他河系相分处是谓分水脊。

湖者，凹地潴水之所，或有吐口，或无吐口。有吐口者为淡水湖；无吐口者为咸水湖，如里海、咸海等皆咸水也。盖此等湖淡水蒸发，随空气散去，盐质存留，几经星霜，次第浓厚，遂现咸味。

海水之运动
海水有波浪、潮汐及洋流三种运动。

波浪者，海面为风所压，起伏动摇，于海底无关。但因地震而起之高浪，所谓海啸者则深及海底。

潮汐者，海水受日月之吸引力而生，定时之流涨，其关系不止在海面，直至最深之海底。月在朔望为大潮（一曰满潮，又曰高潮），朔为地在日、月之后，故日月合力吸地，地之吸力少逊而地上之水遂为日月所吸而涨；望为地在日、月之中，地为日、月所对吸，故皆为大潮。月在上下弦为小潮（一曰低潮），上弦为地与月并，地在月左；下弦为地与月并，地在月右，日、月之吸力互相牵制，故吸力小而为小潮。海水半向月半背月，向背两面其潮汐同时者，盖向月一面，水为月摄动而高涨；背月一面，月拖吸地球离水，地心力不能紧吸，故亦同时而涨。夫同时而涨，其高低亦同者，则因凡两物愈迫近，其吸力愈大。向月之水距月最近，地心距月稍远，背月之水距月更远，故三者之受吸力各有等差，如向月之水被月摄高三度，此中地体应被月拖进二度。两数对减余一，即潮汐涨高实度；背月之水离月甚远，被月摄引仅一度，惟地体已拖离二度，两数对减余一，亦即潮汐涨高实度，此正面与对面所以同也。潮汐低满各一次之时间为十二时二十六分许，其亦有不能密合者，则又因海洋之深浅、沿海之状态等关系也。

洋流者，犹海中之河，在大洋中有定向之流动，此由地球之自转、含盐分之多寡及定时风之作用与寒热两带地方海水温度之差异，互相往还者也。洋流之如何，尤与各地之气候有关涉。

洋流别为两极洋流、赤道洋流、回归洋流三种。

两极洋流者，两极地方寒冷，海水向赤道流动，北极洋流取西南之方向，南洋流取东北之方向。

赤道洋流者，自东向西流动于两回归线之间，有北赤道溢流、南赤道洋流之别。

回归洋流者，赤道地方温暖海水向两极流动，在北半球者取东北方向，在南半球者取东南方向。

回归洋流暖而热，两极洋流寒而冷。暖流较冷流其重率小，故二流会合之际，回归洋流率流于海面，两极洋流率流于海底。

北大西洋之回归洋流自墨西哥海湾向东北流动，北太平洋之回归洋流沿日本海之东岸向东北流动。

空气

地球外部包裹以透明气体，为人物生存呼吸，一刻不可缺者，谓之空气。

空气之质，合（炭）［氮］、（养）［氧］二气，（炭）［氮］气得百分之七十九，（养）［氧］气得百分之二十一，更有少许（轻）［氢］气相合而成。

空气下层受上层重叠迫压，其质最密厚，上层则次第稀疏，高于地面百五十里至二百里则极稀薄，以至于无万物，即不能呼吸生存矣。

空气温暖之差，由于太阳之热力，其温者不尽因日热之直射空气中。盖由太阳光热放射，透过空气而达于地面，地面殆全吸收之而后，从地面传引及射散于空气中，故空气下层最温暖，上层则寒冷。

空气之压力因温度之高低为增减，何则？凡物体暖则涨，冷则缩，故温暖之空气涨而稀，寒冷之空气缩而重。

风

空气之压力既因温度之高低而增减，而太阳之热力又因寒带、温带、热带而有差异，于是各处之空气压力一高一低，失其平均，轻空气（即温暖空气）浮游上升，重空气（即寒冷空气）即流来以补其缺，是名为风。

赤道近旁之空气因地方酷热，故时浮游上升至上层，空气限则向两极流动，流向北极则为西南风，流向南极则为西北风。本宜为正南、正北，因地东转甚速，风之天然力为之牵动，不能随而依附，故变为西南、西北。

赤道之温空气既轻而上升，则南北两极之冷空气恒来实其隙，在赤道南北三十度之间有终岁一定之风。此风因便于商船航海，故名贸易风。贸易风本宜直南、直北吹向赤道，亦因地球东转所制，北风变为东北风，南风变为东南风。

南北贸易风于赤道旁近相会，应起强东风而反无风，何也？盖赤道十度之内，其热为最，水蒸气亦多，空气至此无不轻而上升，故其地之风仅上升而无东西南北之异，是名赤道无风带。赤道热风吹向两极渐寒之域，则渐收缩下降。两极冷风吹向赤道渐热之域，则渐轻浮上升，二风会合之点恒在赤道南北三十度旁，即贸易风之界限。当会合之时，寒冷交际，各杀其势，故气流亦静稳，是名南北回归无风带。

无风带内又间有不定方向之软风，又时起飓风，盖因两风交会之际，或存气流余势，或激而显气流烈势。

在印度洋及中国近海自三月至九月半年间，东北贸易风停止而有西南与东南之卓越风。卓越风又名半年或季节风，盖此时亚洲大陆南部受日光直射，陆、海受热之差愈增，海上冷空气向陆地流动，故与此地方寒时之风相反。

季节风南半球亦有之，自九月到三月半年间，即太阳直射赤道以南之季节，在澳洲之北岸及非洲之西南岸，东南贸易风停止而生西北风，亦与此地方寒时之风相反。

地方风

因各处地势之不同，而空气温度高低亦随而变，于是各处恒有无定风之发达，是名地方风。地方风有海软风、陆软风、谷风、山风、飓风、旋风之别。

陆比海受热较速，发散亦速，沿海之地，当晴暖之日，昼间陆地之温度高，海上之温度低，故海上冷气向陆而流，风率从海吹向陆，是名海软风。夜间陆地温度低，海上温度高，故陆地冷气向海而流，风率从陆吹向海，是名陆软风。又山间往往有一种风，即昼间山腹之空气温度高，谿谷之空气温度低，故风率从谿谷吹上山腹，是名谷风。夜间山腹之空气温度速降而低于谿谷空气温度，则风从山腹吹向谿谷，是名山风。

飓风

海上有一种猛烈之风，忽然而起，莫能测定其方向，是名飓风。其原因基于气变急激，当地点之空气非常低压或非常高压时，周围空气皆向一处袭来，故飓风之运动恒成螺旋状，因又谓之旋风。飓风之运动皆斜绕地点中心，非直贯地点中心，故其中心皆甚平静，中心周围之势力则极猛烈。

空气之水分

地面之水蒸发不断而上升为水蒸气，含于空气中。此水蒸气触冷气即凝缩细微水点而为云雾，浮游空中，更冷而凝缩即变为雨雪等降下于地面。盖水蒸气发于地面而为云，云凝而为雨，仍散于地面，运动循环而不失其原质。

空气冷却凝缩之原因有三：

一、温暖空气上腾至空气限而冷却。

二、温暖空气触寒冷物体而凝缩。

三、温暖空气与寒冷空气相触而凝缩。

云雾

空中温暖湿气将满，大气忽冷，遂凝缩而生细微水分（字）[子]，（游）[浮]游腾胀，是为云之生因。天愈炎暑则水蒸气上腾之量愈大，故夏日之云尤易生寒冷空气，触地面之热，其水蒸气凝结而为细微水分子，低接于地面，是为雾之起因，故雾者云之最低者也。

霜露

天气晴朗之夜，水蒸气凝缩细小珠点，含于草木叶之面，是名为露。盖因地面受日热，夜间热散而冷空气触之所含蒸发气之一分，凝为水点，露凝于凝冰之度再凝于三十二度物体之上则成霜，故霜即露之冰冻者。

雨雪

空气中水蒸气凝缩为云，更低为雨，雨水之质最纯粹。惟都市中蒸发气稍含污点，降雨亦稍有不纯粹者，空际水蒸气冷却甚达于凝冰度下凝缩成小冰点，降于地，是谓雪。

雨雪相交而降谓之霰。

雨滴空气中忽冻结成冰块，谓之雹，每于雷电时而降下。冬季稀，春夏多。

雷电

电有阴阳，阴阳二电，相激而发声，其声为雷，其光为电，其力甚烈，触之者死。凡天气愈热则电雷愈多，雨水愈盛，故赤道下多雷电，亦多雨。

雨与热二者为万物生育不可缺之要物，故地球上诸沙漠因无雨，永为荒地也。

雨量之多寡，由太阳之热力，各带有强弱之差而异，故热带地方最多雨，温带次之，寒带最少。又同一带中与海远隔之内地则雨较少。

热带地方有一定雨节，不似他带地方晴雨无定。凡南北回归线内之地，受太阳直射前后数十日间，每日日中必骤雨暴至，雷电乘之，或数时雨或终日雨，此时称雨节。过雨节后数月间，更无雨降，名曰干节。热带地方终岁皆盛夏，无四季之别，只分干、雨两节，但干节时露量亦最大。

太阳每年二次过热带地方，则雨节亦分二次。在赤道无风带内，第一雨节未过，第二雨节已来，故终岁每日午后必大雨。雨节者，自热带各地视之，每年有一定期节，往来不爽，然自热带全体视之，则雨节之通路，随太阳移动，终年往来两回归线之间，为一种往来之移动带，因称之为日雨带。雨带之幅殆跨有一千里，此雨带之理。因南北吹来之贸易风至日光直射地方，遇热而温，浮游上升，愈升愈凉，其所含之水蒸气遂冷结而为雨，是以每日日中骤雨暴降。

在温带及寒带地方，风无定，雨亦无定，故四季皆有雨，惟热风多时则雨多，因热气中有水气也。

在季节风范围内，风自海来时则雨多，自陆来时则雨少，因海风所含湿气多于陆也。

于温带（按）［接］近热带地方，蒙热带雨节之余，夏季往往有骤雨暴至，在寒带地方除六七月间数旬外，余时地面全掩白雪，坚冰数尺，终岁不融，但夏季暖风至此地，空中往往生云雾或降细雨。

气候

各地气候之寒暑，关乎纬度之高下，然亦有关乎地势之高下者，地之高者易寒，亦易热，空气薄而变易易也。地之低者反是，空气厚而变易难也。故虽同纬度之地，高低不同，寒暑即亦不同。又空气下层温暖，上层寒冷，凡去海面愈高，则空气温度愈低，故无论在何纬度，其高于海面至若干尺以上，即达四时冰雪不融之点，可与两极冰天相等，此界限与空气上层连接之线谓之雪线。

赤道地方雪线高一万五千尺至二万尺，从赤道渐向南北，次第低下至两极旁近，遂下接地表。

各地之寒暑既因纬度及地势之高低而异，此外尚有湿润温暖之风吹来，或暖洋流流及处，皆温暖干燥；寒冷之风吹来，或冷洋流流及处，皆寒冷。又岛地及海岸地，视大陆内地严寒酷暑较少，盖海水之收热与散热均较陆地为缓，且往来流动，故彼此温度之差较少也。又草木茂生之地，视沙砾不毛之地，寒暑较为均平，是亦由收热与散热，各有迟速故也。

物质

气质

质之最微者曰气质，如空气之类。

流质

视气质为稍厚者曰流质，如水与水银等类。

定质

质之最结实者曰定质，如土石之类。

试以一身言之，气为气质，血为流质，骨肉为定质。

三质亦能互相变化，如空气热而上升，下降为雨，是气质化为流质。水冰而成冰，是流质化为定质。铁镕而成水，是定质化为流质。水沸而散于空气，是流质化为气质。

物产

地球之物产分动、植、矿三品，其生殖分布因土地气候而异。人类利用天产而存，又发达之。故人类生业大率随天产之富饶而定，如六畜蕃息之地多业畜牧，适五谷地多农，饶矿脉地多事矿业。商业亦因其地天赋为归趣。今略述矿、植、动三者于下：

矿物为无机物，最少生气者，凡人生日用之矿物区分三：一、发热用之矿物，如煤炭是。二、工业用之矿物，如铁、铜是。三、建业用之矿物，如大理石、花冈石是。

植物，物之有生发而无知觉运动者。人生日用之植物区分三：一、食之所需，如谷与果实之类。二、衣之所需，如棉麻之类。三、居之所需，如材木之类。

动物，物之能行动而有知觉者，如禽兽之类。人生日用之动物区分三：一、供人之食，如家畜及水产鱼鳖等。二、供人之衣，如羽毛、皮革等。三、供人之居，如兽皮、绢、海绵。

动植物生殖之理

草木之性，有能移植者，有不能移植者，有自然移植者。自然移植者，或因鸟所衔啄或因附于别物而移去。

天气之寒暖与草木之长短有界限，纬度愈近赤道，则天气愈暖，草木愈长。反之者愈短。草树之种类自三十万至四十万。

动物之类少于植物，因植物有水土、空气之处即可生，动物须俟有植物以为之食料而后能生也。如赤道处草木畅茂，禽兽亦因之而繁殖。

动物所生之数少于植物，动物所生之处实多于植物，如草木于海中必在七百五十尺以上，南北两极处不生草木。而动物则不然。海底之鱼，极处之熊，皆植物不生之地有动物存焉。

人种

世界人类凡十四亿八千万人或曰十五亿，其性情、风俗、习惯各不同。以人之肤色分之有五种：曰黄人、白人、黑人、铜色人、棕色人。

黄人种，一曰蒙古人种，皮肤黄色，居亚洲强半及欧洲东部，其数五亿余。

白人种，亦称高加索种，居印度者称印度欧罗巴种，皮肤白皙带淡红色，欧洲全土及亚洲西南部、北美洲之大部、澳洲海岸、非洲北部人民胥属此种，其数六亿余。

黑人种，一曰埃提阿伯人种，皮肤暗黑，非洲土人属此种，故又称亚弗利加人种，其数六千万余。

铜色人种，一曰印度人种，皮肤稍带锈铜色，故异于黄种。南北美洲土人属此种，其数约一千万。

棕色人种，一曰马来人种，皮肤棕色，又名鸢色、褐色人种，居亚洲马来隅半岛及澳洲，其数六千万余。

至于人为动物之最灵，能耐气候寒热，地面可随处转徙播布，固不似他动物有定居。然居热带者其获衣食易，则多殆惰。居寒带者其资生难，毕生拮据于衣食，不暇旁及。其最适于人类发达之处则惟温带内。又如平原之民，气质宏远，不拘小节，而缺精密。山间之民，气质褊狭，质直朴，实有勇悍之风。人情各以地殊，此天然力之不期然而然者。其黄、白、黑、铜、棕各色人种中，因言语文字之不同而民族之界限有画然难以强同者，兹不条述，当分叙于各国、各部中。

政治地理学

社会

社会也者，人类相结合之团体，汉土之所谓群以协力同心为第一要点。草昧之初，饥饿求食相结，以逐鸟兽，协力御侮是为社会之权舆。社会者，实人类之所依赖。若人类不成社会，独力不足成事，常沉沦可哀之境。野蛮之民所以停滞蒙昧之天地而不能图进步，以至种族之澌灭者，由其社会之组织不完也。社会之发达与否，其原有天有人。其土地之位置及形势、气候，物产多寡，此天也。其种族体质强弱、性情善恶，此人也。为地理学者，当就天人诸点以究人国之废兴存亡，其大要也。大抵社会之适于发达者，土地之位置必在温带，去海不远，交通自由，气候适宜。其地势多天产原料，加以人力，得种种之用，而尤富于矿物，此得天者也。居民之体质强壮，耐劳苦，有断制事物之能力，有一心从事之义气，此得人者也。社会之等级，从其发达之度，大别为三：曰未开明、曰半开明、曰开明。未开明之社会，人民乏协同之心，多散处运动，或偶建小部落，食昆虫鱼兽，生活程度甚劣。尤劣者，不知协同为何事，徒相争斗，是为野蛮人。其稍进者，往往建大部落，拥戴酋长，业牧畜，张幕为家，逐水草转移，是张幕种族。或安居一地，知农耕之法，用粗造器具，食禾谷，是为土著种族。半开明社会比未开者稍稍进步，人民集居，协同建政府，有法律制度，其民专业农耕，收禾谷畜之稍稍富有，或营商业或勤工作，技艺、学术稍有观，然社会组织不完，弊害不少。至于开明社会，其组织灿然完备，政治由国民舆论断行，人民生命财产皆得安全，教育普遍精进，博智识，尊道德，民富国强，文化蒸蒸，当今世界最得幸福之民也。

言语

言语者，所以发扬志意，以行之于社会，是故言语之区别社会异同之标准也。然言语之别，种类綦繁，各地所行方音，其类无限。大凡世界言语别为三千五百余种，括之为一千余种，其余广行之国语八十余种。总括可为三大统：一曰阿尔泰统语，亚洲东北部大半皆属此统。二曰阿利音统语，欧洲及印度皆属之。三曰瑟密奇统语，亚洲西部人所用语也。凡国语者所以表其国之存立，国势既盛，其行亦广。昔者拉丁语、西班牙语、法兰西语随其国势之盛以为交通之语言，今则英语、德语盛行。然方今各国主张己国语言，于国际间各用其国语以为通例焉。

宗教

宗教也者，无论何国人力之所不及，若有人类以上之能力，足以摄制人间者，为人人之所同信，所谓尊崇神道之习是也。有以神为一体而尊信之者，为一神教。有以神为多种，礼拜众多神体，为多神教。今述各教源流之大略：佛教者，释迦牟尼于印度所倡之教，专说因果报施，信之者凡五亿人，其传布重在亚洲。基督教，即耶稣教，惠斯耶稣创之于亚洲土耳其，以博爱为主，重在欧洲及北美洲。后世分为三派：曰希腊教；曰罗马加特力教，即旧教；曰不罗铁士登教，即新教，以德人路得之所倡，又曰路得教。此三者皆耶稣教派也，信之者一亿三千万人。回教者，谟罕默德倡之于阿（刺）［剌］伯，预言吉凶祸福，其传布甚广，亚洲及欧洲信之者凡二亿人。婆罗门教于印度行之，以普拉马为天地之主宰。佛教改其说加以涂饰，其徒凡一亿五千万人。犹太教，古之犹太国所起，散在各地之犹太人奉之，其数凡六百万人。又有所谓蛮教者，为野蛮人所信奉之教，其旨义荒唐无稽，或祭祀草木、崇拜昆虫及其他猛兽毒蛇等，礼仪固陋，于宗教中最居劣等。各野蛮人属之，其数亦不下二亿人。

国家

国家者，社会中有其独立主权之本体也。夫人民既协同一致以为社会矣。于此社会有其主权，确立一定之法律，维护有形无形之利害，此组织是为国家，所谓邦国者是也。组织国家者以土地及人民为两大原质。有土地于此而无居民不得为国家，或有人民之团体而无一定之栖止，是无土地者也，亦不得为国家。国家者，一主权之下，土地、人民之统称也，是故土地之广狭，居人之多少，即国家强弱之二大原因也。

国体

国体者，乃组织国家之原质。世界万国因其建国情势各有区别，曰君主国体，曰民主国体。君主国体者，以君主之力创建其国，或勘定中兴国家之权存在君主。君主之别有二：曰帝国，曰王国。帝国戴尊严之皇帝为君父；王国其君享王礼，又有立帝国之下者。民主国体，国中无君主，人民和合以成国家，国民即国家之主权者，所谓共和国是也。凡此诸国，其国民之所自建，不受他国之裁制干涉，自理内外之庶政，是谓独立国。凡独立国不问其国之大小、贫富强弱，其权利与列国同等。

政体

政体者，随国体而异。国家主权存于君主之政治，为君主政体；存于国民之政治，为民主政体。君主政体更别之为二：曰立宪君主政体，曰专制君主政体。立宪君主政体，主权虽在君主，执行主权必遵守确立之国宪，所谓宪法者是也。方今开明诸国多此政体。专制君主政体，君主一人独裁万机，威权无所限制，君主之意即国之法。半开明国以下皆此政体也。民主政体或曰共和政体，本宪法而行主权，有委大统领为国民之代表与竟由国民自行其主权之别。凡采用共和政体者，大率初为他国之属地，由其民力新建独立国家于无可奉戴之祖国也。此外有属国，有保护国，有殖民地。属国者，其土民无自建国之兵力与财富，为他强国征服，从其政令之下。属国之民无与本国国民同等之权利，而纳税等责务则转重。保护国者，虽已建国而不能以本国民之力维持国运，必借强国之力庇覆，仅免灭亡。如此之国，当自捐其国权，受强国之干涉以为报酬。殖民地者，其居民蒙昧，未尝组织国家，无土地之主权，他强国以利用其地之财富为目的，或期并吞其境域以为移殖本国人民之地位，是之谓某国殖民地。

交通

现今世界交通之主要机关，不外航路、铁道、邮便、电信四者。航路者，船舶往来海面之通路。凡海图必记载此线路，以供航海者之用。铁道者，于近今陆路交通之时代人文之上大有关系，欧洲诸国布设最广，其各首府及大都会无不有铁道连络之。邮便之制，各国大同小异，大率归政府掌管，布设愈广则传递愈速，其效用益大。电信者，当与邮便相须。邮便司寻常之通信，电信司临时之急信，二者并行不悖，实现今万国电信联合之要政也。

（周震鳞编述：《明德学堂地理课程》，清末刻本）

在宁乡驻省中学堂速成师范班结业时的讲话

（1905 年）

我们办这个学校，不是专为培养你们当一个好教员，得到社会上的名誉地位，更重要的是希望你们创造事业，创造有利于国家民族的事业。①

（周世钊：《我们的师表》，北京出版社1958年版，第12页）

---

① 文后曰：毕业生徐特立"至今还常回忆那时的情景，念念不忘地说道：'我一生致力于教育事业和革命事业，这几句话对我的影响是很深的。'"

论中国宜组织少年政府以救亡[①]

（1910年9月12—14日）

吾国自海通以来，渐知旧法之不可尽存。甲午战役之终，情见势绌，德宗景皇帝毅然图强，于是有戊戌百日维新之事局，不幸为老朽顽旧之党百计推翻，因而酿成庚子之变，经此大创之后，举国上下，乃日言新政，日言改革。及光绪三十二年下预备立宪之诏，则又日言立宪，至今日而地球列国立法、行政、司法、国家、社会关系之一切新名词大率均已输入中国，见之诏饬，见之章奏、文报，五花八门，言甚多而文甚美，似亦中国之进步矣。然就国家、社会叩求新政之实际，则由庚子至今十年间仅有名义之纷更，世界列强精神上之文明，物质上之文明曾未见若何之仿效，最易解决之问题，最易破除之锢习亦莫不迟回瞻顾，坐使事机之失，奇变之生，驯致海内困穷，延首待命，土崩瓜裂，四伏危机，此何故哉？盖非常之世变，必待非常之人以济之；最旧之老大帝国，不适于近世之生存，必待最新之政府以改革之。最新

[①] 本文署名：炎炎。周震鳞在其《自序》中曾谈及1910年在北京为《帝国日报》撰文事："余以功课过忙乃荐宁调元（由湘出狱抵沪）充《帝国日报》编辑，余但于星期暇日作社论、短评而已。"周震鳞孙女周用美、周用宜在《黄兴与周震鳞》一文中说，周震鳞当时在《帝国日报》发表文章，用的笔名有"炎炎"。（参见《辛亥革命研究动态》2010年第2期）

之政府，必待最新之人物以组织之。时会之所趋，虽圣人弗得而强也。夫所谓最新之政府，论其真际，即开明强固之政府也。所谓最新之人物，论其真际，即识时俊杰之人物也。开明强固政府之精神，就吾国君主政体言之，远师德国，近法日本，其近之矣。识时俊杰之人物，在吾国求之，中兴元勋固已断自李文忠矣。同光以来，内起文学侍从、部院堂官，外官巡抚、总督，近今（连）[联]袂入赞枢垣者，其效固已尽睹，而不足以当此选也。然则如之何而可也，曰敬师德宗景皇帝戊戌百日维新之意，乃得之矣。夫今日之时势与戊戌比，外侮侵迫，戊戌不如今日之甚也；国民程度，戊戌不如今日之高也；旧党挟持，戊戌则上自亲贵勋旧充塞全国也；交通机关，戊戌不如今日之完备也；新书新报，戊戌不如今日之众多也；中国学堂、外国留学毕业学生，戊戌更未之闻也。不得已用新进速化之才，即知即行，以应时变，然犹能振臂一呼，鼓动海内作新之气，远非十年以来不死不生之政府所能及者，赖我德宗景皇帝不用旧人办新政之效也。盖朝廷所谓旧人，必达官之年老资深者。中国今日年老资深之人，大率科举出身，世界文明，未曾梦见。与之言新政，与之言改革，必不如东西洋留学生，与夫博考中外之通人达士，年富力强，足以综万变而堪繁剧，此德宗所以弃彼而取此也。乃戊戌之应弃者，今日仍汲汲取之；戊戌之思取而苦憨其人者，今日辄令其闲废，或稍与薄位而不听其言，行其政。一班似是而非，迂腐顽谬之徒，反令充塞朝右，虚拥高位，何嫌何疑，何顾何忌而不之摈绝，坐使其误国误民，至于今日之极耶。今且将老年为政不如少年为政切实之理由，就道德、智识、能力三方面切实研究之，操用人之权者或赐省悟而取决心焉，诚所切祷也。

一、老年道德不如少年也。道德之说，本在政治范围之外，然中国顽谬之见，排斥后贤者，必谓少年根器不厚，（止）[此]不可不有说以破之也。夫根器必出于天性，有生俱生之良，人类固所同具。惟入世未深之人，天良多未汩没，老于宦海之人，至性辄见沦亡。谚云：官日大则心日黑。可作一部《官场现行记》总序也。故中国人道德之腐败，未有甚于老于为达官者也。试略指其不道德之公共行为，如冒疾排异己也，骄姿凌才俊也，谄谀阿上欺君也，贪婪贿赂无厌也，刻薄势利熏心，则不讲仁义也，诈伪柔滑世故深而趋避熟也。此数者，大率通籍愈久者薰染愈深。及入政府，则平日之门生故旧，阿附逢迎之流，因缘以进，而志节耿耿之士，必拒之千里之外。所以近年新政日兴而仕途日杂，皆此数十年掌文衡典疆圻之老臣等登枢府后为之媒介也。若选海内才贤，乘其少壮有为之时，置之政府，其天良所具，即无异于寻常而以强仕前后之年，握得君行政之柄，感奋激扬，图以自见，则必饬廉隅以树众望，矢公忠以结主知，守谦谨以处同侪，昭信义以连政党，恒可因政治之竞争，发生道德之竞争，此则决非可责望于尸居余气之老臣者也。根器厚薄之说，焉足阻新进秉政之路哉。

一、老年智识不如少年也。智识生于学问与经验，就学问上论之，中国各达官入为枢府者，大率为咸同以前科举经史文词之学问，其浅陋迂疏，不适时用，固不待言。且此辈既因之以致显达，则恒以此横亘脑中，以为天下之理，无能出于中国帖括六经之外，又安望有世界常识之输入？况年老昏聩，精力久已销磨，思脑半化钙养，纵能虚己纳物，而欲其综中外之变，以定政见所归，势已万万不及矣。就经验上论之，则中国老臣之所得不过半生官场之况味，施之二十世纪政界中，大半不足轻重且多应归淘汰者。诚以维新政事，苟参入旧观念、旧习惯，恒足生内政外交之危害，如近年内外大臣每办一事，出一令，恒足惹起画虎不成，利害冲突之消是也。盖世界进化，日异而岁不同，学问、经验俱随时而异，百年十年前之见识，固多尘垢而秕糠，数年几月前之所知，亦有因事过时改而不能有用者。此所以居今日世界之为政，非年富力强，精明敏活之政治家，不能应付于不穷也。中国今日时贤，政治上学问经验均有可观声望著于海内、职官列于中级朝班者，屈指亦不乏人。然非驼非马之旧臣，日言破格用人，而对于此等名流，必百计谣诼离间于人君之前，坐令英雄无用武之地，甘心弱昧而受人以兼攻。国事败坏至今，皆由于此。此则可为长太息者也。

一、老年能力不如少年也。国家当政治革新之际，固赖执政者有宏识远谟，尤赖其具坚强不拔、一往无前之气力，见得到又做得出，方可谓有政治家能力也。自古开国中兴之世，恒恃此等之伟人。近世东西各国，维新之名相元勋，如伊藤博文、卑世麦、嘉富尔之流，何莫非此等之伟人也。然试遍览中外历史，此等伟人秉国出政时代，又何莫非强壮时代。暮齿穷年，创不世之业、建非常之功者，几何人耶！盖年老则精力衰竭，即抱无穷之志，而气不足以帅之，况待死残躯，百谋尽废，思想固无有出朝露夕阳者，更何问有政治之野心耶。是以兴国元勋晚年无不退阁。旧时中国致仕，亦有明文，况当列强竞逐，万政纠纷之时，而可以咸同以前、年近古稀、耳聋目瞶、手足不仁之糊涂虫为之役哉?！

由此言之，直可下一定义曰：今日中国，万不可任用老臣以组织政府，必登用少年以组织政府。老年政府，为不适于世界国家竞争之政府；少年政府，为适于世界国家竞争之政府。不适于竞争之政府，直名之曰亡国政府可也；适于竞争之政府，直名之曰强国政府、救亡政府亦无不可也。夫以中国方里号称二万万，人口号称四万万，日警内乱外祸之交乘，举国皆曰必亡，必亡，而不思所以救之，是为不祥之甚也。明知有可救之道而不发奋振厉，急切以救之，迨大事全去，始悟前此因循误国，则真不祥矣。呜呼！追怀戊戌维新气象，蹉跎忽逾十年；目击老成措国方针，岌岌已难五稔。所望黄发皤皤者流，早归颐养，避此贤路，犹不失为元老公忠，则中国之幸，亦记者之幸矣。或者曰：今日政府，未必尽属穷老颓唐之人，其伴食无所短长，贤不肖岂必因老少而生关系，则子之言，亦未足以服政府之心也。曰：是不然，子之所谓政府，非我之所谓政府也。我之所谓政府，乃改造有目的、负责任之政府，非今之照例入值，瞻拜台阶之政府也。组织有目的、负责任之政府，其登用少年，必英断之贤王，旁求慎选海内非常特出之杰，举国以听，并非置乳臭竖子于朝廷，以天下为儿戏也。阅者幸勿泥视少年政府之名词也可。

（《社说》，北京《帝国日报》1910年9月12—14日；据新加坡《南洋总汇新报》1910年10月10日、12日校）

文字中之孝廉方正[①]

（1910年9月15日）

留学生廷试矣，优拔贡廷试矣，今又有所谓公举孝廉方正来京者。来京者何为也，亦曰廷试也。

吾敢问，廷试孝廉方正者，试以孝耶？试以廉耶？试以方正耶？抑合而试之耶？知此四者，试之在平日，非试之在临时也。试之以实行，非试以文字也。

---

① 本文署名：炎炎。

于文字中求孝廉方正，断无孝廉方正者也。且求孝廉方正于文字，则是不通文字者，必不孝、不廉、不方正者也。

呜呼！此之谓今日之孝廉方正。

（《时评》，北京《帝国日报》1910年9月15日）

瑞莘儒①

（1910年9月16日）

唐绍仪②之不可用也，人人知之，人人不敢言之。人人不敢言，独瑞莘儒言之。岂瑞莘儒不知唐之工于运动耶？不知唐之有奥援耶？不知此举与唐绍仪无损于毫发耶？知之而竟为之，此瑞

---

① 本文署名：炎炎。瑞澂（1863—1915），字莘儒，号心如，满洲正黄旗人，博尔济吉特氏，清道光朝直隶总督、大学士琦善之孙。清末历任九江道、上海道、江西按察使、江西布政使、江苏巡抚、湖广总督等职。1911年5月奉旨会办川汉、粤汉铁路事宜，积极推行"干路国有"政策，扬言对倡议争路者"格杀勿论"。武昌起义前夕，下令搜杀革命党人彭楚藩、刘复基、杨洪胜，起义爆发后逃往上海，1915年死于上海寓所。

② 原文为"唐绍怡"，即唐绍仪（1861—1938），字少川，广东香山（今中山市）人。1874年第三批留美幼童，赴美留学。1881年回国后被派往朝鲜办理税务，后历任天津海关道、外务部右侍郎、署邮传部尚书、铁路总公司督办、奉天巡抚。辛亥革命南北议和时，任袁世凯内阁全权代表，后任北京政府第一届内阁总理，旋辞职。1917年参加护法军政府，任财政部长，次年为军政府七总裁之一。1919年充南方总代表，与北洋政府代表在上海议和，后曾任南京国民政府委员、西南政务委员会常务委员兼中山县县长。1938年在上海被国民党军统特务刺死。

莘儒所为不可及也。

虽然，不必有是事，不可无是文。今而后，政府当知一人之手亦不可以掩尽天下之口。以有瑞莘儒在。

（《时评》，北京《帝国日报》1910年9月16日）

议员耶行政官耶[①]

（1910年9月26日）

咨政院议员在京各衙门互选者不开去底缺，不派员接署，但给假五月，而受领俸金如故，院中照给薪水，夫马六百元，较咨议局互选议员之六百两略减。叩其故则曰：京朝议员兼差由外省议员专差，而京朝议员由行政衙门选出，原官原差如故，是一方面为行政官，一方面为议员矣。行政官派为政府委员当矣，至行政衙门实官一方面兼充议员，一方面兼充政府委员，官僚性质、地位同，或立于行政方面，或立于议政方面，所负责任、所取目的是否同一，则当请精通各国议院法者切实研究之也。或曰中国政府为不负责任之政府，咨政院议员亦当为不负责任之议员，既不负责任矣，随同唯诺，多取六百元之厚薪，亦异数也。何必有行政与议政之分。

（《时评》，北京《帝国日报》1910年9月26日）

[①] 本文署名：炎炎。

十三经外之二经[①]

（1910年9月27日）

中国自汉以来，列于学宫者共十三经。自张文襄[②]《奏定学堂章程》出现，教育行政官及各项学堂师生咸守为金科玉律，如天经地义之不可赞一词。文襄又主持建设礼学馆，编纂《礼制》，颁行天下，使中国万世奉为枭獲，馆中延聘多食古腐迁，皆文襄所识拔也。现在，编纂《礼制》，业已渐次就绪，将来颁行天下，亦当如日月经天，江河纬地。闻学、礼两部，咸服文襄盛举。关于中国礼教，人心风化，□浅拟合词奏请，将《奏定学堂章程》及《礼制》二书应与十三经并列学宫，并附片奏请将文襄配食文庙云。

（《滑稽新闻》，北京《帝国日报》1910年9月27日）

[①] 本文署名：炎炎。
[②] 张之洞（1837—1909），字孝达，号香涛，直隶南皮（今河北南皮县）人。1863年进士，屡督学典试，官湖广总督、两江总督、体仁阁大学士、军机大臣，提倡经史实学，致力于洋务运动，创办汉阳铁厂、萍乡煤矿等，卒谥"文襄"，有《张文襄公全集》。

中国陆军之活机[①]

（1910年9月29日）

荫午楼[②]到任未一月，陆军部精神为之大振，如兼充近畿训练大臣，裁去督练处禁卫军之兼征汉兵，可谓能以文明国眼光主持政见矣。近畿督练处每年虚耗数百万，外间早有"陆尚缺分不如督练大臣之优"一语，吾且进一言曰：各省督练处闲员之多，糜费之巨，何莫与近畿成顺比例。至绿营、练军、巡防队之应裁撤，又何异于近畿督练处。今者各省应额练之新军，假名费绌不肯遵章征练而应裁不裁，虚耗军事之款，无论何省皆在一二百万以上，□于此□提出军费预算案时，就此方面注意，化无用为有用，则三十六镇无难一呼成立，或亦由陆军国进为海陆完全军国之一政见矣。是所望于荫午楼，是所望于资政院议员之协赞。

（《时评》，北京《帝国日报》1910年9月29日）

[①] 本文署名：炎炎。
[②] 荫昌（1859—1934），字午楼，满洲正白旗人。清末官至陆军大臣、训练近畿各镇大臣。民国成立后，历任袁世凯政府总统府高等顾问、侍从武官长、参政院参政、参谋总长及徐世昌政府侍从武官长等职。

宪政筹备清单之可以破坏[①]

（1910 年 9 月 30 日）

宪政筹备清单规定九年应办之事，其间进行次序本多颠倒滞碍之处，然前此京外奉行，未敢公然破坏者，以为先朝颁布要政，定立处分甚严。宪政编查馆亦恐京外各员假改定之名，行因循推诿之实，故各项交议变通筹备奏案多驳不准行。此次度支部奏请将国家税、地方税同时厘定已奉旨依议，是政府对于筹备案明明示天下以可迁就之机。此中关系，实能生出急进派、反对派两方面之研究。据急就的一方面言之，则国民要求速开国会者，正可乘此为要求之地步。朝廷不得再执九年筹备案相抵制。就反对的一方面言之，则京外各员对于宪政之筹备原莫不阳奉阴违，乘此有地方税迟缓二年厘定之奏案，则凡百关于地方行政重要必办之件，必极端推诿，以为无钱可办而国事莫瘳矣。今后政府诸公是否借此为推翻宪政张本，虽不敢预测，然欲使反对派之鬼魅亡国伎俩不能实行，则在我国民自负其责。

（《时评》，北京《帝国日报》1910 年 9 月 30 日）

[①] 本文署名：炎炎。

陈善同弄巧成拙[①]

（1910年10月1日）

御史陈善同奏学术关系治本，请亟与维持一折，奉旨交学部知道。学部当将此折发交丞参及司员细阅以资采择，及见折内称引孟德斯鸠、伯伦知理、斯登巴特门、斯宾塞尔四人，且极尊重为儒宗，与中国圣贤、汉宋诸儒相提并论。四人者或主张锄抑君权，或主张破坏社会秩序，或主张平等自由，或主张人群进化，于所奏申明忠君、尊孔、尚忠，昌明正学，力戒歧趋宗旨殊相矛盾，直是诐行邪说，惑世诬民，倘不设法维持，于学术前途贻害不浅。拟即具折严参，将该御史惩治，以风示天下云。

（《滑稽新闻》，北京《帝国日报》1910年10月1日）

---

① 本文署名：炎炎。

中国之今日[①]

（1910年10月3日）

今日为中国创开资政院之日，即屈服数千年专制政府之下之国民最初取得议政权之一日；即全国国民希望脱苛政、享受福利之一日；即国家希望文明强盛之一日；又即世界列强对于中国革新最注目之一日。吾民对于今日应亦如十八、十九世纪间欧美、日本各国国民对于各该国宪政方新之一日。特列国国民对于此等纪念日已为百年前、数十年前之纪念，吾人对于中国之今日尚如列国百年前、数十年前所遇之时日。今日后之中国，国家之繁荣；今日后［之］中国，国民之福利，其能如今日列强之景象乎？则中国之今日即我国希望最圆满之一日，纪念最深切之一日。

（《时评》，北京《帝国日报》1910年10月3日）

---

① 本文署名：炎炎。

摇铃！拍掌！耳语！[1]

（1910年10月6日）

初三日，为资政院第一次开议，其意见冲突最著处，首为摇铃。开会、散会摇铃为号，此一切集会之通例，亦即世界各国议会之通例也。乃是日副议长以细声宣告散会，议场多未闻之，以致两次宣告，仍有登台发议者，及黎尚雯等谓散会应摇铃，不当凭议长口说，秘书厅竟敢擅称以后仍凭议长口说云云。吾不知秘书厅本居议长代表之地位欤？抑亦如平日迎合假威凌侮议员欤？且《资政院议事细则》第一百三十四条明明规定：议长鸣号铃时无论何人，均须肃静。是议长发命令时，必以摇铃为定矣。岂议长、秘书厅并未见之乎？抑临时取消此条乎？{奇} 至拍掌为演说之必要，无论何项议场，皆适用之。耳语为市侩娼优鬼祟狎邪行为，尤为最公共、最高尚、最尊严之议院所厉禁，而秘书长竟不时与议长附耳私语，是有自轻以轻我。数千年未有之议会可笑又可怪矣。敬告秘书长，此后幸谨守院章勿多言。

（《时评》，北京《帝国日报》1910年10月6日）

---

[1] 本文署名：炎炎。

此之谓硕学通儒[①]

（1910年10月7日）

初二日，资政院为广西咨议局议员全体辞职事件开特任股员会，各股员多力主正论，维护广西议员原案，独钦选硕学通儒议员严复等少数人出为桂抚作辩护士。夫行政官不能任意取消法令，侵夺议员权限。该议员岂不知之？知之而故为此回护，岂别具肺肠，别有脑筋耶？抑所谓学者专在取媚官吏、摧残民权耶？所谓儒者专在似是而非，卑鄙无耻耶？必取媚官吏、摧残民权，所学而后可谓之硕？似是而非，卑鄙无耻，为儒而后可谓之通耶？

或者曰：夫己氏素嗜鸦片，广西议员此次行为因禁烟起见，该硕学通儒为兔死（孤）［狐］悲、伤心同气起见，故特倡为异论。噫！此之谓硕学通儒议员。

（《时评》，北京《帝国日报》1910年10月7日）

---

① 本文署名：炎炎。

议员回避本省事件问题[1]

(1910年10月7日)

广西资政院议员关于本省事件几自弃发言之权,是不谙资政院院章之故也,固为可哂。

然当开院之始,议员于院章运用未熟,至有所误,亦复可原。

然自余言之,求议员之尽习院章,毫无所望,不可得也,惟有一言可以敬告议员者。

则曰:与其误于消极,毋宁误于积极。

譬如广西咨议局一案,本省议员不应表决,而争表决之权者谓之积极之误;本应发言而弃发言之权者,谓之消极之误。

误于积极者,尚不愧为人民之代表,无可议也。误于消极者,几将代表人民之资格失去,实可羞也。各省议员其戒诸。

(《时评》,北京《帝国日报》1910年10月7日)

---

[1] 本文署名:炎炎。

沈林一之面孔[①]

（1910 年 10 月 10 日）

沈林一以资政院议员兼充山西省特派员，论者皆以为奇。不知现有外洋新运来之面孔，专行销中国官场，如用此面孔，可令一人头脑口眼心肝一时变作两人。沈曾购有此种面孔，故对于特派员而能发诘问之议案，对于议员而有抵制之能力，虽以一人而兼充二役，实不足怪云。

（《滑稽新闻》，北京《帝国日报》1910 年 10 月 10 日）

---

① 本文署名：炎炎。

时 评[①]

(1910年10月11日)

　　初五日，资政院各股员选举股长、副股长共十人，其中钦选议员凡七人，各省互选议员仅三人，几仅占钦选者三分之一，岂民选议员之官位资格不合为股长，抑学识程度较钦选者远逊耶？尤可怪者，刘泽熙为度支部人员，预算案由该部编出，且由该员经手办成，忽膺预算股长之选。汪荣宝为资政编查馆馆员，法制大都由该馆草定，且由该员经手编成，而忽膺法典副股长之选。以办理预算案之人，主持审查预算案；草定法典案之人，主持审查法典，又何异前此专制时代以行政官监督行政官耶？由此推究，则此后预算案、法典案交出，审查之结果，可预料政府必得最后之胜利矣。虽然，吾犹望各民选议员不为此言所中。

(北京《帝国日报》1910年10月11日)

---

① 本文署名：炎炎。此文无标题。

代表团与资政院[①]

（1910 年 10 月 15 日）

资政院之开设，为政府延缓召集国会期限之抵（当）［挡］物，识者莫不知之。今者请开国会代表团递陈请书于该院，要求其议决矣。议员等开议时作如何之表决，不能逆知，然就该院的性质揣度之，其与都察院之为代奏机关，相去当亦不远，对于国会之速开，强半仍属于被动。夫代表团苟欲身任天下之难，以达国会即时成立之目的，岂专事徘徊于都察院、资政院以及一切王公贵人之门，痛哭哀告，便能即事乎？吾意，代表团必多沉毅勇挚君子，或将看最后猛争之一着也。挽弓当挽强，吾且拭目以俟代表团之精神手腕。

（《时评》，北京《帝国日报》1910 年 10 月 15 日）

---

① 本文署名：炎炎。

政府听者资政院议员听者[①]

（1910年10月16日）

三年来，京师市面大恐慌者凡二次。一为戊申十月，一即今年九月。前者系因国恤影响，市民惊扰，尚非社会经济界之绝大荒象，故扰累止及于京都一隅。一经民部弹压，危害立即消火。今者以源丰润十七分号之同时倒闭，遂致牵动全国市面。其近因固由值交还赔款之期，一时银根周转不灵，加以蔡乃煌之蛮横挟愤，急将上海银号挤倒。然前此每当交还赔款之月，上海市面必反活动者，以各处经济界尚能勉强弥缝也。今则全国社会经济穷蹙情形，尽行破露。上海岌岌不支之势，本报于一月前早已言之，源丰润之倒闭特爆发之火口耳。故不可与戊申年相提并论也。夫经济恐慌至此，政府此后苟无稳健之经济政策与国民不注意经济竞争，以促政治之进行，则不陷国家于不可生活之境者未之有也。资政院议员其欲催迫政府负大政方针之责任乎？则请细省吾言。

（《时评》，北京《帝国日报》1910年10月16日）

[①] 本文署名：炎炎。

政府对于资政院之玩弄[①]

（1910年10月19日）

中国今日重大问题急须解决施行者甚多，资政院议期不过三月，此时开院已及半月，其所交出之议件则为《地方学务章程》《著作权律》《报律》等一部分无关大政方针之案。而《预算案》《税法案》《新刑律案》等业已准备提出者，至今亦不提出，其他之内政、外交绝大问题，久经国民舆论鼓噪，必须乘此即时解决，以救危亡者，绝不措及也。推其意，盖欲借此故为延宕，使议员虚掷时光，莫可捉摩，则专制余威，尚可生息岁月耳。然议员等亦不见如何之动静，是又甘心受政府之玩弄也。以如此冷静态度，则欲望其竭协赞之忠，尽代议之责，难矣！政府乎，议员乎，其亦设思亡国之痛苦乎？！

（《时评》，北京《帝国日报》1910年10月19日）

[①] 本文署名：炎炎。

官议员之露面[①]

（1910年10月20日）

十五日，会议核定河南印花税案时，因民选议员易宗夔提出紧急之倡议，惹起度支部《税法案》未来之恐惧，于是刘泽熙出为间接维护。该部之发议遂引出该部特派员作违章之辩论，及雷议员奋据章痛驳时，而有王景芳者出头为之辩护，同时全院嗤之以鼻，独汪荣宝一人鼓掌。刘、王、汪三子者，皆行政官而为议员者也。本报前已预计开议后之现象，而今不幸先有三子者以中吾言。岂以兼差领薪甚多，不亟亟露面，不足以自见耶？嘻！世界日趋文明，劝公等尚当留面肯见同胞四万万耳。

（《时评》，北京《帝国日报》1910年10月20日）

[①] 本文署名：炎炎。

普及教育之话柄[①]

（1910年10月20日）

十二日，学部唐尚[②]宣布教育办法，注重初等小学、初级师范，固属今时中国养成普通国民应有之义。惟既谋教育普及，又将振兴女学列于次层，并谓中国风气未开，女学一时毋庸速兴云云，则大误矣。须知，幼稚园、家庭教育为初级小学之根本。初等小学、幼稚园必须办到男女合校，教员必以女师兼充而后于普及教育原理及事实皆为允当。如唐尚所云，是仍以张文襄似是而非之宗旨，强横于其胸中，于教育普及办法终属隔膜矣。唐尚老人，吾不之责，特该部司员数十百人，岂竟无一人知教育者，专赖唐尚一人予智自雄耶？不然何以坐使长官独闹笑话耶？！

（《时评》，北京《帝国日报》1910年10月20日）

[①] 本文署名：炎炎。
[②] 唐景崇（1844—1914），字春卿，广西灌阳人，时任清政府学部尚书。

贪利忘耻之议员听者[①]

（1910年10月21日）

行政官为议员而底缺不开，支俸领薪如故，本为世界所无之怪象，本报屡评论之。近数日会议，如刘泽熙、王景芳、汪荣宝、章宗元、沈林一诸人皆将议员本分失去，专为恶劣政府作鹰犬，此固关于人格问题。然平心论之，实尤关于资政院章规定议员组织之谬误所致。今请为民选议员进一解曰：欲讨论一切法典，当从讨论资政院章始；欲讨论资政院章，当从决议要求各部互选之官议员开去底缺、停支俸薪始。更请为官议员进一解曰：公等亦出于国民分子，当计及国民全体代表权利与个人迎合恶劣政府所得权利，孰轻孰重，代表国民则不能代表政府，代表政府则不能代表国民。何去何从，幸勿贪利忘耻，将最可尊重威严之议员资格，为金钱饭碗买去也。

（《时评》，北京《帝国日报》1910年10月21日）

[①] 本文署名：炎炎。

议长听者[①]

(1910年10月22日)

资政院为议院之基础,即监督政府机关之雏形。议长者,全院之领袖,地位必处于国民一方面,不如此即不得呼之曰议长。此名学、辩学之通则也。及观十七日资政院会议时,沈议长故意强词诘难雷议员,而为政府委员作辩护士,是将全院领袖之天职失尽。大误矣!沈议长以中国老刑名家,修定法律,能主张用新刑律,比之一班冥顽不灵老朽,固有霄壤之判矣,独对于议长之界说、界限不明。至此,记者诚不能无遗恨也。大约沈公本年老,受中国习惯最深之人,一时为汪荣宝、王景芳等议员及其一鼻孔出气之同官政府委员謷词所运动,遂出于此。此亦老人之常态,不足怪也。特资政院为立法机关,影响甚大。敬告沈公以后万不可一误再误,闹出怪象,为国民代表进行之障碍物可也。

(《时评》,北京《帝国日报》1910年10月22日)

[①] 本文署名:炎炎。

大快！大快！！大快！！！[①]

（1910年10月23日）

昨日，资政院会议速开国会问题，合院议员一德一心，起立三次，坚示全体表决赞成。其时，议员及旁听人热潮奋发，一齐鼓掌之声、万岁之声、欢忻舞蹈之声，轰轰烈烈，如风如雷，震惊屋瓦，而国会即开之绝大动力，遂不得不归功于此日之会议焉。则九月二十日者，实我中国最大之纪念日也，实我国民自有史以来最愉快之一日也。试推想，反对速开国会者之心理，其初本欲借九年筹备案，先设资政院，以为延宕国会成立之地。而孰知资政院议员上自王公，下及士庶，皆为国家一分子，患难欣戚，各切同舟，乃得此日圆快之通过，对于反对国会者之心理，不啻当头一棒。对于各省请愿代表团之苦忱，又如现身说法，猗欤休哉。此岂设资政院者所及料哉，又岂请求国会者所及料哉！记者于此不得不浮一大白曰：快……快……快……

（《时评》，北京《帝国日报》1910年10月23日）

[①] 本文署名：炎炎。

九月二十日资政院会议解决速开国会之乐观[1]

（1910年10月24日）

国会者，中国救亡图存之不死药也。比年以来，国民请愿如饥渴之待饮食，疾痛之呼父母，弥留垂绝之哭骨肉，含憾茹苦，事极可悲。而政府对之，则又如持饮食者之故吝为与路人之，视呻吟秦越仇雠之，坐视吾民之疆毙而莫之顾惜，狠戾阴滑，情尤可恶。幸也，天假之缘，当第三次请愿之际，适值资政院开院之期，合满汉蒙三族聪明才智、热心救国之王公民庶谟议讨论于一堂，据坚壁之营垒，作舌战之雄风，与恶劣腐败、支离顽钝之政府对敌交绥，力争上流，开议一次，民党之胜利必增一次。观者遂皆致易视听而知资政院开院之结果，不当全视为悲观的，将为一线光明之引导矣。其时，各省驻京代表团及京外各界，责望代表团之进行，函电飞驰，急剧运动，皆如张弓之待发。各省咨议局之呈请资政院，要求议决速开国会；各督抚之连衔入奏，请朝廷断定速开会，亦如疾风骤雨之交乘。盖此一月之内，全国社会心理萃于速开国会之一团，将

---

[1] 本文署名：炎炎。

数千年历史养成之一盘散沙之人心,一气感孚结合不解,未有如此半月最好之景象者也。而二十日资政院会议如荼如火,光华灿烂,云谲波诡之活象,欢呼产出其非无源之水、无本之木,如前此都察院代奏亲贵权门谒见之昙花水泡,更可知矣。然则吾国民对于资政院此日一致之表决,已如饥渴之得食饮,疾痛之得父母,弥留垂绝之见骨肉,苦极甘来,苟赋人理、具人心者,当莫不然也。观乎全院之喝彩狂呼,旁听者之忘却规则拍掌叫绝,外人尚且脱帽起敬,当局者之引为乐观,又何可言喻耶!虽然乐则乐矣,记者又不能无杞人之忧焉,则议长具奏后之结果若何是也。据吾国民请愿之目的而言,固欲使政府拟开资政院七次者缩为一次,预备九年者缩为三年,犹以为延宕,不亟以速促政治之改良以救危亡也。据政府之素从反对国会成见者而言,安知不百方运动上惑天听,不予吾民以痛快满意之欲望耶?然则,所饥涸而得食饮尚难下咽耳,疾痛之得见父母、弥留垂绝之得见骨肉而未亲炙握手也。资政院诸公、代表诸公、吾国民上下父老兄弟苟不幸而得此结果,能不伤心欲绝耶?其将以消极之冷心,坐视政府之玩弄耶?抑将以积极奋进,不达目的不止耶?然吾以二十日开会精神及半月来全国之对于国会要求速开之心理,团聚决之,知其必不为消极的甘受政府之玩弄也。则记者对此仍为乐观的也。至政府诸公亦应察知二十日资政院情形之激昂,非复前此之可以任意蹂躏吾民,或者下从民意、上辅圣聪,举国会机关一旦确立,则世界各国国会之必待流血革命而取得者,吾国独能和平稳健而取得之,斯亦不世之光荣,足以夸耀于地球之上者也。若当二十世纪立宪强盛之邦林立东西洋,二十二行省外藩各部代表请求速开国会热潮怒发,事势极迫,时机极热,而必故为尝试阻遏生机,激动吾民(挺)[铤]而走险,至酿绝大变故,则诚国家之不幸,而政府诸公误国之罪乃不胜诛矣。想政府诸公虽至愚极昧，亦不敢出此，而吾民之饥渴、疾痛、弥留垂绝之所求，终有如愿相偿之乐，东亚积衰之病夫或者得此国会之不死药而获再生之庆焉，记者能不顶礼以祝之哉?!

（《社说》，北京《帝国日报》1910 年 10 月 24 日）

副议长其秘书长之傀儡欤[①]

（1910 年 10 月 24 日）

资政院开院以来，议长屡次与议员诘难，生出种种纷争，人咸集矢于议长，而不知皆秘书长一人从旁提醒。观议长每次举动之先，秘书长或以耳语，或以纸条开呈大略，指使议长。议长听其愚弄，遂致与议员闹成种种恶感，而秘书长反居于无过之地甚矣。议长之老拙，蒙欺也甚矣。秘书长之巧黠多事也，或者曰议长伦贝子分位甚尊，副议长沈家本人极忠厚，凡不走正路之各议员及政府委员有所营求，皆向秘书长处运动。秘书长受其运动，遂出百方之伎俩以惑议长。其说殆非厚诬。然观其每发一难，议员必得胜利，则秘书长之所为亦可笑为多事矣。盖议长可为其傀儡，议员未必肯为人傀儡也。公其休矣。

（《时评》，北京《帝国日报》1910 年 10 月 24 日）

[①] 本文署名：炎炎。

对于学部交议地方学务章程之感言[①]

（1910年10月25、26日）

十二日，学部提出地方学务章程议案付资政院讨论，同时唐尚书出席宣布教育行政今后之办法，分最要、次要、再次要三层，其持义罅隙不圆，遂惹起各议员严正之质问。该部所派委员出为答辩，立说亦多不可通。盖教育行政方针既不能握定，源头上之大原则全误。支支节节言章程，言办法，亦犹无负责任之政府；支支节节，言一部一省一事之整理，适成为东涂西抹、南辕北辙之怪象而已。教育者，为增进原人知识道德能力之宝药，世界文明国进化之程级，恒视教育之良善与否以为衡。普及教育为养成一班之普通国民强迫义务，固为世界久著之通例。高等教育为养成一班特别优异之人才肋长提倡，亦为列强共有之成规，二者未可稍有轩轾也。形而上之教育，如文法各科等，关于国家精神上之文明；形而下之教育，如农工商实业理科等，关于国家物质上之文明，未可稍有偏废也。盖国家之生活发达于世界，不能专恃一方面之能力，如一身然，有五官之完具，又必有神筋脑气之运

[①] 本文署名：炎炎。

用，空气、衣服、饮食之供给，缺一不备，立致于死。专有普通之国民而少特别之国民，不可以强国家。专有物质上之竞争而无精神上之竞争，亦不可以强国家。世局之变，事业之繁，随在皆须国民知识道德能力以应之。应之者周，国家即不至受人以侮。教育关系重大，如此是故，东西列强教育行政对于各种教育皆取积极的主义，绝不用消极的主义。盖用消极的主义，即背教育学之大原则。唐尚书与该部委员之宣言所谓急办、缓办、限制云者，病症即在此。中国教育行政之腐败方针之谬误亦即在此。此病不立时针破洗涤，教育万无发达之理。且已兴之学校亦有日见停办之势。区区地方学务章程之提议，无关宏旨，非交议之所当急也。今之急待提议改良者，殆未有大于取消张文襄《奏定学堂章程》及一切随时发布之各学务章程是也。以上章程无一非消极的，即无一不违反教育大原则，无一不妨碍教育发达。居今之中国，行如此之教育，即足亡国而有余。学部行政官亦中国人，曷亦为中国前途一计之乎？今请略言奏定章程极宜取消之各大端于后。

第一、任人之谬误。如学部堂司各员及外省提学使，多限用科举出身之人，由是办地方学务权要之人，如学务公所人员、议长、议绅、中学以上各官学堂监督等一班具科举资格者，联袂而盘踞其间，遂演出今日学堂有充分的科举精神之怪剧。此学堂无成效，有学堂不如无学堂，有教育行政各机关不如无之之绝大原因也。则极宜改革者一也。

第二、学堂组织之谬误。教育行政官及办学人员既知经费支绌矣，须知此中原因固由于国贫民困，而出于学务滥费者实多。滥费原因则为大小学堂均有寄宿舍，有寄宿舍则管理人员必多，伺候工役必多，建筑费、饮食日用费、一切设备费亦必多，故恒有年支数万金、校舍数百间而学生不及一二百人者，有管理员、教员、工役人数多过于学生者。以多数之教员、房屋用费，教少数之学生，与外国适成反比例，其不经济亦甚矣。存中国书院之精神，效外国海陆军学堂之形式，以从前衙署局所之性质移之今日之学堂，自大学至小学皆如此，此之谓考查列强成法所定之学制，诚可笑也。则极宜改革者二也。

第三、教科分配之谬误。教科之分配最普通为德育、智育、体育三者兼施，所取（裁）[材]料法，则当合于世界的，不可狃于一国的。中国自小学至大学皆有读经、讲经一门，占每周授课时间三分之一，而国文、修身、伦理各门又皆取本国腐旧之学说，于是学生脑力半消磨于无用之地，而世界知识学理万难切实输入，此中国学堂永无成效之大原因也。日本学外国者也，除小学以本国语文教世界常识外，中学、高等以上皆注重外国文及各西学。关于国学之研究，在学校莫不单简易治。盖既有本国历史、地理两科，爱国主义已可尽实保存。若必读古经以存国粹，则二十四史、百家诸子之宏编何一不应读耶？试问，古经去今数千年，事识理论，乌能合于今世知识学理耶？况小学生并不能领解经旨耶，且学生只此脑力，何能新旧尽习、各臻完全耶？故依学部章程规定之教科，中国兴学虽百年千年，决不能养成国民，养成伟大人才，但能如前此科举，制造官吏、奴隶而已。此极宜改革者三也。

第四、学制统系之谬误。谋教育普及而失去女儿童一部，求教员之养成而轻视女学一层，公立小学为便利普通人民入学，私塾改良为督察富实子弟求学，该部乃避重就轻，颠倒误视。私立学堂为热心志士尽义务，宜格外提倡，不加限制。公立学堂为多得权利之地，宜慎选通人，责以成效。该部则纵官抑私，今后苟不规仿文明国教育统系穷源竟委，一一取法，则完全简易，名目愈多，即谬种流传愈久，办学改良愈困，而国民之被此种教育行政戕贼者乃愈深。此其极宜改良者四也。

以上特略言其大要，大谬点所在亦见一斑矣。然此项章程竟敢公布海内，办学诸人、学堂学生绝少明与反对者，何也？则以各项消极主义规章，如考试、奖励、惩罚各条细若牛毛，百计使之互相牵制束缚，不敢苟动，于是近今列于教育界者必属于官吏性质一方面之人，而高尚、自守、学有特长之士耻受此等章规之支配，而管理员、教员遂滥竽充数于全国学堂矣。而学生高贵优美之志气、活泼健全之精神摧抑尽净矣。前此英人之教印度人，今后日人之教朝鲜人，当亦不过如此。然则，国人何必竭脂膏误子弟以协赞此亡国教育之成立耶？敬告学部诸公，欲交议地方教育章程，先应交议全体教育章程，学制不改良，各项教育不能发达，地方教育又何能单独发达耶？资政院议员必有从学务经验来者，公等幸勿儿戏视之也。

（《社说》，北京《帝国日报》1910年10月25、26日）

告泽尚[①]

（1910年10月25日）

外界纷传，反对国会惟泽尚[②]最力，昨日自请召见，即为痛陈国会不可即开之缘由。泽尚在行政大臣中最有势力者，然则二十日资政院开会之一场热闹，全为"泽尚召见"四字取消之。吾今有数言敢告泽尚，则此后资政院对于泽尚之恶感不可不预计及也。

---

① 本文署名：炎炎。
② 泽尚，即载泽（1868—1929），初名载蕉，字荫坪，爱新觉罗氏，满洲正黄旗人。1877年袭封辅国公，1894年晋镇国公，1901年任满洲正蓝旗副都统。1905年与徐世昌、端方等赴日本、欧美考察政治，次年回国后奏请仿日德例，改行君主立宪政体。1907年任度支部尚书，次年加贝子衔。1909年任督办盐政大臣，1911年任度支大臣。民国后隐居北京至死。

一、度支部预算案无法通过。

二、经济界恐慌或因恶感生出破坏信仰问题。

三、新租税提议必至取消。

四、盐政施行到处反对。

五、清理财政终无好结果。

其他各项大问题，吾且不欲尽言也。然此关系国故已觉不小。泽尚素号公忠，对于此盍细省诸。

（《时评》，北京《帝国日报》1910年10月25日）

代奏耶具奏耶[①]

（1910年10月26日）

二十日，资政院会议速开国会，议员皆主张具奏，以负主动要求之责任是已。然具奏之立言与代奏全异，必极力痛陈国会应开之理由及当日会议时全院议员慷慨激昂之情状，方足以动天听而闲反对群邪之口，想各起草员必知此也。若专援据代表团、华侨、各省咨议局陈词敷衍入奏，则与都察院代奏无异，又焉取二十日之纷纷会议为耶？议员诸公幸留意焉。

（《时评》，北京《帝国日报》1910年10月26日）

---

① 本文署名：炎炎。

再告泽尚[①]

（1910 年 10 月 27 日）

二十三日，代表晋谒泽尚，诘问其是否反对速开国会，泽尚不承认有反对之意，惟曰：国会由人民要求而开，似有关朝廷体制。噫！此说误矣！吾可以一言叩泽尚：公所谓朝廷体制者，专制体制欤？立宪体制欤？若为专制体制，则诚如泽尚所言。然自德宗景皇帝下预备立宪之诏，明明有庶政公诸舆论之语，是此时决不能不以立宪体制为依归矣。既为立宪体制，则人民之要求国会，实属竭忠赞助朝廷，乌得云允开国会为有关体制耶？

至公于二十四日说明交出预算案主旨，亦已见及速开国会之必要，受议员拍掌欢迎矣。幸勿挟持无谓之问题，以误大事耳！

（《时评》，北京《帝国日报》1910 年 10 月 27 日）

[①] 本文署名：炎炎。

中国教育新方针[1]

(1910年10月28日)

前日，学部特派员李侍郎答地方学务章程之疑问演说之词，甚为明了。此公究较他政府委员为漂亮，又屡言该部教育旧方针、新方针之不同，现在欲行新方针，则旧方针自当随时取消，遂承认前此教育法令混淆错杂，有应改正之必要，其主义亦颇当于事实。但所谓新方针者，即是注重推广小学，则仍是唐尚书以办法为方针之说也。以办法为方针，则将来改定儿童教育学科仍必蹈陈袭，故莫有指归，无以达今世国民敢育之目的。然则即使教育普及，亦不过改变从前村塾形式耳，如精神无与焉。议员诸公皆不计及此，徒支节发言何耶？

(《时评》，北京《帝国日报》1910年10月27日)

---

[1] 本文署名：炎炎。

丧心病狂之胡思敬[①]

（1910 年 10 月 29 日）

御史胡思敬反对国会，并请朝廷取消先朝立宪预备案，回复数千年专制政体，立论狂悖，直是全无心肝。朝廷果能振厉乾纲，维持国是，则对于此等莠言乱政之言官，非明正典刑，以谢天下不可。盖国会开后，都察院衙门本有立与裁撤之势，该御史等恐科举出身之人，无所知识，无所短长，必见天然淘汰，故不惜出阻挠大计、戕贼民庶之说，以保全自身噉饭之所。呜呼！我朝廷、我政府其偏听一人狂瞽之谬论耶？其兼听亿万人民、多数明白督抚大员之呼吁，要求速开国会耶？如谓亿万人民、督抚大员之呼吁为不可拂也，则请以严惩胡思敬为无耻奸邪、故意尝试者戒！

（《时评》，北京《帝国日报》1910 年 10 月 29 日）

---

① 本文署名：炎炎。

中国立宪史第一宏文①

（1910年10月30日）

  各省督抚联衔奏请即开国会之急电，洋洋千言，融会世界立宪法理，体究中国今日专恃即开国会、以救危亡事实，释疑（辨）[辩]难，字字有斤两，语语有价值。近年请求速开国会之文章，连篇屡牍，未有如是包举无遗、天衣无缝者。其擒词之纯雅，行气之雄厚，陆宣公、苏文忠奏议无以过之。盖各省人民内苦苛政、外逼强邻，激刺极深，抒为忠爱，呼吁督抚；督抚亦困于中央发布凌乱无章之新法令无法实行，于是以直接之经验，体察集合亿兆人民及各言论机关所积年发表之公共意思，建为谠议，自能言出于衷，曲当事理。而与中央政府模糊之影响，不悉民间疾苦者，自有别也。朝廷幸勿以寻常奏牍视之，而以兴元诏之精神，宣布即开国会，则得之矣。

（《时评》，北京《帝国日报》1910年10月30日）

---

① 本文署名：炎炎。

评恩寿宝棻之电奏[①]

（1910年10月31日）

咄咄！有阻挠国会之恩寿，即有请钦定宪法之宝棻，天下事真无独有偶。

恩寿也，宝棻也，同为某权贵之儿女亲戚，同为受国厚恩之满洲世仆，同为一无知识之疆臣，同为贪劣最著之巡抚，今又有倒行逆施，不顾大局之电奏，可谓一同而无不同。

呜呼！恩寿、宝棻，惟其为某权贵之儿女姻亲也，是以庸暗贪劣仍得保其禄位，是以敢甘受唾骂而有此电奏，岂真有特见欤，亦不过仰承某权贵之鼻息而逢迎其意旨。观于此，则某权贵之主张亦昭然若揭，知前日对于代表之言论固非由衷之言也。

不然，何反对之电报不出于他人而出于儿女亲家之宝棻与恩寿，实有所授之也。

（《时评》，北京《帝国日报》1910年10月31日）

---

① 本文署名：炎炎。

法人之军机大臣①

(1910年11月4日)

二十九日，朗军机②到资政院出席演说毕，议员质问：会议政务处对于即开国会是否有一定主张，军机大臣既握行政总机关，即当明白宣示大众。朗军机对此窘迫万状，勉强答以此次到院，原系代表法人而非个人自由意思。若以个人而论，则自当与诸君热心国会，共表同情。既为法人代表地位，实不便当场宣布云云。噫！朗军机失言矣。盖法人之意思，本应由组织法人之自然人代表宣示，如自然人不能表示意思，则仍是前此政府不负责任，委过君主之言，与立宪宗旨大相违反。朗军机何必代表到院出席乎？此籍忠寅等诘问副署之词所由生也。倘非某某议员等为朗军机解围，则真不能下台矣。然而该军机等会议既情，旁人早已（亏）[窥]破，朗军机虽极意敷衍，终是欲盖弥彰也。所可异者，议员中有相约自任质问军机之人，临场并不发一言。若曰不可迫军机太甚者希宠见好，何独官议员为然？嗟嗟！有中国今日法人之军机，即应有今日法人之资政院。

(《时评》，北京《帝国日报》1910年11月4日)

---

① 本文署名：炎炎。
② 即敏达贝勒敏朗（1864—1922），字月华，号余痴，爱新觉罗氏。1907年袭封贝勒，历任巡警部（民政部）侍部、步军统领，1910年授军机大臣，1911年改授军咨大臣。

速开国会之结果[1]

（1910年11月5日）

国会明年即开，国民主张之，锡良[2]等各督抚主张之，海外华侨主张之。朝廷好恶与民同，主张宜亦无不同。宣统五年召集国会，陈夔龙一人主张之，上下皆反对之，独政府之隐表同情。今者，朝旨已发表矣。明年未能召集，则国民一方面即大失败，陈夔龙及政府少数人乃得胜利。然则资政院议员为败军之将而归，将何以谢国民，并何以谢锡良等各督抚？或曰：今日与政府握手之某某议员业已四出运动各议员，以为欢迎五年召集国会朝旨之准备。国民付托虽重，于政府而有官与钱以供个人之享有，则舍鱼取熊掌之权在我。呜呜！堂堂国民如是其下场耶。

（《时评》，北京《帝国日报》1910年11月5日）

---

[1] 本文署名：炎炎。
[2] 锡良（1853—1917），字清弼，拜岳特氏（巴岳特氏），蒙古镶蓝旗人。1874年甲戌科进士，后历任湖南布政使、山西巡抚、四川总督、云贵总督、东三省总督兼热河都统；1910年10月，与瑞澂领衔，联名内地十八省督抚致电军机处，要求明年即开国会，组织责任内阁。清亡后引退，1917年病逝。

读锡督第二次电奏感言[①]

(1910年11月6日)

三十日,锡良等急电军机代奏之件,痛快淋漓,曲当事实,与前次原奏同为惊天动地、绝世无两之文,苫画老谋,在朝诸臣竟摈不成全其美,奉之君上。国家前途,令人长太息矣!宣统五年召集国会之旨下,政府令商家共揭国旗,人民不解其故,以为明年即开国会也,或则群相疑以为不知为何庆典也。

平民之情,诚无足怪也。乃一般号称国民之秀出者亦或对此而表欢迎,倘见锡督等之急电,能不愧死?代表团听者,资政院议员听者。

(《时评》,北京《帝国日报》1910年11月6日)

[①] 本文署名:炎炎。

试办国会[①]

（1910年11月7日）

中国人民之渴想国会即开已非一日。自初三日宣布宣统五年召集国会，皆大失望。惟各代表及资政院议员知再行请愿非特无效力，且亦无此能力。惟有援官制试办之例，请于宣统三四两年先行试办国会，并谓无国会而组织内阁，责任既不分明亦宜作为试办，且与初三日上谕毫不违背云。

（《滑稽新闻》，北京《帝国日报》1910年11月7日）

---

① 本文署名：炎炎。

论督抚联衔电奏事①

(1910年11月8日)

　　本朝开国三百年来，定大难、建奇功者，多出于疆臣。前此朝廷对于疆臣倚畀亦最隆，故凡朝廷大计必咨询疆臣，探其同意以定之。疆臣苟有多数主张之政见，联衔入奏，朝廷未有不立与采录者。此稍知国朝掌故者皆能知也。盖中国地域广大，本朝体制，中央政府恒以亲贵握最高之权，而亲贵分位尊严不与民接，比之欧西君主国固不可同日语，即比之日本各亲王勋爵亦相悬殊。于是朝廷苟欲（厉）[励]精图治，以实心行实政，措天下于磐石之安，必不可摈弃地方政府之意见，独断独行而能奏功者。此何故也？国家设政以为民也。中央政府不如地方政府之洞悉民情，以二万万方里之辽阔，四万万人口之众多，中央政府即人人皆贤圣，亦不能不借重地方政府以稽核万有也。本朝贤圣之君，屡作其所以树皇图巩固之基者，皆恃有此，此万世所当绍述勿坠者也。乃自新进少年挟浅薄新学，不东不西，又不按切本国情，实假不完不全中央集权之说，趋付中央政府百方设法牵掣督抚，以削其权而为己身官禄热之媒介物。中央政府老大昏聩，听其愚佞，近年来遂任意擅发各种不可实行之命令，督抚日不暇给，只能以公

---

① 本文署名：炎炎。

文与中央政府应酬，以云为地方切实办事，为民间切实兴利除弊，在在困难。而民间之愁苦怨怒，对于中央政府则天高地远，对于督抚则直捷感通，或为呼吁环诉，或为（急）[激]烈暴动。有疆圻之责者，棘地荆天，四面为难，万全之策，补偏救弊之方，盖无有出于顺民情、孚舆论。主张即开国会者，锡良等第一次之电奏，本报已详评论其建言公允切当之价值及张人骏、恩寿之少数阻议国会者为中央政府作伥；新进奸邪，贪利忘耻，以图政府狎昵者，复狡秘谄诈，荧惑政府以为国民作祟。政务处会议遂一一采纳，主张一定，纷传外间，而锡良等即开国会天经地义之电奏即任意束之高阁，付之流水。呜呼！政府诸公可谓悍然不顾民情之向背。天下之公，是公非矣。记者闻此，顿觉气短心灰，并出寻常人心理推测，锡良等诸疆臣以为第一次电奏既不采用，亦只得回声浩叹，伤心国是已耳。孰知其接再厉，更有三十日第二次痛驳陈夔龙等之透警电奏，其树义之坚草与代表团上会议政务处书词互相感孚。至辩析日本立宪事实与中国不同，尤为精确不磨，千古伟议。记者于此乃益叹服锡良等明达宏毅、赤心忠悃为不可及矣。盖疆臣联衔建言不听，为本朝所绝无之事。一次联衔建言不听，二次复联衔痛切申请之，盖不肯稍涉脂韦以误国焉。近者少年自命之志士对于国家主义继续能力往往不及老成，闻锡良等之风其亦有兴起者乎？

（《社说》，北京《帝国日报》1910年11月8日）

破坏学务之高凌霨[①]

(1910年11月9日)

各省提学使大率皆顽旧,不谙学务之人,盖限于科甲出身,其咎本在学部用人之荒谬。严修为侍郎时,颇知其弊,故特饬各省设教育会,以本地人教育本地子弟,立法尚无不合。近年学务得以勉强维持,未尽破坏者,教育会之力也。惟教育会原章专为敷衍张文襄,保护官权,摧残士气之故,权限本嫌狭小,然各省学司奉行,尚不敢公然再加裁仰,使之无存立之地也。乃鄂提学高凌霨忽以与教育会公文用札,教育会与学司公文用禀及对于正副会长种种慢辱行为,于是正副会长先后辞职,湖北教育会有不能不解散之势矣。今该省教育会已布告二十二行省之教育会,同筹对付方法。记者于此有一言相告各省教育会,乘此联合提出议案付资政院议决,一依各国成例,裁撤各省提学使;二□方教育以教育为行政总机关。学部但于近日派视学员巡视,则高凌霨等之蛮横可从根本上取消,中国教育前途乃有望矣。区区禀札之反对,尚小焉者也。

(《时评》,北京《帝国日报》1910年11月9日)

---

① 本文署名:炎炎。

论拜跪仪式之宜废[1]

(1910 年 11 月 11—12 日)

中国社会之腐败、不进化,皆由国人性质顽惰,事事狃于旧俗,不肯斩钉切铁,痛快革新,拜跪即其一端也。上而朝觐典礼,下而官府士庶,一切吉凶晋接仪文,莫不以拜跪为敬。张文襄之厘订学章也,曰惟拜跪。礼部全部所管及此时礼学馆中终日纷纷聚讼者曰:维拜跪。专横官吏、科举村俗陋儒所汲汲争持保存者曰:维拜跪。几以为拜跪者乃中国独有之国粹,天经地义,不可变革。不拜跪则为逾闲荡检,离经叛道,无父无君,近于禽兽。习非胜是,薰莸莫分。自戊戌以来,维新口头禅、立宪口头禅遍于朝野,竟无人首先发起与奏请剪辫易服等问题,同时议及拜跪之当废除者。甚矣,社会习俗之锢人深也。此次资政院开院之先,外间悬揣,以为议奏礼式或可不用拜跪,盖议会棹几陵躐之场,施以拜跪,殊不雅观,尤甚不便也。乃该院奏定礼节、衣冠、拜跪,一依旧俗。论者以为辫未断,装未改,不得不如是以为敬是矣。然辫之当断,装之当改,不可再缓须臾。中外舆论持之固多且久,而拜跪之当废除实有相因并至者,特国人顽梗谬见,对此问题阻力尤大。当兹世界交通、文化日即大同时代,诚不可不有

---

[1] 本文署名:炎炎。

说以破之也。资政院诸公有主张革新社会，促进国家文明之责，或者对于列强自（残）［惭］形秽，将此提为议案，共输谠论，决议奏请立废拜跪，以趋世界大同乎，则立宪精神必为之大振，非可以此为形式细故，置不注意也。今且以拜跪应废除之理由及其事势论断于后，倘采择以为议案说帖根据之资料焉，深所盼已。

一、就理由上论之，拜跪为神权野蛮专制时代之礼式，万不可行于文明立宪时代也。考中国礼重拜跪礼即起于祀神，故其字从示豊。豊，祭器也，言持祭器以祀神也。神虚无尊仰所寄，人类程度愈愚野则迷信愈深，迷信愈深则佞媚于神者愈甚，拜跪者佞媚之情状所征耳。此情状不仅中土为然，即今之欧美文明国古代亦莫不然。征之西史，固有明文，而今日基督传教仪式尚长跪祷告，可知对于神皆用跪，特不如中国三跪九叩等□烦琐耳。此拜跪为神权时代礼式之说也。由神权时代降为酋长专制野蛮时代，当人治之初期，野蛮枭桀征服族属，雄视群蛮，使之俯伏听命，积威弱渐，于是以事神、佞媚神者引申之，以佞媚事其君长尊亲，故今之回番苗瑶，土司、酋长专横，暗无天日，部人屈伏尽若奴虏。红黑□残余之遗黎，安南、缅甸、朝鲜半开、未开之国之贼族，莫不汲汲于拜跪之保存。人类知识愈低，则拜跪之礼愈烦，稍解人群进化史者皆能言之也。此拜跪为野蛮专制时代礼式之说也。由野蛮专制时代降为人类平等时代，天赋人权之说日见倡明，于是尊崇人道，保护人格，遂为国家、社会共守之天职。而降志辱身、奴颜婢膝之举，不可复存。此欧洲中世以后握手、接吻、脱帽、立正等礼式所由出，亦即拜跪之礼所由除也。

中国开化最早，神权时代、酋长时代过渡已在唐虞以前。三代以后，专制之法日密而利用拜跪蹂躏民气，上以凌下、下以谄上等于宰制天下之不二法门。由此熏染陶融之力，驯至养成委靡柔滑、脂韦取容无□无不可之风俗人心，以与白色人种之强劲活泼自由者竞，宜其有亡国灭种之忧也。日本天皇万世一系，君权最重之国，人民奴性最深之国也,维新以前尤染汉俗最深之国也。四十年间,正式礼交悉从欧俗,神圣不可侵犯之君主,无有受拜跪之必要,何论乎民庶也。苟中国拜跪果美于握手、鞠躬,则亦何必舍我而取彼耶?盖人道提倡,人格保护,既合法律,为群己之范围,不可徒恃不平之拜跪以为桎梏,桎梏之甚反足惹起社会之恶感,为上下格阂,官民睽离,家庭失其亲爱,皆所以限人类于悲境,于国家治乱兴衰,直接间接皆有关系焉。此拜跪之礼不可行于文明立宪时代之说也。

一、就事势上论之,拜跪为席地而坐,世界未通以前之礼式,万不可行于拥几高坐,国际频烦以后也。中国古时席地而坐,脱履入户礼有明文,日本至今尚存遗制是也。拜跪之礼见于经传者,如《尚书》"拜(首)[手]稽首",《周礼》"九拜"。通行今日者,如跪,如一跪三叩、二跪六叩、三跪九叩,稽首、顿首、稽颡等。盖拜者,两手至地也;跪者,足危屈膝枕地也。古人以拜包跪,后世或言跪,或言拜,因两手至地,必先足膝枕地,故二者可统言亦可互见,而稽首、顿首、叩首等,则又拜跪中之仪文也。然必席地而坐,行之乃便如仪礼云。见于母,母拜之;见于兄弟,兄弟拜之。其他言答拜之事,君与卿大夫、士庶吉凶相见之礼,皆较今日为烦,其所以能行之故,皆由席地而坐也。如今之日本家屋,有洋式、和式之别。洋式全用西礼,和式席地而坐,平时相见则仍习用拜跪。拜跪且较我国为多,盖坐席甚洁,不至为泥土污秽衣服,一也。由坐而转足膝申手作拜跪,举措无劳,二也。夫日本既存席地而坐之制,何以正式礼文必废拜跪?此则取便于交通世界各国人类触接之故也。盖不拜跪之国多,拜跪之国少,以少数拜跪者与多数不拜跪者相接,自当与多数同化。况所谓握手、脱帽等礼式既有切实之理由,其所以表示敬意者亦非无所差□而不合乎礼,则拜跪之废除即所谓礼之仪文应随时而变革,何妨与世界通行者从同耶?此日本改新礼式之深意也。中国席地而坐之制久不复存世界,交通交涉繁夥,更与日本无异,而拜跪之礼独保存而不废,其傲昧顽钝诚匪夷所思也。今者，军人、警察既效西礼矣，未尝不服从严整也。推之各界，敬君亲长上又何不可改从西礼乎？西礼不失为敬而无野蛮、污浊衣服之不便，则废除拜跪与昔之废除席地而坐何以异乎？今有谓当兴复席地旧俗者，人必斥其非愚则妄也。外以握手对我，我以长跪叩头答之，人亦必斥其非愚则妄也。然则，今日中国而必保存拜跪之制，谓为愚妄焉，亦何不可也。资政院议员诸公苟就以上所论提议，反对者应无健全理由可以难之。若就维新的一方面出为反对，不过曰：辫未断，装未改，拜跪即不能废。则可一言答辩曰：辫亦当速断，装亦当速改，吾固非谓辫、装不可变革，拜跪则当废除也。就守旧一方面反对，不过曰：中国名教之尊，专恃拜跪，不拜跪即为名教罪人。此种坐井观天之谬见，在今日本无与辩之价值，但可滑稽答之曰：中国自古高尚名贤无不以折腰屈膝为耻，今之卑鄙妾妇无不以叩头请安为乐。孰为名教，孰非名教，拜跪殆无私毫之关系，反对者其可以已矣。

（《社说》，北京《帝国日报》1910 年 11 月 11、12 日）

立宪与汪荣宝[①]

（1910 年 11 月 13 日）

自先朝颁布立宪诏后，圣主当阳贤王负扆海内已喁喁向风矣。

---

① 本文署名：炎炎。

故资政院开院以来，发言盈廷，对于政府虽攻击不遗余力，但其志意所在实不外促政府以负责，使其不荧惑圣听，压抑民权已尔，固无论越范围之点也。记者方欣幸上下交孚、君民隔绝问题消灭于无形，其他倾侧之祸，排革之潮，可以永远消戢，不见于中国历史矣。乃以昨日汪荣宝之言观之，是欲使今日君民由暌隔而就亲爱接近之最好现象，出一语以挑动之，以凝滞宪政之进行，是可忍也孰不可忍。

（《时评》，北京《帝国日报》1910 年 11 月 13 日）

短　　评[①]

（1910 年 11 月 16 日）

滇盐核议案，昨日审查报告，深得大体。盖云南总督与咨议局两方面本不可与广西禁烟、湖南公债案同日而语。此次能争交局议，对于云南咨议局权限既无摧抑，对于李督公忠任事亦不致稍有沮丧。吾于此不得不服资政院议员议事之公。

（《短评》，北京《帝国日报》1910 年 11 月 16 日）

---

① 本文署名：炎炎。

评侵权违法处分之争议①

（1910年11月17日）

云南监斤加价核议案提出资政院，有谓宜请旨明定侵权违法之处分者。不然，资政院虽以侵权违法入奏而政府不之顾效与不奏等故，"侵权违法"字样可删，眼光灼灼，洞垣一方，鉴湖南公债案入奏无效之复车，乃为此根本矫正之计。果行所言，则处分一定，苟有弁髦法律、武断政治之大臣，资政院必可控制其后，以举监督行政之实，不至以三月之光阴为一哄之儿戏，岂不甚善？乃有谓资政院之职权仅审查、议决、具奏而止者，处分与否乃君主之大权，资政院不应议，应议之范围以内即以侵权违法入奏，抑又何惮鸣□大臣？□处分不定，议奏之效果仍无，我最神圣之资政院岂真为一哄之市而已耶？或曰：某固主张大权政治者，其言不为无理，曰唯唯否否。大权政治之善，在能统一国务，然与专制政治之界限，固犁然畔然，不容稍混也。虽然彼固钦选议员而号为政府党者，吾又何责。

（《时评》，北京《帝国日报》1910年11月17日）

---

① 本文署名：炎炎。

请剪除辫发改良礼服说帖[①]

（1910年11月25—26日）

  窃维世界交通、政教、习俗皆有日趋大同之势，而习俗之最普通，为人类文明、野蛮所表见者，莫如发与服之二端。欧西列强，当未开明时代，类皆长发，或用椎髻，或任乱披，或亦如中国今日之束辫。衣服之制，陈之博物院历史部，奇怪万状，莫可端倪。总之，不外乎不雅、不便者近是。日本维新以前，毛发、衣服多沿袭中土旧俗，及明治天皇毅然图强，乃本赵武灵王胡服骑射精神，以断发改装，率先天下，振厉革新之气象，遂有今日。夫今世强国，皆由野蛮而进于文明，即由长发而进于短发，由不整不齐之古衣冠而进于今衣冠。

  横览全球，断发、西装之邦居十之九，而长发、古服之保存，除野番优人外，殆无有如中国者。岂世界文明先进国皆属无意识之举动欤，亦以长发、古服不雅、不便与文明反对即有不适于生存者在也。先即断发一事言之。盖辫发之不能保存于文明之世者，约有数端：

  文明国，军国社会之精神，全在尚武。军人施用火器杀敌致果，辫发有百害而无一利，非仅军容不美而已。我国兵备孱弱，

[①]　此说帖署名周震鳞，递送资政院第一届常年会后，《帝国日报》全文刊载。

将士萎靡，一与敌遇，败溃相寻，其以辫发为累者实多。今既采列强征兵之制，即国民人人有充兵役义务，亦必人人发达尚武精神，则此妨碍尚武之辫发乌可再存乎？且入伍不可有辫发，退伍又不可无辫发，日后达于全国皆兵程度，其将全国人皆如今日留学生之假辫乎？此辫发之应剪者一也。

文明国，机械学极其发明，气机事业，遍立全国。海陆军外，如火车、轮船、蒸气、电气工厂等，国民营业其间。苟如中国之人人辫发，必日酿国民生命之危害。中国振兴实业，将来必求步武列强。若不剪去辫发，工人因畏危险而裹足，则气机事业必永无发达之一日。此辫之应剪者二也。

文明国，警察遍于全国，警士不能有辫，亦与军人、工人同。吾国此时仿办巡警，既已推及京外，盘辫于顶而藏之，何若一刀而割断之，此其应剪者三也。

文明国，国民最重卫生。卫生之道，最重身体有活泼精神、修洁态度。辫发被垂，则拘苦牵制，运动为艰。长短不齐，污浊不洁，有碍卫生，莫此为甚。此其应剪者四也。

至于外人指摘讪笑，交涉应酬不宜，此犹客观的研究。然中外互观，美恶显见，辫发不适生存之理，从此益易起人决心。此其应剪者五也。

有此五者，故自吾国十年前上下倡言维新以来，有识之士多以剪发为急务，始则仅见之言论，近则恒征之实行。昔之言论仅见于报章，今之言论且腾诸奏牍。昔之实行仅及之海外华侨、留学生等，今之实行则已风靡海内，由学生、军人且及于上级官僚。是则辫发也者，一入二十世纪时代，实有天然淘汰，变亦变，不变亦变之趋势也。朝廷百度维新，一切政治、学术，不惜采取人长，与时变通。剪发一事，何防因势利导，远师日本，近鉴朝鲜，出以一致之主张，灿新天下之耳目乎？此皆辫发宜立时剪除之实在情形也。

至于服制一端，应分别常服、礼服言之。中国常服，訾议者尚少，以其寒暑迭更，结束甚易，原无不便也。惟礼服衣冠则妨碍实多，极宜即时改变。盖外人礼服皆甚简单，仅于常服之外，袭稍长之衣一层，加佩徽章、宝星，识别等级。中国则常服、礼服划分为二，不能通用。大帽翎顶，袍套悬珠，酬应之际，臃肿繁难，既非美观，又不适体，且直接间接发生奢侈骄惰之恶习。盖既有常服，又有礼服，常服既分四季，礼服亦分四季，置求其备，劳费无穷，此直接所生之奢侈也。礼服衣冠，南必乘轿，北必马车，仆夫跟随，前扶后拥，无非为此不便之冠服所纠缠，比之外国达官，轻车简从，人力车、电车、火车，独往独来，无异平人者，有霄壤之别。此中原因，非外人崇尚俭朴与我独异也，徒以衣冠之累重，非假手车马仆从，无能为役。而间接奢侈骄惰之风，由此生矣。

试观我国官场，贪婪卑鄙，世界所无。何莫非此纵侈无度所致。而纵侈无度，又何莫非此伺候冠服之仆从、夫马所致。故欲矫吾国骄奢贪渎之弊，亦当从礼服改良着手也。改良之法，宜即废除大帽翎顶、袍套、悬珠之制，而以常服外着行装马褂，另加徽章，便帽前面系金石各色标识，以辨等级。如宝石顶、珊瑚顶等品级，则以宝石、珊瑚为扁圆形之珠，安于便帽前面是也。盖中国毛织物之工业尚未发达，仅有棉丝织物，以供全国之求。若如日本礼服全效西装，则社会经济必立时受其影响。此又当于变通尽利之中，仍存维持社会之念者也。如此推行，既可革官场骄奢之风，复无工商失业之患，上下交便，官私咸宜，革新之道，似无有顺易于此者矣。此礼服极应酌量改良之实在情形也。

以上所陈，剪发则一与世界从同，易服则酌存中国固有，与日本维新礼服全效西装者有别，仍恐招世界之訾评，然亦不必虑也。外交官、海陆军、巡警此时固已一律西装，学生操衣亦皆短服，将来毛织物需要日多，政府即可渐从此方面提倡。供给物之发达，如蒙古为世界第一产毛场，每年羊、驼毛土货出口，外人仰为利源，此时注意蒙古实业者，即可以倡办羊、驼毛织物为要端，待办有成效，力求扩张，由供给军警、学生用品所余，推广为全国礼服、西装质料。则日本今日西装程度，亦无难徐图步武。特变革时期，未可过促，预备五年、十年之后，再议更张可也。震鳞等外审世局，内察国情，深以剪除辫发、改良礼服于移风易俗、富国强兵均有裨益，兹特照章取具保结，呈请钧院核办，恳即采择议决，奏请施行。谨呈。

（《专件》，北京《帝国日报》1910年11月25—26日）

告弹劾军机者[①]

（1910年11月27日）

二十五日，资政院会议弹劾军机案，不为是日交○旨而取消，议员能见及此，可谓有声光、有意识。然欲求弹劾后之效力，宜先注意上奏之文章。试思近年来国事之黑暗，何一非庸老昏聩之军机徇私忘公、招权纳贿所致。若谓军机处机关组织不善，因不能负责任，则该大臣等何以独能负徇私忘公、招权纳贿之责任乎？此后即改设责任内阁名目而法人中自然人如故，其有异乎？今日军机乎立法虽密，行政仍在用人，此立法机关所以尤重监督行政

---

① 本文署名：炎炎。

精神也。资政院未开以前,监督行政者为不完全之都察院,然御史中如赵启霖、江春霖等尚能为痛快之文章,使奸邪权要落魄,海内快心。若资政院此次之弹劾不从此方面立言,而断断于军机处、责任内阁组织之浮议,则其作用并都察院之不如,恐入奏后必至上不足动皇上及监国之听,下不足以促国民政治活动之机,将无异私为一责任内阁讫登之报章焉取此弹劾具奏为耶?愿资政院议员其听。

(《时评》,北京《帝国日报》1910 年 11 月 27 日)

中国人富于惰性之特征①

(1910 年 11 月 30 日)

惰性者,事业发达之障碍物,即妨害革新进步之魔鬼也。其劣根之见于事者为因循、为敷衍、为游移、为偷苟、为委靡不振、为顽钝无耻,而其奇祸之所极则亡国灭种而有余。此种惰性于何征之? 吾于剪辫问题征之。夫辫发之当剪,询之无知无识乡村愚民及迂腐贱儒或不知之。询之稍稍开通之人士,无不知之。询之青年、有识之内外学生等,更无不极力主张之也。然何以见之言论十数年,见之事实亦及十年,至今日而全国社会剪辫者仍等凤毛麟角,千百人中不足一人耶? 不第乡村愚民、迂腐贱儒不剪,

---

① 本文署名:炎炎。

皮相开通之人不剪，即青年学生一不能立时剪尽，留学生之归国为官者且均戴假辫，归国较先、入官较早者大率剪而复留，有若辫发之同化为朝野各界进身之媒者。噫！此何故欤？此□惰性恶根阶之厉欤？如谓剪去辫发于官场不便，则官场剪去辫发者，如荫尚书、萨提督、胡侍郎、陆钦使等，其权位如故也，曹汝霖、良弼、吴禄贞等拔擢如故也。如谓辫发于社会活动不便，则今军界、学界剪去辫发者未常有自由之束缚，法律、舆论之取缔制裁，贱恶诟骂也。况今日持同化以便出入社会各界之说者谓，欲现种种身委曲以达办事之目的也。试问，此辈所办者何事，所达者为何目的？社会日趋腐败，国家日即危亡，恃此辈之保守辫发主义，能有丝毫补救否？此种似是而非之遁词，盖皆发生于因循敷衍、游移偷苟、委靡不振、顽钝无耻之一念，知而不为，见得到而做不出，中国人性质之卑劣于此等事最足以证明之。然则，欲图国民性质缺点之补救，亦当于此等事尽力而鞭策之。商鞅徙木立信以定民心之从违，中国今日即可从剪去辫发以祛民性之大蠹也。今请正告我全国人士曰：辫发者无用而有害之物，立时应去之物也。朝廷以消极方法听人自由而剪之，吾辈即当以积极方法联合大众而剪之。兹有人□陈请资政院剪辫发矣。资政院议员能决议奏请剪辫欤？我辈固可应时剪之，不能决议奏请剪辫欤？我辈亦必即速剪之。肤体之妨害物，自由拔除为主动的，不必专为被动的，为当局的，不应同于旁观的也。今之号称国民志士者日嚣嚣焉言改革、言维新、言革去专制恶政，力行立宪善政，言改良腐败社会，造成文明社会。区区切身污浊之辫发，无异芒棘之在背，举手即可去之者，乃尚观望徘徊，不敢自决，遑问其他之重大问题耶！吾望国人热心救国者先去惰性，见一切弊害之当除者直捷透快以除之，见福利之当谋者死心毅力以谋之，毋为此因循敷衍、游移偷苟、委靡不振、顽钝无耻之惰性所缚，而惰性之去否，有可于辫发去否之社会心理决之者，此吾之所以据其特征而为言耳，特立不羁之国民，振励无前之伟杰，或者闻吾言而兴起乎，则所祷祀以求之者也。

（《社说》，北京《帝国日报》1910 年 11 月 30 日）

一发千钧之资政院[①]

（1910 年 12 月 3 日）

自提议剪辫问题以来，都人士对于资政院发生两种特别最热之感情：一方面欢迎一般有常识议员能将周震鳞等陈请书作为具奏议案，谓该议员等无负代表人民意思之天赋；一方面贱恶陈宝琛、汤鲁璠等愚如豚犬、蠢如鹿豕，作无理之反对，恐无知无识附和者多，使此等文明重要议案不能通过，内失望于国民，外贻笑于世界，则资政院开院无异空掷无数金钱，买此阻碍文明之恶结果也。此两种感情，自学界、军界、政界外，试入茶楼酒肆，街谈巷议，无不众口一词，万目群集于二百名之议员。呜呼！资政院议员乎，其愿受国民欢迎以存议员体面乎？其愿受国民贱恶，反封文明进步，以见轻于世界乎？吾将于会议审查剪辫案觇之。

（《时评》，北京《帝国日报》1910 年 12 月 3 日）

---

① 本文署名：炎炎。

论荫尚书之器量才识[1]

(1910年12月7日)

近来，都中各部尚书其能略有表见力、负责任者，固尚有人，然陆部荫尚书[2]则更□绝一时。例如，剃发一事为朝议所最钳制者也，而荫尚敢毅然行之。裁撤丞参一事，为官制上未发表之问题也，而荫尚敢首先倡导。他如整顿陆军各种政务，皆淬励精神，举一切利害得失毁誉置之不顾，其器量才识，真有各国大臣之风。盖大臣者，掌理一部之政务，贵有特别之政见，万事之服从政府，则非大臣之气度，末僚之行径也，非政务员之气度，事务员之行径也。呜呼！吾国安得有多数之大臣如荫尚书其人者。

(《时评》，北京《帝国日报》1910年12月7日)

---

[1] 本文署名：炎炎。
[2] 即荫昌。

新律维持会开会广告

(1910 年 12 月 9 日)

新刑律议案交到资政院后，议员中有挟持私意运动反对，使不能通过者。同人等见刑律改良为立宪国保护人民生命财产之要义，而亦国际对等、预备收回领事裁判权之先声，苟任彼等顽旧浅陋、无法律知识议员，肆行破坏，误国误民，则贻害中国前途匪浅。兹特发起新律维持会，以图对付之法。谨定本月初十日午后一时在虎坊桥湖广馆开会，筹议一切。凡本京及旅京各省政学绅商同志，务恳届时惠临。盼切！祷切！

发起人：周震鳞、陈桂生、荣煜、陈邦屏、彭立本、王泰镕、文俊勋、全士端、陆敬熙、银文焕、汤藻蘋、雷钧衡、曹柱沧、张嘉森、彭俊才、陈绍唐、钱维骥、崔寅彤、顾乃高、书荩臣、佘铭铨、张家璈、张树勋同启。

(北京《帝国日报》1910 年 12 月 9 日)

新律维持会广告

(1910年12月12日)

　　本会昨日所议办法，凡已经签名，访问资政院议员诸位及本会原发起人，请于十三日上午十点钟齐集西草厂裘家街陈氏寄庐，再行分配人数，进行一切。其外到会诸君亦负有维持新刑律之义务，均望各与相识之议员接洽，谈判所得结果，亦请随时函告各报，以便登载。新律维持会同人公启。

(北京《帝国日报》1910年12月12日)

大赦党人问题[①]

（1910 年 12 月 14 日）

议员中能提出释党禁案，可谓具立宪国民眼光。然吾犹嫌其建议范围稍狭。何者？戊戌、庚子党人宗旨均在尊王，本应早予释放，至此外所谓国事犯则革命党是也。

然自德宗景皇帝明定国是，实行预备立宪以来，凡从前之革命党，今日无不主张立宪。朝廷不赦党人则已，否则，固不可分某项党人可赦，某项党人为不可赦。何也？赦党人本为消灭党祸起见，今乃因是而发生界限，是何异直与一党挑衅乎？嗟乎！人非草木，畴不知恩，尚朝廷一视同仁，俾其湔被前愆，则此后无论何项党人，既永无可执之词，即种族各问题亦不至再有发见之日，岂非国家万世之福乎？此吾所以对于释党禁提议内容犹不能无遗恨者也。

（《时评》，北京《帝国日报》1910 年 12 月 14 日）

[①] 本文署名：炎炎。

议员知识进步之特征[①]

(1910年12月16日)

昨日，资政院议员到院者百三十五人，表决剪辫易服案时，赞成者达百零二人，外加赞成而误书事由其票作废者六人。不赞成者仅劳乃宣、陈宝琛、喻长霖、闵荷生等二十八人。此亦足征议员程度已有世界的国家之观念。

剪辫问题以世界观念而去古代流传之垢物，新刑律问题亦当以世界观念而天赋之人权。吾将于剪辫易服案之通过以卜新刑律之通过。二案者既非具世界观念不能通过，苟俱通过矣，则吾民代表已有世界的知识。此后议决政事必均着有世界的眼光，而吾国此后将渐趋为世界的国家，则诚中国最大之希望。吾将青眼高歌望议员矣。

(《时评》，北京《帝国日报》1910年12月16日)

[①] 本文署名：炎炎。

论学部之误国溺职[①]

(1910年12月19—20日)

　　国家当过渡时代,急起直追,求与列强文明颉颃并进,行政方针必应握重教育,此天下之公言也。盖海陆军征兵必普及教育之良善,方可得尚武爱国之卒伍;农工商实业发达必实业教育之良善,方可得殖产企业之勃兴;司法行政、警察行政、财务行政所用人员,莫不赖有普通教育及各项特殊教育以助长进行者。是以今世所谓海陆军国、农工商业国、法治国、航业铁道国,亦即皆教育普及与高等教育兴盛之国也。教育程度有等差即文明程度有等差,而国家强弱系焉,此世界之实况也。然观今日中国握教育行政重要机关之学部,则又何如?资政院开院以来,议员罗杰、孟昭常等均有文书质问。雷奋当学部大臣宣布教育行政方针时,即面质其谬误,答复之词无一非支离仿佛,令人不可捉摩。比之陆军部、海军部之开诚布公,切实详审之答复,固有霄壤之别。即以度支、邮传各部之纷乱扰攘答语,亦未有如学部之无聊者。盖陆军部自荫尚书厘剔弊端,部中用人均通晓军事者,一有问题,自无难明白解决。其余各部虽贤愚杂进,尚不少明通晓事之人。惟学部司教育之柄而部员几无一解教育为何事者,宜其出口即错,

---

[①] 本文署名:炎炎。

昏聩糊涂至于此极也。此非吾言之苛刻也，试叩该部如尚侍等固皆科举出身之人，此外所谓丞参、所谓司员，非由科举而来即由捐纳掣签而至，其又一种则因张文襄、荣尚书时代所引一般之私人，专门附和奴隶教育主义者。故学部者实顽腐科举、无知识、无能力、无职业诸人之唻饭所组织分子之内容。如此议员而欲叩以教育之方针，宜其瞠眙视，莫之能对也。司教育之人专为自身觅一唻而来，宜其事事逢迎堂官腐旧迂谬意旨，与中国文明新机作障碍也。

图书局审定科等岁糜巨款，日食数十百人，叩其所出之印刷物，远不及一上海之商务印书馆所编之书，照南洋书肆原本任意涂窜，多不可通，尚纷纷然行文颁布天下，以图教育普及。试问，以如此之课本普及天下，将来谬种流传，其害何堪设想耶？教育行政在中央只宜审定教令，督促地方职行。该部觅食私人，舍己耘人，既纷纷往各省视学，到处骚扰苦民，供亿复纷纷盘踞京中各项官，立筹款较多之学堂以为部中引用私人，日食厚薪尚不足填其欲壑，必再兼办一学堂，既可免异己者与该部为难，又可抑制学生，使之慑于部威。无论学堂如何腐败，不敢起与冲突。京师学堂程度远出各省之下，皆以此也。学部之伎俩如此，于是各省提学使非其科举出身之私人门生、年谊等决不肯奏任，而各省提学使又以学部伎俩，学务公所之人员及官立款项较足各学堂监督等，亦大率位置其私人及一般有科举出身之人。任令腐败，无人过问。各省官立学堂程度又在私立学堂之下，皆以此也。学部之宗旨如此，于是各部知其无能为而轻视之。如法律学堂，农工商部实业学堂，邮传部高等实业学堂、交通传习所，度支部财政学堂，皆极力别异，不肯隶属学部。学生等之居于此项学堂者，功课既有条理，管理又不野蛮，则亦有出幽谷、迁乔木之感。呜呼！就此而论学部，其罪诚不可逭矣。盖中国国民无论使之向何方面进步，皆恃教育。国危矣，强兵为要，强兵必出普及教育之良善。然则请海、陆军两部而兼任学部之职乎？国贫矣，富力为要。富力增进，必出实业。然则请农、邮、度支各部而遍兴全国实业学堂乎？国乱矣，法治为要。治法国家、根本于教育。然则请民政、法部而兼任学部之职乎？虚拥要职而不能举其职而徒威吓学生曰不准剪辫，欺侮议员曰学部已切实办事，岂中国人人皆如学生可以威吓，人人皆如议员可以欺侮耶？嗟乎！学部不知自反，尚欲求资政院不核减其教育行政经费，抑颜之以厚矣。

（《时评》，北京《帝国日报》1910年12月19—20日）

告农工商部[①]

（1910年12月27日）

农工商部成立多年，除奏请关防外于殖产兴业一事不办，独于资政院提出剪发议案问题后受人意旨，嗾京师商务总会具呈阻挠，谓剪辫必易服，□见外货输入，本国实业经济界立受恐慌，据情入奏，摧挫新机，摇惑上听，措词毫无理由，是不可以不辩。

一、第一劝业场专贩洋货，以中国之钱劝外人之业，该部何不一过问乎？全国人民无一不衣洋布、着呢料，以至日用百物多取给于外人，故每年进口货值超于出口货值几至倍数，四十年来如出一辙，该部何不设法一防御乎？而独于剪辫问题之发生，始

---

① 本文署名：炎炎。

知有实业，诚不可解。

一、中国经济恐慌，如今年春秋两期，京、津、汉、沪、闽、广以及各省市面到处摇动，不可终日。识者皆知国家已达破产景象。该部事前未尝筹维，事后不知补救，而独于剪辫问题之发生，始知有经济界，诚不可解。

噫！堂堂农工商部，任农之病、工之窳、商之败，无一策以为救济。而剪辫问题为天下所欢迎者，反掇拾北京一二愚民之词，贸焉入告，以为阻挠，曾亦思津、沪、闽、广各埠商人固纷纷发起剪辫会，极欢迎资政院之议案乎？噫嘻！该部此奏挽西江之水，其足以洗其耻辱乎？记者不敏，今后将拭目以观该部之振兴实业与经济，想必止此□奏而即已也。

（《时评》，北京《帝国日报》1910年12月27日）

督学局长之魔力[①]

（1910年12月28日）

京师督学局长彦德毫无知识，因前此办理学堂，专以野蛮压力摧残学生，大受当事者之嘉赏，遂荐升今职。平日在旗籍中颇有势力，故学部一班人员莫不仰其鼻息。如近日各堂禁止剪辫，明知其无聊而不能不俯从其节制。吾恨无荫大臣其人为学部堂官，

---

① 本文署名：炎炎。

将此辈败坏学风徒党痛予裁撤，则虽具一切鬼魅潜力，亦无地以自骋矣。然而缪荃孙等方联袂以进学部，中国无数之彦德，该部非搜罗尽净不止也。吾又何恨于彦德，吾又何恨于督学局之魔力。

（《时事小言》，北京《帝国日报》1910年12月28日）

儿戏之资政院①

（1910年12月30日）

资政院开院以来，议员中如汤鲁璠、严复等屡多无故不到会者，般乐怠傲，早应交付惩戒。而议长姑息不言，以至人人相效尤，因有昨日不能开议之怪现象。闭会在即，正上奏延长会期十日。试问，如此现象即延长百日亦何能议结各案乎？回忆开院三月，所议之件皆无关重要，仅一弹劾军机案则又闹成种种笑柄。吾民尤以为失之东隅，收之桑榆，或有最后之希望，至此时则复何言矣！议员等任意荒嬉，坐得公费，为个人计，诚得之矣，曾亦念及全国人民含痛茹苦，日夕延颈企踵，望公等力为请命乎？公等苟有人心，清夜自思当亦颜汗。

（《时评》，北京《帝国日报》1910年12月30日）

---

① 本文署名：炎炎。

议场谈屑[①]

（1910年12月30日）

昨日，议长入座，议员来者尚属寥寥。待至一时之久，尚不能开议。此时议长焦急万状，议员懊恼万状，以一人不到贻累百二十四人，与中国衙署积习多处划行，一处不划则公事延搁情形正同。又如宴客，一客不到，众客久待。人谓资政议员皆带有几分官气，此言信然。

各秘书官数次清查人数，复数次往股员室寻觅议员，屡数屡寻，屡寻屡数，一名之议员始终不可再得，不可再得毕竟无法开议，孰谓资政院议员无关系、无价值哉。

议员之腐败也，其始也一言不发，其继并议席而不列，怪象百出，不可究诘。猗歟诸君倘一列旁听席，异地而观，不知更有何颜以见人耳！

各腐败衙门虽无事可办，每日尚有照例之划到，何资政院并腐败衙门之不如，人之轻视，汝岂非自召之哉。

曾侯爵当久待议不到时起问议长何日照相，众皆不解其用意，该爵亦不再语。盖此人平日素号诙谐，意殆谓今日议员之数少于昨日，明日之数又当少于今日，若并此机会而失之，则此后求一

[①] 本文署名：炎炎。

议员之影片且可得乎？或曰：不然。议员好儿戏，拍照则儿戏事也。曾侯爵特提出此事，殆亦引诱议员到会之一方法，惜人皆梦梦不知其用意之妙也。

平日有一般议员不发言，不入表决之数，殆有多一人不足重，少一人不足轻之度，至昨日乃求多一人而不可得。吾今后方知闲议员亦大有造于资政院也。

（《议场谈屑》，北京《帝国日报》1910 年 12 月 30 日）

议场谈屑[①]

（1910 年 12 月 31 日）

易宗夔不为物扰，不为俗挫，每当失意时，其气愈壮。古云：大浸稽天而不溺，大旱金石流、土山焦而不热。殆其人耶！

大块噫气，其名为风。是唯无作，作则万窍怒号。吴赐龄之发言，大有此度。

黎尚雯[②]每到议场，对于重大问题勇往直前，丝毫不肯放松，

---

① 本文署名：炎炎。
② 黎尚雯（1868—1918），字桂苏，湖南省浏阳县人。早年曾参与唐才常自立军起义，后加入同盟会，并协助禹之谟创办湖南唯一学堂；1907 年，参与重组同盟会湖南支部；1909 年，当选为湖南咨议局议员、资政院议员。民国成立后，任湖南高等工业学校（湖南大学前身）校长，当选参议院议员，参与筹划江汉大学，参加"二次革命"、护国运动。1918 年在长沙病逝。

昨日于剪辫案亦然。此君能到底不懈。

哀莫大于心死。资政院议员闻刘廷琛封奏而不动，公愤者必系全无人心。江辛侃侃而谈，义形于色。淮南古多杰士，若江君者近是。

闵荷生纯以咆哮为事，喻长霖专以瞎闹为能，历次如此，几不为全体议员所齿。然对于昨案件，两人又哓哓不已，以吾所闻，皆与刘廷琛奏折有密切关系者也。则同时出丑，何怪其然。

王昭勋语言无味，面目可憎，吾书此名已觉得污我笔墨。虽然，吾不恨该议员，但恨该选举区耳！

陆宗舆说到刘廷琛根本错误时，闻者无不暗暗点头，乌谓钦选议员无知识无人心，可以一笔抹倒。

（《议场谈屑》，北京《帝国日报》1910年12月31日）

人心论[①]

（1911年1月1日）

国家当危急存亡之秋，所恃以拯救扶持于万一者，一发千钧之人心而已。人心未去，虽内患外忧，千疮百孔，尚有可发奋自强之一日。人心尽失，则虽袭可为之势亦必上下睽离，驯致河决鱼烂而不可收拾。况当万无为可之时以求勉强挽回之术，乃复置人心向背

[①] 本文署名：炎炎。

于不顾，谈国事者能不太息痛恨于当局者之昏昏梦梦耶！五年前，中国人心愤时局之艰危，内政外交，举足失败，而朝廷专制，执政把持，于是海内哗然，舆情怫抑，激而为革命排满之风，暴乱之事，所在纷起，天下岌岌，危如累卵。自我德宗景皇帝神明英武，毅然宸断，明定立宪政体，宣示天下，由是薄海昭苏，群情翕服，一转移间，而令一切倾侧思乱之人心戢戢焉，喁喁焉，共纳之立宪政治之轨途，中兴之业，万世之基，隐固于此。臣民妇孺，至今讴歌，感戴于不置，良有以也。盖立宪政体者，换言之，即舆论政治也。舆论也者，即全国人心所凭依也。德宗景皇帝明诏立宪，宗旨特揭，庶政公诸，舆论一语，此世界立宪国之通义，背乎此，则为专制，则为骋一人之私，弃人心之公。如此以治其国家，当二十世纪时代，未有一幸者也。我皇上冲龄入继大统，监国摄政王负扆出治，绍述之志昭然于屡次之明谕，督饬臣工汲汲于宪政之进行。资政院开院以来，人民与政府始相对待，中外识者咸以为中国前此行政腐败以无立法、舆论机关监督其旁，遂至上下隔绝，归过朝廷。既有议院基础，拥护宪法，崇重君权，则政府对于人民自无委卸之地，人民对于皇上即无直冲之虞，从此和平稳健，互励进步，中国转机，必在此一举也。乃政府狃于敷衍专制积习，于君民亲附之机，百端离间，百端斩绝，奸邪之臣受其意旨，任情媒孽，荧惑上听，而吾君信爱人民之心旋挚旋否而□□危机，愈不堪设想矣。如国会即开，人民之所渴望也，政府不能痛陈利害于□□以许之，反主□严遣以抑之。资政院议决案件，如剪辫易服亦人心之所恳求也，政府复不□□。国家威信力为□成，而任农工商部刘廷琛等出头以破坏之。就此现象推论，此后中国庶政必与政府同意，足以便挟私图者乃可施行，而人民意思之公，国家治安之计，虽痛哭呼号要求政府，政府必一一漠视，莫之留察也。噫！欷公等为个人目前保全禄位之计，诚得矣，曾亦思民情之痛苦忍之无可忍，中国之危亡挽之无可挽，公等受恩深重，不顾国家人民，独不顾我皇上耶！

自古开国、中兴贤能之君相，莫不以收拾人心为惟一之政策，即奸雄之事业得就者，亦先矫伪以得民心。若当世界国民漩涡之中，犹复暴戾恣睢，以欺蒙君上，戕贼民气，一旦祸发，土崩瓦裂，伊谁之咎哉！执政诸公其始终谨遵舆论政治宗旨，辅弼皇上，固结人心，则诚国家万世之福矣。

（《社说》，北京《帝国日报》1911年1月1日）

衰疲民族之惯态①

（1911年1月2日）

中国维新数十年，对于革新问题，曾未有一状快满意之政，令国步趑趄不进，日趋危亡，皆由一般顽腐无意识之徒，每遇变更旧惯问题，必百计反对，迨至迟回日久，内外交迫，始屏息退听，不敢复言，坐使国家大计无不落人后着。此辈之罪，诚擢发难数也。曾记前此改弓矢刀矛为洋枪洋操，改科举为学堂，郭侍郎之言外交，李文忠之办海军、铁路，戊戌党人之谈变政，凡最易解决之问题，苟非祖宗成法及时文中所有者，必肆意狂攻，莫可究诘。由是伟人因建树未就而灰心，志士以良谋勿用而阻气，驯至今日养成麻木不仁之中国。大势已难挽救矣。忧时热心之士因今年资政院之开院颇仍存万劫复苏之望，而今资政院之结果竟

---

① 本文署名：炎炎。

何如耶？二十世纪之辫发犹复如数十年前之保存弓矢刀矛，十年前之保存八股试帖者以保存之。呜呼！吾固信辫发亦为弓矢、帖括必无多年之命运，然时危事迫，革新问题之不能再容我悠游缓步者正多，剪辫问题且不能解决，吾又何望耶？

（《时评》，北京《帝国日报》1911年1月2日）

资政院之乐观①

（1911年1月13日）

资政院自开院以来，虽闹出种种之怪状以增识者之悲观，然瑕不掩瑜，记者仍不欲存灰绝之感，则新旧政争最后之结果，新党大获胜利，旧党全归失败是也。兹就会议新律问题，分志新党胜利事实于下。

一、《总则》议决入奏之关系。查《总则》内责任年龄等条，劳党多反对之，卒依新党之案通过。今年既议决《总则》，则明年即应从《分则》第一条议起，将初八日劳党瞎闹通过之无夫奸一条根本取消，且《总则》既入奏，《分则》附属于其后，决不能与《总则》主义冲突。如无夫奸等条加入《分则》，则必须先取消《总则》之通过。然既经议决入奏，势又不能也。此新党之胜利一也。

二、初八日表决与初十日表决之关系。查初八日表决无夫奸

---

① 本文署名：炎炎。

一条，附和劳乃宣主义，书白票者凡六十余人，似旧党已占胜利。本报于是日新闻栏及《议场谈屑》以详纪而评之。然闻初八日投白票者纷纷与人言，多谓是日因未听明议长宣告表决之意思，故误书白票。是当时书白票之六十余人并非全体赞成无夫奸加入正条之人也。故初十日表决《总则》时竟得八十余人之赞成，而劳党已成单薄之势。此新党之胜利二也。

三、初八日未到议员之关系。查资政院议员共二百人，今年实数到会者百四五十人，是日表决时在场不过百十余人。此外三四十人多系健全分子，居新党一面者，徒以政府不信任资政院之故，纷纷以消极主义而去。倘明年开院重整旗鼓，此辈加入表决，则赞成新律者终占多数可决言也。此新党之胜利三也。

四、数月后再议新律《分则》之关系。查今年议员之反对新律者，多系初次白田间来，普通新知识且无之，新学问中之法律专门更未曾梦见。观初八日对于无夫奸一条，杨度、雷奋、陆宗舆、汪荣宝、胡礽泰等明白之演词，反对者并不肯领悟，纷纷扰乱，止其发言。外人之明我国语者，莫不讥笑，谓其程度太幼稚，并谓彼等不解议院法为何物云云，诚确评也。然吾对于彼等议员尚有一线之希望者，则以今日以后距明年开院尚有一年研究之期也。倘彼等渐知反省，深惧不能负荷代表责任，尽一年之力潜心研究法律，自求巩固立法机关之实力，则今年盲从劳乃宣之议员明年未始不可赞成新党也。此新党之终占胜利者四也。

呜呼！当二十世纪时代，文明先进之国，环列东西，事实昭然，学理明备，急起直追，较之欧洲十七世纪以前发明创造者，何止事半功倍。如新律等问题，在外人已如陈羹土饭，在吾国尚在新旧哄争，言念及此，羞愧交集矣。开院以来，本报上而希望朝廷，下而希望政府、资政院，忠言贡献，自矢无一毫之私。然危苦之词，责备之重，舆论天职所在，实有不敢稍存避忌，曲求人谅者。诚以国家前途虽以飞代走，步武列强，尚亦望尘不及，不能不主张急进，乘闲暇之片刻，作未雨之绸缪也。若议员等强持三十年前之所见，以淆乱政见，阻滞新机，如初八日议新律之现象，则殊非中国之福矣。恭读资政院闭会上谕有曰：尔议员等自当激励忠诚，扩张闻见，洞观时局，默验舆情，必学与识早裕于平时，斯事与理可期其一贯尔。议员等其加勉焉。圣训煌煌，昭昭如日月矣。公等苟能切实钦遵，吾将见明年之议事程度必远胜于今年也。尚何新律之反对，新旧党之争持哉！是在公等各存至公至恕之心，急急反省，共图国家福利而已。

（《社说》，北京《帝国日报》1911年1月13日）

永久防疫之方法安在①

（1911年3月16日）

自东省鼠疫流行，国家竭力办理防疫，交通为之阻塞，社会共受损失，文告纷传，似亦认真矣。记者梦想，以为中国受此奇灾，各处巡警及自治团体对于卫生事业必有一番大计划，大兴作谋，保国民生命之福利。文明各国市政医术等正可乘此输入吾国，则亦因祸得福之机会也。乃两月以来，官民上下并未注意及此，甚至北京街市污秽不治如故，且或当街大小便溺而无人干涉，粪尿积于道旁而莫之过问。噫！鼠疫严防时期而现象若此，曾亦思

---

① 本文署名：炎炎。

此即引疫之蠹源耶？此而不严行禁止，又何时不可发生瘟疫耶？不好清洁，本中国野蛮、无教育、无人格之印相，开明如民政部其及时施政焉，可其出永久防疫之计划焉可。

（《时评》，北京《帝国日报》1911年3月16日）

中国不难治[①]

（1911年4月5日）

中国不难治，有真实之立宪政治出现，则立治。真实立宪政体者何？一、不使亲贵干预政治；二、养成最强健充分之政党；三、国会开后立即信任完全之政党内阁。日本之官僚内阁及其他之半党内阁，皆不可适用于中国也。何者？猜忌之政策，非政党内阁不能除。敷衍欺饰之政治，非政党内阁不能摧陷而廓清之。一切积习、相沿之贪鄙、顽谬之旧官吏、旧绅士，非政党内阁不能排除屏绝。济世之贤，非政党内阁握政权不能出现。然而政府固无有见及此者，国民亦惟苟偷视息，无有研究此问题者，则吾之言诚付之梦呓矣。以如此不难治之中国废弃不治，将坐待他人之代理统治焉？呜呼！谁之罪哉！

（《时评》，北京《帝国日报》1911年4月5日）

---

① 本文署名：炎炎。

政府真欲令中国为埃及耶[1]

(1911年4月19—20日)

国家当贫困之秋，百政待举，财力不足以济之，利用外债权救目前之急，未始不可。具体的拒债论固非记者之所赞成，本报前此屡言之矣。然外债之输入关系国家之荣衰、人民之利害甚大。在开明、有政策之政府，开明、有政策之财政大臣，则债可借，借之必有利而无害，国家可因而发达富荣。否则，饮鸩止渴，剜肉医疮，债愈巨而民益不胜其累，国家之亡即随之，甚矣。利用外债之策，又不可轻易出之也。夫中国今日，中央行政、地方行政群口患贫，农、工、商、交通各业之未能发达，教育、军警、司法、裁判之未能完备，边荒之未能拓殖，莫不曰：无款。然国家方里二百万、人口四万万，土地广大而沃饶，劳力众多而佣资低下，苟得有政策之政府、富于经济财政学识之财政大臣，切实而经划之，就本国固有之金钱及一切产业之证券，固未始无法整理其金融机关，预筹资本之活动，以备殖产兴业，凡百政务展施之经费也。即欲助长百政敏速之进行，民业、官业未能即时发达，不能骤增，大宗之岁入万不得已而出于利用外债之一途，则必多方审慎。先察民间经济能力今后发达至何境，能荷若干负担之增加，次察官业经营今后发达至于

---

[1] 本文署名：炎炎。

何境,能分任岁入若干之弥补本利偿还之准备,既熟筹而无短缺失信之患,而后酌其盈虚,限制应急之外债额而输入之。输入之额既严,施用之途必慎,偿还之时乃不至窘迫而酿祸。此利用外债之要义,记者之所赞成者也。而吾国今日当局之借债者,则又何如?今之尸财政大臣之任者,日言中央财权统一,而所谓财政统一者,不外搜括征求民财集之中央,如何使培养民力,蓄积税源,非所顾也。不知财政之所由困难者,非尽因母财之乏绝而然也。在管财政者无理财之学识经验,有财而不能理,与无财同也。假令中国之大仿照各国设立国家银行,切实经理,巩固其信仰,完备其机关,既有国库供其液注,复得商民大宗存款统筹全局,以使资本活动于国家,则不言集权而权自集,不言统一而财权自不至于纷歧,中国之患贫决不至如今日之甚也。乃此种重大问题全不能设法以经营之,于是中央须款,无款以应;地方须款,无款以应;农、工、商、交通各业及教育、军事、警察等处无不须款,亦无款以应,以至市面恐慌、倒骗百出,皆无款以救济维持,遂至举国上下皆惊相告曰:无钱。无钱则不能办事,一切行政及官民殖产兴业生机立将停滞也。于是群相率而言借款,度支部日处左支右绌,四面催迫之中,于是亦信谓中国本无财可理,必输入外债而理之。苟外债之足以济吾一时支付者,虽输入额如何之巨滥,条约内容如何之损失,皆不敢详慎计较。此乃吾国今日当局借债之真相也,而埃及亡国之奇祸将立见于吾国矣。此非记者之好为危言也。

盖财政整理,政治有方针之国而借外债,则借之既不至出于滥用途,亦不至掷之虚牝偿途,尤不至于穷乏,债权国反可被债务国所操纵,故但见其利而不见其害。财政紊乱、政治腐败之国而借外债,则借之既出之滥用途,尤多浮妄,偿途更危险无着,债务国恒必被债权国所挟持,故偶一不慎,既可致国家人民以无穷之害。中国历来借款,条约比较世界各国通例,如抵(压)[押]、保证、指定用途、干涉权利等,大率有特别之规定,损失固已不小，此民间拒债之风潮所由来也。至近日载泽、盛宣怀①之借外债，则尤有骇人听闻者。如整顿币制、经营满洲借款一万万元，改良电报、电话借款又五百万镑，又川粤汉借款问题未了，复向英国借二千万元，正金银行借一千万元，其债额之巨，几达全国岁入三分之二，滥已甚矣！以今日中国腐败之政治，贪官污吏盘踞窟宅，于用财之途，财愈多而（窥）〔亏〕耗侵蚀愈不可收拾，不待言矣。试问，日后本利偿还，民力是否能荷此猛增之负担，官业收入是否能得子息之赢余弥补正供，皆空洞不可预计也。然则，外人于我何与而肯浪掷金钱于中国不复计及危险乎？此事实上万办不到者也。而要挟之条款，遂不得不希翼浩大无边之范围矣。闻以上各项借款，度支部大臣、邮传部大臣行且不顾舆论，不交议资政院议决，秘密签约，各项条约内容如何之损失，尚未尽知，惟得外间纷传，谓整顿币制借款则允用外人为币制顾问，经营满洲借款则允用外人为经营满洲顾问。夫顾问因借约而发生，则顾问也者，即监督财政之代名词也。事实果确，则与昔时英法人之为埃及之财政顾问，因而把持其财权，进而掌握其政权，以消灭埃及国家之资格有以异乎？无以异也！是此种之借款非利用外债以兴国利民，乃利用外债以亡国灭种也！此记者所期期以为不可者也！呜呼！吾民乎！吾民代表之资政院议员乎！大好河山，吾辈生于斯、长于斯、聚国族于斯，其皆屏息待亡、待死，以听当局之一手送尽乎！吾民有承诺负担之义务在，即有监督财政之权利在，资政院章程有议决公债之条文在，即有不认度支部、邮传部大臣秘密借债之权利在。公等

---

① 盛宣怀（1844—1916），字杏荪，号次沂，又号补楼，别署愚斋，江苏武进（今常州）人。1870年入李鸿章幕经手洋务；1873年任轮船招商局会办，后又任津沪电报陆线的总办，先后开办华盛纺织总厂、中国通商银行，还曾督办铁路；1896年接办湖北汉阳铁厂、开办萍乡煤矿，并将其与汉阳铁厂、大冶铁矿和萍乡煤矿合并成立中国第一家钢铁煤联合企业——汉冶萍煤铁厂矿公司，并先后创办北洋大学堂、南洋公学、北洋学堂二等学堂，历任清政府工部左侍郎、邮传部右侍郎、邮传部尚书、邮传部大臣。民国成立后仍在上海租界继续主持轮船招商局和汉冶萍公司；1916年4月病逝于上海。

其尚雍容雅步,以仰总裁、副总裁之鼻息,而不痛切一呼吁乎!公等苟不欲使中国而步埃及亡国之后程也,必有以自审矣。

(《社说》,北京《帝国日报》1911年4月19—20日)

词臣中之朝阳鸣凤[1]

(1911年4月19日)

专制国奏事机关之纷歧,本不可以为永久之制。然国会未开,政党未出现以前,一时识时忧国之彦,苟有建言地位,可以痛陈朝政得失,以达君上之听者,则亦国人之所欢迎也。夫朝政之大得失之最着者,无如今日外部办理各项失败之外交。对于此事极力批评者,除舆论界外,其他之言官及各有专折上奏之权者,大率不言或言之而不得要领,徒弄笑柄。独文侍读斌[2]纠参外交当局之罪,两递封折,其立言痛切,几无一字不为国民之声。虽其言未能见用,然亦足征词臣中尚有人也。朝阳鸣凤,硕果仅存,应急表而出之,以为刘廷琛辈迎合取巧者愧。

(《时评》,北京《帝国日报》1911年4月19日)

---

[1] 本文署名:炎炎。
[2] 文斌(1872—1944),字郁周,满洲正蓝旗人,光绪戊戌科进士,曾任八旗高等学堂总帮办、监督、翰林院侍读。

李家驹①之为政府作伥②

（1911年4月23日）

自资政院议员百有一人陈请开临时会递书，旬日至今，总裁、副总裁故意迟延不入奏，世续之昏聩冥顽，未知立法机关为何物，固不足责。李家驹则腼然自诩为识法律者也，对于呈书议员，始则曰：外交不在议决范围，议员等乃以议决借债案为院章所规定抵制之。彼又索议员签名证据，以玩误入奏时日。盖其意必待载泽、盛宣怀等专横举债定约、丧权万恶成熟，徐行上奏，以掩饰耳目。而后载泽、盛宣怀从而设词蒙蔽朝廷，取消开临时会之请求，至是则议员虽万口要求，亦无丝毫之效也。嘻！计诚狡矣！但不知李家驹所谓索议员签名证据者果载之院章何条？李家驹即未见院章，岂资政院议员亦未见过耶？若谓曾亦见过而故如此受李家驹之愚弄欺压，如其在学部时之对付学生莫之与争，则吾又何责乎李家驹耶？

（《时评》，北京《帝国日报》1911年4月23日）

---

① 李家驹（1871—1938），字柳溪，广州汉军正黄旗人。1894年中进士，授翰林，后历任湖北学政、京师大学堂监督、驻日公使、内阁学士、学部左侍郎、学部右侍郎，1911年兼任协同纂拟宪法大臣、资政院总裁。1914年曾任参政院参政。

② 本文署名：炎炎。

礼教派之人物如是[①]

(1911年5月10日)

乔树枏者，平日宽衣敝履，饰貌謷言，自诩为维持礼教者也。夫礼教也者，属于道德范围，身体力行，着落处不外孝弟忠信礼义廉耻八字，否则不可谓知礼教也。乃乔树枏因既以吸烟着闻，被禁烟公所实行调验。查调验手续凡分三项（一）赤体搜查。自顶至踵，五官百体孔窍，莫不遍检。（二）入浴。继赤体搜查重行察验。（三）剥夺其衣食居之自由。其待遇之严厉，盖与凶犯囹圄尤甚，稍有廉耻者，未有不预先戒断，以免辱及父母遗体。即或一时万难戒断，亦当如恽毓鼎辈挂冠而去，自全体面。乔树枏则甘心以老病之身，受发肤之辱，调验由他调验，好官还我为之。礼教派之人物乃至如是耶！虽然，吾于乔树枏何责，彼不自有其纵容之长官在。

（《时评》，北京《帝国日报》1911年5月10日）

[①] 本文署名：炎炎。

申论皇族不可组织内阁之理由[①]

(1911 年 5 月 17 日)

各国宪法原无不许皇族组织内阁明文,然事实上曾未有以皇族懿亲为内阁总理大臣及各部国务大臣者。德国、日本君权号称独重,而立宪以来,政府人物均出于国民,绝不见皇族杂厕其间。此其故不过欲维持君主之尊严,必使挟亲贵之皇室退居国务之外,则国民对于皇位不起责问,不生恶感,而君主乃能万安,国务进行亦不至生意外之危机,因必然之事实而演成世界君主立宪国之公例,固已非一日矣。惟我国人性质卑劣,不顾国家危亡,专图目前私利。观近日政治之行轨,政府为保全禄位计,固未常以根本至计直陈于君上,平日自诩为国民先觉者,亦竟有朦懂妖妄,饰为似是而非之词,或欲如外人皇室外交政策,以为利用皇族,以达我政治活动之目的。其黠者则谓,皇族既舒,尊降贵身任国务责任,吾民即可以法律上地位,不问其为皇族与否,就国务上作正当之对付而已。此二说者,粗听之似各有理由,实按之则全无效果,充类至义之尽,且为反对君主立宪政体之言,即亡国之言也。何者?国家者,积国民而成者也。政务者,所以纳全国人民于轨物之中,保全国人民于生命幸福之域。故国家行政专为民也。赫赫师尹,民具尔瞻,天视自我民视,天听自我民听,好恶

[①] 本文署名:炎炎。

与共，喜怒相关，中外之通义也。特欲贯彻此义，见之事实，非用今此立宪政体不能有圆满之效力。盖斯民之视听，斯民之好恶喜怒，非深居高拱之君主之所得知，此专制国流弊所从出也；又非骄贵纨绔之皇族子弟所得知。若以此项骄贵纨绔，不知稼穑艰难，不谙民生病苦之皇族组织内阁，则其结果必与专制无异，其流弊且必至不专制、不立宪，百政睽离，法纪荡尽，英雄无用武之地，海内丛瓦解之忧，其祸有较专制为更烈者。论政者奈何不察乎此耶？今之所谓国务者，外务也、民政也、度支也，学务也，农工商也，邮传也，海军也，陆军也，司法也，理藩也；总理国务者，统筹国务之机宜而确定进行之方针也。为之大臣者，非以安富尊荣为乐利主义也，而以练达民事，周悉民隐，富强国家，翼卫皇室，以担负大任为忧劳主义者也。国务职任如此重要，担负其职任如此艰难，而欲责之皇室之懿亲，是犹未解操刀而使之割，未曾学步而责之奔驰，其有不误事蹉跌者耶？此非谓皇族之不贤。居移气、养移体，地位所享不同，虽至圣不能知凡民之务也。东西各国，皇族形式上远不如吾国之尊严，皇族子弟为兵、入学，未成年以前几与平民等然，犹不使其负政治上之责任者，以其于民间疾苦、政治隐微，终以非由身历艰苦，困心恒虑，不能得其要领，而况如吾国皇族之阶级崇赫乎？嘉道以前，未曾以皇族充军机。光绪以前，未曾以皇室充尚书。……皇族地位高□远绝，齐民因之万不能责以国务之责任者，固已详言其故矣。以中国今时之危急存亡，不容一间，而可故□舒回委曲以种政治上之恶因乎？恶因既种，拔之愈难。以吾国人廉耻之丧尽，鬼魅之烦多，日后必有一班名为政府党，实为皇族党者出现，以与所谓弹劾监督民议机关搏战，无论胜负属谁，而推倒内阁一次，国务之进行即趑趄蹉跌一次，乘漏舟于稽天之大浸而舵□篙楫职役屡更，覆亡之祸，其可免耶？吾今为一言，以告我有参政资格之国民曰：彼执拥戴皇族为国务大臣之说者，知其不可拥戴而以利用手段拥戴之，是不忠也；知其拥戴之必酿国务上恶结果而姑放松一步以纵其祸，是不智也。此等不忠不智之言，徒以淆乱天下之是非而已。欲望国务和平进步，犹削足适履也。吾国民奈何其不察。

（《社说》，北京《帝国日报》1911年5月17日）

邻邦内阁大臣之态度①

（1911年5月19日）

客有述日本桂内阁之政绩者，曰：前年桂相主张募轻利外债，换回重利公债票时，举国惊疑，且有反对者。桂相则不动声色，方针既定，志在必行。于是邀宴国内各资本家及各银行家，优礼备至，而后将其政策利害关系开诚布公，与各资本家等详细商酌，要求赞成。各资本家等既与桂相当面接洽，知其政策之有利无弊，杯酒之间，群起担任换回公债票额已逾半数，而桂内阁之政策乃坐收成功以去，遂使甲辰战后将破产之日本，转能展其社会经济能力以经营满、韩。世界政治家、财政家莫不交口叹服。桂内阁之成绩，洵非诬矣。吾于此固赞桂相之政策之良善及其手腕之敏妙而尤窥见君主任用内阁之道有二焉。

一曰非周知世变、洞悉国情之政治家，不能确定行政方针，则昏庸颟顸之大臣不可使之组织内阁也。

一曰非与国民亲洽、握手言欢之政治家，不能担负施政责任，

① 本文署名：炎炎。

则老聩之旧臣、骄矜之亲贵皆不可使之组织内阁也。

（《时评》，北京《帝国日报》1911年5月19日）

差强人意之教育联合会①

（1911年5月20日）

此次上海开各省教育联合会，各省教育会莅会之代表大率皆办理学务、富于经验知名之士，故其所提之各种议案，多有切实可行，足以正学部行政谬妄之罪，鸣鼓而攻之者。兹就其重要之数案比较之。

学部反对军国民教育，联合会主张军国民教育。

学部极力保存小学读经，联合会主张小学不读经。

学部反对剪辫，联合会主张全国学生剪辫。

学部以科名出身为毕业奖励，联合会反对奖励。

学部以无经验、无宗旨、不适用之教科书责令全国通用，戕贼全国之儿童；联合会主张各省自编教科书，以抵制其横流，并以国土庞大、各省情事不同，为教科不可同一之根据。

由上观之，联合会所持意见与学部反对之处，其理由完富，稍知教育原理者，皆能知之。特学部以腐旧陋儒主持于上，死守其奴隶教育宗旨，吾恐联合会之议案□将徒托空言也。然言论者，

---

① 本文署名：炎炎。

事实之母，亦惟视今后教育界诸君子争持之能力何如耳。

（《时评》，北京《帝国日报》1911 年 5 月 20 日）

立宪国民共有之职分[①]

（1911 年 5 月 23 日）

今世立宪政体不外民主、君主二种。民主立宪政体，立法、行政、司法制度与君主立宪政体尽同，惟总揽政权之元首有世及有不世及而已。不世及之元首由国民中选举之，故在民主立宪国，国民之职分，皆可养成为被选大统领之资格。在君主立宪国，君主等于神圣不可侵犯，国民既不得妄图非分窥窃神器，然立法、行政、司法各政务，君主皆不负责任，即皆属国民政治活动之范围，故立法机关之议长、议员，行政、司法机关之内阁、国务大臣，国民均可以相当之资格取得。是则君主立宪国国民不仅以与闻政治，参议政治为天职，并以掌握政权为天职。此固环球国法学所同认，即英、德、奥、匈、意大利、日本等各君主立宪强国所实行者也。

盖君主立宪政治者，君主专制政治所演进，君王专制政体又贵族政治所演进，而其演进经过之阶级，则缘于人民之肉搏奋战，求达其共同生活得福利安全之目的。一人专制前一期，人民与贵族奋战；君民立宪前一期，人民与专制奋战。然煊赫之贵族，暴横之专

[①] 本文署名：炎炎。

制终未能与人民敌,不敢不用立宪政治以为与人民讲和之条约者。共同生活之经营保卫,终当以少数人而服从多数人。文明世界,民智日进,民力日强,国家主权之操纵非一人私意所可自雄。时也,势也。虽圣者弗能相背而驰也。盖人类者,欲望最奢之动物也。欲望之求其取偿,莫大于共同生活之安全幸福。共同生活安全幸福之取偿,莫要于竞争权利义务之得其平,不得其平,则欲望驰骋愈烈而不可以縻勒遏制,于是群起暴怒,拼死以竞争。此流血革命之事,所以莫剧于历史之贵族时代、专制时代,而平民党卒能取得立宪政治,大告凯旋。无论路易十六、查尔斯等之种种魔王,不能不迎风披靡于"不自由,无宁死"之战场者。诚以共同生活之中,君民上下各偿其欲望而去,则国家安宁幸福可求。若专顾一片面之欲望,各方面之欲望置之坐视,其民愁苦颠连,则怨愤乘之,肉搏奋战之事随之。片面之欲望终不可以独得。民岩可畏,此卢梭、孟德斯鸠等之学说所以大得势力,立宪政治所从出也。夫立宪政治既从贵族专制递嬗而产出,即从平民竞争权利义务之得其平而产出,则立宪时代隔贵族阶级时代甚远,立宪国民决不能使贵族阶级只影杂厕于政治界。民主国无论矣,君主立宪国固恒有与君统相传之世族,然必使退居国务之外(本报前已详论之),否则以立宪名义行贵族政治是由专制而退化,非由专制而进化,世界固未见有此种怪历史理论,与事实皆有绝不兼容者在矣。是故君主立宪政治,君主总揽大权之下,内阁及议会中自然人皆以国民分子组织之。内阁出于国民,则执行国务之利害得失,议会乃得直接匡救而监督之,纯全居于对待鼎立地位,以举其赞成、反对之职。而内阁大臣均自田间来,父老子弟之疾痛疴痒亦必艰苦备尝,国务之施行,政策之谋定,自鲜扞隔不通之弊(与贵族内阁适得其反),而朝野龃龉、上下轧轹之事易于消弭,而后方针不乱,政治统一之效可期;用人秉公,弄权误国之患可免。政党内阁之真精神在于是,欧美政治之文明亦不过如是也。

吾国开化最早,三代以前,已无纯粹贵族政治;秦汉而后,贵族阶级已破除尽净。惟国势强大，俯陵四夷，不起剧烈之竞争，故开化早而进化迟，专制政治保存之长久，乃为世界所独有，至今日而政治界之文明反远居弱小后起东西各国之下，有由然也。然世界竞争日烈一日，朝廷既废然思返，与吾民以立宪，吾民袭本国数千年贵族破除之余荫，复取世界文明立宪之成法师资而衣被之，此正感奋兴起，发挥事业，建树功名之会，中国前途固未可量也。乃观于近来国民之谋政治活动者，扶东倒西，言庞事杂，彼梦未醒，此梦又来，非妄自菲薄即舍己耘人。总之，不外不得头脑异出冥行者近是。盖不知国民政治活动之范围，即不能得政治活动之主眼，于是应尽之责任不能尽而国民之天职将从此尽失。国欲不亡，不可得矣。吾故亟与吾民声明共有之职分于此，热心政治之国民，其奋然而起乎！

（《社说》，北京《帝国日报》1911年5月23日）

立宪欤专制欤[①]

（1911年5月24日）

立宪国不仅责人民以守法也，政府亦必守法。而我今日政府行政则固未尝以违法为意也。

人民之反对专制、盼望立宪者，因专制国人民之生命财产无法律保护，徒供政府之牺牲也。而我今日政府则固不啻屡行专制，

[①] 本文署名：炎炎。

曾无"立宪"二字在心眼中者。

政府诸公有疑吾言者乎？试问，资政院请开临时会之摈斥，果据立宪国法律乎？干路国有政策不经阁议，不交资政院议决，即凭盛宣怀私意运动发表，又岂立宪国行政之手续乎？粤汉铁路，粤湘鄂三省人民争回于外人，办理多年，筹款数千万；川鄂两省奏准商办之川汉路，办理亦数年，筹款亦逾千万，四省人民生命财产之关系固无有大于此者。乃不以一言询及四省咨议局，专凭原卖粤汉之盛宣怀个人运动，取消公司，签定借款，曾不一回念四省人民之怨愤不平也，人民又何争乎？立宪耶，受恩深重之大臣之行为于此，内阁成立后之政府如此，诚不知衮衮诸公意欲何为也！

（《时评》，北京《帝国日报》1911年5月24日）

赵尔巽[①]之难题[②]

（1911年5月26日）

赵尔巽奉命督东，朝眷优沃，论者叹为近时督抚中特别异数。

[①] 赵尔巽（1844—1927），字公镶，号次珊，又号无补，山东泰安人。汉军正蓝旗，1874年进士，清末历任安徽、陕西按察使，又任甘肃、新疆、山西布政使，后任护理山西巡抚、湖南巡抚、署户部尚书、盛京将军、湖广总督、四川总督、东三省总督，并授钦差大臣。民国成立后，任奉天都督，旋辞退。1914年任清史馆总裁兼参政院参政，主编《清史稿》。1925年段祺瑞执政时，任善后会议议长、临时参政院院长。1927年病逝北京。

[②] 本文署名：炎炎。

该督热心功名，感奋振作，力图报称，不待言矣。然责任既重，困难尤多，不知当局熟思之否也。

第一困难应为财政问题。以孱弱之中国，欲与日俄两雄竞争于三省之间，兵力、国权一无所恃。所恃者，开垦移民、振兴生业，使吾民得以保存大部分地主之权，则犹不失为经济竞争政策也。然实行此种政策，国家必先筹备绝大资本而后运用灵活、进行敏速，否则稍纵即逝，吾民微末之产业，皆将为外人席卷以去矣。政府颇见及此，故提四国借款之一部分为经营满洲之用。然以目前情形观之，则鼠疫之后又遭吉林大火，损失之数已逾借款之额。区区借款，作为赈济弥补之资尚嫌不足，遑论发达经济、竞争事业耶！此吾所以不能不为东三省抱杞忧并为赵督抱杞忧者。该督何以处此，且拭目以观其后。

（《时评》，北京《帝国日报》1911 年 5 月 26 日）

瑞澂是何居心[①]

（1911 年 5 月 27 日）

鄂督瑞澂对于湘鄂人民抗争路权一事，百方迎合政府，摧残民气，其取缔武汉各团体之开会也，除饬巡警携带枪弹戒严威迫外，并令新旧军队四出防缉，至其关于此事文电，无在不以革命党、匪党为言，则其处心积虑，尤不可问矣。

---

① 本文署名：炎炎。

盖人民争路为财产上利害关系，出于一片爱国热诚，其心无他，瑞督未必不知也。官场对于此等团体，若执正当法律干涉，人民固有坚确之理由，难于压服。若一味蛮横禁制，则显背立宪宗旨，国人益将持其短长，且恐激成变乱，朝廷当责以办理不善之咎。惟极力铺张匪警与假防范革命党大题目与取缔争路团体并为一谈，则懦葸之国民固必闻风退避，即坚忍之爱国善士亦恐无端受不白之冤，亦惟有寒心丧气，付之悲叹而已。即有不中瑞督奸计、挺身强项数辈誓死坚持，彼巡警兵队之仰承瑞督意旨，狐假虎威者，固不难以杀革命党名义杀我良民也。呜呼！平日自诩文明之疆吏行为如此，神州尚有天日哉！吾于此有两言责瑞督焉。愿瑞督慎思之，并愿今日一般之大吏慎思之。

湘鄂人民悲苦憔悴、水深火热，至于今而极矣。公忠之大吏抚爱之不遑，乃更益之以恶辣残酷之官威，何不仁之甚也。

国家根本至计，不外化除畛域，收拾人心而已。瑞督舍本逐末，顾目前而不顾长久之利害，何不智之甚也。

（《时评》，北京《帝国日报》1911年5月27日）

恐怖时代之中国[①]

（1911年5月28日）

中国今日政府与国民发露种种恐怖现象，其结果若何，非所

---

① 本文署名：炎炎。

预知，□权而论亦足觇国家大势焉。

在政府一方面言之，如外交则恐各国强硬通牒之日至穷于应付也，如内治则恐刺客、革命党之四起无法防范也。且也，新内阁既设，责任日重，国民渐将发生政党，起与对垒，则欲如专制政府之一味轻蔑人民不可也。然以老耄麻木之分子处此，究不能动其极端恐怖之感想。盖此时政府诸老所最恐怖者不外个人利禄之丧失、自身生命之死亡。政治上公共问题固非足以馁其气而撄其心者，习惯为之，程度为之也。在国民一方面言之，就政治上观察，则官吏行一政，人民增一弊，政令日多，人民手足益无所措，无论教育、警察、农工商，百政皆与人民利害相反，竭人民之财，以供官吏之挥霍，吾民乃困死于苛政，无可告语，闾阎之间，五都之市，无时无处不惧官史命令之宣示，此其恐怖者一也。就法律上观察，司法不能独立审判，监狱不能改良，酷吏奸胥舞文弄法，私刑拷掠，血肉横飞，轻重出入全凭贿势，周内文致善良不免诬冤之案，极恶穷凶，海内苍生侧足倒悬矣。而且紧急命令，日闻于京外，就地正法，无俟于公判，怨仇相攻，人理废绝，捕风捉影，天下骚然，比户无鸡犬之宁，人民失托身之所，此其恐怖者又一也。至于虐政苛法兼行并施，人民之流散失业者因而日众，于是田野日荒，土地不治，甲省告饥馑，乙省告水旱，盗贼乘之，兵祸扰之，而经济界之危害，生计界之警传，率土之宾，无一夕安枕之日矣，此其恐怖之叠起环生者也。然而一国之民日处恐怖之中，乱机遍伏，跳梁纷起，卒无稳健救济秩序进行方法者，亦习惯为之，程度为之也。

由上观之，政府与人民狃于政治上之习惯，不解国家公共问题之程度尚无何等之差别，然恐怖之实征政府方面殊非达于极甚之度，国民方面则已有举足危慄，随在皆为惊魂丧魄之地者。据世界历史之观念，推之人民受恐怖之甚，固必先于政府；政府受恐怖之甚，乃当人民因恐怖而图自全，联结公共社团与政府抗争种种自由，或用剧烈手段，或采和平手段对付政府，于是政府常居四面楚歌之地，恐怖之度遂不减于人民或且有甚矣。是故政府之恐怖纯因人民之经过恐怖而产出，人民之恐怖则由政府专横、不顾人民之恐怖而产出。当政府专横时，固未计及今日人民之受我恐怖者，他日即将与我以恐怖也。此十八世纪以前之各国变革史所以读之为极悲惨也。

盖人类之幸福皆由人类之痛苦购得，政治上和平之轨途皆由政治之陂险之（溪）[蹊]径走来，先进国之先例如此，人类竞争之公例如此，不可强也。惟是智者灼见机先，英雄善因时势。英国国民之取得自由固易于法国国民，政府、人民两方面之恐怖亦有霄壤之别。若夫二十世纪之中国取法乎上，事实昭然，改革问题固有较先进各国易于着手者，是在政府之开诚率（职）[直]与否耳。苟圣知在上，法制修明，弊政革尽，于天下更始，则以中国具有特别好静、贪偷性质之国民方讴歌熙乐之不暇，尚何叛乱之祸之足惧哉。是故人民之恐怖能设法以潜消，政府之恐怖即可不防而自泯。此乃吾人之所希望，特恐衮衮当道不足以语此也。噫！

（《社说》，北京《帝国日报》1911年5月28日）

泽大臣岂能作壁上观耶[①]

（1911年5月28日）

一万万元四国借款，一千万元日本借款，批准签约，度支

---

① 本文署名：炎炎。

大臣载泽负责任署名。粤汉、川汉六百万镑，批准签约，论者有谓载泽未有责任，应专由盛宣怀尸其咎者。此乃不明度支大臣权限之语，未为当也。国家之借外债必经度支部核准，方能签约，奏案昭彰，即张文襄原定草约亦明明提出为条件，则盛宣怀此次签约必经过此手续不待言也。度支部若非同一主张，盛宣怀虽极强横必不敢擅自签约，亦不待言也。此其不能作壁上观者一也。

又行政统一云者，乃新内阁所负之天职也。行政统一之实际，尤莫要于财政统一，未有财政不能统一而行政能统一者。文明国内阁总理恒有兼任度支大臣之事者，原因多出于是也。中国当此财政紊乱，急待统一之时，岂有任凭各部之大臣自举外债之理？试问，今日之担保及将来之偿还，何一不归度支部财政之范围耶？此其不能作壁上观者二也。

各项借款之手续，有应通过于资政院者，有应饬粤湘川鄂开咨议局临时会决定者，而皆违法行之，将来资政院及各省咨议局若据法与争，或竟因此酿成政治上困难问题，吾不知该大臣何以自处也。

（《时评》，北京《帝国日报》1911年5月28日）

湖广会馆之恶剧[①]

（1911年6月4日）

留学生此次举行同年团拜，在科举时代国家无事之日，八股之士歌舞升平、趋附势力、攀援无耻，识者已叹为恶习。不意，今之留学生亦如是！

回忆戊戌维新之年有公车上书，痛陈时事之举，是时国事远不如今日之危，而慷慨激烈，不安宴乐尚如此，然则今日之留学生更不如昔时八股之士！

留学生等试衾影自思，在外国开会演说，所自命为何如人，所欲办为何如事，丑诋学部之野蛮考试，中国之腐败官场又何等痛快。而十一日湖广会馆中人之精神态度则又何如！

今日中国外患内忧、水深火热极矣。国民稍有心肝者，莫不奔走痛哭曰：救亡！救亡！而湖广会馆宴同年、宴老师之留学生则又何如！

盖此辈对于国学本无科举士子之根柢，及混入留学界坐拥学费厚资，任情游荡，百方欺伪，得一文凭，或且浅近普通之外国语文且不能解。然一经考试后便得翰林、主事、中书、小京官、知州之美官，易如拾芥，较之旧日科举之艰难困苦者，

---

① 本文署名：炎炎。

何啻霄壤？然则湖广会馆之大庆祝，亦情所应然？呜呼！留学生！

（《时评》，北京《帝国日报》1911年6月4日）

求学与做官[①]

（1911年6月5日）

留学生归国考试后，有两种之怪象，可见其志趣所在非为求学，专为做官。

一、认同年而不认同学。

二、认部考、朝考、阁卷大臣等为师，而不认学校教员及未留学以前之受业师为师。此何以故？以同年者，今日同其出身，同其为官，他日同其富贵，可以互相汲引之故。座师者，今日定我出身，定我官位，他日可以提拔我、保举我，一生升官发财皆翼其栽培造就之故。

做官不必有学，学校之科目无与于做官也。医科毕业而州县矣，工科毕业而入翰林词院矣，其余主事、中书、小京官之出身，皆可掣签分部，陈请改放，不问其所学何事也。学既无足轻重于我，则何认乎与我共学之良友及授我以学之教员及一切受学之师。试一与留学生偶语，其唾弃轻鄙者，非平日与彼同游同校之相识，

---

① 本文署名：炎炎。

即其所居学校之教员，其村蒙师之教。吾识字读书者，提及姓字即恐辱吾厌薄，又加甚焉。盖皆不能富贵我，即不能师友我也。锦绣簪缨之场，父不得而子，兄不得而弟，又何爱乎其他哉？故留学生眼｛肯｝中只有运动为官之同年，决无讲学任事之同学；只有叩门请谒之老师，决无请业求益之老师。此与八股之士窗友亲于同年，卷端刊即受业师必先于受知师者，根本深浅又有别也。呜呼！留学生！

（《时评》，北京《帝国日报》1911年6月5日）

止谤不如自修[①]

（1911年6月7日）

留学生湖广会馆演剧之丑举，有小部分反对者遂为无耻之辈所疾视。日昨竟有当众指骂反对派者，谓近日同年等大遭舆论斥责，皆尔等所为。尔等不顾年谊，私自交通报馆，使我辈名誉不保，殊属非是云云。言时声色俱厉，几欲饱以老拳者。反对党婉言谢之，仅乃得免，而某某等犹愤骂报馆不已。吾初闻此事而怒，继而喜。何喜乎？尔喜留学生之四百余人中，尚有少数之良知不昧者在也。吾今有一言告良知不昧之留学生曰：君等既为无耻之徒所恨矣，何不大标旗帜，以自别于浊流，为留学界稍顾一点体

[①] 本文署名：炎炎。

面，存一线光明乎？设如无耻之徒某日在湖广馆宴会，公等即于是日择一名所茶话，研究今后救亡图存，分途树立之事业，彼等宴会须纳款五元，公等茶话征资至多不过五毛，费省而名誉可保，舆论界固将交口誉之，国人之鄙视留学生观念亦稍可以挽回。吾闻内中颇有抱此思想者，特未知能见诸实行否耳。

（《时评》，北京《帝国日报》1911年6月7日）

有价值之奏议①

（1911年6月9日）

新内阁章程虽无规定皇族组织内阁明文，而第一次内阁即以庆王为总理，各部大臣亦以皇族居多数。先例既开，后此将沿为故事，于是国人相顾失色，公认皇族内阁为政治之障蠹。世界评论，讥骂嗤笑，尤不遗余力，谓为地球未有之怪物。然此尚属空言之论战，而无国民正式之营垒树帜猛攻也。无何而有咨议局、联合会之代奏，全文根据君主立宪国通例，并以古者宰相不任亲贵，本朝旧制亲王不入军机立言，推究事理，委婉痛切。此次联合会之结果固当以此为最好成绩，即以近时人民与政府对垒抗争之事比较之，除要求立宪、速开国会外，亦应推此奏为最有关系也。盖今年资政院开院，虽欲以推倒皇族内阁为天职，然苟去一

---

① 本文署名：炎炎。

皇族，来一皇族，又恐倒不胜倒，何若要求朝廷以皇族不得为内阁着为定制，宣示天下之为直捷痛快耶！此吾所以对于此奏表美满之欢迎者也。虽然奏则奏矣，朝廷果能开诚布公，毅然允行，固国家之福也。假令弄权营私之皇族执意欺蒙朝廷，设法驳斥，不知联合会诸公更筹有再接再厉之方法否。

客曰：今汉口各团体已有激昂之电致联合会为之后援矣。倘此奏不行，各省各界之继汉口而起者当不知凡几也。未知朝廷又将何以待之。

（《时评》，北京《帝国日报》1911年6月9日）

留学生拜老师①

（1911年6月12日）

市侩之求发财也，则拜财神菩萨。妓女求卖情得彩也，则拜赛管仲。八股之士之求科名发达也，则拜文昌帝君。然而拜者自拜求者自求，而发财与否，卖情得彩与否，科名发达与否，彼财神菩萨、[赛]管仲、文昌帝君之虚幻无凭者，与拜者、求者不相关也。问今日留学生拜老师之结果何以异是？

夫陶朱倚赖之富，未闻因拜财神而来也。西施太真之宠未闻因拜赛管仲而得也。举国每届应试士子数百万，获第者不过千分

---

① 本文署名：炎炎。

之一或数千分子一耳,未闻拜文昌帝君者皆得科名也。然则不仅英雄豪杰事业非此聋聩腐旧之考试阅卷大臣所能玉成,即以升官发财论,一纸之请托,八行京外,久相为厌薄,曾无所得差缺之效力也。然则拜老师之留学生适等于市侩、妓女、八股之士所谓求神邀福之痴梦而已。是留学生之无耻实出于无知,诚羞煞当世之士矣。呜呼!亡国孽障,胡乃闹到这种地步。

(《时评》,北京《帝国日报》1911 年 6 月 12 日)

军国民教育之必要[①]

(1911 年 6 月 13 日)

寻常言国民普及教育者,即所谓国民教育普及也。教育方针因国情而异,国家处于文弱积衰时代,非铁血主义不足以救亡而图存,则非使普通国民有尚武爱国、勇于当兵之知识及其志气不可。此军国民教育所以尚也。近世新造强盛之国,如德、如日,教育主义,莫不取此,以其既适于竞争,复足振作国民萎惫柔靡之风。我国文弊,世界共訾垂死病夫,又远甚于德、日未兴以前之国民,至今日忧患之深,求万死一生之术,尤非铸成军国社会不足以资自卫,是则军备未能立即扩张之先,以为未雨绸缪之计,固无有要于军国民教育者矣。然而学部小学章程方以读经、留辫

[①] 本文署名:炎炎。

子以戕贼我国民也。我国民奈何不顾危亡,俯首听命耶!

(《时评》,北京《帝国日报》1911年6月13日)

张鸣岐①故意激乱广东②

(1911年6月14日)

中国各省商力之富、民气之强,以广东为最。而广东民气之所以强,又与商力之富,互相因果。盖广东人民以竞争财产为特性,生命且次之,苟有攫其财产者,牺牲生命以抗之,莫之惜也。治广东者不知此,未有不立召奇祸者。而张鸣岐今日之治广东则何如?

广东粤汉铁路,商股充足,工程改用詹天佑办理,进行尤有把握,湘鄂两省实力固有所不逮也。借外债,夺商路,湘鄂两省已有力抗之理由,况在广东乎?乃当二千余万资本之股东会开会,

---

① 张鸣岐(1875—1945)字坚白、健伯,号韩斋,山东无棣人。清末举人,1898年就馆于岑春煊家,颇得器重。1900年后岑任陕西巡抚、四川总督时,均入岑幕。1903年岑调任两广总督,任总文案兼管两广学务、练兵处。1904年随岑春煊入桂,总理两广营务处,继任广西太平思顺道,次年署理广西布政使。1907年升任广西巡抚,1910年署两广总督,次年实授,兼任广州将军,镇压广州黄花岗起义。武昌起义后逃往香港、日本等地。民国后,任袁世凯高级顾问。1913年任广西民政长,会办广西军务。1915年任广东巡按使,次年赞助袁世凯称帝,受封一等伯爵。抗日战争期间参加汉奸组织。1945年病死天津。

② 本文署名:炎炎。

张鸣岐竟敢饬警道禁止,是欲以广东人民全体之财产,任盛宣怀一人牺牲,并不使有发言之余地也。是欲以广东全体人民牺牲财产,以供张鸣岐献媚盛宣怀之具,且必钳其口而结其舌也。试问,广东人之性质能受此昏天黑地之压制乎?吾恐大乱之起即在目前矣。张鸣岐诚胆大妄为哉,特不识政府亦有南顾之忧否?

(《时评》,北京《帝国日报》1911年6月14日)

教育行政大臣如是[①]

(1911年6月15日)

日前,留学生假座织云公所招集京师名角团拜座师,歌舞嬉阗,极一时之庆乐。学部大臣、副大臣皆按时入场,两副大臣竟乐而忘归,直至夜分始散。记者曰:从此可觇中国教育之无精神,学风之日见败坏,人才士气之坠于九渊无由振拔者,皆此等教育行政大臣阶之厉也。夫国家之盛衰视夫人才士气之消长。人才之兴,士气之振,则恃良善教育有以培溉其高尚之理想,养成其明洁之志节,倜傥不羁之怀抱,成为纯一不杂之学风。盖教育也者,积极的改良习惯、促进文明程度之具,卑污苟贱、寡廉鲜耻之恶风,不仅与今世新式教育绝对的不相容,即旧时讲学师儒亦无不以崇尚清高、砥砺廉隅为说者也。试问,此次织云公所之举动,

---

① 本文署名:炎炎。

高尚乎？卑污乎？稍有廉耻者肯为乎？学部大臣、副大臣等负主持全国教育之责，苟具有一线天良，见此等放纵卑劣行为方当极力禁止之，申饬之，以为败坏学风者戒。即不能见及此，亦应以消极对付之法，如刘廷琛之辞谢不到犹可原也。乃堂堂三大臣联袂偕来，夜以继日，流连忘返。上有好者，下必有甚。吾知今后经学部考试奖励之内地学生亦可援此为例，以为拜门谒师之法门矣。士气尚可问乎？人才尚何由而激励乎？

当此危急存亡之秋，为学部大臣者，对于毕业之留学生，应有无穷之期望，其正当结对之法，固有学校举行毕业式之成例在。学部大臣等在本衙门考场或借开会合宜之地，召集各生，恺切致以训词，演说国家派送学生留学外国用意如何之深，国民负担学费如何之艰难，现今时势如何之危迫，宏济大难如何之需材孔急，留学生学成归国当如何之发扬蹈励、誓死报国，以谢国家造士之恩，尽国民应尽之责。学部大臣等倘能如此，则虽极无根柢、无心肝之留学生亦将警惕感发，其中人以上之学生更不敢公然为无耻之举，可决言也。而织云公所等放纵卑劣之行为必不敢施之学部大臣之前，又不待言也。此吾所以对于此次留学生之放纵卑劣，种种丑状不欲专归罪于留学生，而学部大臣等之提倡放纵卑劣学风，尤令人伤心发指也。

中国兴学十余年矣。留学生之毕业者在万人以上，内地学校毕业生当十倍于是。苟主持教育者日夜申儆，俾人人争自濯磨，坚苦卓绝，趋赴事功，社会事业未必如是之日见衰惫，国家前途未必如是之岌岌也。乃学生等求学时则以办事为口头禅，学成后则以征逐交游，倚赖政府，玩日愒时，运动优差厚薪为枕中秘，学生愈多，人心士气愈坏而危亡愈不可救，谁实为之，孰令致之，此吾所以一睹敬敷五教之牌楼而寒心饮泣者也。

（《社说》，北京《帝国日报》1911年6月15日）

新军化为巡防营[①]

（1911 年 6 月 15 日）

我国编练新军已近十年，开办之初将弁多属北洋，湖北武备学生偶有旧营官弁，杂厕其间，因是时留学陆军学生尚未毕业，人才缺乏，不得已而用人，无足怪也。自陆军部成立以来，固明明采用德国、日本成法，奏定各项陆军行政用人章程，而绿营、防营将校兵士均在应行裁汰之列，陆军留学生每年毕业百余人投闲置散，举目皆是，而各省之陆军速成学生、讲武堂学生毕业者又十数倍于是也。若以留学生为上级军官，内地学生为下级军官，虽三十六镇即时成立，不仅不必借将校于绿营、防营中，即前此之北洋、湖北老旧学生亦当尽数淘汰也。而今则张彪之位置如故，张鸣岐之以龙济光为镇统复许之矣。夫龙济光以六十老人出绿营而带巡防者也，腐败无知又远不及张彪等。似此江河日下，今后之新军将不过为巡防营之变名词，陆军行政亦不过谨遵今日大老以旧人办新政之心传，贻误国家耳。整饬军备以固国防之说，诚欺尽国民之纳租税者矣。是可忍孰不可忍。

（《时评》，北京《帝国日报》1911 年 6 月 15 日）

---

① 本文署名：炎炎。

封折留中制度极宜废除[1]

(1911年6月16日)

民主国统领有否认权，无裁可权。君主国皇帝之有裁可权，乃世界公例。至留中权则惟专制国有之。今世政法学者对于裁可权，已有不主张之理论。盖谓以国务之大，凭一人裁决，仍多隔膜，不能曲尽臣民隐微之处也。然立宪国君主一方面则归责国务大臣，一方面则信赖国会，舆论居于大公无我之地，故于上奏事件绝少批驳事实之发生，则流弊尚少也。至留中制度之不善，我国台谏之有名者亦知抗疏争之。我国立宪国是既已确定，人民参政机关，如资政院之上奏，各省咨议局、联合会等呈请代奏，其问题更非寻常台谏之毛举细故可比，辄以"留中"二字搁置之，则尤不可以不争也。盖内阁设立以后，大臣自当完全负政务上之责任，奏事之采用与否，君上不必依违调停于其间也。至联合会反封皇族内阁之奏，该皇族大臣等苟能引嫌自避，则留中之事何由发生？是此次之留中，实大臣等辅弼无状，知有己而不知有君之罪也。咨议局、联合会既树旗帜于先，何以不闻再张鼓鼙于后？倘如此重大问题而亦虎头蛇尾出之，实所不取也。若能揭出留中制度乃大臣等借以自全之地，与立宪政体有万不相容之故，沥陈于君上而废除

---

[1] 本文署名：炎炎。

之，则尤参政者之天职也。诸公勉乎哉。

（《时评》，北京《帝国日报》1911年6月16日）

外债之利益如是①

（1911年6月17日）

客有述粤汉、川汉督办大臣端方氏②私宅近日情形者曰：该氏客厅日来忙迫异常，通帖求见者应接不暇。交谈之际，非上条陈者，即痛骂粤湘鄂川四省之反对干路国有者，皆少数人之无意识。复极口诣媚该氏之贤能，其最后之数语无非求大帅栽培，大人赏饭，老师赐差为归结。伟哉！溕阳何修而得此千万镑之外债，取来孟常君之资格。

溕阳之客，有名士，有志士，有学生，有官，有昔日拒款者，至此时则皆合同而化群趋于谋得优差厚薪之一炉，黄金台之势力，诚不可思议哉。

然而争路风潮遍于四省，愈激愈烈，奇祸且不可测，端方畏之，外人畏之，不知谋差诸公亦虑及后患否也。客曰：黄金重于

---

① 本文署名：炎炎。
② 端方（1861—1911），托忒克氏，字午桥，号陶斋，清末满洲正白旗人。光绪举人，曾任陕西按察使、布政使、护理陕西巡抚。后擢湖北巡抚、署湖广总督，再迁江苏巡抚、署两江总督。1905年，任湖南巡抚，并派出国考察政治。次年回国，建议预备立宪，同年任两江总督。1909年移督直隶，旋被摄政王载沣罢免。1911年起用为川汉、粤汉铁路督办大臣，率军入川镇压保路运动，行至资州被起义士兵杀死。

性命，桑梓安危，国家权利，更何足计也。捷足先得，时不可失矣。

（《时评》，北京《帝国日报》1911年6月17日）

论铁道国有政策万不可行于中国[①]

（1911年6月17、20日）

责任内阁不可不采用一定之政策，此万国所同也。然一政策之采用必经多数党派之纷争，多数学者之讨论，国务大臣默察舆论之成熟，社会之欢迎而后提出于国会，得其赞同乃可推行而无阻。盖政策之施行合当与否，关系国家之强弱存亡，人民之生死利害，固非可以一二人之私意轻易出之者也。明乎此而后可与言庆内阁时代盛宣怀之干路国有政策。

夫盛宣怀之干路国有政策仅彼嗾使一懵懂御史石长信建言，不得谓为健全成熟之舆论也。政策宣布之日，正内阁总理大臣辞职之时，不仅不得社会之同意、议会之赞成，即阁议亦未经过，以个人私利之故率行请旨，世界无此强横武断之国务大臣，即无此轻易采用之政策也。轻易采用之政策纵或有可主张之原由，而人民既坚持反对，斯万无拂逆人心，激犯众怒，勉强施行，危及君国之理。况盛宣怀所主张之干路国有政策，乃万不可行于中国

---

① 本文署名：炎炎。

者哉。今请平心静气说明其不可行之理由，愿与当世君子商榷焉。

一、当知版图最大之国万不可采用铁道国有政策。盖国大则轨线延长，需用资本过巨，未修而筹款兴修，已修而筹款赎归国有，无论何种财政整理殷富之国，皆不能有此实力，英、美两国之铁道民有其明证也。美利坚本土亚于中国，英之领土跨越全球，商民公司分途经营则成功自速，国家独力经营则收效必迟。铁道修成之后，长亿万里，营业管理既非政府之力所能支配，复非政府之财所能赎回，何若采用民有政策，利用民间资产之发达，国家间接而收其利之为愈也。中国之大铁道干线贯通全国，比较英美更长，工事之难、用款之巨称是。现在已成之路未及五分之一，加功赶修至速，亦必二三十年方可告成。试问，中国财政贫困至此，此二三十年待修之干路，其将渐次发达社会经济，培养财源，国家取之于民济此宏工乎？抑将一律借用外债，丝毫不假民财乎？如曰尚假民财也，则此时取消四省商办公司固借外债夺民路、驱民财也。民信已失，此后竟非酿成不借外债不能修路之结果不止也。且中国人民因企业心之不发达以致商力衰败，国家生利事业无有大于干路者。今既全夺于官，全蹂躏于外人资本，则企业心尽行摧挫而社会经济万无复苏之希望。吾恐铁道之修未及半途，人民已为外债负担以死。国家之不能偿还外债，致铁道利权全落于外人之手，较之英、美两国无力收回于民人之手者，事理相同而利害则相反矣。若谓民力不足，铁路民有难于速奏成功，则此时京汉、京奉、津浦、张绥等路，国家借款修造，吾民固未当反对也。即湘、鄂、川三省路长款少，国家相机准与贷借外资以为辅助吾民亦未绝对不认也。若谓工事不善则广东、川汉皆主持于詹天佑，湘鄂两省亦可责詹一人筹划，聘用工程师以收整齐统一之效。邮部奏章轨线广狭种种规定固不仅专为官路立言，统辖监督之权、国家委任之公司固无有不认许者也。盖吾人原非主张绝对的民有，绝对的拒外债，亦以国土过大、国家极贫，官民互相连合，分途成功，事实上较有把握且无危险耳。至绝对的干路国有政策，此乃英、法两国代修苏彝士河及沿河铁道之覆辙，则期期以为不可者也。

一、当知版图较小之国亦不尽采用铁道国有政策。其能采用铁道国有政策者，要皆有天然情势，上下交孚，不得不适用此种政策之故，未有政府纯用高压手段，不许民修或中途夺归官修者。今日铁道国有之国，如欧洲大陆诸邦之德意志与意大利及东亚之日本是也。德之国土略等中国湖、广两省，二十六联邦如两省之府与直隶厅州，且联邦中除普鲁士外多居高德意志（德之南部）山僻崎岖，运输险阻，故非联合各邦及借重扼波罗的海、日耳曼海之普鲁士，铁道工事即多困难，不易收交通统一灵便之效，故德之铁道国有并非普鲁士政府有绝特之神力强权迫令，各联邦不敢不从，乃各联邦出于自然之情势自动的赞成国有政策，各国亦无此例，不仅与中国情事迥殊也。至意大利国土才当中国数府耳，半岛南伸，山岭绵亘，其利在海，铁道国有并不患资本之集中，民亦不必争此区区国力，举此尤易，更不得与中国铁道问题并论也。其余欧洲大陆各国，如法兰西主张铁道国有者数十年，至今民有铁道尚占十分之八。奥匈合邦则纯为民有，其余各邦皆民有国有参半。俄罗斯以军事侵略为政策，领土大而人口外移，政府专制力虽强而历世皆有著名之财政家掌握政柄，威信并著于人民，公债广征，毫无阻滞，铁道国有亦非中国所可比拟。况该国官商合营之路亦随在皆有哉。总之，合欧洲大陆土地面积仅与中国相等乃以十数富裕国家文明政府分力负责，而纯全铁道国有者尚不及三分之一。以中国今日贫困之甚，财政紊乱，人才消乏，民信尽失，官场腐败而欲公然号于众曰"干路国有"，是犹身无（搏）[缚]鸡之力而欲举九鼎之重也。其必折足覆餗者，岂待蓍蔡①之决耶。若夫日本壤地偏小，合新占各疆尚不及德意志，铁道国有

---

① 蓍蔡，即蓍龟，筮卜。

政策之易于施行，宜更非德比矣。然其政府提出此政策于议院，纷纷聚讼至于十年之久，仅乃得最后之多数赞成，至今虽达政策之目的，然民间及一般经济学者攻击官业之腐败，议会之失职，论战未尝稍衰。可见此种政策之未易施行也。且日本所谓国有多由民有买收之。维新之初，财政未能整理充裕时代，固极力保护、奖励人民经营铁路也。假令日本当时亦如今日盛宣怀等所为，国家财力既不能修路，复禁制民间之修路，路无由速成，财政必因而日困，或竟以外人资本迫压以亡其国，又何望有中日、日俄两战之胜，一跃而执东方霸权哉。惟其能审度国家财政，人民经济能力，因机利导，与时变通而犹迟回久之，不敢轻于一发焉。此政策之所以能收成功也。以中国今日国力言之，固犹日本极力提倡民有铁道时代也，无论干路、支路日后应否收回国有，皆当视国家财力、民情向背审慎行之。此乃二三十年以后之问题，非今日所当研究也。况今日即虚拟二三十年后富强之中国如英如美，又何必以铁道国有而富强哉。

由此言之，盛宣怀之政策不过耳食德、意、日本诸小国铁路国有名词而不知英、美情势稍近于中国者已万不能适用，此今日中国浅薄无识之新学所以误人国家也。夫干路国有政策万不可行于中国，彰明较著如此，今必以万不可行者而贸贸然行之。盲人骑瞎马，夜半临深池。蹶败肇祸，无可幸免，不待言矣。故盛宣怀之政策乃中国自杀之政策也。以五千余年历史相传，东亚雄长之大地河山，任盛宣怀一人自杀政策断送无余，谁非食毛践土？谁肯甘心就戮耶？此固不仅粤、湘、川、鄂四省人民所当大声疾呼以争之者也，世有被盛宣怀所愚惑盲从附和者，请披全地球铁道地图而熟省之可也。

（《社说》，北京《帝国日报》1911 年 6 月 17、20 日）

何苦乃尔[①]

（1911年6月18日）

咨议局、联合会今年特提早开会，期日为祸变日，急速谋救亡之策也。然区区四奏折均无下文，早知如此，则亦何苦乃尔。

反对皇族内阁之折未上之先，议员等亲赴各大臣宅第谒谈，将劝其力陈于朝廷俯鉴舆情也，而今固无效矣。早知如此，则又何苦乃尔。

陆军部采用征兵之制，去年争预算时，固以国家危亡非军备无以自立为言者也。联合会广练预备兵之折，固国民极力赞成其政策也，而今亦无效也。早知如此，则又何苦乃尔。

总之，国民对于政府多兴一次请求，即多取一次苦恼，无论如何重要之问题，如何哀恸之呼吁，政府皆可一笑置之。然则，纷纷言立宪，纷纷设咨议局、资政院，皆无丝毫政治上之关系也，又何苦乃尔。

（《时评》，北京《帝国日报》1911年6月18日）

---

① 本文署名：炎炎。

疆臣反对皇族内阁之伟举[①]

（1911年6月19日）

鲁抚孙宝琦日前单衔电奏，反对皇族内阁。吾闻之巨跃三百曰：此乃咨议局、联合会一大后援，亦即推翻皇族内阁之一大动机也。该抚昔在使德任内，首先奏请立宪，今见皇族之遍满内阁，将为宪政根本之动摇也，复以疆臣资格，首先反对皇族内阁。噫！诚伟举矣！倘二十二行省督抚皆具有公忠体国、巩固皇基之心肠，乘此动机赞成孙抚之奏，则咨议局、联合会之请求不患无成功，而中国政治上转机亦将在此一举。由此以言孙宝琦者，在中国宪政史其亦不可磨灭之人物哉。

孙之抚鲁于吏事非其所长，故动辄得咎，清议不容。至论国家大计，如此次等电奏所主张，固非熟谙本国内情及深知各国政体者，固不能披沥直陈、不避忌讳如是也。吾辈就事论，夫岂可因其一节而没其终身哉。

（《时评》，北京《帝国日报》1911年6月19日）

[①] 本文署名：炎炎。

此之谓格外体恤[①]

（1911年6月21日）

铁道国有政策万不可行于中国，前此已详论之。即就度支部、邮传部会奏筹划川粤汉干路收回详细办法而言，其中无理取闹处亦甚多端，尤不可解者则其所云：现每股从优先发还六成，其余亏耗之四成并准格外体恤，发给国家无利股票，路成获利之日，准在本路余利分十年摊给。噫！该大臣等为苟横聚敛计，握算诚工矣，而犹自夸于粤商为格外体恤。吾不知所谓不格外体恤者又当何如也。

夫公司之经营实业收利必在成（工）［功］之后，未成功之先，艰难创造，亏耗资本之事，势所必有。然公司不能支节以计，国家恒宜补助其间者，以失之东隅，收之桑榆，成功之后获利无穷，弥补亏耗仍多赢余也。此不仅铁道公司为然，即各项公司亦无不然。

粤人修路伊始，屡起变故，蹉跌至今，方能秩（叙）［序］进行，其间损耗资本自是实情。然以交通领海之干路工事完成之后，其利必倍于京汉、津浦、京奉，更不足言。此粤商及华侨等所以不计目前之顿挫，将图厚利于无穷也。今中途收回国有，既永远劫去

---

① 本文署名：炎炎。

其无穷之后利，复并目前之亏损亦锱铢计较而与商股以非常之损失，则粤商不平之争，当如火上添油矣。盖四成之商本全额达于数百万，与以无利股票，每年耗去之息数万。虽规定路成获得余利归还原本，无论官营铁路能否获利，日后能否不失信与否，尚属研究之问题，即能获利又不失信而以如此巨额之血本，十余年之期间不能有分文之生产，民间经济之受痛伤者影响岂纤小哉！故以经济学理论断之，无利股票之办法较之硬行不认粤商亏耗四成之数，相去仅一间耳。该大臣等当知股本亏耗之四成在路工未成以前，同为竭力输收之血本一也，路工既成之后同为分红之资本一也，与未亏耗之六成在商办公司固不能分作两种性质也。一律照本发还已与商民缴股初心大相违反，民之受损已巨，惟专制国人民素习愚弱、安静者，始可以无法无天之手段行之。至并发还原本而亦轩轾上下其间，毋乃强暴太甚矣，而尤曰格外体恤耶？

进一步言之，各国之收买民有铁道也，大率路已早成，获利甚多且久，然民人犹必高涨股票价格，以邀国家高利；国家亦不惜特与高利，以顺商民之心。今政府之待粤商，攘其利又吝还其本，蹊田夺牛，迹不可掩矣。吾民生命财产将何所措乎。

此种办法，度支部大臣等席丰履厚，不习民间生业，随同附和，吾人且不必与语。若盛宣怀固数十年办理汉冶萍煤铁矿、制铁公司者也，试问，以上各公司当该大臣主办之初，未著成效之日，亦曾受过亏累否？假令当该大臣方在赔本经营之日，忽有横出夺办者，将该大臣亏耗之本一概不认，或亦发给无利股票，则该大臣早已一败涂地，安有今日数千万巨富之尊荣乎？该大臣苟尚有一点平旦清明之良，亦当推己及人，稍为粤商设身处地一思也。七十老翁何所求，少作恶孽以蹙国家之亡，其亦可矣。吾民固不敢望公之格外体恤也。

（《社说》，北京《帝国日报》1911年6月21日）

国会之旁不能并立皇族内阁[①]

（1911年6月20日）

　　今有谓立宪国不应开国会者，无论何人必嗤其狂悖，以无国会即非立宪也。今有谓国会既开，内阁即可以皇族组织之者，无论何人亦必骂其狂悖，以皇族组织内阁实与立宪政体根本冲突，虽有国会亦虚名耳。且将因政治改良之绝望，发生人民极端之反动，是以国会而亡国也。国会亡国非国会开设之咎也，以皇族内阁对待国会之咎也。盖国会者，政治上文明之机关。十八世纪以后，世界国民最新之弹药也。最新之弹药必以最新之枪炮装配之而后可以交相运用。若以克虏伯之开花弹配于千百年前之霹雳车，固已绝对的不相容而望其杀敌致果乎哉？二十世纪之皇族政治殆亦千百年前霹雳车之类耳！国民费尽无穷之力，远涉重洋，购到此开花之弹而又遗落其相配之炮弹，将何用耶？此咨议局、联合会所以再接再厉而不肯稍懈。孙宝琦之奏摄政贤王亦嘉其不为无见，特仂其措词有未当处耳。

（《时评》，北京《帝国日报》1911年6月20日）

[①] 本文署名：炎炎。

京官与名士之见解

（1911年6月21日）

王世琪等但见目前湘人负担租股、房股、盐捐、米捐之艰难，而不见及将来路权损失、债权高压之痛苦，更加于今日负担百倍，是谓知近而不知远。

郑孝胥但见包工办法可以速，可以省而不见及假外债夺民路，失民信，敛民怨，徒增政府之强横以蹙国家于危亡，是谓知小而不知大。

湖南以租股等款修路，为商股不足故也。商股不足之故，一因邮部不许湘人举定有信仰之总理；一因湘人素乏商业性质，资本散在田间，收租股无异收商股，故征收之际绝无反对也。则王世琪等所奏并目前之事实亦不知也。

粤湘川三省路工迟滞，耗费甚巨，非包工不包工问题也。乃国家不肯切实保护商办，酿生风潮，财政紊乱，倒款相继也。且三省原用包工未有用点工者，至铁道工程浩大，必用分段投票估工之法而又必得良好之工程师以负完全之责任，非门外汉所能言也。则郑孝胥所主张并此亦不知也。

王世琪，湖南京官也。郑孝胥，福建名士也。天然凑巧，同

---

① 本文署名：炎炎。

为干路国有政策之左右断断建言者。若自识者观之，亦适成为京官与名士之见解而已。噫！

（《时评》，北京《帝国日报》1911年6月21日）

名士万能[①]

（1911年6月22日）

中国具万能之资格者甚多，曰翰林，曰道台，曰礼教派。以上三种万能人物，经近时一般舆论研究之，底蕴尽见，而名士万能之资格，今复乘时而露头角。

名士知兵，故帮办军务。名士知实业，故自办公司。名士知铁道学，故主张路工。名士知政治，故发表政见。然问名士在何海陆军学校毕业，在何工业学校毕业，在何铁道学校学习机械、建筑、营业各科毕业，在何政治法律学校毕业，名士皆不能答也。盖名士者，不学而能，故曰万能也。其资格崭新，当又出翰林、道台、礼教派之上。

或曰名士与翰林、道台二者性质实难于分析，穷则为文词，为书法，为政客，为学校监督；阔时则为翰林，为道台，由道台而京堂，而藩台，而抚台、制台，而内阁大臣，皆名士所能也。穷时为处士之盗虚声，阔时为宫室妻妾之奉，此似与礼教派相抵

---

① 本文署名：炎炎。

触，然又非一般翰林、道台及他俗吏之所并论也。故别之曰名士万能。

（《时评》，北京《帝国日报》1911年6月22日）

捉刀之报酬①

（1911年6月23日）

郑孝胥自帮粤边军务罢归，出其宦囊，经营日辉制呢公司于上海赔累后乃以（意）［异］想天开之借款政见于锡良、瑞澂各当道，奏请施行，大惹识者之哄笑，议遂中止。适有借债卖路大王之盛宣怀掌邮部，郑乃乘机再起，借干路收回国有名义以达其素所主张借债发财之目的。其鬼秘情形，如今日本报紧要栏内所载是也。而盛宣怀之政策因郑孝胥而成，郑孝胥富贵即由盛宣怀而得矣。

盖郑孝胥既非如汤寿潜为曾经办路之人而于粤汉、川汉两路开办历史上又无丝毫之关系，何以盛宣怀、端方今日忽极力保荐？无何而川粤汉参议，无何而湖南藩司，凭何本领而得来者，徒以献策之人，自隗始擢用之人，亦自隗始拟旨捉刀出于我，优位报酬即收于我，理所应尔也。

或曰郑孝胥之得今日报酬又不仅此次捉刀之关系，郑平日素

---

① 本文署名：炎炎。

号开通之名士，上海时髦之士多拥戴之，盛、端亦欲利用此资格以转移舆论之批评耳。余应之曰：子之言亦是也。然不有捉刀之关系，报酬必不如是凑巧也。故名郑孝胥今日之升官发财曰捉刀之报酬。

（《时评》，北京《帝国日报》1911年6月23日）

咄咄！资政院之口吻[①]

（1911年6月23日）

去年资政院开院时，按照院章，口口声声，力争权限，曰民议机关，曰与政府对待。其骂政府曰侵权违法，任意蹂躏议员表决事件，言犹在耳，议员未尝全数退职，全数死尽也。乃日前湖南咨议局因干路国有、滥借外债，不经资政院通过，电请该院奏争并转达阁部，力争收回成命。该院公然自认此事非在资政院权限之内，且不径电咨议局而电杨抚转饬遵照云云。呜呼！吾闻此电，吾痛吾国蹙亡，妖孽业已到齐，吾民无复呼吁之生路矣。

惟问该院电词所云，迭奉明谕即非职分所应争，然资政院章程所规定议决公债权限亦曾奉过明谕否？上谕何以必须内阁总协理及主管衙门大臣署名？去年，军机出席演说尚可遁其辞曰：署名制度乃取法祖宗，非如立宪国副署即表明负责任之实际。今年

[①] 本文署名：炎炎。

新内阁制度业已确立实行，犹可以署名不负责任为辞乎？且"收回成命"四字，见之奏牍，见之实行，何年何月，蔑有立宪？上谕未曾宣布以前，臣民处于专制之下，尚且时尝抗疏力争，至今日立宪时代，朝廷既与我以民议机关，复设内阁与民议机关对待，以当其冲，乃谓一奉明谕即不容该院以争执之余地耶？何其厚诬朝廷也！

夫杨文鼎、瑞澂、张鸣岐、王人文等乃地方行政官，行政当与政府同意。然干路国有政策，借外债以夺民路，不问川、粤、湘、鄂咨议局赞成与否，一味糊涂迎合政府，欺君误国，激乱殃民之罪，已不在秦赵高之下。该院固全国人民之代表机关也，各省人民既已反对干路国有政策，反对借债条约，试问汝等代表何人？如曰代表政府也，则请（连）〔联〕翩运动，置身内阁及中央地方行政官衙门，立时取消资政院议长、议员资格；如曰代表国民也，则不得岁食国民之俸给，代表违反我国民之意思，蹂躏我咨议局也！

更有一言揭问该院者，二三两月，该院议员等不尝以滥借外债应交院议决，请开临时会乎？该议长、副议长等不尝据实上奏乎？此次湖南咨议局电请该院代争，非因四国债权高压四省乎？岂一万万之前四国借款则为公债，铁道四国借款则非公债乎？如前此之请开临时会为该院权限所应争，即此次铁道借款问题亦该院所应争也。如以前此之争为是，即不得谓此次之争为非也。该院议长、议员等其何以语我来。

由此言之，则该院此次电湘抚之立言，直将民议机关性质根本取消，此后之资政院全等于内阁所设之秘书院，应在内阁官制声明将该院隶于内阁官制之内，不当号于众，曰议院基础，曰与行政衙门鼎立也。吾民固不欲增此为虎作伥之似衙门非衙门之资政院，岁劳我负担数十万，买此误国殃民之结果也。惟是吾又不欲遽为一笔抹煞之苛论，将议员等全体詈骂失之东隅，收之桑榆，犹望未死之议员自出整理该院。盖此次电湘之放弃责任，大约仅议长、副议长、秘书厅少数人擅行主持，多数议员或不知也。夫以干路国有、六百万镑借款问题之重大，民议机关权责应如何之保持，乃竟由议长等之私意违法横行。金跃于冶，大冶必以为不祥①；马病于群，良马必屏为败类。议员等稍有法律之知识、政治之眼光，皆应大声疾呼，不忍此辈一手削尽我二百名人民代表之资格，违反朝廷设立资政院之精意。是则，今年之资政院议员欲弹纠政府之侵权违法，又当从清内奸始矣。否则，九月之常会不如不开，开之反以助成亡国之资料耳。该院议员等其何以归告父老兄弟耶？愿当局者熟计而详思之。

（《社说》，北京《帝国日报》1911年6月23日）

强作解人之郑孝胥②

（1911年6月24日）

什么叫做世界大势？二十年中三大变局。什么叫做巴拿马运河开通，美国与我国日益接近。什么叫做恰克图铁路修成缩短欧亚交通日期，我国当为主人。什么叫做波斯、印度间之铁路筑完，

---

① 《庄子·大宗师》曰："今大冶铸金，金踊跃曰：我且必为镆铘，大冶必以为不祥之金。"

② 本文署名：炎炎。

世界交通尽在陆而不在海,向来不通英文、不懂日语,从京沪各报纸上拾他人一二唾余,这便是他的新知识。

什么叫做我国二十年中振作有为,惟有借债修路之一法。借之则为富人,不借则为穷国。什么叫做无论何路终是无穷之利,向来政治不通实业,不解信口开河,说一两句似通不通的文字,这便是他的大政见。

盖纯假名士之资格不剽窃一二最近流行之浮说,决不是以……恃一二浮说,不借假名士之资格以行,仍不足为运动之媒介。此郑孝胥一方面为政府之鹰犬,一方面又受少数无耻无知之国民之拥戴也。

(《时评》,北京《帝国日报》1911年6月24日)

国民公敌——郑孝胥[①]

(1911年6月25日)

政府一切政策,国民无反对之理,故李完用可以亡朝鲜,一进会可以忠日本。

中国无健全之舆论,惟郑孝胥铁路国有、借债卖路乃为健全之舆论。附和盲从郑孝胥者乃为健全之舆论。

舆论所争皆为私利而非公益。惟郑孝胥在上海与洋人交涉分

---

① 本文署名:炎炎。

段包工以达升官发财之目的乃为公益而非私利。

铁路收回国有为数十年来仅见之政策，失尽全国人心，丧尽中国权利。祖宗创业艰难，子惠万民之积累一朝前功尽弃，不仅数十年所仅见，亦三百年来所仅见。郑孝胥以卑贱鄙夫便能挟其亡国政策，利用盛宣怀以欺君罔上，扰害川粤湘鄂四省以及全国。此种妖孽实亦数十年来所仅见。

敬告我国民之主持舆论、热心公益者，敬告政府诸公稍具天良者，幸勿任此国民公敌之郑孝胥横行误乃公事也。

（《时评》，北京《帝国日报》1911年6月25日）

格杀勿论之运命到齐[①]

（1911年7月2日）

墨西哥闹革命，华侨之无辜受戮者数百人。海参崴开筑军港，华侨无辜受戮者数百人。其他之华侨因苛禁虐待、刀锯鞭挞、窘辱以死者，更仆难数也。此外人以格杀勿论之施之于吾民者，然犹曰吾民寄居其宇下也。

云南，吾土地也。法人之修滇越铁道，实鞭杀吾民万人。东三省，吾土地也。黑龙江之驱人者三千余人，日俄战争之遭难者更不知其数也。然犹曰吾民与外人有利害关系之故，有兵乱关系

---

① 本文署名：炎炎。

之故也。

乃今之哈尔滨，吾民不持烛夜行者，俄人亦明定章程曰：予以格杀勿论。是又更酷于前也。然犹曰外人以异类待吾民也。吾民不见乎广东革命党之起事格杀勿论也，股东开会亦格杀勿论，湖南去年饥民焚抚署格杀勿论也。今年商学各界争路开会，亦格杀勿论。江北灾民之抢劫横行也，格杀勿论。其扶老携幼越境觅食者，亦格杀勿论。其他之贪官污吏明中暗中视人命如草菅者，更无时无地不格杀勿论也。

要而言之，吾民无论如何良善，如何忠爱，苟有一事触政府官吏个人之私怒，便遭毒手，结果了性命，并不许吾民有呻吟分辩之余地也。同国之人如此相习成风，异国之人何爱乎我而不尤而效之耶！而吾民格杀勿论之运命，至今日乃到齐矣。

（《时评》，北京《帝国日报》1911年7月2日）

宪政之怪谈[①]

（1911年7月3日）

自郑孝胥谓立宪国民对于政策只有协赞之责，而无反对之理一语出，识者传为笑柄。然一般无知无识之官吏盲从附和，竟有云政策既由明谕宣布，虽主张于盛宣怀，即不啻主持于朝廷，人

---

① 本文署名：炎炎。

民若起反对即系轻蔑君上。噫！为此说者殆未梦见国法学为何物，"立宪"二字作何解。此诚政府程度问题，宪政根本动摇之危机，有足令人惊愕无措者也。

立宪国通例，敕令之外，有阁令、省令，然阁令、省令范围甚狭，仅关于本阁、本省事务上之权节手续。政府之大政筹定，未有不经君主裁可宣布者也。宣布之谕旨，一字一句皆由大臣负责任，此副署制度所以特为表示也。若有副署之谕旨，臣民不敢赞一词，则不仅君主神圣不可侵犯，国务大臣亦神圣不可侵犯矣；君主万世尊戴，国务大臣亦当万世尊戴矣。何以地球列国倒内阁之声口，短命内阁之名词，成为立宪国民之常语耶。大臣随身于谕旨之后，以君主当万民之冲，其弊较专制为尤烈。二十世纪时代犹有此怪语出现，此诚中国之羞矣。吾望郑孝胥辈切勿出丑谈宪政。

（《时评》，北京《帝国日报》1911年7月3日）

上谕副署之定义[①]

（1911年7月4日）

立宪国谕旨有大臣不副署者，有必副署者。不副署者，因不在政务范围之内，故臣民妄加指摘，即属侵犯尊严。副署之谕旨，

---

① 本文署名：炎炎。

即大臣议奏俞允者也，故君主一字一句皆不负责任，臣民之指斥责难，乃指斥负议奏之责任者，与君主尊严无关系也。若此类谕旨宣布后便不可反对，则百政皆必奏请俞允，即百政皆由君主负责任也。责任内阁之名义谓何？天下岂有如是之立宪政体耶？

即如近日关于干路国有问题及借债问题之谕旨，明明有度支部、邮传部会奏或邮传部专奏请旨宣布者也，舆论稍健全者，士大夫稍有常识者，皆知此种政策足以亡国而有余，不惜苦口争之者也，明知政策之误国殃民，当大臣侵权违法发表之初而不争，迨至一二年后自然败露，乃追悔不及矣。此国人识暗力柔之隐患可为大惧者也。以今日政府现状观之，斯类之政策必日出不已，如资政院之修改章程即一事矣。此亦请旨宣布者也，国民亦将缄口结舌不一言耶？

（《时评》，北京《帝国日报》1911 年 7 月 4 日）

解释郑孝胥铁路洋匠分段包工之说之错误[①]

（1911 年 7 月 5—6 日）

郑孝胥主张借债修路，债由国家借，路即不能不由国家垄断

---

① 本文署名：炎炎。

而办，于是不能不附和盛宣怀铁道国有政策，极力攘夺民有公司。然中国前此之国有铁道（即官办铁道），如京汉、京奉、津浦、沪宁等路，建筑管理弊端百出，或受地方攻诘，或为台谏纠参，底蕴毕露，举国皆知。无耻如郑孝胥，虽欲为盛宣怀辈曲讳，亦有所不能。然彼固挟国有以破坏民办，极力诬斥民办公司之腐败者也。夫民人之反对国有铁道政策者，固鉴于埃及外债亡国之覆辙，而痛恶中国官路之任意侵糜，抑一重要之攻点也。郑孝胥于近世财政亡人国经济、亡人国之新法事实理由均无所知晓，于此要点不敢强词夺理，欺惑流俗，则国有政策亦随之而动摇矣。然郑复到处游说所谓洋匠分段包工之法，以为有此一法，即可巩固借债官办之政策，以间执反对者之口也，其用心亦良苦矣。然自记者观之，洋匠分段包工之法终不足为官场不舞弊作保证，而遗害且不可胜言。闻郑氏有极长之意见书，吾未寓目，不能逐细攻驳，而其大要固在某报数次杂评及本月初五日论说内发表之，吾人只得据此以为论难，固不敢作片词之向壁虚造也。某报所持之论点分为二端，其一则谓洋人包工可以遏制官场之奔竞，用人用钱，任意浮滥，百弊丛生也；其一则谓洋人包工因取物价之便易，佣资之低廉，不仅无外人外货充斥之害，并可限制外货、淘汰外人也。此二论点在某报不可谓无一片之苦衷，然对于此等问题不能按照事实解决，徒横鲠一郑孝胥，根本错误之论则终不能解释明晓以塞论难者之口也。

夫郑孝胥所以根本错误者，以其素无铁道知识，以为铁道建筑在今日犹为外人不传之秘术，非用外人便无法修路也；以为中国今日只有端方、郑孝胥及一般奔竞之官，而无实任修路事务之人才，故本国人仅合为督办、为参议、为一切闲员之资格，办理路工者必俟之外人也。此其错误，即沿袭数十年来事事皆仰鼻息于外人及今日财政、币制、银行等皆欲聘外人为顾问之故智也。惟政府事事仰鼻息于外人，数十年如一日，故以中国之大、人数之多、社会国家之新事业急待发生者，竟不能发生。何也？在上者不注意养成事务上之人才，提倡国民切实办事之能力，每兴一事必使昏庸误事之官吏，尸居高拱于督办、总办之地位，以供外人之舞弄，纵有本国人知识技能不减于外人者，彼必不用或用之而不尽其长，使之寒心丧气，不能自展。此人才消乏、事业不振之大原因也。

修筑铁道乃吾国最大之营业，已成各路十分之九皆外人承修，二十年间竟不能从中出一本国修路人才。自詹天佑归国极力主张用本国人修路后，始造京张路三百七十里，三年间养成本国学生乃至数百人之多。今之洛潼、川汉各路，已可分布实习而得其助力。夫詹天佑所办之路，价廉工巧，中外所知，不得谓非外人不能修路也。况与詹并称之铁道工程师，如李春湘、胡朝栋等实繁有徒而在欧美毕业，现为外人所用之中国人尤多，苟得詹氏等援引，未必不肯回国也。且广东、湖南、四川、湖北为修铁道，特派学生留学已不乏人，本省奏准开办铁道学堂亦各数年，学生多者千人，少者数百人，统计毕业、未毕业计之近三千人。苟川[汉]、粤汉两路得詹天佑等主持之而以日本留学毕业生及京、张、唐山毕业生与四省铁道学堂学生择尤帮工，实地练习，将见两路告成而接修各路之人才不可胜用，无论路工之省与速，未必不如外人之包工，即或有些小糜费，稍迟之时间，为全国路政筹其久者、大者固不能计较此区区也。吾于郑孝胥洋人包工根本反对者，即在乎此。至于用本国人办路，亦必采用分段投标估工之法，本报前已论及，兹不赘也。

吾人之主张既如是，而对某报之两论点固又不可不分别解释。

第一论点在限制官场之舞弊，此诚极当注意者也。然川[汉]、粤汉两路固许四省入股分红，借款亦以湘鄂入款作担保，明明将国有政策自行取消。今则纯全之官民合股之路也，纯全官路则资政院有监督之责任。官民共有之路，则各省商民及咨议局皆有监督之责任。用人用钱、购地估工等事，皆不能任凭督办大臣等营私监费也。督办大臣用二三文案翻译已足。此外，两路各用中国正工程师一人，或因不得已之故，添用外国副工程师一人。凡路工中人非门外汉所能过问，专委正工程师负其责任，官场固无插足之余地也（千金、参议等劳所必裁）。其他购地、购料等事，在今日亦有切实经验之办法，更不必虑詹天佑等不能知此矣。至土工之为，华人本不成问题。某报谓反对包工者为此，未免轻于度人也。

第二论点更觉涉于勉强，须知我国在今日而言办路，固不能专用外货，亦不能绝对的不用外货。不过宜略有限制耳。如铁轨等可由汉阳铁厂包制，此不用外人而外货未必可以侵入也。如机关车之必取之外洋，即多用外人，又何从而限制之乎？但中外货料（合运输费计算）设有价值相等之时，试问贵主笔此时当发生何种现象，则可断言之曰：中国人包工则必用中国货，外国人包工则必用外国货。夫事势之明了如此而必附和郑孝胥主用洋匠，其心肠尚可问耶？

且某报既知沪宁、津浦等路之流弊矣，前车之覆，后车之鉴，川鄂汉曷可再蹈！况专为不信用端方等而采洋人包工之法以抵制之，此亦不胜其抵制。试问，中国自中央政府大臣至地方一切官吏，吾人视之有一可以信用者乎？又岂可尽以洋人代其职事而抵制之乎？郑孝胥固曾身历日本者矣，试问日本全国铁道有一外人厕足其间乎？中国维新数十年毫无成效且速危亡者，皆由国人不懂事而欲言事，如郑孝胥辈过多。某报听其一二浮言便认为天经地义，误矣！

（《社说》，北京《帝国日报》1911年7月5—6日）

六月初十日上谕恭注[①]

（1911年7月6日）

　　谨案：此次都察院代奏直省咨议局议员呈请另行组织内阁一折，其内容即不可用皇族组织内阁也。细绎明谕对于议员等原奏所持之理由并未驳斥，亦如昔年人民要求开设国会之初，朝廷但以时期未至，不肯遽允，并不能谓立宪国不应开国会也。二十世纪之皇族内阁为文明国、立宪国所绝无。吾侪小民莫不知之，岂朝廷独有不知之理。殆亦谓实行不用皇族内阁当俟之实行立宪时宣统五年开国会耳。观上谕中一则曰：值兹预备立宪之时，凡我君民上下何得稍出乎大纲范围之外。再则曰：朝廷用人，审度时势，一秉大公。是明明示吾民以宪法大纲范围在预备立宪时代暂当遵守，审度今日时势，尚不能不用亲贵非可以实行立宪国为例也。直省议员当预备立宪时代而言实行立宪时代之内阁，此所以谓为渐近嚣张欤？盖朝廷用人出于大公，原无私无亲贵之成见，人民陈请，发乎忠爱，尤有尊视亲贵之苦心，上下一心，互为预备。中国立宪精神，其在此乎？其在此乎？

（《时评》，北京《帝国日报》1911年7月6日）

---

① 本文署名：炎炎。

政府独不爱国耶[①]

（1911年7月7日）

中国近来现象，人民程度渐高，对于政治上问题恒发生与政府交绥之事实。然每一次交绥必失败一次，未有能奏凯旋之歌者。今年资政院议员之请开临时会，江苏咨议局议员之辞职，川粤湘鄂人民之反对干路国有，直省咨议局、联合会之为内阁、民兵等案上奏，皆不能有良好之效果，皆是也。在政府一方面眼光必曰：此种人民无论如何与我抗争，我只有一个"请旨著无庸议。留中"批斥，再争则请旨拿办，押解回籍，格杀勿论。每战必胜，何足介意哉。然自吾人观之，则见人民每败一次，即怨愤结深一次，官吏暴虐恶焰复加甚一次。以极暴之官吏遇极怨愤之人民，虽无列强之环伺侵侮，国亦将不国，况祸败相寻，至于今日之中国哉。故吾人不为人民失败悲，惟痛国家前途将从此败坏不可收拾也。然则政府所谓胜者不过快目前个人之私意，岂国家之福哉！

（《时评》，北京《帝国日报》1911年7月7日）

---

① 本文署名：炎炎。

古今无比大政治家大学者之郑孝胥[①]

（1911年7月8日）

人人骂郑孝胥，我独不谓然。我曰为郑孝胥者，古今无比之大政治家且大学者也。何以故，以郑孝胥之政策无一不为奇策故。

（一）郑孝胥为锡、瑞两督拟封奏主张借债筑路，意谓欧洲市场金额只有此数，若我大借外债则日俄将无债可借，故谓借债可以空虚人之国，即足以救我之亡，是名为以借债筑路为政策，实则其政策不重在筑路而重在借债。故尝告人，我一借债，则我立富而人立贫。世界各国无有以借债为政策者，而郑孝胥主之。我以为充其政策借债之后不必筑路也，四万万人以之吃花酒、打麻雀，种种浪费皆可。何也？政策重在借债，不重在筑路也。此议为世界财政家、经济家所未尝梦见，其奇一也。

（二）郑孝胥主张铁道国有，盛宣怀信而用之。今日一办法曰干路收归国有，明日一办法曰停止租捐，后日又一办法准民附股，然皆以国有为词，殊不知既准商民附股即非铁道国有，国有政策已为根本之失败。盛宣怀不知也，郑孝胥亦不知而犹曰，数十年

[①] 本文署名：炎炎。

来惟有此一政策，诩诩然夸于人曰：国有，国有。此种非驴非马之国有，不知仿自何国？此又世界政治家、工学者所未尝梦见，其奇二也。

（三）郑孝胥奏称，世界三大变局皆与中国有关，乘此二十年中可以自强。中国命运不能再过十年，中外有识所同声一致而郑孝胥以为此二十年正可乘机而强，其所以能强之理由并不必于国内内政外交丝毫整顿，只须坐待他人办一巴拿马航路，恰克图、波印两铁路，而我遂以强矣。西洋航路通于中国已六十年何以不强而弱，而郑孝胥则以为国之强弱不关本国内政，全在他人交通。此又世界政治家、外交家所未尝梦见，其奇三也。

（四）郑孝胥奏请朝廷定一统一政策，定一五年预算，政策不决于内阁而决于朝廷，此君主专制之法也。既如此，何贵立宪？何贵有内阁？此又世界政治家所未尝梦见，其奇四也。

（五）郑孝胥奏请定一五年预算，预算可以五年一定，则咨议局、资政院亦将五年一开乎，且不曰四年，不曰六年而曰五年，赞成之无可赞成，反对之无可反对也。此种计划更为世界政治家所未尝梦见，其奇五也。

其余奇者尚多，不必悉数。然即此已可见郑孝胥之足以为大政治家，足以为大学者，足以为古今无比之大政治家、大学者，而时论偏非议之。冤哉！冤哉！

（《社说》，北京《帝国日报》1911年7月8日）

大权政治与专制政治[1]

（1911 年 7 月 11 日）

大权政治之名词乃耳食日本宪法者所杜撰。近日驳论甚多，义蕴毕显矣。日本宪法为世界立宪国之特例，皆由万世一系天皇之国情所演出之事实。置之英美固不当，置之欧洲大陆各国亦无所当也。然日本所谓君主大权要有异乎？君主专制，日本宪法所载，君主大权之行使范围，明定种种之限制，此又开卷而知者也。而中国政府之谈大权政治者则无事不借口君主大权。今日宣布政策曰君主大权，明日取消政策亦曰君主大权。今日颁布法律曰君主大权，明日变更法律亦曰君主大权。命令无常，法律无定，政纪荡然，民无艺极。观近日政府变本加厉情形，无异实行君主之意思，即法律一语竟将君主大权政治认为君主专制政治而立宪精神乃愈去愈远矣。政府既隐身君主大权之后，以肆于民上，于是横流所及，争相效尤，一切法令皆如土苴，海内骚然，世界争笑，国家地位日益岌岌矣。吾不知谈大权政治者为皇上、为中国一计及前途焉否也。

（《时评》，北京《帝国日报》1911 年 7 月 11 日）

---

[1] 本文署名：炎炎。

百变不离其宗[①]

（1911 年 7 月 12 日）

中国日言变法维新，所变者名义，所不变者实质。然谓为不变不可谓变，亦不可无以名之，名之曰：百变不离其宗。

军机处变为内阁，实质仍为军机处也。军机章京打拉密变为内阁阁丞，实质仍是军机章京打拉密也。宪政编查馆变为法制院统计局，实质仍是宪政编查馆也。吏部变为叙官局，实质仍是吏部也。划礼部一部分之铸印局并于官报局，实质仍是礼部一部分之铸印局也。承宣厅似秘书长非秘书长，赘设于阁丞之下则以旧内阁实质未可变也。其变者名也，其不变者人也。不仅人也，如叙官局仍在吏部，法制院统计局仍在宪政编查馆。其他各局厅，莫不皆然。不必求其事务之统一，但守驾轻就熟，陈陈相因之秘诀而已。但使旧日人员薪资乌布有增减而已。论者谓与现政府而谋变法无异与虎谋皮，与土木偶而谋精神活动。梦呓耳，幻想耳。诚哉，是言。所幸有此不轻于犯法，问政之国民，千年沉卧不之觉悟，日相率拜舞于神传政府之下莫可谁何也。噫！

（《时评》，北京《帝国日报》1911 年 7 月 12 日）

[①] 本文署名：炎炎。

变通尽弊[1]

（1911年7月14日）

自变法议起，无论朝野上下皆有四字之口头禅曰："变通尽利。"至今日，内而阁臣，外而疆吏，举凡一切官文书启视，必有"变通尽利"四字。及观万政丛脞，百官腐败，人民涂炭，关于内治外交事项，四面八方研究之，无在不因一变而增一弊，变愈多，弊亦愈多。其弊之深中于人心、国本者，一年加甚一年，一日加甚一日，至今则合全国社会为弊薮。弊之日积日垒，不仅庚子、戊戌以前所未有，亦本朝开国以来所未有，而亦历朝所未有也。盖物穷则变，变者至美之名词也。天演物竞，至概括之形容词也。然变法之要义必以利国利民为前提，必以变革旧弊之不利于国、不利于民者为入手。无论积极的、消极的，皆必有利而无害。故曰变通尽利也。吾国之言变法则莫不违此要义，此实不可掩之事实也。

客之好谐者，特就变通尽利成语改易一字，曰："变通尽弊。"吾闻之而解颐并为演其旨趋于此，此又与前之百变不离其宗一论加进一层研究也。呜呼！列强因变法而致兴盛，吾人因变法而速危亡，岂变法之咎哉，变法之不善之咎耳！

（《时评》，北京《帝国日报》1911年7月14日）

---

[1] 本文署名：炎炎。

庆内阁宣布政纲感言[1]

（1911年7月14—15日）

宣统三年六月十五日，为新设责任内阁庆总理第一次会集国务大臣宣布政纲之期。吾人久处专制乱政之下，内忧外患，迭起环生，一旦产出所谓宪政，所谓责任内阁，所谓总理大臣之政纲，则昔之政治纷如乱丝者，今有政纲以范围之，纠正之，乃可一其统系，纳诸条理。由是国民责难政府者，亦可循一定之轨途，视其政纲所定方针能一气贯注否，京外百工庶职能秉持此方针未有失坠否，以尽我监督之责。此固中国政治进步之一新纪元，吾人所乐闻者也。

就庆总理宣布政纲之演词再四绎之，又能抱定宗旨，能知交通时代与闭关时代不同，立宪时代与专制时代不同，政治之进行舍保守主义而取进取主义，舍消极主义而取积极主义，求与时会相应，此亦吾人所乐闻者也。政纲之内容在整理财政、振兴实业为主要，而以教育、交通两政相辅进行。演词反复说明，所持之理由亦知缓急后先之序，吾人亦不欲过于吹求也。

末后一段以此次政纲之定系上秉圣谟，下采舆论，所指之舆论，即本上年资政院议员所建议以经营财政、实业为先务为言，

---

[1] 本文署名：炎炎。

此亦得立宪国庶政公诸舆论要义策励同列，一致进行，尤总理大臣保持行政统一之语，吾人皆无所訾议者也。

虽然，吾今有数语奉告庆总理，并以奉告全国人民。盖总理大臣所宣布之政纲必非托之空言，必欲见之行事者也。庆总理之演词必不可如时人之条陈，报馆之论说，人民之陈请书言之，在我行不行当听之他人也。总理大臣之政纲既采取于舆论，则注重之点不在言而在其言之能始终贯彻进行而已。政纲不能始终贯彻进行，则是总理大臣失信于朝廷，失信于国民，即为责任内阁失职，于是必受议员弹劾，舆论诘责，必引咎辞职。故立宪国总理大臣只有履行政策之思想，绝无保全禄位之思想。禄位可牺牲，政见万不可牺牲。未有政纲宣布之后犹复如脂如韦，敷衍因循，苟合取容而不为耻辱者也。惟其如是，所以政纲发布之际，可发生两种研究之问题。

第一，各部国务大臣不表同意者，必实行辞职也。总理大臣负全国政务之责任，其天职既专在政见之始终贯彻进行，则各部国务大臣之组织，亦专在政见之协同。倘政见与总理相抵触，决不可伴食于国务之同列。盖总理大臣与各部国务大臣负连带之责任，一部失职则内阁政纲即因而失败一部，此总理大臣所不肯为，即各部国务大臣所不肯为者也。立宪先进国凡易一总理，必另行组织各部之国务大臣者，此也。此不仅政党内阁为然，即半党内阁、官僚内阁亦无不然。惟其然也，则问此次庆内阁宣布之政纲是否得全阁之同意，如各部全不同意则十一部大臣均应同时辞职，不受总理之支配，如只二三部大臣不同意者，则此二三部大臣即应同时辞职，不受总理之支配。对于总理政见既不可强同，虽朝廷极力慰留亦不能一日在其位也。若宣布政纲时已依违赞成，执行政务时又随时抵触，则统一之进行无望，连带之责任不明，与从前政出多门情形，何以异哉？故为总理大臣计，与其顾目前情面使异己者杂厕阁中以酿日后之龃龉，无宁屏一切嫌疑，引同党者共认国务以策政治之一贯。为各部国务大臣计，与其今日伏处于不同政见总理之下，无宁他日发抒雄抱于同政见总理之前。盖不居朝列，虽为政治英雄之失败；居朝列而政见不行，尤为政治英雄之耻辱。此乃列强政界所共有之事实，吾国新内阁恐不足以语此。然欲总理宣布之政纲实行，则又万不可悖此义。此吾所以不能不惧我政府又创一不可思议之恶例，内毒国政，外惹冷评耳。

第二，各部国务大臣之表同意者，必按照政纲实举其职，万不可泄泄沓沓，贻误政治之进行也。夫政策进行既取积极主义，于是政费亦必取量出为入主义，此乃庆总理所倡言者也。为问自今以后各部国务大臣之居职，其均能振作精神，切实办事乎？抑徒借岁入脂膏任意挥霍乎？吾闻在京各衙门腐败现状，堂官则有养尊处优，一月数旬不到署视事者；有本衙门员司千人竟不过认识数十人者，其他之颐指气使，骄蹇接下，几为通病。试思，行政必须人才，人才必谦恭宏奖，百方延揽乃能入彀。今日之度支部、农工商部、学部、邮传部果有若干专门学识之士位置其间乎？关于以上四部所办之事，无一足以当人意，无一不足以予人口实，该大臣等能根本改革，以策励政纲之进行否？若宣布政纲时唯唯听命，袭属僚奉承上司之丑习，执行政务时则事事因循守官场欺蒙粉饰之故常，则欲政纲之始终贯彻进行，犹南辕而北辙也，又何必宣布此政纲以掩人耳目哉！

以上二问题不能解决，则宣布政纲之演词无论如何正当，如何文明，皆属不实行之空言，与时人条陈、报馆论说、人民陈请书同一任意置之脑后、束之高阁而已，则吾人今日所为乐闻，所为不吹求訾议者，他日将因此而愈生吹求訾议，而反对弹劾之患亦由此作矣。然而，吾固不愿此言之有验也。

（《社说》，北京《帝国日报》1911年7月14—15日）

论王人文参劾盛宣怀事[①]

（1911 年 7 月 15 日）

盛宣怀借外债夺民路，使朝廷失信于民，天怨人怒。封疆大吏目睹情形应如何痛切入告，以回天听，乃受恩深重如瑞澂、张鸣岐等一味逢迎，不惟不肯代奏，而且百方摧压，激怒敛怨，若惟恐民心失之不尽，国家亡之不速者。伟哉！川护督王人文不以护任，存五日京兆之心；不以申饬，怀畏首畏尾之见。曾子曰：临大事而不可夺也。孟子曰：故齐人莫如我敬王也。如王人文者，其有古大臣之风尚欤？误国权奸可以愧死。

（《时评》，北京《帝国日报》1911 年 7 月 15 日）

---

① 本文署名：炎炎。

告中央教育会①

（1911年7月16日）

中央教育会组织分子，吾曾著论指明不满人意之处，然有张（骞）［謇］②、张元济等为之会长、副会长，会员亦有少数明白教育之人，将来会议之效果如何，虽未可预知而此种关系重要问题，吾人要不可无正当之主张，以尽国民应尽之义务，或亦该会所乐闻欤。

凡一国之教育须有一定之方针，而国民普及教育尤为教育方针之所注重附丽以行者也。中央教育会此次开会，学部原奏以研究普及教育为主，则今后中国之教育方针将由此而定。该会会长、会员苟非详细妥筹，慎为（决）［抉］择，则贻误国家前途实非浅鲜。吾今所欲为诸公言者，即系中国今日教育应取何者为方针是也。

凡一国教育之方针必准本国国情及本国对于各国趋势而定，盖

---

① 本文署名：炎炎。
② 张謇（1853—1926），字季直，号啬庵，江苏南通人。1894年中状元，授六品翰林院编修。甲午战争后，弃官投身实业与教育，先后创办大生纱厂、通海垦牧公司、通州师范、通州博物苑等，曾任中央教育会会长、清政府商部头等顾问官（三品衔）、预备立宪公会副会长、江苏咨议局议长。1912年任南京临时政府实业总长，后改任北洋政府农商总长兼全国水利局总裁，因不满袁世凯恢复帝制于1915年辞职，继续从事实业、教育。1926年在南通病故。

国家存亡兴衰之根本无有大于教育者也。此次庆总理宣布政纲扼重整理财政、振兴实业二者，而教育亦视为急要。而言教育行政之计划，则谓应注意于实业，然则中国教育行政方针即以此而定乎？曰：非也。中央教育会会长、会员等万不可误会此言也。初等小学之注重普通生计，此乃世界各国普及教育共同之通义，与教育特定之方针无与也。盖普及教育注重在普及平民，平民以求日用生活上应有之知识技能为主，无论何国教育皆如此。所谓教育方针者，则以国家竞争为前（题）[提]，非以国民个人经济竞争为前（题）[提]，故必准本国国情及本国对于各国趋势而定也。

今日中国国情非国民袭数千年文弱之风，以致危亡乎？本国对于各国趋势非以最弱之稚儿当武健之壮男乎？庆总理宣布政纲之演词，对于海陆军行政之计划不著一言，殆以财政未整理，社会经济未能发达，裁减军费，虽有所不敢，扩张军备势必有所不能。盖扩张军备与整理财政、振兴实业之政策，绝对的不能相容者也。然中国欲图生存，竞争于列强之间，其可永远不注重国防以谋军备之扩张乎？必不然也。须知今日积极的整理财政、振兴实业即不啻专为他日扩张军备预筹经费也。世界武装之国必为财政整理、实业振兴之国，一枪一炮，一舰一垒，无非消费国家之金钱；精兵利器，杀敌致果之功能，皆国家金钱所养成也。故观于列强军备之庄严灿烂，即知其为富力充实之国，军备固非可以空言扩张也。

夫军备扩张必俟整理财政、振兴实业，以养蓄其实力固矣。整理财政、振兴实业之际，即当以扩张军备为集重之眼光固矣。然军备非仅须经费也，养成武壮爱国之军国民尤有重于军费，□军费非积极的培储财力无由充裕之国民，则非平时积极的厉行军国民教育，临时必难收征发决战之效。是则中国今后万无聊赖而求图存之术，又未有重于速定军国民教育方针者也。军国民教育苟能切实发达，不仅可以救种，而犹可以救国。否则，不仅不能救国且必至于亡种。此则中央教育会诸公所应知，所应坚持解决之问题也。教育联合会如此主张，咨议局、联合会亦如此主张，近日发生之各政团亦如此主张。该会幸勿牺牲国民多数之公共意思，依违俯仰，贻误国家，则吾人之所祷祀以求者也。

（《社说》，北京《帝国日报》1911年7月16日）

中央教育会应设新闻记者旁听席[①]

（1911年7月16日）

数百人之会员，一月之会期，研究全国教育之大问题而不专设新闻记者旁听席，此中央教育［会］之大缺点，即学部不解新式事务之凭据也。学部不知此，无足怪。张謇、张元济主持会务而亦不知此，或知之而不切实争到此层，殊为可怪。

会员中不明教育者甚多，非得新闻记者每日监察其旁，录其发言，登之报端，则是非无由分明，黑白无由鉴别。吾恐少数明白之会员意见，将为多数顽旧昏昧之会员所（掩）［淹］没，而议决之案颠倒怪诞，舆论不能不责备贤者，此吾所以不能不为张謇、张元济辈生其疑虑，而中国教育腐败至于今日，若又任令无知之徒酿成种种毒害，则尤为可虑者也。

闻此次不列新闻记者席者，乃学部司员王季烈所主张。该员为此，其欲为该部掩其丑态欤？然教育问题固非如外交、军事之

---

① 本文署名：炎炎。

可守秘密者，其用心亦何如是之拙也。噫！

（《时评》，北京《帝国日报》1911年7月16日）

告中央教育会[①]

（1911年7月19日）

前日，中央教育会第一次开会，所议为国库补助初等小学堂及试办义务教育两案，会员讨论尚无正确之解决，吾今不暇详评其内容，先为概括改正学部原案性质如次。

（一）国库补助原案专为补助教员薪俸，应改为补助初等小学开办经费。

其概括之理由以中国已办之小学非教员薪俸之薄，乃学堂成立之难。非师资之不可求，在师范毕业生无事可办，无学堂可位置也。

（二）试办义务教育章程应改为筹办义务教育章程。

其概括之理由以义务教育如日用饮食之所必需，非可试办。试办者姑试之，将来办不办不能定也。以此言义务教育，直笑柄耳。惟义务教育之施行强迫主义，应分别计划其次第，故当曰"筹办义务教育章程"。

（《时评》，北京《帝国日报》1911年7月19日）

---

① 本文署名：炎炎。

告学部大臣[①]

（1911 年 7 月 20 日）

中央教育会开会，学部大臣演说词力陈办理普及教育为难情形，分责于民政部、度支部及封疆大吏，诿曰：非专该部所能主政。末又曰：议决之件，深与教育有裨者，本大臣亦应提至内阁与各大臣一筹商之。事之克举与否要不敢必云云。噫！该大臣此言失矣。国务大臣者，对于主管政务负责任者也。该大臣既负全国教育行政之责任，则但宜熟筹教育行政计划如何进行，进行计划果能切实正当，他部机关必无反对阻碍之理由。疆臣行政当秉国务大臣同意，固不应有阻碍之事，即民、度各部主管权限关（连）[联]之处，亦何至故为掣肘。假定有迫促民部政务之进行者，民部亦诿曰：教育未普及，一切民政难于切实施行。迫促度支政务之进行者，度部亦诿曰：他部互相牵制，非一部所能为也。夫全国政务责之于内阁总理，总理分其责于各部国务大臣，总理则曰：某事归某部办理也。各部大臣则曰：某事非本部所能自主，事之克举与否要不敢必也。如是则一切行政之计划皆属空文。天下岂有如是执行政务机关之性质，岂有如是负国务责任大臣之口吻哉。中央教育会以后，所议之事甚多，若如该大臣所云云，则

---

① 本文署名：炎炎。

此会之开其有何益？此吾所为不能无言也。

（《时评》，北京《帝国日报》1911年7月20日）

名实不孚之中央教育会[①]

（1911年7月21日）

外国有个高等教育会，学部也仿办一个中央教育会。

外国自教育行政长官以下，凡教育界中人皆从学校毕业，以教育为终身事业之人，故高等教育会员皆实验教育名家。

中国自学部大臣以下，凡教育界有势力之人，凡分三类：（一）翰林名士、旧学腐儒。（二）升官发达为目的之官吏。（三）学部直辖官立学堂之奴隶学生。故中央教育会员皆盲瞽教育名家。

外国实行义务教育，中国也要试办义务教育。

外国义务教育实行之计划：（一）确定方针。（二）分年筹备。（三）积极进行，速达目的。

中国义务教育试办之计划：（一）无方针。（二）无办法。（三）消极敷衍虚文。

记者曰：仿办者，仿其机关也。试办者，不办也。不仿办一机关，则无由为学务优差运动之场。不试办些名目，无以免国民

[①] 本文署名：炎炎。

责难之口。中国政府之秘诀何在？而不如是。然教育方针之良善与否，办法之切实进行与否，国种之存灭系之。如中央教育会之现象，则中国前途诚无几希之望矣。

（《时评》，北京《帝国日报》1911年7月21日）

无教员先有薪俸①

（1911年7月22日）

办理普及教育，第一着在养成教员；第二着在开办小学。以中国土地、人口比量而论，每州县城镇乡合计至少必有初等小学五百所以上，千所以下，方能略为普及。每校以教员二人计算，一州县必须教员二千人内外。然则此时国库补助费尚在补助养成教员时代。每州县养成教员二千人，即用最简单易之办法，一年半之毕业至少必费三万元。以全国千余州县计之，即须数千万元。如计划十年达教育普及之目的，则前五年至少必养成教员全额五分之四以上，按每州县师范教育费三万分五年支用，每年必六千元。以每省平均六十州县计算，一省每年养成教员费必三十六万元。就今日财政情形言之，每省教育经费仅有此数，国库之力补助此款已难。然一面责成地方分筹国库补助其几分之几，未始不可助长兴学也。今乃不问教员之来源而忽虚悬一教员薪俸之津贴，

---

① 本文署名：炎炎。

诚令人百思不得其解。会员等竟谓借此可以多办学堂。吾则谓此举适足阻碍教育普及之进行，须知中国此时普及教育行政计划在彼而不在此也。

（《时评》，北京《帝国日报》1911年7月22日）

摧残学堂之议案①

（1911年7月23日）

中国兴学十年矣。此十年中，前五年教育日有起色，后五年教育日见退步。何以故？提学使设不设之故，张文达薨未薨之故也。张文达教育行政取积极主义，张文襄、荣庆、唐景崇辈均取消极主义故也。自消极主义厉行，于是热心兴学高尚之士绅日受官场屈抑，所办之学堂皆被官吏破坏于有形无形之间，于是不能不灰心丧气以去职。而无耻骗钱之徒之趋媚官场、鱼肉学生者，群入于教育界中，而地方教育永无发达之望矣。

盖教育国民乃地方人民应尽之义务，极清苦高尚之事，非可以官派出之者也。自有提学使以来，对于学界士绅今日一札，明日一饬，教员即属员而师道荡尽，自好者皆避之若浼矣。此次学部提出教员任免议案，其权尽归之提学及地方官。于是创办学堂者将日奔走于官场之不暇。官场查学往来道路，供应骚扰，百弊

---

① 本文署名：炎炎。

丛生，办学者乃愈困而不肯为。教员之无心肝者更或挟官势（提学可径行札派故也）以与堂长、董事为难。地方顽民之破坏学堂者亦必随在禀揭堂长、教员，攻之使去而讼端愈起，人人必以办学为戒矣。中央教育会员若对于此案而亦通过，则是欲使中国无一学堂，无一安心办学堂、当教员之人也。吾人方欲裁撤提学使，委托地方教育行政于教育总会办理，而学部反欲伸张提学之权力以肆于民上，亡种恶政无有大于此者。彼辈亦人类，诚不解其居心何以若是也。

（《时评》，北京《帝国日报》1911年7月23日）

义务教育之师资[①]

（1911年7月24日）

学部既欲筹办义务教育而不知先储师资，则义务教育章程不啻儿戏之空文。

实行义务教育，每州县非有初等小学教员二三千人不可。而今日各省所设之初级师范至多不过三四所，每所不过三四百人，则合全省尚不及二三千人。而此少数之师范生毕业后又不尽为初等小学教员（或升学改为高等小学教员），是合全省之师资办一州县之小学尚不敷，学部教育普及之计划南辕而北辙矣。

---

① 本文署名：炎炎。

吾今为之借箸一筹，莫如速布养成初等小学教员专章，招集年长无力入学堂之士，文理清白、素在乡间课蒙者，教以教育学、教授管理诸法，而不责以科学之高深程度，限一年半载毕业。如此则师资易于养成，普及目的亦可速达，而乡间寒士不至坐困失业，多数学龄儿童亦不至任令坐荒，实两美之道也。乃学部近来新颁章程，取裁去简易师范而偏重五年毕业之完全科，是犹有三年之病求七年之艾，诚可笑也。

（《时评》，北京《帝国日报》1911年7月24日）

差强人意之教育案[①]

（1911年7月25日）

中央教育会陕西会员提议改定各学堂冠服案，其内容根据于军国民教育方针立言，主张参酌军警服章一律改易旧制，用意措词极为精当。盖中国长衣垂辫之习，实文弱积衰之表形。军警之所以必须剪辫易服，所以示武装精神之必要。今国家生存之根本，既恃军国民教育以为他日全国皆兵之预备，则学生冠服必略仿军警。既仿军警冠服，必须一律剪辫，不待言也。查东西各国幼稚儿童冠服，海军国则服海军冠服，陆军国则服陆军冠服，海陆军并重之国则海陆军两种冠服并服。未入学校之儿童而冠服之式即

---

① 本文署名：炎炎。

注重于此者，所以养成其军人之概念，乃军国民精神教育之发端也。张文襄所定学生服式，谑者笑之，谓似喇嘛袈裟，其宽博不适体，较之今时常服尤甚，与军国民教育精神实立于绝反对之地位，故欲采用军国民教育方针，必从改易冠服着手。中央教育全体会员主张军国民教育，则此案之应极力赞成通过固矣，倘再增入学生一律剪辫一条，则更佳耳。

（《时评》，北京《帝国日报》1911年7月25日）

国库补助初等小学经费案再读之奇观[①]

（1911年7月26日）

三十日，中央教育会再读国库补助初等小学经费案，纷纷争论四小时之久，仅议至第四条，全案共十四条，准每次四条计算，须有四次会议再读方可完毕。三读修正字句尚须时日，则已近闭会，是一月之会期只能对付此不可实行之案矣。此案之谬误，吾人一寓目便能了然。中央教育会员苟稍有教育行政知识，本应将原案取消，不付审查，另议补助用途，如本报所主张之补助各州县养成教员经费是也。原案补助教员薪俸办法与普及宗旨既相矛

[①] 本文署名：炎炎。

盾，讨论大体时不能见及此，至再读时始能研究及举措阻碍，光阴误掷，大可惜矣。而学部所出会员，当各省会员质问时，词穷理屈，复多方支吾，但求会长宣付表决。会长见质问者理由完富，竟不知如何取表决之标准，各会员尤彷徨不知所从。吾不知审查报告，会员何以敷衍。学部原案生吞硬剥，一至于此也。更可异者，此案在会场空言理想中已显然万行不去，议决后再提入资政院必全案取消，又何待言。为中央教育会计，为学部计，与其取消于他日，何若取消于此时。盖欲求度支部增拨教育经费，固非无正当之用途可指，度支部不能谓补助小学则可拨款，辅助师范则不可拨款也。惟学部堂司人员无意识回护原案，各省教育会员亦多逢迎官场，无意识扶同通过。此诚中国教育之奇观也。噫！

（《时评》，北京《帝国日报》1911年7月26日）

中央教育会应急解决之问题[①]

（1911年7月27日）

中央教育会此次开会，以议决普及教育计划为主，固当务之急也。然会期已逾三分之一，所议成绩毫无。长此无意识瞎闹，教育前途何堪设想。今为标出应解决问题如下，以便会员等之

---

① 本文署名：炎炎。

注意：

（一）筹办义务教育案（就学部原案改试办二字，修正其内容）。

（二）决定军国民教育方针（改定学生冠服，学生一律剪辫）。

（三）改良初级师范学堂章程，各州县设临时教员养成所。

（四）决定义务教育就学年限，暂定两年为期，俟社会经济能力渐充实，分年渐增至三年或四年。

（五）规定临时教员养成所功课，除教育学、管理法、教授法、教育史、儿童心理、游戏、唱歌外，专注意实习。（即以初等小学通行教科书为实习材料）

（六）规定两年儿童就学年限，教科以不读经为主，各种教材必取简要切用，不得肤廓滥抄，如学部所编教科书。

（七）采西洋学制。凡富实子弟可自为私塾教法，亦可放任，但明定将来升学考试科目，以便私塾遵照预备。

（八）现时所办初级完全师范仍保存，以为高等小学教员之预备。

（九）贫民皆入公立小学（私立小学非国法所能强制发达），私塾改良惟富室有此能力，声明学部定章之误。

（十）裁撤提学使，以去教育之障害。确定各省教育总会为辅助中央教育行政机关，以举普及教育之实。

（《时评》，北京《帝国日报》1911年7月27日）

义务教育就学之年限[1]

（1911 年 7 月 28 日）

强迫教育施行，当准社会经济能力而定就学年限。列强人民程度最高，强迫年限亦最长，大率自三年至八年，乃今世各国情状也。然欧洲自十七世纪初行强迫制度以来，年限皆由一二年递进至七八年。日本近年屡议增多强迫年限，卒难实行。何也？衣食足而礼义兴。生活程度与教育程度常存正比例也。中国今日人民生计穷困极矣，东南文化稍盛，农工商民入蒙馆读书者以两年为普通习惯。北方虽略与此同，而普及程度则远不及东南。记者游历南北各省，每执下流社会而考验之，南人大率皆能操日用饮食简单之书算，北人则尝有不识市面招牌及自己姓名者。南人以无力送子弟入蒙馆为恨，北人则唯恐有人劝其送子弟读书。是则两年之限度在南方固强迫甚易，在北方已戛戛乎其难矣。然南方多散居小村，北方多聚居大村。南方当合小村数十成一学校，北方则一村常有户数百或逾千，可以每村成一学校，则强迫劝道之易，南不如北，则两年限度自能南北通行。依此限度实力举办，国家一方面注意发达社会经济能力，十年之后再议将强迫年限增多固无不可也。若取文明富

---

[1] 本文署名：炎炎。

强国强迫年限，强施之今日中国，则阻碍多端，不仅不能实行，或竟因而召乱。此奏定初等章程所当急为更正者也。言义务教育者其留意于此。

（《时评》，北京《帝国日报》1911年7月28日）

中央教育会员之官话[①]

（1911年7月29日）

  任免小学教员议案，学部率行提出，无一语之可通，与国库补助小学教员薪俸案同一价值。补助案之所以能通过则以正副会长见好学部。在预备会开议时，该会长曾披露其苦心谓：学部开宗明义第一案便被本会取消，面子上太下不去。会员诸君当通融见谅云云。会员等秉承此旨，故初二日会议，此案极形潦草，竟无发言之余地。其明白会员之抱不平者但愤然私议曰：只好待资政院取消，我辈大家不要面子而已。情形之怪诞已属可怜。至任教员之案，会员等已敷衍无可敷衍，审查时立予取消，何所用其忌避，而最工官话之王祖训竟谓多数赞成之议案，审查会不得取消。审查会员复以官话对付之，谓不过展缓并非取消。噫！此更令人发噱矣。盖此辈只知为官而不解团体机关之性质。国家之开办中央教育会，所以征集该会之公共意思，以便执行也。故学部

[①] 本文署名：炎炎。

之滥提议案，拘束会员议事权限，本当根本反对。今乃不仅不能反对，反欲如属员之献媚上司，无论议案如何不合亦必勉强赞成，然则何必有会，何必以团体机关名义羞辱当世乎？人谓开中央教育会为学部请客，吾则谓会员来此学习做官。

（《时评》，北京《帝国日报》1911年7月29日）

家塾私塾与普及教育之关系[①]

（1911年7月30日）

初三日，会议义务教育章程第六条，有主张保存家塾而删除私塾者，有主张家塾、私塾并删专存公立小学者。此问题与教育普及进行极有关系，不可无一言以解释群疑。

第一，学部主持全国教育行政，国家所负强迫之责任专在筹设公立小学，督促进行。而私立小学亦为国家所当提倡，则不得于公立、私立小学之外，再有所谓私塾，又何待言也。

第二，公立、私立小学均当遵一定之学制，教授主旨偏在普及于贫民，则世家富室子弟必多不愿就学，故当任令延师就学，国家不必纷纷干涉，则家塾之应为保存又何待言也。合数世家富族组合而成之小学固可名之曰私立小学。此等小学教科、年限、人数皆不必强为限制，则不如仍名之曰家塾，以别于普通私立小

[①] 本文署名：炎炎。

学之为愈。西洋学制盖如此也。

（《时评》，北京《帝国日报》1911年7月30日）

奏定学堂章程最恶劣之点[①]

（1911年7月31日）

中国教育之腐败无成绩，皆由《奏定学堂章程》种其恶因，故今之言改良教育者，必自改订奏章始。兹特揭出其最恶劣之点于下，以供中央教育会员之研究。

（一）奏章纯取消极主义，与教育宗旨绝不相容。今当急定积极主义，删除种种拘牵限制，以振教育之精神而谋学校之发达。

（二）奏章尊君尊孔，尚武尚实等迷离暧昧之主义，并非一定之方针。今当因国家竞争时势之宜确定军国民教育方针，删除一切似是而非、调停两可之门面语。

（三）奏章之奖励出身虽已取消，而学科中如读经、讲经及中学修身之讲，五种遗规，高等以上人伦道德，专以老旧腐儒高踞讲席之类，皆系虚费脑力、无裨实用，今后当一律铲除。除大学文科中历史科、哲学科、经科外（本不应有此名目）等，不得普通读经，尤不得用一人之私言以定修身人伦道德之范围，以锢学者之识量。

---

① 本文署名：炎炎。

（四）奏章之考试及管理规则等一切消极主义之作用，均应即时改良。

（五）奏章用人行政专采官习，尤宜摧陷廓清。

要之，有奖出身时代，学堂专为养成官吏而设，故学业可以不切实。废除奖励出身时代，则全国之人皆应受切实教育，讲切［实］有用学业矣。则奏章之凡有背乎此议者，起草改定时均应格外留意，今特提出纲要如此，详细规定则俟之中央教育会诸公也。

（《时评》，北京《帝国日报》1911 年 7 月 31 日）

中央教育会之紊乱[①]

（1911 年 8 月 1 日）

昨日，中央教育会会议地方学务经费案，支支节节，争执不休，彼提一条修正案，此提一条修正案；彼发一言，此发一言，或彼此同时三四人发言，无宗旨，无条理，以致秩序紊乱不堪，四条办法，自八时议至十二时方决，而可行不可行尚系一疑问也。记者旁听厌倦之余，以为会员等所犯之病症如下：

一、会员等见不定积极振兴教育宗旨，故一方面为学堂发达谋；一方面又瞻顾自治经费，以致不能贯彻其主张。

二、会员等见不到繁盛都会、城镇乡学校组织之难易，需用

---

① 本文署名：炎炎。

经费之互相平均，故此则据都邑情形而言，彼则据乡村情形而言，愈争愈乱，毫无统筹全局之见地。

三、会员等不知自治团体受行政法之支配，故舍迫促行政切实监督之大处，翩翩为习惯相沿之小处所纠缠，宜其无一言之有当。

（《时评》，北京《帝国日报》1911年8月1日）

中央教育会一线之光明①

（1911年8月2日）

中央教育会议，会议多次，以昨日为最有精神，亦以军国民教育案为最关重要。此案不能通过，则一切议案皆属支节问题。会员能注意于此，并能使反对军国民教育者全军败绩，不可谓非该会之一线光明也。然此中胜败之原因颇有研究之价值，略言之于次。

（一）反对派失败之原因在不知列强所以成为军国社会者，无在不提倡军国民教育，以为军事教育、对外竞争之预备。凡家庭教育（如德人家庭必悬置祖宗相传之武器，各国小儿均着军服等）、社会教育（如日本之国光馆、靖国神社、太和魂之歌曲等）、国家教育（日本中学以上学校组织武德会，兵操、柔道、击

---

① 本文署名：炎炎。

剑之教材之注重爱国雪耻等，欧西各国略同）莫不竞竞于此。当二十世纪竞扩军备时代，而欲舍此方针以言教育，不待知者而知其谬妄。此反对者之所以取败也。

（二）在不知军国民教育乃学部会聚全国教育家如一家人而授之方针，并非学堂名目、教科书名目上冠以"军国民"三字，又不欲与各国协定条约，但使国民有勤俭耐劳、奋勇进取之精神，四面八方，以达强固国家之目的，纵不必尽充军人，皆当具军人之本质，全国皆兵之制尽必如此，反对派不知此，亦其所以取败也。

（《时评》，北京《帝国日报》1911年8月2日）

反对军国民教育者之绝无知识[①]

（1911年8月3日）

周官比闾族党之制，以伍两族旅军乘编定之，寓兵于农之良法也。管子作《内政》以寄军令；楚庄之霸，日夜申儆其民；越句践之治吴，本于十年复仇雪耻之教训。战国纷争偏小之区，恒出甲士数十万，此中国古代军国民教育之精意也。故反对军国民教育者不仅无世界知识，并无中国历史知识。

汉唐以后，兵农渐分。宋元明以来，科举之风日甚，士大夫耻言兵事而文弱亡国之重痼中之日深。然书生之特起而扶济国难者，

---

① 本文署名：炎炎。

莫不以知兵著，即以咸同中兴人物论之，如罗泽南在家授徒时注重练习武技，于是有李续宾、王鑫之名将出；胡林翼有兵为儒学之至精等名言，然此犹谓为特殊教育也。至湘淮之民因日闻战阵之语，于是人人乐于为兵，此虽非完全军国民教育而风声所播，影响之巨已如此。况国家明定军国民为教育方针，则富强之业必基于此可决言也，故反对军国民教育者不仅不谙列强现势，并不知中国内情。

学习武艺虽仅军国民教育中一部分，然日之胜俄，以短刀相接见长，因其社会注重柔术故也。日本柔术师法中国打术，中国打术出于汉《艺文志》所列之兵家，法门不同而能练习体力，宜于肉搏，固非如拳匪妖术所同语。南容①操收中兴之成功，尤不能尽没其长也。故反对军国民教育条件者不仅无宏达之知识，并目前浅近之知识亦无之。

（《时评》，北京《帝国日报》1911年8月3日）

中央教育会之怪现象②

（1911年8月4日）

学部之开中央教育会，为征集全国教育界意见，以谋教育之

---

① 南容：姓南宫，名适（kuo），又名韬，字子容，亦称南宫适，春秋末年鲁国人。本名仲孙阅，因居于南宫，以之为姓，系孔子弟子，七十二贤之一，言语谨慎，崇尚道德，孔子称赞他是个"君子"，并且将他的侄女嫁给他。

② 本文署名：炎炎。

改良也。若必牺牲全国教育家意见以逢迎学部，则又何必有此会。乃自初七日会议军国民教育案，罗正玉、王季烈等大失败后，初八日休会之时，学部丞参司长之为会员者忽出名传知其平日相识之各省会员，属其初九日必到会。王季烈等并亲赴各处授以学部意旨所在，极力运动各会员勿持异议。于是初九日会议表决时，一般学识、道德肤浅、薄弱，主义不定之人多被学部人员所收服，而体育会之打靶竟胡闹取消矣。

军国民教育方针之颁定，乃全国学界所注盼。会员本为最大多数之赞成，故虽有学部人员之鬼祟运动，昨日表决第二三四条时，均能保存审查。原案第五条表决时，记名投票一次，起立表决二三次。虽副会长张元济故意迎合学部，从中弄巧，既不许审查员发言，复错乱其表决手续。然赞成军国民教育者仍得胜利。至表决打靶时，赞成虽只七十一人，而时已一钟，暗中出场者甚多。会员在场明明不及前数次表决之数，各会员要求细为查点，副会长则坚持不允。学部人员乃拍案大哗，四门散去。然则副会长宣告，赞成打靶者之为少数，其中固有不可告人者在矣。论者谓昨日如会长到会，必不至荒谬至此。盖因张謇不必求学部代为（消）[销]教科书及审定教科书也。由此观之，是昨日之会，其学部及副会长少数人之私会欤！必有能辨之者。

（《时评》，北京《帝国日报》1911年8月4日）

中央教育会不平之鸣[①]

（1911年8月5日）

初九日，中央教育会讨论军国民教育案，副会长偏袒学部会员，舞弄各省会员，本报曾有评论。昨日续议本案第六条时，会员多数人群摘发张元济之私心，嘲笑质辩，语挟锋刃，弄得张元济手忙脚乱，仓皇失色，时而曰：贵会员之言，本员未能听明；时而曰：本员自己认错。前此专制威严，而今安在哉！吾不能不谓张元济之弄巧反拙也。张元济大受窘迫情形，凡分两次，其出于各省会员不平之鸣则一矣。

第一次，戴丹诚发其端，责难副会长之语，正当而严厉。吴友炎、廖铭（晋）［缙］继之，其他之会员亦东冷一句，西讥一句。学部司员如王季烈、顾栋臣素以凌侮各省会员为自得者，至此亦不敢反唇相讥矣。众怒难犯如此，张元济可谓自作自受也。

第二次，审查长曹汝英发其端，盖因初九日受孙雄等不公不通之胡说而雪其愤慨也。而张元济竟贸然允许曹之辞职及胡家祺、罗泽炜、黄炎培等全体审查员同盟罢工，张元济乃不能不为城下之盟矣。人必自侮而后人侮之。诚哉，是言也。

（《时评》，北京《帝国日报》1911年8月5日）

[①] 本文署名：炎炎。

是是非非[1]

（1911年8月5日）

唐景崇对于国语统一案竟如学政之出题目，令各会员各作一篇，限七日交卷。黄炎培知此种办法之离奇，反对之，可谓有识。

曹汝英中西文学素着盛名，孙雄贱儒竟敢斥其不通。昨日曹之辞职，语语针澈孙之愚妄。孙坐其旁，欲言而不敢言，甚属有趣。

高毓腾主张统一国语，登演台说明主旨，三刻时间，无一语听得明白。各会员或纷纷欲散，或纷纷谓国语统一之教师于此则全国语言不通矣。高亦可谓多事。

初九日，会员到者百四十六人，昨日才满百人，王季烈等运动之效果欤。各会员愤恨会中之鬼蜮，不屑再来欤。军国民教育案不得完全良美之结果，遂振衣而去欤。此亦费寻索之问题也。

（《是是非非》，北京《帝国日报》1911年8月5日）

---

[1] 本文署名：炎。

修改中央教育会章程问题[①]

(1911年8月7日)

初十日,见中央教育会会员有提议修改章程者,其主张修改之条件皆支节不关重要。如此以言修改则与不修改无异,又何必有此提议耶!吾谓章程之急待修改者应为下之各事。

一、中央教育会章程略仿日本高等教育会通则而规定其中性质有特殊者。即日本高等教育会议决事件有立法性质,中央教育会但备学部之咨询议决之件,采择与否听之学部。

二、征集会员手续不可全仿日本,因中国提学使一职为日本所无,教育行政人员大率不明学务,尤不应使提学有选定会员之权。盖必裁撤提学问题解决而后可抄日本章程,否则必由各省教育会选出,吾前已详论之。

(《时评》,北京《帝国日报》1911年8月7日)

---

① 本文署名:炎炎。

实行统一国语之次第[1]

（1911年8月8日）

统一国语为联合全国人民感情之必要，而着手进行必在教育上注意，此一定之理也。惟是中国地大人多，除蒙回苗藏四族外，满已同化于汉，则今日所谓国语之统一，固先在求汉语之统一而已。而汉语之所谓不统一者，语根原无不同，所不同者语音之殊异而已，故今日所当研究者专在语音。语音之求其划一，必在创定普通之音标。然音标之创定，其事甚难，非国家特设研究音标会，征集调查各地方音都合而考正之不能实行无阻也。是以此项问题决非少数人三数月所能解决。学部率然提出统一国语案，学部大臣欲以会员数日之力呈递统一国语之音标材料，此皆门外汉贸然从事之办法也。会员中亦有以个人意见，闭门造车之音标（提案以音标为字母，大误。盖字母乃说文部首所□等字，不改文字不得云字母也）便欲在中央教育会通过，未免易视天下事矣。吾谓中国此时施普通教育｛教育｝，但当就各省语言先谋统一，去其侏离之太甚者，徐徐调查方音，定正音标，渐求完全统一之效。会员诸公此时但议定发起研究国语统一会可也。

（《时评》，北京《帝国日报》1911年8月8日）

---

[1] 本文署名：炎炎。

吾不欲观中央教育会矣[①]

（1911年8月9日）

　　学部开中央教育会，未设新闻记者旁听席，盖不欲吾辈往观以摘发其丑态也。然吾辈为中国教育前途计，委曲降心，时入普通旁听席窥其怪状，加以正确之批评，仍望该部知所反省，各会员知所注意耳。然会期逾三分之二，仅一全国企望之军国民教育案，各省会员持论稍与该部有异，该部人员如王季烈、罗正玉、顾栋臣等便极力反对，并欲将该部提议之原案收回而取消之。复有张元济为之作伥，则少数之明白会员虽有如何之善策，必遭学部走狗否决以尽，是中央教育会之结果不过假托美名以达学部实行奴隶教育之目的而已。然则，此会何必再开，吾辈更何必奔走疲劳往观耶！日来会员到会人数益见其少，恒不及原数三分之二，其心理将毋与吾辈同欤！中央教育会可以休矣！学部走狗亦可以已矣！

（《时评》，北京《帝国日报》1911年8月9日）

[①] 本文署名：炎炎。

办学务者不明教育[①]

(1911年8月10日)

吾国一切新政有名无实，皆由用不明新政之人办新政也。振兴教育乃新政之根本，一切新政人材之所由出，新国民所由制造也。根本既坏，将倾之国斯无术可以扶救。此学部尸亡国之咎所以较他部为尤巨耳。读者疑吾言乎？请看此次中央教育会中之分子有一非办学务者乎？其明白教育者有几何人乎？

（一）学部直选会员，大率皆普通之官吏出身，如乔树枬、孟庆荣之类，至范源廉则已为硕果之仅存，然非张文达用之，恐至今并不能置身教育界矣。

（二）各省分选会员，其性质吾前屡言之，然不有此次之集会，人犹当谓吾言过刻也，暨入会场观之，每遇最易解决之问题，绝未闻有发一精透之议论，使一般懵懂瞎闹之头无从论难者。如议军国民教育时，反对者固一事不知，赞成者亦多半明半暗，以十数明白人置之二百人之中，宜其不能得完全之胜利也。

（三）此中十数明白人，又多非现在办学务之人，学部临事偶因特别之介绍而选派之，然则学部平日行政谓为一人不用，亦无不可也。故吾对于中央教育会会员分子之不健全，不归罪各会员

---

① 本文署名：炎炎。

而归罪于学部用人之荒谬。

（《时评》，北京《帝国日报》1911年8月10日）

初等小学不读经讲经矣[①]

（1911年8月11日）

《奏定初等小学章程》最不通之处，莫过于读经、讲经。盖以最短之就学年限，学生最幼稚之年龄，遽授以最高深、不切时用之古经，虚费教课时间，徒劳无益，一弊也。光阴消磨于读经，则二十世纪新国民之普通生活常识，决无法以输入，二弊也。本报自出版以来，屡言奏定章程之急宜改废，此即其大端。今年上海开教育联合会决定此问题，此次卒由胡家祺代表提出是案，得多数之通过，普及教育之障害去其一层矣。此固中国教育一线之光明也。然读经停止以后，应立时发生初等小学教员养成所以为村师谋出身之路，并消去其阻挠之力，本报亦已言之，特未知中央教育会员留意否也？又高等小学以上读经、讲经，章程亦当改定。但文科大学可以分科研究经学，特此等问题恐非本年中央教育会所能解决耳。

（《时评》，北京《帝国日报》1911年8月11日）

[①] 本文署名：炎炎。

中央教育会员之无意识[①]

（1911年8月12日）

前次会议初等小学停止读经讲经案表决，赞成者得八十一人之多数，吾以为此案既解决则高等小学、中学读经、讲经奏章之改定可以迎刃而解决，盖会员所提之高等小学、中学变通读经讲经议案，原非废经蔑孔，特因奏定原章教授经书时间太多，精旨微言既不能讲贯而一切科学不能力求精进，故当择经语之切于身心日用者节编教之，虽无读经、讲经之名，实有多识前言往行之益，法甚美、意甚良也。此项议案在林传甲、孙雄等无知无识，肆口反对，原不足责。所异者，前此赞成初等小学停止读经之八十一人忽然变计，大半不赞成高等小学、中学变通读经讲经案，岂为孙雄朗读上谕之手段所慑欤？抑以常识不足，赞成、反对皆属无意识之盲从欤？吾为中央教育会员程度悲，吾尤为中国教育前途悲矣。

（《时评》，北京《帝国日报》1911年8月12日）

[①] 本文署名：炎炎。

中央教育会之结果如是[①]

(1911年8月14日)

中央教育会开会一月已终了矣。所议之案半为学部所提出，半为会员所提出。学部所提出者，学部人员之在会者专制通过之，各省会员无所表白也。各省会员所提出者，学部人员及一般无识之会员反对之，会长又以个人运动之私，不使各会员与学部利害冲突，明白会员亦无由见长也。然则，会员之价值不过为少数人之傀儡耳。

或谓此会之开，虽于教育改良无有关系，而尤胜于不开。何者？学部大臣等皆未受文明教育之人，借此次开会得闻几个教育新名词。学部人员及种种来历不明之会员，亦多未解教育之人，借此次开会始学得几句门面语，则此后做官办差更有把握，其益一也。至一般无耻之会员借中央教育会会员之名目，可以保全办学务之地位，挡塞学生之攻击，其官位、资格稍尊，而反对军国民教育及反对小学停止读经、男女合校最力者，并可得提学使之希望，其益二也。此之谓中央教育会之结果，此之谓中央教育会会员之结果。

（《时评》，北京《帝国日报》1911年8月14日）

[①] 本文署名：炎炎。

唐春卿①又有一篇官样文章②

（1911 年 8 月 15 日）

昨日，中央教育会闭会，学部大臣，会长、副会长以至各会员衣冠楚楚，咸集会场，悚立敬听学部大臣之演说词，会员等如获不世之荣归，为宗族交游光宠不待言也。演词内极赞会议成绩之佳，并谓该部提议及会员提议各案得以议决者多关系重要，其批评眼光比之社会舆论全相径庭，则一般会员之感激驰驱，当益见踊跃。甚矣！官场手段之高也。且该大臣开会词则以事之克行与否，殊不敢必一语卸责。此次演词又谓议决之案或再交资政院议决，或径由本部奏请施行，立言似较开会词为踏实。岂此唐大臣又进步欤？抑权将各会员敷衍出门，过后即任意颠顶欤？吾且不作意逆之词，特各省会员所当人人留意者，学部官样文章办稿者颇多，各会员幸勿为其所骗耳。

（《时评》，北京《帝国日报》1911 年 8 月 15 日）

---

① 唐春卿即唐景崇，时任学部大臣。
② 本文署名：炎炎。

乔树枬怪状之追评[①]

（1911年8月16日）

乔树枬备员于中央教育会之议席者将及一月，未见发一言，独至议及初等小学男女合校问题，彼乃袖出手录《礼记》"夫妇有别，不可变革"等语，苦求会长宣示于众，以表其维持礼教之宗旨。吾今有数事问乔树枬：一、中国私塾恒以男女儿童并教，义务教育既保存私塾则乔之礼教说已立时而穷。二、新律责任年龄在十二岁以上，义务教育限于十岁以下，女儿与男儿合校便欲以夫妇之嫌疑犯防之，则责任年龄尚须改小。三、热带气候下之住民身体发育甚早，故印度女儿十岁即解情欲者，中国决不如此。乔欲以印度奴隶教育施之中国，乃谓中国气候亦如印度欤。四、欧美大学男女亦多合校者，未闻秽乱之事有如中国之甚。此受教育与不受教育之关系也。乔树枬以禽兽之事侮辱国民，诚不知其自居何等矣。五、文明强国之社会，国家事业女子皆分男子之任，不仅中国女子仅有家庭关系，教为贤母良妻已也。仅有家庭关系则不得谓为国民，并不应列于普及教育范围之内。六、土耳其男女之别甚严，女子常冒其面仅留两眼于外，然其国之野蛮衰亡为欧陆所鄙视。盖男女歧视乃古代人类蹂躏人道，过去之历史，乔树枬则出其陈死人之言于二十世

[①] 本文署名：炎炎。

纪之中央教育会，人谓中国程度与西洋相差实数百年，岂不信欤！

（《时评》，北京《帝国日报》1911年8月16日）

中央教育会专为商务印书馆而开耶①

（1911年8月17日）

吾国腐败教育之流毒天下，祸急于洪水猛兽，足以亡国灭种而有余。尸其咎者内则为学部，外则为提学使及一切一知半解、似是而非之学务人员。一旦而欲摧陷廓清，以图改良进行，固非一手一足之力所能为役，则中国教育会之发起不可谓非国民最紧要之事业，吾人所极赞成者也。然教育会与政党不同，政党以党纲为范围，以党魁为主动；教育会则合全国之学者及教育家互相研究、互相讨论，无一会员可以受人之指挥，作人之走狗者。乃闻张元济发起之中国教育会种种怪状，则拟若自居于党魁地位，鬼鬼祟祟，支配一切之会员，而其目的则专为商务印书馆遍发广告，扩张销路。呜呼！假关系中国前途最重要问题以济其一人之私，不仅无耻而亦无识矣！宜乎人言啧啧，骇人听闻耳！会员若非急谋补救之方，则教育前途一误再误，益不可收拾，又岂张元济一人之罪哉。

（《时评》，北京《帝国日报》1911年8月14日）

---

① 本文署名：炎炎。

神禹其复出乎[①]

(1911年8月18日)

中国人民日居死亡愁苦之中,四面八方之祸灾相乘而起,如政治之腐败,法令之繁苛,官吏之贪横,盗贼之骚乱,豪强之把持,经济之恐慌,外人之欺凌,凡所以为生命财产之忧者,更仆难数。然以上各种问题,国人尚有研究及之,或时常呼吁要求政府之设法救济者。至生命财产之损失有更大于上之各端,国人反若勿闻勿见,则莫如频年以来之江淮、两湖等处之水灾警报之传年甚一年,国帑国税之牺牲于赈灾者年多一年,义务助赈日见于广告,筹赈开捐日闻于章奏。长此滔滔,将见东南财富尽付洪流,亿万苍生咸供鱼腹,肥沃之地化为赤卤,耕凿之民流离失业,则縻数千万巨款投诸边荒无何有之乡,其何为矣。故今日国家救民最重要之问题不在纷纷筹赈以治标,而在出全力以治江淮、两湖之水。水害除,则水利兴,而农业发达、民生殷繁、税源充裕,皆可操券而获也。朝廷日言廑念民依,政府日言振兴实业,盍不注重于此以为根本远图乎?盖中国今日神禹不复出,则江淮、两湖之民将无噍类矣。

(《时评》,北京《帝国日报》1911年8月18日)

[①] 本文署名:炎炎。

粤患奈何[①]

（1911年8月21日）

张鸣岐此次入奏，张大其词，为李准护短，早已知其必非情实，及今粤函纷来，益足证张鸣岐欺君误国之罪为不可掩矣。

一、李准被暴徒开枪轰击，登时惊悸不省人事，由护卫扶掖逃至藩署，则张鸣岐所谓亲自跃登屋顶者，自系捏词朦奏。

二、李准平日蓄养剧盗为爪牙，粤乱后益纵此辈出劫财物，骚扰良民，每次外出必挟此数十百人，严阵列队以从。此次乱党仅数人，竟伤李兵十数人，所谓（愤）[奋]不顾身，当场巷战，更属欺饰显然。

三、乱党之弹自楼而上，张奏则谓从后搏击。双门底一带，皆重楼高屋，张奏则谓跃至屋顶，神欤，幻欤，更为笑柄矣。人言啧啧，谓张近已吓出神经病，故狂语梦呓，类多如此。噫！粤患深矣！政府尚听信此轻躁失常之人尸位造祸，一误再误，将何所终极乎。至李准虽未身死，然受伤甚重，此后如能治疗全可亦必因忿酿事，即行罢免犹嫌其晚，况更纵之使搏哉。

（《时评》，北京《帝国日报》1911年8月21日）

---

① 本文署名：炎炎。

无人道之国之危险[1]

(1911年8月22日)

凡骂中国官场者,莫不曰:全无人心。凡骂中国普通一般人者,莫不曰:丧失人格,放弃人权。何也?盖文明国政治法律之修明,社会道德之崇重,无非以维持人道主义为目的。乃吾国上下所未梦见者也。惟其无人道,故同国之人皆若仇雠,互相吞噬,互相蹂躏残杀,驯至举国睽离,内讧外侮,交相乘迫,根本枯朽,大局倾颓,遂无可挽救矣。试以中国人口与列邦比较多寡相悬,恒愈十倍,何以强弱之殊一至于此哉。国人须知,无人道之国直可命之曰:无人之国。无人之国如沙漠荒岛,各国即可以领土先占权分割之。阿非利加其前例矣。危机一发,至于今日,而我之操行政、司法之权者无不倒行逆施,极力与人道背驰,使人人无乐生之趣。长此滔滔而谓国家有一幸焉,吾不信也。

(《时评》,北京《帝国日报》1911年8月22日)

---

[1] 本文署名:炎炎。

奴隶教育入人之深[①]

（1911年8月23日）

学生毕业奖励实官出身为中国奴隶教育独有之怪象，以中央教育会程度幼稚亦能决议停止矣。乃近因各部议及师范毕业人员不应分发各部，各师范毕业生竟公然大开会议反对此事并要求学部照旧掣分，以为保存奖励实官出身起见。而发起者且出于现任优级师范职员之人。吾于此益伤奴隶教育之谬种流传，沉痼已深，拔除匪易矣。盖此次开会之毕业生皆张文襄之教育所养成者，在今日教育界最占势力。如陈问咸辈多文襄之卵翼而出，既位学部司曹，复兼师范教育重任，则其今后教成之学生必衣钵相传可知也。优级师范毕业后，主持中学教育则一切青年遭其荼毒，其祸之烈更可知也。故学部大臣不言改良教育则已，如其言之则非将全国师范学堂切实更张不可，非将此次开会要求之师范生开除学籍，取消其原有实官出身，永远不准置身教育界不可。然而今日之学部固未足以语此也。噫！

（《时评》，北京《帝国日报》1911年8月23日）

[①] 本文署名：炎炎。

致《长沙日报》主笔书

(1911年12月16日)*

《长沙日报》主笔先生鉴：

顷阅贵报十九日（按：此系阴历）本省纪闻栏内《奇货可居》一条纪事，颇多失实。兹特辩证如下，请即登报更正。

黄司令官①家眷此居之房系满人济溥产业，此业乃筹饷局所调查封存，并非区官朱某、都督府徐某、财政司调查科员某某封闭。筹饷局封此产业时，当约警区派四人照顾屋内器具，并知会警监严谕，不准他人擅行携物出外。陆君何至以物自私？

---

① 黄司令官司即指黄兴。查1912年1月26日上海《时报》刊有《欢迎黄元帅眷属》一文曰："黄元帅眷属已于日前回湘，谭都督特派专员前往欢迎，并饬暂住福裕街前清知县济溥房屋，有器皿什物均一律暂行借用。……"黄兴（1874—1916），原名轸，字廑午，也作庆午、近午，号杞园；后改名兴，字克强，湖南善化（今长沙县）人。早年就读长沙城南书院，后在武昌两湖书院卒业。1902年留学日本，与杨毓麟等创办《游学译编》。次年参加拒俄运动，后回国，与宋教仁、刘揆一等于11月4日创立华兴会于长沙，任会长。1904年策划长沙起义失败后，逃日本。1905年与孙中山等创立中国同盟会，任执行部庶务，居协理地位。1907年起，先后参与或指挥钦廉、防城、镇南关（今友谊关）、云南河口、广州新军及黄花岗等多次起义。武昌起义爆发后赶赴武汉，被推为战时民军总司令。沪、苏、杭等地光复后，至上海主持南北议和。南京临时政府成立后，出任陆军部总长兼参谋总长。袁世凯篡夺政权后，被任为南京留守，同年6月辞职。1913年3月，宋教仁遇刺后，于7月在南京起兵讨袁，任江苏讨袁军总司令。失败后，再度流亡日本，不久，赴美养病，继续宣传讨袁。1916年袁世凯称帝败亡后回国，10月31日病逝于上海。翌年4月国葬于长沙岳麓山。

惟当时正值黄司令官家眷住陆宅，都督命令以济浦房屋暂行借居，什物亦并借用，不用者仍封存一屋，开单报明财政司。陆君乃会同筹饷总局遵照办理，一面由黄宅派二人照料，一面由筹饷局派卫兵二人照料，而警士四人亦始终负看候之责任，并非陆某私人看守。但筹饷局及陆君既遵都督命令办理此事，当黄宅移居之时，忽有都督［府］稽查员杨某、财政司调查员某某称，到济宅点查什物，适值震鳞率人为黄宅照料一切，历□封存此屋办法缘由，而杨某等其势汹汹，语挟意气。震鳞以正言婉劝，始得无辞。贵报所登由都督府及财政司封闭此屋情形或因此传闻失实也。此屋既由筹饷局封存时会同警局清点监守，担负责任，当移居忙迫之时忽有他机关强为清点，徒滋纷扰，故当时由筹饷局盼示警士，非陆君为黄宅清点物件，他人不得干与，盖恐他人任意搬物，致有损失也。

以上情形，均由筹饷局会同警局禀承都督［命令］办理，震鳞始终其事，众目昭彰，非可欺饰。陆君本黄司令官患难之友，平日暗托□济眷宅已近十年。此次移眷入城，本奉都督及黄司令官文电，震鳞亦与闻其事，但平日秘密运动情事，不便事事宣告于人，或多误会□□之词。将来黄司令官归里时无难详告我湘父老昆弟也。专此详呈，恳即时登报，□□释群疑，无任盼祷。周震鳞谨启。

（《长沙日报》1911年12月16日）

挽黄少春联①

（1911 年）

无须遗相②铸黄金，学校不亡，先生不死；
等是大名传③汗简，将军何辱，烈士何荣。

（王斌主编：《宁乡读本》，方志出版社2012年版，第106页）

---

① 黄少春（1831—1911），字芍岩，湖南宁乡人。少孤苦，为太平天国军队所虏为兵，后降清加入左宗棠湘军，年未三十即积战功任浙江提督，后历任长江水师提督、福建陆路提督，加太子太保衔。庚子事变时曾率军勤王，在河北获鹿一带抵御八国联军。1903年夏周震鳞将沩宁试馆改办为宁乡驻省中学堂时，曾说服黄少春以巨款输助，使学校开办成功。1911年黄少春逝世后，周震鳞率宁乡驻省师范为其举行追悼会，并代该校题写此挽联。

② 一为"遗像"。

③ 一为"垂"。

致大共和日报馆电

（1912年1月28日）

大共和日报馆鉴：

读贵报正月十七日载筹饷局员罪状一则①，不胜惊异，谨逐条诠释之：

震鳞自阴历九月望日奉命筹饷，苦心组织，不避嫌怨。湘兵骤增数镇，月需饷五六千万金，贫者既不能派捐，富商巨室慷慨乐输已居多数。其亡清奴隶违抗大义，悭吝成性者，或携资远飏，或造谣串阻，震鳞督同局员反复开导，和平劝谕，经旬累月，犹复观望不前，不得已于和平中略带强迫。益阳周姓素称巨富，令其捐银三万一千八百两，谷六百石，唇焦舌敝，几费经营。湘汉新闻社载周以一千七百金寿局员，敝员与之严重交涉，向司法司提起诉讼。谭督以该报逾越法律范围，饬令不得损敝员名誉。所谓以六百石输捐了事，不辩自明。聂伯源即缉椝胞兄，拥资最富，

---

① 1911年10月，湖南响应武昌首义后，为组织援鄂军，扩充军队，亟需解决饷糈，为此湖南军政府成立湖南筹饷总局，任周震鳞为局长。该局在周震鳞的领导下积极开展劝募工作，触及一些富家利益，因而获忌。有人利用舆论攻击周震鳞及湖南筹饷总局。1912年1月17日的《大共和日报》无从查到，该报上所刊登攻击周震鳞的"罪状"也无从得知。读者可参考以"全体湘民"名义印发的小册子：《讨湖南筹饷总局局长周震鳞檄》，其中列举了所谓"民贼周震鳞确实罪状十二条"［参见《武昌起义档案资料选编》（下），湖北人民出版社1981年版，第258—262页］。

经敝局会办伍任钧、黄俊、尹集馨等，登门婉劝十余次，始终不肯认捐。局员等晓以利害，声泪俱下，始认捐银四千两、米二千石。黄锡光人本卑鄙，心术诡诈，以婆人子夤缘满人庆瑞，合伙开设钱店，运动要津，厕身政界，居然一富室儿。湘反正后，黄唆庆逃匿，力负保全财产之责。庆遂恃黄为护符，将所有珠宝金银及不动产、契据概交黄手，庆远遁，黄遂将钱店合伙字［据］毁灭，伪造存根、账目，吞没之术既巧且工。及敝局将庆财产调查确实，黄隐讳不报。至十月间，庆潜来省投诚，黄惧败露，始将庆契约、折据呈缴会计甄查院。敝局会同参谋部呈请都督治黄以藏匿旗产之罪，奉批交涉司、法司会审核办。震鳞为保全大局起见，编订捐章，慎选局员，昕夕焦思，时虞陨越。幸人心思汉，两月之久，在省会已筹集百余万巨款，各府州县分途劝捐亦皆踊跃，惟黄锡光等不肖汉奸希图被坏，投函诬诋震鳞一人不足惜，深恐在省训练北征出发各军枵腹待毙，后患何堪设想！务乞登入贵报，并转《民立报》《时报》及各报馆，以释群疑而维大局。至敝局办法、章程、告示、劝捐说明书，另行详寄。湖南筹饷总局周震鳞叩。勘。

(上海《时事新报》1912年2月1日)

湘路促进会简章

(1912年3月10日)*

第一条　本会系继续铁路协赞会开办。

第二条　本会以联合股东，协助公司，急图路事之进行为宗旨。

第三条　凡股东占股五十元，或不及五十元而有铁路学识及有铁路经验且名望素孚者，均得为本会会员。

第四条　本会设临时干事若干人，由发起会员公推，并公推其中一人为主任干事。

第五条　本会在开设股东大会以前，得辅助公司应行各事。

第六条　本会暂假新安巷新民学校为事务所。

第七条　本会每月开干事会一次，研究一切进行方法。开全体会无定期，于必要时由主任干事召集之。

第八条　本会延长以全路告成之日为限。

第九条　本会简章应呈请都督，并移送交通司立案。

第十条　本会事务所成立，应呈请都督颁给关防，以资信守，并应由会员公推代表赴中央政府交通部立案，以图扩张。

第十一条　本会系现在到省股东发起，所有未到省股东均请开列台名送事务所，均作发起人。

第十二条　本会简章未尽之处，得随时酌改。

黎尚雯、颜僖伯、胡殿飏、杨伯鸿、黄沅、文经纬、周震鳞、颜息盒、易阁臣、杨宗实、王子训、王键群、黄承宪、许植仙、胡翼、吴葛初、自牧堂、刘健、宋立中、杨衡斋、郭志任、郭名芳、胡复旦、吴庶华、彭运端、周毅、王佩初、彭海清、李翊鹏、郭之炜、郭纯熙、曹惠、杨道南、欧阳启煌、谢钟楠、葛崐、王与楫、罗竹荪、沈一庵、向宝桢、朱贤英、文斐、保厘堂、儒式堂、暨杰湘、方益元堂、李达璋、王猷、王焘、刘发斋、俞泽棠、潘耀焜、曾庆榜、胡馥、沈翔等同启。

附：湘路促进会阳历三月十九日（阴历二月初一日）开会应商各件列下：

1. 报告本日开会宗旨。

2. 各股东发表意见（如有特别意见，开会前函告事务所亦可）

3. 研究湘路董事及查账员应举若干人，并董事、查账员资格应如何限制。

4. 选举董事可否仿照议会办法，分为普通董事、常驻公司董事两种。

5. 决定开股东大会日期。

6. 举临时干事若干人并公推代表商知公司预备开股东会一切手续。

（上海《大共和日报》1912年3月10日）

与黎尚雯等关于湘路促进会公启

（1912年3月13日）

敬启者：我省商办铁路开工有年，仅成长株一段，糜费太巨，殊失营业性质。现在民国初建，百度维新，铁路为交通最大之关系，若不促其进行，恐终不免权落外人。况各省光复亦因争路而起，尤宜极力改良，及早竣工。同志诸人有见于此，已于阳历一月十九日（阴历十二月初一日）假教育总会发起湘路促进会。是日股东到会者数百余人，足见热心爱国，同人实深钦佩，所有办事手续亟应会商，拟于阳历三月十九日（阴历二月初一日）午后一时，仍假教育总会开会，届时务乞驾临，筹商一切。并择期开股东全体大会，共促进行，不胜盼祷之至。

湘路促进会：自牧堂、黎尚雯、颜僖伯、胡殿飏、杨伯鸿、许植仙、文经纬、周震鳞、颜息盦、易阁臣、罗竹荪、宋立中、沈一庵、王佩初、彭海清、黄承宪、黄沅、郭纯熙、杨道南、谢钟楠、王与楫、王健群、保厘堂、儒式堂、胡翼、吴葛初、方益元堂、刘发斋、曹惠、欧阳启煌、胡复旦、葛崐、吴庶华、李翊鹏、向宝桢、朱贤英、杨衡斋、周毅、郭之炜、郭志任、刘健、杨宗实、文斐、吴作霖、王隆中等同启。

（《长沙日报》1912 年 3 月 13 日）

将曾文正祠改为烈士祠大概办法[①]

（1912 年 3 月 19 日）*

一、烈士祠以省城曾文正祠改建。

二、烈士祠供奉关于革命各位死事人员及阵亡将士，应以死事之先后序列。

三、烈士祠应设总管一员，常川驻祠办事，由都督委任之。

四、烈士祠应行附设之件及其人员如下：（甲）会议厅；（乙）偕行社；（丙）史馆；（丁）公园。

---

① 文前曰："筹饷总局局长周震鳞等拟定大概办法，呈请都督核示遵行，略纪如下……"

五、烈士祠应于春、秋致祭，遇有庆祝、追悼各典礼，随时定期祭祀之。

六、烈士祠开办及常年经费，即查提曾祠岁修祭产动用，不足则由财政司补助之。

七、烈士祠管理细则，俟建设后议定。

八、烈士祠应设职员及建设布置一切事宜，此时暂由出征将士慰劳会议员担任之。

(《申报》1912年3月19日)

在湘省大汉烈士祠开祭大会上的演说

(1912年3月21日)

此次成功，虽赖军人，然如杨毓麟[①]烈士之著《新湖南》，陈

---

① 杨毓麟（1872—1911），后易名守仁，字笃生，号叔壬，湖南长沙县高桥人。早年中秀才，后入长沙城南书院、校经书院、岳麓书院学习，曾任湖南时务学堂教习。1902年东渡日本，入弘文学院、早稻田大学政治经济科，与黄兴等创办《游学译编》，宣传民主革命，并撰刊《新湖南》一书，批判康、梁的保皇言论；1903年参与发起组织拒俄义勇队（后改名为军国民教育会），归国后参加华兴会，筹划长沙起义，负责联络江、宁、沪、浙等地会党，在上海组织爱国协会，任会长，事败后逃往日本。1905年春回国，在北京译学馆任教，充出洋考察宪政五大臣之随员，赴日本考察，加入同盟会。1907年4月与于右任等创办《神州日报》，任主编。1908年赴英国阿伯丁大学留学，兼任同盟会驻英联络员；1911年因悲愤于黄花岗起义失败和民族危机加深，在利物浦投海自杀。

天华①烈士之著《猛回头》《警世钟》，谭、唐之学说，各报之言论，皆十数年来收功于文字者也。此外，如实行暗杀，游说运动，新旧死者，我湘省不下二三百人。近则南京之战，湘人尤夥，故湘人对于诸烈士尤有特别感情，且诸烈士既倾覆满洲而吾人尤宜振刷精神，激发天良，无论何界之人于共和前途，各当勉尽责任，即对于诸烈士亦以此为最当注意者。

（上海《时事新报》1912年3月21日）

与洪荣圻②致黄钺③书

（1912年3月23日）

我国自塞外夷种进据神京二百年来，蕝失我国土，敲扑我国

---

① 陈天华（1875—1905），字星台，号思黄，湖南新化人。早年就学长沙岳麓书院，1903年留学日本，与黄兴等组织拒俄义勇队和军国民教育会，从事反清革命活动，次年回国，与黄兴等组织华兴会，策划在长沙起义未成，逃亡日本。1905年在东京参与创办《二十世纪之支那》杂志，加入中国同盟会，担任书记部工作和《民报》撰述，并以通俗说唱体著《猛回头》《警世钟》《狮子吼》等，宣传革命思想，同年11月因抗议日本政府颁布《关于令清国人入学之公私立学校规程》，愤而投海自杀，留下绝命书，鼓励同志誓死救国。

② 洪荣圻，时任湖南司法司司长。

③ 黄钺（1869—1943），字幼蟾，湖南宁乡人。因得先人余荫，袭二等男爵，1906年在上海加入同盟会，清末任甘肃督练公所总参议。辛亥革命时在秦州（今天水）宣布独立，任甘肃临时军政府都督，后历任总统府军事顾问、湘鄂豫招抚使、鄂豫边防司令、湖南抗日义勇军游击队总司令等职。1943年病逝宁乡。

民，丧弃我国权，颠覆我国体，淫威以逞，环海无俦，剥肉自肥，古今未有。人神同嫉，天地不容，黄帝有灵，满奴运尽。

自八月鄂省首义，九月一日吾湘继之，旋滇、黔、陕、粤及扬子江流域各省又继之。两月之间，东南半壁巩如磐石。于戏非公愤公仇，昭然如日星河岳，恶能使国内豪杰同时共举耶？现在中央政府既已成立，各省内政组织完全，北伐联军络绎出发，人怀敌忾，士抱死心，痛饮黄龙，势如反掌，虽某氏未遂大总统之愿，欲腼颜抗拒，然名义既背，人心必解，鱼游釜中，燕巢幕上，死期在即，不足虑也。吾辈惟以恢复汉族，建立民国，洗除满清专制之毒，保全人民生命财产，为惟一不二之宗旨。能达目的，虽死犹生，况天时、人事两相催迫，胡运既绝，黄族再昌，尤可决其有胜无败，灭此朝食者也。顷有自甘肃来者，谈我公手握重兵，指挥如意，同志之上莫不欣相告，曰我公平生爱国热心，轶出俦类，此番光复祖国，千载一时，谅表同情者，乃引领方殷，而捷书迟滞。噫！何故耶？夫时不可失，寇不可长，长寇不祥，失时不知，惟君图之。呜呼！洪杨故事既伤错铸于曾奴，湘鄂义旗倘复被倾于某贼，中国前途尚可问耶？伫望我公登高一呼，俾甘肃军民即时反正，则全国之幸福也，岂吾辈一二人之关系哉！临颖匆匆，无任驰系，相时而动，无累后人，惟公毅力实行，毋稍观望。荣圻、震鳞同叩。

（刘绍韬，黄祖同编：《黄钺与秦州起义》，甘肃人民出版社1992年版，第122页）

与谭延闿^①等致黄兴电

（1912年4月上旬）

南京黄留守鉴：

　　黄钺在秦州组织甘肃军政府，被举为都督，此系延闿等深信其素志革命同情湘中，反正后互通缄问，遂收结果。黄父万鹏抚回番素具恩信，故能以新领之兵，成光复之业。该省治安要着，首在联络汉、回，新疆情形亦复如此。汉民尤以湘人为多，此后镇抚疆圻，声望无有过于黄钺者。边陲重地，国防所在，稍有疏

---

　　① 谭延闿（1880—1930），字组安，号畏三，湖南茶陵人。其父谭锺麟，曾任陕甘总督、闽浙总督、两广总督等职。1903年与胡元倓、龙璋、龙绂瑞等人创办明德学堂；1904年获会试第一名，后以进士朝考名列第一选庶吉士，散馆授翰林院编修；1909年任湖南咨议局议长。辛亥革命后任湖南都督、国民党湖南支部长；1913年"二次革命"中宣布湖南独立而被袁世凯免职；1916年6月袁死后复任湖南省长兼督军；1918年被段祺瑞免职；1920年再任湖南督军。后历任国民党中央政治委员会主席、国民革命军第二军军长、国民政府主席、行政院院长。1930年病逝南京。

虞，即酿成祸端。务恳电达袁总统①照加委任，无任盼祷。

［张蕊兰等编：《辛亥革命在甘肃（上）》，甘肃文化出版社 2011 年版，第 80 页］

与谭延闿等致黄钺电

（1912 年 4 月上旬）

西安。张都督转甘肃黄都督鉴：

闻光复功成，具见勇力宏猷，有造民国。从此回复秩序，建设新业，必能与民咸享幸福，闿等无任欣企。湘中刻已安谧，南北统一，中央政府亦完全组织，所望就近联合秦中，共图进行。至满清告退已久，年号自应消灭，想彼升、长二孽②，必不敢久

---

① 袁世凯（1859—1916），字慰廷（又作慰庭、慰亭），号容庵，河南项城县（今项城市）人。清末投身行伍，后随军赴朝鲜参与平定壬午军乱，又在朝鲜甲申政变中指挥军队击溃日军，被清廷委以重任，回国组建新军，襄赞洋务运动及清末新政，自道员、巡抚累升至总督；1907 年任军机大臣，次年被摄政王载沣解职回河南。武昌起义后，清政府起用袁世凯为湖广总督，派其南下压制起义，袁世凯一面奏请清政府停止进攻，一面让刘承恩给黎元洪写信议和，并于 1912 年 2 月 12 日逼清帝溥仪退位，被南京参议院正式选举为中华民国临时大总统。1913 年镇压"二次革命"后，又逼迫国会选其为首任中华民国大总统。1915 年 12 月宣布改国号为中华帝国，建元洪宪，自称皇帝，遭到各方反对，引发讨袁护国战争。1916 年 3 月 22 日又不得不宣布取消帝制，同年 6 月 6 日因尿毒症不治而亡，归葬于河南安阳。

② 升，指升允，清陕西巡抚，反对议和。长，指长庚，任清陕甘总督，与升允武昌起义时一道反对革命。

抗，不遵民国新元也。又，破坏建设均当慎重用人，方足以镇压人心，而除恶政，乞注意！湘都督谭延闿及同志周震鳞、洪荣圻、钱维骥同贺。印。

［张蕊兰等编：《辛亥革命在甘肃（上）》，甘肃文化出版社2011年版，第82页］

在同盟会湘支部成立大会上的演说[①]

（1912年4月21日）

今日为同盟会湘支部成立开幕之期，济济政客，集为一党。向日同盟会友虽仓猝集合，未全体到会，然有南京本部特派员五人来湘组织，故支部基础今早成立，诚盛事也。现可分为二说。一前日同盟会系秘密结社，专以倾覆满政府为目的，不料今日即成为一大政党，盖由多数同志热忱毅力，不顾身家性命，前仆后继，卒能脱离专制，建设民国。惟本会对于民国前途，以前之责任虽云稍尽，以后之责任则今始发端。故欲图前途幸福，必有一定政见；欲有一定政见，必先组合伟大之政党，始能集合多数政治家，预定一大政方针，筹设一在野之政

---

① 文前曰："四月二十一日午后二时，中国同盟会湘支部成立大会，首由周君震鳞报告谓……"

府。因从前组织必守秘密主义,故不能多吸收人才,今则一般政客对于本会政纲,苟表同情,即当互相提挈,一致进行,循厥秩序,以发展其共同之政见,俾共和国基愈臻巩固。原同盟会之目的,不惜牺牲个人为购共和国家之代价,今铁血余生,竟留有多数会友发起政党,重行组织,岂非意外之幸福。然以后延揽人才,与前微有不同。盖前专取混合主义,务扩张势力,为种族上之革命;今则专取化合主义,务集合政见为政治上之进行,多方吸收,不容稍存意见。即对于他政党,政纲稍同,并宜联络携手,共为政治上之活动,不可仍存门户陋习。无论同党、非同党,无不可互相研究、互相督促,以愈增其进步。世界各国,不能同时仅有一党,且不容同时发现多党,均此主义,不可不注意也。二则此次五特派员赁定房屋,发起支部,颇费手续。惟选举会长,当再开全体大会,俟吸合多数,全体到会时,始可投票公选,以昭大公而示慎重,谅今日诸君无不赞成。鳞所报告者如此,惟盼诸君多方研究,共抒谠论,总求进于圆满地位为要。

(《长沙日报》1912年4月24日)

与谭延闿复谭人凤①电

（1912 年 4 月 22 日稍后）

上海谭君人凤鉴：

祃电悉。新化饷捐，谭辉兵队驻县时用去六万余串，解省无多，所用之收支，石映罡借公舞弊，劝捐员杨懋源纵容袒庇，邹金湛办理不善，业委杨宏诰赴新查账，并饬县知事将石映罡押追，杨、邹取消。现由邹代过、伍晓遐、杨廷直等办理，正在进行，并无威胁，无庸改变。各属办捐，均饬按照地方情形拟定标准，劝募配给公债，无可预算。陈作屏拟即调回。此复。延闿、震鳞叩。

（《长沙日报》1912 年 4 月 24 日）

---

① 谭人凤（1860—1920），字有府，号石屏，湖南新化县福田村（今属湖南隆回县）人。华兴会会员、同盟会会员，参与筹划广州新军起义、黄花岗起义，后与宋教仁等组织同盟会中部总会，筹划长江流域革命。武昌起义爆发后，曾赴武汉、长沙支援，任武昌防御使兼北面招讨使。民国成立后，历任粤汉铁路督办、长江巡阅使等职，参加护国运动、护法运动，支持五四运动。1920 年 4 月病逝上海。

与谭延闿致黄钺电

(1912年5月28日)

西安。电局送秦州黄钺、向燊两君鉴：

甘省全局程度，既非赵君负临时之责任不可，两君苦心，早已表白，似不必再为甘省过虑。现在大局久定，更非少数人及偏隅省（分）［份］所能摇动，顾全维持，为日方长。两公宏伟强毅，素所敬钦，万不宜为甘牺牲远器，伏望从速引身回湘，暂置理乱于不问。区区之愚，惟希鉴纳！延闿、震鳞叩。印。

[张蕊兰等编：《辛亥革命在甘肃（上）》，甘肃文化出版社2011年版，第85页]

与龙璋①等发起湖南制革有限公司启事②

（1912年7月2日）

启者：本公司发起人于中华民国元年三月呈请商务总会总协理代呈都督府实业司创办湖南制革公司并附具招股简章，均经批准立案。本公司遵批组织，特于五月中完全成立，公举实业协会会长沈君克刚为总理，高等工业学校校长陈君洪范为经理，并开用钤记刊印股票，呈报开办在案。兹因建筑厂屋尚需时日，特设代收股款处二所：（一）局关祠金工厂。（一）储备仓商务总会。除将原案及章程登报外，合行布告周知。谨启。

附：《湖南制革有限公司集股简章》

一、本公司为提倡商业、挽回利权起见，议集股银十万两，开设制革厂，以湘商资本制造土货，故定名湖南制革有限公司名。

---

① 龙璋（1854—1918），字研仙，湖南攸县人。清末历任江苏如皋、沭阳、上元、泰兴、江宁等知县及候补道，资助创办湖南明德、经正学堂，并支持华兴会活动，曾营救黄兴出狱。后弃官归里，致力教育与实业。参与领导湖南辛亥革命、二次革命、护国战争，曾任湖南民政长、西路巡按使、国民党湖南支部评议长、代省长等职。

② 此广告大约从此日始至8月11日止，发起人逐渐有增。

二、本公司招股办法，每股省平足银五十两，共计两千股，交银之日即填给股票息折，按期起息。

三、本公司既呈由商会维持，填写股票，除盖有本公司钤记外，并盖用商务总会关防，以昭信守。

四、本公司已于开办时呈明都督、实业司批准立案注册，并经呈都督、实业司按日发给津贴，以保股本。

五、本公司官息每月六厘永为定列，未开办以前，所收股银暂择官商银号存放，以资保息，开办即行拨归。

六、本公司账目按月造报，年终汇结总册，其余应办事宜，均定于每年一月内订期约集股东核查会议。

七、本公司所得红利，除官息及缴用开支外，余作十成品派，以三成提作花红，以六成归股东，一成存为公积，以备扩充之用。

八、本公司发息分红，定期每年十二月发给凭折支取，如有逾期未领者，可随时补给。

以上集股简章八条，合即先行刊布，俾众周知。所有详细章程及用人一切事宜，一俟股银交齐，即开股东会，公同决议，次第举办。此订。

发起人：沈克刚、陈洪范、李达璋、周震鳞、龙璋、杨棨、廖铭缙、吴孔铎、齐璜、陈文玮、凌奎耀、辜天佑、周声洋、徐作霖、汪增镐、杨汝和、陆鸿渐、何炳麟、李□、黄翀同订。

(《长沙日报》1912年7月2日)

湖南章楚造纸有限公司广告

（1912年8月11日）*

　　本公司为采取土产原料，精制华洋纸张，畅兴纸业，抵制外货起见，特敦留陈君聚奎担任制造。陈君本黑龙江省龙江造纸公司总工程师，回湘省亲，所造纸张经南洋劝业会奖给金牌。湘省原料绝多且贱，制造确有把握。因协商组织，公举胡君元倓为总理，许君炳元为经理，陈君聚奎为工程师，暂先招股三万元。除由发起人筹垫款项，购办建筑外，以五十元为一整股，十元为一零股，分二次缴足。第一次以阳［历］七月底为止，缴股半数。第二次以开工后五日为止，须即缴齐。但整股于七月底以前一次缴齐者，每百元只收九十七元。概自缴齐之次日起，长年六厘行息。现已专人赴沪订购机器，愿附股者，请至通泰街本公司事务所取阅详章。

　　发起人：胡元倓、王猷、陈聚奎、廖名缙、朱廷利、周震鳞、刘经翼、胡元霈、陆鸿第、胡迈、何清华、许炳元。

（《长沙日报》1912年8月11日）

呈谭延闿文[1]

（1911年10月—1912年8月间）[2]

（前略）然悭吝富户私其所有，讳莫如深。无登记可稽，无户籍可按。一味和平，则唇焦舌敝，巨款难筹；稍涉激烈，则勉强承认，而怨谤随之。夫中国富人，非悭吝不足以积巨资；而欲破其悭囊，断非纯用和平所能济事。查"强迫公债"在欧美各国，为过时之刍狗。而在吾国，有时竟适于用本局募债，或略用强迫以济其穷。（后略）

（《辛亥革命史丛刊》编辑组编：《辛亥革命史丛刊》第5辑，中华书局1983年版，第108页）

---

[1] 此文和下文均出自湖南都督府1914年《三次电请通缉各犯罪状报告书》，见之于鲜于浩《有关"二次革命"的一份史料》一文。

[2] 此文和下文均未署时间，应作于周震鳞1911年10月至1912年8月任湖南省筹饷总局局长期间。

致赖承裕谕

（1911年10月—1912年8月间）

照得湘省反正，凡属旧日贪官污吏均应从严办捐，以示惩儆。前清已革巡警道赖承裕，坐拥厚资不下数十万。庚戌三月之役激成大变①，尤为吾湘公敌。兹本局派员劝捐，伊奸滑异常，仅捐银二千两，为数甚微。厥后总局再令赖从重捐，伊竟违抗不理。兹特派员将赖承裕肇嘉坪房屋封存，提充军饷。并限令全家即日迁徙他处，以便作为办公之地。特此谕令赶速搬迁，毋盘踞该宅，致滋咎戾。其速凛遵毋违。切切。

（《辛亥革命史丛刊》编辑组编：《辛亥革命史丛刊》第5辑，中华书局1983年版，第108页）

---

① 原文注：1910年4月长沙"抢米"风潮。时赖任巡警道，曾率所部警弁迫害饥民。

与谭一鸿①等发起中华印刷会社招股启事

(1912年9月4日)＊

世界以印刷品之多寡粗野征一国之文野。我国印业多因资本不裕，技术不精，致重要印品流出域外，既失利权且无以查……制赝。本会社有慨于此，由谭君一鸿邀集同志，担任各职，集资十万元，全备各种机器，成一完全印刷会社，暂在湘设局，乃挽收利权之一大事业也。已由同人筹得的款四万，有热心印业愿入股者，请至南阳街兴文里中华印刷会社事务所或各发起人处取阅章程，缴入股款可也。

发起人：谭一鸿、周继黄、杨伯琇、龙研仙、周道腴、伍仲衡、王荫生、贝元征、邹价人、杨性恂、龙铁元、刘千岩、苏凤初、谢祝轩等同启。

(《长沙日报》1912年9月4日)

---

① 谭一鸿，谭人凤长子。

与周家树①等发起追悼自立军起义烈士启事②

（1912年9月10日）*

本月十号（阴历七月廿九日）为庚子年唐君才常③、林君圭、李君炳寰、王君天曙、田君邦璿、杜君子培在鄂紫阳湖就义之时。同时就义者在鄂有傅慈祥、瞿河清、黎科、蔡承煜诸烈士。在湘有汪葆初、李森之、何来保、汪尧臣、舒菩生、李莲航、蔡钟浩、唐才中、李星阶、彭俊臣诸烈士。同人等景仰先烈，爰定于本月十五号九时，于烈士祠开会追悼，以伸纪念。各界诸君惠临为盼。前列诸烈士外，

---

① 周家树（1875—1927）字仲玉，湖南宁乡人。1901年10月考取公费留学日本，先入成城学校，继入日本陆军士官学校第三期学习；1903年11月毕业。回国后任湖南新军督练公所教练处帮办、奉军吉林陆军23镇重炮旅旅长、湖南新军第一协炮营管带等职。武昌首义后，参与长沙起义，任湖南全省参谋处处长，旋充湖南军务司司长；1912年12月授陆军少将加中将衔，后任北京政府将军府参事、高等顾问；1920年授陆军中将。1924年，赴广州参与筹建黄埔军校，任教官，后任中华民国陆军大学教授等职。1927年逝世广州。

② 本文原标题：《追悼庚子首义湘鄂诸烈士会期广告》。

③ 唐才常（1867—1900），字绂丞，改字佛尘，湖南浏阳人。1886年中秀才，后肄业于长沙校经书院及岳麓书院；1894年入武昌两湖书院；1897年任时务学堂教习，参与创办《湘学报》《湘报》，宣传维新变法。戊戌变法失败后流亡日本。1900年7月在上海成立自立会，任总干事，并在湖北汉口英租界组成自立军机关，组织自立军七军，任各路总司令，拟同时在湖北、安徽等地发动武装起义，但事机不密被捕，同年8月22日被杀于武昌紫阳湖畔。

如有遗漏，望见报即速通知烈士祠。又所列诸烈士中有傅、黎、瞿、蔡、彭、李六烈士遗族现在何处，如有知者，请即通知烈士祠。盼切。

发起人：周家树、吴景鸿、萧仲祁、李光国、陈其殷、周震鳞、盛时、仇鳌、陈为麒、石光辉、辛扬藻、易宗羲、陈炳焕、黄忠续、林支宇、柳昶鍪、陈宗海、文经纬等同启。

（《长沙日报》1912年9月10日）

在中华民族五族大同会欢迎黄兴大会的演讲[①]

（1912年9月16日）

此次革命专为铲除专制政治，因为蒙、藏语言不通，故革命事业无从与之接洽。乃外人造为种族革命之说，谓革命专为汉人谋利益，实属大谬。曾前吾辈鼓吹革命，牵及种族，不过一着手方法，其最后目的原欲办到五族一家，使吾国固有之疆宇，金瓯无缺，各部之人民完全同化，共享共和幸福。但发难之初，此种苦衷不能向蒙、藏两族，地处边远，语文隔绝者，明为宣布，直待今日始能揭出之耳。余在京四年，与北方士大夫相接甚多，□时调查，深知苦专制、求改革之心初无异于南人，而满回二族本多同化，与之言革

---

① 1912年9月16日，周震鳞于北京出席由刘揆一主持的中华民族五族大同会欢迎黄兴大会，并在黄兴之后作此演讲。

命，亦无反对者。如本会马邻翼①君，原系回族，与黄先生②有秘密结社关系，此革命非仅汉族主动之明证也。由此言之，可见此番改建共和，乃五族人心所共同，故能以百日最短之期间，解决统一共和最大问题。惟缔造初期，随在发生困难，所望本会诸公，共守黄先生同舟共济主旨，分途解释，俾五族如一家，兄弟绝无阋墙之事，同抒御侮之谋，则将来五色巨旗下，庄严灿烂之民国，必不难飞腾于世界。吾将以今日欢迎黄先生，相聚一堂，作为小影，庆幸希望之心，实非片言所能尽，惟有加入会员，以图日后之效力。

(北京《中国日报》1912年9月17日)

《女子白话报》出版启事

(1912年9月30日)*

本报为民国女界组织而成，内容分政治、教育、时事、实业、

---

① 马邻翼（1864—1938），字振吾，号盛唐，回族，湖南邵阳人。1902年乡试中举。1903年东渡日本，入弘文学院研究教育。1905年回国后历任湖南省视学兼全省师范传习所监督，中路师范学堂监督、学部主事、宪政筹备处筹备员。辛亥革命后，改名为振五，取振兴"五族共和"之意，历任北洋政府教育部参事、中国回教促进会会长、甘肃提学使（后改称甘肃教育司司长）、甘肃甘凉道尹、甘肃省教育厅厅长、安徽省教育厅厅长、直隶省教育厅厅长、北洋政府教育部次长、京师图书馆馆长。南京国民政府成立后，任蒙藏委员会驻北平办事处处长、蒙藏委员会委员、蒙藏学校校长、北京平民大学校长、华北学院院长、行政院顾问、考选委员会委员等职。

② 黄先生，即黄兴。下同。

丛录五门，每月三期，旬日出版一次。定购全年者收价大洋一元五角，定购半年者收价大洋八角，零售每期铜元捌枚。兹定十月十一日出版。愿阅本报者，请函投北京宣武门外前青厂武阳馆夹道《女子白话报》发行所。其在各省者，请向各该处发行分所购取可也。倘有愿代销本报者，乞函知本社为盼。邮费每月三分。特此声明。经理兼编辑人唐群英启。

发起人：唐群英、刘英侠、刘青湘、沈佩贞、王昌国、张昭汉、张汉英、陈鸿璧、陈撷芳、杨季威、张玄贞、蔡慧、沙慕新、李恒、李坚、冯克巘、继织一、李佩兰、倪汉信、柳振坤、吴素贞、沈仪彬、李樵松、郑峙鹄、张星华、沈明范、田郢慧、叶慕班、陈振志、袁希浩、蔡汉侠、张嘉容、张嘉宾、李俊英、朱澹、林宗素、朱永刚、傅文郁、陈竹漪、陆传麟、王云樵。

赞成人：黄兴、宋教仁、刘揆一、陈其美、谭延闿、陈家鼎、蒋翊武、仇鳌、郑师道、覃振、李平书、温世霖、陈炳焕、杨时杰、白逾桓、田桐、周震鳞、朱德裳、黎尚雯、程家柽、余焕东、唐乾一、李汉丞、陈遵统、李肇甫、常怡、席绶、唐晦□、杨煜奇、常纹、唐棣、唐国斌、凌钺、马其俊、吴中英、张良坤、赵顾华、胡熙寿、彭邦栋、叶苣兰、刘基炎、王驹、余钦翼、陈强、张伯亚、陈焕南、钱炳、徐大纯、夏仁澍、李嘉瑗、钱嘉猷、钟大声、鲍化龙、傅仁、唐燮煌、晏起、易象、刘耀□、骆鹏、赵缭、仇蒙、陶鞠通、江辛、张振仁、黄彭寿、周声浚、刘菘衡、马中鼎、张瀛秀。

（北京《民主报》1912年9月30日）

在行政咨询处会议上的发言[1]

(1912年10月中旬)

邹、马两君所论,余极赞成。此次,临时政府之组织,代表各省立于监督行政之地位者,《约法》上只有一参议院,自无别项代表集议之必要。乃政府随意召集,致令各省重要人员羁滞数月,而今日所要求我辈答复者又复如此,徒费时日、虚糜金钱。设此不成腔调之机关,实属无益。我辈不如及早解散为愈。

(《申报》1912年10月26日)

---

[1] 1912年9月,北洋政府临时大总统袁世凯要求各省派代表赴京商量要政。各省代表到京后,被称为行政咨询员。周震鳞与邹代藩受湖南都督府委派为湖南省代表赴京。在行政咨询处第一次会议上,财政部提出划分国家税与地方税及办理全国预算、各省借债事件。湘省代表邹代藩谓:政府编制预算自应本其行政方针,以为支配出纳之标准,代表既向未与闻政府今后行政之计画,又何能贸然代决编制预算之方法。又如,国家税地方税之分别亦应先定中央行政范围之广狭,而后准财政之方针以为分别。今官治、自治尚无一定制度,余辈又安能仓卒代公等解决。晋省代表马遂亦谓:吾辈此来,纯系代表各省都督政府,苟有咨询,只能对于各省地方考求其政治上之得失,以为政府整理行政之计画。其全国政务如何进行,自非代表职任内所应答复。本文为周震鳞在他们之后的发言。

致各省代表书[①]

（1912年10月22日）[*]

各省代表诸同志鉴：

代表改为咨询员，驻京月余，无所事事，而敝省公私纠缠，连电促归，不能再与诸君子讨论政治，深为抱恨。此时政府提出问题，吾辈最宜注重者，当在省制。鄙见民主国政府之权限，乃国民所授予，总统民选而可为全国之元首，犹之都督民选而可为一省行政之领袖。但有法律规定权责，不得谓简任可以为治，民选则不可以为治也。即如南方各省实行民选，北方赞成共和，各省实行简任，而政治改良则北不如南。秩序保全，军队裁减，南方实行而北方瞻顾，不敢即发，则简任之利，果安在耶。至法制院提草之废省存道，尤为谬妄。盖自治范围，由小至大，法制局所主张则县为官治，道为自治，此种颠倒紊乱之办法，诚不值一笑矣。推其错误之原因，纯系沿袭日本各君主国及亡清末年官僚生吞硬剥之法制论，以为着笔资料，而忘"民主"二字之义意耳，万乞诸公勿为所动。至最扼要之办法，目前必保存南方都督制，

[①] 本文原标题：《湖南代表周震鳞致各省代表论省官制书》。1912年10月，北京政府法制局提出地方制度大纲，提出废省存道，以道辖县的地方制度。周震鳞对此表示反对，并致此书于各省咨询员。

不得轻改，徒滋人民疑阻，致生祸变，必俟明年正式国会召集，民国约法规定中央地方权责分别明妥，则省制不烦言而解矣。要之，咨询员非法定立法机关，即有所见，亦不得代政府负责任，尤不可稍侵参议院之权限，庶可保存"民国"二字之体面。诸君子皆学识宏懋、高尚纯洁之人，区区之见，略陈于此，或亦可以互参之一说也。行期匆迫，未克走辞，敬请伟安，不尽欲白。

（北京《中国日报》1912年10月22日）

在国民党湘支部欢迎黄兴曹亚伯等大会上的主持词

（1912年11月3日）

曹亚伯先生于十年前在湖南鼓吹革命，名动一时，去湘后即赴西洋研究矿学，今归国方数月耳。黄先生过鄂邂逅遇之，遂邀与偕来，吾辈当（其）[极]表欢迎也。（曹演说，演说毕）金封三先生于十年前曾在湖南任明德学校教员，灌输革命思想不少。今日来湘，吾辈得重聆清诲，何幸如之。

（云南《天南新报》1912年12月14日）

与仇鳌[①]等发起追悼女烈士大会启事

(1912年11月上旬)

迳启者：民国成立以还，查有吾湘为国殉难之汪毛芷香、伍周福贞二女烈士以及为国尽瘁之洪刘惠芳女士，业经同人奉都督批准，崇祀烈士，以光女□而慰□魂。兹订于月之十三号（即阴历初五日）午前十时，由洪家井湘益公司办事处恭迎女烈士主像入祀东长街女烈士祠。各界团体诸君届期请先时至办事处齐集出发到祠公开追悼大会。如惠诔联、花圈，请送洪家井办事处代收为盼。

发起人：仇鳌、陈炳焕、林支宇、周震鳞、易宗羲、文斐、文经纬、唐支厦、盛时等30人及女界熊周娴、曾陈蘋等13人同启。

(《长沙日报》1912年11月13日)

[①] 仇鳌（1879—1970）原名炳生，字亦山，湘阴（今汨罗市）人。1902年考取秀才，肄业长沙求实书院；1904年加入华兴会，与黄兴、周震鳞等人密谋发动长沙起义，因事泄未果。后赴日留学，加入同盟会，任湖南副支部长。辛亥革命后，奉命回湘改组同盟会为国民党，被推为国民党湖南支部长，并出任省民政内务司司长。参加"二次革命"、护国、护法运动，1923—1925年游学于英、美、法、意等国。1926年回国主持《湖南民国日报》，积极支持北伐和农民运动。1928年任国民革命军战地政务委员，后任国民政府铨叙部次长。抗日战争爆发后任湖南省政府委员兼省赈济委员会主任委员、国民参政会参政员。1949年初任湖南人民和平促进会主任委员，积极促成湖南和平解放。中华人民共和国成立后，历任中南行政委员会委员及参事室主任、全国政协委员、民革中央委员等职。

在湖南报界欢迎黄兴大会上的演说

(1912 年 11 月 11 日)

报界宜念前此之功,勉担今后之责。至窃见与个人攻击极宜除去。苟人心一动不复静,则社会不得安宁。深望贵记者尊重其权能,为国家增进幸福。

(《长沙日报》1912 年 11 月 12 日)

与龙璋等发起湖南提倡国货会宣言书

(1912 年 11 月 12 日)*

咄咄!同胞一举而推翻专制,改建共和。开亚洲亘古未有之局者,非吾伟大之中华民国国民乎!顾何以统一以来,言内政则党派尚纷争也，言外交则列强未承认也。边患日亟，国力空虚，驯至财政恐慌，外债困难，陷民国于危险，其势岌岌不可终日。是固我爱国同志之所痛心疾首，亟思有以拯救之者也。但爱国者未可徒存诸思想，是必策诸实行有断然也。夫以吾国幅员之广，种族之众，物产之赜，欲转贫弱为富强，固有可操左券者。惟当统筹乎国计民生之大本，以展拓其国利民福之远谟，其必有道焉，以致之也。其道维何？夫亦曰提倡国货而已矣。史公之传货殖也曰："农以生之，工以成之，商以通之。"旨哉言乎！国货所从出也。又曰："趋时若猛兽、鸷鸟之发"，"治生产，犹伊尹、吕尚之谋，孙、吴用兵，商鞅行法"，提倡之术，准此矣。今吾国农业之老大，工业之苦窳，商业之疲敝。当此世界交通经济竞争时代，不争优胜之上游，即居劣败之地位。坐是外货日滋而漏卮绝巨，致人民之生活程度永无发展之期。源既竭而流无穷，长此惏惏，殆将以经济坐亡其国。故就治本而言，在精耕农业，使工用有原料；在改良工业，使商品有取资。就治标而言，在商家之运输，以国货为本位；在人民之需用，以国货为前提。提倡之宗旨，盖如此。至于提倡之方法，厥有三大纲：有以维持为提倡者，固有适用之国货是也。有以流通为提倡者，改良仿造之国货是也。有以奖励为提倡者，发明新制之国货是也。要其手续则先在精密调查，随地演说，使人人知国货出产之区，取携便利，并当劝导人民广立工厂，俾民无游手而物鲜弃材。然后，据学理以发物质之文明，援法律以为利权之保护。如此而犹谓国货不发达者，吾未之前闻也。盖必农务振兴，工艺发达而后，商战之胜利可期。迨乎制造既精，□流自远，岂惟应国人之需要而有余，即以供各国之取求而无不足矣。惟兹事体大，非普及全国无以竟其功。诸君子热心爱国，计必赞成国货，促进提倡，行见国民之幸福，民国之光荣，胥于是乎在。黄炎氏之灵□，实式凭之已。璋等集合同志，组织提倡国货会于长沙，敢布区区，幸诸君子垂察焉。谨启。

赞成人：刘人熙、仇鳌、杨棨、刘承烈、陈炳焕、粟戡时、陈安良、仇毅、易宗羲、黄锳、姜济寰。

发起人：龙璋、张震、廖铭缙、徐特立、周震鳞、陈立藩、文斐、陈文玮、柳聘农、辜天佑等307人。

（《长沙日报》1912年11月12日）

关于辛亥革命渊源的谈话

（1912年）①

诸君知辛亥革命渊源何自乎？从来满人阴忮汉族，不肯假以兵权。洪、杨起，而兵权犹掌握在赛尚阿、乌兰泰一辈人之手，渐渐撑持不住，不得不假手于汉人。曾、左、胡、罗起家团练，团练扩而为军，号曰湘军或楚军。曾、左、胡、罗因不为革命党，而革命之萌芽实基于是。湘军之萎，淮军继之；淮军之萎，北洋军继之。北洋军成，而革命之时机成熟。武昌一

---

① 章士钊在文中并未点明此谈话的具体时间，根据其内容分析，应在辛亥革命成功之后的1912年。

呼，天下响应，而革命之功成矣。今人只一味骂曾国藩①，而不知国藩实大有造于革命。吾言似创，而含有至理，最宜潜玩。一言蔽之，汉人不掌兵权，革命无从萌蘖。而汉人掌兵权，实始于曾国藩。吾人因谓革命大义源远流长，而最近百年，则自曾国藩发其端，良非过言。

（章士钊：《孙黄遗札密诠》，上海图书馆历史文献研究所编：《历史文献》第2辑，上海科学技术文献出版社1999年版，第6页）

与黄兴等致谭延闿文②

（1913年2月）

窃前由黄兴等缕陈湖南明德情形，拟移设汉口开办大学，恳将财政部另存前清捐纳饭银二十余万两，拨充明德学校基本金，呈请教育部转呈大总统批准照数拨给在案，后以汉口基地建筑尚待时日，经同人集议，移校京师，预算本年设文、法、商三本科，

---

① 曾国藩（1811—1872），字伯涵，号涤生，湖南湘乡（今双峰县）人。1833年取秀才，后就读于岳麓书院、长沙会馆；1838年进士，历任翰林院检讨、侍读、内阁学士及侍郎等职。太平天国运动爆发后，在湖南组织地方武装湘军，与太平军多次作战，屡立战功，获清廷的赏识，累官两江、直隶总督、大学士，封一等毅勇侯，死后谥"文正"，与李鸿章、左宗棠、张之洞并称"晚清中兴四大名臣"。
② 此文见于谭延闿1913年2月6日呈袁世凯文。

政治经济、商业两专门部，计分五班，购备书籍，租赁校舍，延聘欧美及本国讲师，常年经费将及八万元。饭银一款实数只十七万两，经经济协会划分一半，实拨明德大学仅八万五千两，以预算经费计之，倘不足两年之用。此外，若仍恃私人财力以为补苴，则明校发达之期终归无效。查湖南矿务素有井口、出口两税，出口税全为国有，井口税则以一半充地方矿务之用，以一半解交中央计，前清光绪三十四年岁收井口税二万二千八百余两，至宣统二年岁收二万三千四百余两，嗣后亦逐年增加。恳请都督转呈大总统准将湖南矿务解交中央井口税之半，每年无论多少均拨交明德大学为当年之补助。在本校亦拟更设矿学专科，以助矿务之进行，庶于学校之完全、人才之勃兴，计日可待。理合呈请核夺施行。谨呈。

黄兴、蔡锷、龙璋、章士钊、龙绂瑞、朱恩绂、袁思亮、聂其杰、廖名缙、张缉光、章遹骏、陆鸿逵、周震鳞、陈嘉会、向瑞琨、李倜、胡元倓。

（《政府公报》第278号，1913年2月14日）

《陇右光复记》序

（1913年2月）

自武汉首义百余日，而中华民国统一政府告成，满清运命终绝。事外旁观之人，咸谓革命成功之易，为中外前史所未有。即吾党同志中奔走，一方面未究全局底蕴者，亦以为意料所不及，此岂切事情之语哉！金田起事，逐满惨史尚矣，即自孙中山①（昌）[倡]义惠州二十年来，达识之士醉心救国，牺牲富贵利禄、身家性命者，何可胜数！综其大要言之，约分二系：一平民革命系，凡书生学子，奔走运动、鼓吹实行者是也；一门阀革命系，凡前清勋爵官吏，奔走运动、鼓吹实行者是也。前之一系，事业彰著，伟杰众多，固非后之一系所能比。然联合海内外一致进行，祛其危害，消其阻隔，则后之系要有绝大之关系。若同邑黄君佑禅者，乃门阀中革命巨子也。当甘陇未光复之初，震鳞与已故湖南司法司长洪君荣圻，知黄君必能因机响应，乃合谭祖庵都督为书，分路派员告之。书未至，而秦州光复之旗帜已光昭于西北矣。盖蓄谋既久，同志中如黎兆枚诸君者，早已暗中联合健儿归之。故能以仓卒治残军之人而使升允、长庚、马安良之师不战而退。西北共和之局大定，又岂因人成事、赞成共和者，所可同日语哉！吾国人试取《陇右光复记》读之，并取新华会虚无党史、黄君事略观之，始知黄君二十年来之艰苦卓绝。陇右光复之功，犹未能发展抱负万一也。陇右有兵在握，起事尚易。其最难者，在前此二十年如一日，牺牲一切，奔走运动，鼓吹实行革命时也。革命成

---

① 孙中山（1866—1925），名文，字德明，号逸仙，广东香山（今中山）人。早年到檀香山留学，后回国在广州、香港学医，在澳门、广州行医，并致力于救国的政治活动。1894年在檀香山创建兴中会；1905年在日本东京创立中国同盟会，被推举为总理，提出"驱逐鞑虏，恢复中华，建立民国，平均地权"的政治纲领和"民族、民权、民生"三大主义（即"三民主义"），组织联络华侨、会党与新军，多次发动反清起义。1911年10月武昌起义成功后，被选为临时大总统。次年元旦在南京宣誓就职，成立中华民国临时政府，颁布《临时约法》，4月让位于袁世凯，8月同盟会改组为国民党，被推为任理事长。1913年发动"二次革命"，反对袁世凯独裁，失败后流亡日本，建立中华革命党。1917年在广州组织中华民国军政府，任大元帅，开展护法运动。1921年任非常大总统，再举护法旗帜。1923年第三次在广州建立革命政权，复任陆海军大元帅。1924年1月组织召开中国国民党第一次全国代表大会，改组国民党，提出"联俄、联共、扶助农工"新三民主义，同年秋，应邀北上，共商国是，翌年3月病逝北京。

功之易云乎哉！吾因序《陇右光复记》，纵言及此。宏识之士，著作之林，勿以成败论英雄可也。

民国二年二月。宁乡周震鳞

[张蕊兰等编：《辛亥革命在甘肃（上）》，甘肃文化出版社2011年版，第3页]

在湘省议会议长选举会上的讲话[①]

（1913 年 3 月 16 日）

余辈省议员召集已十余日，昨今投票二次而议长尚不能举定，彼此相争，议会不知何日可以成立。此次投票，诸君毋（容）[庸]举我，可以举我之票共举彭、黄，则议长今日可以举定。鄙人决不愿诸君举我，举我者即杀我也。

（北京《大中华民国日报》1913 年 3 月 23 日）

---

① 1913 年 3 月 15 日，湘省选举省议会议长，湘中之健全派人士及都督谭延闿期望周震鳞当选，而南路之彭兆璜、西路之黄佑昌则百计运动破坏，于未投票之前，"曾开联合会数次，鼓吹划分路界之说"。当日下午投票时，议定以一百零八名议员之一半数五十二票为当选，投票后计票：黄佑昌得三十一票，周震鳞得二十九票，彭兆璜得二十九票，俱未得票过半数，作为无效，议于次日断续投票。次日投票之前，"周震鳞顾全大局，乃向大众宣言谓……"再次投票后，黄佑昌得五十一票，当选议长。

与谭延闿等致报界俱进会等电

(1913年3月19日)

北京新闻团转各报,上海报界俱进会转各报,汉口《民国日报》转各报馆鉴:

《长沙日报》与唐群英交涉案尚待解决,讵料有人①乘间匿名揭帖,胪特文斐罪状。察其内容,概系诬捏。至有关于焦、陈彼伤一节,尤与事实相违。似此射影含沙,本无难辨,特恐外间误会,致曾参竟冒杀人之名。延闿等知文君等有素,并目击当日情形,用特代为剖白,以彰公道而释群疑。

谭延闿、何璋、阎鸿飞、文经纬、吴超澍、易宗羲、潘昭、吴作霖、何陶、罗良干、潘昉、龙毓峻、杨世杰、周震鳞、孔毅等叩。

(北京《民主报》1913年3月19日)

---

① 《申报》1913年4月4日所刊谭延闿等冬电称:"延闿前月十九日所发一电称'讵料有人乘间'句'有人'二字有误载作'伊'字者,特声明更正。"

在湖南旅京同乡欢迎湖南国会议员大会上的演说[①]

（1913年4月20日）

震鳞受多数同胞委托，愧无能力、学问，足以副委托者之希望。湖南且系产生人才之地，其能力、学问高于震鳞者所在皆有。而震鳞贸然充数，尤为抱愧，欢迎又何敢当？惟震鳞对于国家，总以造成真实共和为目的，一方面与诸议员交相自勉，一方面盼望诸公指导援助。

（北京《大中华民国日报》1913年4月21日）

---

① 文前曰：昨日午后三时，湖南旅京同乡在烂缦胡同湖南会馆开欢迎湖南参众两院议员大会，到者约二百人，议员到者约三十余人，由朱德裳主席，周家树致欢迎词。周震鳞在大会上发表此演说。

与汤漪等关于大借款的质问书

(1913年4月28日)

　　政府在临时期内力持借债政策，继续进行，临时参议院对于政府此种政策亦始终表示同意。职此之故，现政府日向外人磋商借款，不留余力，本员亦能深谅。其所由来不致更生疑虑。乃近闻政府与五国资本团订立二千五百万镑之借债条约，已于前二十七日由双方签字。此等绝大财政，民国存亡攸关，而条件内容秘不宣示，人心惶惑，咸目政府为违法丧权。查此次借款一案，临时参议院不过赞成大意，并未全案议决，遽行签字，实属骇人听闻。今按照《临时约法》第十九条第四项及《国会组织法》第十四条第二项之规定，提出质问，限于一日内应由国务总理、外交总长、财政总长出席，明白答复，以释群疑。

　　提出者：汤漪。
　　连署者：张我华、周震鳞、蒋举清、朱念祖、宋渊源、徐镜心、马君武、杨永泰、吕志伊、居正、王试功、曾彦。

附 录

国务院咨复函
（1913年4月29日）

查借款条件曾于上年十二月二十七日交由临时参议院特开秘密会议，业经表决通过，此次所订中国政府善后借款合同与前次所订条件大致相同，本拟俟国会构成即将签字合同全文咨送两院，一面出席宣布。兹准前因，除关于大借款详情即日另文咨明外，相应咨请贵院查照可也。此咨参议院。

（《公文》，《参议院公报》第一期国会第1册，1913年4月，第2—3页）

在参议院第二次全体会议上的发言[①]
（1913年4月28日）

现在新参议院已经成立，前参议院已经取消，所有一切案件，有底稿可查。关于借款一事，议事速记录必有登载，各报对于此

[①] 1913年4月28日下午2时，参议院召开第二次全体会议，此为讨论黄兴致参议院反对善后大借款电时，周震鳞的发言。

事亦已记载大略，想各位已曾见过。请调查员将元年十二月［前］参议院所编之议事速记录详细查阅报告于众，方有把握。并请议长电请国务员即刻来院，问其借款已否签字。

（《速记录》，《参议院公报》第一期国会第1册，1913年4月，第20页）

在参议院第三次全体会议上的发言[①]

（1913年4月29日）

汤君动议表决后，一方面通知政府，更宜一方面通知各省。我等本系为代表人民而来，非为代表政府、袒护政府而来也。

（《速记录》，《参议院公报》第一期国会第2册，1913年5月，第20页）

[①] 1913年4月29日下午2时，参议院召开第三次全体会议，讨论国务院对汤漪、周震鳞等议员质问书的咨复函，时汤漪发言提议该案未经参议院议决，当然无效，应请议长即付表决，一面通知政府表示不能承认之意。此为周震鳞对汤漪提议的发言。

与胡元倓①呈谭延闿文②

(1913年4月)

　　为呈恳拨给地址，以便建筑工场事：窃元倓等于去岁夏间，禀请创设章楚造纸公司，因有留学日本法政大学毕业兼在各纸厂练习纸业之陈君聚奎，前在黑龙江造纸公司仿照东西洋各国新法制造各种纸张，赛会得奖金牌，著有成绩，特聘请为技师，租赁新河北岸长庆街房屋，设厂兴工，一面招集艺徒，教习工作。开办以来，现已将近一年，所出之纸，已有数种，成色均尚可观。募集之股金已达二万以上，定购光泽湿压等项机器，采运各种药料，用费资本将及万金。体察本省情形，拟先订造各学堂之讲义

---

　　① 胡元倓（1872—1940），字子靖，号耐庵，湖南湘潭人。早年入县学为附生，1897年丁酉科选拔贡。1902年被选派留学日本，入东京弘文学院速成师范班，与同学黄兴交好。1903年回国，在龙湛霖资助下，于长沙创办湖南明德学堂（今长沙市明德中学），自任监督。1912年当选湖南省教育学会副会长，同年主持合并明德学堂、经正学堂，创立明德大学。1913年又在北京创办明德大学，聘章士钊任校长。1919年在汉口复办明德大学，后专办明德中学。1929年曾任省立湖南大学校长，后专事明德中学事务。1938年明德校舍被毁于长沙大火，迁校湘乡，同年任国民参政员。1940年11月病逝重庆。

　　② 据《湖南政报》第51册《都督令财政司据胡元倓等呈请拨给地址为章楚[造]纸公司建筑工场由》，前有："案据章楚造纸公司发起人胡元倓、朱廷利、王猷、周震鳞、杨振瑚、陈聚奎、陆鸿第、许炳元、廖名缙、胡元霈、刘经翼、何清华、胡迈等呈称……"之语。

纸及各报馆之报纸，两项为大宗。货器既尚适用，销售不难畅行。自此，精益求精，逐渐推广，数年之后，当可抵制外货，挽回利权。惟现租之房屋，尚嫌狭小，所购机器不日即可运到，雇招之工手艺徒，亦益繁多，非添造宽敞之场所，不能兴作。而欲添造场所，必先觅有地基。查现有同在新河北岸制革公司所租地皮之外，尚有斜长形之余地一块，截长补短，约计四百方之谱。虽其面积不甚宽广，而地段濒河，取水甚便，且与本厂相距不远，以之建筑工场，尚称合宜。考其主权，先为前清善后局所收买，反正以后，移归湖南银行。该处紧连街背，促近河边，不能另建铺面，湖南银行有之，出息无几，作为本公司工厂，利便良多。都督通商惠工，随时随事许为提倡。前有和丰造纸公司禀准，饬由公家拨银万两入为股本。元侪等极知湘省财政困难，不敢请求资助，而惟乞此荒地，谅蒙嘉与成全。为此，绘具地图，呈恳批准，令行湖南银行，即将该处地址拨归本公司收管，以为添筑工场之用，俾规模得以扩张，并行财政、实业两司知照备案，不胜庆幸之至。

附　录

谭延闿批

（1913年4月）

据呈已悉。应即照准，仰候行财政司遵照。此批。

（《湖南政报》第51册，1913年4月）

与马君武[①]等致各省都督等电

(1913年5月5日)

各省都督、民政长、省议会、《民立报》转各报馆公鉴：

政府此次不经国会议决，擅行签字借款合同。参议院于四月二十八日特开会议，当时指定王家襄、丁世峄、杨永泰、汤漪、王正廷五人，调齐临时参议院议事录及借款案件，详加研究。关于此项借款合同，去年十二月二十六日国务院咨文到前参议院称，赵总理定于本月二十七日午后二时，同财政总长出席报告大借款情形。二十七日，赵总理、周总长仅携缮印借款情形说帖，及撮记六国借款合同大义并附录特别条件草稿，到院出席，开秘密会议，并未带正式公文。当时议场虽足法定人数，而正式举手表决者仅有特别条件五款，此外合同大义所列十六款，据称均系普通

---

① 马君武（1881—1940），原名道凝，又名同，后改名和，字厚山，号君武，以号行，广西桂林人。1897年就读于桂林体用学堂，学英文、数学。1900年入广州丕崇书院学法文。1901年入上海震旦学院。同年冬，留学日本京都帝国大学，攻读化学。1905年加入同盟会，参与起草同盟会章程。1907年留学德国柏林工业大学，学冶金。武昌起义后回国，被推举为各省都督府代表联合会广西代表。南京临时政府成立后，任实业部次长，并参与起草《临时约法》。同盟会改组国民党后任参议，1913年任参议院议员；1917年到广东参加护法运动，历任大元帅府秘书、代理护法军政府交通总长、总统府秘书长、广西省长等职。1924年后从事教育，先后任大夏大学（今华东师范大学）、国立北京工业大学、广西大学校长。1940年病逝于桂林。

条件，除额数及利息曾经表决外，其他各款未将条文开载，固属无从表决。即其内容是否确系普通性质，亦无从断定。且此次会议结果，前参议院并无正式公文咨复政府。至合同成立之先，必须提出全案，正式交议，当时前参议院固已郑重声明。周总长亦称俟磋商妥洽后，当然提交院议。嗣后，周总长就此范围与六国团磋议，时经数月，迄未就绪，因有美国仗义脱离资本团之事。议员见此次借款合同确未经临时参议院通过，文卷具在，众目了然。政府当正式国会已成立之时，忽尔私自签字，对于立法机关，视同无物，违背《约法》，莫此为甚。故四月二十九日参议院续开正式会议，多数表决，其文曰：对于政府所定中国政府善后借款合同，认为未经临时参议院议决，违法签字，当然无效云云。一面咨复政府，表示否认。乃政府通电各省，硬诬此案为临时参议院通过，并恿少数人通电，淆乱是非。此种问题，关系国家存亡及立法机关存亡。议员等深恐政府一手掩尽天下耳目，为人民代表者，难任其咎，兹特详举情形，质诸全体国民。又：本日众议院会议多数表决，与参议院一致否认。并闻。

马君武、林森、王法勤、杨永泰、毛印相、张我华、谢良牧、居正、吕志伊、周震鳞、徐镜心、汤漪等。微。

（上海《民立报》1913年5月7日，据成都《国民公报》1913年5月11日校）

与居正[①]等致各省都督等电

（1913年5月9日）

各省都督、省议会，《民立报》转沪、汉各报馆公鉴：

借款违法签字，业由两院正式否决，神圣立法，岂容更易。乃有少数人对于国会意存破坏，于参众两院开议，每以消极逃席，使百事莫举。如五月九号参议院开会，报到者一百八十七人，出席者一百二十人，余六十七人藏于休息室，声言不推翻议案，彼等决不出席，待至一钟之久。两次延长时间，彼等仍不出席，竟以不足法定人数散会。议员等忝负代表之责，而竟为少数挟制，莫如之何。特此公布，伏维明察。

居正、周震鳞、彭邦栋、徐镜心、黎尚雯、马君武等叩。（九号发）

（上海《民立报》1913年5月11日，据成都《国民公报》1913年5月15日校）

[①] 居正（1876—1951），原名之骏，字觉生，号梅川，湖北广济人。1905年留学日本，参加同盟会；1907年与孙武等组织共进会，1910年参与筹建同盟会中部总会，任湖北分会负责人，谋划在长江流域发动起义。民国成立后，任南京临时政府内务部次长、国民党上海联络处主任。"二次革命"时任吴淞炮台要塞司令，失败后流亡日本，参加中华革命党，任党务部部长兼《民国》杂志总理。1915年回国参加护国运动，任中华革命军东北军总司令；1924年当选为国民党中央执行委员会委员。南京国民政府时期任司法院院长兼任最高法院院长等职。1951年在台湾逝世。

与林森①等致各省都督等电

(1913年5月14日稍前)

各省都督、民政长,各省议会、各公团、各报馆,上海《民立报》《民权报》《中华民报》《民国新闻》《共和西报》《新闻报》《天铎报》《申报》《时报》《时事新报》《民报》均鉴:

国会议员以代表民意,拥护国法为天职。前此政府借词借款条件,已经前参议院议决通过,秘密签约,蹂躏《约法》,蔑视国会,经两院先后决议,认为无效,举国皆知。今政府任意武断,置若罔闻,竟将借款合同,咨交两院查照备案。查《约法》关于国库负担之契约,议院只有议决之职权,并无备案之规定。倘借款条件既经议决,则议会当然有案,更何□

---

① 林森(1867—1943)字子超,号长仁,福建侯官(今闽侯)人。早年入培元学校、英华书院就读,1883年考入台湾中西学堂电科,次年毕业在台北电信局工作,加入兴中会;1902年入上海江海关,与林述庆等组织福建学生会,选为主席;又在上海、福州设立阅报社,传播革命思想;1905年加入同盟会;1909年调九江海关供职,曾与吴铁成等组织浔阳阁书报社,又创办商团,联络新军。武昌首义后,即策动九江独立,任军政府民政长,旋任南京临时参议院议长。参加护法运动,历任大元帅府外交部部长,参议院院长兼宪法会议议长、非常国会议长、福建省长等职。1927年后历任国民政府常务委员,立法院副院长、院长,中国国民党中央监察委员。1931年12月接替因"九一八"事变下野的蒋介石而任国民政府主席。1937年抗日战争爆发后,宣布迁都重庆;1941年代表国民政府对日宣战。1943年因车祸在重庆逝世。

备。此项咨文，名实俱乖，荒谬绝伦，当然主张退还。乃某党议员为政府所利用，死力拥护，即无正当理由，仅以不列席为挟制破坏之计，倒行逆施，甘心负国。庚日参议院将退还原咨付表决，该党议员蓄意捣乱，临时逃席。蒸、文两日开会，复到会而不列席，致两次不足法令人数，不能开议。国家机关、国民意思均因牵制而受破坏，立法前途可为痛哭。苟该党员确有正当主张，何难当场发表，折衷至当，乃事事捣乱，日日逃席。此等举动，岂顾存大局？稍具天良者所肯出？同人等身受民国付托之重，责任所在，死生以之。惟忠言有逆耳之势，人心无悔之机，横流日亟，无法挽救，负国负民，谁持其咎？特布天下，以俟公判。

参议院：林森、汤漪、杨永泰、宋渊源、蒋宗清、吕志伊、李国定、萧辉锦、李伯荆、杨喜山、邹树声、符鼎升、杨琼、卢汝翼、李绍白、富元、居正、周震鳞、唐琼昌、马君武、谢持、陈祖烈、盛时、张我华、孙光庭、窦应昌等同叩。

（北京《民主报》1913 年 5 月 14 日）

与张继①等致国民党湘支部电②

（1913年5月20日）

　　闻都中他党捏电致湘称，陈家鼎叛党卖票，湘人论罪，例同郭某。③ 陈为名节之士，方与残害人者相奋战。信谣诼，残害正人，将使党员人人自危，正隳他人离间之计。乞速开会议，力止暴动，并刊一书分送阖城及各分部本党，俾得周知。

　　国民党燕交通部暨张继、田桐、白逾桓、居正、覃振、周震鳞、欧阳振声、盛时等二百三十人叩。哿。

（北京《新中国报》1913年6月2日）

---

① 张继（1882—1947），字溥泉，河北沧县人。清末留学日本早稻田大学，1902年，与秦毓鎏等发起组织青年会；1904年到长沙明德学堂任教，加入华兴会，参与筹划长沙起义，事机败露后逃往日本。次年在东京加入同盟会，任司法部判事兼《民报》发行人和编辑。辛亥革命后，历任同盟会交际部主任、第一届国会参议院议长，"二次革命"失败后，亡命日本，继赴欧美，鼓动华侨反袁。后历任国民党中央监察委员、立法院副院长、党史史料编纂委员会主任委员、北京故宫博物院文献馆馆长、国史馆馆长等职。

② 本文原文标题：《陈家鼎有人呼冤》。文前曰："国民党湘支部议掘众议员陈家鼎祖墓，兹得北京该党来电云……"

③ 即郭人漳。

关于政府进兵江西质问书

（1913年5月下旬）

顷据报章纷纷揭载，中央调派军队集中武穴，预备进攻江西；又夏敬观在沪假江西公会名义密电中央，捏称李烈钧定于本月十五日宣告独立，请速派兵征服。等因。阅之不胜震骇。迩来奸徒散播流言，挑启中央、地方恶感，不遗余力。赣督赋性戆直，热心爱国，恒有危言谠论忠告政府。政府不谅，蔽于莠说，动生意见，因滋猜忌，似此贻误大局，殊非浅鲜。据赣省议会删电声明，独立之说，绝无影响。究竟中央何事至有进兵江西谬举，抑系传闻之误，夏敬观果否有此密电，均应明白宣布全国，俾释群疑。用特提出质问，希即详行答复。

提出者：蔡突灵。

连署者：萧辉锦、卢式楷、黎尚雯、田永正、童杭时、刘濂、周震鳞、朱念祖、符鼎升、燕善达。

（《公文》，《参议院公报》第一期国会第2册，第8页）

附　录

国务院咨复函

（1913 年 6 月 3 日）

为咨复事：奉大总统发下贵院咨送刘议员星楠质问书一件，又蔡议员突灵质问书一件先后到院，当交陆军部核复。兹准该部复称：查自中央政府成立以来，各省都督均知以大局为重，无不力赞统一，恪遵法令。迩日以党见未洽，致生谣诼，各报纸飞短流长，各执一说，岂能据为凭信？政府有保卫国家之责，如有破坏民国为天下公敌者，自不敢养痈贻患，自弃职守。仅据报纸谰言，轻启内讧，强邻窥伺，大局可危，亦政府不敢出此。至夏敬观电告李督宣告独立等语，本部未尝接到此项电文，且中央与上海、江西公会何能有密电往返，自属无稽之言。应请备文转复，以释群疑等因。相应咨复贵院查照可也。此咨参议院。

（《公文》，《参议院公报》第一期国会第 2 册，第 11 页）

关于库伦问题的质问书

（1913 年 6 月 10 日）

库伦问题，前日本院秘密会议，经国务员出席报告，至协约之可否履行，应俟两院议决。惟政府近日之军事计画，实有令人疑且骇者。夫外交利钝非可徒恃口舌之辩争，必以武力为后盾，此稍审国事者所能知。虽两国兵力强弱殊形，尤当整军经武，力谋捍御，从未闻于外患日逼、国本飘摇之际而自撤藩篱，更为阋墙之斗者。宋案、借款两事发生后，南中诸省，省议会、都督及公民等叠次电争，虽不免稍有过激之言，然皆发于爱国热忱，初无他意。乃政府轻信浮言之挑拨，遂将北洋久练之兵，第二、第六两师移驻武汉等处，而鲁豫张、倪诸军复发动，令具作战计画，致沿江鄂、湘、赣、皖之民有风声鹤唳，罢市辍耕之惨状，而关外之丧师失地，警耗迭传，政府久无出师之令，转欲逞其威力于中原，此议员等所百思不解者也。究竟政府迭次派兵南下，不以外蒙紧急重要国防为重，是何理由，谨据约法第十九条第九项提出质问，应请政府明白答复，以释群疑。

提出者：谢良牧。

连署者：王法勤、刘濂、郝濯、彭建标、李英铨、李绍白、王观铭、吴湘、徐镜心、唐琼昌、周震鳞、卢信、朱念祖、张我华、杨家骧、温雄飞、朱兆莘、汤漪。

（《公文》，《参议院公报》第一期国会第 4 册，第 15 页）

附　录

国务院咨复函

（1913 年 6 月中旬）

为咨复事：奉大总统发下贵院咨送谢议员良牧等质问书一件，当即缄交陆军部答复，兹准复称：迩日乱党窃发，勾结军队，人心扰攘，中外惊疑。武汉为全国中枢，不逞之徒潜谋窥伺，黎副总统以兵力不敷分布，电调原驻豫军队以资震慑。暴徒知防范綦严，始不敢逞，而沿江居民赖以安业。来书所称"赣皖之民罢市辍耕"等语，当系豫军未以前情形，与目前事实迥不相符。又称"关外警耗迭传，政府久无出师之令"等语，此等军事计划万无显然宣布之理，倘奸宄不作，内顾无忧，全国一心，同谋对外，政府岂不大愿！无如按之目下时势，尚难望此，则亦不敢稍疏内地之防，致贻生民之惨。伊古以来，断未有内不安而能御外者。国中现状，情势昭然，政府维持大局之苦心，当能共谅于天下也等因。相应咨复贵院查照可也。此咨参议院。

（《公文》，《参议院公报》第一期国会第5册，第1—2页）

关于政府派兵南下的质问书

（1913年6月中旬）

政府近来于军事上之举动，殊有种种不可解者。查南北本无意见，而报纸喧传或云某省将独立，或云某军已南下，谣诼繁兴，人心疑惧。所以本院刘、蔡两议员均提出质问。旋据国务院答复略称，报纸谣言，不足凭信，某省宣告独立之说均属无稽，等因。阅之不胜欣幸。惟是否派兵南下，咨复文内并未宣示，显系属实。南方各省既称安谧，而前之纷纷扰扰，派兵遣将，将果胡为乎？

是不可解者一。无事自扰,惊动全局,自应迅将军队调回,以安人心。乃近据所闻,不惟南下之军尚未调回,而北驻之军且将续发,岂别有原因,抑传闻之误? 是不可解者二。库伦独立,久未取消。近闻库兵南犯,风云日急。蒙古存亡,关系全国。兵力对待,刻不容缓。南下之军队,应即调往西北,以御边患而维大局,乃政府却计不出此,岂西北边防兵力有余而无后顾之忧耶? 是不可解者三。谨依约法提出质问,希于五日内答复。

提出者:刘正埁。

连署者:姚翰卿、郭相维、郑林皋、朱念祖、高家骧、童杭时、萧辉锦、张我华、蔡突灵、王靖方、黎尚雯、曾彦、田永正、杨渡、周震鳞、杨福洲、陈焕南、蔡国忱、向乃祺、李伯荆、汤漪、李绍白、徐镜心、张锡盼、金兆梜、杨家骧、韩玉辰。

(《申报》1913 年 6 月 20 日,广州《民生日报》1913 年 6 月 23 日;据《参议院公报》第一期国会第 4 册,第 16—17 页校)

附　录

国务院咨复函

（1913 年 6 月中旬）

为咨复事:奉大总统发下贵院咨送刘议员正埁等质问书一件,当经缄交陆军部答复。兹准复称:迩日乱党窃发,勾结军队,人心扰攘,中外惊疑。武汉为全国中枢,不逞之徒,潜谋窥伺。黎副总统以兵力不敷分布,乃电调旧驻豫南兵队赴鄂以资震慑。暴徒知防范綦严,不敢逞志,民赖以安。至蒙、疆告警,自有秘密布置，此种军事计划，万无显然宣布之理。所称"南下军队，应即调往西北"等语，军队行动，本部承行大总统指挥，负有全责，但使奸宄不作，内顾无忧，全国一心，同谋对外，政府岂不大愿？而目下时局，尚难望此。则亦不敢疏内地之防，贻国民以无告之惨。从古内忧之切，甚于外患，无事自扰，危及全国。政府派兵镇摄，乃应尽之责。目下大局稍定，情势昭然，谅维持之苦心，当可共白于天下矣等因。相应咨行贵院查照可也。此咨参议院。

（《公文》，《参议院公报》第一期国会第5册，第2页）

与龙璋呈湖南省教育司文[①]

（1913年6月）

窃璋等前因志在改良社会，促进文明，仿照东西各国剧法组织社会教育新剧团，编演剧类，期于针砭恶俗，启迪愚蒙，成立迄今，开演数次，备承社会欢迎。璋等何敢懈怠，不精益求精而负社会上殷殷期许之望？惟有极重要而最困难之一事，则为演剧地点问题。敝团演剧之所，原定将李真人殿改建，后经府议会议决归并游民习艺所，不得已与军事厅及军界俱乐部磋［商］，假借左文襄祠东偏房屋戏台为敝团事务所及演剧场所而约定期限仅只两月。今约

---

① 此文系中湖南省教育司呈谭延闿文中摘录，文前曰："案据社会教育团团长龙璋、周震鳞等呈称……"

期已满，曾呈请军事厅再行续借，而该厅以军事上现在需用房屋未邀允准。今地点未定，托足无所，（该）[昕]夕图维，万分焦灼。旷观欧美诸邦文明程度，吾华远有未逮。彼于剧类，尚复非常注重其剧场，或由国家建筑，或由私人设立而公家为之辅助。去岁，河南新剧团发生，由该省都督拨银一万两，为其建筑舞台之用。湘省今方创始，其不可不谋及久远之计明若筮龟。若如现状地点既无把握，不特无久远之望，并有消灭之忧。揆之初衷，岂料及此。窃思此时舞台由公家建筑，正值财政支绌，容有未能，而由公产之中拨定适用地点，谅无不可。查省城尚德街口游击衙门，现属水陆清丈局，事已完竣，即将取消，其中房屋宏大，地点适中，以之为敝团演剧之场，不独于开通民智大有裨益，即于该处市面必能更加兴盛。素稔钧司热心毅力，凡关教育，无不提倡。矧通俗教育为万政待举之首图，编演新剧为通俗教育之急务。钧司内既设有社会教育一科，则凡关于社会教育之事项皆应由该司筹办。今本团既颇有成效，而以地点无着，陨越堪虞，则该司尤扶持继系之责，特呈请该司转呈都督将该衙门拨归本团作为演剧场所，以图久远而促进行。

（《湖南教育公报》第一年第三期）

关于解散省议会联合会的质问书

（1913年6月）

集会自由，载在《约法》。省议会联合会为各省议会同意所组织，无非因宪法未定、各省应需互商之处，正多俾免自为风气，冀谋一，立意非不甚善。近阅国务院效电，竟有解散省议会联合会之命令。共和国家决无此例，即前清君主时代，尚有各省咨议局联合会。现果依据何条法律，漫图解散，殊属不解。今依本院全院表决十人以上之连署，得提出质问书提出质问，务希于三日内依据《约法》，明白答复。

提出者：童杭时。

连署者：李汉丞、丁象谦、郑际平、金德馨、何士果、谢树琼、郑林皋、金兆棪、王佐才、刘正堃、李英铨、黎尚雯、彭邦栋、周震鳞。

（《公文》，《参议院公报》第一期国会第4册，第19页）

附　录

国务院咨复函
（1913年6月）

为咨复事：奉大总统发下贵院咨送贵院童议员杭时等质问书一件，经缄交内务部答复。兹准复称：查政府前次解散省议会联合会时，所依据者一为《临时约法》第十九条，该条规定参议院之职权，其一即为议决一切法律草案，而该会《规约》第一条乃以代表民意，维持立法为词。夫代表民之机关必依据法律以组织之。现在中华民国既无《省议会联合会法》，即不应有省议会联合会，且国会自有立法之能力，又何待乎维持？观该会因大借款事上五国政府书，是直借维持立法之名，行干预行政之实。此政府对于该会不能不解散者一。二为《国会组织法》第二十一条，该条一项规定：民国宪法之议定，由两院会合行之。而该省议会联合会《宣言书》乃有所谓求良善之宪法，云云，是直欲破毁法律以夺国会之完全制定宪法权也。此政府对于该会不能不解散者二。三为《省议会暂行法》第十六条，该条规定：省议会职权采用列记主义，而卒未认省议会得再以该机关之名义，组织其他机关以参预各该省以外之国家事务，是该会之设立超越于《省议会暂行法》规定之范围，以行使职权也。此政府对于该会不能不解散者三。且如质问书内称，"集会自由，载在《约法》"等语，似可据为该会不应解散该会之理由。不知《约法》所谓人民有结社、集会等之自由权者系就个人而言，该会如以议员各个人联合而成并未假托国家机关之名义，是为个人之自由集会，法当认许。今该会联合之宣言明曰：省议会联合固非个人之集会可比，此未可以"集会自由，载在《约法》"为词而谓该联合会不应解散者也。又如质问书内称，"前清尚有各省咨议局联合会"等语，不知前清各省咨议局联合会之性质系联合各省咨议局，以互相研究地方之利害为限，与该会之以《规约》及《宣言书》表明其宗旨实欲干涉中央之立法行政权者不同，此又未可援前清局之成例而谓该联合会不应解散者也。等因。相应咨复贵院查照。此咨参议院。

（《公文》，《参议院公报》第一期国会第 5 册，第 5—6 页）

与谭人凤等致马邻翼电

(1913 年 7 月 23 日)

甘肃教育［司］马振吾君①鉴：

赣军首义，迭获全胜。粤、皖、苏、闽相继兴师。湘已出兵岳州，与袁决绝。惟西北一带，尚无动作。乞公联合回族，举兵东向，保障共和。仰公热忱，敢布腹心。谭人凤、谭延闿、陆鸿逵、周震鳞、陈犹龙、刘承烈、杨德邻、萧仲祁、唐联壁、刘赓先同叩。漾。印。

（鲜于浩辑录：《有关"二次革命"的一份史料》，《辛亥革命史丛刊》第 5 辑，中华书局 1983 年版，第 108 页）

---

① 马邻翼，字振吾。

与谭人凤等致蒋翊武①电

（1913年7月25日稍前）

常德。国民党交通部蒋翊武君鉴：

湘中出师在即，盼即日来省会商。乞电复。人凤、震鳞、鸿逵、犹龙叩。

（蒋漫征主编：《蒋翊武研究资料汇编》，岳麓书社2013年版，第240页）

---

① 蒋翊武（1885—1913），原名保襄，字伯夔，湖南澧州（今常德市澧县）人。早年湖南常德师范学堂肄业。1906年在上海入中国公学学习，并加入中国同盟会；1909年入湖北新军，参加群治学社，次年改组为振武学社；1911年初振武学社改组为文学社，被推为社长，主办《大江报》，从事革命宣传，后与共进会合作，发动武昌起义，被推举为起义总指挥。武昌起义后，先后任湖北军政府顾问兼军务部副部长、战时总司令部监军、护理战时总司令等职。民国成立后，任湖北都督府军务部副部长、总统府高等军事顾问；1913年"二次革命"时，回湖南策动反袁，任中华民国鄂豫招抚使。"二次革命"失败后，在广西兴安县被捕，同年9月在桂林就义。

与吕志伊①等介绍朱焯等请愿书

（1913年7月）

具请愿书：黔人朱焯、刘树帜、黄德铣、张泽钧、彭景祥、张明德、汪洋、袁培英、熊逸、彭堃、方策等为奸人阴谋假借全省名义，擅借外款，私自分赃，以全省矿产为抵押品，已在香港订立合同，请速咨请政府查办，以保国土，以救全省民命事：缘本省熊范舆于前清时与其党羽戴戡、唐尔锟等恣为奸弊、亏空滇省巨金，于是在滇转移滇蜀铁路公司路股，勒取锡务公司存银，以作□□。嗣经滇人查觉，省议会竭力弹劾有案可稽。彼等计无所出，乃创议云贵合借外债，冀借弥缝。后两省均极力反对，未遂其奸，遂私遣腹心，潜迹京、沪，勾结洋商，盗鬻国土。兹闻

---

① 吕志伊（1881—1940），字天民，云南思茅人。1900年中举；1904年官费赴日本留学早稻田大学；1905年参与组建同盟会，被选为评议部评议员，并任云南主盟人。次年参加创办《云南》杂志，鼓吹反清革命。1908年河口起义爆发，与杨振鸿等在东京召集"云南独立大会"，宣布与清政府断绝关系，并组织人员返滇助战，并至仰光，与居正等创办《光华日报》，密筹滇西起义。1911年参与筹备广州起义，失败后走上海任《民立报》撰述。辛亥革命后，任云南都督府参议、各省都督府代表联合会云南代表、南京临时政府司法部次长、中国同盟会驻沪机关部副部长、《民国新闻》总编辑、参议院议员、宪法起草委员会委员，参加"二次革命"、云南护国起义、护法运动，后历任广州军政府司法部次长、内政部次长、代理内政部长、中国国民党中央参议、广州大元帅府大理院院长兼管司法行政事务、国民政府立法委员等职。1940年在昆明病逝。

其死党王朴已奉彼等之命，在香港与法国借债三百万元，以贵州全省矿产作抵，已订立合同，签讫字据，由浙江银行驻香港分行担保，过付除以十六万元还云南滇蜀铁路公司外，其余以若干充贵州军费，以便报销而大半之款则由彼等分配入己，而一面为范舆运动贵州民政长，买人歌颂功德，以为掩饰弥缝之计。其事既属秘密，辗转传闻，虽难尽悉真象，而借款营私合同已订则确有此事。此中情弊，岂待言喻。而弥缝公司之十六万元，则因近来滇人屡迫范舆，闻已汇去。以此而推，可以概见。且其党人尚潜居京师，终日奔走，欲得财政部之默许，则其事已成，无可疑也。今中央方日日拨款，接济黔省，财政部又有不许各省私借外债之命，而彼等乃敢阴谋诡计，盗贩国疆。夫使一朝地图变色，矿产归人，岂徒黔人沦于牛马，将神州由是陆沉，其为祸烈，岂一方一隅之民已哉！当此国步艰难，岌岌可危之时，内有土崩瓦解之忧，外迫豆剖瓜分之势，乃有奸人勾串外国，盗贩土地，凡属国民闻之无不发指。焯等纵非黔人，既悉奸谋，犹当救正。况复顾瞻桑梓，无不遭其荼毒，父老子弟转死沟壑之不足，又重之以牛马。哀我黔黎将靡孑遗，昀昀禹域，倾于奸宄，言念及此，五内皆摧。是以不避奸人之仇，敢陈沥血之词，伏维贵院为人民代表，经国利民，于焉是赖。惟望立即咨请政府，迅加查办，以救黔民水深火热之中，以遏国土分崩离（拆）［析］之渐，岂唯焯等之幸。黔人幸甚，国家幸甚。

　　介绍人：杨喜山、吕志伊、周震鳞。

（《公文》，《参议院公报》第一期国会第 6 册，第 14—15 页）

致各报馆电[①]

(1915年10月16日)

申报馆乞抄送各报均鉴：

筹安会发生以来，谋叛民国事据昭然，全国舆论除《亚细亚报》原为机关显倡谬说外，咸能崇重国本，拥护共和，具见廉耻公道，尚非一手可以铲尽。近据内外报载，称帝愈近，愈事勾诱，所谓参政院代行立法院决定国体之国民代表会、速定君主拥立即位之请愿团，种种名目，怪诞不经。当惟［二］十世纪时代，乃有此丑恶政象，卑劣手段，倘国人犹复坐视，则莽莽神州，岂曰有人？蛋蛋四亿，宁复知耻？执中等忝属共和国民代表，自两院废弃，有职莫举。然一息尚存，誓与共和同休戚。所有主持国论诸君子，同心戮力，保障共和。语短忧长，敬祈鉴察。

国会议员李执中、居正、周震鳞、赵世钰、吕微、陈策、谢持、田桐、萧萱、覃振。

(上海《时事新报》《申报》1915年10月16日)

---

① 此文前有小标题：东京来电。

与谷钟秀等致各国公使电[①]

（1916年3月26日）*

北京英国公使领袖公使朱尔典并请转各国公使均鉴：

　　前总统袁世凯背誓叛国，僭称皇帝，非惟自丧其元首资格，且陷于国人共弃之地位。故袁氏一日不除，即国家一日不安，而各友邦希望我国和平之目的，即永不能达。今袁氏力穷势蹙，乃又撤消帝制，欺罔中外，妄冀调停，徐图再举。抑知叛逆之罪既成，在国法万难赦免，即其以总统、皇帝儿戏反复，又安能腼颜再尸政局？某等代表国民之公意，誓除袁氏，以靖乱源，断不取时姑容，永贻后患。滇、黔、桂义师所见亦同。敬乞鉴察，并以此意通告贵政府及贵国国民，使知中华民国全体国民为伸明国法，诛除叛逆，不达目的不止。谅各国皆洞悉袁氏之反复，及我国国民不得已之行动，亦必深表同情也。

　　国会议员

　　直隶：谷钟秀、孙洪伊。

　　河南：刘绩学、王杰、刘奇瑶、刘荣棠。

　　山东：丁惟汾。

　　陕西：李述膺、赵士钰、杨铭源。

[①] 本文原标题：《十七省国会议员致各国公使电》。

甘肃：王鑫润。

湖北：彭介石、刘成禺、韩玉辰、白逾桓、杨时杰、田桐。

湖南：欧阳振声、彭允彝、陈嘉会、覃振、周震鳞、陈家鼎、彭邦栋。

江西：文群、王侃、黄攻素。

福建：林森、宋渊源。

四川：蒲殿俊。

浙江：殷汝骊、杜师业、俞寰澄、周珏。

安徽：汪建刚、汪律本、陈策。

江苏：方潜、蓝公武、茅祖权。

广东：徐傅霖、杨永泰、邹鲁、易次乾。

广西：萧晋荣。

贵州：陈维藩、弁琳。

云南：张耀曾、李根源。

华侨：卢信。

(上海《中华新报》1916年3月26日；新加坡《南洋总汇新报》1916年4月13日)

与汤化龙^①等致各省各界电^②

(1916年3月27日)*

万急。各省将军、巡按使、各都统、护军使、镇守使,各师、旅、团、营长,商会、教育会及各团体、各报馆公鉴:

天祸吾华,元首叛逆。九有同仇,一致伐罪。独夫势蹙,妄冀转圜,勉将帝制取消,仍旧冒窃总统,反复诡诈,腼颜恋栈,卑劣龌龊,玷辱神京,国法不容,舆情益愤。若犹容赦,苟与迁延,是使神州华胄腾笑万方,薄弱无能表暴世界。蝮蛇伤指,断臂图全,隐留祸殃,将无宁日。且国家公产,非彼私物,总统帝制,一任自专,出尔反尔,毫无顾忌,一国元首,智等小儿。处兹积弱之时,宁有生存之望?今叛逆罪案既已成立,照《临时约法》第四十一条,总统资格业经丧失,副总统黎元洪按照《约法》第四十二条,应代行大总统职权,挽救狂澜,扶持大局,庶使元凶伏法,永断祸根,一以表示真共和之精神,一以涤荡民国

---

① 汤化龙(1874—1918),字济武,湖北蕲水(今浠水)人。1904年中甲辰科进士,授刑部主事;1906年留学日本法政大学;1908年回国后任湖北省咨议局议长、各省咨议局联合会议长,发动四次国会请愿。辛亥武昌起义后,参与组织湖北军政府,任政事部长。民国成立后,历任临时参议院副议长、众议院议长、教育总长、内务总长等职。

② 本文原标题:《十七省国会议员致全国官民之通电》。

史之瑕秽。危机一发，国运所悬，中外具瞻，勿容假借。临电屏营，伏维公鉴。

中华民国众议院院长：汤化龙。

国会议员

直隶：谷钟秀、孙洪伊。

河南：刘绩学、王杰、刘奇瑶、刘荣棠、凌钺。

山东：丁惟汾。

陕西：李述膺、赵士钰、范樵、杨铭源。

甘肃：王鑫润。

湖北：彭介石、刘成禺、韩玉辰、白逾桓、杨时杰、吴崑、田桐、张汉、胡祖舜、刘英。

湖南：欧阳振声、彭允彝、陈嘉会、覃振、周震鳞、陈家鼎、彭邦栋。

江西：文群、王侃、黄攻素、吴宗慈。

福建：林森、宋渊源、黄肇河。

四川：蒲殿俊、杨肇基、杜华英。

浙江：殷汝骊、杜师业、俞凤韶、周珏。

安徽：汪彭年、凌毅、汪建刚、汪律本、陈策。

江苏：方潜、蓝公武、茅祖权。

广东：徐傅霖、杨永泰、邹鲁、易次乾。

广西：梁昌诰、萧晋荣、王乃昌。

贵州：陈维藩、弁琳、陈光勋。

云南：张耀曾、李根源。

华侨：卢信、谢良牧。

（上海《中华新报》《民国日报》1916年3月27日）

与唐绍仪等致冯国璋书①

（1916年5月16日）*

华甫②将军麾下：

　　元首叛国，祸演玄黄，九有震惊，四民失业。我公坐镇东南，拟联各省解决时局，群众属望，岂不曰善。乃阅报载，竟有尊衔领首通电八条，举国诧骇，视为不祥。明达如公，何遽出此？

　　此次义师奎起，声罪讨袁，莫不以维持《约法》为志帜。今日之事，亦惟使《约法》效力发生，而后有息事宁人之余地。公等通电，言以法律为依归，诚为扼要。乃细察八条内容，除第四条经济问题，几无一不与法律违反。即如第一，大总统问题，开口即称袁大总统受清室付托，试问于法有何根据？即略法律而言事实，袁世凯经南京参议院依法选出，始有临时大总统名号，嗣由国会依法选出，始就正式大总统职务。若清室可私授大总统，则经此繁重之选举，岂非多事？且袁氏失其大总统地位者，以其

---

　　① 本文原标题：《二十二省旅沪公民唐绍仪等致冯国璋书》。
　　② 冯国璋（1859—1919），字华甫，直隶河间人。清末协助袁世凯创办北洋军，与王士珍、段祺瑞并称"北洋三杰"。武昌起义后任清军第一军总统，率部赴湖北镇压革命。南北统一后任总统府军事处处长、直隶都督兼民政长、江苏都督、参谋总长。护国战争后，当选为副总统、代总统，1918年下野后回家乡经营家业，投资开滦煤矿、中华汇业银行等。1919年病逝于北京。

叛国僭帝也。黎副总统本无附逆嫌疑，安能与叛国僭帝之大总统同归消灭？是黎副总统当然有继任资格，按诸《大总统选举法》规定甚明，若并此而不承认，国家将何恃以生存？第二，国会问题。无论国会组织法及选举法应否修正，皆属国会立法之职权，其未修正以前，断不容他人任意窜改。第三，宪法问题。既以民国元年公布之《约法》为标准，又安能以非法定机关妄行择其适意各条以资援引？第五①，军队问题。若如所议，则川、湘抗义之师皆将归驻京畿，有包围新政府之势，危疑震撼，何以相安？第六，官吏问题。若如所议，则浙江抗义之朱瑞、广西附逆之王祖同，皆将复职，纷乱恐益甚。第七，祸首问题。明知杨度等数人罪积邱山，擢发难数，而但以削除国籍蔽其辜，则逆党事成则公侯事败，亦不过屏不与齿，人心又何苦而不好乱。至第八党人问题，率因反对袁氏之逆谋，而横遭蹂躏，本非其罪，当然恢复其自由，岂容妄加判别？现闻公已电商未独立各省，派遣代表，刻日开会，即将此八条议决实施。须知戴叛逆为元首，为人格所必争，窃高位而无名，亦理势所不许，而况一人引退，万象昭苏，袁氏曾屡有牺牲一身，救民救国之宣言，又何为恋栈而不去？故言解决时局，于今日惟有袁氏引退，黎副总统依法继承，天经地义，不容稍有异议。其他问题，皆新政府所有事，与袁氏退位无干。若蔑视法律而不顾，妄冀留袁，任意造作，匪惟与袁无裨，且使战祸延长，课责有归，国人万难承认。抑更有不能已于言者，袁氏不即退位，谬传理由有三，一曰外交困难；二曰军队哗变；三曰财政竭蹶。夫各国所承认者，为中华民国，依各国国法继任之人，当然为友邦所公认，且外交团不信任袁氏，至今日已达极点，即为解决外交困难计，亦舍袁氏退位，外无他法。军队为国家服务，非为袁氏效忠，若谓非袁氏不能统驭，假如袁氏仓卒暴

---

① 原文对冯电第四条"财政之问题"未作批驳。

死，军队将何由收拾？壬子京津之变，确为袁氏嗾使，遐迩皆知，岂能讳饰？故袁氏一退，若当局不主使哗变，必可相安。至财政问题，袁氏在位四年，罗掘无所不至，而财政紊乱，乃与日俱深，近以搜括现银，预备黩武，强令中、交两银行停止兑现，酿成经济上未曾有之恐慌。可知袁氏在位一日，财政之紊乱即日甚一日，以此为词，适得其反。绍仪等痛亡国之惨，求弭祸之方，一言可决，端在守法，故与背驰，祸益不测。谨附公民之义，直陈抗议之书，高明垂察，国家幸福。肃颂勋安！

旅沪公民：唐绍仪等一万三千九百七十一人同叩。①

（《申报》1916年5月16日，又见上海《大中华杂志》1916年第2卷第6期，《时事新报》1916年5月17日）

附　录

冯国璋致张勋等电

（1916年5月1日）

徐州张上将军、承德姜上将军、成都陈将军，南昌李将军、戚巡按使，开封赵将军、田巡按使，盛京张将军、济南靳将军、蔡巡按使，长沙汤将军、黑龙江朱将军，福州刘总长、李将军，蚌埠倪将军、天津朱将军，武昌王将军、段巡按使，太原阎将军、金巡按使，西安陆将军、刘帮办、吕巡按使，吉林孟将军、郭巡按

---

① 下一篇宣言后注明："前日致冯函所列姓名亦与前同。"因而可知，此书与下篇宣言的署名相同。

使,兰州张将军、迪化杨将军、归化潘都统、张家口张都统、重庆曹司令、泸州张司令、宁夏马护军使、上海杨护军使、卢副使并转各镇守使,各师、旅长,各司令鉴:

赓密。前以有电奉质,先后接到诸公电复,承表同情,公谊热忱,至深佩慰。现在中国大局,棼如乱丝,既难以武力为后援,即当谋和平之补救。巧电八条办法,本属提议大纲,而滇、黔各省,坚执一己要求,对于第一条,不肯同意。我辈欲解此困难,仍应以法律为依归,庶免双方各持极端,使伺我者得以乘间而入。兹就前议,重加参酌,另拟条件,与诸公一商榷之。

(一)大总统之问题也。袁大总统以清室付托,组织共和政府,统治民国,授受之际,本极分明。现因帝制发生,起一波折。近虽取消帝制,论者皆谓民国中断,大总统原地地位,业已消灭,绝难再行承认,言之亦自成理。然欲根据法律立论,则民国四年以后,大总统固已失其地位,副总统名义,亦当同归消灭。中国目前实一无政府、无法律之国,而援引《约法》,谓副总统可以代行职权之说,当然不成为问题。既欲拥护共和,首在改良政治。欲政治改良,而谓不能属之袁大总统,则必出于另举。欲举总统,必开国会;欲开国会,必有发令召集之人。今舍去大总统,而以副总统行使职权,牵入《约法》条文,殊为事实不合。不如根据清室交付原案,承认袁大总统对于民国应暂负维持责任,以顾大局,并回复副总统名义,强其出而任事,方可补济法律之穷。一面迅筹国会锐进办法,提前召集,仍由袁大总统于事前宣布明令,一俟国会开幕,即行辞职,是未来之大总统,可以依法产出。而实行内阁制,组织新政府,皆得次第建设。由根本以及枝干,均有脉络可寻,若网在纲,有条不紊,庶几树立强国基础,不至有轻重倒置之虞。

(一)国会之问题也。由前之说,选议员、开国会,实为急切要著。惟选举手续繁重,时期过于延缓,无以慰喁喁望治之心,自应参酌组织及选举法，提前赶办，定期开会，以便大总统地位得有继承之人。至此次选举议员，必须严定资格，慎防流弊。凡以金钱运动及政党中暴烈分子，一概不许羼入，借求真确民意，且免混杂贻羞，前辙后车，永宜借鉴。

（一）宪法之问题也。国会成立，即当依照程序，从速明定宪法，俾举国有所遵循。宪法未定以前，一切设施，得以民国元年公布之《约法》为标准。但此项《约法》条文，确有不合中国国情及今日之现势者，自应先将适用各条款，提出宣布，足资援引，余再斟酌修改，务剂其平，庶可便利推行，别无障碍。要之，宪法结构，此其权舆，立国大经，不可忽略。

（一）财政之问题也。目前财政艰窘，帑藏空虚，竭泽而渔，朝不谋夕。益以此次事变，所耗尤多，刻虽协议和平，军费初未少减。以上各项筹备，若可克日程功。滇、黔两省罹此兵灾，又须办理善后，在在需款，亟宜预图，当由中央将近来收支情形，明白宣布，应办善后之滇、黔两省，亦声明需用实数，准备始易着手。先将国内不急之务，悉予罢除，设法匀拨，万一不敷挹注，再行借助外资，但应指定用途，他事不须挪济。以后制定预算，务求力除浮滥，切实整理，冀可培复元气，免至坐祸速亡。

（一）军队之问题也。现在协议伊始，中央派赴川、湘各处军队，业已奉令停战。滇、黔各省，亦当严行约束，静待磋商，不得违约破坏。一俟大局解决，其原有各军，悉调回旧日驻防地点。自滇事起后，各方面添招兵队，均一律资遣取消，以纾财力。此后，中央与各省军队，当按次编号，统属之陆军部，联为一体，不分畛域。至实行征兵制度，尚须体察情形，应归参、陆两部，通盘筹画，酌量办理。

（一）官吏之问题也。凡民国时期内任命、保用之各军政官吏，及为民国有服务之人资格，应一律存在。四省之将军、巡按使，均当仍旧任职。一切官制官规，只宜暂守规章，以免纷乱。

其中如有应行变通事宜，俟国会成立再议。此外闲散军官，与夫留学回国，或在本国毕业尚未任有职务之学生，应由政府另定安置选用办法，冀得真才而资臂助。

（一）祸首之问题也。帝制发起，由于杨度等数人当其集会之初，无非妄逞学说，惊人耳目，谬论流传，遂滋淆惑，浸至酿成事端，逼开战祸，斫伤国脉，涂炭生灵，罪积邱山，擢发难数。惟此时危机日迫，宜以挽救为先，即将若辈斩诸市朝，初无裨于毫发。应先削除国籍，屏不与齿，俟国会成立后，再行宣布罪状，依法判决，以肃国纪而快人心。

（一）党人之问题也。民国肇建以来，党派纷纭，原因复杂，其热心国事，以微嫌引去者，固不乏人，而专持私见，主张破坏，以遂其欲望者，亦多标揭党帜，溷杂其中，事实可稽，难为曲讳。应由政府审查原案，判别是非，咨送国会讨论，俟得同意，然后宣告大赦，方免抵触法律，贻祸将来。

以上所列各条，略具梗概，国璋审时度势，务策万全，欲巩固未来之国基，尤应维持今日之现状，又必出以郑重，本法律以相斡旋，不至腾笑友邦，当为泛论，调停建议，舍此莫由。诸公伟画荩谟，必能益我智虑，务希斟酌尽善，免贻挂漏之讥。如以此项条件为可行，盼于鱼日以前赐复，即由敝处主稿，联衔分电滇、黔各省，并达中央。特电奉商，伫盼赐复。国璋。东。印。

（《申报》1916年5月15日）

与唐绍仪等反袁宣言[1]

（1916年5月17—19日）*

呜呼！我中华民国国民今日所由不计成败利钝，而声罪致讨于袁氏者，非以其蹂躏《约法》、破坏共和、僭号称尊、阻兵安忍，而动摇我国国基耶？今日所由公认袁世凯丧失总统资格，而依据国法公认黎副总统继任莫或异议者，非以成法具在，易则生乱，苟有迁就，即启纷争，而大乱将无已耶？是以蹂躏《约法》，破坏共和，即为我举国人之公敌，无论为既败露之袁氏，与夫方继起而学步袁氏者，我国人当抱极伟大之志愿，极坚忍之决心，非削除净尽，剿绝无遗，复还我光明洁白之真正共和不止。南京将军冯国璋者，本袁世凯之心腹，只以袁氏年来猜忌宿将，意不自安，护国军起，亦颇暗表赞成。我国人嘉其向义之心，予以自新之路，故或有揭其态度暧昧，迹近两可者，吾人始终曲加原恕，未肯遽与决绝。盖抱与人为善之念，苟有济于国事，即不愿亿兆生灵，重受其涂炭耳。乃图穷匕现，竟有坏破成宪，扰害大局之东电八款，举国诧骇，视为不祥。某等惧乱天下耳目，是用痛予辞辟，邦人谋友，幸垂察焉。

中华民国创之南京政府，当时满清势尽力竭，莫资抗御，不得已乞和退位。适袁氏密使载途，誓以至诚，赞成共和。国人亦

---

[1] 本文原标题：《二十二省旅沪公民唐绍仪等反对冯电之宣言》。

以袁氏归顺，并率所部促清室反省，尚有足多，乃由南京参议院议决，认许孙大总统辞职，再举袁氏为临时大总统。此为我建设新邦之历史，事迹昭然，有目共睹。彼宣统临去陈言嘱袁氏如何组织云云。不惟无拘束南京政府之效力，而袁氏之得为总统，确由法定机关依法公选。该电谬称由清宣统付托，微论统治权与所有权不同，不能以私人意思相授受，而充邪说之所至，直欲将我国人无数牺牲以博得辛亥革命之光荣历史根本推翻，苟非别有肺肠，何至悖戾若是？此国人不能承认者一也。

袁氏毁裂宪章，谋叛民国，依约法应丧失其元首资格，是为个人犯罪之结果。而固有之国体与未曾附逆之副总统固安然无恙，此理之至明者。而该电谬称自帝制发生，民国中断，副总统亦同时消灭。以独夫一己之行为，而推其他皆随毁弃，且例视国家为袁氏私产，其居心尤为不可思议。此国人不能承认者二也。

《大总统选举法》第五条载：大总统缺位时，由副总统继任至本任大总统期满之日止。袁氏既因帝制自为，丧失民国元首之资格，国人一致遵守国法，戴黎公为继任大总统，名正言顺，亿兆咸服。该电谬称与事实不合，不如仍由袁暂负维持责任，前后矛盾，言不成理。揣其意，直欲推翻宪法上之继任总统，仍留袁氏，以为傀儡，借便私图。其结果将率天下人刍狗法纪，横触蛮争，不陷国家于变乱相寻而不止。此国人不能承认者三也。

二年国会本真正民意依法组织而成，虽事实上经袁氏以暴力停止，而非法行动，国法不认其有效，参众议员资格至今尚继续存在也。该电以个人之私欲，组织起所想像之国会，无论一般官吏无权议决，试思民主国家之国会，其组织不拘成法，欲如何便如何，则纪纲秩序，荡然无存，尚复成何事体？况今日国家大政诸待国会解决，两院议员之集于沪上者，瞬及法定人数。云南唐都督且函催从速成立，共扶国是。该电因欲遂其不可告人之隐，乃悍然为袁氏所不敢为而自定选举、自造国会、自居权源、自同元首，一若金陵王气,又将钟于河上将军者。此国人不能承认者四也。

在宪法未颁布以前,《约法》效力与宪法等,除由法定机关得以法定程序增修外,无论何人不得妄议更张。该电既认以民国元年公布之《约法》为标准,而又谬称先将适用各条款提出宣布。《约法》何物?将军何人?侈言去取,污蔑我国家根本法典实甚。此国人不能承认者五也。

祸首惟袁氏一人,杨度等特属共犯。其应如何处置,依《约法》属于国会与最高特别法庭之职权。该电轻轻放过首魁,而专归罪于附逆诸人。且主张削除国籍,既纵首要,复侵法权,此国人不能承认者六也。

此外以借助外资为补救财政之方,以保存旧部为厚积党羽之谋,解散新招军队以巩固其势力,禁锢反对党人以阻遏其民气,要皆有为而发,用便其私,而均为国人所一致反对者。此仅就其东电言之,再观其有、鱼二电,则公然倡纵横割据之论,布左右轻重之局。联合张勋、倪嗣冲,通电附逆及中立各将军派员赴宁会议,名为保袁,阴实自重,狡谋益彰,无可掩饰。呜呼!我国人以独夫肆虐万不获已至以兵戎相见,果使掌兵将帅稍有人心,当即竭忠尽智,共讨国贼。即不然,亦应开诚布公,涕泣而道减时局之纷难,措国家于安全,而后能使天下人相谅无他。乃竟不出此,杜撰法律,自绝国人,横梗中原,搅乱大局,卒使战祸延长,不易收拾。言之痛心,闻者发指。今兹之役,在图政治清明,非关首恶之诛灭。而开宗明义,端在维持《约法》。其恢复国会与黎公继任总统两事,又为维持《约法》之根本要务。袁氏目无法纪,我国人起而诛之,苟继此而有效袁氏之行,或其行动较袁氏尤为卑劣者,我国人万难姑容。盖根本革新,在此一举,决不再为敷衍苟且之谋,而贻天下后世之祸。尤有进者,以武力改革政治为人间最高尚、最纯洁之事,彼胸无丝毫国家观念之龌龊官僚,安足语此。惟冀我国人抱澄清政治之决心,充精神奋斗之实力,有进无退，不屈不挠。众民政治由众民之努力而来，无论何人，有此等联合抗议之举，皆所以促我国人最后之觉心。顺天者存，自暴者亡。我国人除本全国民之心理意志以武力解决外，无他道足以扫国家之障害而奠政治改善之基础也。父老昆弟，其亟图之。

广东：唐绍仪、温宗尧、王宠惠、徐傅霖、卢信、易次乾、叶夏声、江琼、黄增耆、邹鲁等三千三十六人；湖南：谭延闿、范源廉、李执中、欧阳振声、周震鳞、罗永绍、陈家鼎、曾毅等四百四十八人；湖北：汤化龙、刘成禺、刘公、马宙伯、李步青、吴养之、何成濬、耿觐文、彭养光、曹亚伯、高尚志、邓玉麟、吴醒汉、杜邦俊、谢怀霞、陈重民、黄申芗、杨瀚芳、彭介石、董昆瀛、韩玉辰、张汉、胡祖舜、张大昕、彭汉遗、白逾桓、杨时杰、吴崑、舒敏熙、骆继汉、高仲和、萧萱、孙武、蔡济民等五百四十五人；四川：胡景伊、陈廷杰、杨庶堪、蒲殿俊、李为纶、张瑾雯、杨肇基、洪璧、廖希贤、赵时钦、王湘、张知竞、黄金鳌等三百一十六人；江苏：唐文治、张相文、董增儒、凌文渊、王汝圻、方潜、王茂材、杨择、孟森、茅祖权、张相等三千七百四十人；奉天：吴景濂、杨泮溪、罗永庆、李绍白、祁耿寰、温酩德、王步瀛等五百八十四人；江西：彭程万、徐元诰、吴宗慈、陈鸿钧、陈子斌、王侃、文群、郭森甲、叶纫芳、周泽南、刘世均、张于浔、黄攻素、徐薰、董福开等四百四十八人；浙江：虞和德、田世泽、徐定超、方於笥、王正廷、蒋着卿、虞廷恺、殷汝骊、周珏、俞凤韶等二千八百三十八人；安徽：汪律本、陈策、光升、谢家鸣、陈仲、张我华、江皞、汪建刚、丁家谦、凌毅、汪彭年、管鹏、郭卓云等六百二十六人；直隶：张继、谷钟秀、孙洪伊、王法勤、王诚功、吕复、张士才、温世霖、郝濯、王葆真、赵金堂等一百七十四人；陕西：李述膺、赵世钰、徐朗西、杨铭源、张炽章、范樵等八十五人；广西：张其锽、萧晋荣、王乃昌、曾彦、邓家彦等四十六人；河南：夏述唐、刘积学、王杰、刘奇瑶、李载赓、刘荣棠、刘峰一、杨少石、刘庄甫等七十四人；吉林：赵成思、萧文彬等二十一人；黑龙江：秦广礼、杨崇山、管颖侯等十三人；山东：丁惟汾、彭占元、于廷樟、张鲁泉、于思波、魏丹书、李元亮、盛际光、史泽咸、张瑞萱等一百九十八人；山西：李素、吴映光等一百六十五人；云南：张耀曾等二十五人；贵州：陈光寿等十人；福建：林森、朱金紫、高登鲤等五百四十人；甘肃：王鑫润、柴春霖、汪青等三十五人；新疆：蒋举清、文笃周、张凤九，共一万三千九百七十一人。（前日致冯函所列姓名亦与前同）

（上海《时事新报》1916年5月17—19日）

挽陈其美[①]联（二件）

（1916年5月下旬）

（一）

自辛亥、癸丑、丙辰，皆为健将而起革命，失败不馁，成功

[①] 陈其美（1878—1916），字英士，号无为，别署高野，浙江吴兴（今湖州）人。1906年赴日本留学，加入同盟会。1908年奉派回上海，以清帮头目身份联络长江流域会党、新军，并创办《中国公报》等。1911年参与筹备广州黄花岗起义，后任同盟会中部总部庶务部长。武昌起义后，动员上海帮会、商团及新军起义，被推为沪军都督。民国成立，任唐绍仪内阁工商总长。"二次革命"失败后逃亡日本，任中华革命党总务部长；1915年回上海开展反袁武装斗争，派人刺死上海镇守使郑汝成。1916年4月策动海军起义，事败，5月18日被袁世凯收买的凶手刺杀。

不居，猛烈进行，此人本国贼所忌；

举权利、生命、名誉，并作牺牲以殉共和，独立不移，至死不变，艰苦奋斗，其事较钝初①为难。

（何仲箫编：《陈英士先生纪念全集》卷四，第56页；又见上海《时事新报》1916年5月23日）

（二）

为国捐躯，吾公志愿；
缉凶善后，侪辈仔肩。

（钱宪中编著：《陈英士全传》，浙江人民出版社2010年版，第273页）

---

① 宋教仁（1882—1913），字得尊，号敦初（又作遯初、遁初、钝初），笔名渔父，湖南桃源县人。1899年入桃源漳江书院；1902年考入武昌文普通中学堂，结识黄兴；1903年与黄兴创办华兴会，任副会长；华兴会策划的长沙起义失败后赴日本留学，创办《二十世纪之支那》杂志，后协助孙中山、黄兴创办同盟会，为司法部检事长；1907年赴辽东联络"马侠"，组建同盟会辽东支部；1911年初参加黄花岗起义，起义失败后至上海任《民立报》主笔，与谭人凤等组织中部同盟会总会，策应上海和长江流域的革命运动；武昌起义后，与黄兴一同抵达武昌，参与起草《鄂州临时约法草案》。1912年初任南京临时政府法制院院长，临时政府北迁后任农林总长，8月同盟会改组为国民党，任代理理事长，后因主张成立责任内阁，反对袁世凯专权，于1913年3月被刺杀身亡。

与旅沪国会议员关于国会议员集会的通告

（1916年6月2日）

敬启者：袁逆叛国，义师致讨，全国风从，大局即定。惟袁逆尚负固逞凶，诡变百出，国基未固，靖乱无由。① 议员等忝受国民委托，被袁逆②非法蹂躏，有职莫举，忽忽三年。值此国变非常，允宜依法集会。查《临时约法》第二十条，参议院得自行集会，开会、闭会；第二十八条，参议院以国会成立之日解散，其职权由国会行之；是国会议员得自行集会，开会、闭会，为《约法》所规定。议员等鉴于时势之必要，已自由集会，先后莅沪者达二百余人③。兹特正式通告，凡我两院议员，除附逆者外④，统限于六月三十日以前齐集上海，以便择定相当地点，定期开会。

云南：杨琼、张耀曾、张大义、陈善、袁家谷、李文治、赵

---

① "袁逆叛国"至"靖乱无由"一段，《申报》六月二号、四号、六号、八号发表时均无，《浙江公报》刊登前加入。
② "袁逆"，《申报》作"袁氏"，此从《浙江公报》。
③ 《浙江公报》刊出时脱"二"字，并脱落陕西焦易堂、吉林徐清和、江苏孟森、江西邱冠莱、罗家衡燕善达福建曹振懋等七人，连署议员合计219名。
④ "除附逆者外"，《申报》无此五字。

鲸、谢树琼、孙光庭、吕志伊、李增、王桢、顾视高、张华澜、段雄、陈光勋、由宗龙、李燮阳、赵藩、才品升。

贵州：陈光焘、张光炜、陈廷策。

广西：曾彦、郭椿森、蒙经、萧晋荣、王乃昌。

广东：徐傅霖、易次乾、李茂之、江琼、邹鲁、谭瑞霖、杨永泰、叶夏声、黄增耆、彭建标、黄汝瀛。

浙江：杜师业、殷汝骊、周珏、俞凤韶、许燊、虞廷恺、陈洪道、徐象先、蒋耆卿、蔡汝霖、金尚说、童杭时、卢钟岳、田稔、邵瑞彭、张浩、黄群、陈敬第、赵舒、陈燮枢、郑际平、丁俊宣、王正廷、杜士珍。

陕西：李述膺、赵世钰、范樵、杨铭源、马骧、焦易堂。

四川：蒲殿俊、杜华、王湘、廖希贤、杨肇基、赵时钦、张瑾文、李为纶、张知竞。

直隶：张继、谷钟秀、孙洪伊、张士才、王诚功、王葆贞、吕复、王法勤、赵金堂、郝濯、张书元、胡源汇、江浩、温世霖。

奉天：杨泮溪、李绍白、吴景濂、罗永庆。

吉林：赵成恩、萧文彬、杨绳祖、李膺恩、范殿栋、徐清和。

黑龙江：秦广礼、杨崇山。

江苏：茅祖权、方潜、蓝公武、高旭、王汝圻、张相文、陈允中、蒋曾燠、董增儒、杨择、朱溥恩、王绍鏊、王茂才、屠宽、杨廷栋、凌文渊、姚文枬、胡兆（圻）［沂］、徐兰墅、孟森。

安徽：汪律本、汪建图、陈策、凌毅、汪彭年、曹玉德、陈光谱、张我华、彭昌福、丁象谦。

江西：吴宗慈、黄攻素、陈子斌、文群、郭同、王侃、邓元、蔡突灵、张于浔、周泽南、陈鸿钧、葛庄、邹树声、赖庆晖、邱冠棻、罗家衡、燕善达。

福建：高登鲤、朱观玄、黄肇河、刘崇佑、林森、宋渊源、曹振懋。

湖北：汤化龙、白逾桓、杨时杰、彭介石、刘成禺、韩玉辰、吴崐、董昆瀛、田桐、张大昕、彭汉遗、居正、胡祖舜、张汉、冯振骥、汪哕鸾、骆继汉、刘英、高仲和。

湖南：彭允彝、陈嘉会、欧阳振声、覃振、陈家鼎、李汉丞、李锜、李执中、陈九韶、胡寿昺、罗永绍、盛时、黎尚雯、周震鳞。

山东：于廷樟、张鲁泉、彭占元、魏丹书、李元亮、史泽咸、于恩波、张瑞萱、盛际光、丁世峄、金承新、丁惟汾。

河南：王杰、刘奇瑶、刘荣棠、李载赓、凌钺、刘峰一。

甘肃：王鑫润、马良弼。

新疆：文笃［周］、李式藩、蒋举清。

蒙古：易宗夔。

西藏：龚焕辰。

华侨：卢信、谢良牧等公启。

（《申报》1916年6月2日；据《浙江公报》第1523号，1916年6月9日校）

与旅沪国会议员致吕公望①书

（1916年6月9日）

敬启者：国会为《约法》上最主要之机关，万法所从出，国会所由托。自袁逆以非法解散，议员遂有职莫举。全国大权竟操诸独夫之手，穷凶极恶，叛国称帝，盖由无国会以监督之，其祸乱遂至如斯之亟也。幸天相中国，云南护国军首先讨逆，义旗一挥，全国响应，共和命脉由死复苏，民国前途曷胜庆幸。惟军政非长久之道，国会乃庶政之源，此后大局解决，与国家建设问题，为道万端，而根本上则无一不待决于国会。军务院第二号布告中谓，此次起义之真精神，一言以蔽之，曰拥护国法而已。若不即行恢复国会，则庶政将安所隶？是恢复国会，准诸吾国此次讨逆之真正目的，衡诸今日时势之必要，已成唯一不容缓之要图。经议员等共同商决，根据民国《临时约法》第二十条及第二十八条，由议员等正式通告，自行集会。凡参众两院议员，除附逆者外，统限于六月三十日以前齐集上海，至开院地点、日期，一俟满足

---

① 吕公望（1879—1954），字戴之，浙江永康人。1907年入保定陆军军官学校速成科，毕业后任浙江新军第八十二标督队官；1911年参与克复杭州和南京之役。民国成立后任浙军第六师师长、嘉湖镇守使。1915年底护国战争爆发后，在浙江宣布独立讨袁，任浙江都督，次年辞职。后参加护法运动，任援闽浙军总司令、广州军政府参谋部长。中华人民共和国成立后，曾任浙江省人大代表和政协委员。

法定人数，即行公决另布。除京津沪汉各报已由议员等送登通告外，凡贵都督命令所及之地，即祈一面以（文公）[公文]代布，一面送登各报，庶两（员）[院]议院员得以克期赴沪，早日开会，无任盼祷！专此奉陈，敬颂勋安。旅沪国会议员公启。

附国会议员通告一纸（附件全名《国会议员集会通告》，见上文。此处从略）

（《浙江公报》第1523号，1916年6月9日）

国会议员宣言

（1916年6月11日）*

《中华民国临时约法》系元年临时参议院议决，当由临时大总统于三月十一号公布施行。其附则第五十四条载："中华民国宪法未施行以前，本约法效力与宪法等。"第五十五条载："本约法由参议院或大总统提议，经参议员五分四以上出席，出席员四分三以上可决，得增修之。"第二十八条载："参议院以国会成立之日解散，其职权由国会行之。"而《国会组织法》第十四条，亦载明约法所定参议院职权为民国议会之职权。是宪法未成立以前，决不能发生与《临时约法》效力相等之法律，或欲就《临时约法》有所增修，其提议可决，亦应按照《临时约法》附则所定程序行之，乃得有效。袁世凯民国三年五月一日颁布之所谓《中华民国约法》，全由袁氏一人私意妄自窜乱而成，一切增修程序既与《临时约法》所载相违背，迹其全文又与《临时约法》根本抵触，不发生国法上之效力，自不待言。而民国开基之《临时约法》，固至今无恙也。现在黎大总统继任，实根据民国二年十月国会所制定《大总统选举法》第五条之规定，应承继本任总统袁世凯之任期，至民国七年十月十日为止。袁世凯遗命及段祺瑞通告，所称依《约法》第二十九条由副总统代理之说，系根据袁世凯三年私造之《约法》，万难承认。议员等以事关国本，用特正告中外：凡自民国二年十一月四号袁氏以暴力停止国会以来，既无合法之立法机关，所有一切法令，苟有与《临时约法》《国会组织法》并国会制定之《大总统选举法》相抵触者，我国民为尊重国家真正根本法典，当然不能认为有效。如有妄逞异议破坏国宪者，即视为民国公敌，与国人共弃之。

(上海《中华新报》1916年6月11日)

与旅沪国会议员关于国会议员集会再通告[①]

(1916年6月12日)*

前因国变非常，通告集会，已限六月三十日以前齐集上海。

[①] 会衔议员除前电名单外，新增加云南沈河清，广西蒋可成，浙江傅梦豪、俞炜、周继溁、张烈、谢国钦、袁荣叟，陕西王鸿宾，黑龙江关文铎，福建连贤基，山东安鹏东、杜凯之、董毓梅、张玉庚，河南王廷弼、刘积学，山西刘盥训。

今袁氏已死，集会尤宜从速，凡我两院同人，除附袁者外，务望克日来沪，以便开会，巩固国基。特再通告。

(《申报》1916年6月12日、14日、16日)

与旅沪国会议员关于国会议员集会紧急通告

(1916年6月18日)*

同人等公议，催集两院未到议员于六月三十日以前齐赴上海。现在经费筹妥善，并择定开会地点。国事危迫，一发千钧，务请两院诸君为国效劳，即日来沪，幸无迟延。旅沪国会议员三百二十一人公启。

(《申报》1916年6月18日)

与驻沪国会议员复段祺瑞①电

（1916年6月25日）

北京段芝泉先生：

漾电读悉。元年《约法》与三年《约法》之争端，在先决二者孰为法律。如以三年《约法》为法律，当然不能以命令废止。惟查《临时约法》为民国之所由成，议会、总统皆由兹产出，其效力至尊无上。在国会既成立以后，宪法未制定以前，如欲有所增修，依《临时约法》五十五条及《国会组织法》十四条之规定，当由大总统或国会议员三分二以上之提议，并经国会议员五分四以上之出席，出席员四分三以上之可决而后其所增修者乃为合法，乃得有效。三年约法会议，其组织及程序，既与《临时约法》五十五条所载不符，则其所增修者自不得称之为法律，实属违宪之行为。是《临时约法》本来存在，原无所谓恢复，今日以命令废止三年《约法》，乃使从前违宪之行为归于无效，更无所谓

---

① 段祺瑞（1865—1936），时任国务总理，字芝泉，安徽合肥人。1885年入北洋武备学堂第一期；1888年留学德国；1895年回国任新建陆军左翼炮队第三营统带；1901年任武卫右军各学堂总办，北洋军政司参谋处总办；1903年任练兵处军令司正使，加副都统衔，与王士珍、冯国璋并称为"北洋三杰"，先后任第三、四、六镇统制官，江北提督等职。武昌起义爆发后，任第一军统领兼湖广总督，但在讨伐革命军时，并不真的大举进攻，而是与革命军谈判，并联名致电清廷要求立定共和政体。民国成立后四任总理，四任陆军总长，一任参谋总长，一任国家元首，1936年病逝，受国葬。

以命令变更法律。

现在各省尚未统一，调护维持，惟有一致遵守成宪。否则甲以其私制国法，转瞬乙又以其私制而代甲，循环效尤，人持一法，视成宪如土苴，国法前途何堪设想！请公坚持正义，力赞大总统，毅然以明令宣告，不依法律组织之约法会议所认决之《中华民国约法》及其附属之《大总统选举法》《国民会议立法院组织法》均与民国元年《临时约法》《国会组织法》，并民国二年宪法会议制定之《大总统选举法》相违背，当然不生效力。

此后凡百庶政，应与国人竭诚遵守真正国法，以固邦基而符民意。根本既决，大局斯安。众意佥同，特电以闻。

国会议员：谷钟秀、孙洪伊、王试功、王法勤、吕复、李永声、江浩、童咸曾、林凯元、张秉文、王保真、郝濯、张书元、江灏、温世霖、吴景濂、杨泮溪、罗永庆、龚玉昆、蒋宗周、杨大实、李绍白、萧文彬、赵成恩、李膺恩、范殿栋、杨绳祖、徐清和、杨宗山、秦广礼、邵仲康、叶成玉、关文铎、杨择、方潜、张相文、茅祖权、高旭、胡兆沂、石铭、陈允中、屠宽、朱溥恩、王汝圻、刘可均、董增儒、汪律本、陈策、汪建刚、凌毅、丁象谦、高荫藻、张我华、陈光谱、张埙、曹玉德、王源瀚、章兆鸿、吴汝澄、王多辅、吴日法、马坤、陈鸿钧、罗家衡、吴宗慈、邓元、邹树声、陈子斌、黄攻素、卢式楷、邹继龙、彭学浚、邱冠菜、赖庆晖、郭同、卢元弼、陈铎、辛际唐、潘学海、欧阳沂、张于浔、燕善达、周泽南、符鼎升、贺赞元、王正廷、金兆棪、许橒、张烈、郑际平、陈洪道、张嘈、童杭时、韩藩、陈燮枢、傅家铨、蔡汝霖、黄群、周珏、陈敬第、胡翔青、杜士珍、卢宗岳、周继溁、田稔、丁俊宣、王烈、邵瑞彭、殷汝骊、徐象先、张浩、谢国钦、俞凤韶、张傅保、金尚铣、朱文劭、俞炜、蒋耆卿、金秉理、傅梦豪、赵舒、杜师业、袁荣叟、高登鲤、宋渊源、朱观玄、陈祖烈、朱腾芬、曹振懋、郑德元、张琴、连贤基、李垚年、韩玉辰、高仲和、刘英、白逾桓、骆继汉、杨时杰、汪哕鸾、冯振骥、刘成禺、胡祖舜、邱国翰、覃寿恭、吴崑、彭汉遗、彭介石、张汉、董昆瀛、萧萱郑、张大昕、李执中、罗永绍、周震鳞、陈焕南、陈九韶、周泽苞、李锜、李积芳、覃振、陈家鼎、彭允彝、陈嘉会、欧阳振声、胡寿昺、钟才宏、盛时、黎尚雯、彭邦栋、吴景鸿、魏肇文、丁世李、丁惟汾、彭占元、张鲁泉、于廷樟、于恩波、王凤翥、史泽咸、张瑞萱、揭日训、于洪起、董毓梅、盛际光、杜凯之、魏丹书、李元亮、张玉庚、郭广恩、金承新、周庆恩、王靖芳、刘积学、万鸿图、刘奇瑶、刘荣棠、李载赓、刘峰一、王廷弼、岳秀夫、魏毅、王杰、刘盥训、李述膺、杨铝源、赵世钰、马骧、范樵、焦易堂、王鸿宾、茹欲立、寇遐、李含芳、王鑫润、文登瀛、周之翰、蒋举清、李式藩、文笃周、蒲殿俊、谢持、廖贤希、张瑾雯、李为纶、张知竞、李国定、刘纬、王湘、赵时钦、杜华、杨肇基、杨永泰、徐傅霖、李茂之、叶夏声、易次乾、黄增耆、彭建标、邹鲁、黄汝瀛、郭宝慈、谭瑞霖、萧凤翥、郑懋修、饶芙裳、江瑔、何士果、马君武、黄洪宪、卢天游、曾彦、梁培、郭椿森、严恭、赵炳麟、蒙经、翟富文、程修鲁、黄宝铭、蒋可成、龚政、陈绳虬、程大璋、凌发彬、王乃昌、萧晋望、覃超、梁昌诰、梁士谟、罗增麒、张耀曾、陈善、袁家谷、谢树琼、赵黥、孙光庭、李文治、由宗龙、王桢、李增、张大义、段雄、陈光勋、沈河清、陈时铨、寸品升、陈光焘、易宗夔、张树桐、龚焕辰、王弌、卢信、谢良牧、吴湘、蒋报和。有。（共二百九十九人）

（《申报》1916年6月27日）

与凌毅等致黎元洪①等电

（1916年7月7日）

北京大总统、段总理钧鉴：

前陆军少将、南京步兵第五十一旅旅长瞿钧，淑质贞亮、英姿卓铄，辛亥以来尽瘁国事，毅力热心，尤堪嘉许，徒以甲寅冬间秉畴昔爱国之忱，思重树改革之帜，遭罹法捕，两载于兹。朝政棼泯，志士冤沉，每念及斯，感慨系之。今幸天心厌乱，百度更新，前日之罪，今日之功。赏罚权衡，攸关国是，况建设需人，钧才难得，搜拔逸沦，尤恐弗及，岂既共喻，忍坠九渊。用是电呈我大总统、内阁总理迅饬外交官，照会驻沪法领事，即日开释，俾瞿钧得重见天日，国家亦无伤弃才。迫切待命，统希垂察。

周震鳞、凌毅、吴崑、陈汉钦、邓恢宇、唐支厦、何海鸣、宋渊源、刘道衡、童尧山、梁骥、卢汉生、曾贯吾、李震中、熊

---

① 黎元洪（1864—1928），字宋卿，湖北黄陂人。1883年入天津北洋水师学堂，后入湖北新军，任管带、统带，1906年擢升任湖北新军二十一混成协统领，武昌起义后被革命党人强迫推举为湖北都督。南京临时政府成立后，当选副总统，兼领鄂督；1913年支持袁世凯镇压"二次革命"；1916年6月袁世凯死后，继任大总统；1917年因对德宣战问题与国务总理段祺瑞公开冲突，被张勋驱逐；1922年再次出任总统，但难以控制军阀各自为政、交相为战之局面，次年下野返天津；1928年6月因脑溢血在天津去世。

子烈、魏华甫、李文辉、范庆咸、萧永康、汤雨亭、汤浩、张鹏叩。阳。

（《申报》《时事新报》1916年7月9日，上海《新闻报》1916年7月10日）

与李执中①等致黎元洪等电

（1916年7月10日）*

黎大总统、段总理鉴：

　　陆署湘督②，全湘欢迎。忽又任命陈宦，殊深骇诧。陈本著名奸猾，反复无常，帝制发生，首先长恶，称兵助逆，糜烂全川。汤去陈来，湘人誓不承认。即请收回成命，如必故拂舆情，好民所恶，大局破坏，责有攸关。祸乱相乘，抚心何忍。迫切陈词，伏祈察纳。

---

　　① 李执中（1861—1926），字懋吾、伯如，湖南石门人。1902年举人，后任教湖南西路师范学堂；1904年任湖北荆州中学堂监督；1905年回县创办石门小学堂，次年至长沙创办振楚学堂。旋留学日本，加入同盟会；1909年被举为省咨议局议员。辛亥革命后，应聘为清华学校教员；1913年当选为众议院议员，参加"二次革命"，失败后逃亡日本，加入中华革命党。1916年返国，参加护国运动，奔赴于湘粤间。1924年参加中国国民党第一次全国代表大会，支持孙中山联俄、联共、扶助农工三大政策，不久以病返湘，卒于常德。

　　② 1916年7月6日，北京政府下令，陆荣廷暂署湖南督军，同时又任命陈宦为湖南督军兼署省长。

湖南旅沪国会议员：李执中、周震鳞、周泽苞、陈焕南、陈九韶、李锜、李积芳、覃振、陈家鼎、陈嘉会、彭允彝、钟才宏、欧阳振声、罗永绍、盛时、李汉丞、易宗夔、李式璠、文笃周、胡寿昌、黎尚雯、彭邦栋叩。

（上海《新闻报》《民国日报》1916年7月10日）

与李执中等致陆荣廷电

（1916年7月10日）*

湖南都督府转陆督鉴：

闻公督湘，全体忭舞。望公涤荡秕政，力障凶魔。谨代表全湘欢迎莅任。

湖南旅沪国会议员：李执中、周震鳞、周泽苞、陈焕南、陈九韶、李锜、李积芳、覃振、陈家鼎、陈嘉会、彭允彝、钟才宏、欧阳振声、罗永绍、盛时、李汉丞、易宗夔、李式璠、文笃周、胡寿昌、黎尚雯、彭邦栋叩。

（上海《新闻报》《民国日报》1916年7月10日）

与李执中等致望云亭①电

(1916年7月14日)

永州望司令鉴：

致陈君文电敬悉。陆都督去留，关系全湘甚巨，道出永州，恳代致意挽留，请其返节履任，以维持湘局。

湖南旅沪国会议员：李执中、周震鳞、彭允彝、欧阳振声、罗永绍、易宗夔、李汉丞、周泽苞、魏肇文、陈家鼎、盛时、胡寿昺、陈九韶、文笃周、李式璠同叩。寒。

(成都《民国公报》1916年8月4日)

---

① 望云亭，曾任湖南零陵镇守使，于1916年4月反对袁世凯复辟帝制，宣布零陵独立，自任湘南护国军总司令。

与李执中等致刘人熙等电

（1916年7月14日）

湖南临时都督刘艮老、曾总司令、程总司令、赵师长暨各界诸公鉴：

陆公署理湘督，同人等曾专电欢迎，想诸公必表赞同。曾君继梧、袁君家普闻有去志，望诸公极力慰留。湘政纷歧，人才难得，诸公热心调护，想亦具此同情。瞻念家邦，无任忧惧，并请将此电转致陆都督从速履任，以维湘局。

湖南旅沪国会议员：李执中、周震鳞、彭允彝、欧阳振声、罗永绍、易宗夔、李汉丞、周泽苞、魏肇文、陈家鼎、盛时、胡寿昺、陈九韶、文笃周、李式璠同叩。寒。

（成都《民国公报》1916年8月4日）

与李执中等致岑春煊电

(1916年7月14日)

肇庆岑西林先生钧鉴：

陆公督湘不独有裨湘局，实关大计，执中等前曾通电欢迎。闻陆公已由衡返桂，恳急代电挽留，返节履任，不胜感盼。

湖南旅沪国会议员：李执中、周震鳞、彭允彝、欧阳振声、罗永绍、易宗夔、李汉丞、周泽苞、魏肇文、陈家鼎、盛时、胡寿昺、陈九韶、文笃周、李式璠同叩。寒。

(成都《民国公报》1916年8月4日)

与李执中等致陆荣廷电

(1916年7月14日)

永州望司令转陆都督钧鉴：

闻公起节回桂，不独全湘失依，我公维持共和之初心亦尚未尽，今代表全湘敦恳返节履任，不胜感盼。

湖南旅沪国会议员：李执中、周震鳞、彭允彝、欧阳振声、罗永绍、易宗夔、李汉丞、周泽苞、魏肇文、陈家鼎、盛时、胡寿昺、陈九韶、文笃周、李式璠同叩。寒。

(成都《民国公报》1916年8月4日)

与李执中等致黎元洪等电

(1916年7月17日)

北京黎大总统、段总理均鉴：

湘省议会暨军政绅商学各界，连同集议于元日一致举黄兴为湘督，已有寒电恳请任命，想邀洞察。湘省比年以来，既苦苛政，又困兵燹，民情冤愤，非得信望素孚、有功民国者为之抚绥镇摄，不足以出水火而起伤痍。正盼陆督来湘，以苏大旱，忽闻高贤遄返，全体人民惊惶失措，应请俯顺舆情，任命黄兴督湘，以维大局而定人心。全湘幸甚，大局幸甚。

湖南旅沪国会议员：李执中、周震鳞、欧阳振声、罗永绍、陈九韶、魏肇文、陈家鼎、盛时、李汉丞、易宗夔、李式璠、文笃周、周泽苞同叩。洽。

(上海《中华新报》1916年7月24日)

与黎尚雯等关于胡瑞霖案质问书[①]

（1916年8月中旬）

胡瑞霖在湘助汤芗铭为恶，其劣迹多端，经前肃政史程崇信、币制局总裁梁启超、湖南巡按使刘心源先后纠参，复经前政府派吴鼎昌查明呈复，确有证据，奉令褫职，交付惩戒各在案。胡大惧，因乘帝制发生时，揣摩迎合，列名请愿，并代表汤芗铭入京劝进，借此献媚袁氏，将案搁置，一面由汤芗铭饰词解脱，并以武力压迫湖南高等审判厅，使不敢据实裁判，致令罪恶滔天之犯，法外逍遥。今胡复多方运动，出长福建，将以祸湘之恶政祸闽，各处闽人闻之大震，纷纷电京，吁请改派。胡恐前案再被揭发，急谋赴闽，借逃法网，更嗾使少数闽人，捏造欢迎电报，迭经闽中各界电京声明。夫一省行政长官，责任何等重大，况当民国再造，政治刷新，尤宜慎选贤良，与民更始。似此贪残素著、悬案未办之帝制遗孽，何堪令握疆符，荼毒黎庶。政府用人，究竟持何标准，前政府期内尚未办结之参案，应否清查，特依《临时约法》第十九条第九项，提出质问书，要求政府于二日内，将程崇信、梁启超、刘心源揭参胡瑞霖各案如何办理情形，逐条答复。

---

① 文前曰："日昨有议员周震鳞、黎尚雯等四十余人向政府提出质问书云……"

附　录

国务院咨复函[①]
（1916年8月下旬）

　　国务院为咨复：准贵院咨开：据本院议员周震鳞、黎尚雯等关于胡瑞霖在湘被参未办，复任福建省长，依法提出质问书一件。等因。查胡瑞霖并未专案被劾，前肃政史程崇信、前币制局总裁梁启超先后纠参湖南银行总理刘昌宪败坏财政、紊乱币制案，内谓刘昌宪系胡瑞霖在内务司长兼署财政司长任内所保荐，刘昌宪之所为均系胡瑞霖暗中主持，请予彻底追究。等语。当经交由财政部派令造币总厂监督吴鼎昌并案查复。据复称，刘昌宪系胡瑞霖所引用属实。奉批：刘昌宪等均交地方官严行看管，归案讯办。胡瑞霖引用非人，咎有应得，着先行解职，交文官高等惩戒委员会议处。此批。经前巡按使刘心源遵批，将刘昌宪等拿交长沙地方检察厅提起公诉。嗣据兼护湖南巡按使严家炽呈称，遵令交审刘昌宪等一案，业经长沙地方审判厅审讯明确，分别判定罪名，依法执行。至胡瑞霖前任内务司长，虽经奉令兼署财政司长，并未莅受兼职。惟金融紊乱，关系地方治安，其援用刘昌宪原为亟图整理，回复信用起见，自奉令罢职后，曾准文官高等惩戒委员会电查胡瑞霖与刘昌宪有无关系，当经刘心源电复，查无银钱关系。是胡瑞霖实系因人受过，与自行获戾者不同。现在正案已结，与胡瑞霖全无关

---

① 文前曰："参议员周震鳞、黎尚雯等向政府质问胡瑞霖在湘被参未办复任福建省长一案，国务院日昨即已咨复到院。闻孙（百澜）[伯兰]总长旋在国务院声言，此项咨文措辞嫌过强硬，应追回修改再行交去。国务院秘书厅从之即饬人向参议院追回。讵王议长以此咨文已印分议员无从撤回，遂未果行。兹录原咨如下……"

涉，恳准随案销去惩戒处分。等语。奉批：交司法部核议具复。经司法部呈复称，本部查核刘昌宪判决，亦未见胡瑞霖与刘昌宪别有何种关系，似可从宽免议。等语。奉批：胡瑞霖应准随案销去处分，交文官高等惩戒委员会查照，并由政事堂饬铨叙局查照。此批。此胡瑞霖保荐刘昌宪被揭事实暨办理此案经过之情形也。来书谓，奉令褫职，悬案未办，均非实事。至刘心源有证明胡瑞霖与刘昌宪无银钱关系，谓被刘心源揭参尤属毫无其事。综全案始末观之，胡瑞霖被核既非主名，仅因引用刘昌宪受其牵涉，迨全案经法庭判决，复经司法部复核，均未涉及刑事嫌疑，其行政处分又经前后两任长官之证明，奉令销除，是胡瑞霖对于湖南银行一案已属无干。来书又谓，其列名请愿代表，目为帝制遗孽。查变更国体一案，业于本年七月十四日奉大总统令，一概宽免，自应遵令免究，未便再议。至运动压迫事无佐证，无从答复。来书又问政府用人持何标准，政府用人一本大公，决无丝毫成见，相应咨复贵院查照可也。再原咨声称，二日内答复，兹以检阅积案，少濡时日，合并声明。此咨参议院。

(《申报》1916年8月26日、8月30日)

与郭人漳①等致谭延闿等电

(1916年9月16日)

长沙谭省长鉴,并转省议会龙研老、江颂老、刘艮老、曾凤冈、程颂云、陈纬成、程崧生、唐桂良、覃理鸣、左霖苍、粟墨生、胡子靖、李菊僧、梁鼎甫、曹训农诸公鉴:

中央新借外款八千万,由日人包办,不交院议,径以皖太平铜矿、湘水口铅矿作酬谢品,熊希龄胆敢列席签字,并闻派人赴湘运动湘人不起反对。② 该矿为全湘财政命脉所系,几经摇动,仅得保全,一旦由熊手断送,使吾湘万劫不复。熊肉不足食,如湘省前途何?现弟等联合抗议,与政府严重交涉。惟日人垫款已交,弟等奔走呼号,恐非合全湘三千万父老兄弟之力,难回既倒。如何应付,迅速公议电复。

郭人漳、黎尚雯、周震鳞等公叩。铣。

(《申报》1916年9月25日)

---

① 郭人漳(1863—1922),字葆生,湖南湘潭人,湘军将领郭松林之子,以世荫得山西道台。1907年任广东巡防营统领,受令镇压钦、廉农民抗税斗争,革命党人曾约他阵前倒戈,响应起义,他表面答应,临事背约,导致起义失败,后任新军协统。民国后任众议院议员、湖南矿警督办等职。

② 此说疑有误,熊希龄也反对此事,并无列席签字之事。

与马君武等关于实业借款的质问书

（1916年9月25日）

此次五百万实业借款已经过交议，议员多数主张废改条约。惟查吾国向来所借外债有所谓回扣一项，皆由经手人私自分取。故经理借款者虽违法丧权而既有利可图，亦悍然不顾。即因是罢职，退居租界已不失为富家翁。以国家重职借事受赃，视为常例，明白不讳，天下可骇怪之事，未有甚于此者。今当共和恢复、政治刷新之时，此后凡遇有借款事件，当永不使有私分回扣之事复现于民国。此次实业借款，财政、农商二总长及其他经手人究受有回扣若干，应即提交国库，涓滴归公，即将来废约，此项回扣亦须确有着落。谨按《约法》第十九条第九项、《国会组织法》第十四条，提出质问，请财政、农商二总长于三日内答复。

提出者：马君武。

连署者：董昆瀛、李国定、宋渊源、周震鳞、谢持、陈焕南。

（《公文》，《参议院公报》第二期第十一册，第40页）

附 录

国务院咨复函

(1916年10月2日)

（前略）查发行借款均有折扣，例如，借款合同所载，每百元实交八十余元或九十余元，然其所扣之款专为经手之银行人员所得，为办理借款一切费用或竟让与购买债票之人，与政府经办借款官吏绝不相干。此次兴亚公司借款并无所谓回扣，且于九月十九日曾经国务会议议决，通饬各部署，嗣后遇有借款情事，在公经手人员应得回扣，涓滴归公，不准私相授受。其他凡与外商交接款目事项，概从此例，违者重惩不贷并各转行恪遵在案。原质问书所询经手人受有回扣若干一节，此次兴亚借款确无其事，相应咨复贵院查照可也。此咨参议院。

（《公文》，《参议院公报》第二期第十二册，第65页）

与吕志伊等关于宪法草案加国权一章的修正案

(1916年9月27日)

近世国家学者谓国家之要素有三：曰领土；曰人民；曰主权。

三者备始能成为完全独立之国家。兹查宪法草案第二章、第三章于国土、国民既经规定，而于国权独付缺如，似违反国家学之原理。又第四章第二十二条规定，中华民国之立法权由国会行之。第六章第五十五条，中华民国之行政权由大总统以国务员之赞襄行之。第八章第八十四条，中华民国之司法权由法院行之。此固取三权鼎立主义所应有之规定。然统观以上各章，于国权之所属未尝明白规定，则立法、行政、司法三权均无发生之本源地。推其流弊，易使国人误认立法、行政、司法为主权发动之主体，而不明其为发表及执行国家意志之机关，则甚悖乎主权不可分之原理。再查《临时约法》第一条，中华民国由中华人民组织之。第二条，中华民国之主权属于国民全体。于形式上，虽似无国体之规定，于实质上，则已探厥民国之本原。今宪法草案第一章规定国体，固较《临时约法》为进步，而国权之所属，全草案中均未规定。则第一条所云中华民国永远为统一民主国者，亦几无明确之根据。且以宪法之统系言，不加国权一章，则前后各章不能联贯。今特拟加国权一章，其条文略如下：

第　条　中华民国之国权，属于国民全体。国权之行使，委托于依法设置之机关。

说明：国权之所属为国体之所由分。国权在一人者，为君王国体。国权在少数人者，为贵族共和国体。国权在大多数人者，为民主共和国体。近世贵族共和国已绝迹，环球而立者，惟君主国与民主国。于是，学者有君主国家说与人民国家说。一谓君主为国家之主权者，一谓人民为国家之主权者，而折衷派出乃唱为国家人格说，谓君主为执行国家意志机关之个人，人民为国家之分子均非主权之所属者。主权之所属厥为国家，然国家人格说固认国家为一公法人也，为世界社会中之一团体也。然法人固非自然人而实由自然人所组成者也，团体固非个人而实由个人所集合者也。既为一团体一法人，则其主权不在此一团体一法人之空名，而在组成此团体、此法人之全体可知也。例如，营业之公司亦一团体也，一法人也，其主权固不在公司之一招牌，亦不在公司之经理或董事，而实在公司之股东大会也。故以主权属之国家，亦无异以公司之主权属于一招牌，此理甚显，无待赘言。兹以国权属之国民全体，与第一章国体之规定可互为明确之印证，而于以下各章之立法、行政、司法可明其为为权之作用，且于宪法之条理亦秩然有序。谨依宪法会议规则第三十条，详具理由，提出修正案，是否有当仍请公决。

备考：各国宪法先例：

葡萄牙宪法第三章"主权"第五条：主权操诸国家。第六条：主权分三大纲：曰立法、曰行政、曰司法，虽系分权治理，然须相辅而行。

墨西哥宪法第二章第一节"国家之主权及政府之形势"第三十九条：国家之主权本然属于人民，各种公共权力由人民而发生，且为人民之利益而建设。不论何时，有确定权以变更或改良政府之形势。

瑞士办尔纳州宪法第一章"主权"第二条：主权属于人民全体。运用主权者，直接为选举人，间接为官吏职员。

瑞士阿奔塞尔州宪法第一章"人民之主权"第二条：主权属于人民。人民之运用主权，直接则普通议院，间接则民选之官吏。

瑞士给耐佛州宪法第一条第二项：主权属于人民，凡属政权公职皆为最上权所委托。

智利宪法第一章第三条：主权在于国家。主权之行使，委托于宪法设置之权力机关。

巴西宪法第十五条：立法权、行政权及司法权为国家主权之机关，须保其调和之态度而各自独立。

提出者：吕志伊。

连署者：焦易堂、宋念祖、郑林皋、富元、丁象谦、祺克坦、刘映奎、杨福洲、谢持、李国定、陈祖烈、赵鲸、董昆瀛、卢信、李述膺、萧辉锦、黎尚雯、周震鳞、窦应昌、杨家骧、郑际平、黄绍侃、超世钰、陈毅、龚焕辰。

（《修正案》，《宪法会议公报》第八册，第52—55页）

与宋渊源[①]等关于省制大纲的修正案

（1916年9月下旬）

省制加入宪法，以为地方制度强固之保障，此诚今日多数国民心理之所同，即如宪法起草委员报告于宪法会议亦曰时间匆促，以至遗漏。本员因特草拟省制大编十四条，依照宪法会议规则第三十条及第三十一条，提出修正案，敬候公决。

第某章　省制大纲

（一）各省以现在区域为准，有必要变更时，须先得该省省议会之同意。

[①] 宋渊源（1882—1961），字子靖，福建永春人。1905年入福州福建优等师范学堂，毕业后留学日本，参加同盟会。后回国办学，任永春中学堂监学兼两等小学堂堂长和州视学。先后参加福州起义、"二次革命"、讨袁护国、护法、北伐诸役，历任福建省临时议会议长、中国国民党福建支部长、参议院议员、中华革命党福建支部政治委员、闽南护法军总司令、福建国民军参谋团主任、福建省府委员、国民政府委员、侨务委员会常务委员、国民参政会参政员、"国大"代表等职。1961年病故于台湾。

理由：地方行政区域，或大或小，各有利弊。唯吾国省制之设，实由数百年历史相沿而来，骤然变更必不免惹起政治上之纷扰，故非先得各该省议会之同意，自以勿事变更为当。

（二）各省设省议会为地方高级议会，省议会之组织及议员之选举以法律定之。

理由：行政区之设置，当然有议会以为监督机关。唯吾国省之上有国会为国家立法机关，省之下有县［议］会为各县议事机关，本条明揭省议会为地方高级议会，则彼此权限截然分明矣。然不称为立法议会者，则以吾国政体系采单一制，与联邦国之各邦议会完全得有立法权者不同，故不曰地方立法议会而曰地方高级议会。

（三）省议会依其职权得议决省内单行规则。

理出：省区行政多属各省自治行政之范围，而各省情形不同，自应由省议会议决单行规则，以便施行于各该省内，此为省制中应有之规定。

（四）省议会议决省之预算决算。

理由：省之预算决算纯关于地方财政之范围，故必由省议会议决。

（五）省议会得议定地方税，则但有妨碍国税时，经国会之审查得废止之。

理由：地方税则之议定，当然属于省议会之职权。唯国家税与地方税之划分，责在国会，故地方税则有无妨碍国税，不可不经国会之审查。若国会认为确有妨碍时，则不可不废止之。

（六）省议会对于民事、商事、教育各法令，认为与本省风土习惯不相宜时，得议定特别法呈请大总统提交国会审议之。

理由：省议会既为地方议会，自不能为联邦各州之议会得有立法权。唯我国幅员广大，南北殊俗，山海异宜，往往有同一法令，行之此省则有利，行之他省则有弊，欲仅借中央之力为全国谋利益、策安全，终属不可能之事。即以先进国而论，荷、比区区小邦耳，而各州分权之制度且明揭之于宪法。英吉利区区三岛耳，而爱尔兰之自治案无年不争。即如日本之对于北海道，俄罗斯之对于东西比利亚，亦各有特别法令，无非因风土习惯不同使然。至于德、美、瑞、巴诸联邦国，则更无论矣。吾国交通困难，民风复杂更甚于他国。际兹民国初建，法制未备，苟非参酌国情，予各省以议定特别法之权，无论地方进化迟滞，诚恐中央与地方时起争议，不免隐伏分崩离析之祸根，故本条规定限于民事、商事、教育各法令，许省参酌而更议之，庶乎法立必行，不至于横生窒碍也。

（七）各省设省长一人，由省议会选举候补者二人，呈请大总统择一任命之。

前项选举须有总议员三分二以上之列席，用无记名单记投票，分次选出之，以得票过半数者为当选。

理由：省长为一省安危所系，责任綦重。吾国官僚政治，积习相沿，苞苴干进，恬不知耻，究不若选举制度，其弊较轻。本条取选举、委任两制而折衷之，以选举候补之权委之省议会，则官僚干进之伎俩自无所施。以选择任命之权委之大总统，则选举运动之手段亦无所用。如是则官僚政治以及选举流弊均不难于防止矣。

（八）省长任期三年，得连举连任。

省长出缺时，应再依前条办理之。其任期以继续前省长之任期为限。

理由：三载考绩，为吾国之古制。故本条规定省长之任期为三年，所以并规定连举连任者，将使地方良吏得以继续其治绩也。

（九）省长承中央政府之指挥，监督、综理全省政务。

理由：本条乃指明省长为地方行政官厅，与联邦国州长不同，其用意等于（二）条之规定。

（十）省长依法令得征募地方警备队。

大总统于非常紧急时得调遣各省警备队。

理由：吾国向来有省区无军区，省治所在地多为军队驻在地，始则借军政以巩固民政，继则因军政而干涉民政，有军民分治之名，无军民分治之实，前途危险，莫此为甚，故欲为国家策治安，非将省区与军区分离不可。欲使省区与军区分离，非令地方得自征警备队不可。盖维持地方安宁秩序不能不借军队镇压之力，而平时地方之维持既有警备队负其责，然后国家军队乃得专力于国防。将来军区划分，俾军队脱离政治范围，不独国家政策方针得以施行无阻，即军界前途亦可免陷于政治潮流之危险。此即本条规定之本意。至第二项之规定，所以预防地方割据之患，则又为本案拥护单一制一贯之精神也。

（十一）各省设参事会赞襄省长。

参事会之组织及职权以法律定之。

理由：省长当一省行政之冲突进退，影响于地方甚大，欲减轻其当冲之程度，须有分担责任之机关，故本条规定参事会，其地位介于省长与省议会之间，借以调和双方之冲突，庶乎地方政治可望圆满进行。

（十二）省议会认省长有违法行为时，得以总议员三分二以上之列席，列席员三分二以上之可决，提出弹劾案呈请大总统查办之。

查办之结果，省议会认为不当时，得再呈请大总统提交参议院审查之。审查可决后，大总统应即黜省长之职。

理由：省长受弹劾后，有谓宜即免职者，有谓宜归参议院审判者。由前之说，视省长如雇员，未免失之过轻；由后之说，视省长如元首，未免失之过重。本条规定，先以查办之责委诸政府，而以第二项为查办不当之救济。盖未经查办之手续，无论大总统不能遽免其职，即参议院亦不能依一方之弹劾而审查判决之也。

（十三）省议会有违背法律，妨害公安之决议时，由省长呈请大总统提交参议院审查后得解散之。省议会被解散，省长须于两个月内重选，继续开会。

理由：省议会之解散，实为地方非常之事故，须附以违背法律、妨害公安之决议，及参议院审查各条件。盖非此不足以为地方议会之保障也。

（十四）省制除本宪法规定外，得以法律定之。内外蒙古、西藏、青海各地方制度，别以法律定之。

理由：此为当然之规定，无待说明。

提出者：宋渊源、朱腾芬。

连署者：向乃祺、林森、汤漪、侯汝信、金兆棪、张知竞、周震鳞、黎尚雯、吴宗慈、谢良牧、丁世峄、韩玉辰、王人文、李为纶、覃超、郑人康、张汉、叶夏声、何士果、陈祖烈、李积芳、刘成禺、冯振骥、吴崑、张大晰、董昆瀛、盛时、陈九韶、吕志伊、刘濂、廖宗北、秦肃三、郭人漳、潘祖彝、朱观立、刘映奎、周珏、覃振、白逾桓、刘英、黄佩兰、魏毅、雷焕猷、王廷弼、郑忾辰、赵世钰、杨渡、马君武、陈策、凌毅、廖希贤、万鸿图、杨家骧、陈塈、陈承箕、贺升平、刘荣棠、耿春宴、丁鸯、张善与。

（《修正案》，《宪法会议公报》第八册，第41—47页）

与黎尚雯等介绍水口山矿请愿书

(1916年9月)

    为请愿事：窃水口山矿为湖南人民私有之产，本非国有，向由湘人主办，历著成效。此次谷钟秀等擅与日人订约合办，湘省风闻，群情汹涌，若不取消，条约势将成为事实，将来日人执约登山，湘人主张权利保护私有矿产，必为正当防卫，其酿成国际交涉，实可逆睹。在政府既违法于前，何以执法而绳其后，是贻害国家非仅湖南一部分之关系也。

    至日人素以实业之经营为殖民之政策，假合办之名义，行垄断之强权，大冶萍煤铁公司、鸭绿江伐木公司、奉天抚顺煤矿公司，其已事也。

    水口山在湖南腹地，居湘水上游，日人得此矿权且必麇集于此，华洋杂处，保无不发生意外交涉，设不幸而再有郑家屯事件，或且沿南满、山东保路之例，逼设兵警于矿区，平时则藏垢讷污，挠我内政，遇有事变则攻城略地，听其侵轶，后患何堪设想？且吾国财政困难已达极点，借贷救急，势难自此而止。以区区五百万为借款，即以巨大矿产为报，设更有多于此者，自不得不照例办理。吾国矿产之富，久为列强垂涎，将来遇有必须借款之时，投资者群以此相要挟，是将举吾国蕴藏于地之宝，不尽送外人不止。此其害之中于国家者也。

总之，该矿主权既纯为湘民所有，无论中央政府无权处分，即湘省政府亦无权处分。乃当局不谋之湘省政府，不谋之湘省人民，不谋之国家议会，擅与日人订约，是断送湘民固有之矿产，剥夺国民财产之主权也。闻条约附件有我国大借款兴亚公司允负责任等语。以堂堂中国，向人借款，自有主权，乃付托于日本之兴亚公司以为代表，是因丧权而辱国矣。查《临时约法》第九十条第四项：增加国库负担之契约，应提交国会议决。既未履行此项手续，即属违法，违法之约当然不能成立。况契约之效力只能及于订约之当事人，不能对抗订约以外之第三者。水口山民矿，农商部既无处分权，谷钟秀何得将第三人之所有物，擅行订约合办？兴亚公司又何能指第三人之所有物，取之于农商总长？是此约万无成立之理由也。谨依《约法》第七条提出请愿书，公恳贵院咨达政府，请其废约，以重国权，以保民产，则不徒湘省一隅之幸，亦中国大局之幸也，伏候核议施行。谨呈参议院。

请愿人：

旅京湖南公民代表：黄钺（年四十六，宁乡县人，原籍长沙，寓米市胡同沩阳馆）

何海鸣（年二十六岁，衡阳人，寓山西街）

钱维骥（年四十六岁，宁乡县人，寓米市胡同沩阳馆）

许邓甲龙、张楚朋、李衡、朱耀、周醇、袁骥、欧震球、唐九泉、黄策成、刘泽芝、陈墨西、曹铭勋、熊桀、罗肇启。

介绍议员：周震鳞、黎尚雯、陈焕南、李汉丞、盛时、吴景鸿。

（《委员会纪事》，《参议院公报》第二期第十二册，第60—62页）

与焦易堂等关于宪法草案第十一章修正案

（1916年9月）

吾国（板）[版]图辽阔，政务殷繁，一省之大，跨数千里，如不注重地方制度，予人民以自治之权，而徒恃政府之一二官吏摒挡政务，其不致旷职、旷事者鲜矣。前清之末，犹有省咨议局暨《地方自治章程》之颁布，民国以来，虽设省议会，县自治[会]，然忽废忽兴，迄无成效。推其由来，因无刚性法律保障故也。此次制定宪法，省制一章若不加入，国家永无发展之余地。查各国宪法之先例，如普鲁士宪法之第九章、墨西哥宪法之第五章、加拿大宪法之第五章，皆特著地方制度。至若葡、瑞、西各国，尤不胜枚举。况我国宪法规定地方制度，乃继续的，非创造的。考之《周官》，遂县鄙鄹里邻以及州党族闾比之法，均属真正之民治而非骈指复节之官制，贤能概由宾兴，官吏皆自民选。降及春秋，管仲、子产、蒍敖之俦所以治其国者，莫不由此。故管子曰：择其贤民使为里君。及汉代，乡有三老之职，亭有亭长之职，当时推举犹极慎重。自杨坚罢乡官，遗制无余。元代，建中书行省于全国，而近世官制分权之规模，乃托始矣。然则今之规定省制与省长民选，乃酌古准今，补偏救弊之举，而不适国情之疑虑，可以泯矣。顾地方之自治，虽亟宜扩张，而联邦之说，殊在所不取，何则？政局统一则立法行政上之监督自严，而政务之进行必速。地方分立，则彼此之施设互为抵触，尾大不掉，其祸可胜言耶？反对省制者，除本席所不取者外，有以为省长民选仍似美之合众国，不知美之各州有宪法，我国则否。美之中央权力由各州宪法付与之，我国各省职权由中央宪法付与之；美之各州制度互殊，又恒有以各州之宪法限制中央立法部者。我之各省制度统一，又可以中央之法律限制。各省立法机关渊源不同，构造自异，彼反对者可以勿抱杞忧矣。盖今日之弊，非中央之束缚力，使地方不能自由活动也；中央政治之精神，不能贯注于地方也。宪法之规定省制，在唤醒人民之政治思想，发展地方自治，非扩张地方权力，以限制中央也。故本席之主张为发展地方自治而不取联邦合众国之性质，省长虽由民选，而必与中央以任免之局部权。兹（持）［特］列其条文于下，以备讨论。

第十一章　省制

第一百九条　省之划分以法律定之。

第一百十条　省设省议会，得依法制定省之法律。省议会之组织与职权及选举以法律定之。

第一百十一条　省设省长一人，得依法总揽省之行政事务。

第一百十二条　省长由省议会选举三人呈由大总统择一任之。
　　　　　　　　省长之任期与职权及选举以法律定之。

说明：省长民选为本章之主旨所在，其理由已详篇首，无俟再赘。但必选出三人者，以其既可以纾议会之选举竞争，且使中央绰有选择任命之余地耳。

第一百十三条　省议会认省长有违法溺职时，得弹劾之。前项之弹劾案呈请参议院审查后咨由大总统行之。

第一百十四条　省长得呈请大总统解散省议会。前项之解散案由大总统咨参议院审查之。

说明：议会、省长虽互有弹劾、解散之权，然一方由参议院咨大总统行之，一方由大总统咨参议院审查之。议会与省长皆无绝对之解散权及弹劾权，所以保中央行政之统一而为地方争执之救济也。

第一百十五条　省议会解散后，须六十日依法选举，继续开会。

第一百十六条　省议会于同一会期内不得为二次之解散。

第一百十七条　省议会与省长有争执事件，省议会或省长得呈请大总统移交参议院审查之。

说明：前项之弹劾解散案及本条之争执案，均由参议院审查者，以参议院代表地方团体且立于调剂之位置也。

第一百十八条　各省得依中央之编制自征警备队，但于紧急时大总统得调遣之。

说明：将来军区划分，军队率多移至边地，内地之惩治盗匪，防止危险，非兵不可。况从来军民虽已分治，而民政之所以不得展布、有名无实者，皆由军人专横而民政机关毫无实力故也。如此规定，似亦助长政者之一道，抑且为征兵制度之先声也。

第一百十九条　特别区域之制度以法律定之。

第一百二十条　省与中央权限之划分，除本章规定外，以法律定之。

说明：地方、中央权限之划分非常复杂，若一一定于宪法，不惟不胜其繁，且无伸缩余地，故别以法律定之，似较便也。

以上各条草草属稿，有与吕议员所宣布省制之意见书相同者，亦有相异者。同者不嫌其重复提出，异者亦各人之政见。惟吕议员所说明者，均系各国现时之制度，而未就我国历史上、沿革上考查之，不足以解释宪法若定省制，恐有不适于国情之疑虑，且其条文过繁，殊觉不便，故本席不避袭人故套之嫌，而由吾国历史上、沿革上说明提出，为主张相同者之一助。是否有当，敬希宪法审议会暨大会公决。

提出者：焦易堂。

连署者：白逾桓、张鲁泉、桂凯元、李汉丞、周震鳞、窦应昌、张树桐、揭日训、吕志伊、陈毅、高家骥、贺升平、杜树勋、王兆离、李述膺、张瑞玑、杨铭源、赵世钰、寇遐、李含芳、刘治洲、朱家训、狄楼海、刘积学。

（《修正案》，《宪法会议公报》第四册，第29—34页）

与罗永绍等关于宪法草案第十九条的修正案[①]

（1916年10月6日）

教育与宗教划然两途，宗教者个人之信仰，教育者国家之行政。个人信仰不能不予以精神之自由，国家行政不能不出以强迫之手段。孔子是否宗教，中国应否以其教为国教，系宗教问题，与宪草第十九条不生关系。此条所规定者，义务教育第二项所称

---

① 本文原标题：《宪法草案第十九条第二项国民教育以孔子之道为修身大本主张全项删除提议案》。

修身云云，亦系中小学校教授科目，兹故特专就教育制度中之国民教育研究之。

孔子为吾国大教育家，中西人士类多称颂，本员亦深信不疑。惟是教授之级数，不同教科之编制，因之各异。孔子之道，虽合于教育原理，是否适用于国民教育之学科，则尚有辩。今案孔子之道精深者，著于《易》与《春秋》，平易者首推《学》《庸》《论》《孟》。《中庸》论道，至于无声无臭，盛称鬼神之为德，谈精窍玄白首难解。《大学》，纲目井然，然程、朱作注首曰：《大学》者孔氏之遗书，而初学入德之门也。又曰：《大学》者，大人之学也。明明是大人之学，而必强初学小儿入此德门，殊难索解。颜子赞孔子之道曰：仰之弥高，钻之弥坚，瞻之在前，忽焉在后。子贡曰：夫子之墙数仞，不得其门而入。又曰：夫子之不可及，犹天之不可阶而升。孔子曰：中人以上可以语上，中人以下不可语上。国民教育者，普通强迫教育，佣夫贩妇，三家市井之樵童牧竖，均负有就学之义务。大多数为中人以下之人，可断言也。而必使之茫茫昧昧，索忽探冥，徬徨万仞之墙，翻蹟升天之级，历乡苦县，孔、老并称，宣圣有知，当亦矍然失色。夫孔道在中国流传数千年，断无遽令湮灭之理。然欲以干城之重任付彼学童熟于口而盲于心，未见有秋毫之益。本员以为中国大学校发达之后，应于文科中专设经学一科，聚国人中聪颖嗜古者极深研，几以保国粹，以尊古学。至于国民教科书则随取近编之读本，课之随读随解，较诸六经四子之咿唔，事半功倍，可操券而得。或谓孝弟、谨信、爱众、亲仁诸大纲，言简易明，适合国民教育之程度，不知此等人伦道德之要旨，尧舜禹汤、文武周公何代不以此教人？佛回耶教，诸子百家，何人不以此立说？孔子之言可以择取，非孔子之言亦何尝不可收用？盖信道与信教不同，信教各有其所专一，不妨拒绝旁宗。信道则古今中外博采兼收，乃足以发展。其世界之思潮，扩张伟大根器。罢黜百家，专尊孔氏，此汉武愚民之术也。制艺取士，禁用三代以后事实，乳臭小儿假装孔孟口吻，贱如优俳，恬不知耻，此明祖坑儒之策也。不图开明进化之时代，颂言立宪，乃出此束缚思想，专制精神之手段，干枯性海，摧折学芽，贻害将伊胡底。夫道与时为变通，不妨小德出入，若极端立于反对地位，则非语言牵合之所能沟通。今试问，礼从拜下，丧服三年，无君则载质出疆，孝亲则发肤不毁，民国现制非明明违反孔道者乎？又如我辈在院断发科头，处士横议，醉心平等，主张天下之无君，侈口民权，敢以庶人而议政，宪章不言，文武造法，变用夷规，凡诸言论行为，不曰悖孔而曰时中，滑稽解嘲，未免自惭无理。盖宗教与政治本有分离之先例，教育与政治决宜一致之进行。高等教育专科钻研学理，尚有思想自由之余地，若国民教育所以造成组织国家分子之基础，断不能与政体、国体稍有背驰。如以孔道为国民教育之本，则背道、背制之嫌，实有不能通融之处。若夫礼运大同，易虞氏之乾元用九，春秋公羊氏之文致大平，托想甚高，四角无碍。然此等哲理玄言，近于佛氏之圆通，无关教科之实用，如谓空文行世，不必责诸实行，是启国民以藐宪之端，而导儿童以不信之渐，尤为风俗人心之大累。且中华民国五种民族所结成，满、蒙、回、藏各有特性，必以孔道之尊荣，悬为强迫之义务，彼此凿枘必致教育行政不能统一，人心遂以涣散，万一因学说之冲突，牵动宗教问题，则欧洲十字军之惨剧，未必不重演于东亚。孔子曰：道不个同，不相为谋。又曰：同人于宗，吝道也。倍蓰什百而无算，而欲比而同之，岂非兆乱之媒乎？

总之，孔子之道，大而能博，我辈奉为政治家也可，奉为哲学家也可，列诸高等教育专科也可，即奉其教为国中一部分之教宗，苟不妨害自由信教之条，亦无不可。惟以其道为国民强迫教育之大本，且规定于硬质宪法中，合四万万人之聪明才智囿于一途，统满、蒙、回、藏之悬绝情形范于一冶，则断然以为不可也。孔子复生，当不以斯言为妄矣。

近来各省宗教团体电院，反对此项条文者甚众。本员以为，此项条文确系教育关系，不涉宗教问题，故反对之旨趣各异。

日昨院中同人提出尊孔案，移此项全文列于该法案第二条，意在减少宪争之焦点，用心良苦。窃谓宪法与法案性质不同，施行之利害实无区别，本员纯为教育前途着想，故于该法案第二条亦反对之。

提出者：罗永绍。

连署者：张治详、陈九韶、陈策、张大义、李执中、彭邦栋、褚辅成、郑人康、陈家鼎、吕志伊、李为纶、黎尚雯、杨时杰、王玉树、曾干桢、黄攻素、李锜、汪建刚、邹鲁、段雄、周震鳞、骆继汉、余绍琴、赖庆晖、罗家衡、梁昌诰、张伯烈、叶夏声、张浩、吴景濂、周泽苞、覃振、高旭、陈鸿钧、吴景鸿、吕复、陈子斌、刘恩格、李有忱、邓天一、秦广礼、徐傅霖、王葆真、赵世钰、欧阳振声。

（《修正案》，《宪法会议公报》第十三册，第59—63页）

与陈家鼎[①]等关于宪法草案第二章的修正案

(1916年10月)

兹依宪法会议规则第三十条,提出宪法草案第二章修正案,详具理由,伏请提付大会公决。

第二条原文"中华民国国土依其固有之疆域"可修正为"中华民国依下列之领域为国土:直隶、奉天、吉林、黑龙江、江苏、安徽、江西、浙江、福建、湖北、湖南、山东、河南、山西、陕西、甘肃、新疆、四川、广东、广西、云南、贵州、蒙古、西藏、青海"。

第二项"国土及其区划非以法律不得变更之"。

此原文无修正。

今将修正之理由列后:

(一)原文"固有"二字系取概括主义,然国家领土之取得,

---

① 陈家鼎(1878—1928),字汉元,湖南宁乡人。1891年补博士弟子员,后考入湖北武普通学堂;1904年东渡日本,就读于日本早稻田大学;1905年加入同盟会,次年回国与宁调元等创办《洞庭波》,遭官吏缉捕,逃亡日本,创办《汉帜》,1907年归国赴山东、东北等地,策动革命。民国后任国会参议院议员,在京主持共和纪念会事宜,"二次革命"失败后逃亡日本;后回国参加护法运动,任大元帅府参议,孙中山逝世后退出政坛。1928年1月因煤气中毒在北平猝逝。

近世国家学上有原始取得、传来取得之二种，单言（国）［固］有，语嫌仅重原始之领土而遗弃传来之领土，词太含混，不无流弊。此应修正者一。

（二）一国之土地，其广狭依主权行使之范围及领土取得之方法，固贵有伸缩力。然此自国际法上言之也。宪法为国内法，国家根本系焉，不详列此构成国家之部分，不足以保领土之神圣而重国家之根本。此应修正者二。

（三）既不列举区划，则原文第二项所云之"国土及其区划非以法律不得变更之"者，其区划终无标准之可言，即易启非法变更之渐，实与第二项文义有背。此应修正者三。

（四）必须详列地名者，乃慎重国土之必要。各国有诏我以先例者，德意志宪法第一条自"普鲁士"起至"汉堡"止，共二十五部。瑞士宪法第一条自"修利克州"起至"日内瓦州"止，凡二十二州。比利时宪法第一条自"央为尔斯州"起至"那米叶州"止，凡九州。加拿大宪法第三条及第五条自"央达洛省"起至"纽勃伦斯韦克省"止，凡四省（接定是后又有"□尼多巴"等四省加入于加拿大联邦内）。墨西哥宪法第四十三条自"亚瓜斯加林斯州"起至"柴加得加斯州"止，凡二十七州及下游"加利福尼亚"至"坤塔耐卢"等领土无不详细列举，其地名订入宪法，此四国之通例也。美□□法虽未列载领土，然合众国宪法中自"乌利吉尼耶州"起至"沙乌士加路利那州"止（最后乌亚孟特州亦加入），凡十三州之州名及其委员名并其州之加入年月日，皆载之宪法亦不啻列举地名之旨也。不过十三州之追认，宪法有先后之参差，非一时全国一致，故当初未有列载州名专条耳，是各国先例多置重于此。况我国之各省及各特别区域，尤为构成民国之单位，有不可不明白规载者乎？此应修正者四。

（五）通常论之，大抵单一国多概括，联邦国多列举。然律以各国成例，实则亦不尽然。中国宪法上不必取联邦制，亦不必有单一制之名。本员于草案第一章国体上之"统一"二字主张删去，则第二章国土改概括为列举，亦符草案之系统。此应修正者五。

提出者：陈家鼎。

连署者：周震鳞、李汉丞、叶夏声、彭邦栋、董昆瀛、张大昕、廖宗北、吴崑、景定成、谢持、刘成禺、高荫藻、黄元白、邹鲁、陈焕南、宋渊源、贺赞元、黎尚雯、邱国翰、白逾桓、李为纶、潘江、程莹度、陈嘉会、李锜、马君武、谢良牧、梁昌诰、高旭、丁象谦、郭人漳、杨时杰、凌钺、黄攻素。

（《修正案》，《宪法会议公报》第十二册，第 56—59 页）

与符鼎升等介绍水口山矿的请愿书

（1916 年 10 月）

为请愿事：案查中央大借款，日人包办，政府不先问地方，径以湘水口山铅矿与皖太平铜矿同许日人合办，订立草约。在政府以财政困难，非有大宗借款不足言整理，原属不得已之苦衷。惟吾湘水口山矿为全省命脉所关，存则湖南犹有一线生机，去则湖南将永沦于灰烬。此中情形，有不能承认合办者五，有应请贵院力争者二，试详陈之：

查水口山在桂水入湘之口，名曰莰源。方志载，宋时置莰源银场监，明末有人开挖，草棚亘十余里。光绪二十一年，贾人承办，获矿颇饶，争讼不休，（展）[辗]转顶受，业主遂失，致为地方公产。光绪二十二年，湘抚陈委湘绅喻光容、廖树蘅查勘，熟筹办法，其时矿业尚属萌芽。开办之初，原有借用厘金、善后、屯垦各局公款之事，继因外人觊觎，湘绅王光谦等为保守地权之计，呈请湘抚俞奏设公司，分中西南三路，由绅董招集股银，分任开办。自是矿业主持者湘人，投资者亦湘人，而此中以水口山矿之成效为尤著，所有以前公款，久已悉数认真归还，是水口山毫无政府成本，纯系湖南民产，则中央自不得强夺诸民而付之日人。此不能承认合办者一。

中外合股，原为矿业条例所规定。然未开采之矿或已开采而资本不足，苟利源所在，未始不可借助外资。若水口山矿，历年皆有余利，本年出砂渐增，余利稍大，湖南所开各矿，其中亦不无折阅者，方期以水口山矿余利补救他矿而谋恢复，资本尚不虞不足，又何须外人合资？乃政府欺我湘民，谓合办未必即为我之不利，且谓资本增厚，利息不止倍蓰，各等因。夫日人要求合办，不指定他矿，而独择其最有成绩之水口山矿而攫之，无非欲侵我利权。即使条约毫无流弊，利益更增发达，试问我湘人能享之乎？亦不过以自然之利，分赠外人而已。如汉冶萍公司，因借款关系，遂致大冶矿产、汉阳生铁均先由日人选择佳者贱价售去，劣者则归公司，可为殷鉴。此不能承认合办者二。

湘省经前政府搜括之后，亏空已达三千数百万两，民间交易仅恃不换纸币以为流通，汇费日涨，物价日昂，经济恐慌亦云极矣。查广东当财政紊乱之时，尚不如我湘今日之甚，而其雄富尤远过湖南，中央犹发给巨款以调济金融。江西、吉林亦然。我湖南受此巨累，实由中央用人不良使然，自应由中央补救。然湘省尚未即行要求者，深知中央现在窘迫已极，亦莫可如何耳。且国家费、地方费要尚未确分，湘省收入在袁氏秉政时提拨殆尽，地方行政费之不足，临时尚有告贷于水口山矿余利者，而湖南银行纸币充斥，方谋以此项产业盈余聊为救济。今中央不谅湘人爱国之诚、自救之苦，反甘为外人强夺而去，使我湘一线生机亦绝，驯至补救无方，其痛苦恐将来不仅湖南人受之也。此不能承认合办者三。

前次国务院致湘省长铣电称，中央决不将地方利益无端攫为国有。夫地方之利，即国家之利；地方之害，亦国家之害。假使此举直接有利于国，间接亦无害地方，虽牺牲一部分亦何不可。独是日人对于我国之经济、政治，野心勃勃，无日不有亡我之思，若准水口山矿与之合办，他日逞其蚕食鲸吞之手段，全省矿权将尽归掌握，甚至借口我国警察不良，不足以资保护，并欲夺我矿业警察权。尔时，我果以何术御之乎？此不能承认合办者四。

湖南生齿日繁，在昔年以官幕游他省及在他省充兵役者不乏其人。自袁氏秉政以来，悉被排斥，以故生计益穷。幸赖近年矿业发达，犹能支配多人。自帝制发生，一时护国军又弥漫全省，而湘省其他实业并未举办，别无可谋安顿之方，一旦此矿入外人手中，更无生息之地，后此之隐忧愈长矣。况民气难静易动，倘听政府贸焉不察，施此攘夺转赠手段，以激动民情，目前已属可虞，而于军队收束顿生阻力，尤非地方之福。此不能承认合办者五。

《临时约法》既经恢复，其效力即与宪法同等。既号曰共和，号曰立宪政府，即不得任意弁髦法律，蹂躏人权。查《约法》第六条，人民有保有财产及营业之自由。又第十九条，参议院议决公债之募集及国库有负担之契约。《国会组织法》第十四条，众议院亦同此职权。水口山铅矿征之历史，既完全为湖南人民公有，则不独中央政府无处分之权，即地方政府亦无处分之权。上年陶思澄献媚中央，请其收归国有，湘人因种种关系抗议力争，虽以袁氏专权，犹不敢擅自攘夺。今政府不特别保护，不先问湘民，乃立约夺赠他族。又闻此次立约，纯由财、农两部总长主持，并未送呈大总统核阅签字，亦未报告，复不提交院议，其层迭违背《约法》，断送民矿主权，使我湖南受痛独深，实无可忍。且所主持者皆新人物，又即反对袁氏前次大借款之人，苟不责以遵守《约法》，谁复当遵守《约法》？此应请贵院力争者一。

十九世纪以还，武力战争一变而为经济战争，故欲谋经济之发达，端在有发明实业之人。矿产蕴藏于地，自非深期斯学，确有把握者，不易开办。若归国有，人民漠不关心，矿业自难期发展。故无论何国，学者莫不主张民有，即斯意也。吾国积弱之原因，即在财源竭绝，而救国之要，首当于实业极力提倡。如何奖励，如何保护，乃政府应尽之天职。水口山铅矿前言纯由民力所创成，而湖南实业亦仅此一事，中央则必欲夺归国有，贡献外人，是何异摧残实业？于湖南如此，于各省何不可如此？则此后言实业者，将人人自危而不敢趋于实业一途矣。此应请贵院力争者二。

抑更有请者。国务院致湘省长铣电称，合办后倘收入减少，中央自当担任补偿。然湘省当民国元年金融恐慌时，急待现金救济，乃将水口山铅矿抛砂于德商礼和洋行，收定银一百万两，许购黑白铅砂十万吨。其时中央财政异常窘迫，连电乞贷，允大借款成即行归还，并允接济巨款，而湘人深顾国家大局，不惜牺牲地方，全数贷汇中央。今抛砂已交去四分之一，扣还定银亦四分之一，而中央尚未丝毫汇还我湘，则其信用可知。岂犹能担任日后之损失乎？此种欺饰之语，尤令湘人怀疑。又云闻该矿原借外资不少，合办后以甲换乙，相去无几。然水口山除前言代中央借礼和洋行百万两外，并无借外资之事。且欧战发生，礼和洋行未能收砂，现堆存甚多。湘人屡提议废约，尚无结果。且彼闻中央无端批与日人合办，来函诘责。今若俯首听命中央，又与日人合办，将来交涉必更棘手。又云至如何合办，仍由湘政府主持，与之协商。夫政府之专横如此，而日人之狡谋又如彼，试问合办始议，湘人尚无协商之权，而合办事成，湘人安有主持地步？尤可怪者，合办之约传湘，湘人协力电争，而国务院复电，一则曰传闻之词不可信，再则曰京电失实，乃昨铣电又曰不得不予日人以实业上相当之利益，曰此电万不可发表。夫国家重任委于政府之手，则其待国家、待人民宜如何出以诚心，方无负委托，乃前后支离矛盾，若此且亦深知此事不可告人，而必强取民产以作国际报酬，诚不知是何居心？真正共和、真正立宪，殆如是耶？总之，水口山矿为湖南人民命产，违法欺民所订之约，誓死不从。谨代表三千万湘民缮具请愿书，要求贵院根据《约法》，立主废约，不胜迫切待命之至，须至请愿者。

湖南省议会代理议长：彭兆璜。

介绍人：符鼎升、王观铭、程莹度、梁士模、龚焕辰、杨福洲、梁培、李国定、盛时、李汉丞、周震鳞、吴景鸿、田永正、黎尚雯、向乃祺、陈焕南。

（《委员会纪事》，《参议院公报》第二期第十二册，第50—55页）

与刘承烈①等悼黄兴电

(1916年11月1日)

唐少川先生转黄一欧君鉴：

克公仙逝，全国同志、同乡尤深哀痛，谨此电唁。

周震鳞、刘承烈、刘文[锦]② 叩。东。

(上海《国民日报》1916年11月1日)

---

① 刘承烈（1883—1952），字劲襄，湖南益阳桃江人。1902年留学日本法政大学，结识黄兴、宋教仁等，加入同盟会。辛亥革命后任湖南实业司司长，参与"二次革命"，失败后流亡日本。后回国参与北伐战争、抗日战争。中华人民共和国成立后任政务院参事室参事。

② 刘文锦（1886—1936），号曙汀，刘承烈之弟，湖南陆军武备学堂、保定陆军速成学堂毕业，任湘军第五十标马队排长，1909年在南京加入同盟会。参与辛亥长沙光复后任骑兵第一团团长，"二次革命"后逃亡日本，后任湘军师长、平汉铁路运输处长等职。

致孙中山书

（1916 年 11 月 4 日）

中山先生钧座：

申江拜别，倐逾三月。每怀伟范，无任钦驰。

克强兄遽尔抛弃尘寰，国政、党务同遭损失，凶耗所播，举国凄惶。先生与克兄气谊特深，伤戚之情，宁可言喻。惟先生既失兹最大帮手，今后为国为党，力任艰巨，惟赖先生一人始终主持。

数月以来，目击各党分裂、变幻情形，几不可以究诘，然细测所以横溢旁出、涣散无纪之故，总不外群龙无首，指挥之作用全无。乌合之众，不堪作战，长此不改，则议会之精神，将无形丧失，政局前途，益不堪设想矣。现在详察各方面情状，均感此种痛苦，各有觉悟，以为非得历史最深、信望最著之伟人，标举党帜，出任党魁，必不足以提挈群伦，纳诸轨道。

国民党自同盟会改名后，分子复杂，秩序早乱。经两次革命，其反复变节、抛弃主义、专意猎官者，实繁有徒。今之所谓《中华新报》派、肇庆派少数人，始则利用不党主义，以分裂我党；继则利用我之不急急成党，彼乃力谋脱去母党，另组新党，隐结阴谋派，推岑、梁为党魁。且妄言少川已入其彀。似此鬼祟百出，若不立下最大决心，求一根本救济之法，其将何以保残局而策来兹耶？

夫国民党破绽毕露，既如上述，则所谓根本救济之法云者，必不在保存国民党之空名，而在结合进步党之孙伯兰派，及章太炎与民社混合之新共和派。此两派者，在民国二年前政见虽有不同，自第二次革命至今，早与真正之国民党愈接愈近，较之国民党中新官僚分子品格，固相霄壤矣。伯兰派崇拜先生，久出至诚。伯兰为人，社会中几以南中健将克强相比拟。共和派原为同盟敌系，自为官僚所利用，早知悔愤，咸以先生为不可磨灭之党魁。此两派既竭诚奉戴先生，且有黎、冯两公为之后援，先生一出负担责任，则议员中坐得二三百人，合之国民党可靠分子三百人，共得五百余人，占国会人数三分之二而强。则目前政局变迁，已可渐操民党之手，共和基础之稳固将亦于此举卜之矣。为吾党权利害，为国家谋安全计，无有善于此者。此事少川、汉民、仲恺诸公，想早已陈述于左右。惟前此机势，尚未如今日紧迫，故未立见施行。近日溥泉、伯兰、濂伯、仲恺、子琴及各同志中坚，见岑、梁旗下之张、谷派拟然为叛党独立之行动。吾人若使用迅雷不及掩耳手段，立树党帜，号召国人，则彼恶醯官僚，自不能得多数人表同情，不过成立一无信用之小党而已。否则，彼有党之行动，我无党之组织，凡热心组织分子，难免多数阑入该党。辛亥兵罢，同盟会组织迟误之前车可鉴也。此意赖巨川兄此次专来沪陈述，当蒙采纳矣。

至党之成立，党之巩固，党之发达，皆须先生从早到京一行。倘得先生率同汉民、太炎各领袖，先过南京应酬一番，随来北京，留连数月，不仅党可发展，国家社会亦必赖以乂安。但阴谋派必多方造谣，尼先生之行，幸勿中其奸计，坐误远谋也。同志等深恐沪上各同志于北京社会及党务近状尚未尽知，兹特请朗西兄专诚赴沪详达，溥泉兄离京南来。伏乞俯从众请，对于结合大党办法，主持定断，并谋早定驾临北京，以慰群望。党务幸甚，国事幸甚。专此，祇请伟安。敬祈察纳示复。即惟起居康胜。震鳞谨上。十一月四日。

（周用宜主编：《周震鳞墨迹诗文选集》，中国社会科学出版社2012年版，第29—30页）

与黎尚雯等介绍余鏖等请愿书

（1916年11月15日）[①]

为湘矿关系湘省命脉，恳请代伸民意要求政府速予取消日人合办条约以明界限而保主权事：窃自湖南水口山与日本兴亚公司合办一案发生，湘人闻之惊疑万状。查水口山铅矿原系湘人公有性质，又为全湘命脉所关，今日拱手授诸外人，群情异常激烈，父老子弟奔走呼号，此案一日不销，此风一日不靖，而湖南三千万人之生命财产亦一日不安。于是谭省长、省议以及绅商学各界函电力争，实鉴于民气之激昂，恐一旦酿生他变，乃政府因循展转，视为故常，不得已又开公民全体大会，公推代表，星驰赴京，誓必到废约目的而后已。代表既受全湘父老之负托，不敢缄默不言，用将此矿本末及传来性质并绝对不能与外人合办理由，请为贵院次第陈之：

查水口山矿自前清开采以来迄今二十年，获利甚厚。前清政

---

① 此件和下一件所署的日期，系参议院汇咨国务院的日期。

府强与英人订合办，曾由湘抚陈宝箴据理争还。上年，陶思澄在湘巡按使任内谋归国有，亦为湘人否认。虽以前清皇室之尊严、帝制自为之袁氏曾不能逞其专横之权力强夺于湘人之手，矧今共和再造，号称为法制国者乎？此不能承认合办之理由一。

水口山铅矿原湘民所有，物权所在非他人所得干预。湘省政府且无处分之权，况中央政府以一部分官吏之私见，垂涎十七万余元之回扣，敢断送湖南三千万人民生命财产之血脉耶？此不能承认合办之理由二。

《矿业条例》中外合资一项，专就地方无力开采及已开之矿无力继续因而停办者而言，若水口山，资本甚充、成效久著，实无人输入外资之要。今兴亚公司因借款问题而要求合办，以为报酬品，不啻视我中华政府为儿戏而我政府居然入其牢笼，徒外人之讪笑。且中日合资营业事件，若大冶萍煤矿公司、抚顺煤矿公司、鸭江伐木公司等，外人大权在握，华人获利有限，皆可为今日之殷鉴。此不能承认合办之理由三。

湘省自两次改革，亏累至三千数百万两之巨，纸币时价银两减至八九百文银元高至一千八九百文，财政紊乱达极点，历经官绅商界百计思维，终无救济之法，惟恃此矿逐渐扩充，庶可将历年所有存积徐图善后。倘此矿一失，是不啻将全湘三千万人民之生机同时断绝。此不能承认合办之理由四。

日人得矿合办势必麇集工商杂居此土，如南满、山东保路之例，遍设兵警于矿区，其侵掠土地且不论，即以旧衡州府属之土俗而言，亦夙以强悍著称，庚子教案是其铁证。辛亥之际，清室灭亡，即以粤汉铁道收归国有为其近因。此次水口山案，湘民异常激烈。若政府不速谋废约，则将来舆情鼎沸，小则酿衡州教案之衅，大则蹈清室灭亡之辙。是以祸湘者并祸国矣。此不能承认合办之理由五。

以上各节，皆势所必至，理有固然。现代表抵京不过旬日，而湘中函电驰询已数十百起，其见于函电之辞，如排斥日货等语不一而足。代表念湘民既抵死不变，有同众志之成城，政府苟以爱民为怀，毋使铤而走险，用特据情请愿，伏乞转达湘民激愤情形，要求大总统暨国务院尊重民意，取消前约，俾去年五月七日之风潮不再见今日，湘民幸甚，大局幸甚，此呈。

请愿者：湖南公民保矿会代表余麐、熊仁，住烂缦胡同湖南会馆。

介绍议员：黎尚雯、吴景鸿、向乃祺、周震鳞、陈焕南、李汉丞、田永正、龚焕辰、方圣征、马良弼、何多才、张嘈、林森、金永昌、丁象谦、章兆鸿、马伯瑶、刘芷芬、王汕清、盛时。

（《请愿案》，《参议院第二期常会议决案汇编》，第27—30页）

与彭邦栋等介绍龙璋等请愿书

（1916年11月15日）

请愿事：缘湖南水口山矿产为湘人历年所经营，成效昭著，湖南人民所赖以资生活者。与夫湘政府所恃以为挹注者，胥在于是固一省矿产之精粹而全湘三千万人所托命者也。月前京电传来谓政府以财用支绌之故向日本兴亚公司要求借款而以水口山矿产及安徽太平山矿产许该公司投资合办以为报偿并经财政部总长陈锦涛、农商部总长谷钟秀主持，旋与订立草约。湘人闻耗之下，莫不发指眦裂，奔走告语，函电载驰，务祈政府撤废前约而后已。

旋经钧院以国权民利所关至巨，曾于政府有所质问。然迁延至今，草约迄未废止，坐使湘民忧惧环生，莫知所措，群情激昂，危险万状。夫人民置产营业之自由权，载诸《约法》。陈、谷两总长置身国务员，当如何尊崇法典以卫国保民，乃以区区借之额，贪得回扣之故，妄以湘人所经营重要之矿区夺让于人，古今中外，宁有此理？且兴亚公司并非资本饶裕，且为日本政府所不置议，此项条约而竟成为事实，不独湘人固有权利受其侵夺，窃恐国家以无穷之累，有不忍言者矣。而陈、谷两总长并未咨求钧院同意，不顾舆情，竟出此轻率之举，丧权误国、违法殃民，莫此为甚。兹特依据《约法》第七条及《院法》第四十六条，谨具请愿书，呈请钧院按照《约法》第十九第四款对于陈、谷两总长所有失职违法行为认不合，咨请政府速行废约以维法纪而保利权，湘人幸甚，国家幸甚，不胜迫切待命之至。

介绍议员：彭邦栋、黎尚雯、周震鳞、谢良牧、向乃祺、布霖、丁象谦、陈焕南、李汉丞、田永正、龚焕辰、盛时。

湖南公民保矿会会长：龙璋。干事：魏振邦、李揆正、谭尚德、楚寿朋、王锡蕃、丁龙云、王健、郭本燮、谭觉民、谢基焌、杨式闿、颜炳元、谭传祁、成克勤、廖湘云、邱惟震、包道平、张先赞、黄恩藻、徐光模。驻京代表：余鏖、熊仁。

（《请愿案》，《参议院第二期常会议决案汇编》，第30—32页）

挽谭延闿母联

（1916 年 11 月中旬）①

问将军布履如何，举步凄怆，圣哲难忘慈母线；
望天姥雪花遥落，凭栏洒泪，白云长锁定王台。

与杨家骧等关于日本在厦门设立警察的质问书

（1916 年 11 月 27 日）

近据报载，福建厦门地方，日本设有警察并在箭道口粘贴纸条，大书"大日本警察出张所"等字样，阅之不胜骇异。夫厦门箭道口为吾国领土，警察权乃吾国内务行政之一部分而亦民国权

---

① 谭延闿母亲于 1916 年 11 月 6 日病逝上海。

利所借以保障者也。今日本无故设警察于内地,侵我主权,莫此为甚。该地居民异常惶恐,设他日酿出意外之争,后患何堪设想!闻厦门交涉员已向日本领事严重交涉,一面电达外交部向驻京日使据约力争。究竟外交部已否与日使开始谈判,进行如何,谨依《约法》提出质问,请速为答复。

提出者:杨家骧。

连署者:朱念祖、黄绍侃、周震鳞、周择、王正廷、郑际平、窦应昌、高家骧、雷焕猷、黎尚雯、符鼎升、王用宾、陈祖烈、方圣征、李兆年、陈受中、黄树荣、宋渊源、潘祖彝、李茂之、刘映奎。

(《公文六》,《参议院公报》第二期第十九册,第67—68页)

与黎尚雯等关于水口山矿的请愿书

(1916年11月)

为请愿事:自中央发生以湘省水口山铅矿报酬日人以来,凡在湘民莫不同声痛惜绝去全省命根,函电交驰,力争不已,其中种种利害,类能道达意见,痛切言之。然尚未尽之剩义为必须争回此矿者,谨汇十条,请详其说:

窃水口山铅矿开办自前清光绪廿二年,当中国讲求实业发轫之始,湘绅怵于湘省贫瘠,决议创办此矿,以为全省实业倡。惨淡经营若干年,始得每年获利数万元至数十万元不等,除扩充水口山矿及试办各矿经费外，用以津贴学款及各公费。其间矿砂价值之低昂，不时销路之行滞不一，而津贴各费成例，探采各矿须资亏损，间亦时有。光复以来，湘省行政经费益巨，兵饷支用亦繁，加以纸币充斥，积亏衷多，赋税厘金，不足以济。会议于此矿锐意进行，不遗余力，至近年始得出砂日旺，岁计将达四万吨目的，适遇砂价高起，估计终年可盈二三百万元，恃以逐渐接济湘省经费、兵饷及填补积亏，收回纸币之用。此关于湘省财政上问题，其必争回此矿者一也。

解之者曰，此系中日合办，非全与日人也。噫夫！合办之者，必我资本不足，方借他资以合之也。与日合办之已事，其害已不可胜言，如大冶铁矿、吉林伐木公司之与日合办可鉴已。水口山资本充足，何借日人？是明明欲夺我矿，始则朦以合办之说，分我权利而加以侵揽之，继必施以狠毒之计，假一交涉而公然全夺之。总之，日人狡诈，水口山铅矿之旺，垂涎者非止一日。近年来，不时有日人来山参观，七月间，日人中原、高取二人来山，强欲下窿测探，复欲索帐抄誊，俨若清查者。然虽经拒绝，意甚悻悻。不意事隔一月，而中日合办之议出，不知彼以何等诈术朦混中央，而中央为其所蔽而出此也。是合办即无异全与。此关于湘省权利上一大问题，其必争回此矿者二也。

且水口山开办伊始，基本银借贷于善后局、阜南局、乾益栈等处，发达后一律清还，与政府毫无沾染，是水口山完全为湘民公有。以湘民公有已经见效之物，必夺而畀之日人，是公民不能见有效之实业，中国不能有营实业之人民。枯守瘠贫，坐以待毙，寒民之心，促国之亡，莫此为甚。此关于湘省实业上一大问题，其必争回此矿者三也。

湘省矿苗在在发现，有未开者，有将开者，有已开者，有将见效者，有将大效者。公矿专恃水口山为根本以推广之，湘省财政自日富，是谓以效求效，其效易而益大；私矿则以水口山为之模范而仿行之，湘省地蕴可日辟，是谓以效励效，其效多而利溥。倘水口山为日夺去，公矿既无接济以推行，私矿将有戒惧而阻止，前功尽废，后效枉弃，全湘矿业自此而隳，贫瘠湘民一线莫保，无穷后患，设想何堪？此关于湘省矿业上一大问题，其必争回此矿者四也。

即以水口山论，所有采矿各区，如龙王山、新冲、新吊井等处，不久亦将见效，固为日所坐得。他如白沙、会同、平江、新化等处，已见效者。水口山根本既拔，各处无资续办，将来又必为日人计夺而去。此关于湘省公矿上一大问题，其必争回此矿者五也。

推之私矿亦莫不然。日人贪得无厌，其公司力小者势必渐以诡计诈术诱骗而取之，其公司力大者则以强权压力迫胁而夺之。由是假办矿之名义，而渐渐移民；由是假护矿之名义，而渐渐布兵；由是假保矿之名义，而渐渐干政。日人遍湘势力充足，上窥两广，下伺长江，一求援应，辄耀兵威，斯时湘省固早已不亡而亡，如东三省合办之铁路是已，后患更有不可思议者。此关于湘省存亡上一大问题，其必争回此矿者六也。

民国光复时，湘省异常支绌，不得已抛砂德商礼和洋行，获定银百万两，原以济湘贫也。中央闻之，电湘借去，至今未还。现湘矿已为中央负债百万，铅砂因欧战尚未交完，是水口山为中央与德人原有交涉，以水口山畀之日人，日德不睦，德人其甘心乎？尔时日人向中央要挟，德人向中央质问，其将何以处之乎？此关于湘矿交涉上一大问题，其必争回此矿者七也。

铅砂出售获价无几，自行提炼，利倍于砂。如水口山附近办理之松柏炼厂，土法炼铅，售销内地，虽用人工力作，规模狭小，炼砂甚少，出铅不多，综计去年除经（费）[营]砂本外，亦获余利二十万金，久拟改用西法，出砂若干，即可提铅若干，原以经费未足，西法未谙，数年前预送实业生出洋考察，现今返国，西法已谙，经费已足，方思筹办提炼工程，将来出砂皆由本地自炼出铅，即由本国售销，不仰鼻息于外人，足资利用于本国，非实业上之大成绩乎？此关于矿业进行上一大问题，其必争回此矿者八也。

立国以殖民为本，水口山铅矿，本地工匠、丁役不下万人，综家室而计之，计间接生活者三五万人。此三五万人去此生活计，当此生活程度日高时代，人浮于事，计绝谋生，势必强者流为盗贼，弱者委于沟壑，抑亦政府之忧也。此关于湘省殖民上一大问题，其必争回此矿者九也。

湘省贫瘠至此，即有水口山铅矿盈款补助，犹难支持，苟并此而无之，势必重加厘金、赋税，尽吸湘民膏脂，嗷嗷哀鸣，何以堪此，其不流离转徙也几希矣。此关于湘民存亡上一大问题，其必争回此矿者十也。

凡此十争，痛切肤髓，心肝具在，剜割奚堪。为此，缕陈请愿钧院垂念湘贫，无绝湘命，决废合约，存活湘人。临书不胜祷切待命之至。此呈参议院。

请愿人：湖南公民保矿会代表黎书宸，年三十岁，住湖南会馆。

介绍人：黎尚雯、郑树槐、孙乃祥、周择、傅谐、方圣征、宋桢、向乃祺、周震鳞、李汉丞、刘芷芬。

（《委员会纪事》，《参议院公报》第二期第十九册，第57—61页）

与陈敬棠关于归绥剿匪问题质疑书

(1916年12月2日)

为紧急质问事：迩年来，归绥一带土匪蜂起，焚毁劫掠，无所不至，商民痛苦，惨不忍闻，叠经政府派兵剿抚，亦仅暂维现状，迄未肃清。前任都统潘矩楹养痈贻患，一朝猝发，故去冬十一月，土匪占据萨县，围困包镇，又经政府派兵剿捕而匪势蔓延，骤难扑灭，所过乡镇，焚掠一空，尤复窜扰晋北，攻城陷镇，经晋军协力痛剿，匪势稍杀，遁入后套，号招党羽，出没无常，掳人勒赎等事，月有数起。乃该区都统前既捏报肃清，后亦不筹防御，政府未得真象，商民呼吁无门，至本年九月后而匪势又复大振。近据商民函称，匪首卢占魁聚众数万，器械精良，距包镇数十里屯驻，意图大举，时派小股四出劫掠，现在包镇危急，萨县震惊，道路梗塞，行旅坐困，而各乡镇之商户欲留恐被其掳勒，欲逃恐伤其性命，资本既已丧失，生命复难保存，水深火热，闻者酸鼻。夫商民有纳税之义务，政府有保民之职责，现任都统蒋雁行到任已久，境内土匪聚众滋扰，剿抚事宜有无把握。谨据《约法》十九条提出质问，请政府于五日内答复。

提出者：陈敬棠。

连署者：张杜兰、王鸿庞、吴文瀚、周震鳞、张联魁、班廷献、窦应昌、郑林皋、廉炳华、杨家骧、孔宪瑞、马良弼、苏毓芳、赵世钰、万宝成、张光炜、陶逊、蒋羲明、丁象谦、纳谟图、黎尚雯。

（《公文》，《参议院公报》第二期第二十一册，第73—74页）

与龚焕辰等弹劾段祺瑞意见书①

（1916年12月4日）

共和既复，海内望治。段祺瑞膺国务理重寄，应如何开诚布公，循法治正轨，乃任事数月对于军政、财政、外交一无计划，而惟私利自图，迹其紊乱国政，败坏纪纲之行为，直不啻袁世凯第二，用将近月内阁所著各大罪状，略举于下：

甲、欺朦元首。立宪国家政务，虽由内阁负责，而大总统为一国元首，亦自有其职权。此次共和复活，自应遵守元年《约法》，以定国是。乃国务总理段祺瑞强执民国三年之伪《约法》

---

① 本文原标题：《龚焕辰等弹劾段内阁》。文前曰："众议院议员温世霖对于段内阁已经弹劾，前日，参议院议员龚焕辰、陈洪道、周震鳞、杨渡四君亦提起弹劾，于十二月四日提出，闻连署者三十余人之多。其意见录后……"此件未见诸《参议院公报》，而当时报纸多有披露，但鲜见全文。如1916年12月6日《申报》曰："参议院又有弹段案，提出者为龚焕辰、陈洪道、周震鳞、杨渡，连署者林森等十余人。内容分三款共九大罪：（甲）欺朦元首；（乙）破坏约法；（丙）贻误外交，丧权辱国。"

以与元首抗争，相持既久，有该总理六月内通告全国之电可稽，是何居心，路人皆见。此欺朦元首之大罪一。

任免文武官吏及其他重要政务，应经国务会议时，该总理往往不俟阁议公开，甚且主管部亦不与闻，擅令国务院秘书长朦请盖印，并有以无官守之私人陈绍唐私拟任免官吏命令，要求元首盖印，当因未遂其私，遂挟阁员全体辞职为武器，以胁元首之屈从。此欺朦元首之大罪二。

平政院违法判决内务部裁员一案，未得主管阁员副署，迫请元首盖印，一再未遂，竟将该项命令夹入国庆赏勋例行文件中，希图朦混，事为大总统所觉，援笔批驳，该秘书长徐树铮胆敢以手连格大总统，不许动笔。事后，该总理又上呈文谓"该秘书长伉直自爱，不屑妄语，所有面对时声明为祺瑞之言，祺瑞概负全责"等语，登载《政府公报》中。迹其前后行为，骄横恣肆，目无元首，情见乎词。此欺朦元首之大罪三。

乙、违反《约法》。查《临时约法》第十九条第四项有"国会议决公债之募集及国库有负担之契约"等语。此次农商、财政两部向日本兴亚公司借款五百万元，未经国会议决，擅自签押。两院屡经提出质问，继以弹劾，事尚未结，乃又有交通部对于中美借款，增加部定合同及电话抵押借款之签字，均未交国会议决。此违反《约法》之大罪一。

《约法》第十九条第二项规定"议决预算、决算为国会之职权"。今国会开会已将满期，该总理尚不将预算决算案交议。经众议院议决咨催，两院表决，延会以待，而该总理仍置之不理。长此顽抗，尚复成何立宪国家？此违反《约法》之大罪二。

《约法》第十九条第一项规定"国会有议决一切法律案之权"。前经两院咨请政府将国会停止后公布各种法律交由国会核议。时阅数月，该总理犹抗不照办，心目中直视国家根本大法为无物。此违反《约法》之大罪三。

丙、贻误外交。郑家屯事件发生以来，日人着着进行，政府处处失败。据外交部每次秘密报告，政府实不能不任误国之咎。是为贻误外交之第一大罪。

俄人干涉外蒙选举议员，外交当局不据理力争，遗患后来，事详前次本院秘密会议政府委员报告中。是为贻误外交之第二大罪。

老西开交涉酝蓄已久，此次内阁成立，法人早有准备，乃政府玩忽至今，致令对外则丧主权，对内又激众怒。各省长官之电争，京外舆论之激昂，皆政府措施失当有以致之。是为贻误外交之第三大罪。

以上数者，不过略举见例。他如袒纵交行，坐视其弊而不清理，且因交行之故，排挤中行，致兑现危险，其破坏金融之罪，以及暗通徐州会议，以排斥唐绍仪；故纵陈树藩，以拒李根源；因连结帝制派而于胡瑞霖之质问案以私意为答复，经主管部抗议乃撤回修改，其淆混阁政之罪，尤为罄竹难言。我国当此风雨飘摇之际，急起直追，犹虞其晚。乃复坏法乱纪，营私溺职，比较元、二之袁世凯尤变本加厉焉。言念前途，不寒而栗。本员等代表国民，何敢放弃职责？谨依《约法》第十九条第十二项规定，提出弹劾，敬候大会公决。

（上海《新闻报》1916年12月10日）

与马君武等关于恢复地方自治机关决议案

(1916年12月12日)

近世文明各国，莫不以地方自治为政治基础。各国元首虽有解散国会之权，而绝无摧残地方自治机关之权。惟强国征服异族，乃不许其地方自治。如俄国之于波兰，英国之于印度，法国之于安南，日本之于朝鲜、台湾等是也。吾国自前清光绪三十四年，由民政部奏定《厅州县自治章程》及《城镇乡地方自治章程》，各省依此举行自治，基础既已确立。民国建立以后，即沿用之，直至民国三年解散国会之后，因地方自治机关于官吏不便亦令解散，所有地方自治机关财产通行没收，倒行逆施，国人敢怒而不敢言。其后以命令定立地方自治章程，所许权利不及前清所许者远甚。共和复活，即应立时恢复地方自治机关，乃经两院议员建议、质问，政府皆托词延宕，久不举行。基本不立，政治焉有改良之望。按两院议决案先例，提出恢复地方自治机关案，请两院议决暂时沿民国建立时旧例，采用前清所颁《厅州县自治章程》《城镇乡地方自治章程》暨《选举章程》，恢复各省县城镇乡两级自治参事会、议事会、董事会，一切皆沿解散时之旧。解散时，地方自治机关所有被没收之财产，一律清理发还，俟国会另行议定自治法案之时，乃行改组。事关立国基础，不便因循迁延，敬请公决。

提出者：马君武。

连署者：周择、吴莲炬、刘芷芬、周震鳞、李国定、程莹度、邹树声、汤漪、饶应铭、王湘、谢良收、龚焕辰、谢持、赵时钦、解树强、李文治、宋渊源、金兆棪、窦应昌、杨家骥。

（《议决案》，《参议院公报》第二期第二十三册，第7—8页）

与吴景濂^①林森等致黎元洪书^②

（1916年12月20日）*

大总统钧鉴：

某等不佞，欲以千秋之事业，仰望于钧座，然非谓总揽万几

---

① 吴景濂（1875—1944），字莲伯，号述唐，别号晦庐，奉天宁远州（今辽宁兴城）人。清光绪举人，1907年京师大学堂毕业，授候补内阁中书。次年赴日本留学，加入同盟会。1909年任奉天（今辽宁）咨议局议长。武昌起义爆发后，任奉天保安会副会长、各省都督府代表联合会代表。民国成立后，任南京临时参议院议员，后任北京参议院议员、议长，国民党理事、国民党北京支部部长，1914年因反对袁世凯离京南下，参加反袁护国运动。袁世凯去世后，国会复会，任众议院议长。1917年南下广州参加护法运动，任国会非常会议众议院议长。1922年8月旧国会正式复会，复任众议院议长。1923年9月，因支持曹锟竞选，涉嫌贿赂作弊，以其为首之国会被称为"猪仔国会"，威信一落千丈，随后离开政界，到天津寓居，1944年1月病逝。

② 文前曰："国会议员吴景濂、林森等五十余人具呈大总统，公推章氏为国史馆长其呈文云……"

之政躬必亲执铅椠笔削之事也。钧座为国元首，选贤任能，责无旁贷。一但宏至仁之景揽，物望之归，使官不虚设，职无废事。民国信史，成于钧座所推毂之人，诚民国之盛业，亦钧座之盛业也。

余杭章炳麟先生，具多见多闻之姿，养至大至刚之气，究天人之际，通古今之变，道足以俟百世而穷于一时，学足以济万物而掩于其文，岿然灵光，众流宗仰，钧座亦知之稔矣。昔孔子不得志，取百二国宝书退而修《春秋》，立法垂世，学者至今称诵之。向使孔子不解，摄相三年，有成治化之隆，远跻周召，亦不数世而流风歇绝，安得以《春秋》经世，华衮斧钺纲纪二千余年之国政。孔子之不遇，未始非国人之幸也。惟孔子成《春秋》为君主作，则今日国体变更，《春秋》乃失其运。章先生荜路蓝缕，孕铸共和，躬被五毒，目营八表，若得成《民国史》一编，代《春秋》而起，维持不敝，亿万斯年，度钧座亦必有意于此矣。

近世社会发达，分业日繁，旧史、记传，编年书志表序，规模虽具，不足纲罗今世之变态。章先生学古通今，因革损益，必有最精密完善之义例，镕欧冶美，蔚为大观。此又某等所可预券者也。惟是经世盛业，固非大儒莫办。而选贤任能，尤赖元首之明。天时人事，国运史例，际会若斯，某等知钧座当仁不让，必不以此盛业付诸后来者矣。

国史馆之设，于兹数年，年废数万金，曾不见有悬门之书以餍人望。某等公意，以为馆长一席，微章炳麟先生莫属。用特联合同人，公陈下款。钧座为国元首，国之盛业，关系甚大，尚希垂察众论，俯顺舆情，早征斯人肩兹巨任，非特国史之幸，实民国之幸也。

吴景濂、林森、温世霖、陈子斌、张善与、贺赞元、茅祖权、方潜、耿春宴、萧辉锦、孙润宇、覃振、彭占元、陈嘉会、赵世钰、李锜、景定成、岳秀夫、熊兆渭、陈策、李国定、彭介石、褚辅成、王湘、凌发彬、姚桐豫、叶夏声、邹鲁、严恭、赵时钦、时功玖、刘成禺、蒙经、张我华、罗增祺、詹永祺、曾彦、王乃昌、萧晋荣、周震鳞、易次乾、张大昕、宋渊源、周珏、钱崇铠、刘芷芬、刘英、万鸿图、居正、朱清华、马君武、王正廷、田桐、董昆瀛、陈洪道、龚焕辰。

(《申报》1916年12月20日)

关于胡瑞霖任职的质问书

(1916年12月27日)

本年夏间，政府令胡瑞霖署闽省长，闽人以其前在湘鄂贪残素著，迭经公电政府，请愿改派。国会开会之后，又经参议院议员周震鳞、黎尚雯提出质问书，众议院议员郭人漳提出查办案。据政府咨复已知照，暂缓赴任。惟近闻查办员不知受胡如何运动，竟为洗刷，胡之长闽热念因复沸腾。然仍虑赴闽之后，闽人激烈反对，思以武力为防卫及镇压之计。闻曾挟带军火多件向陆军部请领护照，且有于数日内秘密赴闽之说。夫以一省行政长官，持节履新，声威何等烜赫，何必持军火以为护符。又何必诡秘行踪，自招轻侮，显见其不孚人望而欲以政府威信为尝试。此其行为暧昧，不宜仍令长闽者一。

胡热衷仕宦，工于钻营，此次被闽人反对，迭以交换条件为饵，托其亲信游说闽人。当旅沪闽人反对之初，曾托其姻戚汤化龙君就沪特邀闽议员曹振懋、张琴等八人在汤住宅谈判，汤欲以帮助更换闽督李厚基为交换条件，曹等以闽督应否更换，闽人并未研究，该条件因被拒绝，谈判遂无结果。迨闽议员陆续到京，胡又以政务、财政两厅长诱致闽人，旅京闽人均置之不理。胡为欺朦政府计，曾遣人到闽捏造欢迎电报，当经福州商会、农会电京声明并无欢迎之事。胡计不得逞，复巧用离间手段，捏造福建法政学会名义刊发传单，并登《顺天时报》，谓闽议员有谋为省长者，当经闽国会议员林森等二十四人致书《顺天时报》辩明（原书附送），此其人格卑污，不宜仍令长闽者二。

至其贪污残暴，参案累累，虽胡善于运动，均得从宽免议，然其劣迹罗列，罪状昭彰，其不足寄以封疆，尤为显而易见。际此共和再造，百度刷新，政府用人行政当以民意为指归。如胡之贪残卑劣，既不为闽人所信服，政府自应俯顺舆情，从速改派，何以迁延半年，尚欲仍令其往闽署任？且其携带军火，行踪诡秘，闽人尤惊疑莫释，将来到闽，能否维持秩序，不生纷扰。闽省虽僻处边疆，然外交上关系颇大，万一因胡发生纷扰，能否不致牵动大局，特据《约法》提出质问书，请政府三日内答复。

提出者：宋渊源、陈祖烈。

连署者：卢式楷、居正、雷焕猷、秦锡圭、潘祖彝、赵时钦、董昆瀛、刘成禺、程莹度、毛印相、周震鳞、杨家骧、王秉谦、黎尚雯、萧锦辉、窦应昌、刘映奎、郝𤅬、符鼎升、王试功、吕志伊、赵鲸、李文治、吴莲炬、高荫藻、郑际平、谢良收、潘江、李国定、赵承恩、周择、谢持、刘芷芬、谢家鸿。

附：闽籍国会议员致《顺天时报》书（略）。

（《公文》，《参议院公报》第二期第二十七册，第78—80页）

附 录

国务院咨复函

（1917年1月16日）

（前略）查原书称，胡瑞霖挟带军火多件向陆军部请领护照，秘密赴闽等语，查该员赴闽日期如果决定，自应申报政府知悉，无所用其秘密，至挟带军火、请领护照各节，经查询陆军部据复并无其事。又原书称，胡瑞霖曾托其姻戚汤化龙君就沪特邀闽议员曹振懋、张琴等八人在汤住宅谈判、交换条件等语，兹据汤化龙函称：本年七月化龙自京返沪，闽议员曹振懋君等来寓晤见，事诚有之。当时以国会将开，化龙力主不党之议，谈次唯以消灭党见相告勉，对于胡瑞霖君事略谓，诸君如反对个人，鄙人不复过问，唯望不敌挑党衅，则国会重开之日，或可收和衷共济之功。当时在座者，尚有非闽省之议员，即闽省议员中得诸亲闻及传说，洞知此事者不止曹振懋、张琴数人，大众广庭之中共闻共见，何至有歧误之传述。今该质问书中乃以绝无影响之说，任意阑入，实百思而不得其理。等语。据此，是汤化龙在住宅谈判，交换条件各节并非事实。又原书称，胡以政务、财政两厅长诱致闽人，并捏造欢迎电报及法政学会传单等语，查究竟所诱致者何人，并用何种方法捏造，事无佐证，无从声复。要之，胡瑞霖既任命为一省省长，将来赴任之后，该省秩序自应归其担负维持，相应咨请贵院查照可也。此咨参议院。

（《公文九》，《参议院公报》第二期第三十一册，第98—99页）

与孙润宇等关于宪法草案地方制度修正案

(1916年12月29日)

第 章 地方制度

第一条 地方最大区域如下：

(一) 省。

(二) 蒙古、西藏、青海及其他未设省之区域。

第二条 前条区域之设置或区划以法律定之。

第三条 省设省议会，其组织及选举以法律定之。

第四条 省议会以不抵触中央法令为限，有下列各职权：

(一) 议决本省单行条例。

(二) 议决本省预算、决算。

(三) 议决省税及使用费、规费之征收。

(四) 议决省债之募集及省库有负担之契约。

(五) 议决本省财产及营造物之处分并买入。

(六) 议决本省财产及营造物之管理方法。

(七) 答复省长咨询事件。

(八) 受理本省人民关于本省行政请愿事件。

(九) 关于本省行政及其他事件之意见，得建议于省长。

（十）其他依中央法令应由省议会议决事件。

第五条　省议会对于本省省长认有违法行为时，得以出席议员三分二以上之可决，提出弹劾案，经由内务总长提交国务会议处理之。

第六条　省议会认本省行政官吏有违法行为时，得咨请省长查办之。

第七条　省议会议员对于本省行政事项有疑义时，得以十人以上之联署提出质问书于省长限期答复。

第八条　省议会议员对于省长之答复认为不得要领时，得要求省长到会或派员列会答辩。

第九条　省设省长一人，由大总统任命之（不加制限）。

第十条　省长依法令执行国家行政并监督地方自治。

第十一条　省长认省议会有违法时，得省董事会之同意，提出解散案，呈大总统咨交参议院议决之。但同一会期不得为二次之解散。

第十二条　省设省参事会赞襄省长。

第十三条　省参事会以下列人员组织之：

　　　　（一）省议会选出者六人。

　　　　　　前项省议员当选者不得过三分之一。

　　　　（二）省长推任者六人。

第十四条　省参事会以省长为会长。

第十五条　省参事会之职权以法律定之。

第十六条　蒙古、西藏、青海及其他未设省之区域其制度以法律定之。

提出者：孙润宇、朱兆莘、黄赞元、林绳武、张国溶、黄云鹏、解树强、蓝公武、梁善济、林森、吴景濂、狄楼海、王用宾、白常洁、陈洪道、张大昕、陈九韶、陶逊、吴文瀚、钟允谐、梅光远、张伯烈、何雯、胡璧城、汤松年、苏毓方、阮毓崧、潘江、刘彦、黄佩兰、康士铎、叶显扬、张滋大、李芳。

连署者：刘兴甲、赵连琪、谢书林、焉泮春、富元、翁恩裕、曾有翼、仇玉珽、陈瀛洲、张光炜、张嗣良、马小进、乌泽声、陈受中、郭生荣、罗润业、于宝轩、谭瑞霖、徐际恒、夏同和、杨荣春、谭文骏、胡寿图、王鸿庞、苏裕慈、富勒珲、黄锡铨、江天铎、辛汉、吴荣萃、噶拉曾、李克明、杜成镕、符诗镕、谢翊元、段雄、恩华、张相文、刘文通、王立廷、阎光耀、陈光勋、郭涵、高旭、石铭、杨时杰、胡兆沂、李含芳、裴廷藩、李梦彪、贾缵绪、段永新、范振绪、赵连琪、马良弼、张鲁泉、高家骥、张大义、王源瀚、刘万里、刘炳蔚、曹玉德、刘盛垣、赵世钰、刘楚湘、詹调元、蒋应澍、周震鳞、杨铭源、常恒芳、陈嘉会、李增、刘英、李式璠、张鼎彝、李述膺、王湘、董昆瀛、刘成禺、蒋羲明、陈世禄、骆继汉、时功玖、蔡汇东、易宗夔、郑树槐、杨树璜、陈邦燨、刘泽龙、林伯和、胡祖舜、冯骥、郑江灏、彭汉遗、赵时钦、李文治、陈祖基、符鼎升、李自芳、赵鲸、李正阳、郑斗南、许燊、杜士珍、许植材、周学辉、袁荣处、胡翔青、郭相维、赵连琪、曹瀛、王凤翥、岳云韬、张杜兰、郑际平、范振绪、尹宏庆、萧承弼、万宝成、车林桑都布、祺克坦、刘新桂、王三箓、祺诚武、李英铨、孙光庭、刘映奎、马荫荣、王多辅、刘丕元、李庆芳、克希克图、盛时、姚翰卿、朱甲昌、金鼎勋、杨福洲、林绳武、许峭嵩、张知竞、张其密、布霖、田应璜、赵连祺、王文芹、金永昌、刘景沂、刘懋赏、诺门达赖、汪震东、耿臻显、石凤岐、班廷献、谷芝瑞、李保邦、王振尧、陈瀛洲、恩和布林、苗雨润、周克昌、孙钟、彭占元、揭日训、贺升平、王伊文、李克明、万宝成、杨振春、娄鸿声、冀鼎鋐、石璜、景耀月、刘治洲、廉炳华、贾鸣梧、姜毓英、毛印相、王兆离、李秉恕、侯天耀、赵成恩、萧文彬、谷嘉荫、袭玉崐、李绍白、富元、杨润、钱崇恺、秦肃三、继孚、吴涑、陈义、李汝翼、杨肇基、吴莲炬、王安富、黄汝鉴、奉楷、周择、高杞、由宗龙、廖希贤、袁弼臣、姚守先、周泽南、饶应铭、余绍琴、张瑾庆、熊兆渭、胡应庚、李梦彪、谭焕文、王桢、裴廷藩、徐兰墅、陈黼宸、黄宝铭、王汝圻、郭成炆、向乃祺、王绍鏊、黄攻素、黄序鹓、舒祖勋、杜华、瞿启甲、徐兆玮、邱冠棻、程铎、邹树声、邹继龙、卢元弼、卢式楷、辛际唐、彭施涤、钟才宏、罗永铭、张宏铨、王恩博、赵良辰、赵炳麟、黄汝瀛、丁超五、郭宝慈、杨梦弼、李英铨、司徒颖、刘尚衡、寇遐、马骧、秦广礼、焦子静、丁惟汾、邱麟章、禹瀛、李锜、田永正、张我华、周珏、宋渊源、马英俊、刘荣棠、刘峰一、史泽咸、郭广恩、祁连元、张维、刘可均、张坤、万鸿图、王廷弼、张嗣良、夏寅官、张敬之、谢鹏翰、仇玉珽、刘志詹、张升云、方镇东、王荫棠、高增融、李兆年、杨润、杨诗浙、潘祖彝、邹树声、韩胪云、马良弼、罗润业、郑化国、陈鸿畴、孙正宇、岳秀夫、艾庆镛、徐绳曾、刘昭一、邱国翰、金焘、段永新、刘景烈、刘光旭、段大信、董增儒、张玉庚、曾有翼、张联魁、杜成镕、方贞、张杜兰、彭运斌、阎鸿举、郭光麟、罗黼、陈铭鉴、凌文渊、李槃、任曜墀、蒲殿俊、罗纶、萧湘、李文熙、陈敬第、黄群、刘显治、籍忠寅、周大烈、梁文渊、陈士髦、陈光谱、杨润、汪秉忠、李振钧、方镇东、王泽攽、宁继恭、张伯衍、李茂桢、吴汝澄、唐理淮、蒋凤梧、许植材、吴日法、讷谟图、虞廷恺、金兆棪、丁铭礼、王谢家、郑衡之、侯汝信、鄂博噶台、李发春、周继洲、金尚诜、金秉理、王枢、张嘈、杭辛斋、庐宗岳、金溶熙、戚嘉谟、韩藩、张世桢。

（《修正案》，《宪法会议公报》第二十二册，第37—44页）

与叶夏声等关于省制大纲草案的修正案

(1916年12月)

本草案大体仿普鲁士国之州制，以划分官治、自治为精神。草案所称省，即普国之州；省长，即普国之州总长；省参事会，即普国之州参事院；省议会，即普国之州议会；省董事会，即普国之州委员会。省以省长及省参事会为纯粹官治机关，省议会及省董事会为纯粹自治机关，使分功治事，各谋发展而不相轧轹。虽然同时使省长代表中央政府而监督地方自治，期无悖于统一，又设参事会以调和官治、自治万一之纷争。其或争执过剧，参事会不能调和，则又有参议院为最后之裁决。是本草案虽以划分官治、自治为精神，然分崩离析之弊，国权旁落之忧，固已缜密规定而严为之防也。

第一条　省为国家行政区域及地方自治区域，其未设省之地方，俟设省时适用省制。

理由：省为地方最高之官厅，同时又为地方自治最高之团体，故虽同一区域，当然兼官治、自治两资格，此各国通例，毋俟说明者也。或谓各省宜一方为国家行政区域，一方为地方行政区域，此第知为区域之分类而性质殊未明了。须知自治团体，法律上为有独立人格之法人，而行政官厅并无独立之人格，若但就区域为类别而使官治与自治法人与非法人两性质混而为一，其弊讵可胜言？至未设行省之地方，如今所称特别区域，内外蒙古、西藏、青海各处，虽一时未能改设，然断不宜使永远受治于特别行政之下。将来若有改设之必要时，自宜同受省制之适用。此本条但书所以规定之理由也。

第二条　省设省长一人，由大总统简任，依法律执行省内国家行政，监督地方自治。

理由：省长为纯粹之官治机关，代表中央政府执行国家行政，对于地方自治不过有监督之权，而无直接掌理之权。故其地位之发生，当属于中央政府。本草案定为简任制，职是理由。近来，省长民选、简任之争至为剧烈。持民选论者，以为非民长选无以洽民望而张民权。持简任论者，以为非简任无以固中央而保统一。究之省长一职，即此采民选制亦不外国家行政官吏，既为官吏，则断不能责其凡事悉唯民意是从。简任制，政府虽可操纵自由，然省长既为亲民之官，则有时亦不能悉徇中央而违民意。此征之民国既往事实而大可证明者。吾人以为，与其不求实益而徒为民选、简任之争，何若弃民选之虚名而求自治之实际。普鲁士今代盛称为自治之模范者，究其州长之发生固亦由于简任，此非简任制之特良，由其官治、自治之根本划分而收各谋发展之实效也？

第三条　省设参事会，参事员额八名，四名由省董事会选举之，任期三年；四名由大总统简任之。省长为参事会长，以合议裁决省官吏权限之争议及国家行政与自治行政之纷议，审定省长对于人民诉愿之批示或裁决答复省长之咨询。

参事员之资格另以法律定之。

理由：省参事会之制，仿自普鲁士之州参事院，纯为官治补助机关，与法国之县参事会、日本之府县参事会同其性质，其职务在调和官吏间意见之冲突，官治、自治权限之纷议，以求政务执行之圆活。此种机关有谓其不啻赘疣，主张不设者。不知既采官治、自治划分主义，若其间无一机关调和会通于两者之间，则一旦有纷议时，既无融洽之余地，其势必至事事重劳中央调处，调处而不妥协，则中央、地方必又隔阂而无救济之途。欲防其弊，惟有采参事会制度。至其职务于调和官吏间与国家行政、地方行政间之纷争之外，尚有补助省长之作用。从来参事会大抵兼行政裁判性质，然吾国行政裁判将来必归司法机关，参事会自无兼行政裁判之必要。惟此外行政诉愿一项尚有不能归司法机关而当归省长者。若省长单独裁决，恐不免有偏听、专断、固执之虞，故不如以属之参事会，使以会议审定而后由省长裁决。盖一则所以便民，一则防行政诉愿判断之轻忽也。

至于答复省长之咨询，则又为补助省长当然之职务，无俟说明者矣。

参事员八人，半由简任，半由民选而又参以省长一人为会长者。盖简任之职，欲其崇品秩、保独立；民选之职，欲其达民情、备采访。而以省长为会长，则所以明参事会为补助机关仍以尊重省长之地位也。

第四条　省设省议会，省议会组织法及选举法，另以法律定之。省议会之权限如下：

（一）省税增减事项。

（二）省自治经费预算决算事项。

（三）省公债事项，但关于外国公债必先得政府认可。

（四）省教育事项。

（五）省交通事项。

（六）省实业事项。

（七）省卫生事项。

（八）省水利土木事项。

（九）省公共营业事项。

（十）省慈善救恤事项。

（十一）省公吏之规制及俸给。

（十二）其他地方自治事项。

（十三）省议会对于省长或省董事会得提出质问，要求答复。

理由：本条所定省议会权限中，关于地方自治一切事项，皆采列举的规定，而于国家行政事项反不列举者，此加拿大之立法例，恐同时列举必有遗漏，故宁一方取概括规定主义，稍留伸缩之余地也。其事项兹不必一一加以说明。惟所欲说明者，省议会权限中，胡以不规定弹劾及查办省长之权？愚按：此乃普鲁士地方制度。缘官治、自治既已根本划分，则省长所有之权不过执行国家行政，其处理国家行政之当否，受中央政府之考成，似毋庸省议会之监督。其或处理国家行政而有违背法律、侵害人民之举，则人民自可依法提起行政诉讼，亦不必赖省议会之救济。至于或因权限或因意见而至争执时，则依本草案第七条，可以诉之大总统交参议院处断。此英国之制度，亦最公平之方法。有此规定，则弹劾、查办皆可省略矣。

第五条　省设董事会，董事其额九名，由省议会选出，任期三年。董事会得自选会长，主持董事会会务。董事会以合议，除执行第四条所列事项外，掌理如下之事项：

（一）掌理国家委任事项。

（二）依法令掌理省警察事项。

理由：省董事会之设，为历来言省制者所不及。然其实乃世界最良之制度，为普鲁士制之特色。若采普制，则当然应设董事会。董事会为纯然地方自治行政机关，其权限专执行省议会议决之事项。然国家倘有委任事项亦由其执行，而地方警察为因地制宜计，亦由董事会依据国会所定警察法规而掌理之。此制度有三特色：

第一，使地方人民得自处理其地方之事，深合自治之原理。

第二，执行机关不取单独制而取合议制，政无专断之弊。

第三，国家行政与自治行政分立而不相妨，得各谋发展。

又按：普鲁士自一千八百零八年，大自治行政学家斯他因创为此制，迄今百年，不惟行之无弊，且自治赖以确立，以成今日世界自治之模范。普国地方人民咸歌颂斯氏不置者，实由于此。当采此制以前，普国情状亦类吾国，虽有地方制度而论议纷歧，或争民选，或争官选；或主集权，或主分权。至斯他因确定地方制而后，群议渐息。可见此制度不特为确定自治权之良制，亦消弭论争之一法也。

第六条　省长与省议会或省董事会争执时，得呈请大总统交参议院裁决之。

第七条　省董事会与省议会争执时，由省长呈请大总统交参议院裁决，改选省董事会或解散省议会。省议会于同一会期内不得解散二次。省议会解散后，应于两个月内继续选举议员开会。

第八条　关于第六条、第七条之裁决，参议院闭会时，由参议院委员会裁决之。

理由：第六、第七、第八三条之规定理由有六：第一，为解决省长与省议会之冲突。第二，为解决省议会与省董事会之冲突。第三，为联结中央与地方之关系。第四，为强固中央监督地方之权力。第五，为防制省长压迫省议会之流弊。第六，为使代表地方之参议院监督地方且联结省议会与国会之关系。英国制度，其地方议会与长官之争议，归上议院理处，本草案特仿其制定为专条。

提出者：叶夏声。

连署者：陈策、田桐、张书元、周珏、覃寿公、张大昕、王湘、杨绳祖、石铭、彭介石、王鸿宾、宋渊源、董昆瀛、郑树槐、王试功、赵时钦、吴莲炬、李文治、张佩绅、王鑫润、彭建标、郭人漳、杨梦弼、胡翔青、刘芷芬、凌毅、萧晋荣、段大信、饶芙裳、汪啰鸾、时功玖、胡祖舜、林森、龚焕辰、杨铭源、周震鳞、谢良牧、黄汝瀛、何雯、吕志伊、王乃昌、白常洁、王釜、张相文、刘成禺、陈家鼎、常恒芳、傅鸿铨、黄佩兰、赵世钰、高荫藻、杨家骧。

（《修正案七》，《宪法会议公报》第十九册，第19—27页）

与童杭时等关于民国纪念日修正案

（1916年12月）

众议院原案：南京政府成立之日，即阳历正月初一日暨北京宣布共和、南北统一之日，即阳历二月十二日为纪念日，均放假休息。

众议院修正案：南京政府成立之日，即阳历正月初一日；北京宣布共和、南北统一之日，即阳历二月十二日；云南首义之日，即阳历十二月二十五日为纪念日，均放假休息，悬旗结彩。

兹又拟修正如下：南京政府成立之日，即阳历正月初一日；北京宣布共和、南北统一之日，即阳历二月十二日；国会开幕之日，即阳历四月初八日；云南倡义拥护共和之日，即阳历十二月二十五日为纪念日，均放假休息，悬旗结彩。

理由一：国会为成立民国唯一要素，使无国会则所谓民主国体者安在？故南京政府成立之日暨南北统一之日无非为创造民国之先导，至真正民选之国会成立而始成为完全民国。此列强所以多于国会开幕之日，承认中华民国者也。若以完全成立民国之日而不为民国纪念日,则纪念民国之真意殊多缺憾。且国会之有无既不注意,即民国之根本因之摇动,小之足以启人民轻视国会之心,大之适以开权奸推翻国会之渐,用特为尊重国会即尊重民国起见,谨将国会开幕日加入为民国纪念日也。

理由二:民国四年十二月二十五日,云南倡义,拥护共和。尔时洪宪皇帝尚未登极,故此时仍须认为民国不过将有危害,而不得认为民国中断也。若仅以"首义"二字纪念日,则迄代远年湮,名辞定义易不明了,且按之此段文法语气,亦未完足。盖既有首以开其始,必有末以要其终。是首义之日应纪念,而恢复《约法》、恢复国会之日均应纪念也。惟不认为民国中断,既无恢复之可言,但以"拥护共和"四字称之,足以完了其意义矣。

提出者:童杭时。

连署者:郭相维、蒋羲明、魏鸿翼、李汉丞、曾彦、陈敬棠、窦应昌、周震鳞、解树强、杨福洲、杨家骧。

(《修正案》,《参议院公报》第二期第二十二册,第24—25页)

为黄兴书札题签

(1916 年)

黄克强先生与莫伯恒书。道腴题。钤印：周震鳞印（白）

（周震鳞手迹影印件）

与刘芷芬等关于宪法草案第三章第十二条的修正案

(1917年1月8日)

原文：中华民国人民之财产所有权不受侵犯，但公益上必要之处分依法律所定。

修正：中华民国人民之财产所有权非依法律不受侵犯。

理由：国家之于人民财产所有权于二个场合得为侵犯之行为。第一场合，则国家以谋公共之利益，得为财产权之转配，如公用缴收等是。第二场合，国家以公共之安宁，得为财产权之没收，如犯禁物充公等是。然此种行为必须依据法律本条原文，但书词义不赅括，实将以上所举第二场合遗漏，而且繁冗累赘，不如将原文但书删除，加入"非依法律"数字较为安适。谨提出修正案，以便公决。

提出者：刘芷芬。

连署者：陈焕南、叶夏声、徐傅霖、童杭时、周震鳞、郑林皋、姚翰卿、章兆鸿、刘正堃、杨福洲、吴景鸿、王试功、詹调元、丁超五、何海涛、李载赓、萧辉锦、李绍白、丁象谦、郑忾辰、谢家鸿。

(《修正案》，《宪法会议公报》第二十三册，第30—31页)

与甘华黼等关于北京正阳门一二门改为共和门民国门的请愿书

（1917年1月16日）

为请愿事：窃维阳以象君，故曩在帝王专制时代，有谓天子当阳，诸侯用命之说。又有以为天子南面而立，诸侯北面而朝。持是说者，大都均皆重视帝王。北京前门命名正阳，揆之当时命名取意之义，实系于此。华黼前于壬癸年间曾迭以北京正阳门定名抵触国体，两次上书政府，请于国庆日将正阳门改为共和门，并永远开放以留纪念而便交通。即在本京各报，亦莫不再四鼓吹，力表赞同，甚至本京各印刷公司于本京地图亦多先期改正。即以华黼所知，现今存在可备考查参证之图，尚有三四种之多，足见当时国人心理，莫不均皆注意此点。不意，曩者政府诸人均以厄于袁氏称帝之欲念，久已横梗胸中，书上不报，卒之演出八月十三日之新剧，以祸害民国，涂炭生灵。但此等事，虽为形式改革，而精神所寄，亦不可不先于形式上察之。故袁氏之谋危共和及种种称帝叛国之张本，以华黼之眼光测之，实已不仅仅于毁南下就职之约，与解散国会、放逐议员之时起，当其太和殿之就职、天安门之阅兵，已无异于天子南面而立、诸侯北面而朝，天子当阳、诸侯用命时也。华黼前在南洋新（嘉）［加］坡曾于《约法》恢复、国会二次开幕时，函致沪上友人，托即转电两院议员诸公，请予提议建议政府改题名称，迨及华黼内渡来京，始悉前函歧误。兹幸宪法行将告成，允为吾国数千年来未有之盛典，凡属一切抵触国体、违背共和建筑，自应一律铲锄，爰特不揣冒昧，谨以愚见所及，遵依《约法》第七条、《院法》第四十六条，具书请愿，拟请钧院迅赐决议，咨请政府即于宪法成立之日将北京正阳门第一门改题为共和门，第二门改题为民国门，与第三门合为中华门、民国门、共和门，三门均援照中华门成例办法，于宪法公布之日一律永远开放，以留纪念，一新国人耳目而重中外观听，借奠国基。是否有当，伏乞公决施行，不胜盼祷之至。此上参议院议长、议员先生钧鉴。

请愿者：甘华黼，现年三十一岁，住本京宣武门内石驸马大街。

介绍人：张我华、王正廷、汤漪、金永昌、刘成禺、刘芷芬、战云霁、李国定、谢持、窦应昌、陈焕南、（杨）[周]择、田永正、蒋举清、李文治、金兆棪、刘濂、刘正莹、郭相维、林森、李述膺、吕志伊、赵世钰、周震鳞、黎尚雯、谷嘉荫、盛时、苗雨润、杨福洲、蒋羲明、周学源、董昆瀛、蓝公武、陶逊、郑树槐、高仲和、宋渊源、王鑫润、赵时钦、邱仲青、吴莲炬、丁铭礼、郑际平、文登瀛、魏鸿翼、万鸿图、高荫藻、何海涛、王凤翥、黄绍侃。

（《委员会纪事》，《参议院公报》第二期第三十一册，第83—84页）

与向乃祺等关于整理金融维持中行的建议书

(1917年1月17日)

为建议事：查中国银行自开始兑现以来，谣诼繁兴，人心靡定，兑现者日形拥挤，金融窘迫，有儳焉不可终日之势。忧时者睹此现状或归咎于当局办理之不善，或谓系奸商之操纵，或指为野心家之煽惑，舆论哗然，莫衷一是。然综上诸端，不过表面辅因。本席自经济原则详加推求，觉受交通银行之影响实为其主要原因焉。其故有二：一曰需给关系。钞票为现金代表，其发行额虽以现金为根据，然考之各国银行，其准备金不过当钞票之一部或几分之几，而能流通市面，推行尽利者，以其钞票发行额为市面流通所必要，无给浮于需之弊故耳。中行、京行钞票其行使范围，仅限于北京一隅，以京内人口数量及生计状态推测之，所需钞票不过一千万元左右。自停止兑现后，除中行自身发行钞票二千万元外，交行滥发之数与此相埒比较需要额超过三倍，以致票价低落，百物踊贵。今中行单行兑现，则当该行钞票未尽收回之时，而持票求兑者势必有加无已。盖仅一交行钞票供给市面已属绰有余裕，非是不足以平物价而复信用也。一曰格里森法则之实现。凡数种货币并行，市场名价相同，实偿各殊，则价昂货币必被价贱者所驱逐,是为格里森之法则。中、交两行钞票同为国币,中行兑换券暂行章程所定资格,交行均具有之。今中行兑现先于交行,则中钞名价虽与交钞相等,而实价较为昂贵,利之所在,人争趋之,凡纳税、发俸、偿债及一切交易皆故求交钞行使,中钞概留作兑现之用,必致现金藏匿,流行市面者唯交钞一种,是中钞因兑现而用途转少,交钞因不兑现而用途反多也。由斯以谭,中行兑现能否维持实与交通银行有密切之关系。当局者不于此注意,徒然限制兑现,实足引起人心之疑惧,于事奚补?故欲求根本之解决,非同时整理交通银行不为功,其整理程序如下:

一、中国银行钞票发行额约二千万元计,自兑现后已收一千一百万元左右,尚有九百万元存在市场,该行须暂采限制兑现主义,逐渐收回,在此整理期间,不得增发钞票,其维持方法有三:(一)各项官俸搭放短期国库证券,中央行政经费月六百万元,平均搭放三成行之,三月可省中行五百万元之负担。(二)中行一元钞票甚少,流通者多系五元、十元以上,不便零用,商家拆兑又须贴水,故兑现甚多,应由中行酌量增发一元钞票,委托相当商户代行兑换,将五元、十元以上钞票收回一部,兑现人数自可减少。(三)前此政府明令有交钞未兑现以前,公款一律收用。等语。政府原意在欲维持交行,然推其流弊实无异助长格里森法则之实现。应由政府重颁明令,一切公款须将中、交钞票搭半缴纳,方许收受,庶中钞用途不至为交钞所全占也。

二、政府应同时调查交通银行钞票,以最近三个月流通平均数为限,禁止增发并派员检查该行现金准备及保证准备若干,妥慎处分,共筹足四分之三现金开始兑现,其余四分之一即用中行钞票换回,则中钞流通额适合社会需要,一方足收恢复信用之效,他方可免金融紧迫之处。

三、交通银行整理后,即将该行代理金库及发行兑换券资格取消,修改该行则例,俾成一纯粹商业银行,以谋中央银行之统一。

顾或谓交通银行具有特殊资格，其内容如何，应由该行自由整理，政府不得干涉。然国家财政之盈亏及人民经济之消长皆视其国金融状况以为断，而中央银行实为金融枢纽，今交通银行具有中央银行性质而不受政府之干涉，是国家坐视金融紊乱，莫能匡救也。法纪荡然，孰甚于此。兹为整理金融，维持中国银行，特依法提出建议案，咨请政府采择施行。是否有当，仍希公决。

提出者：向乃祺。

连署者：田永正、黎尚雯、吴景鸿、王湘、龚焕辰、陈焕南、李汉丞、李英铨、杨永泰、刘芷芬、宋渊源、赵时钦、何海涛、周择、金兆棪、谢家鸿、吴莲炬、刘成禹、汤漪、周震鳞、解树强。

（《公文四》，《参议院公报》第二期第三十一册，第 95—98 页）

与陈焕南等关于政府任命将军的质问书

（1917 年 1 月 27 日）

民国四年，袁氏包藏祸心，窃弄兵柄，中央设将军府，各省设将军行署，大封将军，冠以某威、某武字样，縻军人以虚名，集实权于一己。此种作用，路人皆知。乃共和复苏，各省一律令改督军，驻外将军名号已经削除，而对于将军府喧传，政府将决心裁撤，众议院亦曾列建议案于议事日程，此项非法机关均认为无保留之余地。昨阅政府十九日命令，复特任将军九名之多，且仍冠以某威字样，果视将军府有扩充之必要耶？抑故留此非法机关作烂羊之笼络，为窃弄兵柄之预备耶？此不能无疑者一也。任免文武官吏，本赋予大总统之特权。但陈宧、汤芗铭等，经两院提出查办案，咨达政府，闻已派员查办。罪状之成立与否虽未可知，乃当此查办期间，优予高等军职，政府□预测其无罪耶？抑赏罚各不相侔耶？此不能无疑者二也。有此二疑点，爰依《约法》第十九条第九项，《议院》第四十条，提出质问书，请求答复。

  提出者：陈焕南。

  连署者：李汉丞、田永正、窦应昌、吕志伊、章兆鸿、何海涛、宋渊源、周震鳞、丁象谦、朱念祖、萧辉锦、卢天游、解树强、龚焕辰、刘芷芬、刘正堃、彭邦栋、马君武、吴莲炬、赵成恩、梁士模、梁培、黄绍侃、周泽南、赵时钦、向乃祺。

（《公文》，《参议院公报》第二期第三十三册，第71—72页）

与王玉树等关于宪法草案第十二条的修正案

（1917年1月）

  第十二条后增加附项一条："以上各条所指之法律，非确认有增进公益、维持治安或非常紧急必要时，不得制定之。"

理由：以上各条规定人民各项自由权，非依法律不得制限侵犯云云，于保障人权之中，加以限制，人权、国权双方调和，至为妥善。惟人民各种自由权由天所赋，非宪法所授，不过因宪法之保障而益臻巩固，如以普通法律可以随时限制之，准以人民牺牲小（巳）[己]之权利，以保持国家统治权之原则，固无不可。然政府、议会之分子变迁无常，假使有一派主张国权太强，其流弊必至因压迫而起反抗，并非巩固国家组织之道，即以袁政府近年之事实结果征之，其覆辙诚不可不预为之防。玉树管见以为，各条之规定，依法律既可限制自由权，而所以制定各种限制自由之法律，宜在宪法上明定限制，以为将来制定此种法律之标准，则人权既不至妨害国权，而国权亦不至蹂躏人权，自由权之保障，必能巩固矣。谨提出修正案，拟于第十二条后增加附项一条，是否有当，祗希公决。

提出者：王玉树。

连署者：马骧、吕复、李有忱、贺升平、卢元弼、秦广礼、李执中、娄鸿声、王文芹、狄楼海、陈纯修、温世霖、邓元、张书元、张士才、董耕云、张鲁泉、范振绪、李肇甫、李茂桢、周震鳞、陈承箕、鹰调元、曹振懋、郑忾辰、耿臻显、李春荣、张滋大、吕泮林、王试功、邬克庄、杜树勋。

（《修正案十》，《宪法会议公报》第二十六册，第58—59页）

与马君武等发起外交商榷会宣言[①]

（1917年2月17日）*

最近对德抗议一事，为中华民国外交界之一种最大事件，此举国所同认者也。政府既提出极严重之抗议书矣，今后此问题如何解决、如何进行，皆待商榷。究竟潜水艇之战争与中国之利害关系如何？中国与美国取一致之行动其实力如何？以后或不幸而不免于宣战，其准备如何？中国放弃中立与一方联（和）[合]，欧战终了后所受影响如何？此种种问题皆于吾国将来有绝大关系，不能不与国内明达之士集合讨论之。同人有鉴于此，发起斯会，以图上列种种问题之明白解决，以匡助政府，指导国民。国内同志，幸赐教焉。

（《申报》1917年2月17日）

[①] 本文原标题：《外交商榷会之发起》。文前曰："马君武、王乃昌等另组外交商榷会……"周震鳞是外交商榷会的重要成员之一，参见1917年3月6日《与马君武等致各省督军省长等电》之注释。

外交商榷会简章

(1917年2月18日)

一、本会定名为外交商榷会。

二、本会以研究外交利害、调查外交事实、匡扶政府、指导舆论为宗旨。

三、本会以两院议员及院外同志组织之。

四、本会组织分为总务、文牍、会计、调查、交际五科。

五、总务掌本会一切庶务及其他不属于各科事件。

六、文牍掌本会一切编纂事件。

七、会计掌本会款项出入事件。

八、调查掌本会搜集战况及交涉事件。

九、交际掌本会中外交际事件。

十、每科设主任一人、副主任二人,由各科干事互选之。

十一、每科干事无定额,由大会推选之。

十二、章程如有未尽事宜,经二十人以上之要求,得提议修改。

十三、本会事务所设于□□□。

---

① 本文原标题:《外交商榷会成立记》。文前曰:"外交商榷会于十八日开成立大会,议定简章十四条,并派唐宝锷、马君武等六代表即日与政府接洽。"

十四、本章程经大会议决后施行。

（上海《民国日报》1917年2月21日）

与卢信等关于政府收买烟土一事的质问书

（1917年2月22日）

近闻政府与上海烟土商订立合约，以公债票二千万元收买上海存土。查《禁烟条约》本订明，千九百十七年（民国六年）为禁绝之期，上海工部局亦已决定于三月底停止土商营业。则此项存土，政府是否有收买之必要，此不能无疑者一。公债票二千万元，无非国民之膏血，当此财政困难之时，乃以如此巨额之款项收买有害无利之烟土，此不能无疑者二。此二千万元之巨款固由国库支出者也，政府何以不交国会议决，乃遽行加增国民之负担，此不能无疑者三。此次收买存土，名为专供药用，然二千余箱之存土，药品是否需土如此之多。查年来各地方官厅对于所搜获之烟土概行焚毁，何以无价获得者付之一炬，而转耗巨款购土以供药用，此不能无疑者四。谨依《约法》提出质问，希即行答复。

提出者：卢信。

连署者：李茂之、符鼎升、朱念祖、李自芳、廉炳华、秦锡圭、沈智夫、娄鸿声、赵连琪、汤漪、彭介石、刘积学、刘芷芬、张我华、林森、金永昌、周震鳞、李联丞、吕志伊、丁象谦、盛时、彭邦栋。

（《公文》，《参议院公报》第二期第三十八册，第89—90页）

与陈堃等关于宪法草案第三十二条的修正案

（1917年3月2日）

原文：国会常会于每年三月一日开会。

修正：国会常会于每年八月一日开会。

理由：查国会常会开会时期与会计年度之开始互有关系，各国于会计年度之规定大别为三：一、自一月一日始至十二月三十一日止者，曰历年制。法兰西、俄罗斯、荷兰、比利时、匈牙利、澳大利亚等国是。一、自四月一日始至次年三月三十一日止者，曰四月制。英、德、普鲁士、丁抹、罗马尼亚、日本等国是。一、自七月一日始至次年六月三十日止者，曰七月制。美利坚、意大利、西班牙、葡萄牙、挪威、加拿大、墨西哥等国是。虽其规定不同，各因其国情而异。而要其注重之点，则于年度开始，尤须在国家收入丰裕，与夫国民经济宽饶之时，而又距国会议决预算历时未久，便于实行，则各国未尝不一其趣旨也。我国国会在民国二年以四月八日开幕，于会计年度行七月制，以便议决预算。宪法草案第三十二条为三月一日之拟定，殆同此意。虽然年度关系国家财政计划，以会期就年度可也，以年度就会期不可也。我国数千年来，习惯相沿，社会上之收入支出，每自年首至年终为一大结果，国家赋税所入比较上，亦以冬季为最旺。若常会开会每年定自八月一日始，则会计年度采用俄、法等国之历年制，自一月一日始至十二月三十一日止。凡年度之始与年度之终均在国家收入丰裕与国民经济宽饶之时，而常会有四个月之久，或加以延长期间，从容议决预算，距次年度施行始期亦复不远，有数利而无一弊。此本修正案所以提出之理由也。是否有当。敬候公决。

提出者：陈堃。

连署者：龚焕辰、钱崇垲、陈纯修、彭介石、周震鳞、杨树璜、张书元、覃寿公、蒋宗周、曹振懋、丁象谦、秦广礼、马君武、萧晋荣、张善与、刘映奎、王乃昌、张大昕、李国定、吴宗慈、王湘、陈承箕、郑忾辰、陈祖烈、牟琳、张琴、丁超五、詹调元、杜凯之、李垚年、朱腾芬、郭章鋆。

（《修正案》，《宪法会议公报》第三十六册，第63—65页）

与吕志伊等关于宪法草案第三十三条的修正案

（1917年3月2日）

第三十三条　国会常会会期为四个月，但得延长之。

加一项：临时会会期至多不得逾四个月。

提案者：吕志伊。

连署者：邵瑞彭、李文治、汤漪、刘芷芬、龚焕辰、丁象谦、周震鳞、董昆瀛、居正、金兆棪、李为纶、赵世钰、郑际平、窦应昌、马君武、张蔚森、讷谟图、李肇甫、王玉树、林森。

（《修正案》，《宪法会议公报》第三十六册，第65页）

与马君武等致各省督军省长等电[①]

（1917年3月5日）*

督军、省长、省议会、总商会钧鉴：

此次北京对德抗议，闻德国已有善意答复，我国即可了。闻有阴谋之人，欲借此在国内滋生事端，怂恿政府断绝国交，加入战团。祸害种种，警沥陈之：

中国实力全无，事事被动，既加入协约强邻，必借题干涉内政，侵害国权，其祸一。中国财政困难，濒于破产，既入战团，种种需费，已债已多，更为他人负债，清偿无期，其祸二。三次革命以后，元气未复，土匪遍地，更遇对外战争，内地土匪乘机

[①] 本文原标题：《马君武等通电原文》。1917年3月9日上海《民国日报》之《外交商榷会开会纪事》一文中刊登外交商榷会鱼电时有"二次通电各省"之语，可知此电为第一次的通电。

而兴，全国糜烂，其祸三。西北回部与土耳其同种，中国既入协约与土敌，回族离贰，边防空虚，何以御之，其祸四。潜水艇封锁以后，中立国船只皆不敢往来，促进平和为期极近，中国此时加入，为协约国战败后之赔偿品，其祸五。即协约国战胜，中国衰弱，无利可图，徒自破均势，任人处分，其祸六。中国今日急务，整理内政，自图生存，外战既起，法律无效，全国人心更无注意内政之暇，宪政破坏，无以立国，其祸七。总之，与德断绝邦交，加入协约，无利可图，而此后种种祸害，不可胜言。应请全国速电政府，合力阻止，以救危亡。现在政府方针犹未决定，若多数反对，尚可挽回。危机已迫，伏乞助力。

国会议员马君武、张我华、赵时钦、王湘、陈焕南、蒋曾耀等三百余人同叩。

（上海《民国日报》《申报》1917年3月9日）

与马君武等关于梁启超越权干政事的质问书

（1917年3月6日）

闻外交总、次长相继辞职事，因此外交事件有极危险之举动发生，中国将卷入世界战争旋涡，外交总、次长皆不与闻，而前任司法总长、参政院参政梁启超专揽一切，凡重要事件由彼独断，强迫总统、总理实行。据确实消息，凡重要会议，梁启超皆得列席，不知梁启超以个人资格，据何种法律可以取得此种权利。梁启超一面用包围手段，胁迫当局加入协约，置国家之种种危险于不顾，一面嗾使机关报纸鼓吹改组内阁，借外交问题以图推翻现在政府，以国家为孤注之一掷，以求遂其攘夺政权、扰乱国家之野心。中国严守中立二年有余，举国晏然无事，今忽有少数对国家不负责任之人，鼓吹与德绝交，加入协约之说，全国哗然，舆论反对，闻皆梁启超一人阴谋所为。政府对于此种妄人，究竟如何处置？为国家安危计，是否应即将其驱逐出京，断绝祸源？兹据《临时约法》第十九条第九项，提出质问，希于二日内答复。

提出者：马君武。

连署者：彭介石、曾彦、林森、李茂之、周震鳞、黎尚雯、讷谟图、潘江、龚焕辰、王湘、居正、刘芷芬、董昆瀛、王试功、丁象谦、李国定、郑江灏、黄宏宪、严恭、田永正、黄绍侃、万鸿图、朱桢、陈德竣、郭椿森、卢天游、陈焕南、梁士模、赵时钦、彭邦栋、吴景鸿、尹宏庆、蔡突灵、谢良牧、陈洪道、张鲁泉、吴湘、王秉谦、揭日训、祺克坦。

（《公文》，《参议院公报》第二期第四十册，第116—118页）

与马君武等致各省督军省长等电[①]

（1917年3月6日）

督军、省长、省议会、商会公鉴：

欧洲发生战争，我国严守中立二年有余，虽经内变，不涉外交。今美、德失和，竟有人欲乘机攫取政权，首倡断绝国交之说，继为加入协约之谋。以安宁无事之中国，忽欲投入世界战争漩涡，危害千万，敬缕陈之：

窃见立国世界，必内政修明，武力充实，而后能于外交获得利益。日、俄之战，日本海、陆军皆大胜，外交犹不免完全失败。我国经三次革命，元气未复，土匪遍地。今日急务，在修明内政，养成实力，岂可轻启外交纠葛，投入战争漩涡？中国利害，与美国完全不同。美国商船每日至协约国者以百数，欧战以来，供给军需，获利无数，潜艇封锁，受害最深。我国向无商船至欧，潜艇之事，与我何与？善意抗议，与欧洲、南［美］洲中立诸国足矣。除美国外，无一中立国欲与德国断绝国交者。中国以断绝国

[①] 本文原标题：《外交商榷会开会纪事》。文前曰："四日午后二时，外交商榷会假石附马大街华侨招待所开会，到会二百余人。共推唐宝锷君为主席，宣布开会。首由马君武报告前会所推代表往谒黎（元洪）、冯（国璋）两公情形，再将两次通电各省电稿朗读……推举吴宗慈、秦广礼、周震鳞、彭介石等六人往谒元首。吴等去后，复又讨论……所有该会二次通电各省文录后……"

交为条件，已成蛇足。矧亡羊补牢，至今未迟。闻驻德颜使已有电来云，德国将有最善意之答复，凡中国人生命财产特别注意保护等情。悬崖勒马，今正其时。乃不惟主张断绝国交，且主张加入协约，弱国与强国共事战争，必致国家主权尽归丧失。俄之处分罗马尼亚，德之处分土耳其，可为殷鉴。中国距欧洲虽远，而东有强邻乘机欲动者久矣。将来同为战团，外交仰其鼻息，军事听其指挥，中国去朝鲜不远矣。若德终胜，则中国可为协约国之最善赔偿；若协约国终胜，则中国自破均势，将来可为日、英、俄、法任意处分。西藏、外蒙之事，可为殷鉴。国际上更无一国助我矣。若谓加入战团，将来方可列席平和会议，查列国会议，惟强国发言有力，弱国列席，备员而已。我虽至愚，何苦冒绝大之危险，以争议和之时空席？若谓仅此可抵赖德、奥庚子赔款，但德、奥既无败灭之理，此费终须抵偿。就令德、奥一败涂地，其权利自有继承者。欧战于今年可以结局。自潜艇封锁实行后，中立国船无一至英者。前月三礼拜内，协约国船只被击沉者三百余，英国大为恐惶。故于此时忽自投罗网，供人鱼肉，虽至愚者不为也。现美已宣布武装中立，德亦不久有善意答复，我国即可至此止步。此后种种危险，望合力电知政府，勿为孤注一掷之策。危险迫切，诸公救国，正在此时。

外交商榷会、国会议员马君武等三百余人同叩。鱼。

（上海《民国日报》1917 年 3 月 9 日）

与秦广礼等关于宪法草案第三十二条修正案

（1917年3月7日）

修正文：国会常会于每年八月一日开会。

说明：考各国宪法关于国会开会之日，除以君主召集为必要之国，其余多规定下半年，如每年九月第三火曜日开会者，有荷兰。十一月第一月曜日开会者，有麦丹。十一月第二火曜日开会者，有比国。十二月第一月曜日开会者，有北美与瑞士。大抵皆以国情为标准。我国共和光复，国会重开亦为八月一日。先例昭彰，便于采行，其理由多端，试列举之：

（一）会计年度须修改也。按会计年度之规定，须以经济情况为标准。我国经济情况从大体观察，社会金融之流活、国库收入盛旺之时，仍以年终为最。无如会计年度原定七月制是与经济情况不合宜，改为十二月制或一月制，较适于实际。会计年度既改，则国会开会之期自以八月一日为当，期间距离不失之于远，亦不失之于近，于预算议决上自得其要领。此宜改为八月一日者其理由一也。

（二）新总统选举与就任宣誓之便利。我国总统以十月一日为就任之期，于此三月前须由国会组织选举会。若以八月一日为开会之期，较三月一日既能免去召集之烦复，得于同一会期中，而为就任之宣誓其便利为何如，而或者曰如改八月一日为开会，是本届三年任期之议员得两选五年任期之总统，诸多不合。不知此乃国家不幸，使国会中途遭非法解散，议员任期时效中断，而总任期未经变迁，事实所致，不得不尔。此宜为八月一日者其理由二也。

（三）完成制宪之急务。二年四月八日为国会第一次开会，历时不满七月，乃遭非法之解散，宪法会议未开而国家之根本大法不修。今也国会复活，自应以首先制宪为急务，然亦须接续第一次经历之时间，若以三月一日为开会之期，而参院议员二年改选一次，则今年开会之日即为参［议］院改班之时，是于宪法制定之半途而原人更换其一分矣，多滋纷，更迟缓进行，殊非完成制宪之急务。此宜改为八月一日者其理由三也。

此外，若《国会组织法》亦待修改，《众议院议员选举法》尤须变更。果以三月一日为开会之期，光阴荏苒，转瞬又到众议院议员之改选，于此短促之时间，焉能完成繁复之法典？况为慎重选举起见，而人口之调查亦不可短促其时间。此宜改为八月一日者其理由四也。

有此四种理由，则八月一日与三月一日较其优劣之相去，自不可以道里计。优者取而劣舍，此制宪之本旨也。是否有当，即希公决。

提出者：秦广礼。

连署者：易宗夔、杨时杰、白逾桓、田桐、李为纶、李春荣、张书元、于洪起、廖希贤、张廷弼、王法勤、马君武、曹玉德、汪彭年、张树桐、张大昕、唐宝锷、张士才、邴克庄、张善与、罗永绍、王吉言、李有忱、彭介石、辛际唐、温世霖、邹鲁、张琴、邓大一、乐山、王试功、王乃昌、陶保晋、吕泮林、王杰、周震鳞。

（《修正案》，《宪法会议公报》第三十七册，第89—91页）

与曹振懋等关于宪法草案第二十二条的修正案

(1917年3月7日)

原案：参议院以法定最高级地方议会及其他选举团体选出之议员组织之。

修正：参议院以各省及未设省地方最高级议会及其他选举团体选出之议员组织之。

理由：本问题修正案无虑十数，迨至付议，一部分心理以为详细列举欠伸缩之力；一部分心理又以原案概括有疏漏之嫌，故大会皆不能通过。然细察表决人数，究以赞成原案者为多，其不足法定人数者，盖因原案对于特别区一层未有明确之规定，一般人多所怀疑，遂使本来极表赞同者，结果亦变为消极之反对也。按：特别区域，系属未设省之地方，与蒙、藏、青海部落制迥别。蒙、藏、青海因无议会为选举机关，始有选举会之规定。特别区不然，则非属于其他选举团体可知。而原案所称法定最高级地方议会者，是否专指省议会，抑兼含有区议会在内，究难得正当之解释。故欲解此疑团，非将"未设省地方"五字规定条文内不可。兹依《宪法会议规则》第三十条，提出修正案。是否有当，尚希公决。

提出者：曹振懋。

连署者：黎尚雯、王玉树、王乃昌、王双岐、吕泮林、叶夏声、萧晋荣、张士才、张书元、杨树璜、陈九韶、陈堃、龚焕辰、吴宗慈、陈耀先、王试功、李国定、陈洪道、彭介石、覃寿公、周震鳞、李春荣、邝克庄、张大昕、邵仲康、李有忱、刘映奎。

（《修正案》，《宪法会议公报》第三十七册，第98—99页）

与张光炜等关于政府特任熊希龄[①]为平政院院长的质问书

（1917年3月8日）

近阅《政府公报》载，特任熊希龄为平政院院长。查平政院之设，所以裁判行政界不平之诉讼，为之长者必先公正廉明，始足胜任而资表率，断未有其身不正而能正人者也。熊希龄自入政

[①] 熊希龄（1870—1937），字秉三，湖南凤凰人。1890年入湘水校经书院；1894年高中二甲进士，并被钦点为翰林院庶吉士；1896年上书两湖总督张之洞倡议变法维新，次年与谭嗣同等在长沙创办时务学堂、创设南学会，创《湘报》；戊戌变法失败，遭革职；后经东三省总督赵尔巽提携，历任屯垦局总办、东三省农工商局总办、奉天盐法道、东三省财政监理官等职。民国后历任北京政府财政总长、热河都统、国务总理兼财政总长，1914年辞职后转向慈善和教育事业。1937年底在香港逝世，国民政府为其举行国葬仪式。

界以来，声名狼藉。前在热河都统任内，且有盗换行宫古玩之案；其后总理国务又赞助袁氏，以非法解散国会，致使监督无人，酿成上年称帝改元之举。虽赖滇南倡义，民国复活，然而公私财产，军民生命，其因此而致损失者，盖已不知凡几矣。国势飘摇，至今岌岌，追原祸始，皆熊希龄一念之贪位慕禄，有以贻之毒也。以是人而长平政院，推其流弊所至，微特败坏法度，将弄手段以遮天，抑且颠倒是非，罔恤声明之扫地，国家之败，必由官邪。窃谓政府而不爱惜国家则已，如犹爱惜国家，则凡阴谋鬼祟，足为国家之蠹者，均宜概从摈绝，俾勿污我光华璀璨之共和政体。况熊希龄罪状昭著，乌可仍加重用，以自促其灭亡也耶？夫任免官吏本属政府之主权，特举直错枉，宜示天下以公允。此次任命，究具何种理由，莫明真相。谨依法质问，希于十日内正确答复。

提出者：张光炜。

连署者：黄绍侃、潘江、王湘、讷谟图、居正、彭介石、黎尚雯、严恭、丁象谦、王文芹、赵世钰、郑树槐、李述膺、万鸿图、周震鳞、周择、吕志伊、马君武、吴作棻、许燊、李茂之、李国定、林森、孔宪瑞。

（《公文》，《参议院公报》第二期第四十册，第118—119页）

与黎尚文等关于惩处汤芗铭①的请愿书

(1917年3月10日)

为请愿事：汤督祸湘，搜刮民财，断绝民生，草菅民命，专为虎伥，贪婪无厌，固莫胜发指，请但即其无辜案，略而言之：查新刑律第一百零一条第一项：意图颠覆政府，僭窃土地及其他紊乱国宪而起暴动者，为内乱罪。（一）首魁死刑或无期徒刑。（二）执重要事务者死刑、无期徒刑或一等有期徒刑。（三）附和随行者三等至四等有期徒刑。第二项：意图内乱，聚众掠夺公署之兵器、弹药、船舰、钱粮及其他军需品，或携带兵器公然占据都市、城寨及其他军用之地者，均以内乱既遂论，其余预备阴谋、知情供给均无死罪可言。细绎法理，本罪成立要件凡二：（一）暴动。（二）出于紊宪宗旨，凡不用暴动之紊宪行为或专事掠劫诈财等类者，不得以内乱罪论。暴动之内容有三：（一）多数协同。

---

① 汤芗铭（1883—1975），字铸新，湖北蕲水（今浠水）人。早年入福州航政学堂学习，后去英国学习海军，回国后历任清海军"镜清"舰机长、"南琛"舰副舰长。民国成立后，任海军部次长；"二次革命"时，率北洋军入湖南镇压讨袁军，并升任湖南查办使，后任湖南都督兼民政长；袁世凯死后，被逐出湖南。1923年曹锟任总统时，任汉口南埠建筑督办。北伐战争开始后，被广州国民政府通缉。抗日战争中依附日本，曾任北平"治安维持会"会长。晚年研究佛学，1975年病死于北京。

（二）加以腕力或胁迫行为。（三）不法缺一则非暴动。是内乱罪之构成必合暴动与确系紊宪宗旨以为断，无论何种命令，不能变更法律。

汤督杀人如麻，姑就其案卷，现犹存在督军署者，略针破之。观其定案判语，如黎锡圭等三人秘密结社，夏继虞私立会社，周炳龙私造炸弹，刘衡等三人、民义社徐竹青等三人秘密革命，金镇等七人再造党结社，丁炳尧受陈军运动，欧阳云附和黄钺，罗炳生等六人在益阳谋乱，张剑书二人在醴陵谋乱，黄养源与萧伯涛、谭蒙有关，李星义秘密开会谋乱，文尚武等五人散布新同盟会徽章，阳玉山一人、童鏊谦等三人两案图谋不轨，李洞天私藏枪械、文字悖谬，陈军等二十二人暗设机关、图谋起义，刘晟一人、李坤一人、李德民一人、陈勋一人、张海清一人、黄大清等二人、宋春生等二人、熊镜生等三人、熊持危等三人、罗澍苍等三人、赵荣等十八人、李唐等十二人十二案秘密谋乱，凡百另八人均经枪毙或枭示。今试持矛刺盾，即此二十有九案，以如彼判各主文，按之上开刑律，何一该当死罪者？即或适用军法或惩治盗匪条例，亦须查有扰乱实据，方能依法支配。又况其认定事实，既戾采证法规，又非涉荒唐，即属子虚乎？综其判决资料，无论单独一人或仅止数人，但搜有徽章、名册、告示、委任状等伪据者，即处死刑。试问一二党人，赤手空拳，能否起义乎？又试问手无寸兵，但持有徽章、委任状等空文而即可以抵敌枪炮火药乎？汤督岂不之知，特恶探用，以诳汤汤？即借以媚袁耳！更观其已判无期或有期徒刑，而不久又无故开释者，如何春楼、易凤祺等是；有宣示刑期而随后又无故减轻者，如邓光海、李世清、余世尧等是。其儿戏刑章，任意生杀，尤昭然若揭。此非法残杀、图媚袁氏铁证一也。

我省二次独立宣告取消，谭督出示中央降罪，惟渠负担，故凡机关人员，仍安职守。不料，汤督莅湘，悄将审计处长易宗羲、财政司长杨德邻、烈士祠董杨兆鹏、纺纱厂长文经纬等不经讯明，擅行枪毙。其余仇鳌、龙璋、萧仲祁、刘承烈等或处徒刑或被通缉，一时淫威震撼，杀气沸腾，人人战栗，举国若狂，汉阳诸姬楚实尽之。究其万恶手段，无非谬将湘省官员一网打尽，一则便彼密布爪牙，淫刑以逞，致使饿虎饥鹰，充斥机关。如华世羲、朱益叙、张树勋、舒礼鉴等，捕风捉影，狼狈为奸，故入人罪，贿赂公行，其最著者；一则便彼侵吞巨款，架诬他人，如杨、易诸公，本未吞款，汤故杀之而厚诬之，捏造报销，欺蒙中央。已吞公款，人负罪名，其计可不谓巧，其毒可不谓深乎？今其遗族确查、谭督确证，谁实侵吞，有应负其咎者。又况既诬杨公吞款，又复称为长者恤洋二千元，时反时复，荒谬显然乎？此驱杀大员、植党营私铁证二也。

二年冬，汤于会垣设立调查处，查办党案，专以痞徒江培根、李绍仙、刘石渠、刘鸿德等四千人组织之，其符号分天地玄黄四字，每字千号。去春有遗失黄字九百余号之徽章，登报声明者，其明征也。其设制分一二三三等调查，各调查所用眼线尤不可思议。汤督预悬赏格，破获大机关一万元、小机关半之，并可由眼线递升一等调查，如有连续三月未一获案者，即行撤差。此外，复有警察所，各县署、各镇守使署俱设有调查，查缉党人，故各恶探皆暗嗾眼线伪造徽章、印信等据，四处飞诬，手续既备，仍由各探恶呼朋引类，如蚁附膻，突入人家，借搜证据，犁庭扫穴，抄没财物，甚至敲骨剥髓，逼勒奸淫，乃将被逮人且连带其同一地点住居、或其亲友适来会晤者，一并拥送汤署。事后倘能重金行求，系铃复可解铃。夫以若辈绝灭天良之宵小，而又畀以权力，诱以厚利，限以时日，是明明驱而之恶以陷杀良（懦）〔儒〕也。试观各痞徒，平日劫掠害命，刑法随之尚悯不畏死，何况捕时既饱私囊，毙人复膺重赏，更且取得勋章禄秩，狡兔三窟，何待他求。如此奇货，谁不目为利薮而日孜孜以营谋乎？是以仇雠相害者有之，友朋相害者有之，亲属相害者有之，甚或子弟陷害其父兄者亦有之。网罗四布，不但洞庭以南陷阱塞道，罾缴充蹊，即鄂渚、沪上罗而致之，亦所在多有。究其所获，正式革党百不一二，而栽诬陷害，纯系恶探所产出者滔滔也。此故纵恶探构陷良善铁证三也。

汤署军法课长员为华世羲，即华铁匠，又号华阎王，及汤功冶、陈宝书、朱课员等，所用各刑军棍而外，非刑凡五：（一）皮鞭。以一铅球衔三铁丝，每丝缀以革牛皮，令受刑人跪于方石上，膝弯压以铁棍，乃以皮鞭击其腰背，环绕胸膛，以致鲜血长流，肉屑横飞。（二）铁棍。先以尺许麻石，令刑人跪于方边，次以七十六斤之铁棍压其膝弯，末用八人践其两端，以致足筋损坏，多成废疾。（三）夹棍。以粗杉树棍，令受刑人夹于胁下，用刑人肩其两端，将树高举，受刑人愈恐坠下，用刑人愈将夹棍动摇，以致皮肉碎烂，肋骨显露。（四）杆秤。先钉木转珠于横梁，次以麻绳穿过，使受刑人两手相交于背后，以绳之一端锁其两手，用刑人执其余一端，力向上掣，受刑人身悬半空，适类商店檐灯，以致遍身麻木绳陷皮肤，筋骨损伤。（五）红毡。先以红煤铺地，次以碎磁、瓦片铺加煤面，令受刑人赤身俯伏其上，末以长方麻石压其腰背，使不得动，以致火炙磁砭陷入肤内，口喷鲜血。凡此五刑，每次一种或数种不等，用时均不计数，但以气绝为度。绝后复以草纸烧烟薰其口鼻，俾得复苏。尤异者，用刑人见其非行惨酷，鬼哭神号，心存姑息，华恶见其着手稍轻，即用反刑转将用刑人行刑，并处以监禁。观此，其狠毒险恶概可想见。其刑讯态度，如罗桂山，本系锯匠，卒令认为铸匠，又复改其名字为罗铸。张怖臣卒令认为朱鸣剑，欧阳汉卒令认为杨浦轩，卜俊卿卒令认为郭俊卿。又彭骞，华恶指其曾与李鸿颖接洽，彭不承认，严刑再四，彭号泣曰："我前世认识他。"华恶遂改为"前次认识他"，勒具摹供。又王全乐，华恶问其入会出钱若干，王当误为入彼鲁班锯匠会，答以出钱四串，亦竟判为革命。是皆黑天冤枉，酷刑诬服，公然枪毙者。其余陈德阀勒令认成熊立诚，欧阳乾勒令认成杨世杰，颜老满勒令认成安老三，亦皆受尽非刑，妄处监禁。又凡无辜被逮者，若于调查、军法二处无人行使运动，刑至筋露骨散、体无完肤，尚未供认，华等即照恶探所报，缮就供单，嗾令卫兵强拉其手染指具摹而杀之。夫撰易名姓，提倡暴动者，固所不免，而真正革党亦未之曾闻，即或有之，亦须如前清例案彻讯实情，注明某甲即系某乙，断不可诬指某乙为某甲，而并不知其实系某乙也。此使用非刑锻炼成狱铁证四也。

慨自汤督专政以来，授意城狐社鼠，一致指鹿为马，鱼肉无数乡氓诈为著名党魁，大肆屠戮，务博袁氏欢心。其迳由各县署、各镇守使署冤杀盈万者，姑不具论，但就其会垣方面横遭惨戮者观之，莫不家产倾荡，父母冻馁，妻子离散，极至全家数口，次第偕亡，靡有孑类，伤心惨目，孰有过于是者。斫朝涉之胫，剖贤人之心。曩读武城，窃犹怪其二三册之无所取也，以今观之，巨万同胞之生命，变成数千恶探之钞币，实即汤督封侯之勋章。湘民何辜，罹此惨祸！夜台鬼哭，鸡犬皆惊；旷野冤魂，莫知所犯，将军衙门，实为黑暗地狱。若斯惨无人道，纣之不善，亦不如是之甚也。斫胫剖心，又何疑焉是，皆铁证铁据，确调确查者，如系虚伪，武等均甘自坐诬告刑条。为此，附呈冤杀二十二案，公恳钧院俯准据情查核转咨政府，按律严惩。同难万人生死衔结，谨请参议院公鉴。

请愿人　湖南国事同难会代表：汤武、李泰时、金鸿钧、刘武、王道、喻义、易凤祺、谭荣、马相芬、文夔、秦伯昂、周连城、李达武、廖柏林、黄兆槐等谨呈。

介绍人：谢家鸿、李汉丞、黎尚雯、彭介石、李国定、盛时、刘芷芬、郭相维、周震鳞、田永正、向乃祺、吴景鸿。

附呈：奇冤二十二案（略）。

（《委员会纪事》，《参议院公报》第二期第四十册，第94—100页）

与刘成禺等致各省督军省长等电

（1917年3月11日）

各省督军、省长、省议会、商会鉴：

对德绝交，存亡所系，同人鉴于国家、世界情势，以为不可。今日记名投票表决，赞成者百五十八人，反对者三十七人。多数政治，何敢不从。同人智力浅薄，无可挽回。此后国家地位，前途辽远，未可预言。国家兴亡，匹夫有责。将来加入战团与否，尚有磋商余地，所望群公判决利害，发抒谠论，用匡政府。同人智力已尽，用电全国，借明责任。临电涕泣，不知所云。

参议院议员周震鳞、丁象谦、刘成禺、王湘、彭介石、黎尚雯、李国定、马君武、董昆瀛、居正、龚焕辰、张汉、郑树槐等三十七人同叩。三月十一日。

（陈荣广等编：《外交新纪元》，泰东图书局1917年版，第32—33页；又见上海《民国日报》《申报》1917年3月23日）

与李自芳等关于政府收买上海外商存土的质问书

(1917年3月14日)

自政府收买存土事发表后,全国舆论群起反对。议员等忝为人民代表,未便缄默,谨依据《约法》,提出质问书如下。

沪上洋商存土无收买之必要,其理由有四:

一、征之禁烟条约

查宣统三年中英政府《续订禁烟条件》载明:自一千九百十一年正月一号起,七年之内至一千九百十七年止(即民国六年正月一日),中国土药、英国印度出口运华之烟土同时停止。等语。该条文内并无订明停止时期,如有存土,须由中国买受之文。此无收买之必要其理由一也。

二、征之蔡乃煌与洋药商行所订之合同

查民国四年,中国政府特派禁烟员蔡乃煌与上海香港洋药商行代表订立合同载明:自民国四年五月一日起至六年四月一号止,二十三个月期内,将所存沪港大小土共约六千箱销售于江苏、江西、广东三省,每提出一箱,由商行报效中国政府三千五百元(名为新印花税),以补助禁私经费,俾中国可早达禁绝烟土之目的。倘中国于未到四月一号以前,即封禁该三省售土,则商行可将合同取消。倘所存土药于限内何时销罄，该三省即可随时封禁。等语。合同内并无订明期满之时，如有存土，须由中国买受之文。此无收买之必要其理由二也。

三、征之蔡乃煌对于政府之呈文

查蔡乃煌自呈政府文内声明：合同自四年五月一号起以二十三个月为限，所存六千箱印土无论（消）[销]与不（消）[销]，均不准再运入该三省境内。等语。是年六七月间，肃政史及唐继尧先后弹劾蔡乃煌，并请设法补救。奉批：交内、财两部，税务处查核，会同呈复。文内亦引蔡乃煌呈文之言，以证明合同期满之后，即有存土亦于中国无干之确实凭证。此无收买之必要其理由三也。

四、征之近日西儒丁义华电询驻京英使署之复电

查月前收买存土事件发表后，丁义华因闻冯副座之言，谓如不将存土收买，必贻英外交界之压力。丁即电由英使署复电，绝不认有此事。其电文登载于各日报，人所共见。此无收买之必要其理由四也。

政府收买沪上洋商存土，每箱收买之价为八千二百两，以何标准定此巨价，其疑点有二：

一、查冯副座宣布收买存土案始末条内，收买价值每箱八千二百两，折合洋元约一万一千四百元。民国四年春，蔡乃煌到京运动政府收买印土，尽归专卖。彼时洋商声言有存土约一万箱，每箱愿减价作三千元售与中国政府，当时财[政]部因不能筹出三千万元之巨款，并有多人反对，遂作罢论。而项城与周学熙不能忘情专卖之大利，乃变计而许洋商报效，限于二十三个月内销售洋土六千箱于苏、赣、粤三省，每箱报效三千五百元。政府不须投丝毫资本，而于税厘之外坐收二千一百万元之报效，计诚巧矣！自此之后，每箱印土骤加三千五百元之新印花税，于是沪上卖价遂涨至每箱七八千元，而沪上土商又借此施其专卖垄断之行为，卖价最高时曾涨至一万余元，凡沪上业土之商人，无不利市

十倍。又因大小土价格骤涨之故，而哈尔滨、大连湾等处之私土，乃乘隙而起。迩来印土不能销行，而私土反以充斥者，职是之故。此系两年来当地之事实，无论何人可以查明。由此言之，民国四年，每箱印土价值三千元，今政府收买，每箱合洋一万一千四百元，是否仍在其中扣出三千五百元报效，否则以未纳报效之土，忽比报效前增加三倍之价，政府应不致如此聋聩，即装聋装聩，又何能掩天下人之耳目？此可疑之点一也。

二、查印度出口运华之洋土，未贴该政府印花者，每箱约值三千二三百卢比，已贴该政府印花者，每箱大土约值五千五六百卢比，每箱小土约值一千六七百卢比。自中英订立续约之后，印度政府限制来华之印土，截至一千九百十三年，即民国二年冬停止，三年后即无印土来华。今考中国海关所定十三年冬镑价表，约计每三千卢比折合中国关平银一千两。据此计算，有印花大土每箱约合本二千两加入运费、栈租、税厘、利息等种种开支，多亦不过二千四五百两，即令政府以收买存土为正当办法，如此重大之贸易，岂容不调查来源之成本，听凭居间牟利之徒，虚报价目，糊涂订约，以致商场腾谤，邻邦非笑，政府其不闻耶？其未闻耶？抑明知而故纵耶？此可疑之点二也。

以上所言政府无收买之必要其理由凡四，皆系根据合同条约，非空言可比。再就洋土商一方面之事实衡之，近年因中国政府厉行烟禁，而印土始停运入口，因印土停运入口，来源已绝，而洋土商乃得实行其垄断居奇之手腕，两年以来，在沪洋土商坐享数千万意外之巨利，皆食政府禁烟之赐也。值烟约绝止之期，存留少数未售之印土，即令稍有亏损，亦不过将两年来所攫之利除千分之一二耳，于洋土商固无丝毫之失败也。政府应立行宣布，将收买洋土之契约取消，方为正当办法。再就所言之二疑点而观察之，查政府收买之数，每箱为八千二百两，沪上洋土商实收之数为五千七百两，因每一箱洋土含有二千五百两之运动费在内也。

依此（积）[计]算，现在沪上存土尚有二千五百余箱，实含有运动费七八百万。传闻上项运动费，经手人有已到手者，有未过付者，但每一箱运动费之数目，则众口一词，绝非虚妄。再洋土商实收五千七百两，比之民国四年洋商要求每箱三千之数，实已增加五千元，是经手人与洋土商均普享巨额之中饱，而负担此项中饱之损害者，乃在全国人之民膏民脂。在主持收买之计划者，或欲借存土作孤注，以遂其攘夺权利之诡谋，而不知其害国殃民乃至如此。政府亦应遴派专员彻查，以辨虚实。谨依《约法》及议院法之规定，提出质问书，请政府迅速明白答复。

提出者：李自芳、何士果。

连署者：高仲和、王湘、陈焕南、朱念祖、谢家鸿、赵时钦、钟允谐、龚焕辰、梁士模、蒋举清、王鸿庞、梁培、李文治、赵鲸、黄绍侃、杨永泰、刘积学、黄锡铨、李绍白、周震鳞、李国定、萧承㻰、韩玉辰、饶应铭、陈祖烈、丁世峄、向乃祺、赵世钰。

（《公文》，《参议院公报》第二期第四十一册，第71—76页）

与居正等关于宪法草案第八十条的修正案

（1917年3月16日）

原文：国务总理之任命须得众议院之同意。

国务总理于国会闭会期内出缺时，大总统经国会委员会之同意，得为署理之任命。

修正：国务员之任命须得国会之同意。

国务员于国会闭会期内有出缺时，大总统得为署理之任命，至次期国会开会时，须咨求同意。

理由：查规定原案之用意，以为国会滥用同意权束缚政府，致不能举政党责任内阁之实，政治终无刷新之希望，故只求总理同意，其他国务员则由总理自由选择，意思较易统一，政策较易施行，未始非宪政之常经。然吾国自辛亥以来，经癸丑、乙卯、丙辰之数次变革，牺牲无数之生命财产，所争得者，《临时约法》而已。《约法》上之有效条文，稍足举监督政府之实者，同意权而已。今《约法》复而国会存，国会存而立国大本之宪法于以创制。故凡《约法》上所有之特权，国会自身应尊重民意保存之，断不可为政府少数人之利便而放弃之也。况年来政府用人、行政动逾常经，而对于国务员之选择，尚经几许慎重，不敢率以奸诈贪鄙滥竽其间。方兹大难初平，隐忧未已，犹得保持统一民主之形式国，是人心渐趋宁静，胥同意权之作用有以维之也。倘并此同意权而削减之，则以现在武断政治推之，将来庸有趋入宪法轨道之一日也耶?! 两院同人识微知著，谅有同情。爰本《约法》原意，提出修正，谨候公决。

提出者：居正。

连署者：刘泽龙、凌毅、吕志伊、丁象谦、刘成禺、王乃昌、刘英、李国定、易宗夔、万鸿图、王双歧、杨时杰、杨树璜、张大昕、林森、冯振骥、王湘、彭汉遗、白逾桓、田桐、吴宗慈、彭介石、赵世钰、董昆瀛、赵时钦、覃寿公、谢持、张光炜、邵瑞彭、时功玖、黄绍侃、黄元白、郭宝慈、汪哕鸾、周震鳞、王葆真、廖宗北、张汉、卢式楷、贺赞元、高旭、黎尚雯、覃振。

（《修正案》，《宪法会议公报》第三十九册，第 115—117 页）

与丁象谦等关于宪法草案第七十五条第一项的修正案

(1917年3月16日)

修正：大总统于众议院对国务员不信任决议时，非免国务员之职即解散众议院。但解散众议院须经参议院列席员三分二之同意。

同一会期不得为第二次之解散。

提出者：丁象谦。

连署者：王湘、萧晋荣、王乃昌、陈洪道、龚焕辰、张善与、李有忱、张大昕、彭汉遗、李国定、吴宗慈、杨树璜、王双歧、蒋宗周、彭介石、周震鳞、郑忾辰、白常洁、万鸿图、陈垫、曹振懋、陶保晋、陈九韶、廖宗北、李积芳、张书元、王笃成、覃寿公、赵世钰、高荫藻、朱念祖、张汉。

(《修正案》，《宪法会议公报》第三十九册，第117页)

发起参议员谈话会启事[①]

（1917年3月中旬）

参众两院因政府对德抗议陷于无回旋之余地，为国家对外信义计，不得已而勉许其履行绝交之宣言。然政府与德绝交以后，吾国会议员应对于因绝交所收之结果与国际间发生之情况及政府所持之外交方针、国家将来择处之地位，详加考虑，以自动的判断，决定其行止，然后方有以对国家而谢国民。同人等有鉴于此，欲就已过之抗议绝交所发生之景象如何，以研究将来有无加入之必要与宣战之价值，为我国会议员自尽职责之预备，今拟发起一参议员谈话会，要求议长发出通知，为自动的讨论。本院同人有赞同者请署名于下。

发起人：周震鳞、龚玉崑、朱念祖、王湘、周择、韩玉辰、吴莲炬、朱甲昌、窦应昌、龚焕辰、黎尚雯、王法勤、吕志伊、赵世钰、傅谐、赵时钦、彭介石、张蔚森、杨渡、陈焕南、万鸿图、黄绍侃、宋渊源、陈祖烈、李汉丞、丁象谦、赵承恩、何畏、张光炜、邱仲青、宋国忠、讷谟图、苏毓芳、祺克坦、吴作棻、卢式楷、钟允谐、丁世峄、丁铭礼、恩克阿、穆尔、巴达玛、林

[①] 本文原标题：《参议员发起谈话会》。文前云："参议员周震鳞等五十余人，以对德抗议关系重大，发起参议院谈话会，昨已出有公启，其文云……"

沁、何士果、邹树声、萧文彬、王人文、杨永泰、严恭、李自芳、章士钊。

(《申报》1917年3月23日；上海《民国日报》1917年3月24日)

与陶保晋等关于宪法草案第四百零四条的修正案

(1917年3月30日)

原案：为对外战争或戡定内乱不能牒集国会时，政府得为财政紧急处分，但须于次期国会开会后七日内，请求众议院追认。

修正案：为对外战争或戡定内乱及防御非常灾患，事机紧急，不能牒集国会时，政府得以国务员连带负责，为财政紧急处分，但须于次期国会开会后七日内，请求众议院追认。

理由：财政紧急处分，不仅对外战争及戡定内乱两项，例如，天灾地震及不可抗力之灾患发生时，政府断不能袖手旁观，坐听斯民于水火，而不为发帑赈抚及种种筹防之策，故防御非常灾患，实与财政紧急处分有关，为宪法上必不可缺之点。然又不能不稍示限制，故于原案加以国务员连带负责，一方面维持人民之公益，一方面表明政府之责任。此修正本案之理由也，是否请公决。

提出者：陶保晋。

连署者：陈义、陶逊、范熙壬、张则川、廖宗北、陈允中、孙炽昌、王尹昌、张善与、王双歧、唐宝锷、白常洁、杨润、刘可均、辛汉、张瑞、徐兰墅、朱甲昌、屠宽、胡兆沂、朱继之、彭汉遗、张万龄、王试功、王枢、恩华、丁象谦、周震鳞、张大昕、吴渊、吴荣萃、梅光远。

（《修正案五》，《宪法会议公报》第四十三册，第 61—62 页）

与曹振懋等关于宪法草案第八十一条第二项的修正案

（1917 年 4 月 4 日）

原文：大总统所发命令及其他关系国务之文书，非经国务员之副署不生效力。

修正：大总统所发命令及其他关系国务之文书，非经国务员之副署不生效力，但任免国务总理不在此限。

理由：本条第二项规定，是使大总统不能发违法之命令，而保存内阁制之精神。命意甚善。但国务总理如被弹劾或受不信任决议时，大总统下免职令是否仍须国务总理副署，诚属疑问。若不为特别规定，万一国务总理对于此种命令因自身关系拒绝副署，致使旧总理无法罢免，新总理无从发生，则不独议会监督政府失其效力，即大总统任免官吏特权亦被剥夺，由是演成麻木不仁之政府、麻木不仁之议会。试问，此时政府尚复成何现象？本员有见于此，特于第八十一条第二项加一但书，以为救济方法。至各部总长任免问题，按民国先例，凡一新内阁成立，每于总理任命后，始为全体国务员之组织。此时新总理既已就任，则各总长之任免当然由新总理副署，不生问题。故本修正案但书仅规定国务总理而不及各部总长即本此意。兹依《宪法会议规则》，提出修正，是否有当，请付公决。

提出者：曹振懋、吴宗慈、王湘。

连署者：黄肇河、杨树璜、王双歧、张书元、李国定、龚焕辰、周震鳞、萧晋荣、舒祖勋、谢良牧、景定成、王乃昌、丁象谦、王试功、温世霖、居正、王玉树、田桐。

（《修正案九》，《宪法会议公报》第四十三册，第116—117页）

与秦广礼等关于宪法草案地方制度条文的修正案

（1917年5月11日）

（增加）第一条：省为地方最高自治团体兼为国家行政区域。

（理由）此条之规定明省之本位及性质为地方最高自治团体而兼为国家行政区域焉。诚以我国之省为组织国家之单位，构成国家之成分，不得与普通区域并视，根柢甚厚，隐有自主本省一切政令之势，宜乎以自治团体为主也。且又与联邦国之各邦联，合众国之各州不同。彼则各有自定之宪法，以为保障，此则无之。宪法上既认省为加入之必要，若不以自治（国）［团］体为主位，其发达诚不可望矣。厥理由亦在是也。

（修正）第二条：省设省议会为本省最高立法机关，其组织及选举以法律定之。

（增加）第三条：省议会依法自行集会、开会、闭会，但临时会由省长牒集或议员总额三分一以上之联名通告集之。

（理由）以上两条，一为修正，一为增加，亦皆固平民政治之必要而来，不如此则无以明省议会之地位及性质，将见受官治机关之左右，欲使分功治事，各谋发展，两不相轧者，胡可得哉？故特若是之规定也。

（修正）第四条：省议会议决本省一切法律、条例，但不得抵触中央法令。

第五条：省议会议决本省预算、决算及一切税则。

第六条：省议会议决本省公债之募集及省有负担之契约。

（理由）宪法上关于国会职权之规定系采概括的，此亦宜然，以收一贯之效。其省议会之职权，总言之，虽不外法制、财政限制行政等各问题，一经列举于宪法，不易变更之，社会进化，事态时幻，恐将来无伸缩之余地，况列举拘泥，弊多遗漏，宁可不思预防耶？

（增加）第七条：省议会议员及省长均得提出法律案，但经否决之案，于同一会期中不得再行提出。

（理由）此条系吕议员复之修正案，理由自有申明，不待参说，兹特录之以表赞成也。

（修正）第八条：省议会对于省长认有失职或违法行为时，得依法弹劾之。省长被弹劾，即时由总统停职。

（理由）此条之规定以失职之弊甚于违法，违法既应弹劾，而失职尤应注意也。盖失职之事，多出于因循怠惰，冥默中不图治理，流毒已中，人不知觉而违法之事彰明较著，设非品行大不端者，皆不肯为，为之恐招不利，咸有戒心，此失职二字宜修补之也。至若依法弹劾者，可知弹劾时须循定轨，否则不得滥为也。既经弹劾又必须即刻时由总统停职者，是亦应有之事实，不如此不足以昭郑重，则省议会之弹劾等如虚设矣。

（增加）第九条：省议会议决事件咨由省长公布施行。

（理由）地方最高立法机关既属于省议会，而省长则为行政机关不待言矣。凡省议会议决事件咨由省长公布施行，亦犹国会议决事件咨由总统公布施行其理正同也。从可知不有此条之规定，不足以表明二者之关系，未免遗漏也。

（修正）第十条：省设省长一人，由人民选举受任。

（理由）省长民选聚讼纷如，非一言所克尽。至于本员此条之规定其理由前已具有意见矣。

（修正）第十一条：省长除执行政府委任事项外，总理本省政务，公布法律条例并监督而执行之。

（理由）此条系明省长之地位并职权而规定者也。不如此则与省之地位、省议会之地位及省议会之职权等有不了然矣。

（修正）第十二条：省长认省议会议决为违法时，得呈请大总统咨交参议院审查之。

（理由）此条之规定是防制省议会偏执之弊也。然其违法必限于议决者，因省议会有限制行政之权，不如此恐省长为违厥私心计，动辄借端扩张省议会违法之范围而滋纷扰也。果认为违法，呈由大总统咨交参议院审查处置为已足，而解散之提出，省长曾不应享有此权而致省［议］会之危险也。

（增加）第十三条：省长统帅本省警备队，但必要时得受大总统之调遣。

（理由）省为自卫计而有警备队。警备队应由省长统帅无待深论，然吾国既为单一国家而非联邦，则出于事实上必要时，大总统宜有调遣之权。既所以应国家之急，亦所以防分裂之患也。

（修正）第十四条：省设省参事会襄赞省长。参事会之组织、选任及职权以法律定之。

（理由）此条系合并原案第十三、第十四、第十五三条而成。盖此三条既为申明省参事会之组织、选任及职权而设有一条概括规定之足矣，无须列举，以滋繁赘也。

（增加）第十五条：省之设置变更以法律定之，但必要时得经省议会之同意。

（理由）省之设置变更得关重要，若任执政者为之，非郑重之道，故必以法律定之规定，或亦有不适于地方之处，故于必要时得经省议会之同意也。则省之为省，可以保其安全矣。

第十六条：未经设省之地方，除法律别有规定，亦得准用本章之规定。

提出者：秦广礼。

连署者：邵仲康、温世霖、钱崇恺、王双岐、彭介石、王乃昌、王湘、彭汉遗、张书元、周震鳞、李积芳、董耕云、席绶、梁系登、丁象谦、白逾桓、田桐、张大昕、龚焕辰、白常洁、陈九韶、陈堃、曹振懋、萧晋荣、叶夏声、吴宗慈、吴崑、李定国、居正、罗永绍、蒋宗周、罗永庆、汪啰鸾、李锜。

（《修正案八》，《宪法会议公报》第五十册，第85—90页）

与居正等关于詹大悲等恢复资格案的质疑书

(1917年5月14日)

为质问事：关于湖北省议会议员詹大悲、梁钟汉、赵鹏飞等议员资格一案，民国五年十二月，据同会议员张国恩等请愿到院，同月十四日经本院大会可决咨行国务院，本年二月复据张国恩及詹大悲等请愿到院，同月二十七日经本院大会可决咨请国务院查照施行。乃阅汉口各报迭载，湖北省议会因此案延未解决，发生种种障碍，究系国务院对于本院之议决延未执行，抑系湖北省长对于贵院咨行之件抗未遵办，此应质问者一。又查民国五年十一月内务部致湖北省长微电，令其查核迳复。原电认詹大悲等议员资格存在。同月内务部致湖北省长鱼电，乃准国务院发交湖北省长堂密号电再电，仍令遵照微电办理。同年十二月内务部致湖北省长删电、啸电，乃因参议员改选，令将詹大悲等依法列入选举名册，以免选举无效。而国务院十一月致湖北省长沁电、十二月致湖北省长咸电，其主张既与本院咨行国务院之议决案相违，复与内务部承准国务院交函查复之各电相背。同一时间、同一案件而纷歧若此，具何理由，此应质问者二。谨依《约法》提出质问书，请政府于三日内答复。

提出者：居正。

连署者：彭介石、龚焕宸、王湘、李国定、张汉、马君武、董昆瀛、周震鳞、刘成禺、宋渊源、谢良牧、陈洪道、刘芷芬、李茂之、王法勤、谢持、郑树槐、郑江灏、郭椿森、卢信。

(《公文》，《参议院公报》第二期第四十九册，第57—58页)

与孙洪伊等致陆荣廷等电

(1917年7月4日)*

南宁陆巡阅使、谭督军，广东陈督军、朱省长、李协和先生、张、方两师长，云南唐督军、贵州刘督军、长沙谭督军，四川罗榕轩、戴洵若、刘积之诸先生并请转各师旅长均鉴：

天祸民国，逆徒接踵。倪逆首乱，张勋继叛，破坏约法，迫散国会，于前拥立亡清，危害元首；于后夺四万万人之国家，而奉之一夫，逆二十世纪之潮流，而反归黑暗，非徒叛国，实乃召亡。凡在国民，宁与共戴？公等手造民国，身统雄师，讨逆救亡，责无旁贷。望相联合，同举义师，誓灭叛徒，重光民国。我国民世世子孙，实拜公赐。抑尤有进者，溯自辛亥，屡起义师，皆假和平虚名，卒以调停结局，是非混淆，余孽飞扬，有类养痈，动生祸乱。今须引为殷鉴，当求根本澄清，图永久之安宁，忍一时之痛苦，勿慕和平之名而贻后患，勿诩优容之度而种祸根。危害民国者必诛，不适共和者必逐，务使邦基之内无不忠于民国之人。

既已举国一心，乃可久安长治。若复稍予迁就，必仍祸乱相寻，纵苟安于一时，必覆亡之不免。公等明达，当荷同情。元首幽囚，政府中断，师兴之后，亟宜择地设立政府，恢复国会，以解决一切大计，庶几全国民心有所系属，叛徒邪说无可鼓簧。愚虑所及，是否有当，仍希明教。

　　孙洪伊、谢远涵、萧晋荣、王杰、何成濬、秦广礼、叶夏声、彭介石、宋渊源、丁象谦、吴宗慈、周震鳞、刘泽龙、王乃昌、王法勤、张大昕、刘成禺、郭同、万鸿图、陈洪道、郑树槐、彭汉遗等叩。

（《申报》1917年7月4日，据北京《益世报》1917年7月9日校）

致黎元洪等电[①]

（1917年10月6日）

天津黎大总统、北京冯代理大总统、南宁陆元帅、云南转行营唐元帅、章太炎先生、香山唐少川先生、黄埔程总长，分送上海伍秩庸、岑西林、孙伯兰先生，各省督军、省长、省议会、镇守使、军、师、旅长，各都统、办事大员，各报馆均鉴：

[①] 周震鳞于1917年7月到达广州，被孙中山任命为大元帅府参议，参与组织非常国会和护法政府。以下署名"国会非常会议"的文电均由其议员"开会表决通过"。

国于天地，必有与立。政府毋失其守法之信，国人克尽其护法之责，此今世立国之通义也。故国会代表人民多数之意思而立法，内阁代表国会多数之意思而行政，式者之职权，各有范围，不相侵越。凡以纳宪政之初轨而立专制之大防，苟任去其一而存其一，则其存者已非合法之政府，自失其统治之效力。今民国政府基于《约法》而成立，其权力所及，当然以信守约法为限度。曩者，袁世凯专政，毁法弄权，举《约法》上之分权制度而破坏之。于是，解散国会，召集政治会议、约法会议代行立法院等非法机关，假代表民意之名，以行其同恶相济之实，卒至叛国称帝。赖护国军兴，悉仁人志士拨乱之功，而民国再造，《约法》恢复。顾至今吾国人犹有一共同之觉悟，则以为倒袁于帝制既成之后，无宁讨袁于破坏法治之始之为愈也。伪国务总理段祺瑞专恣成性，其不解共和政治，固无异于袁氏；而刚愎自用，倒行逆施，抑又过之前任总理。时唆使乱民围攻议会，纵容军人干涉宪法，通国皆知。逮免职令下，煽动诸将，称兵京畿，胁迫总统，解散国会，以酿复辟之变。乃因利乘便，窃柄尸位，肆其阴谋，垄断政权。今复师袁氏故智，悍然下令召集参议院，其所据理由，则谓专为修改国会组织法及选举法而设。试问，国会之组织，岂纯属于普通立法作用者？盖宪法内容之一部，亦于焉寄托？决非可以行政部之意思而变更之。果其为法不良，亦惟国会始有修正之权。至观《临时约法》第五十三条之规定，虽有国会之组织及选举法由参议院议决之云云，实列于第七章《附则》之内，凡法所具之《附则》，绝对以适用于一时为限。与法之正文继续有效者迥别，尤不得妄为比附。况《约法》第二十八条固明白规定：参议院于国会成立之日解散云云。民国国会久已成立，人民与政府亦久已承认，今于国会非法解散后召集参议院，尚腼然依据《约法》，自欺欺人，又将谁信？夫大总统在《约法》上仅有召集国会之权，绝无改造国会之权。谓国会非经改选不能召集，此端一开，后之执政尤而效之，则民国国会之组织及选举，无时不可以修正，且无时不可特设机关以修正之，所谓代表人民多数意思之立法机关无时不在动摇之中，是共和政治之精神已根本破坏，后患又何堪设想？议员等窃念民国成立以来，政变相寻，民无宁岁。推原祸始，皆执政者蔑法有以致之。洎今不图，噬脐何及？素仰执事明达爱国，护法岂在人后？当此国本颠覆之际，必有声罪致讨之举。此而可忍，孰不可忍。凡我方伯、连帅①，有援枹而起者乎？议员等无似，将执鞭从之。临电主臣，敬俟义斾。国会非常会议。鱼。

（《函电》，《军政府公报》第11号，1917年10月8日）

致陆荣廷等电

（1917年10月6日）

南宁陆元帅，谭督军，黄埔程总长、林总司令，广州陈督军、李、陈两军长，莫镇守使、沈镇守使、林、马两司令，陈、张、方三师长，云南唐元帅、贵州刘督军、成都刘军长，重庆熊镇守使、衡州林旅长、永川刘镇守使暨桂、滇、黔、粤、川各师、旅长均鉴：

---

① 方伯，一方诸侯之长。《礼记·王制》："千里之外设方伯。"连帅，古时十国诸侯之长。《礼记·王制》："十国以为连，连有帅。"

段氏谬附《约法》，欺罔全国，悍然不顾，遽下召集临时参议院之令，以遂其垄断政权、破坏共和之专欲，所有非法之罪状，已于本日通电详陈左右。时至今日，和平解决既已绝望，而段党阴谋方着着进行。对于西南，既决意用兵，更进则在以变更国会组织法及选举法，预为排斥异己之地，然后以某派垄断国会议员之选举。至于明年总统之更迭，宪法之制定，亦将恃某派人为包办。公等所再造之民国，与共和所托命之西南，何忍令彼辈摧残至于此极。西南各省，始终主张护法，此不惟利害所关，为西南各省所必争，而且大义所在，实多数心理所欢迎。更以政治上之理由言之，欲保持国家之安宁秩序，而靳求其政治之渐进与良好者，亦舍护法莫由。民国历年之政变，皆以破坏法律为乱源。国会者，法所由立。且对于毁法者，有课责之职权，故首当其冲。而段党乃以政治不良之结果，归过于国会，自欺欺人，莫此为甚。段之叛逆与其违法行动之危害民国，既已罪证昭著，亟望公等联合一致，一面宣布罪状，一面会师进讨。查袁世凯之才，逾段十倍，威信亦远过之，乃以叛国称帝，卒于败亡。以段今日之形势较之，成败之数，无难逆知。谨布腹心，伫候明教。广州国会非常会议叩。鱼。

（《函电》，《军政府公报》第 11 号，1917 年 10 月 8 日）

与汪建刚等提议书

(1917年10月9日)*

阅报，北京政府已下令召集参议院，议改国会组织法及两院议员选举法。段内阁为非法内阁，所有发布之命令，一律不能认为有效，自无待言。但此次命令，显然摇动国本。前此不过违宪，今则昌言毁宪矣。本议会对于此事，亟应根据法理，详加解释，昭示国人，以免为所煽惑。兹特依本议会组织[法]第九条之规定，联合提议请即日开会公决。

提议者：汪建刚、曹玉德、陈策、茅祖权、李执中、周震鳞、宋渊源、杨铭源、邓元、陈子斌、李式璋、梁系登、尚镇圭、吕志伊、张华澜、陈祖基、张大义、李积芳。

(《申报》1917年10月9日)

与非常国会同人致刘建藩①电

(1917年10月22日)

衡州刘镇守使伟鉴：

马电谨悉。傅氏②祸湘情形，闻之发指。公仗义兴师，以图挽救，无任钦佩。谨祝直捣黄龙，手歼元凶而奠国本。国会非常会议叩。祃。

(《函电》，《军政府公报》第18号，1917年10月27日)

---

① 刘建藩（1887—1918），字昆涛，湖南醴陵人。早年就读湖北武备普通学堂、保定军官学校骑兵科，在校加入中国同盟会；1910年毕业后任广西新军学兵营骑兵队队长、骑兵营管带，次年10月率部响应武昌起义，并随赵恒惕援鄂。1912年任陆军第八师骑兵团团长，次年参加"二次革命"，任第八师前敌指挥，率部进攻徐州，失败后避走日本，入早稻田大学研习法政。1916年返国，先后任湖南护国军第一军第三梯团长、湘军第一师第一旅旅长、署理零陵镇守使。1917年9月联合林修梅在零陵、衡州宣布脱离段祺瑞政府，揭开了护法战争序幕。后率部在湖南境内抗击北军，1918年5月牺牲。

② 即傅良佐（1873—1924）字清节，湖南乾州厅（今吉首市）人。少入私塾，后求学长沙，1902年以北洋官费生派赴日本入陆军士官学校第三期，毕业归国后，历任北洋督练处提调、兵备帮办，吉林边务帮办兼护理督办事宜、东三省督练处总参议等职。民国后，曾任大总统府军事处长、陆军部次长，1917年9月任湖南督军，11月14日得知护法军将进攻长沙，弃城而逃。1924年，病逝天津。

与非常国会同人复云南省议会电

(1917 年 10 月 22 日)

云南省议会公鉴:

支电谨悉。段氏私购军械,实心祸国,贵会仗义反对,无任钦佩。本日同人开会表决通电日本暨欧美各国,声明段氏非法借款,国民绝难承认,并电本国各省及专电西南各处,请其一致反对。此后,务希贵会联络西南各省省会,协力进行,不胜祷切。国会非常会议叩。祃。

(《函电》,《军政府公报》第 18 号,1917 年 10 月 27 日)

与非常国会同人致冯国璋电

(1917 年 10 月 25 日)

北京冯代理大总统钧鉴:

共和国家以法律为根据，段祺瑞破坏约法，自称总理，攘窃政权，为全国所共弃，西南声罪致讨，法律神圣终有恢复之日。近闻有向某国借款购备军械之举，查《临时约法》第十九条第四款：议决公债之募集及国库有负担之契约为参议院之职权。又《国会组织法》第十四条：民国宪法未定以前，《临时约法》所定参议院之职权为国会之职权。此项借款未经国会议决，当然不生效力。公代行大总统职权，本由《约法》取得，对于违法之借款，若竟贸然允许，则破坏《约法》之咎，公与段氏实分任其责。谨掬诚奉达，务请依法拒绝，万勿盖印。国会非常会议叩。有。

（《函电》，《军政府公报》第18号，1917年10月27日）

与非常国会同人致黎元洪等电[①]

（1917年10月25日）

天津黎大总统、北京冯代总统；分送南宁陆巡阅使、谭督军，云南唐督军；分送广东孙大元帅、陈督军、李省长；分送行营程总长、林总司令，南京李督军，江西陈督军，天津曹督军；分送各省督军、省长、省议员，转各军师旅长、镇守使、护军使、都统、各教育会、商会，天津、上海、汉口各报馆；分送上海伍秩庸、岑云阶、孙伯兰、柏烈武，云南章太炎，香山唐少川诸先生均鉴：

---

① 此电抬头引自云南省长公署所存档案。

段逆祺瑞自僭称国务总理以来,弁髦约法,肆为不道,迫使黄陂退居田野,摧残国会不使复活。西南各省仗义执言,屡电争持,不见容纳,至于宣告自主。段逆犹不知悔改,运兵湘、蜀,压迫西南,酿成不可逃之战祸,穷凶极恶,祸国殃民,莫此为甚!迩者,复以屈服民意,武力不充之故,秘密交涉借款某国,将成事实,其蓄计尤毒,贻害尤大,不能不唤起全国人民誓死力争,请逐言之:

查《临时约法》第十九条第四款:议决公债之募集及国库有负担之契约［为参议院之职权］。又《国会组织法》第十四条:民国宪法未定以前,《临时约法》所定参议院之职权为国会之职权。此项借款未经国会议决,段逆借遂私图,乃至不惜违法,增重人民负担,开此恶例,后患何穷!此不可不争者一也。

西南各省拥护《约法》,义师云兴,分道并进。滇、川接触,已见融洽。桂、湘联军,捷书叠至。段逆应接不暇,势绌力穷,还我共和,指顾可待。若此项借款成立,段逆之凶焰复张,即此次之战祸将益长益烈,不可不力争者二也。

民国成立,六年之间,两次帝制,三见革命,兵连祸结,民穷财尽,遂使司农罗掘无术,仰屋兴嗟,舍借款即无以为财政,饮鸩止渴,言之痛心。今段逆不法,争逐总理,辄自擅行借款,不恤重累吾民,以逞其穷兵黩武之雄心。吾民盖已久困兵革,非丧心病狂,何乐有此?此不可不争者三也。

尤有进焉,欧战方殷,不暇顾及东亚借款,某国必有极其酷虐之条件,报端所载以田赋为抵押品,许与合办兵工厂,并承认其上年五款之要求,言之当非无据。使果属实,印度、三韩灭亡立见。以一夫权利之争,而致陷国家于万劫不复之地位,在段逆利令智昏,不遑多所顾虑,吾侪属有血气,当不忍于依违附和,用目覰其国命。此不可不力争者四也。

且天下兴亡,匹夫有责,人之好善,谁不如我。近见某国舆论,以中日亲善，不在援助政府，而在交欢国民，对于此项借款，极不以其政府为然。以彼秦越，尚能迫于正谊，发为公论，曾谓食毛践土之族，而爱国热诚反出其下，于事于理，在所必无。所虑段逆奸谋，人未尽听，用特掬泪揭举，以告我邦人君子，对此借款，早自觉悟，誓以多方抵抗，使不成为事实。群策群力，共抨击焉。临电悲愤，不知择言。伏乞鉴纳，无任迫切。国会非常会议叩。有。

（《函电》，《军政府公报》第18号，1917年10月27日）

与非常国会同人致日本当局等电

（1917年10月25日）

日本东京寺内内阁总理大臣、本野外务大臣钧鉴：

敝国伪国务总理段祺瑞，摧残宪政，蹂躏国法，我国之人痛心疾首，矢志驱除。近西南护国军方与段氏作战于川、湘，人心所归，捷报频至，段氏之亡，可立而待。该伪总理，情见势绌，近闻借口出兵欧洲，拟向贵国借款，购备军械，实则用以屠戮异己，宰制国民。果成事实，战祸延长，直接破坏敝国之安宁，间接扰乱东亚之和平。中日唇齿之邦，休戚与共，援助一人，以仇全国，想我亲善之友邦，当不出此。务望贵大臣严词拒绝，以表两国亲善之真诚，四万万人感无既矣。中华民国国会非常会议全体议员叩。有。

（《函电》，《军政府公报》第19号，1917年10月30日）

关于内政外交问题的意见书①

(1917 年 11 月 17 日)

一、广东问题。(甲)督军任用,宜取调和主义,以李烈钧为督军,胡汉民为省长。(乙)前敌两粤军队器械子弹应由广东担任后方接济。(丙)驻省海军、滇军、桂军队应由广东担任饷项及军械。(丁)警卫军应交由陈炯明分管,编成劲旅,预备出援。

二、西南统一问题。(甲)各省应尊重国会非常会议所产出之军政府,不宜另设统一机关。但军政府草创之初或有不满人意之处,应由西南会议改良之。(乙)军政府在广东地方政府范围之外,另行筹饷练兵,地方政府不得妨害。(丙)各省为军事利便起见,可分设军事总机关,如湘粤桂已有联军总司令,或再设留守大都督之议,均可赞成。但须隶属于军政府之下,以便促成西南强固之交战团,得外交之援助。

以上各端,应由非常会议说明理由,电达西南各省,劝其从速决定施行。

(上海《民国日报》1917 年 11 月 25 日)

---

① 文前曰:"十七日下午一时,国会议员在第一招待所讨论内外问题,周震鳞提出意见书其内容……"

与李执中等复谭浩明电

(1917年11月19日稍后)

衡州电局探投行营谭联军总司令钧鉴：

迭奉巧、皓两电，欣悉我军连战克捷，逆军望风摧溃，追奔逐北，扑灭尽净，既已克复长沙，捷音传来，万众狂喜。咸喜我公老谋深算，调度得宜，各总司令、各将领、兵士万众一心，上下一体，有勇知方，遂能神速奏此奇捷。今后内谋善后，外策攻取，均赖我公统筹主持。程总司令巧电实出湘人爱戴之诚，同人极端赞成。务望勿过为谦抑，并乞移节，早莅长沙，以慰舆望。从此居中策应，整备六师，号召全国，直捣幽燕，以达护国护法之目的，惟我公是赖，宁独湘省一隅私相庆幸耶！

湘议员团李执中、周震鳞、李汉丞等同叩。

(《申报》1917年11月25日；据上海《民国日报》1917年11月27日校)

与非常国会同人致孙中山电[1]

(1917年11月21日)

孙大元帅鉴：

伪国务总理段祺瑞弁髦约法，扩张私权，勾结金壬，傀儡元首，既酿祸以兴戎，复借款以卖国，国民共弃，万众离心。幸而天诱其衷，知难而退，然国人之生命财产为所牺牲，国家千载一时有为之光阴为其虚掷者，不知凡几。夫国人所以集矢于段氏者，非有憾于其人，实深恶其蔑法也。国家之生存，惟持法律，法律破坏，国家实受其殃，然破坏法律之人终无幸理。段氏师袁故智，致有今日，后之来者再蹈段辙，其何能济？为今之计，求根本立国之道，一言以蔽之曰：守法而已。守法为何？即回复段氏嗾乱、倪逆倡叛以前之守法律状态是也。重集原有国会，制定根本大法，慎选贤明之人，组织合法内阁，一切遵循法纪，顺轨而行，自可解目前之纷，弭将来之祸。大总统、代总统身受国民委托之重，维持纲纪，义无可辞。诸公或绾兵符，或长民政，或代表民意，或夙负重望，崇法律以黜暴力，倡正论以辟奸回，俾宪政底于有成，斯大功垂于万载，凡我全国父老昆弟以及后世子孙，实利赖

---

[1] 上海《民国日报》1917年11月25日所刊此电无抬头，但标题为：《国会通电去段逆》。

之！临电神往，敢布区区。国会非常会议叩。个。

（《函电》，《军政府公报》第 27 号，1917 年 11 月 23 日）

关于改组军政府意见书[①]

（1918 年 1 月 17 日）

一、各部首领仍名某某部总长，由护法各省联合会议同意后咨请大元帅任命之。

二、军政府为执行机关，国会非常会议为议决机关，护法各省联合会为参事机关。

三、大元帅号令全国，对外为全国代表。

四、军政府组织条例之修正及护法各省联合会议之详细职权由护法各省联合会与国会非常会议共同组织一筹备委员会妥拟草案，得护法各省之同意后，交由国会非常会议议决，咨请大元帅公布施行。

五、积极筹备召集国会开正式会议，即行组织正式政府。

（上海《民国日报》1918 年 1 月 26 日）

[①] 文前略谓：广东国会议员于 1 月 17 日开谈话会研究军政府改组之事，会上辩论激烈，周震鳞、谢持、詹调元等提出折衷办法，其意见书要点如下……

护法各省联合会议组织条例[1]

(1918年1月20日)

第一条 联合会议受护法各省、各军之委托，对外对内执行政务。其职权如下：

（一）办理共同外交订立契约。

（二）监督共同财政，办理内外公债之募集。

（三）统筹军备，计划作战。

（四）议决停战议和事件。

（五）裁决各与省之争议事件。

第二条 联合会议以联合条例第一条第二项所推定下列各总代表轮值主席：

---

[1] 护法各省联合会议，原称西南各省联合会，由李烈钧、周震鳞等人于1918年1月15日成立于广州，并于同月20日举行宣誓典礼。本文原总标题：《护法各省联合会议详纪》。文前曰："护法各省之联合会经于本月十五日在督军署开讨论成立大会后，以此会联合条例第三章第七条有举行宣誓式以保证其效力之规定，故于二十日仍在督军署举行宣誓式。是日六时后，督军署即于头门高张国旗及周番旗，二门并悬生花绿叶，张灯结彩……与会者除各省代表外则有伍秩庸、程玉堂、林悦卿、饶子和、李协和、陈竞存、张藻林、方韵松、林隐青、李耀汉、李登同、曾其衡、魏丽堂、张莹珊、秦建奇，粤海道尹朱济丞及各师长、各司令、各团长、营长。另国会议长吴莲伯，议员汤斐予、杨永秦、李汉丞、李方城、周震鳞、李执中，军政府代表胡汉民及省议会罗晓峰、陆孟飞两议长及伍梯云等凡数十人。正午十二时开会，宣誓如仪后，复将进行方略从详讨论，散会已六时矣。"

（甲）军事总代表。

（乙）外交总代表。

（丙）财政总代表。

（丁）议和总代表。

第三条　凡联合会议所议决或裁决事件，由前条所列各总代表署名公布执行。

第四条　联合会议置军事、外交、财政、议和各参赞若干员，由各总代表分别聘任之。各总代表有特别事故不能列席时，得以参赞代理，但不得代理主席。

第五条　联合会议秘书长一人，由各总代表聘任。秘书处之组织另订之。

第六条　联合｛会｝会议之经费由护法各省支给。

第七条　本条例依联合会议之决议得修正之。

（上海《民国日报》1918年1月26日）

与李执中致廖仲恺①书

(1918年1月28日)

迳启者：顷据苏沪朱司令缄，托代请军用公债票十万元，业准大元帅照准，由贵部给发，交由震鳞等带沪保存，俟后拨充犒军之用。相应缄致贵部查照备案。此请财政部廖总长鉴。

周震鳞、李执中启。廿八日。（民国七年）

（周用宜主编：《周震鳞墨迹诗文选集》，第38页；又见《革命文献》第49辑，第342页）

---

① 廖仲恺（1877—1925），原名恩煦，又名夷白，广东归善（今惠州市惠阳区）人，出身于美国华侨家庭。1902年留学日本，入早稻田大学、中央大学，1905年加入同盟会，任外务部干事。辛亥革命时任广东都督府总参议，兼理财政。"二次革命"失败，亡命日本，加入中华革命党，任财政部副部长。1916年4月回国，协助孙中山进行反袁、护法斗争，历任非常大总统府财政部次长、广东省财政厅长、广东省长、中国国民党中央执行委员、黄埔军校党代表、军需总监等职，力助孙中山确定联俄、联共、扶助农工三大政策。1925年8月20日在广州被国民党右派暗杀。

与孙洪伊①等致孙中山等电

(1918年3月25日)*

广州国会非常会议孙大元帅、伍秩庸总长、张藻林总长、胡展堂总长、莫代督军、林海军总司令、李协和总指挥、陈竞存总司令、方韵松总司令、南宁陆巡阅使，长沙谭联军总司令、程总司令、赵师长、刘镇守使、林旅长，四川行营唐元帅并各军长，云南刘代督军、重庆章太炎先生，贵阳刘督军、王电轮军长，成都熊督军、黄代省长并转川军各司令，陕西靖国军胡、曹、郭各司令，宜昌靖国军黎总司令，南京李督军、南昌陈督军、武穴冯旅长均鉴：

　　岳州蹉跌，敌势益张，推原其故，由于彼方决心在毁弃《约法》，剿灭西南，迹其诪张为幻，节节言和，节节备战。当长沙克复之后则托言调和，以阻我攻岳，而剪我荆襄，逼我高雷，则着着进行。当岳州克复之后又托言调和，以阻我攻鄂，而曹、张之师络绎南下，厚集兵力以求一逞。岳州未陷则云非得岳州不得言和，岳州既陷又云非得长沙不得言和，由此以推，势非两粤、云、

---

① 孙洪伊（1872—1936），字伯兰，天津人。同盟会员，清末任直隶咨议局议员。辛亥革命后，历任众议院议员，北京政府教育总长、内务总长。1917年参加护法运动，任军政府内务部部长、军政府顾问。直皖战争后，旧国会恢复，被称为"小孙系"首领，历任教育总长、内务总长等职。1936年3月28日病逝于上海。

贵全人彼手终无已时。要之，叛国之徒，其视《约法》有如废纸，其视西南有如异类，其计至毒，其意至显。窃念义师建旆以来，分道出兵，所向无前，今虽偶挫，决不足以沮三军之气，且经此一挫，益使天下晓然于彼方之无诚意，而调和之无望。众志既一，用力更专，尤望固结团体，速谋统一。内力既充，外侮自戢，则最后之胜利终当归于义师。谨布区区，尚希亮察。

孙洪伊、汪兆铭、王正廷、谢远涵、周震鳞、李素、田桐、吕复、汪彭年、易次乾、刘成禺、陈九韶、彭介石、赵世钰、万鸿图、丁仁杰同叩。

（《申报》、上海《民国日报》1918年3月25日）

与某军人的谈话[①]

（1918年4月4日）*

某军人曰：自古立国，均赖武力。即欧美各国对内改革，对外竞争，未有不以军人为前驱者。我国创造共和，辛亥排满，丙辰倒袁，今度护法战争，均我军人拼死之力也。乃大功未成，而公等开口便曰打破武人政治，曰武人政治为国家之毒物，亡国之

[①] 本文原标题：《周震鳞与某军人之谈话》。文前曰："顷有北洋军界某君来沪。某君与震鳞非有相交之素，适相遇于友人处，见震鳞言及武人政治之足以亡国，因进而叩其所以然，于是有一句钟之谈话。某军人颇了解震鳞之言，爰泚笔而纪之。"

媒介。今后，总统、总理均不可以武人充选。此不特失情理之平，而惹起军人与政治家之恶感，亦岂国家之福？彼顽旧武人固不足与言治，岂新起之有学识军人，亦可与之相提并论乎？

震鳞答之曰：公之言虽似有理，然仍狃于中国武人争握政权之恶习，而非有当于立国根本原则也。武人不可掌握政权，不第旧式军人为然，即极有学识之新军人亦然；不第官僚派军人为然，即创造民国历战有功之军人亦莫不然。吾与革命有功之军人相识颇多，然一与言国事，必力戒其不争政权，但勉其勤奋研究治军之道而已。而民党军人初不以予言为忤。此何故也？吾不欲军人争握政权，吾固未尝谓军人不可掌握实权。公乃军人，吾反诘公一语，今若举吾国之军队屏除军事家，一委之文人可乎？吾知公必曰不可也。文人不可干涉军事，亦犹军人不可干涉政治，业各有所分，人各有能有不能，此理常人所能知，贤达如公，固尤不难了解。吾今与公进言武人政治误国之理由：

（一）就军人本身论，凡军人学养及军人头脑不外"简单"二字，苟非具此二字精神，不成为良善军人，故军人之活动又不外"命令服从"四字，他固非所能也。自袁世凯纵容北洋系军人攘权称帝，于是骄将莽夫日以拥兵干政为鹜，国人习然不察，竟以北洋军阀炫耀于人。一班青年后进几以为投身军界，即为取得政权之终南捷径，宁不大可哀乎？须知政治社会乃最复杂、最曲折，政治学识及头脑与军人绝对相反，故世界列强绝少以武人组织内阁者，故日人常自斥其政阀有军人臭味。然维新以来，内阁如伊藤、松方诸人均为文士，虽以山县曾组内阁，参与枢密，然其为时甚短，政策仍出伊藤诸人，其国舆论尚且病之。盖政象苟夹带武人气味，人民自由即易被其蹂躏，国家法律恒不免于摧残。拿破仑、克林威尔之失败，即以此也。夫以军人所学所习之专制头脑出而秉政，则必发生专制。犹之以文人圆转活动头脑出而治军，则必不知节制。节制无纪不可，与言治军，公固知之也。专制刚断不可，与言今日政治，何莫不然？须知时至二十世纪，政在民主共和，而欲以拿破仑、克林威尔之手段施之于政治，宁有幸理？况今之师袁氏者，并拿、克两氏，厮役下卒，亦不如耶！尝有相识军人与于辩论，谓议院政治与立宪行为虽属和平，然整理中国积弊，恐缓不济急，此殆今日一班新式军人之普通思想，然此即军人不知政治之显证。吾初不以宪政之原理、原则语人，惟以最浅显之实事诘之。其一诘之曰：世界苟可以个人武断整理其国，则中外各国古时专制神圣君王政治何以为今世所淘汰？再诘之曰：古时专制政治何以愈图治而愈乱？自欧美宪政实行而后，何以不数十百年即成为今世文明列强？盖宪政之作用，在使全国人民各尽其职，以谋国家。武人政治乃专制政治之换名词，与宪政全然相反，吾国如欲推翻共和，回复专制则已，否则非全国人民及现役军人群起提倡反对武人政治，必不足立国于今世也。

（二）就军国主义发展论，亦非武人政治所能为功。军国主义者，以武力强盛其国家之谓。行之有效者，即为今世列强，德意志、日本尤其著焉者。此主义现正试验于今日欧洲大战争。公为军人，当明欧战之真象。吾今问，欧战之强烈，果恃一部分之武人乎？抑恃其全部之国民乎？战争所需之坚船利炮，一日数十百万之金圆，自何而来乎？爱国强武不拔之民气自何而来乎？一言以蔽之曰：自文明宪政来也！公当知吾国练兵数十年，何以不足一战？吾国之地大物博，人民之众等于全欧，何以对于编师参战之款，均当假之外人？盖列强本数百年或数十年宪政以治理其国家，民气与富力循序发达，乃有今日。故今之战争，表面为武力之竞争，实际皆由其内政之整理，内力之充实，故能有此国际战争之能力。公等身为军人，口言爱国，既曰爱国，又曰恃其野蛮武力，随时与立国根本宪政为难，则请公等明察欧战之宏大规模，早加觉悟，若长陷入北洋系圈套中，坐井而观天，吾恐公等求有外人之俘虏资格亦不易也。

震鳞最后又难某军人云：吾观今日军人暴乱，骄横之气焰，似耻与齐民为伍。吾今问公：公乃荣授军职，公之一家父兄子弟皆若公之为军人乎？某军人曰：吾父为一乡老儒，吾弟兄五人，二业农，一业商，一现肄业北洋大学，仅吾为军人，子弟则皆幼小。吾应曰：是也。是公家皆国家之人民也。吾更叩之曰：公之乡里皆有兵保护乎？抑由地方团体守望相助？司法、行政官吏管理秩序安宁乎？某军人曰：乡里安得有兵驻守？全特好官、好人民相安无事也。吾应之曰：是也。是公家皆盼望宪政之施行也。盖好官非宪政之下不能常有，人民自治亦非宪政之下不能享有。军人挟武器对外者也，非挟之以陵压地方者也。故吾劝军人当自守职分，勿与世界潮流、国家法律相反对，如冯、段诸人之违法称兵，与《约法》作战，即无异与其父兄子弟作战也，宁非大愚不灵乎？

（上海《国民日报》1918年4月4日、5日）

与居正等关于惩戒吴景濂的提案

（1918年5月上旬）[①]

为提案事：兹因本月四日为大元帅辞职公文已交本会，当日议长并未报告。正以事关重大，未可延宕，于本月五日复晤议长，

[①] 此件未署日期，据殷辱议员发生在五月五日而酌定。

请求于六日开会，始允终悔，不知是何居心？并谓"开会与否，本议长自有权衡"。正与之理论，彼竟挺身而起，声色俱厉，颐使时住堂内警士肆行横暴于正，加以殴辱。当时幸有郑君忾辰睹此怪状，异常愤激，大声吼退，否则重遭毒手。而议长复佯为不见，毫不制止。

查国会警卫本系维持议会秩序，保护议会公安而设，岂能用为议长个人厮仆，视为议长个人爪牙，滥逞强暴，擅作威福。且议长身在院外，尤无指挥警察之权。乃议长日前不经院议许可，即擅调地方军队暨武装警察到会监视议员，逞个人之私意，托保护之美名，已属滥用职权，措置乖谬，甚至近于招待所之固有警察而外，又复调聚重兵，日日监守国会，警卫则用以保护个人私室，左右拱卫，尤复纵令肆行横暴，殴辱议员，而各招待所则又悉置不顾，一委之地方军警。不知议长对于国会，对于议员此种自由行动根据何种法律？事关议员人格、国会尊严，若不依法提出惩戒，则后此议员诸君皆将人人自危，军警对于国会亦得任意干涉，大局前途何堪设想！谨依院法第二十一条提出惩戒案，应予依法惩戒，敬候公决。

提案人：居正。

连署人：叶夏声、秦广礼、舒祖勋、苏佑慈、王鉴、黄元白、袁彌臣、范鸿钧、卢仲琳、丁超伍、郑忾辰、田永正、刘芷芬、詹调元、王钦宇、周震鳞、陆堃、李燮阳、角显清、禹瀛、谢持、李文治、邹鲁、萧辉锦、薛应树、赵鲸、赵诚、李正阳、刘炳蔚、丁象谦等共四十二人。①

(《申报》1918年5月14日)

---

① 1918年5月21日的长沙《大公报》亦刊登此件，但署名为"提案人：居正。连署人：叶夏声、秦广礼等共四十二人"。

与非常国会同人致西南各省电

(1918年5月18日)

万急。广州孙中山先生、莫督军、李省长、海军林总司令，伍秩庸、胡展堂两先生，韶州李联军总司令、李总司令，汕头陈总司令、潮州方总指挥、武鸣陆巡阅使、南宁谭联军总司令、毕节唐联军总司令、重庆章太炎先生，成都熊督军、杨省长，贵州刘督军，祁阳谭联军总司令、程总司令，秭归黎总司令，上海岑西林、孙伯兰、汪精卫、柏烈武、王儒堂诸先生，并转王幼山先生、两院同人、天津黎大总统、北京冯代总统，各省督军、省长、省议会、总商会、教育会、各报馆均鉴：

　　自国会解散，复辟变起，段氏继之，变本加厉，设立临时参议院，以遂其攘窃政权、颠覆国会之阴谋。专制政治乃随武力统治主义而复活，此民国成立以来未曾有之大政变也。两院同人，相率南来，集于广州，依先进各国国民会议之惯例，于是有非常会议之组织。不幸而后先响应者，仅有海军及今日护法之各省、各军，长江下游及其以北依然屈伏于段氏武力统治之下，或则心怀义愤，抑而未伸；或则悔祸稍迟，受其指挥。此则护法战争之所由起，而同人等为国家计所引为大不幸之事实也。然而段祺瑞以十余省之众，辅之以历次卖国求逞所得外交上饷械之援助，当我护法各省有限之力，卒之丧师失地，屡遭败挫者，匪特民意之不可悔，公理不可灭，有以致之。即我义师将士之坚苦卓绝，与夫护法各省之一心一德，亦由是而昭然共白于天下，斯又同人等所引为不幸中之幸也。① 曩者，军政府成立伊始，只以事属草创，未臻完备，遂使陆、唐两公谦让未遑，西林一老置身局外，伍、唐、程、林、李、胡诸总长，袖手于广州，幸赖孙公中山一人仔肩危时，撑持至今。斯岂诸公护法之志，彼此异致欤，抑亦立法未善之所致也？同人等反躬内省，鉴于时势上之要求，而共认军政府改组之不可缓久矣。今则修正《中华民国军政府组织大纲》，业于本日议决宣布，自时厥后，同人等最终之希望，惟在海军及各省同心戮力，一致拥护新政府之成立及发展，如身使臂，如臂使指，以继续军政府未竟之功，回复《约法》之效力，保持国会之尊严，建设统一之基础，促进宪法之成立。同人等谨拭目俟之。敬布腹心，伫候明教。国会非常会议同叩。巧。

（上海《民国日报》《申报》1918年5月28日；据孙曜编《中华民国史料》，文明书局1929年版，第427—428页校）

与赵世钰等致各国公使书

（1918年5月19日）*

北京。各国公使鉴：

---

① 起自"然而段祺瑞以十余省之众"至此一段，《申报》所无。

据中外各报，中日新约有已经签字说。按北京为非法政府，段氏为民国罪人，当然无代表民国之资格，且据民国《约法》，凡缔结条约，须经国会同意。兹段氏以非法内阁，民国罪人，不经国会同意，遽与日本密结新约，当然不生效力，即已签字，国人誓不承认。议员等屡经宣言，兹更声明：凡我诸友邦，伏乞鉴察勿爽。

旅沪国会议员：赵世钰、李述膺、张我华、陈家鼎、孙钟、王用宾、田桐、周震鳞、狄楼海、杨铭源、马骧、焦易堂、张书元、王法勤、王试功、温世霖、胡祖舜、寇遐、李含芳、王绍鳌、徐兰墅、王玉树、王乃昌、刘峰一、李有忱、彭养光、吴崐、刘成禺、彭介石、秦广礼、邱国翰、彭汉遗、陈策、丁惟汾、张瑞萱、于均生、于洪起、彭占元、董昆瀛、汪唠鸢、何畏、王鸿宾、王秉谦、杨大实、李绍白、黄攻素、褚辅成、朱溥恩、石铭、胡兆沂等一百八十六人同启。

（上海《民国日报》《申报》1918年5月19日）

与非常国会同人通告选举总裁电

（1918年5月21日）

（衔略）同人等筹议改组军政府，经本会议决，于巧日宣布并通电宣言，想邀惠鉴。旋于二十日选举政务总裁唐公少川、唐公蓂赓、孙公中山、伍公秩庸、林公悦卿、陆公干卿、岑公云阶均以最多数当选，同人等欢欣鼓舞，庆国得人，除分别电请就职外，务望诸公联衔敦请就任，并协力拥护，从（前）[兹]护法诸省，克成统一，中枢机关，统筹于内，各路将领，奋斗于外，持之以坚决之志，济之以久远之谋，内部精神益加巩固，外交方面亦有转机，行见大法回复，国宪告成，暴力强权，终当就范也。临电翘首，不胜瞻盼之至。国会非常会议叩。马。

（上海《民国日报》《申报》1918年5月28日）

与非常国会同人致当选各总裁电

（1918年5月21日）

日本唐少川先生、毕节唐联军总司令，广州孙中山先生、伍秩庸先生、海军林总司令，南宁陆巡阅使、上海岑西林先生均鉴：

军政府改组，经本会议决，已于巧日宣布，并通电宣言，谅邀惠鉴。旋于二十日选举政务总裁，少川、冀赓、中山、秩庸、悦卿、干卿、西林诸公均当选，同人等欢欣鼓舞，庆国得人。务望诸公迅速就职，共肩巨任。从兹护法各省统一告成，内既增国民之信仰，外可得友邦之赞同，行见逆焰销沉，还我大法，民国万岁，利赖无穷。国会非常会议叩。马。

（上海《民国日报》1918年5月28日；据孙曜编《中华民国史料》，文明书局1929年版，第429页校）

与居正等致赵世钰书[1]

（1918年6月中旬）

本院秘书厅组织已于本日开会，商拟大致办法，自应积极进行，以求早观厥成。兹查有同志甘君华黼自于同盟会改组后，曾任国民党本部总务部文牍科干事、理事会专任干事兼主管总务部机要科事宜等职。迄国民党本部解散，又游历南洋，任新加坡《国民日报》编辑主任。约法恢复，国会重开时，回国任｛意｝益友社事务。此次南下来粤，任军政府内政部佥事、文牍专任官，对于国事颇具热心，经验既富，阅历亦深。若蒙派充议事或文牍等科科长，必能敬慎将事，胜任愉快也。同人等均相知有素，爰为专函介绍，即希鉴允，并祈示知，以资遵循为幸。

周震鳞、居正、萧辉锦、童杭时、刘芷芬、蔡突灵、谢持、朱念祖、王试功、沈智夫、丁象谦、田永正、李汉丞、宋渊源、刘成禺、万鸿图、董昆瀛、宋桢、谢鹏翰、李文治、彭建标、邱

---

[1] 本文原题：《广东参议员之谈话会》。文前曰："参议院同人于日昨在廻龙社国会议员公寓开谈话会，商议参议院办法。闻是日到会者多主张先将秘书厅克期组织成立，以为办事机关。当时议员某君等拟以秘书长一席委之甘华黼，嗣据全院委员长赵世钰报告，秘书长一席已经王副议长在沪请托有人云云。而某君等以为甘君对于国事颇具热心，经验既富，阅历亦深，不可使于本院无一相当位置，以资襄助。故昨又公同致函赵君略云……"

仲青、谢良牧、傅谐、李绍白、邹树声、刘濂、李自芳、吕志伊、陈家鼎、丁超五、文笃周、凌钺、彭养光、范鸿钧、胡祖舜、张书元、张敬之、李春荣、王玉树等同启。

(《申报》1918年6月23日)

与李执中等致程潜①等电

(1918年6月26日)②

郴州程总司令、赵师长，林、宋、鲁、廖各旅长，林民政处长，谢、罗、刘、李、吴各司令，各团、营长均鉴：

湘军护法，苦战经年，北敌以全力祸湘，惨痛牺牲，言之愤惋。现在义师保守湘南，艰苦备尝，仍图结合联军，救全湘于水火。谭督军③自沪经粤至桂，已抵全、永月余，统筹进行。尊处当

---

① 程潜（1882—1968），字颂云，湖南醴陵人。1900年入长沙岳麓书院，1903年考入湖南武备学堂。1904年保送日本留学；1905年加入同盟会；1907年入日本陆军士官学校炮科第六期；1908年底毕业后回国，到四川训练新军，后任新军第十七镇参谋官。辛亥革命爆发后，到武昌助黄兴，后任湖南独立第十二旅旅长，民国后历任湖南军事厅长、护国军湖南总司令、护法军湖南总司令、非常大总统府陆军次长、国民革命军第六军军长、国民政府参谋总长、军委会副总参谋长、湖南省主席等职。中华人民共和国成立后，历任湖南省省长、中南军政委员会副主席、全国人大常委会副委员长、民革中央副主席等职。

② 原电未见日期，据电文内容为欢迎谭延闿继行省长并督军职权，故其日期应为1918年6月下旬。

③ 即谭延闿。

时通信使，执中等以为，提挈全湘，主持军务，均以谭公移节郴州为宜。想诸公亦有同情也。务祈合电欢迎，以振士气而维难局。除一面电请陆总裁、谭联军总司令代恳敦促外、合行电达，深盼一致进行，全湘幸甚！大局幸甚！祈速电复。

湘籍国会议员李执中、李汉丞、周震鳞、田永正、陈家鼎、席绶、李式璠、何盛林、禹瀛、文为周、陈九韶、魏肇文、郭人漳、周泽苞、李积芳、袁煌炳同叩。

（湖南善后协会编：《湘灾纪略》第1篇，1919年，第58—59页）

挽山田良政[①]联

（1918年7月28日）

侠骨廿年归故土；英魂千载壮瀛洲。

（上海《民国日报》1918年7月29日）

---

① 山田良政，日本友人山田纯三郎之兄。1900年10月，孙中山发动惠州起义时，山田良政挺身赴义，遂战死，但遗骸不知所在。1917年10月，山田纯三郎赴广东寻找山田良政遗骸，1918年5月终于在惠州找到。7月18日，山田纯三郎带山田良政遗骸至沪，拟于7月29日回日本。7月28日下午2时，孙中山发起在山田纯三郎住处开山田良政追悼会。此为周震鳞为山田良政所撰挽联。

关于惩戒宋汝梅的提案

（1918年10月上旬）

本月八日开两院联合会，宋议员汝梅，飞登演台，将发言议员王钦宇强力推下，以致抛椅掷盒，紊乱秩序。夫政见各有不同，不妨加以辩论。惟国会系神圣尊严之地，似此行为殊失代表资格，爰依院法第七十七条之规定，提出惩戒，敬候公决。

提出者：丁象谦、谢持。

连署者：居正、刘芷芬、童杭时、周震鳞、讷谟图、宋桢、萧辉锦、秦锡圭、刘成禹、张知本、蔡突灵、高振霄、张汉、谢鹏翰、张光炜、陈祖烈、李文治、龚焕辰、王用宾、窦应昌。

（《申报》1918年11月4日）

审查军政府代行国务院职权摄行大总统职务条例报告[①]

（1918年10月15日）

第一条　国务会议由军政府各总裁组织之。

第二条　凡以大总统名义发布之命令、文告，由各总裁连署。

第三条　本条例自公布日施行。

（《申报》1918年10月22日）

---

① 本电原标题：《粤军府之代行职权条例》。文前曰："两院谈话会关于中华民国军政府代行国务院职权摄行大总统职务执行条例议案应先付审查，当场推定参议员赵世钰、周震鳞、李述膺、童杭时、韩玉辰等十人，众议员吕复、李载赓、罗家衡、张知竞、叶夏声、徐兰墅等十一人为审查委员。十五日午后一时，各委员在参议院秘书厅会议室开审查委员会……由主席指定正文起草员周震鳞、李述膺、罗家衡、张知竞四人综合前日谈话会各议员提出之草案及本日各委员提出之案，参合决定大体。起草员起草后，复由各委员讨论全案表决通过，至六时半散会。其审查结果所拟条文如下……"

启　事[①]

（1918年10月26日）

本月二十八日午后一时有重要事件商议，请到东园两院议员俱乐部公同讨论。届时务祈惠临。此颂议祺。

谢持、褚辅成、牟琳、彭介石、吕志伊、徐际恒、张知竞、王安富、卢仲琳、曾彦、余绍琴、周震鳞、焦易堂、刘成禺、吴崑、傅谐、陈堃、郑忾辰、曹振懋、詹调元、尚镇圭、林森、李茂之、陈嘉会、朱念祖启。十月廿六日。

（《申报》1918年11月4日）

---

① 本文原标题：《旧国会扰乱会场案》。文前曰："参众两院议员对于惩戒宋汝梅案积极筹商，昨发出通启云……"

在广州国会议员护法谈话会上的发言[①]

(1918年10月30日)

以前护法进行甚迟,以后护法当谋多数之援助。

(上海《民国日报》《申报》1918年11月7日,北京《益世报》1918年11月10日)

[①] 本电原标题:《广东发起护法后援会》。文前曰:"近有参议院议员童杭时拟征集国会同人暨各界同志共同组织一护法后援会以为坚持到底之计,昨(三十日)特于东园国会议员俱乐部开茶话会讨论进行事件。童提出其组织护法后援会之意见……"周震鳞在会上发表此讲话。

与护法议员致美国国会稿电[①]

(1918年10月30日)

近传欧洲和战消息,知贵国力持正(正)[义],亦为世界谋永久和平,至深纫佩!敝国去岁以还,追随贵国之后,与凭借强权、蔑弃条约之德国断绝外交关系,继以宣战。不幸内乱忽起分崩离析,于外不能尽参战之义务,于内不能谋秩序之安宁。一年以来,人民牺牲不为不巨,所欲得以为偿者,亦曰为国内谋永久之和平而已。协约国因德国凭借强权蔑弃条约,不得已而出于战,敝国护法各省,因北京非法政府凭借强权弃《约法》,亦不得已而出于战,其战争之目的纯然相同。今日协约国遇有和平之机会,所坚持者即欲得正当合理之和平,以为如此之和平,然后可以永久。敝国今日和平声浪,渐传布于国中。然苟且迁就以求和平,凡稍知爱国者,皆所不忍,欲得者亦为正当合理之和平,与协约国和平之目的亦纯然相同也。中华民国之存在,以《约法》为基

---

① 本电原标题:《国会致美国国会电稿》。文前曰:"国会拟致美国国会电稿,闻由汪精卫君起草,俟由两院联合会通过,即行拍发。先录之于下……"1918年11月7日上海《民国日报》上的《国会议员护法谈话会记》报道称:10月30日两院议员378人特开护法谈话会,周震鳞、白逾桓等十余人在会上发言,后商定关于永久和平问题发三电,一是两院议长通电全国,一是两院通电护法各省,一是通电美国国会。因此此电和下电均为参加10月30日护法谈话会的议员共同确定。

础，中华民国之国会根据于《约法》而发生，乃跋扈之武人、腐败之官僚，以《约法》、国会为不便于己而必毁灭之以为快，有不从者，则胁以暴力，使之屈服。假如敝国人民，怀苟且迁就之念，屈辱隐忍，以求和平，则此后国内无有公理，惟以强权为公理，无有法律，惟以强权之意思为法律，国家基础于以破坏，人民将何以凭依？此微独敝国人民所不甘，想力持正义之贵国人民，亦必不能愿其有此也。夫谋和平者，小忿可捐，而大义必不能亏。护法各省，揭恢复《约法》、恢复国会之帜，于今一年，不避艰难，不避危险，以求贯彻其目的。敝国国会在民国二年根据《约法》正式成立，曾首得贵国之承认，中间袁世凯思颠覆国会，帝制自为，曾一度以武力解散，及袁世凯败而国会遂以恢复。自去岁第二度武力解散〔国会〕之后，同人于流离颠沛之余，间关来会，终于今秋足法定人数，开正式国会于广州。深维《约法》之沦亡，共和之将堕，不得不凭借正义与强权为最后之奋斗，期于必使《约法》、国会复其效力，然后已依此简单明了之要求，以□得正当合理之和平，实为今日解决中国时局之无二办法。

当此世界趋向和平之时，凡属人类，莫不喁喁企望，惟和平之标准，必不可误，敝国会同时深信：凡对于凭借强权、蔑视条约之德国，能力持正义以遏制之者，则对于敝国今日凭借强权、蔑视《约法》之北京非法政府，亦断不能宽其责备，决不希望敝国人民弃其护法之主张，以求屈辱的和平。贵国今日一举一动，系天下之观听，对于敝国既有先进之资格，复有休戚相关之情感，故敢陈其愚悃，惟昭鉴之，幸甚！

（上海《民国日报》1918年11月7日，据北京《益世报》1918年11月10日校）

与白逾桓^①等致西南护法各省电^②

(1918年10月31日)

（衔略）我国人民既应世运，起而建立民主制度，有扑灭专制政府之魄胆，当然有敷设平民政治之精神与毅力，障碍平民政治者为腐败之官僚及横暴之武人。前者义师屡起，原为除此障碍，而误于和议之说，国人亦既知之熟矣。此次揭橥护法，苦战经年，罗有秦、蜀、滇、黔、桂、粤、闽、湘、鄂之大，举国家富庶之区，悉录入我师范围，事业较曩日为宏，基础较曩日为固，以此先行确立自治宏规，然后徐图收复幽燕，不过勉强期年之间，法律统一与永久和平均可实行。此当为国人应有之决心，明了之判断，毫无疑义者也。

今徐世昌悍然就伪总统，将《约法》根本破坏。正吾再接再厉，努力廓清之时，而和议声浪忍喧于吾耳。国人乎，其忘前此之覆辙乎？其忘平民政治之精神乎？夫吾人酷爱和平与统一者，

---

① 白逾桓（1875—1935），字楚香，湖北天门人。早年留日，加入同盟会，1907年3月与宋教仁等从日本赴东北建立同盟会辽东支部并谋起义；1911年3月在北京办《国风日报》，任社长兼总编，宣传反清。辛亥革命时任湖北都督府参议，后被选为众议院议员。参加"二次革命"，失败后流亡日本。1916年返武汉，响应讨袁，与田桐谋湖北独立；1919年到广州出席非常国会；1935年在天津任《振报》主笔时被刺杀。

② 本电原标题：《国会议员致护法各省电》。文前曰："两院议员致西南多省电云……"

年来师劳于外，农荒于野，士辍于学，商疲于市，四民凋敝，国库空虚，鹬蚌相争，渔人得利。凡兹种种，皆国人所共同之感觉，而和平与统一实为吾人良心上隐跃呼号之大愿，使彼坏法之徒，拊其平旦之气，亦稍念及，则大法朝复，干戈夕罢，固为吾人之所馨香祝祷者也！无如彼昏不悟，变本加厉，以武力锄国会，以非法选总统。言和平者，尤为扰乱和平之罪魁；言统一者，尤为破坏统一之祸首。今若枉法求和，匪独无以警彼坏法乱纪之徒，而奸党朋此，肆无忌惮，将何以立国本而谋福利。以是权衡审慎，反对非法和议，实驱于爱国爱法，万不得已之苦衷。两害相形，取其轻也。去年段氏窃国，吾人犹不承认其为伪总理，血战年余。今徐氏之伪总统产生于段氏私构非法国会，而段仍拥参战督办无上之权威，操纵如故，吾人乃转而一并承认之。原始至终，既无以立国本，又何以对我断头捐躯之先烈、流离失所之穷黎与万目睽睽之友邦？须知苟且议和，不过博二三阁员，或一二督军省长，或数百万军费，敷衍一时，而其结果则亦必如唐总理之被逐，宋教仁之被杀而已！则吾人又何苦牺牲全国根本计划，以求最少数不可必得之权利？而所谓数百万军费者，又须承认亡国大借款以重苦吾民之担负。天下之大愚，宁有过是？愿国人平心察之。且段贼等之敢于叛国者，恃有外款之援助，与彼派横暴之军人耳。今则时势已变，公理日彰，外人渐知段贼等造辞之真相，已有不再借款之表示。而北洋将领亦实不乏爱国慕义之人，曾经迭次通电，反对段、徐。倘吾人坚持到底，则彼既失外援，又深忧内顾，情见势绌，其就我羁勒也必矣！吾人又何必贪和平之虚名，挫垂成之大功乎？若夫友邦忠告，其意亦甚希望段、徐等之不终怙恶耳。彼既不纳友邦之忠告，则吾人不惮重大牺牲，以求永久和平者，正为容纳友邦之忠告也。倘偷目前之苟安，祸根未除，不移时又陷于纷乱破裂之境，即外人生命财产亦时呈不安之象，又岂友邦之所乐闻乎？

观于欧战连年，美总统对德人求和，严重申明关于协约各国之共同目的，不肯丝毫削损，盖为世界永久和平计，不得不出之以坚决周详之态度，岂对于吾国而偏望其一时之伪和议耶！此决不可误会者也。尤有进者，国民亦知民国乱源之所在乎，辛亥之役，建起复袁氏之议于清廷者何人？洪宪之乱，荣膺相国者何人？挑拨府、院，逐总统、散国会，操纵复辟，运用亡国借款，而为今兹大乱之源者何人？五尺童子，不问而皆知其为五朝元老之徐世昌也。盖其干练不及袁世凯，而其庸暗奸滑，信任宵小过于段祺瑞，诚以旧官僚之总代表，而兼有煽动武人之长技，将来之祸，更不堪言。不然使徐氏尚知自爱，岂肯坏法乱纪，急急钻充伪总统，以增全国之乱乎？此奸不除，将使官僚之毒焰，武人之暴力，横决全国，不可收拾。不独与平民政治柄凿绝不相入，国且不国矣！务望公等一致声明徐世昌罪恶，合力讨伐，忍一时之痛，奠万年之基，民国史上之殊勋，将为公等是赖！区区血诚，尚乞察之。

国会议员白逾桓等一百四十九人同叩。三十一。印。

（上海《民国日报》1918 年 11 月 7 日，据北京《益世报》1918 年 11 月 10 日校）

主张县知事民选意见书（一）

(1918年11月下旬)①

地方制度问题，最重要者为省长任免。昨经审议会决定，由省议会选出，已合于今世民治之新主义，不背民主宪法之原则矣。吾华今后能立国于大地，专赖有此。惟省长既由民选，省长以下直接负地方行政之责者，莫要于县知事。省为地方自治最大区域，与中央行政关联之处尚多，县则直接吾民之利病，自治事业之真谛，尤在于县。县有县议会（即前清预备立宪时代所遗传之县自治会），宪法即规定省会选举省长，即可依此法系规定县会选举县知事。省设省参事会，辅佐省长负省行政之责任，则县亦当设县参事会，辅佐县知事负县行政之责任，不待言矣。兹将县知事应由民选之主要理由，分陈于后：

第一，认明地方行政之根本主义，则知县知事不可不民选。地方行政者即注重自治行政，直接养成人民实力，间接对于国家养成实力而已。地方自治事业，为教育、为农工商实业、为慈善、保卫及一切为民兴利除弊之举。此类事业之振兴发达，关于地方

---

① 原书未见日期。但1918年11月25日《申报》曰："最近复有湘籍议员周震鳞提出主张县知事民选意见书略谓……"由此可知，此件及下件应作于1918年11月下旬。此外，1918年12月3—6日上海《民国日报》连载此件，并曰："闻各方面对此项提议，均极表赞成。"

之土宜风习情形所在不同，非以本地之人办本地之事，必致遇事隔膜，利害相反，此古代所以有乡官之制。专制如前清而保甲、兴学、农工商、慈善，种种事件，亦皆委之地方绅民，钱漕国课亦多委托士绅代收者，盖事势所当然。人民自身之利害，必当善自为谋，人民对于国家应守之法律、应负之义务，必不敢故意违反。曾前地方之绅董，固皆由公举而来，不得谓宪法规定县知事民选，反为不合事理之空想也。

第二，认明曾前之州县牧令是否负行政官之责任。此问题解答能明，而后主张县知事民选问题乃可破除一切疑障，迎刃而解。吾人生创造民国时代，即当新旧过渡时代，人人从一州一邑而来，应共忆前此州县所办之事。前此州县所办之事为何事？吾可一言答之曰：司法官之事而已。吾人试查前此州县之称贤良者，何一不为听断公明，反是则何一不为贪墨枉法？刑名词讼，坐堂审案以外，凡关于地方教育、实业，一切自治之事，无不由绅民理之。盖专制时代，名义上虽以行政官而兼司法官，实际上则放弃行政上之责任，专理司法，犹日不暇给。而法律上又不许人民有地方自治行政之权，此即吾国地大物博而不能早臻上理之绝大原因。盖国力之充实，全恃多数人民能力之发展；人民能力之发展，又全在促进地方自治。此立宪国家战胜专制国之要义。吾国政制既定民主，是更用立宪中进步最新主义。吾人被地方之委托，负制宪之天职，若仍挟曾前陈旧观念，谓宪法颁布后各县知事仍可兼理司法职权，则吾复何言？然吾明达之制宪同人，必无一人抱此专制半开之主张，污我民宪者。故今后司法独立问题已无讨论之余地。县知事既不能再兼司法，则州县皆当设初级及地方审检厅，司法即专设法庭，县知事即无异昔时之绅董，主张选举性质，亦如前此公推，不过选举机关有完备与否之分，权限赋与有明白与否之别而已。故县知事民选在今世国家，乃切合事实、绝少流弊之制。美制之成效，固已昭然，其他诸国亦有一致实行之趋势，盖人类自治心理皆同也。

　　第三，不主张县知事民选，则行政与司法界限一时不能划清，即司法独立实行永远发生障碍。如县知事为中央任命，各级审检法官亦为中央任命，于是官额增，官俸亦同时而增，国家贫困之际，必不能骤速设备法庭。县知事出于地方，则供用可简，官俸可斟酌地方情形增减，故民选制行，则中央因陋就简之办法（如以县署添一承审员兼理司法之类），必不可再存矣。且欲保全司法独立精神，必使法官绝对不受行政处分，而行政官与一般人民绝对受法庭之裁判。县知事为民选，则必谨守国法，不敢挟中央任命之势，轻视法庭，中央有司法官防其犯法，亦无容虑其违抗国家法令。此诚两利之道，吾国促成法治，专恃有此矣。

　　第四，当知维持民选省长之地位，非县知事取民选制不可。每省设县其数百余，少亦数十，任由中央任命，贤否固属不齐；任由省长荐任，权限亦属过大，均难举监督指挥之实，且易生树党营私之弊。省长负责过大，则行政冲突最易发生。县长选之各县，则省长寄耳目于县议会，多数人执简驭繁，政自易理矣。

　　总之，吾国人处专制政治之下过久，虽贤者亦多挟东洋式专制头脑，对于各省分权则断断以中央威信为言，对于各县分权则又以省长威信为言，其结果人人争权，即人人无权，重阶级之虚名，忘办事之实际，此实吾国政治积久不能振拔刷新之绝大原因。吾人苟有此觉悟，则主张县知事民选，实如快刀之断乱丝，必无不可起之（锢）〔痼〕疾也。以上四者，先就实利上立说，鄙见所及，是否有当，均求公决。周震鳞。

（《意见书》，《宪法会议公报》第五十四册，第92—95页）

主张县知事民选意见书（二）

（1918 年 11 月下旬）

知事民选问题，前次审议会业由本席临时动议，请审议长咨询大众，当经表决认为地方制度中大体应付讨论，待之公决。本席对于此案认为，民主宪法上根本重要问题，此案成立乃为真正民主宪法，否则，非骡非马之假共和宪法徒为官僚政治作护符而已。兹将第一意见书未尽之义补陈之，以俟两院同人之垂教。

第一，君主国以君主为主体，故君主最亲近之官，必由君主特简。如京内外特旨简放要员，皆是其末僚，下秩则由各要员荐辟。民主国则以人民为主体，与人民最亲近之官莫要于县知事。县知事而不由民选，而由中央或省长之任荐，是犹一家庭、一社团之公私事务，不由一家之人、一社团之人管理经营之，而必由他痛痒无关之机关，委一渺不相涉之人管理经营之。其扞隔不通而不相容宜矣。今世界民主主义之演进实本此。人类最平易共同之心理，吾人可勿致疑者也。夫君主以一人之偏见，简任重要之职官，必不公平，此专制所以为世诟病。人民公选最亲信之人，为最亲之官，更无少数人偏私之病，则又不可以君主亲任为比拟者矣。

第二，人民程度问题之解释。吾国自前清预备立宪时代以来，一班官僚反对民权之谬论，不敢明言民选制度之不善，而动以人民程度问题为言。国人狃于专制倚赖习惯亦多随声附和，习焉不察，与之论及县长民选或亦以人民程度问题为言。此项疑难，我制宪同人皆当力为解释者也。夫吾人固由民选而来，省议会议员亦由民选而来，如曰程度不及，则吾人将何辞解答？国家立法、行政重要机关人员，可由民选产出不曰程度不及，独于人民切身疾苦所关人员由人民选出，则曰程度不及，论理太相矛盾矣。即让一步言之，人民程度以进步演进为原则，今日普通知识及运用法制之程度，必不及于此后，理所当然。则制宪眼光决不能专习旧观而忘数十百年后之状态。盖不有改革则无制宪问题之发生，不本未来建设真正民主政制之精神以制宪，则文不对题，实失创造民国之本意。盖无论何项立宪，先进国其宪法制定时代，人民之程度必不及今日，然一经宪法实行，则国家无不猛进兴荣者。可知宪法作用，一方面所以保障民权，一方面更可促进人民程度，此则不仅关于县知事民选问题应具之见解也。

第三，选举易生纷扰之解释。制宪同人遇事具稳慎之心理，固属可敬。对于县知事民选问题之讨论，必有以易生纷扰致疑者。本席有见于此，故不敢遽探今世世界民主主义之直接选举制而主张用县议会选举。夫既以县议会选举，则所谓纷扰云者谓县议会本身成立纷扰乎？则中下级自治均有议会，已为前清预备立宪以来所实行。谓县议会选举开会纷扰乎？则下于县长选举事尚可召集开会，而县会召集，又不如国会、省会之难以法定机关办职权内应为之事，固无纷扰之可言也，此不必致疑者也。惟省长民选而县长苟非民选，则可决其纷扰必立至。民国元年以来，官僚任用资格打破，每见各省县知事任用发生纷扰问题或长官挟私树党，任用非人或地棍凭空辱官文电交讼，甚且酿成戕官巨案，至视官职如傅舍，数月、数十日或不及一旬，知事更迭者频频闻之。如经法定机关选出，又经省长形式之荐任，以示慎重，固不能谓纷扰绝无，然比较的可以减少。至谓现在已经分发各省县知事消纳不易或生纷扰，则更不成问题。盖现在各省之分发知事资格不外数种，一前清旧官多老朽不堪用；二以政法学生考试分发者，可拨归司法部重行检校，改任各省法官。各省关于国家行政属僚亦可委用，若贤良知事之系民爱戴者，各省选民将挽留之不暇，法律固不能规定专用本地人也。

第四，选举贿买弊窦之解释。选举买票为世界选政所不免，固不仅选举县长而然，不能因此而废选政也。且由少数人机关或经由个人意思任用，何尝无贿赂公行之事？前清有目不识丁纳资入官者，民国无宪之今日有督军、兵弁躬膺民社者，其弊更不仅以官为市矣。以一县之民意机关选出一县之长，委以公共生活相关之重职，十目十手所指视，比较暮夜包苴者固有别矣。况显然犯法之举，国家固有法庭提起公诉，严为防制乎。

总之，民主宪法之精神必不可违反人民自治之要义。人民实行自治，则今之承学之士，群为流氓趋于都市，伺候权门，幸谋一啖饭之恶习，可以一旦廓清于是。人才各归地方，分途竞争，尽量发展，既无躐等妄图之机，即生循守政轨之习，是则今后吾国秩序之完好与否，地方福利之增进与否，皆在此民选县长问题解决与否而已。至偏僻未设省区域，因种种关系，固不能与内地各省并论，故本席提案另以但书申明之。此后急起直追，至完全设省之日，即完全适用民选县长制之日也。周震鳞。

（《意见书》，《宪法会议公报》第五十四册，第95—99页）

与王鸿庞等关于广东省议会改选问题的质问书

（1918年12月14日）

为质问事：照得两院解释省议会议员期任一案，业经咨达在案。兹查贵代理国务院职权暨执行大总统职务军政府，并未将初选及复选日期早日通令西南护法各省一律遵照办理，而广东翟省长竟依照前定十二月十五日之初选日期，贸然单独举行，殊不足以昭划一，且广东省议员之筹备改选，系李前省长奉伪政府之命令办理，现翟省长赓续举行，不听候军政府宣布改选日期，尤为不合。迫得依据院法提书质问，务请于三日内明白答复，以释疑虑。

提出者：王鸿庞。

连署者：陈峻云、谢良牧、陈宏栋、易仁善、李英铨、唐支厦、符梦松、张我华、周震鳞、万鸿图、丁铭礼、居正、高荫藻、丁象谦、傅谐、彭建标、刘芷芬、沈智夫、李自芳、何士果。

中华民国七年十二月十四日。

（《公文》，《军政府公报》修字第39号，1919年1月15日）

关于召集县议会恢复
地方自治的议案

(1918 年 12 月 16 日)

近世立宪国先例，宪政之发达必以地方自治为基础。查前清末年，各县设立自治公所，地方自治已成雏形。辛亥鼎革，民国元年，中央政府准据法律，明令召集国会、省议会及各县议会开会议事，地方秩序有条不紊，皆地方自治之明效也。民国二年，袁世凯违法解散国会及省议会，并连带解散各县地方议会。至护国军兴，《约法》复活，而国会及省议会均有明令召集开会议事，惟各县地方议会为地方自治初级议事机关，未见有明令召集。至北京政变，护法军兴，军政府受国会委托，有代行国务院及大总统职权，即负有召集各县议会、恢复地方自治之责任，相应咨请军政府于护法各省行政范围以内，宜速颁明令召集各县议会开会议事，恢复地方自治。是否有当，应请公决。

提出者：何畏。

连署者：张我华、李素、王观铭、王谟、胡庆文、赵鲸、张金鉴、刘芷芬、李恩阳、王济瑞、李自芳、李正阳、周震鳞、蒋应树、杨开源、谢持、孙光庭、谢家鸿、吴作芬、董庆余、傅谐、梁登瀛、王法勤、赵时钦、龚焕辰、讷谟图、吕志伊、童杭时、李文治、谭正、张光炜、赵世钰、王湘、马君武、何士果。

(《申报》1918年12月16日)

与林森等致广州军政府各总裁等电

(1918年12月18日)

广州军政府各总裁、各部长、莫督军、武鸣陆总裁、宣威唐总裁、南宁谭督军、贵阳刘督军、成都熊督军均鉴：

自军政府容纳徐、钱之请，与北京非法政府同时下停战命令，罢兵言和，全国人士莫不欣欣然色喜，嗝嗝告慰，以为纠纷可以悉解，和平可以立至，即不然亦可以幸旦夕之安，而稍纾喘息。乃连日以来，综合各方报告，则非法收府与我西南护法当局，虽信使往来，函电交驰，阳为甘言以相诒，阴实肆其残暴。其于陕、闽既置之和议范围之外，而王占元之于鄂西，张敬尧之于湘西，方日日征兵转饷，以从事于压迫，然则徐、钱之请和，与非法政府之停战，不过虚词延宕，借以堕吾谋而老我师耳。岂有几微之诚意，足相信赖乎？夫陕与鄂西称靖国军，闽与湘西称护法军，皆与我西南护法义师同一旨趣，又同被我军政府之号令，岂容使非法政府与徐、钱辈意为取舍？今彼既俳然出此，则以我西南护法当局笃爱和平之故，彼遂得施欺以其方之谋，既可贾多数国民之同情，亦隐售其远交近攻、得陇望蜀之诡计。其例则辛亥年袁业凯舍吴楚攻秦晋之故智，其事则段祺端力征经营，以少数人征服多数人之成谋。我西南护法当局诚不忍一年以来前敌伤亡诸将士之惨毒，与及后此无数义勇男儿之肝脑，又安可慕宋襄、项羽之仁，而不一为之所乎？况弃信背义、祸由彼作，残民以逞，咎由彼尸，深愿诸公念同袍之谊，发切痛之情，将上项情形通告各国，俾各国知非法政将之不直，一面率粤、滇、浙各军，充实军备以援闽，以滇、黔各军之在川东者援湘西、鄂西，川军入陕者援陕，以威辅德，以武济仁，俾彼贪诈之谋，无所得逞，庶不致败和议之局于垂成。惟诸公实图利之。

国会议员：林森、吴景濂、褚辅成、周震鳞、李汉丞、唐支厦、陈策、覃寿公、彭邦栋、席绥、李锜、李积芳、禹瀛、田永正、陈焕南、陈九韶、陈嘉会、胡寿炳、何陶、黄策成、郭人漳、梁系登、周泽苞、王思博、罗上霓、李式璠、文笃周、李执中、许森、陈洪道、童杭时、金尚诜、张瑞玑、陈子斌、马君武、王釜、赵世钰、寇遐、杨铭源、高荫、王法勤、何畏、吴宗慈、纳谟图、傅（论）[谐]、卢式楷、刘滔、刘芷芬、龚焕辰、丁惟汾、周之翰、李载赓、凌钺、王宗尧、黄汝旋、李秉恕、杨大实、杨诗浙、王鸿宾、王兆离、靳锡兰、朱家训、尚镇圭、张伯烈、鲁凤、赖德嘉、邹鲁、陈应昌、万葆元、田桐、沈维周、范鸿钧、居正、彭养光、董锡瀛、胡祖舜、袁麟阁、时功玖、吴崑、王鼎琛、高振霄、彭介石、王笃成、刘成禺、董庆余、谭维祥、朱念祖、陈廷扬、李建民、陈承箕、廖宗北、曹振懋、郑佟辰、陈塈、彭廷琛、詹调元、杨树璜、丁酊五、林鸿超、焦易堂、王葆真、李述膺、丁象谦、张知本、谢持、叶夏声、魏肇文、黄元白、饶芙裳、白瑞、汪唠鸾、张大昕、温世霖、万鸿图、戴书云、吴道达、杨梦弼同叩。巧。印。

附 录

广州军政府复林森周震鳞等电

（1918年12月28日）

广州参众两院林、吴、褚诸议长暨各位议员鉴：

巧电悉。尊论极表同情，北方阳示和平，阴行进袭，业将迭次质问北方各电通告全国及外交团，并电令前敌各军严为戒备矣。军政府。勘。印。

（《公电》，《军政府公报》修字第39号，1919年1月15日，第13—14、16页）

中国社会科学院老学者文库

周震鳞全集
第二卷　1919—1964

周用宜 ◎ 主编　　邓江祁 ◎ 编注

中国社会科学出版社

目　　录

第二卷（1919—1964）

与李执中等致谭延闿电（1919年1月11日） ………… （475）
与李执中等致湘军各将领电（1919年1月11日） ……… （476）
对于国内和平会议派遣代表之意见书
　　（1919年1月中旬） ……………………………… （477）
与林森等致广州军政府等电（1919年1月28日） …… （478）
与冯自由等致广州参众两院等电
　　（1919年1月30日） ……………………………… （480）
与温世霖等致唐绍仪函（1919年2月上旬） …………… （481）
与林森等致各省议会等电（1919年2月13日） ………… （482）
与郭人漳等致参议院众议院电（1919年2月14日） …… （483）
与温世霖等致唐绍仪函（1919年2月16日） …………… （484）
致刘人熙等电（1919年2月18日） ……………………… （486）
与林森等致广州军政府各总裁书（1919年2月22日） …… （487）
与李燮阳等致唐绍仪书（1919年2月22日） …………… （488）
与陈毅等致唐绍仪书（1919年2月25日） ……………… （490）
　　附录　于右任致上海各报书（1919年2月16日） …… （491）
与刘人熙等致唐绍仪朱启钤等函（1919年2月26日） …… （493）
与朱启钤的谈话（1919年2月28日） …………………… （494）

与冯自由等致唐绍仪朱启钤等函（1919年2月28日）……（495）
与冯自由等致中华国民策进永久和平会函
　　（1919年2月28日）……………………………………（496）
与彭汉遗等致两院同人书（1919年2月底）……………（497）
与刘人熙等致李纯电（1919年3月1日）…………………（498）
与居正等致唐绍仪书（1919年3月2日）…………………（499）
与陈毅等致吴景濂等电（1919年3月3日）………………（500）
与陈毅等致林森等电（1919年3月3日）…………………（501）
与徐绍桢等致英美法意日驻沪总领事等函
　　（1919年3月5日）……………………………………（502）
与徐绍桢等致唐绍仪函（1919年3月5日）………………（503）
与冯自由等致孙中山等电（1919年3月5日）……………（505）
与冯自由等致各省议会等电（1919年3月6日）…………（506）
与冯自由等致广州军政府电（1919年3月7日）…………（508）
　　附录　广州军政府政务会议复电
　　　（1919年3月25日）…………………………………（509）
与陈炳焕等致谭延闿等电（1919年3月7日）……………（510）
与陈家鼎等致孙中山李纯等函（1919年3月9日）………（511）
挽刘人熙联（1919年3月上旬）……………………………（512）
与王法勤等致各省督军省长等电（1919年3月19日）……（513）
与林森等致广州军政府各总裁等电
　　（1919年3月19日）……………………………………（515）
与唐绍仪等致黎元洪等电（1919年3月23日）……………（516）
与世界和平共进会等致五国公使团电
　　（1919年3月24日）……………………………………（518）
与世界和平共进会等致各省电（1919年3月24日）………（519）
与马钟琇等致唐继尧陆荣廷电（1919年3月25日）………（521）
与张浩等致唐绍仪书（1919年4月1日）……………………（523）

与徐绍桢等致全国各界电（1919年4月5日）…………（525）
与徐绍桢等致唐绍仪等书（1919年4月5日）…………（527）
与徐绍桢等致朱启钤等书（1919年4月5日）…………（528）
与方潜等关于陕西问题的提案（1919年4月初）………（530）
声讨徐世昌段祺瑞等卖国书（1919年4月初）…………（532）
与彭养光等致广州军政府各总裁电（1919年4月初）…（536）
与黄汝鉴等致唐绍仪书（1919年4月6日）………………（537）
　　附录　唐绍仪复林森等函（1919年4月10日）……（539）
与林森等致各省议会等电（1919年4月9日）……………（540）
与林森等致唐绍仪电（1919年4月9日）…………………（541）
与冯自由等致唐绍仪函（1919年4月上旬）……………（542）
与林森等致唐绍仪电（1919年4月22日）………………（543）
与林森等致各省督军等电（1919年4月22日）…………（544）
与冯自由等致唐绍仪等电（1919年4月23日）…………（545）
与林森等致唐绍仪电（1919年4月24日）………………（546）
与白逾桓等致唐绍仪等电（1919年4月27日）…………（547）
与冯自由等致各省议会等电（1919年4月28日）………（548）
与世界和平共进会等致朱启钤等电
　　（1919年5月3日）………………………………（549）
与世界和平共进会等致唐绍仪等电
　　（1919年5月3日）………………………………（551）
与林森等致议和南方代表电（1919年5月4日）…………（553）
与林森等再致议和南方代表电（1919年5月4日）………（555）
与冯自由等致徐世昌电（1919年5月7日）………………（556）
与林森等致唐绍仪朱启钤等电（1919年5月9日）………（557）
与世界和平共进会等致总商会函（1919年5月12日）…（558）
与世界和平共进会等致各省议会等电
　　（1919年5月19日）………………………………（559）

与冯自由等致李纯王占元等电（1919年6月4日）………（560）
与林森吴景濂等致全国通电（1919年6月6日）…………（561）
与徐绍桢等致汪精卫等电（1919年6月23日）…………（564）
与世界和平共进会等致各省议会等电
　（1919年6月23日）……………………………………（565）
　　附录　吴灿煌首绍南致周震鳞等电
　　　（1919年6月23日）…………………………………（567）
与世界和平共进会等致徐世昌电（1919年6月27日）……（568）
与世界和平共进会等致各省通电（1919年6月27日）……（569）
与林森等致协约各国国会（除日本）电
　（1919年7月5日）………………………………………（570）
与林森等致各省督军省长等电（1919年7月5日）………（571）
与万鸿图等关于粤垣罢市的质问书
　（1919年7月中旬）………………………………………（573）
与李执中等致军政府总裁电（1919年7月31日）………（574）
书赠王禹卿（1919年7月）………………………………（575）
与林森等复孙中山电（1919年8月13日）………………（575）
与林森等致朱尔典等电（1919年8月13日）……………（577）
与林森等致各省督军等电（1919年8月13日）…………（578）
与林森等致全国各界电（1919年8月18日）……………（579）
与吴景濂等致广州军政府等电（1919年8月19日）……（580）
与吴景濂等挽留孙中山电（1919年9月4日）……………（582）
　　附录　孙中山复广州国会议员函
　　　（1919年9月10日）…………………………………（583）
致孙中山章太炎等电（1919年9月9日）…………………（584）
与林森等致广州军政府各总裁等电
　（1919年10月7日）………………………………………（586）
书赠李广濂（1919年12月）………………………………（589）

题字（1919 年） ………………………………………… (590)
与湘籍学生代表谈驱张（1920 年 1 月 20 日） ………… (591)
与林森等致广州军政府等电（1920 年 1 月 28 日） …… (592)
与孙中山等致徐世昌等电（1920 年 4 月 24 日） ……… (593)
李执中致吴景濂函（1920 年 7 月 6 日） ………………… (594)
代谭延闿拟湖南自治电（1920 年 7 月 22 日） ………… (595)
致孙中山书（1920 年 7 月 31 日） ……………………… (597)
在宴请湘省新闻人士时的演说
　（1920 年 8 月 31 日） ………………………………… (598)
致孙中山电（1920 年 9 月 24 日稍前） ………………… (599)
致居正书（1920 年 10 月 18 日） ………………………… (600)
与谭延闿等为龙璋开追悼会通电
　（1920 年 10 月 26 日） ………………………………… (600)
追悼前长江巡阅使谭公石屏启（1920 年 10 月 26 日） … (601)
致孙中山等电（1920 年 11 月 23 日） …………………… (603)
　附录　居正复周震鳞等电（1920 年 11 月 25 日） …… (604)
关于陈炳焕丧事的启事（1920 年 12 月 8 日） ………… (605)
与孔昭晟等提议《中华民国政府组织大纲（草案）》
　（1921 年 4 月 7 日） …………………………………… (606)
非常国会重要宣言（1921 年 4 月 20 日） ……………… (609)
与覃振等发布廖宅治丧启事（1921 年 8 月 26 日） …… (611)
致赵恒惕等电（1921 年 9 月 8 日） ……………………… (612)
致赵恒惕电（1921 年 9 月 25 日） ……………………… (614)
　附录　赵恒惕复周震鳞电（1921 年 9 月 27 日） …… (614)
复赵恒惕电（1921 年 9 月 28 日） ……………………… (615)
致孙中山电（1921 年 11 月上旬） ……………………… (616)
复赵恒惕等电（1921 年 12 月 31 日） …………………… (617)
与吴景濂等致赵恒惕电（1922 年 3 月 28 日） ………… (618)

与林森等致各报馆电（1922年6月3日）……………………（619）
与林森等致黎元洪电（1922年6月7日）……………………（620）
与林森等致吴景濂电（1922年6月7日）……………………（622）
与林森等致各报馆通电（1922年6月7日）…………………（623）
与林森等致褚辅成电（1922年6月7日）……………………（624）
与林森等致各报馆通电（1922年6月8日）…………………（625）
致孙中山书（1922年6月16日）……………………………（626）
与杭辛斋等关于护法宣言（1922年7月2日）………………（628）
与杭辛斋等关于护法再次宣言（1922年7月2日）…………（629）
与赵清泉等致各省议会等电（1922年7月4日）……………（630）
致杨庶堪林业明书（1922年7月14日）……………………（632）
与彭养光等致发起法统维持会宣言
　　（1922年7月23日）……………………………………（633）
与彭养光等宣布法统维持会简章（1922年7月23日）……（635）
与护法议员否认北京国会第一次宣言
　　（1922年8月2日）………………………………………（637）
致北京护法议员电（1922年9月4日）………………………（639）
与护法议员否认北京国会第二次宣言
　　（1922年9月6日）………………………………………（640）
与护法议员否认北京国会第三次宣言
　　（1922年9月19日）……………………………………（642）
与护法议员否认北京国会第四次宣言
　　（1922年10月11日）……………………………………（643）
与冯自由等致孙中山书（1922年11月9日）………………（645）
与张汉章等关于开滦五矿等工人请愿的质问书
　　（1922年11月13日）……………………………………（646）
　　附录　开滦五矿及秦皇岛工人致参众两院急电
　　　　（1922年11月4日）…………………………………（647）

与何畏等关于云南片马交涉事的质问书
　　（1922年11月14日）……………………………（648）
与江浩等关于唐山工人罢工事的质问书
　　（1922年11月14日）……………………………（650）
与护法议员否认北京国会第五次宣言
　　（1922年11月20日）……………………………（651）
与护法议员否认北京国会第六次宣言
　　（1922年11月20日）……………………………（653）
致参议院同人书（1922年12月5日）………………（655）
与护法议员否认北京国会第七次宣言
　　（1922年12月29日）……………………………（656）
在参议院议员聚会上的发言（1922年12月30日）……（658）
与护法议员声讨陈炯明檄文（1923年1月14日）……（659）
与护法议员否认北京国会第八次宣言
　　（1923年1月17日）………………………………（661）
与护法议员致孙中山电（1923年1月19日）…………（662）
与护法议员致林森电（1923年1月19日）……………（663）
与孙中山等为宫崎寅藏追悼大会启（1923年1月）……（664）
宫崎寅藏先生追悼大会筹备处通告（第一号）
　　（1923年1月）……………………………………（665）
与护法议员否认北京国会第九次宣言
　　（1923年2月28日）………………………………（667）
与孙中山谈话（1923年2月）…………………………（668）
与王湘等关于张绍曾辞职电的质问书
　　（1923年3月14日）………………………………（669）
与宋桢关于收回旅大通电（1923年3月24日）………（671）
致一二四五师将士书（1923年4月16日）……………（674）
法统维持会致全国通电（1923年6月4日）……………（676）

致孙中山电（1923年6月10日） ……………………………（677）
与童杭时等致孙中山电（1923年6月15日） ………………（677）
对于北京政变之宣言（1923年6月16日） …………………（678）
与旅沪国会议员致全国通电（1923年6月19日） …………（679）
与章太炎等致孙中山等电（1923年6月20日） ……………（680）
    附录一　同题异文 ……………………………………（681）
    附录二　杨希闵等复周震鳞等电
  （1923年7月5日） …………………………………（681）
与褚辅成等否认会合会宣言书（1923年6月22日） ………（683）
与褚辅成等致各省区军民长官等电
  （1923年6月23日） …………………………………（688）
与张继等离京之宣言（1923年6月24日） …………………（689）
与离京议员致两院同人书（1923年6月28日） ……………（691）
与褚辅成等劝在京议员南下电（1923年6月30日） ………（693）
与褚辅成等致全国各界电（1923年6月下旬） ……………（695）
与褚辅成等致全国各界电（1923年7月1日） ……………（696）
与褚辅成等致全国各界电（1923年7月7日） ……………（697）
与褚辅成等致上海总商会银行公会等电
  （1923年7月上旬） …………………………………（698）
与褚辅成等对内宣言（1923年7月12日） …………………（700）
与褚辅成等对外宣言（1923年7月12日） …………………（703）
与褚辅成等致王克敏函（1923年7月14日） ………………（704）
与褚辅成等致顾维钧函（1923年7月14日） ………………（706）
与国会旅沪议员对内宣言（1923年7月14日） ……………（708）
与国会旅沪议员对外宣言（1923年7月14日） ……………（709）
与褚辅成等致法国驻华公使函（1923年7月19日） ………（710）
与褚辅成等致英国公使函（1923年7月20日） ……………（711）
与褚辅成等致意大利驻华公使函（1923年7月21日） ……（713）

与褚辅成等复留京议员书（1923年7月21日） ………… (714)

与褚辅成等致颜惠庆等书（1923年7月22日） ………… (722)

与褚辅成等致各国公使及各外国银行团函
　　（1923年7月23日） ………… (724)

与褚辅成等致符礼德等书（1923年7月25日） ………… (725)

与褚辅成等致日本驻京公使函（1923年7月25日） ………… (726)

与褚辅成等致德国驻华公使函（1923年7月29日） ………… (728)

与褚辅成等致顾维钧书（1923年7月30日） ………… (729)

与覃振等致湘省各界电（1923年7月31日） ………… (731)

与褚辅成等致留京议员书（1923年7月31日） ………… (732)

与褚辅成等致上海总商会书（1923年7月31日） ………… (734)

与离京议员等致各省各法团函（1923年7月31日） ………… (735)

与汤漪等致陶普士书（1923年8月1日） ………… (736)

与汤漪等致马克斯书（1923年8月初） ………… (737)

法统维持会致全国各界通电（1923年8月13日） ……… (739)

致孙中山书（1923年8月19日） ………… (740)

致全国各界通电（1923年8月21日） ………… (741)

致孙中山书（1923年8月22日） ………… (743)

与汤漪等致全国通电（1923年8月25日） ………… (744)

与彭养光等参众两院同人通电（1923年8月25日） ………… (745)

与潘大道等参众两院同人通电（1923年8月25日） ………… (747)

与焦易堂等致全国通电（1923年8月25日） ………… (748)

与褚辅成等宣布曹锟罪状通电
　　（1923年8月31日） ………… (750)

与李执中等致赵恒惕电（1923年9月4日） ………… (753)

致张秋白书（1923年9月6日） ………… (754)

与褚辅成等致全国各报馆等电（1923年9月8日） ………… (754)

与褚辅成等致全国各界电（1923年9月11日） ………… (758)

附录　两院院内行政委员会通电
　　　（1923 年 9 月 10 日） ……………………………… （759）
与褚辅成等致全国各界电（1923 年 9 月 12 日） ……… （760）
与褚辅成等致各报馆电（1923 年 9 月 14 日） ………… （762）
与褚辅成等致全国各界电（1923 年 9 月 15 日） ……… （763）
与汤漪等致各银行函（1923 年 9 月中旬） ……………… （764）
法统维持会致全国通电（1923 年 9 月 29 日） ………… （766）
与汤漪等告留京议员书（1923 年 9 月下旬） …………… （767）
与李执中等致湖南各界电（1923 年 10 月 3 日） ……… （770）
与李执中等致湖南父老电（1923 年 10 月 6 日） ……… （771）
法统维持会致全国通电（1923 年 10 月 6 日） ………… （772）
与张继等致各省各界等电（1923 年 10 月 9 日） ……… （773）
主张续开合法国会宣言（1923 年 10 月 13 日） ………… （775）
与旅沪两院同人致广州天津等电
　　（1923 年 10 月 18 日） ……………………………… （776）
与旅沪两院同人致孙中山电（1923 年 10 月 26 日） …… （777）
与旅沪两院同人复厦门鄂同乡会电
　　（1923 年 10 月 26 日） ……………………………… （778）
与旅沪两院同人致唐继尧电（1923 年 11 月 15 日） …… （779）
与旅沪两院同人致全国通电（1923 年 11 月 15 日） …… （780）
致行政委员会函（1923 年 12 月 26 日） ………………… （782）
　　附录　参议院秘书厅复周震鳞函
　　　（1923 年 12 月 31 日） ……………………………… （782）
致孙中山电（1924 年 1 月 25 日） ………………………… （783）
《癸亥政变纪略》序（1924 年初春） ……………………… （784）
为渭川先生题扇面（1924 年仲春） ……………………… （785）
鬻书广告（1924 年 5—11 月） …………………………… （786）
与黄钺等致贺耀祖等电（1924 年 6 月 26 日） ………… （787）

致旅居各省同乡电（1924年6月28日） ………… （788）
名医张峄僧应世（1924年6月28日） …………… （789）
与黄钺等致上海灵学会函（1924年6月30日） ……… （790）
与黄钺等致伶界联合会函（1924年7月1日） ……… （791）
致黄藻青等电（1924年7月2日） ………………… （792）
与熊希龄等致程克函（1924年8月11日） …………… （793）
致西南各省各军电（1924年8月25日） …………… （794）
为《三希堂画宝》题签（1924年夏） ……………… （796）
与章士钊等反对吴佩孚通电（1924年10月27日） …… （797）
与吕复等致冯国璋孙中山等电（1924年11月4日） …… （799）
致全国各界通电（1924年11月25日） ……………… （800）
与章太炎等致冯玉祥电（1924年11月30日） ………… （803）
介绍痔医（1924年12月14日） …………………… （804）
与彭邦栋等致段祺瑞函（1924年12月15日） ………… （805）
与章太炎等护党救国公函（1924年冬） …………… （807）
致孙科等电（1925年3月13日） …………………… （809）
与王家襄致段祺瑞函（1925年3月15日） …………… （810）
在上海大学追悼胡景翼大会上的讲话
　（1925年5月10日） …………………………… （812）
在胡景翼追悼大会上的讲话（1925年5月31日） …… （813）
挽胡景翼联（1925年5月下旬） …………………… （814）
与章太炎等致全国各界通电（1925年6月1日） ……… （814）
与章太炎等致全国军人通电（1925年6月16日） …… （816）
赞胡景翼像赞（1925年） ………………………… （817）
与李仲三等致全国各界电（1926年1月上旬） ……… （818）
书石鼓文赠丽生（1926年夏） …………………… （820）
与田桐致蒋介石函（1927年7月8日） ……………… （821）
与田桐致蒋介石函（1927年7月26日） …………… （822）

与田桐致张继李烈钧等电（1927年9月29日）……（822）
　　附录　军事委员会复周震鳞等电
　　　（1927年9月30日）……（823）
复曾杰电（1927年10月2日）……（824）
与田桐致南京军事委员会电（1927年10月6日）……（825）
与田桐致南京军事委员会电（1927年10月9日）……（826）
与田桐致南京国民政府等电（1927年10月18日）……（827）
与田桐致何键电（1927年10月25日）……（828）
与田桐致中央特委会电（1927年10月下旬）……（829）
为赵戴文书联（1927年秋）……（830）
与田桐致何应钦电（1927年11月7日）……（831）
与田桐致中央特别委员会电（1927年12月18日）……（832）
与田桐致蒋介石函（1928年1月5日）……（833）
与田桐复蒋介石函（1928年1月10日）……（833）
与田桐致阎锡山电（1928年1月11日）……（834）
致程潜白崇禧等电（1928年3月13日）……（835）
在汉口答记者问（1928年3月14日）……（836）
与孙岳致程潜白崇禧电（1928年3月15日）……（838）
与孙岳致程潜白崇禧电（1928年3月17日）……（839）
在南京答记者问（1928年3月18日）……（839）
在南京各界欢迎大会上的演说（1928年3月21日）……（841）
　　附录　同题异文……（842）
在汉口答记者问（1928年5月8日）……（843）
与谭延闿等述蔡公时事略（1928年5月上旬）……（845）
与李宗仁邓宝珊致中央特委会电（1928年5月上旬）……（848）
与许世英等介绍亚康节广告（1928年5月22日）……（848）
复阎锡山电（1928年5月23日）……（849）
与许世英等介绍亚康节广告（1928年6月3日）……（850）

在沪宁车中答记者问（1928年6月上旬）……………………（850）
题蔡公时像赞（1928年6月12日）……………………………（851）
答天津《益世报》记者问（1928年6月18日）………………（852）
与北京新闻记者的谈话（1928年6月19日）…………………（853）
  附录一 同题异文……………………………………（856）
  附录二 同题异文……………………………………（856）
致蒋介石张静江电（1928年6月20日）………………………（857）
答某社记者问（1928年6月23日）……………………………（858）
与天津《大公报》驻京记者的谈话
 （1928年6月27日）……………………………………（859）
在河北省政府成立大会上的讲话（1928年7月4日）………（861）
  附录一 同题异文……………………………………（862）
  附录二 同题异文……………………………………（863）
在故宫欢迎大会上的演说（1928年7月8日）………………（863）
致南京国民政府电（1928年7月11日）………………………（864）
在北平特别市市长就职典礼上的讲话
 （1928年7月13日）……………………………………（865）
挽黎元洪联（1928年7月19日）………………………………（866）
在民国大学欢迎大会上的讲话（1928年7月20日）…………（866）
在丁春膏等就职典礼上的讲话（1928年7月24日）…………（867）
祭张绍曾文（1928年8月1日）………………………………（868）
在张绍曾追悼大会上的演说（1928年8月1日）……………（869）
复李济深电（1928年8月5日）………………………………（870）
与杨熙绩呈国民政府文（1928年8月初）……………………（871）
与杨熙绩致国民政府电（1928年8月6日）…………………（872）
致北平特别市政府函（1928年8月7日）……………………（873）
  附录 北平特别市政府复函（1928年8月14日）……（874）
复李烈钧电（1928年8月9日）………………………………（875）

复国民政府电（1928年8月10日）……………………（876）
复吕苾筹电（1928年8月10日）……………………（877）
北平民国大学招男女生（1928年8月12日）………（878）
致蒋介石电（1928年8月13日）……………………（879）
关于东陵被盗案的调查报告（1928年8月中旬）…（880）
与《京报》记者谈话（1928年8月21日）…………（881）
徐清和事略（1928年8月）…………………………（882）
致河北省政府函（1928年9月3日）………………（885）
致国民政府电（1928年9月5日）…………………（886）
与袁德宣等发起粤汉铁路促成会宣言（1928年9月初）……（887）
粤汉铁路促成会暂订简章（1928年9月初）………（888）
致左一区警察署函（1928年9月8日）……………（889）
复国民政府电（1928年9月12日）…………………（890）
致国民政府大学部电（1928年9月16日）…………（891）
在民国大学开学典礼上的演说
　（1928年9月20日）………………………………（892）
与熊希龄等致鲁涤平电（1928年9月28日）………（893）
　附录　鲁涤平复周震鳞等电（1928年10月15日）……（894）
与熊希龄等致李宗仁电（1928年10月4日）………（894）
　附录　李宗仁复周震鳞等电（1928年10月7日）…（895）
呈国民政府文（1928年10月上旬）…………………（895）
　附录　国民政府内务部致西陵管理处训令
　　（1928年10月13日）……………………………（898）
致旅平湖南同乡会函（1928年10月上旬）…………（899）
致北平公安局函（1928年10月上旬）………………（900）
与蒋介石等发起追悼黎元洪启事
　（1928年10月16日）………………………………（901）
与熊希龄等复李宗仁电（1928年10月24日）………（902）

附录　李宗仁复周震鳞等电（1928年11月7日）……（903）
与熊希龄等复鲁涤平电（1928年10月24日）…………（903）
　　附录一　鲁涤平复周震鳞等电
　　　　（1928年10月25日）………………………（904）
　　附录二　鲁涤平等复周震鳞等电
　　　　（1928年10月26日）………………………（904）
与熊希龄等致王伯群等电（1928年10月24日）…………（905）
祭黎元洪文（1928年10月26日）…………………………（906）
挽黎元洪联（1928年10月26日）…………………………（907）
与熊希龄等复刘召圃电（1928年10月29日）……………（907）
　　附录　刘召圃致周震鳞等电（1928年10月16日）……（908）
与熊希龄等致鲁涤平电（1928年10月29日）……………（908）
与熊希龄等致孙科电（1928年10月30日）………………（909）
　　附录一　孙科复周震鳞等电（1928年11月3日）……（910）
　　附录二　孙科复周震鳞等电（1928年11月下旬）……（910）
与熊希龄等致李宗仁电（1928年10月31日）……………（911）
　　附录　武汉政治分会复周震鳞等电
　　　　（1928年11月10日）………………………（911）
致王伯群函（1928年10月下旬）…………………………（912）
　　附录　交通部复周震鳞函（1928年10月下旬）………（913）
书赠吉堂（1928年秋）……………………………………（914）
与熊希龄等致李宗仁电（1928年11月16日）……………（914）
　　附录　武汉政治分会复周震鳞等电
　　　　（1928年11月26日）………………………（915）
致国民政府电（1928年11月）……………………………（916）
致阎锡山函（1928年11月）………………………………（917）
与熊希龄等复李宗仁电（1928年12月7日）……………（918）
临孙过庭《书谱》赠惠叔（1928年12月）………………（919）

恭贺新禧答各报记者（1929年1月1日） ………… （920）
在沈阳答记者问（1929年1月3日） …………… （922）
致国民政府电（1929年1月6日） ……………… （922）
在沈阳与记者谈话（1929年1月11日） ………… （923）
与天津《益世报》记者谈话（1929年1月14日） ……… （924）
北平民国大学县治育才班招生（1929年1月29日） …… （925）
在五十四师特别党部执监委员会宣誓典礼上的演说
　（1929年2月26日） ……………………………… （926）
祭孙中山文（1929年3月12日） ………………… （927）
与北平报界的谈话（1929年3月21日） ………… （928）
《黄兴传记》后序（1929年3月） ………………… （929）
京华美术专门学校招编级生（1929年4月1日） ……… （930）
续西峰李岐山追悼会启事（1929年4月21日） ……… （931）
工商银号简章（1929年5月20日） ……………… （932）
在民国大学毕业典礼上的讲话（1929年6月6日） ……… （934）
拓鲁生书例（1929年7月18日） ………………… （935）
致李滂函（1929年9月11日） …………………… （936）
在民国大学开学典礼上的演说（1929年9月16日） …… （937）
《太平杂志》章程（1929年10月1日） …………… （938）
《太平杂志》出版预告（1929年10月15日） ……… （939）
为《华北文艺新刊》题词（1929年10月） ………… （940）
跋黄兴手札（1929年11月30日） ………………… （941）
复唐生智电（1929年12月8日） ………………… （943）
　附录一　唐生智等致各省主席等电
　　　　（1929年12月1日） ……………………… （944）
　附录二　唐生智等致蒋介石等电
　　　　（1929年12月2日） ……………………… （945）
再跋黄兴手札（1929年冬） ……………………… （946）

《坦途》周刊发刊词（1930年1月1日）……………………（948）
征求全市学校运动会奖品启事（1930年5月13日）……（949）
与邹鲁等致阎锡山电（1930年6月26日）………………（950）
致谭延闿等电（1930年7月31日）………………………（951）
致国民政府电（1930年8月27日）………………………（952）
复张学良电（1930年9月22日）…………………………（953）
　　附录　张学良通电（1930年9月18日）……………（954）
与居正等祭何声焕文（1930年12月12日）………………（955）
为《光华日报》创办二十周年题词（1930年12月）……（956）
又跋黄兴手札（1931年夏）………………………………（957）
致孙科书（节选）（1931年12月28日）…………………（958）
为黄尊三《三十年日记》题写书名
　　（1931年12月30日）…………………………………（961）
黄尊三《三十年日记》序（1931年12月30日）…………（962）
为《粤汉要刊》题写刊名（1931年）……………………（964）
与熊希龄等致何键等电（1932年2月初）………………（965）
致胡汉民书（1932年2月15日）…………………………（966）
致林森汪精卫函（1932年4月）…………………………（968）
致林森蒋介石等书（1932年12月17日）…………………（969）
与日日社记者谈话（1933年2月2日）……………………（971）
答《南京晚报》记者问（1933年2月13日）……………（972）
关于制宪的谈话（1933年2月15日）……………………（973）
在国府委员就职典礼上的答词（1933年2月20日）……（974）
　　附录　蒋介石致周震鳞贺电（1933年2月20日）……（974）
关于抗日的谈话（1933年2月21日）……………………（975）
关于筹组监察使署的谈话（1933年3月6日）……………（976）
致韩国钧书（1933年7月20日）…………………………（977）
为抗战题词（1933年秋）…………………………………（978）

为陈贞瑞著作题签（1933 年） ………………………………（979）
为苏群临怀素《自序》（1933 年） …………………………（980）
介绍傅绍岩文（1934 年 1 月 9 日） …………………………（981）
黄花冈中学招男女生（1934 年 1 月 17 日） ………………（982）
与黄一欧等为湖南赈灾启事（1934 年 11 月 7 日） ………（983）
与何键等启事（1934 年 12 月 5 日） ………………………（984）
与杨庶堪等发起赈灾书画展览会启事
　（1935 年 1 月 20 日） ………………………………………（985）
与黄一欧等致陈果夫等电（1935 年 2 月 20 日） …………（986）
与覃振等为张廉丞继母报丧（1935 年 3 月 11 日） ………（987）
与段祺瑞等鸣谢霞飞医院周寰西博士
　（1935 年 6 月 22 日） ………………………………………（987）
与熊希龄等为湘省赈灾电（1935 年 10 月 8 日） …………（988）
题普庵法师手书加颂金刚经（1935 年 10 月 10 日） ………（990）
与徐永昌谈话（1935 年 12 月 24 日） ………………………（991）
书赠向哲浚（1935 年） ………………………………………（992）
悼胡汉民电（1936 年 5 月 13 日） ……………………………（993）
挽章太炎联（1936 年 8 月） …………………………………（994）
为大麓中学十五周年纪念专册题签（1936 年） ……………（995）
在湖南私立含光女子中学的演讲（1937 年 5 月） …………（996）
与冯玉祥的谈话（1938 年 10 月） …………………………（998）
与赵恒惕复孔祥熙电（1939 年 1 月 3 日） …………………（999）
　附录　行政院致周震鳞赵恒惕电
　　（1939 年 1 月 11 日） ……………………………………（1000）
在薛岳就职湖南省主席典礼上的训词
　（1939 年 2 月 1 日） ………………………………………（1001）
　附录　同题异文 ……………………………………………（1002）
关于抗战前途的谈话（1939 年 2 月 4 日） …………………（1003）

为湖南《国民日报》题词（1939年2月4日）………（1004）
为鲁实先题写书名（1940年）………（1005）
题《宁乡县志》（1941年6月）………（1006）
《宁乡县志》序（1941年6月）………（1007）
与鲁荡平撰黄钺生平（1941年）………（1008）
为《锄经余草》题签（1941年）………（1010）
为《靳中校刊》题字（1943年6月1日）………（1011）
与赵恒惕等代范傅昆仲讣告（1943年12月31日）……（1012）
醴陵文斐革命事略（1943年）………（1013）
为《长沙日报》题写报名（1945年12月1日）………（1020）
挽周震鹍联（1945年）………（1021）
近代湘贤手札跋（1945年）………（1022）
在明德中学的演讲（1946年上半年）………（1025）
赠陶晋圭联（1946年10月）………（1026）
为梅湖学校题写校名（1946年）………（1026）
贺彭国钧70华筵联（1947年1月）………（1027）
挽覃振联（1947年4月下旬）………（1028）
赠庞子鹍四秩寿联（1947年）………（1028）
致湖南省参议会某君书（1949年3月下旬）………（1029）
与唐生智等通电（1949年8月4日）………（1030）
为再全书联（1949年）………（1032）
为某君题词（1949年）………（1032）
自序（1950年4月10日）………（1033）
在人民政协全国委员会第三次会议的大会发言
　（1951年10月30日）………（1051）
跋章太炎手札（1955年12月22日）………（1053）
爱国侨胞应尽的责任（1956年10月上旬）………（1054）

孙中山先生的伟大思想和伟大人格
　　（1956年10月24日） ………………………………（1057）
忆中山先生（1956年10月30日） ……………………（1060）
对台广播讲话（1957年11月） ………………………（1062）
与《大公报》记者的谈话（1958年6月24日） ………（1063）
为周用美书联（1958年） ………………………………（1065）
为周用美书联（1958年） ………………………………（1066）
书联（1958年） …………………………………………（1066）
为邓宝珊书联（1958年） ………………………………（1067）
关于建国十周年的谈话（1959年9月） ………………（1067）
纪念孙中山诞辰要发扬反帝思想和革命精神
　　（1960年） ………………………………………（1068）
为李淑一书毛泽东《蝶恋花·答李淑一》
　　（1960年） ………………………………………（1072）
为邓宝珊书毛泽东《清平乐·六盘山》（1960年） ……（1073）
关于黄兴、华兴会和辛亥革命后的孙黄关系
　　（1962年8月5日） ……………………………（1074）
谭延闿统治湖南始末（1962年） ………………………（1086）
为朱长松八十诞辰题词（1963年） ……………………（1094）
北洋军阀时期国会概述（1964年） ……………………（1095）
书熊亨瀚《途中》（1964年） ……………………………（1104）
书对联（1964年） ………………………………………（1105）
书联（1964年） …………………………………………（1105）
为耆英书联…………………………………………………（1106）
书邵雍语……………………………………………………（1106）
挽周海南……………………………………………………（1107）
挽邻人………………………………………………………（1107）
赠夏寿华联…………………………………………………（1108）

书赠华卿 …………………………………………………（1108）

书赠秀南 …………………………………………………（1109）

书赠子彬 …………………………………………………（1109）

书赠仲绰 …………………………………………………（1110）

为一鸣书陶渊明《咏荆轲》 ……………………………（1110）

书赠朱浩怀 ………………………………………………（1111）

题词 ………………………………………………………（1112）

寄岳阳李宇澄 ……………………………………………（1113）

为叶楚伧题词 ……………………………………………（1113）

后记 ………………………………………………………（1115）

第二卷

1919—1964

与李执中等致谭延闿电

(1919年1月11日)

永州谭督军鉴：

篠电不承认彭允彝为议和湘代表，请公改派，迄未奉复。现在各省反对彭者益众，军府屡出公来电，以为搪塞。本日同人开会议决，均斥彭为反对护法之人，与此次议和宗旨根本冲突。除缄达国会、军府及湘南、湘西将领外，特再吁恳从速改派。公以护法救湘为己任，想不至左袒一人，置大计利害于不顾。此事议员等必力回尊听乃罢，祈迅电复。

李执中、李汉丞、周震鳞、石润金、邓维受、陈嘉会、陈九韶、唐支厦、禹瀛、彭邦栋、李锜、黄策成、梁系登、李积芳、何陶、陈焕南、席绶、郭人漳、田永正、罗上霓公叩。真。

(上海《民国日报》《申报》1919年1月21日)

与李执中等致湘军各将领电

(1919年1月11日)①

郴州程总司令、赵师长、林司令，各旅长、团长、民政长，永州陈司令、萧代镇守使，零陵军各司令，辰州田镇守使、张总司令，胡林各司令、溆浦周总司令均鉴：

自北廷②理势两绌，变计言和，军府因令各前敌义军各守原防，静待后命，如北廷有悔祸诚意，容纳护法各省各军起义苦衷，依法和平解决，夫复何求？惟彼明虽言和，暗则进兵陕、闽及鄂西、湘西，似此狡黠应付，自宜妥慎。现国会、军府正严诘北廷，一面请唐少川总裁为议和总代表与之争议和地点及议和前提，而分代表九人，尤慎重选举，以资补助。顷闻分代表中彭允彝亦在军府预定之列。查彭言行反复，更近行踪诡秘，冀为其个人谋得权利，焉能顾国家至计，桑梓苦情？自得军府派彭消息，全国人士莫不惊怪，来相诘问，谓彭乃反对护法，大众不信之人，何以湖南为护法战争最苦、战功最高、牺牲最大之省，竟以彭为代表，自贬价值云云。此等真象，我前敌诸公专以杀敌为职，或未尽知。

---

① 原电未见日期人，但署名相同，且与真电同时刊登，故知亦发于同期。
② 各原电文中，对于北京政府或称"北廷"，或称"北庭"，本集统一称"北廷"。

同人等目睹诸公护法之诚，三千万人民受祸之巨，以为非在议和席上为国、为湘、为诸公力求一最后胜利，不足以救苦痛而慰群情，非得实心护法爱国、爱湘，守正不阿，最有信用之人受此重任，不足副诸公之望。若因少数人利用彭为代表，便尔依违赞同，置大计于不顾，则公等年余奋斗精神尽付东流。同人等为大局计，为桑梓计，为诸公计，不敢坐视不言，绝非怀挟私见攻击个人。除缄达国会、军政府及电谭督外，敬祈俯察实情，商请谭督合电军府改派妥人，至为盼祷。

李执中、李汉丞、周震鳞、石润金、陈嘉会、邓维受、陈九韶、唐支厦、禹瀛、彭邦栋、李锜、黄策成、梁系登、李积芳、何陶、陈焕南、席绶、郭人漳、田永正、罗上霓公叩。

（上海《民国日报》《申报》1919年1月21日）

对于国内和平会议派遣代表之意见书[①]

（1919年1月中旬）

各省、各军兴师护法，奋战经年，刻因世界和平，急谋国内统一，故护法美满结果有不得奏效于战争之场者，将求成功于会议之

---

① 本文原标题：《周震鳞之意见》。文前曰："国会议员周震鳞对于国内和平会议派遣代表之意见书云……"

席，亦时势使然也。比年以来，将士涂肝脑，人民竭膏血，所争者不过伸正义、巩国基耳！此种因护法而牺牲之价值，当于此次议和总代表、代表索之。同人等代表全国民意，忝任国家最高机关，当此大法未申之际，共谋民国永久之基，用陈所见，幸鉴察焉。

此次和议，依护法靖国起义之本旨，纯为谋中华民国国家福利起见，既非为某省主张利益，尤非为某人主张权位，故取选各代表，当于中华民国全部着想。人材不当仅由某省、某人派出代表。夫国会为最高监督机关，寻常对于阁员、外使，尚加同意，此次关系民国根本之议和各代表，监督之权更难放弃。同人等除在两院提出法案，咨请军政府查照外，深望诸公就所知之人材，不论区域、不论名额，而以有护法之诚意者为标准，推举军［政］府，由军政府提交国会同意。同人职责所在，誓当本其良心，为护法谋人材，为民国永久和平谋人材，审慎同意，用副诸公护法之初志。再同人等既任议席立法之责，现正制宪，紧迫之时，业已公同决定，不得以议员参任议和代表，以免职权贻误。诸公于推荐代表时，务祈注意及此为幸。

（《申报》1919年1月18日）

与林森等致广州军政府等电

（1919年1月28日）

广州军政府，各省督军、省长、省议会、教育会、商会、农会、工会、学生联合会、各学校、各公团、各报馆，上海商会、教育会、农会、工会、全国学生联合会、全国各界联合会、商业公团联合会、各报馆、各团体，北京商会、教育会、农会、工会、学生联合会、各报馆、各团体均鉴：

两国宣战，所有条约概行废弃，此国际之公例。我国自对德宣战后，中德间一切条约当然无效。德国根据一八九六年三月六日所取得山东之权利，亦即丧失。前对于巴黎媾和条约中之一百五十六、一百五十七、一百五十八三条拒绝签字者，职是之由。该和约所关山东三款，我国既未承认，复得美国上院决议保留，英、法默认，是条约上山东各种权利德国既无权转移日本，更何自取得？乃日本挟其强权，蔑视公法，对于山东权利，强欲承继，我国人民誓死不能承认。现日本竟通牒北廷，借交还青岛为名，诱我直接交涉。彼之狡诈百出，前此"二十一条"之胁迫，军事协定之阴谋，丧权辱国，痛犹未已，今若再堕狡谋，自铸大错，匪特拒签德约之前功尽弃，并失友邦主持公道之同情。况国际联盟业已开幕，正宜根据该会约章，提交公判，则山东主权或有挽回之一日。一发千钧，事机危迫，用特电恳我全国父老兄弟，同心抗拒，协力匡救，以绝后患而保国权，不胜盼祷之至。

参议院议长林森、众议院议长吴景濂、副议长褚辅成暨参众两院议员同叩。勘。印。

（《公文》，《军政府公报》修字第54号，1919年3月6日）

与冯自由[①]等致广州参众两院等电

（1919年1月30日）

广州参众两院、军政府诸大总裁，北京新闻编译社转徐菊人先生，上海中华国民策进永久和平会刘艮老转唐少川、朱桂莘及南北分代表诸君，各省督军、省长、省议会、教育会、商会，各报馆、各团体均鉴：

本会于本年一月晦日成立，宗旨在图谋全体同胞真正幸福，主张合法永久和平。此物此志，谅表同情。谨电奉闻，伫候明教。

广东中华国民策进永久和平会会长冯自由、副会长谭民三、张秋白暨全体会员同叩。世。印。

（《申报》1919年2月14日）

[①] 冯自由（1882—1958），原名懋龙，字健华，后改名自由，广东南海人，出生于日本华侨家庭。自幼就学日本，1895年入兴中会，1905年入同盟会并被推为评议员，次年任香港分会会长、《中国日报》社长兼总编辑，1910年到加拿大及美国联络华侨，为革命筹款。武昌起义后回国，参加"二次革命"、护法运动，历任总统府机要秘书、临时稽勋局局长、参议院议员等职。1924年，因反对与共产党合作，被开除国民党籍。1935年恢复国民党党籍，后历任立法委员、国民政府委员、总统府国策顾问等职。1958年5月6日病逝于台北。著有《中华民国开国前革命史》《革命逸史》《华侨开国革命史》等。

与温世霖等致唐绍仪函

（1919年2月上旬）

少川总代表阁下：

　　护法政府，由国会所产生。各省苦战经年，均以护法为职志。此次所派议和代表，必本护法主旨，一致进行，方为无忝厥职。不意代表中有章士钊者，于一月念九日受公委托，偕各代表赴宁，与北方代表接洽，所发议论，显与护法主旨背驰，迥出吾人意想之外。当日北方总代表朱启钤于席间言曰：闻国会于此次和议，议有各项条例，限制代表诸君能一一服从否？章士钊答曰：吾辈系军政府委派，不受国会拘束，国会所议条例，可以置之不理。南北代表到沪所述皆同。章为护法政府代表，且己身亦系议员，竟于北方代表之前，出此谬言，不特为护法政府之羞，抑且妨害大局。此事人证确凿，若非明示惩戒，和议前途，曷堪设想？除公推郭人漳、牟琳、方潜、杨铭源四君面陈一切外，伏恳依照代表条例，电请护法政府撤销改派，实为公便。此外，闽陕问题并由代表诸君面达，专此函恳，伫候复示。敬颂公安。

　　温世霖、郭人漳、彭汉遗、熊兆渭、陈义、牟琳、方潜、茅祖权、陈九韶、彭养光、周震鳞、陈荣广、杨铭源、张书元、王试功、张我华、彭介石、居正、贺赞元、罗家衡、陈策、刘奇瑶同启。

(上海《民国日报》1919年2月10日)

与林森等致各省议会等电

(1919年2月13日)

省议会、商会、教育会、农会、工会、各报馆均鉴：

巴黎和平会议，各国代表应有绝对自由发言权，兹据中西各报载称，我国代表提议宣布《中日密约》及归还胶州湾等问题，原本美大总统威尔逊宣布和平条件之第一条不得私结国际盟约之要旨，乃驻京日使竟向我国恫吓，干涉代表发言，不徒违背国际公理，抑亦大反此次会议之原则。按世界和平会议之原则，所以谋世界永久之和平、东亚永久和平，即为将来世界永久和平之基础。溯自中华民国国会自六年六月被武力迫散后，所有中日缔结之一切密约借款契约早有宣言，我国国民断难承认。又民国四年强迫订立之"二十一条"条约等均有妨害东亚永久和平者，必须于巴黎和会概行提出要求，一律取消，始足维持东亚永久和平而达世界永久和平之目的。今我国内和平会议业经开始，无论结果如何，我全国国民对外均宜采取一致之精神，期以国民全力为我国代表之后盾，赞助其交涉之成功，尤应先将驻京日使向我国非理干涉之情形声叙于各协约友邦，求国际上公平之评判。嗣后，我国代表始能自由发表其主张，而得所保障。欧战连年，波及世界，卒之强权失败，正义伸张，诸弱小邦皆借霁云重开之和平会议，得以兴灭继绝，扶弱抑强，独日言亲善之东邻反蔑视我国，违背公理。同心御侮，责在国民。为此，通电全国，希一致进行，无任翘企。

参议院议长林森，众议院议长吴景濂、副议长褚辅成暨全体议员等叩。元。印。

(《申报》1919年2月17日)

与郭人漳等致参议院众议院电

(1919年2月14日)

参议院、众议院暨两院同人均鉴：

欧战发生，列强不暇东顾，日本乘此机会威迫利诱，攘夺吾国利权，不一而足。如民国四年之二十一款、民国七年之军事协约及山东铁路条约，皆以武力胁迫，强我服从。现在，欧战结局，强权失败，公理大伸，威尔逊既有取消密约之宣言，巴黎会议复以世界和平相号召，远东问题关系全局，若为一国垄断，必启纷争，不特非中日两国之利，亦非列强之幸也。按照中国缔结条约，须得国会同意，宜及此时间通电美总统及其他各国，凡欧战中所缔结之不公平条约，未经国会同意者，一概作废。如以为可，即祈迅开两院联合会议决，通电各国，至为盼祷。

谷思慎、王试功、周震鳞、郭人漳、张我华、方潜、陈义、彭养光、茅祖权、张书元、陈九韶、彭汉遗、彭介石、牟琳、熊兆渭、秦广礼、杨绳祖、唐宝锷、陈荣广叩。寒。

（上海《民国日报》《申报》1919年2月15日）

与温世霖等致唐绍仪函[①]

（1919年2月16日）

少川总代表阁下：

自去年十月十日，徐世昌就伪总统之职，为掩饰外人计，乃于十月二十日下停战命令，军政府亦于其时分电各省、护法各军下令停战。陕西起兵护法，已历年余，伪政府果有诚意言和，则当一律罢战，乃借剿匪为名，于停战令下后，进兵陕西，以许兰洲为司令，率兵两旅，进驻武功，攻我西部。张锡元一旅，会同晋军一旅，取我郃阳、澄城，攻我三原根据地之东北。甘军一旅，协同管金聚一旅，攻我凤翔。张联升一旅，由白河入陕，占据兴安。现又派郑州驻在之国防一旅，由宋邦翰率领，向潼关进发，复以驻扎包头镇之蔡成勋一旅，占据榆

---

① 本文原标题：《议员对陕事之急迫主张》。文前曰："旅沪国会议员因北军猛扑陕东，形势万急，特于昨日下午开紧急谈话会，决议公致南方总代表唐少川君函云……"

林。自北廷下令停战以来，攻陕之兵，源源不绝，据所知者言之，已及八旅之众。近数月内，盩屋之战，武功之战，凤翔之战，宝鸡之战，虢县之战，陇州之战，高陵之战，炮火相接，剧烈异常，民军力战经年，迄未补充军实。军政府于下令停战后，复将援陕之川军撤回，以孤立疲敝之军，当数倍新锐之众，力何能支？现宝鸡、虢县、陇州、盩屋、武功、兴平，已相继不守，乾州、凤翔、高陵、富平与民军根据地之三原等县，复岌岌可危。举国一致言和，而陕西独受战祸，且以讲和之故，北廷乃抽调重兵，以全力攻陕。连日迭接于督军来信，情势危迫，急不可待，两方代表方周旋于坛坫之上，而陕西护法军或者全军覆没，亦不可知。现朱代表启钤业已到沪，特求我公提出极严厉之抗议陕西事件，为议和之先决问题。如于二日之内，不能实行停止攻击行动，即认为无议和诚意，宣示破坏和议，应由北廷负责，并请电达护法政府，准备作战。同人等以为非如此办理，不足以救陕西之危急，并不足促和议之进行。谨布意见，即祈采纳，并望赐复。肃此。敬请筹安。

温世霖、牟琳、王试功、茅祖权、彭介石、陈荣广、彭养光、居正、唐宝锷、彭汉遗、陈义、周震鳞、方潜、张我华、郑衡之、张书元、陈九韶、谷思慎、秦广礼、熊兆渭、郭人漳、李燮阳、杨铭源等同启。

(上海《民国日报》1919年2月17日)

致刘人熙等电

(1919年2月18日)

上海中华国民策进永久和平会刘艮老转唐少川、朱桂莘两总代表暨各分代表鉴：

敝会于一月晦日宣告成立，除前电奉知外，刻南北和会开议在即，特推定冯自由、周震鳞、张秋白、首绍南、吴灿煌五君赴沪代表，（除）[陈]述本会意见，乞赐接洽为幸。

广东中华国民策进永久和平会叩。啸。

(《申报》1919年2月25日)

与林森等致广州军政府各总裁书

(1919年2月22日)

迳启者：顷因北军攻陕甚急，违背停战主旨，谨于哿日，特开两院谈话会，决议敦促诸公迅电北廷，限一星期内，将该省北军全数撤退，并即罢除陈树藩、刘镇华兵柄，实行停战。如仍背约，一意攻击，是阳借和平之美名，阴以武力相压制，以若所为，显无议和之诚意。应即通电外交团，俾知和局破坏，责有攸归，并通告护法各军，急筹抵御，一致进行，无任翘企之至。除电致上海唐总代表外，合亟函达，即希查照施行。此致护法政府总裁诸公。

参议院议长林森、众议院议长吴景濂暨全体议员同启。中华民国八年二月二十二日。

(《公文》,《军政府公报》修字第55号，1919年3月15日)

与李燮阳等致唐绍仪书[①]

（1919 年 2 月 22 日）*

少川总代表阁下：

前为陕事敬陈意见，未蒙采纳。窃维陕西事件非一省之问题，乃全局之问题。陕西民军既以护法为职志，血战经年，其总司令于右任复经军政府任命，畀以督军位置，论其地位应与滇、川、黔、粤各省视同一律。乃自停战令下，北廷强指陕军为匪，置之停战范围以外，而许兰州之军、张锡元之军、蔡成勋之军以及甘肃之军、山西之军皆在停战之后陆续入陕，甚至宋邦轮之一旅，段氏所谓为国防军，供参战之用者，亦向潼关进发。我总代表暨军政府虽迭电抗争，而北廷不顾也。川军援陕者吕超一师、石青阳一旅已抵汉中，杭建平滇军一旅亦达陕境，皆于停战后饬令撤回。南方停战实行退兵，北方停战实行进兵，事实彰彰，此固中外人所共见也。今者，我陕西数万之义军，皆为北廷残杀；数百里之地域，皆为北廷占据，而北方和议代表乃翩然来沪矣。当停战令之未下也，湖南方面、韶关方面、福建方面、宜昌方面早经停战，所未停战者，独陕西耳。停战令下，而陕战事反因之愈烈，

[①] 本文原标题：《关于陕西问题之函稿》。文前曰："旅沪旧国会议员致唐少川函……"

则所谓停战者实徐世昌诈骗南方之一种手段，借此名义阻止南军之攻击，乃乘机抽调重兵，一意围陕。陕军歼灭殆尽而和议于以开始，司马昭之心，路人皆见矣。窃谓此次和议，应依照国会、军府迭次声明，以陕事为先决问题：

（一）北军于停战以后违约攻陕，应由徐世昌负完全责任。此责任未解除，南北和平事件不能开议。

（二）北方借调和之名，行攻陕之实，请将徐世昌诈骗诡谋，通告友邦。设因此和议破裂，应由北方负责，并以此旨通告护法政府。

（三）陕事未解决以前，入陕北军宜即时即出陕境，陕军所失防地，一律恢复原状。

以上条件，同人认为正当办法。公任全权总代表，必能严重交涉，以释陕人之愤愤，以正全国之是非。除另函参众两院及护法政府外，谨此函恳。云云。

李燮阳、陈荣广、彭汉遗、彭介石、王法勤、张书元、丁象谦、牟琳、姚桐豫、彭养光、陈义、郑衡之、刘祖尧、焦易堂、郭人漳、方潜、茅祖权、王试功、王乃昌、杨铭源、谢良牧、陈毅、居正、张我华、李锜、周震鳞、陈家鼎同启。

（《申报》1919年2月22日；又见《广州共和报》1919年3月7日）

与陈毅等致唐绍仪书[1]

（1919年2月25日）*

少川总代表阁下：

前为陕事公陈意见，未奉赐复。同人等以为陕西事件关系全局安危，前军政府迭次声明谓陕事未解决以前，和平会议不能开会。近同人接于右任本月十五日（按：应为十六日）来函，北军攻陕非常激烈，足见北方蔑视南方，毫无议和诚意。我公既系总裁又兼和议代表，对于陕西事件办法，又段祺瑞所借之参战借款余款一千七百万元，北方于和议期间遽行收款。[2] 此事果确实，有何和议可言？本月二十四日，旅沪同人为此特开会议，公推李燮阳、焦易堂、姚桐豫、丁象谦四君来谒我公，面询一切事宜，即祈接洽为荷。此请筹安。

陈毅、周震鳞、杨铭源、李燮阳、姚桐豫、刘祖尧、李锜、张书元、陈家鼎、王试功、居正、牟琳、彭介石、方潜、陈义、丁象谦、陈九韶、贺赞元、王法勤、张我华、彭养光、陈荣广、茅祖权、傅梦豪、郭人漳、彭汉遗、焦易堂、王乃昌同启。

---

[1] 本文原标题：《旅沪旧国会议员致唐总代表书》。
[2] 此句原文如此，似有遗漏。

附 录

于右任①致上海各报书

（1919年2月16日）

上海《申报》转各报馆鉴：

　　武人专政，护法军兴，西南首义，陕西继起。右任间道归来，改编师旅，维持地方，原欲早纾国家之难。乃自撤防令下已三阅月，北京用远交近攻之策，遣许、张所部四旅之众先后入关，合之鄂、晋、甘三省之军，其数已达八旅，自潼关至陇县，东西屯扎，亘数百里。加以陈树藩、刘镇华、刘存厚、管金聚各军互为声援，与我激战，攻陷我武功，袭取我虢□，盘据我兴汉，摇荡我邠陇、韩邵。我军计图自卫，会同靖国第八军竭力抵御于兴、武之间者月余，以待陕、闽问题之解决。及闻北京叠下陕西主部停战之令，右任即令前线各军均取守势，并退出扶风作避冲地，以示让步而速停战之进行，意谓敌军于此即当遵令停战，何图陈氏祸陕心犹不死，加以许、管之军违令作战，攻我益亟。今乾县被陈、许围困，求援日至。盩厔被刘镇华包围月余，势将不支。而东路蒲富、临渭等处，陈军复时来攻我，我军东撑西拒，唯日不给。陈氏又欲遣兵绕道屯扎北山，以为四面包围之计。比闻绥

---

① 于右任（1879—1964），原名伯循，号髯翁，晚号太平老人，曾用名刘学裕、原春雨等，笔名右任、骚心、大风、半哭半笑楼主、关西余子等，陕西三原人。1898年岁试补廪膳生；1903年中举人，任商州中学堂监督；1904年因刊印《半哭半笑楼诗草》被清廷通缉，旋赴上海，入震旦学院师从马相伯，并协助马相伯创办复旦公学，任干事；1906年赴日本考察报业，加入同盟会；1907年回国，先后创办《神州时报》《民呼日报》《民吁日报》和《民立报》，鼓吹革命甚力。民国成立后，曾任交通部次长、陕西靖国军总司令，后任国民党政府审计院院长、监察院院长等职。1948年冬被迫去台湾，1964年病逝。

远蔡成勋派李际春一旅已至榆林锦鸡滩三道河。又《时事新报》二月八日载有新段军（国防军）宋子扬旅奉令开陕专电，观此，则陕西现在及将来之战事可以见矣。推北方之狡谋与陈氏之用心，无非欲趁闽、陕问题争执之际、和议未开以前，剪灭我军之势力，然后已则是暗幕中仍为主战派所执政。陈氏违令作战，实默合其心理，又复装聋卖哑，以愚世人。沪谚所谓"假痴假骇"庶几近之，此不过敷衍和议之门面已耳，何尝有丝毫停战之真诚哉！故自闽、陕问题之起始也，以军匪之争执延宕之，继以停战划界办法之商酌延宕之今，且以监视调查各员之选择延宕之。其延宕之日愈久，则陕西所受之战祸愈深，北方之计愈得，则和议之破裂亦愈近，而国防军之编练亦将完成矣。爱和平者固如是乎？如曰陈氏跋扈非一命令所能禁制，然则煌煌政府不能制一悍将，谓他日能统一中国，其谁信之？

抑右任更有欲言者：川、滇、黔、陕军联盟已久，陕军如被攻日急，川、滇军又岂能坐视？一发全身，牵动大局，使陕变为更大之战场，固右任所痛心。使全国国民希望之和平，翻成逝水，亦岂诸君子所甘心者乎？观近日欧洲和会，中日之争议，日本对我要挟无礼已极，积威之渐，使人寒心。伏望诸公鉴内争之未宁，惕外患之将至，极力鼓吹一致主张，以息内争而捍外患，则国家前途庶有豸乎。右任不敏，苟利国家，死生以之。不宣。于右任上。二月十六号。

（《申报》1919年2月25日）

与刘人熙[①]等致唐绍仪朱启钤[②]等函

(1919年2月26日)[③]

唐、朱总代表暨诸代表公鉴：

天祸吾国，战争频年，武人乱政，百业萧条。诸公怵国运之颠危，悯生民之涂炭，出任和平之责，举国若望云霓，敝会同人亦莫不翘首企足，以祝和平之成功。乃北京政府独不悔祸，和议

---

① 刘人熙（1844—1919），字艮生，自署蔚庐，湖南浏阳人。1877年进士，历任清工部主事、广西道员、湖南中路师范学堂监督、湖南教育会会长。辛亥革命后任湖南都督府民政司长，1916年反袁驱汤后曾一度出任湖南督军兼省长。

② 朱启钤（1872—1964），字桂莘，晚号蠖公，祖籍贵州开阳，生于河南信阳。1881年寓居长沙时励志攻读，1891年随姨父瞿鸿机（时奉督四川学政）赴川，以捐府经历试仕川省，曾供职盐务局，后保举知县，分发江苏试用；清末历任京师内城巡警厅厅丞、外城巡警厅厅丞、蒙务局督办、邮传部丞参、京浦路督办等职。民国成立后，任北洋政府交通部总长、代理国务总理、内务部总长。1915年拥护袁世凯复辟帝制，袁世凯死后，遭通缉，1918年获赦免，当选为安福国会参议院副议长。1919年任南北议和北方总代表，和谈破裂后退出政界，经办中兴煤矿、中兴轮船公司等企业。中华人民共和国成立后，曾任政协全国委员会委员、中央文史馆馆员。

③ 1919年2月27日的《申报》云："中华国民策进永久和平会、世界和平共进会、广东国民策进永久和平会于昨在霞飞路二〇九号和平会事务所开联合会，到会者有徐绍桢、焦易堂、朱镜宙、丁象谦、周震鳞、吴灿煌、牟琳、陈家鼐、杨嘉绅、方从矩、魏兰、姚志复、张志纯、张一鸣、陈浩波、邵俊等数十人……议决速推代表和平共进会推丁象谦、朱镜宙，和平会推方从矩、陈家鼐，广东和平会推周震鳞、吴灿煌，定明日下午一时往见和会代表。另推起草员张一鸣、刘瑞冲。"故知此函当作于2月26日。

虽开，攻陕愈烈，假和平之面具，行侵略之手段，以牺牲八百万秦民，穷兵黩武，不恤舆情，狡诈凶顽，莫此为甚。望坚持到底，通告中外，以明咎有所归。同人不敏，谨偕全体会员以为诸公后盾。兹推陈家鼐、方从矩、丁象谦、朱镜宙、冯自由、吴灿煌为代表面承教益，乞赐接洽为荷。肃此，敬颂勋安！

中华国民策进永久和平会：刘人熙、邹维良。

世界和平共进会：徐绍桢、焦易堂、蒙民伟。

广东国民策进永久和平会：周震鳞、张秋白、首绍南同启。

（《申报》1919年3月3日）

与朱启钤的谈话[①]

（1919年2月28日）

此次和会应有无上之权，贵总代表不可放弃责任，致使武人任意横行，稍留遗恨。

（上海《民国日报》《申报》1919年3月1日）

[①] 本文原标题：《三和平会代表谒北代表纪》。文前曰："世界和平共进会代表丁象谦、朱镜宙，上海策进永久和平会代表陈家鼐、方从矩，广东永久和平会代表周震鳞、吴灿煌于昨午后一时偕诣北代表办公处，会晤朱总代表……"此为周震鳞对朱启钤的谈话。

与冯自由等致唐绍仪朱启钤等函

(1919年2月28日)

唐、朱总代表暨各代表公鉴：

敬启者：敝会等叠接陕西人士来函，详述北军攻陕危急情状，惨不忍言。慨自和议萌芽，双方停战，迄今已逾三月。西南援陕之军，早已撤退，而北方对于陕西则增兵运械，节节进攻。经唐总代表屡次电争，始有本月十三日停战之说，朱总代表且承认负十三日以后停战之责任。而陕人则谓本月十五、六、七等日，于总司令尚迭有函来，陕省东路激战如故，因之道路风传，竟有谓北方计划必欲得陕为国防军根据地，然后据高屋建瓴之势，徐图川、鄂，进窥东南者。信如所言，是议和实毫无诚意。窃恐秦虽三户，未必能甘，天下公理，亦未必终为武力所胜也。用特上陈三策，请贵代表鉴之：

（一）陈树藩、刘镇华、许兰洲违抗停战命令，破坏和平，应由双方代表分电北政府，即日明令撤任严办，并将自下停战命令后入陕之奉军撤回原地，以（警）[儆]效尤，否则不能开议。

（二）绘一明细地图，将陕西于军原有辖地若干、停战后失地若干，通告中外，倘议和期间内再被北军占领，咎有攸归。

（三）如无确实停战之保证，应由西南政府电令援陕军队为协同防御之准备。

以上三条，非敝会等一二人之见，实多数国民之意也。如蒙采纳，大局幸甚。此颂勋安。

世界和平共进会代表：徐绍桢、丁象谦、蒙民伟、焦易堂、朱镜宙。

中华国民策进永久和平会会长：刘人熙、邹维良。

广东国民策进永久和平会代表：周震鳞、张秋白、吴灿煌暨全体会员同上。①

（上海《民国日报》《申报》1919年3月1日）

与冯自由等致中华国民策进永久和平会函

（1919年2月28日）*

敬启者：前接通电，敬悉诸公于沪上创设中华国民策进永久和平会，宗旨在谋全体同胞幸福，主张全国永久和平，议论正大，寰宇风从。同人等亦本斯旨不量棉薄，特于此间组织粤会，以期与贵会联为一气，致共同发表正大之主张，借使中外人士咸知真确民意之所在，已于一月三十日宣告成立，当选定自由为正会长，民三、秋白为副会长，刘君瑞澂为评议部议长，徐固卿、简琴两

---

① 此电《申报》上未见署名。

先生为名誉会长，一切会务，现正积极进行。兹更推定自由、秋白及周君震鳞、首君绍南、吴君灿煌等为沪代表，陈述解决时局意见于南北两方议和当局。除已快电奉闻，敢再具函详达，即希转知贵会全体同志，并望时赐教言，匡我不逮，以收互相提挈之要而竟和平运动之功。区区微悃，幸垂察焉。专肃，敬颂公绥，诸维荩照。不宣。

冯自由、谭民三、张秋白暨全体同人谨启。

（《申报》1919年2月28日）

与彭汉遗等致两院同人书

（1919年2月底）

两院同人公鉴：

接议长电催同人回粤，汉遗等极表同情，拟定不日首途。惟由各议长电荐之陈策、罗家衡、马骧诸君充任议和机关要职，是否亦应速请回粤，同人等急待后命。再者，迭接粤中同人函电，颇疑此间同人向总代表要求参赞及其他诸职。查此节发生，一由各议长电荐陈策、罗家衡诸君数人；一由易次乾君在粤与各要人商定参赞名单一纸，来沪后由总代表电请军府委派。是此事完全发生于粤中少数要人之密计，此间同人无一知此故者，且均持反对态度，与粤中多数同人，壹无异意。至此间推举温、牟、方、郭四君，系照总代表来函推人接洽意见而已，并未担任职务。牟君琳由总代表要充文牍主任一节，牟君已经力辞。特此奉复，即颂公绥。

旅沪两院同人彭汉遗、牟琳、李燮阳、陈毅、郑衡之、温世霖、王试功、李锜、张书元、刘祖尧、王乃昌、姚桐豫、丁象谦、黄汝鉴、杨铭源、王法勤、陈荣广、焦易堂、彭介石、陈家鼎、张我华、彭养光、陈义、陈九韶、郭人漳、周震鳞、傅梦豪、罗上霓。

（《广州共和报》1919年3月7日）

与刘人熙等致李纯电

（1919年3月1日）

南京李督军鉴：

陕事赖公维持，尊拟五条，南北公认，且经北政府明令停战。乃陈树藩抗令进攻，以致和议停顿，破坏和局，若不立予撤惩，必系别有阴谋，如虑其拥兵负固，号令不行，则合南北兵力，剪此凶顽，以除和平公敌。此诚南北携手，促进统一之良机，亦北方当局昭信国民之上策。我公斡旋陕事，共见苦心，尚乞转陈东海①，迅赐刚断，以弭危机，延颈待命。

---

① 徐世昌（1855—1940），字卜五，号菊人，又号东海、涛斋，河南汲县人。1886年中进士，历任翰林编修、军机大臣、巡警部尚书、东三省总督、邮传部尚书、内阁协理大臣等职。1914年任袁世凯政府国务卿，1918年被段祺瑞的"安福国会"选为大总统，1922年被直系军阀赶下台，1940年卒于天津。

中华国民策进永久和平会：刘人熙、邹维良。

世界和平共进会代表：徐绍桢、丁象谦、焦易堂、朱镜宙、蒙民伟。

广东国民策进永久和平会代表：冯自由、张秋白、周震鳞、吴灿煌、首绍南叩。东。

(《申报》1919年3月3日)

与居正等致唐绍仪书

（1919年3月2日）*

少川总代表阁下：

北廷违令攻陕，迭次交涉均无效果，具征毫无议和诚意。公于昨日提出严重抗议，如于四十八小时无明白之答复，应即停止和议。本日同人开会讨论，对于公之表示极表赞同，谨公推丁象谦、焦易堂、王试功、牟琳四君前赴尊处接洽，盼公切实进行。同人等极愿为公后盾也。肃此。敬请大安。

杨铭源、彭养光、彭汉遗、王法勤、居正、郭人漳、陈家鼎、张书元、沈钧儒、李锜、彭介石、姚桐豫、王乃昌、陈九韶、周震鳞、陈荣广、张我华、李燮阳、温世霖、唐宝锷同启。

(《申报》1919年3月2日)

与陈毅等致吴景濂等电

（1919年3月3日）

众议院吴议长暨同人均鉴：

北廷违约攻陕，迭争无效。经唐总代表提出四十八时限期答复，北廷竟置之不理，似此蔑视西南，毫无诚意，万难容忍。请速定大计，贯彻护法主旨，无任恳祷。鳞等不日返粤。并闻。

周震鳞、陈毅、王法歧、黄明新、黄汝鉴、牟琳、彭汉遗、彭介石、李燮阳、张敬之、李锜、丁象谦、唐宝锷、张我华、居正、方潜、王试功、郭人漳、茅祖权、杨铭源、焦易堂、张书元、温世霖、王乃昌、彭养光叩。江。

（《众议院公报》1919年第7期）

与陈毅等致林森等电

(1919年3月3日)①

广东参议院林议长暨同人均鉴：

北廷违约攻陕，迭争无效。经唐总代表提出四十八时限期答复，北廷竟置之不理，似此藐视西南，毫无诚意，万难容忍。请速定大计，贯彻护法主旨，无任恳祷。鳞等不日返粤，并闻。

周震鳞、陈毅、王法勤、黄明新、黄汝鉴、牟琳、彭汉遗、彭介石、李燮阳、张敬之、李锜、丁象谦、唐宝锷、张我华、居正、方潜、王试功、郭人漳、茅祖权、杨铭源、焦易堂、张书元、温世霖、王乃昌、彭养光叩。

(《申报》1919年3月19日)

---

① 此电中未见日期，但内容及署名均与上电相同，故可判定其日期亦为1919年3月3日，一致吴，一致林。

与徐绍桢①等致英美法意日驻沪总领事等函

(1919年3月5日)

英、美、法、意、日驻沪总领事转电各本国驻北京公使:

敝国不幸,祸乱频仍。前承贵公使劝告南北,始有议和之举。不料开议仅五次,北代表因议决之件北京政府不肯履行,全体愤而辞职,遂致和议中止。溯其原因约分三项,兹为贵公使陈之:

(一)由北京政府违约攻陕,不肯停止。

(一)由中日密约北京政府不肯完全宣布。

(一)由参战借款北京政府不肯停止收受。

夫战与和不并立也,北京政府于一九一八年十一月十六日下停战令后,迄今三月有余,全力继续攻陕如故,违背信条,两方代表力争无效,是仍以武力压迫南方,无言和诚意一也。

---

① 徐绍桢(1861—1936),字固卿,原籍浙江钱塘,广东番禺(今属广州市)人。光绪甲午科广东乡试举人,旋为广西藩署幕僚,嗣后历任福建武备学堂总办、江西常备军统领、广东全省营务处总办、苏淞镇总兵和江北提督;1905年任新军第九镇统制;1911年11月率第九镇新军响应武昌起义,被推为江浙联军总司令,12月2日攻克南京。中华民国临时政府成立后,任南京卫戍总督,3月辞职。后参加护法运动,历任广州卫戍总司令兼陆军部练兵督办、参军长和广东省省长等职,1926年任临时参政院参政;1932年任国民政府委员。1936年病逝于上海。

中日密约当南北言和之际，理应提出和会，俾南方悉其真相，况外交公开已成趋势，南北原属一家，更无秘密之要。北京政府不肯宣布附件，是仍以敌人对待南方，无言和诚意二也。

欧战告终，参战借款当然无用，日本有停止续交之表示，北京政府仍欲继续收受，以练特别之军队，是仍欲贯彻武力统治主义而售其恶名于友邦，无言和诚意三也。

综上三端，皆直接破坏世界之和平，而其责纯在北京政府。贵公使既劝告于前，自不忍坐视于后，务望贵公使主持公道，促北京政府从速觉悟，诚意言和，以免破坏大局。敝国幸甚！世界幸甚！

中华民国世界和平共进会代表：徐绍桢、丁象谦、焦易堂、蒙民伟、朱镜宙。

广东中华国民策进永久和平会代表：冯自由、张秋白、周震鳞、首绍南、吴灿煌。

中华国民策进永久和平会会长：刘人熙；副会长：郑维良等叩。微。

（《申报》1919 年 3 月 11 日）

与徐绍桢等致唐绍仪函

（1919 年 3 月 5 日）

唐总代表暨代表诸公钧鉴：

自诸公以陕西参战军中日密约宣布三问题，要求北政府限期答复，和议遂现停顿，中外人士莫不景仰诸公力促和平之热诚，不得已而出于停议，认为正当办法。乃北政府以累次无效之停战令，敷衍塞责，朱总代表遂即据以函请赓续开会。夫陕西停战问题，乃和议先决问题也。战不能停，和焉可有。停战令之无效，已屡试不一，无有确实担保，决难遂认此次独为有效。而去陈树藩及撤退入陕北军，乃停战担保之必要者也。今北政府于三事之中一事尚未承认，而谓可以遽尔继续言和，宁有是理？诸公明达，当不至背弃前日之要求及宣言，苟且再行开议。惟北政府运用和议以外之人，纷纷来沪，以疏通和议为名，诚恐来者愈多，言者愈众，诸公为此等不正当之多数言论所迫，以削□国人景仰之名誉而贻误大局，故敢掬诚相告，请诸公坚持前日之宣言，勿论陕西现时停战问题，仅据宋联奎之私电，尚未见于右任之正确表示，已经停战而陈树藩不去，北军不撤，故仍恐其今日停而明日复开耳。即再进而北军撤，陈氏去，陕西问题解决。若参战军不能取消，密约不能完全宣布，有一于此，均属不可。务望勿为浮言所动，空费无谓之周旋也。抑更有言者，敝会等希望和平之热诚，不让国人，惟欲策进合法永久和平起见，故主张如是。海内贤达，当能谅原。肃此布臆，敬颂箸安。

中华民国世界和平共进会代表：徐绍桢、丁象谦、焦易堂、蒙民伟、朱镜宙。

中华国民策进永久和平会：邹维良、唐尧钦、陈家鼐、张志纯、方从矩。

广东中华国民策进永久和平会代表：冯自由、张秋白、周震鳞、首绍南、吴灿煌。同启。

（上海《民国日报》1919年3月11日）

与冯自由等致孙中山等电

(1919年3月5日)*

上海法界中华国民策进永久和平会刘艮老转孙总裁、章太炎、孙伯兰诸先生，唐少川、朱桂莘两总代表，各分代表，各省督军、省长、省议会、教育会、商会、各团体、各报馆、各通信社均鉴：

顷阅熊君希龄等电称，"组织国民大会，对于和议居第三者地位，为之仲裁并推前总统黎公为会长"等语，不胜诧异。民国成立八年，变乱相寻，护法之战，又经两载，兵连祸结，闾里丘墟，含生之伦，靡不延颈企踵，期望和平。今方幸兄弟释戈，协谋国是，南北双方，既已遣派代表，自宜听其为国为民，共立永久和平大计，国人自固当监视其成，万不容干涉纷扰，淆乱是非。不图今竟有所谓国民大会名义出现，以法律论，不知该会何自发生，以少数私人冒称全国国民，一手按尽天下耳目，其心何居？以政治论，洪宪时代，假托民意，伪造各省劝进团体，此等滑稽故智，久已腾笑中国，一之为甚，宁可再奉之为圭臬，作此印板文章耶？况国民自身，本居第一，何为降居第三？一家争执，应协以自解，何须仲裁？理不可通，事尤乖谬。至推黎公为会长，更属离奇。事实上，黎公对于此次国内战争，本不能置身事外，法律上亦有违法酿乱溺职之嫌，焉能再事干涉和议？或为他人假托，窃名号召，以误国家者再误黎公？君子爱人以德，尤愿黎公善保令名，勿为宵人所利用。本会征求真正民意，所特为谋中华国民永久和平，不忍缄默，敢贡一言于我邦人君子之前曰：此次南北和平会议，一切法律、政治问题，均应听双方代表负有责任者依法磋商解决之，凡我国民只可于监督地位，促其进行。无论何派，有欲希冀假冒民意，阴图破坏国家长治久安基础者，誓与国人共弃之。务祈一致主张，国利民福，实攸赖之。迫切陈词，伫候明教。

广东中华策进永久和平会会长冯自由，副会长谭民三、张秋白暨全体会员同叩。

（上海《民国日报》《申报》1919年3月5日）

与冯自由等致各省议会等电

（1919年3月6日）

各省省议会、各教育会、各商会、各团体公民暨各报馆公鉴：

自议和开始，吾水深火热之国民，方期南北当局化除意见，开诚布公，为最后之觉悟，统筹全局，销除乱萌。乃恶耗传来，陈树藩等方汲汲用兵，乘虚攻陕，以致北代表不能负责，全体辞职。和议既停，此后国家危险，吾民痛苦，何堪设想！夫和与战岂能同时并进，果使北方命令不行于悍将，是武人之乱将无已时，受祸者非独陕民之不幸也。否则，停战之令，划界之议，久有明文，犹复坐视陈等倒行逆施，责以袒护武人，残弃陕民，彼将何以自解？且欧战既了，世界方趋于和平，而我国内竟以武力，非徒自杀，并自外于人道正义，其可痛孰甚！彼赳赳者除升官发财、争地盘而外，绝无丝毫爱民之观念。吾民久受蹂躏，举国骚然，而犹吞声忍痛以视和平，未便偏责一方者，徒望此次之平和协议，南北一家，共谋永久之幸福耳，今则濒于绝望矣。吾民而甘愿宛转苟活于刀俎之下，则此梦想之平和，可勿哓哓饶舌耳！顾念公理犹存，是非昭著，切望我同胞兄弟父老，共激天良，齐伸正论。

一、当知破坏和议者，虽仅陕西一隅，而陕之乱即足以牵动全局。倘非撤办增兵乱陕以破和议之人，是实纵乱，非诚心以议和也。

二、当知陈树藩之敢于称兵以破和议者，当道必有阴实主之之人，如国防军之筹募、参战借款之进行，显违世界和平之趋势。倘不从根本上取消其武力政策，即令撤一陈树藩，又将易一陈树藩，犹无济也。

三、当知陈树藩等之显悖和议，非徒觌抗南方，亦且自外于北京政府。北京政府方与南议和，而陕独主战，南北皆应共弃之。若徒重申一令，号称停战，以为敷衍，人谁信之？

同人等绝无偏激，时迫势急，只得本（测）［侧］隐是非之心，涕泣以为全国道之，并分别为世界各友邦仁人君子道之。倘有具深谋远虑，能揭橥公义，销弭狂澜，俾此垂绝之和平，不至终屈于武力而得奏公理战胜强权之效果，四万万人民有余庆焉。一息尚存，匹夫有责，望各毋馁。

世界和平共进会、中华国民策进永久和平会、广东国民策进永久和平会全体同叩。鱼。

（上海《民国日报》《申报》1919年3月6日）

与冯自由等致广州军政府电

（1919年3月7日）

广州军政府各总裁、各部长，参众两院议长、议员转陆武鸣，谭、莫二督，马、沈二总司令公鉴：

刘公人熙恸于本月六日午后长逝，胡天不慭遗一老，此间人士震悼同深。辛亥之役，公联络湘桂，手造共和；丙辰反对帝制，全湘推戴；此次避地海上，殷忧国难，策进和平，乃有陕事障碍和议，极端悲愤，骤殒天年，痛何如之！公德操纯洁，海内同钦，先识过人，学界泰斗，精于易礼，著述等身，三十年前成《春秋公法内传》一书，预烛世界同盟之兆，生平服膺船山，实开湘学之幕，学行兼粹，师表人伦，家无余财，尤征高尚。道德、学问、勋业三者咸备，允合国葬以优耆贤，并应详征行实，以光国史。应如何隆礼优恤，诸乞鉴裁，专电奉闻。

世界和平共进会代表：徐绍桢、焦易堂、丁象谦、朱镜宙、蒙民伟。

广东策进永久和平会代表：冯自由、张秋白、周震鳞、首绍南、吴灿煌。

中华国民策进永久和平会：邹维良、陈家鼐、唐尧钦、张志纯、方从矩暨全体会员。

湖南旅沪同乡：谭人凤、彭兆璜、陈炳焕、郭人漳、陈家鼎、李锜、陈九韶、马邻翼、刘永滇、袁家普、曾继梧、石广权、罗上虞、刘毅、萧骧等同叩。虞。

(《申报》1919年3月8日)

附　录

广州军政府政务会议复电

（1919年3月25日）

上海世界和平共进会、广东策进永久和平会、中华国民策进永久和平会、湖南旅沪同乡诸先生均鉴：

　　虞电诵悉。刘艮生先生道德学术为吾国泰斗，求之近世罕与比伦。兹闻在沪长逝，悲悼良深。追仰遗徽，宜隆礼恤。当经政务会议议决，克日明令优恤，派章士钊前往致祭，并饬总务厅筹银洋一千元汇沪治丧，所有生平事实，宣付国史馆立传，以志哀忱而崇耆硕。政务会议。有。印。

(《申报》1919年3月31日)

与陈炳焕等致谭延闿等电

(1919年3月7日)

永州谭督军请转湖南程总司令、赵师长、林处长、各司令，湘西周、林、田、张、胡总司令，各司令、各知事、各报馆、各团体同鉴：

刘艮老恸于本月六日午后长逝，国忧方剧，顿失耆贤，哀痛何极！此公清苦艰贞，海内咸悉，家无余财，况丁丧乱，殷忧国难，殉之以身，吾湘应如何隆礼优恤，为全国先，恳请设法迅措丧资若干，以助后事，万乞代筹，鹄企电汇。

周震鳞、陈炳焕、彭兆璜、郭人漳、马邻翼、曾继梧、袁家普、陈强、聂其杰、左宗澍、罗上霓、陈韶九、陈家鼎、刘毅、胡元倓、石广权、徐佛苏、章士钊、彭允彝、陈家鼐、罗良干、张声焕、吴灿煌等叩。虞。

(《申报》1919年3月8日)

与陈家鼎等致孙中山李纯等函[①]

（1919年3月9日）[*]

敬启者：刘先生人熙，学问道德，迈越等伦，缔造新国，翼护共和，耄而不衰，尤为海内人士所钦仰。此次国局益棼，湘祸尤剧，先生避居海上，破家不惜，忧国弥勤，主持国民策进永久和平会，一以统筹全局、长奠邦基、永杜乱源、促进法治为宗旨，无激无随，殷殷不倦，方幸有所禀承，共匡国难。不意昊天不吊，恸于本月六日午后五时端坐而逝。属纩之前，犹殷殷以和议中止、国事前途危迫为虑，并询及外交情状，语重心长，不及家事。呜呼！天不慭遗一老，国家元气，社会重心，宁堪受此斫丧？时艰方亟，老成无多，人之云亡，邦国殄瘁，想我公闻此噩耗，必不禁同声一哭也。同人等共以先生硕德清望，惕厉艰贞，忧国忘身，心血交悴，平时素无他疾，矍铄逾恒，迺因陕祸破坏和平，燕居饮恨，悲愤异常，遽以此促其天年，哀我同人，宁无震感？特此驰函台端，挥涕以告。

查世界尊重贤哲，如斯宾塞、托尔斯泰诸贤至受国葬典礼。我国自黄、蔡二公外，如宋渔父死于国难，亦受国家优礼。先生学术一本船山，实为民族革命提倡最早之先觉，谭嗣同出其门下，海内

[①] 文前曰："湖南旅沪绅士致南北总代表孙总裁、李苏督函云……"

咸知。三十年前曾著《春秋公法内传》，于今日国际大同盟之端先有烛及，其他著述不及悉举。辛亥之秋，手揭湖湘，电下桂林，遂定武汉之局。丙辰洪宪之役，先生主张正义，联络湘桂相继独立，遂为全湘父老所推戴。共和建国，推源勋望，不昧先河。台端暨各代表，此次为国宣勤，民国攸赖，对于刘先生应如何一致隆礼逝者，以报贤劳之处，伏候卓裁。至先生平生行实暨著述，匆卒之间未能具征，除另以启闻，用备国史采择外，先此肃告，叩颂台安。

旅沪同乡陈家鼎、周震鳞、郭人漳、李锜、陈炳焕、何陶、彭兆璜、聂其杰、谭人凤、左宗澍、刘永真、罗上霓、谭泽闿、刘毅、陈家鼐、罗良干、石广权、张声焕、胡元倓、吴灿煌、袁家普、荆嗣佑、曾继梧、覃振、陈强、首绍南、马邻翼、黄一欧、徐佛苏、章士钊、彭允彝、陈九韶谨启。

（《申报》1919年3月9日）

挽刘人熙联

（1919年3月上旬）

元勋壮烈著浏阳，论民国建造功劳，允推先觉；
道德文章崇海内，为沪上和平事业，痛失斯人。
　　　　　　　　　　　　乡晚周震鳞敬挽。

（《浏阳先生荣哀录》前集，第19页）

与王法勤等致各省督军省长等电

（1919年3月19日）

各省督军、省长、护军使，各师长、各旅、团长，省议会、商会、教育会，各报馆、各团体公鉴：

　　天下最痛心之事，无过于卖国，以卖国所得之金钱、武器即以残杀同胞，此实有史以来所未有之巨变也。段祺瑞之当国也，援引著名通日之曹汝霖、陆宗舆等为腹心，密输诚于日本军阀，专使络绎，秘密进行。及斋藤中将来京而具体之卖国契约于以成立，段氏持有日本军阀之援助，于是围攻议会、放逐元首、组织造乱机关，大胆进行，毫无顾忌，致酿成此次护法之战争。一年以来，借日债至三万万之多，购军械至四千万之巨，引鬼入室，为虎作伥，举我国之军事、警察、银行、铁路、矿产、森林之一切权利，竭诚馈赠，毫无吝惜。饷械既足，遂逞兵威，战斗频年，杀人盈野。军旅所至，闾里为墟，我同胞之转徙流离，委填沟壑者，殆不可以数计。卖国愈进步，战事愈激烈，而我民之受苦乃益深。刘建藩寄函吴佩孚曰："此次战事非南北之战，乃中日之战决。"非过言也。幸天心悔祸，欧战告终，远东势力非日本所能霸据，卖国计画致生顿挫。使段氏稍有人心，知难而返，则一线之国脉或可希望保存。不意卖国精神至死不变，竟于欧战终了后，又订立二千万之参战借款，聘用日本武官，编练国防军队，举济顺、高徐、胶济之铁路权，拱手而赠诸异族。逮欧洲和议代表陆征祥等提议取消中日约协，得英美各国之同情。上海和平会议复以取消国防军，停止参战、借款向北廷一再抗议，我若宣示废弃，即可消灭无形。而北廷始终坚持，多方辩护。钱能训所复麻电，一味蛮横，必使卖国条约完全成立而后快，此真别有肺肠矣。数月来，日本军械运往北京者已有数批，参战借款复提取六百万之巨额，最近三月一日复与日本订立时效条约。当国民力争废约之际，北廷必欲加以保证，担任履行，卖国诡谋，务求贯彻。伍参之肉，其足食乎？欧战结局，美总统威尔逊宣言，凡国际上不平等之条约，一律废除，为此次世界平和会议之基础。段祺瑞勾结日本之卖国条约，自无存在之理由。惟段氏盘据京师，把持政柄，必欲实践前约，以结日本欢心。故欲达废约之目的，必以去段为前提。我国民如承认段氏之卖国也，则亦已矣。否则，急起直追，共图挽救。人民为国家之主体，宁能坐待危亡？军士为社稷之干城，岂容拥护国贼！以四万万之民族而谓不能除一汉奸，此真我国民之耻也！嗟乎！无李完用之媚外，朝鲜何自而亡？无张邦昌之附金，宋室何由南渡？况复拥兵乱国，破坏和平，庆父不诛，鲁难未已，若再苟安姑息，必致大局分崩。一旦战衅再开，必致池鱼受祸。千钧一发，系于此时，我国民实图利之。

　　王法勤、马钟锈、王乃昌、李燮阳、姚桐豫、陈家鼎、方潜、牟琳、杨铭源、唐宝锷、黄汝鉴、郑衡之、李锜、陈九韶、周震鳞、彭介石、陈荣广、傅梦豪、丁象谦、褚辅成、何陶、曾昭斌、温世霖、许森、冯振骥、刘成禺、茅祖权叩。皓。

（上海《民国日报》《申报》1919 年 3 月 20 日）

与林森等致广州军政府各总裁等电

(1919年3月19日)

万急。广州护法政府各总裁，各部长、次长，各省军区代表、莫督军、翟省长、林军长、李镇守使、陈警备司令、海军各舰长、林督军，漳州陈省长、洪镇守使、熊道尹，潮州方会办、伍军长，惠州刘督办、汕头刘镇守使、黄冈吕督办、王副司令并转陈旅长、夏旅长，韶州李督办、李镇守使、朱师长，南雄成司令、琼州临高沈总司令、肇庆古镇守使、武鸣陆总裁、南宁谭督军、桂林陈省长，云南唐总裁、由代省长，重庆余镇守使、黄道尹，成都熊督军、杨省长，保宁陈总司令，贵阳刘督军、王总司令，永州谭组安总司令，郴州程、马、韦、李各总司令、赵师长、林旅长、林处长，夔州黎总司令、唐总司令、柏总指挥，万县行营鄂西吴总司令、牟副司令，巫山王总司令、夔州豫军王总司令、溆浦周总司令。辰州田、张、胡、谢各总司令，三原于督军、张会办、姚宣慰使，上海孙总裁、唐总代表、各代表、章太炎、吴稚晖、孙伯兰、张溥泉诸先生均鉴：

北廷坏法，致启兵争，民国生机不绝如线。今者，内外战争行将收束，和平会议正在进行，又复不知悔祸，重敛民财，滥发八年短期公债，四千万元以盐税余款作抵向银行团抵押巨款，以二千万为军费，一千万归参战军用，增人民之担负，陷国家于危险，毁约弃法，实堪痛恨。查《临时约法》第十九条，国会有议决公债之募集及国库有负担契约之权。此项公债未经合法国会通过，法律上当然不生效力。且北廷根本违法，无发行公债之权，全国人民尤绝对不能承认，特此通告。希一致反对，无任切盼。

参议院议长林森，众议院议长吴景濂、褚辅成暨全体议员同叩。皓。印。

（《公电》，《军政府公报》修字第65号，1919年4月19日）

与唐绍仪等致黎元洪等电

（1919年3月23日）

天津黎宋卿先生、北京冯华甫先生，各省督军、省长，省议会、教育会、商会，各机关、各团体、各报馆公鉴：

前湖南督军兼省长刘浏阳先生，讳人熙，字艮生，痛于三月六号，即夏正二月初五日酉刻，寿终沪上法界贝勒路义和里十四号寓馆，享寿七十有六岁。老成凋谢，举国震感。先生幼儿孤苦，笃学砥行，长掇科名，文实并楙，历官京外，风节卓著，上下爱重，讴思在民，官中州数十年，琴鹤萧然，载道口碑，久而弥笃，其精勤吏治，体察舆情，抑暴禁奸，务民之义，所谓性之者也。学本紫阳，一以躬行为主，中更世变，深撑国故，默契天心，豁然于民物之责，非从事于根本改革不可。乃专治衡阳船山王子之学，本以造士，教泽所被，自湖湘子弟外，江右粤西，蔚然成风，乃至齐年僚友，执贽问经，豫章千寻之才，桂林一枝之秀，春风桃李，有过于澧蘭沅芷者。戊戌清廷政变，先生弟子谭嗣同实主其事。庚子之唐才常，辛亥之焦达峰、陈作新，皆浏人也，而先生实为之先。河国之人曰：衡阳之学，实生浏阳，有自来已。当辛亥鼎革之交，武汉建义，湘省应之，不旬日焦、陈两督同日被狙，方是时，清廷有诏割湘南六府隶桂抚节制，武汉危甚。盖是时无桂则无湘，无湘是无鄂也。先生起手电桂抚以下谕同反正，王芝祥实篆桂藩兼统新旧水陆各军防营。芝祥者，先生弟子也。陆武鸣时在南宁，夙敬先生，得电亦欣然起应，而民国之基以定。湘人士推先生掌民政，未几辞去，勋在国家，功成身退，有足矜式者。洪宪帝制之机动，全国风靡，先生于甲寅之春，创设船山学社，躬主讲席，恳恳于共和民主之义，而归本于六经。丙辰军兴，先生讽湘督起应滇、桂，而手书叠布，密约湘桂联军合力北伐。项城旋殂，湘督汤未久去职，先生遂为湘人士推戴，中央有令权湖南督军兼省长。大兵之后，经营百度，民怀吏畏，湖湘宴然。自以年高志在教化，辞职书十上而后得请，乃超然旋涡之外，观政燕都，著《民国五六年之交两大妖言之不祥》一书。南旋不数月，督军团起，国会解散，竟有复辟之师，（展）[辗]转回旋，国局如棋，战争起伏，濒今三年，锋镝疮痍，未知所届。而先生亦以乡关燹毁，避地侨申。和议开幕，殷殷以策进永久平和为蕲望，属以陕局纠纷，和议停顿，悲愤异常，易箦之际，语不及私。国是茫茫，而先生遽以此永归道山！呜呼哀已！平生清风亮节，家无余财，不矜功，不近名，不慕权势，不立崖岸，不树朋党，不轻言诺，不苟取与，是又足以靖近习之浮氛，而师表人伦者也。旅沪湘人全体，公设刘公治丧事务所，择期追悼，以崇贤哲。当代大君子，表扬耆献，谅有同情。绍仪等值国步之艰难，悼耆硕之凋落，感伤逝者，用惕来兹，全国人士有同感焉。谨挥泪合辞以告。

　　唐绍仪、徐绍桢、朱启钤、褚辅成、张绍曾、孙洪伊、张继、庄蕴宽、胡汉民、冯自由、王芝祥、凌钺、焦易堂、杨铭源、丁象谦、张秋白、熊希龄、谭人凤、周震鳞、郭人漳、陈炳焕、刘永滇、曾继吾、马邻冀、彭兆璜、胡元倓、石广权、萧度、陈家鼎、雷铸寰、陈九韶、袁家普、陈家鼐、罗上霓、张声焕、罗良干、吴灿煌、萧骧等叩。漾。

（上海《民国日报》《申报》1919年3月25日）

与世界和平共进会等致五国公使团电①

（1919年3月24日）

　　敝国和议停顿有日，详细原因曾经电达，当承贵公使面劝北京政府速去和平障碍，逖听之下，敝国国民同深感谢。无如北政府阳和暗战，不惟不撤破坏和平之陈树藩，且取用友邦劝告勿提之参战借款，私发南北代表所否决之八年公债，近又力谋以凤凰山铁矿作抵，向日本借款万万元移作军费，冀达其武力政策。是不惟毒害人民，亦且欺骗友邦。敝国人民愤激万状，上海商帮且

---

① 本文和下文原标题：《三和平会之最近两电》。文前曰："中华国民策进永久和平会、世界和平共进会、广东策进永久和平会昨发两电，照录如下：……"

有停止运货之宣言，全国人民亦有停止纳税以为最后抵制之说，行见贵国商务亦将受极大之影响，推其极或将酿成东亚之纷扰，有妨世界之和平。务望贵公使再行正式劝告徐氏尊重南北和会议决之条件，并取消参战军及其武力政策，以就法轨。敝国幸甚！世界幸甚！

（上海《民国日报》《申报》1919年3月25日）

与世界和平共进会等致各省电

（1919年3月24日）

国人不幸，以千回百折而成之南北和会，忽因北军攻陕由停顿而濒破裂，国家之危险，人民之怨痛，孰有甚于此者乎！夫撤除退兵，取消参战军及参战借款数项，岂独为南代表之正当要求，全国人民谅亦必同心竭力，共促其成，以期永久和平之实现。不谓北政府别具肺腑，不但撤陈退兵置诸不理，再令停战未见实行，近且增运奉军二营、枪弹三十万、炮弹若干，至三月一号邵瑞锦运陕之枪弹六十万、炮弹数百发无论矣。况友邦屡劝勿提之参战借款，现仍提用如故；友邦劝欧战终了应速取消之参战军，现仍募编如故。甚至钱能训之麻电，甘犯天下之大不韪，坚持欧洲和议尚未成功，参战军不应取消，力为段派作辩护，恰与近日宣布之中日军事协定中，段派与日本于三月一号所订欧战终期之旨若合符节。今新闻界又以北政府力谋以凤凰山铁矿作抵向日本借款万万元消息见告矣，探其内容，名为实业借款，而开宗明义即云先交三千万元，不限用途，是明明欲移此款以作军费。又南北代表公议否决之八年内债亦正急图发行，并拟以该内债向日本押借若干万。综观以上事实，北政府之纵容段派阳和暗战，以达其武力征服全国之诡谋，实已无可讳饰。夫段派之勾结日本军阀，扶植私权，固已沦陷国家于危亡，为人民所切齿。所望者，惟徐氏能开诚布公，与南方速成和议，俾协力对外，以保国命耳。今徐氏不惟对于段派未尝制止其卖国之行为，甚且推波助澜，攻陕、借款，并进无懈。若谓段派所劫持，则身为北方武力之领袖，岂不可表明心迹于国中？国人无北无南，孰无良心而谓必不能为之后援乎？方今德国武力打破，各友邦力谋人道和平，一经同情扶助，谁敢出为世界之敌，再以款械接济段派乎？顾徐氏不此之图，宣言停战而战实未停，标榜陕将服从命令而令实未尝一顾，和议濒危，进退失据，徐氏一身不足惜，其如国亡民丧何？近日沪上商民已有停止运货之宣言，国人欲为最后自卫计，亦惟有反对穷兵黩武之政府，停纳租税，以免破坏和议者之残民以逞，军人则弃甲抛戈；以免为争私利者所用自屠同胞。至于凤凰山铁矿借款及八年内债，害不胜言，国人万万不能承认，庶使破坏和议者无可挟持。否则，徒责和会续开而于根本大计不一详加顾虑，是徒粉饰太平，而使国内旋和旋裂，陷人民于水深火热之中，致国家于危亡之道也。谁无身家，谁甘亡国，急起直追，时不可再。临电悲鸣，惟希鉴纳。

（上海《民国日报》《申报》1919年3月25日）

与马钟琇等致唐继尧①陆荣廷②电

（1919年3月25日）

云南唐总裁、武鸣陆总裁钧鉴：

　　西南出兵护法，血战经年，国贼未诛，焉有讲和余地？徒以频年俶扰，重苦商民。但使大法得伸，何必阋墙相斗？我公酷爱和平之心理，既已中外共闻，乃北廷外假和平之名，阴行进攻之实，自十一月十六日下令停战，抽调各路重兵，全力攻陕。我公迭经抗议，彼皆弃若罔闻，直至二月初旬，南北和议开始，陕事为先决问题，北廷无可推卸，复于二月十三日再下停战命令，北代表朱启钤复声言完全负责，以为陕事或可得一结束矣。不意陕省战事，剧烈反甚于前。唐总代表乃有四十八小时之通牒，北廷为敷衍外人计，复有三月三日之停战命令。顷据于总司令及西教士来函，不惟陕战未停，而民军根据地位之三原且被四面环攻，

---

　　① 唐继尧（1882—1927），字蓂赓，云南会泽人。1904年官费留学日本振武学校、陆军士官学校（第六期炮科），1905年加入同盟会。1909年回国后任云南督练公所提调、讲武堂教官、陆军第十九镇三十七协七十四标第一营管带。1911年10月参加昆明"重九起义"，任云南都督府军政、参谋两部次长。民国成立后，先后任贵州、云南都督。1915年12月25日与蔡锷等宣布云南独立，开启护国战争。后历任护国军军务院抚军长、云南督军兼省长、护法军总裁等职。

　　② 陆荣廷（1859—1928），字干卿，广西武鸣人。清末官至广西提督。民国成立后，历任广西都督、军务院抚军、广东督军、两广巡阅使、护法军政府总裁等职。

危在旦夕。陕省为护法团体之一，北廷攻陕即系攻击西南。我凭口舌抗争，彼则兵戎相见，弃信背约，咄咄逼人，欺蔑南方，无乃太甚！而犹仰承鼻息，坐待转圜。如此讲和，直投降无异而已！西南倡义讨逆，既非一败涂地，何至屈服言和？旅沪同人特于前日集议，公推褚君辅成等晋谒唐总代表，叩其意见。据其答复，公与唐公蓂赓、陆公干卿不愿再战，隐忍言和，势非得已。公意是否如此，不敢信以为真。两年以来，川有刘、周，粤有龙、莫，甘作北廷鹰犬，竟敢构乱称兵，当此震撼危疑，犹能履险如夷，削平大难。近自欧战结局，英、美忌段亲日，极表同情于南方，吴佩孚暨长江各督素持正谊，且与我有利害共同之关系，援助既众，胜算可操，本无危险可言，岂肯甘居降服？揆之我公仗义讨逆之主旨，当不其然。迩来，北廷离间，谣诼繁兴，尚祈明白宣言，以释各方误会，并杜宵小奸谋，庶西南护法主张，不致功亏一篑也。谨贡意见，不尽拳拳。

马钟琇、胡寿昺、方潜、冯振骥、王法勤、郑衡之、张我华、许森、周震鳞、王试功、陈允中、张书元、彭介石、罗上霓、牟琳、唐宝锷、褚辅成、刘奇瑶、陈荣广、张秋白、杨铭源、黄汝鉴、汪唠鸾、李燮阳、李锜、丁象谦、温世霖、谢良牧、范鸿钧、彭养光、茅祖权、陈九韶、陈家鼎、贺赞元、曾昭斌、罗家衡、刘成禺、刘英、姚桐豫、居正、凌钺、王乃昌叩。有。

(《申报》1919年3月26日)

与张浩等致唐绍仪书

（1919年4月1日）*

少川总代表钧鉴：

敬启者：和议停顿，有停顿之原因。原因未尽消灭，则和会不能开议，此理至易明也。案执事公文书所宣布有云：参战军收束，参战借款停支诸问题，不特会议中双方代表所主张，而皆为真正民意之所在及和议成否之枢机。北京政府一切不顾，成军日亟。该款虽经友邦忠告，不必动用，仍继续提支，甚至军事协约双方代表认为，应即停止，乃时效协定书竟于三月一日签字。他如本会南北代表公同议决暂缓发行之八年公债，北京财政部仍进行不已。和议期内不得有战事，为万国公例，而北方犯之表面停战，并不实行，于再三抗令之陈树藩袒庇而不肯惩办。参战军与一切祸国丧权，妨害和平之计划，更着着进行，置双方代表之公意于不顾。似此情形，和议从何处说起？然则，为和议停顿之原因者，北廷不收束参战军，一也。不停支参战借款，二也。不停止军事协约，三也。不缓发非法公债，四也。不停止陕西战事，五也。不撤办陈树藩，六也。凡此六端，有一于此，即无从开议，固不独陕战停否问题已也。则今日就使确实证明陕战业已停止，而参战军未收束，参战借款未停支，军事协约未停止，非法公债未取消，陈树藩未撤办，违约攻陕诸军未撤退和议仍无从说起也。

不但此也，所贵乎议和与夫西南之不反对执事之主张，和议者亦欲借尊俎折冲之力贯彻护法初旨而已，非求空言为涂饰观听之具也。然则和平会议之议决必须发生效力而后可。今观和议先决问题，并经双方代表公同议决一致主张之收束参战军以次诸问题，徐世昌等一切不顾，着着进行，诚如执事所言，和平会议毫无效力。即专就陕西战事而言，北廷屡次下令停战，朱启钤且正式声明，自二月十三日以后，负完全停攻之责，而惨战如故，今则全陕靖国军覆亡略尽，靖国军辖地所存无几，又何停战之可言？更观钱能训所发关于和议诸电，或隐匿事实，或饰词抵拒，揶揄呵斥，直视平和会议如无物。北廷举动毫无诚意，事实显然，则护法政府此后无论提出何项和平条件，虽由和会议决亦不过如今日之徒托空言已耳！议决既无效力，则议犹不议，和犹不和，执事何贵有此空言？护法保贵有此枝节？故由前之说，停顿之原因未尽消灭不能开议；由后之说，北方之诚意未经表示则不必开议。消除停顿之原因，非取得切实之保证，证明北廷于和会主张绝对履行者，绝无开议余地。彼北廷若能尊重和会，于执事所举六端，一一实行，则可认为诚意之表示。否则，虽日日开会，于事何补，徒贻笑柄耳。日来，沪上一部分人屡为舍本逐末之论调，希望即日开议，一若和议一开，即可安坐而达和平之境者，此直于事实未暇深考者也。前此，执事提出四十八小时限期，北廷置诸不理。以事理论，限期既满即应宣告决绝，执事乃一意委曲迁就。虽执事不肯决裂之苦心，固为海内所共见，而论者犹或非之今所举诸端系执事公文书所宣布。以执事之老于事务，当不愿于已所发表之主张，食言而肥，重贻口实也。敬布区区，尚祈察照，顺颂钧安。

旅沪国会议员：张浩、刘盥训、冯振骥、刘成禺、茅祖权、李燮阳、胡祖舜、张我华、李锜、陈则民、丁象谦、褚辅成、彭介石、彭养光、罗上霓、陈九韶、杨铭源、范鸿钧、杜潜、王法勤、张书元、王试功、周震鳞同启。

(《申报》1919年4月1日)

与徐绍桢等致全国各界电

(1919年4月5日)

各省省议会、教育会，农、工、商会，各和平会、各团体、各报馆均鉴：

和议停顿，匝月有余。诸公想望和平，迭催开议，凡有血气，孰不同此心理。敝会同人酷爱和平，亦不让于诸公，是以奔走呼号，未尝或息。惟和议非难，和议而实行为难。如但求和议之速成，而不顾实行之与否，则两方代表闭门而议不三日已足。然而议决之后，谁为执行，执行之时谁为保障，诸公当亦有所顾虑。且和议之停顿，果何为者？为陕战也，为参战军也，为参战借款也，为八年公债也，为中日密约也。是五者，皆经双方代表之完全同意，以为当立即实行者也。北廷不能听从和议，因之而停顿，北方代表因之而辞职。今参战借款，提用将尽八年，公债募集如故，中日密约未闻废弃，参战军仍急急编练，有成为九师十二混成旅之说，近且与日本缔结二次军械借款之说。此种行动，不独为国人欲以和平救国者所不许，即友邦亦已屡加劝告，终至提出抗议，且将其不圆满之答复原封退还，国家体面扫地以尽。由此观之，北京政府实已悍然横行，无意改悔，和议纵成，而国人所最希望之废督、裁兵及其他重大改革，保无阳诺阴违、名变而实不变者乎？《约法》能回复效力乎？宪法颁布之后必能恪遵无犯乎？且即就裁兵、废督而论，无分南北，一律应行。若北方仍以强悍手段行之，西南岂甘坐毙？使因是相激相荡，复开战衅，则岂特国亡可卜，人民亦将无噍类矣。西人常言吾国人士志行薄弱，观八载共和、四次纷争之险象而益信。何则？盖皆苟且敷衍，弗抱一定之是非标准，坚持到底故也。为今之计，国人如不欲永久和平也则已，如其不然，则惟有力求和会议决一切条件之履行。欲求其履行，尤须迫促北廷将前议之先决条件从速实施，如停战、退兵、撤除及上述数项，皆须办到，方可谓之诚意言和，而将来议决条件，庶克期其有效。否则，议还自议，和犹不和，何况北军于陕乾县等处，至今尚未停攻，西南将领受逼过甚，无论将来暴发堪虞，即目前亦难免再罹战祸矣。和平之谓何，统一之谓何，同人等本和平之夙愿，作沉痛之呼吁，既未加偏袒于何方，亦非望苟安于目前，所冀邦人君子，三复斯言，既审和议阻碍之所在，即须奋起力争，促其反省，使知民意之不可终遏，公理之不可埋灭，或为翻然变计，以诚与海内相见，庶和议得成，国基渐固。否则，望和愈急，离和愈远，长此□茸，诚恐祸患之来，将有不堪设想者矣。专布悃忱，惟希垂察。

世界和平共进会：徐绍桢、丁象谦、焦易堂、蒙民伟。

中华国民策进永久和平会：邹维良、唐尧钦、陈家鼐、方从矩、张志纯。

广东中华国民策进永久和平会：冯自由、周震鳞、张秋白、首绍南、吴灿煌同叩。歌。

（上海《民国日报》《申报》1919年4月7日）

与徐绍桢等致唐绍仪等书

(1919年4月5日)①

少川总代表暨代表诸公大鉴：

迳启者：叠据报载及传说，诸公已与朱总代表等商准，续开和议，以解纠纷云云。不知是否属实。敝会等主唱和平，与国人希望和平之心理，初无二致。对于和议续开一事，尤表欢迎。惟有不能已于言者，则前二次，诸公对于中外停顿和议之宣言也。贵宣言之条项，一曰陕西停战，撤除退兵；二曰取消参战军，勿提参战借款；三曰宣布废除中日密约；四曰停发八年内债。以上问题，有一不能解决，断不继续开议。理直事当，环宇同钦。敝会等当亦驰书左右，表示同情，并声请诸公，务必坚持到底，以求真正和平之实现。

今陕西乾县等处，北军犹猛攻未已，参战军大加扩充，参战借款提用罄尽；中日密约宣布未半，遂尔中止；八年内债，积极发行，近且有二次与日本订结军械借款之说。凡此种种，既与贵宣言大相径庭，尤为破坏和平之要障。故敢再进一言，尚祈诸公加意垂纳：

---

① 此电及下电中均未见日期，但与上电同时刊登，且文前曰：三团体"特电各省区各团体暨上书南北代表"，可知此三电同时于4月5日发出。

（一）陕西无相当之解决；（二）参战军不取消；（三）中日密约未全宣布；（四）八年内债未停发行以前，万勿轻易开议。一以保全贵宣言之威信，一以铲除国家永久和平之祸根。朝可办到，夕即开议。否则，空骛和平之虚名，必贻永久之巨患。议款既未必有效，和局安望其长久？证诸往事，可为信谳。此同人等所以不敢催开议而促先决条款之实施，以为履行重大条款之张本也。诸公救国为怀，想能坚持到底，以副国人之厚望。尚望鉴此微忱，勿加忽视，则幸甚焉。专肃。敬请议祺。

世界和平共进会：徐绍桢、丁象谦、焦易堂、蒙民伟。

中华国民策进永久和平会：邹维良、唐尧钦、陈家鼐、方从矩、张志纯。

广东策进永久和平会：冯自由、张秋白、首绍南、周震鳞、吴灿煌同叩。

（上海《民国日报》《申报》1919年4月7日）

与徐绍桢等致朱启钤等书

（1919年4月5日）

桂莘总代表暨代表诸公大鉴：

迳启者：和议停顿，举国惶惑，推厥原因，实由先决条件不能履行之所致。犹忆和局未停之时，贵总代表曾与唐总代表商决，停陕西战、划界、取消参战军、勿提参战借款、宣布中日密约、停发八年内债。此数者，诚为消除和平障碍，以奠国基之长策，凡属国人，闻之靡不钦佩。然而，北京当局，略不在意，猛然攻陕，致贵总代表暨代表诸公不得不出于辞职，以期感格北京当局。而唐总代表亦宣言停议，力责其实行以上各项先决条件，顾至今月余，卒未见纳。其他姑不具论，即陕西停战问题，亦并未办到。据西报及于总司令右任二十七号来函，乾县等处犹未解围，况参战之外，又发生边防名义，加练教师军官、下士，且拟引用日本退伍员弁。近又风闻，日本复由秦皇岛运到大批军械，则近日所传与日本订结二次军械借款之说，亦将信而有征。审是则公等所认之和平障碍不惟分毫未除，且较当日为尤甚。倘于此时赓续开议，窃恐和议形势虽告完成，而所议条款无法保障，终至议与不议相去无几耳。同人等酷望和平，非敢擅逆群众之心理，阻止和局之速成，良以区区先决条件，尚且不能办到，遑论将来议决之重大条款，可保一一履行乎？兹因报载下星期一即开谈话会，讨论赓续开议，用特专函奉陈，务望贵总代表坚持初衷，力促北京当局实行先决条件。朝能办到，夕即开议，庶使议款有效，和而可久。否则，敷衍塞责，纠纷益甚，是岂国人之所厚望于诸公，想亦诸公所不忍为者也。专布悃忱，惟希垂鉴。敬颂议祺。

世界和平共进会：徐绍桢、丁象谦、焦易堂、蒙民伟。

中华国民策进永久和平会：邹维良、唐尧钦、陈家鼐、方从矩、张志纯。

广东策进永久和平会：冯自由、张秋白、首绍南、周震鳞、吴灿煌同叩。

（上海《民国日报》《申报》1919年4月7日）

与方潜等关于陕西问题的提案[1]

（1919年4月初）

二年以来，西南起义兴师，无非以护法讨逆遂为职志，所以与北廷议和者，亦欲折衡等俎，贯彻初志而已。乃据本月十七日总代表唐绍仪等二次宣言所发表，则此次停议之真相，实由双方代表同意议决之，收束参战军，停支参战借款，停止军事协约，停止非法公债，撤换陈树藩各件。北廷悍然不顾，着着进行，则此后和议之续开与否，应以北廷之能否履行为断。乃默察现状，如陕西战事一面下令停战，一面密令进攻，惨战至今未已。为参战军，欧战既歇，果断取消。而徐世昌、段祺瑞乃于三月一日与日人续订延期密约，变为永久性质。不独不裁，近且有扩充九师十三旅之计划。派员四出，亟募成军，如参战借款，本以高徐、济顺、吉会等五大铁路垫款，今年一月草约期满，当然取消。而徐、段竟于二月间提用千七百万元之多，为对内作战准备。如军事协约，借口边防，订立断送主权之卖国契约。近幸巴黎和会各友邦助我提议取消，乃徐、段反令奸党梁启超在巴黎设立中日协会，声言中日事由中日人自行商定，一面照协约内容进行不已，如陈树藩，为乱国乱陕祸首，早应罢弃，乃反令许兰洲、刘镇华

---

[1] 本文原标题：《国会议员请贯彻初志》。

辈助纣为虐，惨战不休。以上种种，北廷对于议和，毫无诚意，事实昭然，无可讳饰。即仅就陕战一事而论，北廷自去年十月十六日，本年二月十三日、三月三日，三决下令停战，朱启钤且在和议席上正式声明，自二月十三日以后，完全负担停战责任，而急攻如故。是必待陕西尽入北军范围，方许张瑞玑入陕划界。阳和阴战，惨毒已极！更观钱能训因于议和诸官，颠倒玩弄，揶揄呼斥，直视上海和议如儿戏。夫护法政府之委托唐总代表与北廷议和者，谓其能以口舌之力达西南护法之本旨也。今北廷对于和平会议之主张，完全拒绝，和议进行，焉有结果？则他日纵能事事议决，亦皆等此空谈。议犹不议，试问何事纷扰多此一举哉。据本员等意见，以为上列六项，北廷未经一一确实履行以前，无开议之余地，亦无开议之必要。应请护法政府咨行唐总代表必查照二次宣言之六项，督责北廷确实履行后，始得重行开议，以昭信守而慰舆情。是否有当，务祈公决施行。

  提案人：方潜。

  连署者：王试功、张我华、彭介石、张书元、牟琳、李锜、周震鳞、李积芳、居正、刘钦谟、茅祖权、陈荣广、李燮阳、蔡汇东、温世霖、王法勤。

（上海《民国日报》1919年4月5日）

声讨徐世昌段祺瑞等卖国书[①]

（1919年4月初）

　　无国家则国民无所托命，无内奸则外患无从侵入，断未有国家灭亡而国民可以生存者，亦断未有内奸不去而亡国可以幸免者。宋有张邦昌、秦桧，卒不免于金人之蹂躏；明有吴三桂，卒不免于满清之入踞中原；韩有李完用，卒不免于日人之吞并，故世界国民无不以亡国为莫大之惨痛，尤无不以卖国为滔天之罪恶，所以言救国者，必以歼卖国贼为首务也。

　　我国数千年来，日以亡国为惧，日以救国为公同之心理。然而亡国之祸至今而愈迫，救国之道至今而几于无从为计者，何哉？盖徒言救国，徒惧亡国，而制国家死命之卖国贼，国人反优容之，竟熟视而无睹焉！于是卖国之胆愈肆，卖国贼之党愈狠。前之尚能空言救国者，至今乃不敢一谈救国，乃不敢一涉及卖国贼之姓字，其视卖国贼为神圣不可侵犯，为当然有卖国之权利。呜呼！尚得谓国民有丝毫人格乎？尚得谓国民有丝毫血气乎？吾国之卖国者谁？徐世昌、段祺瑞，其巨魁也。曹汝霖、陆宗舆、徐树铮、靳云鹏、章宗祥，其爪牙心腹也，其他附合奔走、助纣为虐者，尚不可悉数也。闻者疑吾言乎？请进言其卖国之事实，我无血气、

[①] 文前曰："旅沪国会议员警告国人，共讨卖国贼书云：……"

无人格、准备作牛马奴隶之国民，其谛听之。

段祺瑞假参战名义，破坏国法以来，借债达三万万有奇，凡国家主权、军事权、财政权以及路矿、邮电、森林，所有可以抵制金钱、军械者，无不一举而奉之日人。前此传闻无从征实，其附件极有关系者，仍秘密未肯发表，但就其已经宣布者，旬日来报纸连篇累牍之登载，无一非卖国之契约，读之皆足令人惊骇失措。欲悉举之，不可枚数，约略书之。

一国生命，系于财政与经济，而聘日人阪谷为财政最高顾问，有操纵币制、监督财政之实权，而日人纸币可以畅行我国，是经济、财政断卖于日人矣。

保卫国家者，惟军队及要塞。而参战军则由日本军官训练指挥，军械、军饷则由日本供给。我国要塞各地，日军可以任意驻扎；军用地图，日人可以任意取用。欧战既终，参战军当然取消，而徐世昌、段祺瑞乃于三月一日续与日人订立延期密约，变为永久性质，必使如日、韩同盟之故辙而后快，此军事权之卖于日人也。

铁路为运兵、运货交通最要之机关，而以高顺，徐济、南浔等五大铁路完全卖与日人。一为吉全路线无限延长，以朝鲜会宁为起点，而接吉长路，由长春横贯内蒙全部达于伊犁，连接洮热铁路，南达北京，北穿黑龙江爱珲；一为济顺路线，自济南西至顺德，与京汉接轨，横亘山东、直隶之间，冀达山西；一为高徐路线，以高密为起点，南通徐州与津浦接轨，以达长江下游，控压南京，西接陇海；一为南浔铁路之延长，以福州为起点，横亘福建、江西两省，直抵南浔本线，达于长江上游。其规模宏远，将南北两京及中部各省、东南沿海五省、内蒙分部，及西北新疆、伊犁各地尽归日人掌握。将来其铁路所至之地，即日兵、日货自由出入之地，中国三分有二之土地一举卖与日人矣。

其他如东省之森林，去岁卖与日人，东省人力争无效。铁为现时立国要素，而日本所最缺乏者。今江苏凤凰山铁矿又卖与日人，苏人正在力争，而江西城门山铁矿又卖与日人矣。最近湖南水口山铅矿又议卖与日人矣。五大铁路草约至今年一月满期，本可取消，徐、段诸卖国贼乃提用一千七百万元之参战借款。此款即五大铁路之垫款，于草约满期时而提用，其订约时所定之垫款，则草约成为正约无疑矣！参战军中外均主张取消，而于三月一日又订延期密约，以固结之矣！巴黎和会，各友邦助我取消卖与日人之各约，为我国千载一时之一线生机，而徐、段等令逆党梁启超等赴巴黎设立中日协会，声言中日事由中日人民自行商定，然后再提交和会，以断绝各友邦助我之途径。前之已卖者有可挽回之机会，而徐、段等必使之无可挽回；未卖者，徐、段等乃令其尚得陆续卖之。

呜呼！卖国贼不诛，国家断无存在之望，譬如大盗在室，欲财产之亡也得乎？家有败子，欲家不破也能乎？徐世昌、段祺瑞诸卖国贼，名为中国人，实则日本之孝子顺孙也。北京名为首都，实则拍卖中国之贸易地也。徐、段私组机关，自称政府，实则日本之僚属，中国国民之仇雠，四万万黄帝子孙之虎狼也。而我国人不闻有一反对卖国之言论，有一声讨卖国贼之主张，反以一国大权奉之彼辈之手，尊之曰中央，称之曰政府，一若惟恐国家不能速亡，不能速归日人版图，不能速作牛马奴隶，必请徐、段诸贼为之变卖也者，抑何昏愦糊涂、畏葸怯懦至于此极也？在国人或谓所言过于激烈，疑为妄诞，试问以上所举卖国事实，有一虚伪否耶？试问国家可以任徐、段诸贼拍卖否耶？试问国家不存，吾民尚有生存之路否耶？试问卖国贼不去以前，所卖者能挽回否？以后未卖者能保存否耶？有毁其田庐，劫其子女，戕其生命者，其人尚晏然自若，不一为反抗之行动，将以此人为和平可嘉乎？抑视为无血气、无人格之蠢然一物乎？韩国未并入日本以前，尔时卖国者竞卖其国家，热中者竞争其私利，而国人昏沉欲死，置若罔闻，间有少数愤发者，啼泣呼号，举国笑为多事，目为捣乱，此少数者惟有自杀以谢国人。我国人今日现状，何一如当日韩人情状也，然韩人结果何如耶？何于备受惨酷之后，至今日乃有全国之激昂奋发耶？果于未亡之先，即能如今日之奋发激昂，吾知卖国党必有所惮而不敢为，韩人不致受亡国之惨痛如是其甚，而韩人当日不悟也。然韩人不悟固然矣，未来之韩人，其能醒悟否耶？抑必待如韩人之今日，始为激昂奋发之态耶？殷鉴不远，大祸临头，吾国人果有血气、人格者，当不与卖国贼奴徐世昌、段祺瑞、徐树铮、靳云鹏、曹汝霖、陆宗舆、章宗祥诸贼，同立于天地之间，惟应戮力一心，歼除尽净，以为国家干城，否则，惟坐视他人之论价评值，较量金钱之多寡，以待牛马奴隶刀俎烹割之惨祸，夫又何说？祸机已迫，临楮哀呼，国人其共图之。

旅沪国会议员彭养光、周震鳞、王试功、陈家鼎、方潜、张良弼、牟琳、张书元、张我华、茅祖权、蔡汇东、居正、刘钦谟、李积芳、李锜、温世霖、李燮阳、谭惟洋、王法勤、陈荣广、张秋白、丁象谦、罗上霓、冯振骥、胡祖舜、姚桐豫、马光骅、彭介石启。

（上海《民国日报》1919年4月6日）

与彭养光①等致广州军政府各总裁电

(1919年4月初)

广州军政府各总裁钧鉴：

此次西南倡义，海军、滇、粤迭有宣言，莫不以护法讨叛相提并论。盖毁坏《约法》之国贼即称兵造乱之武人，叛贼不诛，国法永无获伸之日也。西南既本此主义而战，即当本此主义而和。查军政府所提之和议条项，本有惩办祸首及国会行使职权两端，实根据西南出兵主旨。唐君少川既受军政府委任，为和议总代表，自当依照钧府委托条件，提出和平会议，坚持到底，务达目的，方为尽职。乃开议两月，对于和议之主要条件，只字不提，用意所在，诚难索解。应请钧府速电唐总代表，如和议续开，应将前列条件首先提出，庶西南护法戡乱之目的，不至堕坏冥冥为少数争权利者牺牲以尽也。万一唐总代表力持异议，不肯提出，惟有请求钧府撤换代表，以图挽救。西南是否义师，是否造反，争此一着。时机危迫，冒昧陈词，伏维谅鉴。

---

① 彭养光（1873—1946），字临九，湖北钟祥人。清光绪秀才。1905年加入同盟会，次年又加入日知会。参加萍浏醴起义，起义失败后，回到武昌组织安郡公益社，任社长。1911年与在川湖北籍党人赴四川开展反清活动。武昌起义后回鄂任都督府参议，1913年当选众议院议员。参加"二次革命"，失败后避往日本，加入中华革命党。1915年回国参加护国战争。1917年南下广州参加国会非常会议，支持孙中山护法运动。1929年回钟祥任县长，1931年任国民政府立法委员。"九一八"事变后，致函日本首相犬养毅，反对日本侵略中国。1946年因病去世。

旅沪国会议员：彭养光、王试功、陈家鼎、张良弼、方潜、牟琳、张书元、张我华、周震鳞、茅祖权、蔡汇东、居正、刘钦谟、李积芳、李锜、温世霖、李燮阳、谭惟洋、王法勤、陈荣广、张秋白、丁象谦、罗上霓、冯振骥、胡祖舜、姚桐豫叩。

（《申报》1919年4月7日）

与黄汝鉴等致唐绍仪书

（1919年4月6日）[①]

少川总代表阁下：

自和议开始，北廷阴战阳和，攻陕益急，我公抗争无效，乃有四十八时之通牒，和议停顿，殆数十日矣。而北廷之攻陕如故，编练国防军如故，提用参战借款如故，发行八年公债如故，对于执事所要求者一切置之不理，而惟促令开议。最近徐世昌竟以命令行之，盖其心目中，早视公等为其僚属也。北廷愚弄执事，欺蔑南方如此其甚，焉有续与讲和之理？不谓公竟承认本月七日继续开议，通牒之效力全失，宣言之信用何存？无惑乎交换权利之说，道路纷传，而愈推愈远也。惟和议续开已成事实，徒加责难于事何裨？兹欲与公商榷者即将来应行提议之问题是也。西南出兵之主旨，简括

[①] 书中未见日期，1919年4月8日上海《民国日报》节录此电前曰："旅沪国会议员六号致唐总代表书云。"

言之一曰护法；二曰讨叛。护法者何？国会问题是也。讨叛者何？祸首问题是也。西南舍此题目则为叛乱，和议弃此题目则为投降。两年以来，段祺瑞及其党徒曹汝霖、陆宗舆、徐树铮、靳云鹏等勾结日本军阀，借外力以杀同胞，举军事、财政、矿路一切权利，赠诸异族。卖国之贼，人人得而诛之。则惩治罪魁，诚为当然之举。乃和议开始，同人一再请求公皆始终拒绝。至谓"我当代表一日，决不提出惩办祸首"之语，不知公何爱于卖国贼而必曲为宽假，竟蔑视军政府委托之条件而敢于上下其手也。公之言曰，惩办个人有何益处，不如取（销）[消]国防军，举段氏势力根本铲除云云。同人之主惩办祸首，非置裁国防军于不问，以为必须祸首罢斥而后国防军失所凭依，庶可达裁撤之目的也。今公争持两月，不惟国防军并未裁撤，反扩充至九师十二旅之多。公亦知不能达取消之目的也，则又变易其词，谓国防军系徐世昌之军队，非段祺瑞之军队。前后互异，如出两人。窃所不解公之主张所以失败至此者，皆由于避难就易之一念。若再敷衍塞责，将益陷于穷途。此次开议，宜执擒贼擒王之手段，将卖国祸首提议惩治。此层如果办到，则障碍业已排除，和议进行，必有一日千里矣。国会既已集会于广州，恢复之说于义不通，且不能适用。今所欲言者，国会自由行使职权是也。西南出兵，以护法为职志，能否达护法之目的，纯视乎国会问题之如何解决为归。和议既已续开，则国会问题应当即时提出，以谋一正当之解决。钱能训麻电且认为南方为法律战争，深以公之不提法律问题，备加诘责。据公复电，以为一经开议，即当首先提出，今已届实行提出之期，窃愿公力践前言，无为钱能训辈所不直也。有熟悉内情者谓公于法律问题，拟置最后，必使政治问题一切解决，然后提出，则公牺牲国会之心理，可以窥见一斑矣。国会为北方极端反对之问题，苟各种问题已有结果，设因国会之故抗争至于决裂，必为中外人心理所不许。公于此时可以解说于众曰：吾对于国会非不尽力而受四围之压迫，莫可如何也。公意是否如此，虽不敢信以为真，窃愿公从速提议，一洒外间之疑惑也。同人本日开会，公认祸首问题、国会问题为此次和议之重要关键，当即推定温世霖、王法勤、茅祖权、李锜、刘奇瑶、张秋白六君面谒台端，敬聆意见。专此函达，敬请等安。

旅沪国会议员黄汝鉴、方潜、李燮阳、丁象谦、何陶、许森、张浩、牟琳、张书元、王试功、周震鳞、张佩绅、汪哕鸾、彭介石、陈九韶、李积芳、罗上霓、彭养光、姚桐豫、陈家鼎谨启。

(《申报》1919年4月8日)

附　录

唐绍仪复林森等函[①]
(1919年4月10日)

子超、先行并转赖林陈刘刘秦李田王曹萧卢董龚刘蔡丁万邹郑陈童刘蔡张梁李吴讷高何黄李文诸公大鉴：

接读惠书，惭感交并。贱躯抱恙，卧床者几一月，近体力渐复，已勉出任事，辱承关切，尤见高情。

此次媾和问题之发始，为时已久，而迁延曲折，卒无所成。及欧战告终，世界大势将别开一新局面。而内审西南各省之现状，与夫内外舆论之趋向，则媾和一事，实为不得已之举。假令护法义师越武汉而抵幽燕，则根本解决之计划，当计日而见之实行，和平会议更无须

---

① 本文原标题：《唐总代表表明心迹》。文前曰："唐总代表少川复国会诸君函云……"

多此一举。如认媾和为不得已之举,求于委曲迁就之中,而欲获主张上之胜利,当局苦心每不易为局外人所原谅,此固事势使然也。

来书所云,未可以孤往之心,强众人以同我。仪窃有进者:天地虽有晦盲之时,而公理终有必伸之日。中国不亡,全赖海内达人力倡正义,惟人心不死,国几亡而幸未亡耳。故鄙意不但无强人同我之心,而为国家计,则此种天地间之正气,尤须发挥而光大之。虽曰静躁不同,而殊途同归一也。况国家事非一人一家之私事,非容纳各方面之意见,无以收集思广益之效,且暮鼓晨钟,在在足以发人深省。吾辈办国家事,但求无愧我心而已,若夫利用和平会议于个人有所希冀,则公等相知之深,更无庸仪为表白也。谨布区区,借谢诚意。尚望时锡南针,以匡不逮为祷。专此奉复,并候议祺。唐绍仪。四月十日。

(上海《民国日报》1919 年 5 月 4 日)

与林森等致各省议会等电

(1919 年 4 月 9 日)[①]

各省省议会、教育会、商会、农会,各报并转各团体均鉴:

顷闻北廷欲以全国地丁抵押借款四万万元,假善后名义运动

---

① 此电与下一电均未见日期,但文内有"佳日开联合会"之语,故知此二电均应发于 4 月 9 日。

和会承认等情。查国库有负担之契约及公债之募集须经国会议决，载在《约法》，沪上和会当然无权办理此事。现于佳日开两院联合会，议决南北和议未成立以前，无论借款多少，均根本反对。诸公领袖群彦，望重乡闾，登高一呼，万山皆应。敢援匹夫有责之义，共作被发缨冠之图，急电和会，力止进行，不胜盼祷。

　　林森、吴景濂、褚辅成暨全体议员。□。印。

（《公电》，《参议院第二会期临时会公报》第9号，第82—83页）

与林森等致唐绍仪电

（1919年4月9日）

上海唐总代表暨各代表均鉴：

　　顷闻北廷欲以全国地丁抵押借款四万万元，假善后名义运动和会承认等情。两院同人特于佳日开联合会讨论，佥以国库有负担之契约及公债之募集须经国会议决，载在《约法》，沪上和会当然无权办理此事。南北和议未成立以前，无论借款多少，均根本反对，绝对不能承认。诸公代表护法政府，务望尊重民意，为国民争此呼吸，严词拒绝，是所盼祷。

　　林森、吴景濂、褚辅成暨全体议员。□。印。

（《公电》，《参议院第二会期临时会公报》第9号，第82页）

与冯自由等致唐绍仪函[①]

（1919年4月上旬）

顷阅报载，章士钊建议主张南代表一律移居德国总商会闭门会议刻日将全国一切事实秘密议决。此种论调颇骇听闻。□论此次破坏和议咎由北方不法政府。前次停议之因所为何事？今日开议之果所执何辞？吾民虽愚，岂易欺者。况世界政治趋向公开，今后国际之条约且禁密，岂我国内政尚容三数阴谋家把持武断，万无此理。查章士钊本系无耻善营之流，其留学日本也，钻营某阴谋家，而阳附于民党以自饰。其得参议院议员也，由某武人胁湘督谭公，以二万金买得之，生平行径非惟全国所不容，抑且为湖南所不齿。去岁，军政府派往日本陈述护法之必要意旨，而其回国时，先赴北京鬼鬼祟祟，用心险恶，已可概见。特此声请台端，切勿受其诡蔽，同陷于清议所不容而为国人所共弃。知公素量休休有容，故此经陈，愿留察而严绝之。

（北京《晨报》1919年4月15日）

[①] 原文标题：《又有痛詈章行严者》。文前曰："冯自由、周震鳞、吴灿煌等致南总代表唐少川函云……"

与林森等致唐绍仪电

(1919年4月22日)

上海唐总代表鉴：

查卖国贼段祺瑞等，借参战为名，与日本协定军事密约，预备成立参战军九师十六混成旅，其军事协定附件有该军饷项按月由某国支出二百万元，并聘日本人训练。是该军名为参战军，实则某国驻防军也。况欧战问题，已经解决，此种参战军队，论名论实，均无存在之理。前者，军府曾经以解散参战军列议和条件之一，公当和会开始之时，亦曾列为先决问题，大博中外人士之同情。现和会续开，而参战军进行如故，未闻有正当之解决。报纸喧传，有将该军变易名目保留之说，尤骇人听闻。国人反对参战军，以该军为卖国贼勾通外人所组织，国人必抵死反对，海枯石烂，誓志不渝。若该军改变名目，而实质仍存，是无异自去反对目标，为卖国贼增加保障，更何以自解于天下乎？务望我公顾念军府委托之重，人民属望之殷，坚持到底。国人为公后盾，死生以之。谨掬愚诚，伫候明教。

林森、吴景濂、褚辅成暨两院议员等叩。养。印。

(《公电》，《参议院第二会期临时会公报》第9号，第77—78页)

与林森等致各省督军等电

(1919年4月22日)

各省督军、省长、省议会、教育会、商会公鉴：

致上海唐总代表电文曰：查卖国贼段祺瑞等，借参战为名，与日本协定军事密约，预备成立参战军九师十六混成旅，其军事协定附件有该军饷项按月由某国支出二百万元，并聘日本人训练。是该军名为参战军，实则某国驻防军也。况欧战问题，已经解决，此种参战军队，论名论实，均无存在之理。前者，军府曾经以解散参战军列议和条件之一，公当和会开始之时，亦曾列为先决问题，大博中外人士之同情。现和会续开，而参战军进行如故，未闻有正当之解决。报纸喧传，有将该军变易名目保留之说，尤骇人听闻。国人反对参战军，以该军为卖国贼勾通外人所组织，国人必抵死反对，海枯石烂，誓志不渝。若该军改变名目，而实质仍存，是无异自去反对目标，为卖国贼增加保障，更何以自解于天下乎？务望我公顾念军府委托之重，人民属望之殷，坚持到底。国人为公后盾，死生以之。谨掬愚诚，伫候明教。林森、吴景濂、褚辅成暨两院议员等叩。养。等语。国命存亡，争此呼吸，一致主张，无任盼祷。

林森、吴景濂、褚辅成暨两院议员等叩。养。

(《公电》，《参议院第二会期临时会公报》第9号，第78—79页)

与冯自由等致唐绍仪等电

（1919 年 4 月 23 日）

上海唐总代表及各代表均鉴：

　　和议重开，凡军府决定一切议案，闻均提出和会，会议真象，此间固未尽知。据报章纷传，竟有主张将国会自由行职权一条，作无意识之牺牲，倡为南京制宪后与伪国会同时消灭之说。此种妖言妄举，素稔诸公明达，决不为其摇惑。然北方乱人奸谋百出，必将多方挟持，求逞日暮途穷之计。务恳坚持原议，始终抱定护法初衷。假定敷衍迁就于一时，仍是一度和议，一度种乱，国危至今，何堪再误！本会同人主张合法永久和平，历次宣言，海内共见，所死争者，即在国会自由行职权一条，诚以失败之卖国条约，必由其否决，国内一切善后问题，必赖以监督执行，不独维持《约法》之尊严已也。否则，和议出言，徒为多事。护法之谓何，注重事实之谓何耶？临电惶迫，尚乞采纳施行，至为感祷。

　　广东中华国民策进永久和平会会长冯自由暨全体会员同叩。漾。

（上海《民国日报》1919 年 5 月 2 日）

与林森等致唐绍仪电

(1919年4月24日)

上海唐总代表鉴：

此次和议，决非仅求期月之安，以留待下次再战、再和。参战军于欧战既终之后，各国解兵之时，犹复加紧招编，增借军械，纯由内奸倚仗某国外力，以图逞乱，将来实为吾国第一道火线，务宜力争先去，永绝祸根。万一忍痛容许，不久必挑衅南北，重行开战。凡吾国不良之人，其属段与乎？似段者，皆得次第被其利用，以为虎伥，直至吾国灭亡而后止。是参战军者，去之则内外俱安，存之则期月乱作。在段祺瑞、徐树铮辈日暮途穷，倒行逆施，故甘心为此。若犹有他人欲从而利用之者，非神智瞀乱，不知死活，决不信其有此。我公最初力主裁撤参战军，以为和议先决问题，实洞见命门所在，内外舆论，立时具表同情，亦足征公理难逃，持论原非过激。乃近据报载，和议续开已久，讨论尚未及此。段党且有巧改名目，以保留此军之诡谋，该恐莠言淆惑左右，一时疏忽，竟将重大议案，仅付一度空言，致使天下后世，未能谅公。仍敬乞公本最初堂堂正正之态度，全力拼争，废除此内忧外患所藏之参战军，为四万万国民速保此一块干净土，功实不在禹下，万勿敷衍了事，留为他日再战之导火线。稔公爱国，故敢尽言，临电无任惶迫。

林森、陈堃、郑忾辰、曹振懋、陈嘉会、周震鳞、龚焕辰、何畏、张光炜、卢仲琳、李执中、董昆瀛、时功玖、高振霄、张知本、毕鼎琛、万葆元、萧辉锦、蔡突灵、李瑞、景定成、尚镇圭、寇遐、张凤九、李素、刘汝麟、卢式楷、刘荣棠、宋梫、秦广礼、徐清和、董耕云、邓天一、黄元白、刘芷芬、马君武、龙鹤龄、张大昕、金永昌、凌钺、吴宗慈、王乃昌、万鸿图、方潜、王湘、邹鲁、罗永庆、高荫藻、李文治、杨兆麟、刘泽龙、熊兆渭、李含芳、张士才、申炳炎、张宰真、吴南屏、丁骞、张善与叩。敬。

（《公电》，《参议院第二会期临时会公报》第9号，第79—80页）

与白逾桓等致唐绍仪等电

（1919年4月27日）

上海唐总代表诸公均鉴：

和议续开，所有议题业经一次提出，其中颇关重要者惩办祸首问题亦属其一。民国六年，政变四作，始于毁法，终于大乱。则凡此毁法之徒，即为乱国之贼，置之不惩，后患无穷，一再优柔，养痛遗疽，其结果遂至毁法乱政，蠹国殃民。追维往事，宁不痛心！

今日解决时局之方，非惩办祸首无以保国法之尊严，防将来之祸变，必至纲维坠地，法纪荡然。彼造乱之徒益将毫无忌惮，而国家从此多事矣。况惩办祸首，护法政府议和大纲条件之一，又本为护法之宣言，务望坚持主张，严惩凶残，天下后世，咸利赖之！

白逾桓、周震鳞、王宗尧、吴景濂、周泽苞、石润金、罗永绍、张光炜、卢仲琳、程志卓、褚辅成、杜汝舟、姚翻卿、孙启光、李有忱、李绍白、盖彤诰、王秉谦、周之□、徐清和、龚玉鼎、童启曾、申炳炎、陈玉麟、王家驹、盖益增、张□俲、狄楼海、李克明、王葆真、丁维汾、沈殿之、战云霁、董耕云、周问余、黄翼、邓维受、方潜、刘峰一、薛珠、王宪章、郭相维、王国祜、方子杰、张华澜、魏丹书、盛际光、周廷弼、胡祥林同叩。沁。印。

（上海《民国日报》1919 年 5 月 4 日）

与冯自由等致各省议会等电

（1919 年 4 月 28 日）

上海张秋白、吴灿煌、首绍南诸代表转唐、朱两总代表暨各代表公鉴：

吾民含辛茹苦，受叛法武人之蹂躏，历两载而不悔者，为护法有最后之胜利，曲直既明，是非永定，他日不复有乱法之人，则吾民得安枕矣。现叛法者未惩，合法之国会未得复其自由行使之职权。顷闻和会代表少数人有含糊消灭旧新两国会之说，无论两会名义之正伪,断难相提并论,但以护法之本旨言之,国会可违法而解散,其他法律,仍不破坏自由。诸公受国人之重托,宜本国民公意,力争旧有国会,永久和平,实系于此。否则,根本破裂,是助逆也。愿诸公慎重处之,实所盼祷。广东中华国民策进永久和平会叩。勘。

(上海《民国日报》《申报》1919年5月1日)

与世界和平共进会等致朱启钤等电[①]

(1919年5月3日)

桂莘总代表暨各代表公鉴:

和议秘密,内容难知。公等同属国民份子,自当为国民谋福利,原不欲以恶意相待,妄肆悬揣。惟开议数周,仅议及善后诸案,而于南代表所提旧国会自由行使职权及惩办祸首诸问题,惟以拒绝延宕为务。昨闻诸公且以不出席相要挟,至于陕事尤属言不顾行,任令乾县受攻,不加阻止。夫陕事为诸公承认负责之先决要件,而复国会、惩祸首乃为关系国本之要着,匪独西南所必争,亦应为全国所注重。盖国赖法存,《约法》虽未必完备,岂能擅行改毁!拥护《约法》,即为拥护宪法之地步,此诚国命所托,

---

① 本文及下一文原标题:《三和平会致和议代表函》。文前曰:"世界和平共进会、国民策进永久和平会、广东策进永久和平会昨致南北代表函,对和议有所陈述……"

无可迁就，非有党派之私，南北之见夹杂其间者也。至祸首不惩，坏法者无所忌惮，行见继起愈多，风云扰攘，莫知所届。谋国者岂忍国事败坏至于此极！况北京政府近曾任陆专使为委员长，名为事权统一，实则箝制顾、王二专使之发言，加之卖国派暗肆奸计，强制软化，必令诸专使不能团结，致提案渐遭失败，而日人则方仰首伸眉，顾盼自雄。痛心之事，孰甚于此！夫此次国内和议，本为顾全吾国国际地位起见，故国人婉转呼吁，日盼和成。今既自缚手足，为人作伥，则国且不国，何有于和？此则诸公亟应化除南北界限，全力抗争，以图挽救。而于惩办祸首一层，尤须尊重民意，依从南代表之要求。盖欧和乃吾国生死存亡问题，某派既毁法丧权于前，复敢暗制专使、断绝挽回之生机于后，陷国家于万劫不复之域，罪恶滔天，无可曲宥。此而不惩，直已无国，更不必言法矣。

复次裁兵之案，固为紧要，但裁兵七十万，核实发饷，至多不过三四千万，其他抚恤善后，合计借万万左右，业已敷用，何至借四万万之多！且以田赋作抵，断送民命。借款多，回扣大，便执政者私图耳，国家且因和议而破产矣。况和议重案未决，若即贸然签借巨款，万一和议发生梗阻，岂非以借款而助长内争乎？至于裁兵规定，应勿以兵额报册为凭，必须验枪而后发饷，所收枪炮，即保管于裁兵会，南北皆毋得擅提。但欲实行此着，非有双方公正人严切监察，不足以收功效。此乃为弭兵救民计，若有裁兵之名而无裁兵之实，反因以加重国民之担负，则裁兵之害甚于不裁，垂绝之国人，奚事负此难堪之重担乎？诸公苦心求和，固足钦佩，然若非放大眼光，保全国命，则和议纵成，亦属敷衍了事，昙花一现，转瞬祸作。国人固预备就死，诸公又岂能辞其咎耶？急不择言，尚希诸公虚怀采纳，以拯国难。幸甚！祷甚！

（上海《民国日报》《申报》1919年5月4日）

与世界和平共进会等
致唐绍仪等电

(1919年5月3日)

少川总代表暨各代表公鉴：

和议秘密，内容难知。公等同属国民份子，自当为国民谋福利，原不欲妄肆批评，致滋纠纷。兹如开议数周，关于根本大法及惩办祸首诸问题，未闻诸公强硬要求，此外陕事亦然不独诸公宣言之撤陈与退回原防毫无影响，乾县受攻，近日益急。夫陕事为先决要件，而旧国会自由行使职权及惩办祸首两问题，关系国本，既为护法者所必争，亦即为全国人所注重。前者既迄未办到，后者复严遭摈绝。此时何时，岂徒以委曲求全可以了结者？倘以为难办而不办，则坏法者无所忌惮，行见继起愈多，风云扰攘，国命靡托。谋国者岂忍坐令国事败坏至于此！况北京政府近曾任陆专使为委员长，名为事权统一，实则箝制顾、王二专使之发言，加之卖国派暗肆奸计，强制软化，必令诸专使不能团结，致提案渐遭失败，而日人则方仰首伸眉，顾盼自雄，痛心之事，孰甚于此！夫此次国内和议，本为顾全吾国国际地位起见，故国人婉转呼吁，日盼和成。今既自缚手足，为人作伥，则国且不国，何有于和？此即诸公亟应全力抗争，以图挽救。而于惩办祸首一层，尤须严厉要求，勿稍放松。盖欧和乃吾国生死存亡问题，此辈既毁法丧权于前，复敢暗制专使、断绝挽回之生机于后，陷国家于万劫不复之域，罪恶滔天，无可曲宥。此而不惩，直已无国，更不必言法矣。

　　复次裁兵之案，固为紧要，但裁兵七十万，核实发饷，至多不过三四千万，其他抚恤善后，合计借万万左右，业已敷用，何至借四万万之多！且以田赋作抵，断送民命。借款多，回扣大，便执政者私图耳，国家且因和议而破产矣。况和议重案未决，若即贸然签借巨款，万一和议发生梗阻，岂非以借款而助长内争乎？至于裁兵规定，应勿以兵额报册为凭，必须验枪而后发饷，所收枪炮，即保管于裁兵会，南北皆毋得擅提。但欲实行此着，非有双方公正人严切监察，不足以收功效。此乃为弭兵救民计，若有裁兵之名而无裁兵之实，反因以加重国民之担负，则裁兵之害甚于不裁，垂绝之国人，奚事负此难堪之大款乎？诸公代表西南，责任重大，苦心求和，固足钦佩，然若非严正自持，坚强应付，则和议纵成，亦属敷衍了事，昙花一现，转瞬祸作。国人固预备就死，诸公又岂能辞其咎耶？急不择言，尚希诸公虚怀采纳，以拯困难。幸甚！祷甚！

（上海《民国日报》《申报》1919年5月4日）

与林森等致议和南方代表电[①]

（1919年5月4日）*

上海唐总代表及各分代表鉴：

近日和会已讨论国会问题，闻内容甚秘，外间传闻纷纭，莫明真相。窃为西南起义原为护法，诸公代表议和亦即代表护法，诚以法者，国所与立，非人意可得通融于其间。以外问题，更无有重于此者。故顾名思义，事实尚可酌量让步，法律则绝对无让步余地。是国会完全自由行使职权，为总代表、分代表对于护法政府唯一职责，亦即代表此事者根本之性质，失此则无所代而表之也。乃近闻和议席上，或怀疑于国会时效问题。夫国会以行使职权完满为时效，决不因非法解散而终止其效力。此理于民国五年已成一致之主张。而怀疑者不闻于彼时持异论，忽鳃鳃于今兹护法之役，是无异承认袁世凯不能解散之国会，段祺瑞迫胁黎元洪解散之而有效也。又或怀疑于北方现状之难办，不得不予以迁就。夫北方混乱之状，孰有逾于民国六年段党叛督之枭张，张勋之复辟。西南尚且排万难，负至痛，毅然兴护法之师。诚以法者，国所与立，决不能迁就一时之现状，而贻子孙无穷之祸。乃护法主体之人，不敢畏困迁就于始事，而何以护法代表之人，竟畏难

[①] 《时事新报》的署名为"林森、金永昌、龚焕辰、杨树璜等同叩"。

迁就于将成？是无异将段祺瑞不能以暴力铲除之护法心，而议和代表独为从容消灭于樽俎之上，将三年以来将士血战，人民肝脑，视同无物，毫不能得一代价值，所谓拘诸原而免诸国也。闻分代表中不仅有怀疑者，竟有主（持）〔张〕将护法大业旦夕即实行让步。若岌岌不暇他顾者，存亡之几，功罪所判，其能负此重咎乎？且为法律上开一恶例，将来坏法乱国者，群引为依据。今日破坏大法，明日伪造国会，祸乱相寻，战杀无已，谅亦诸公所不忍逆睹也。道路传闻，或未可尽信。分代表受护法政府之重任，想决不至陷护法政府成为无名之师，令仇我者诋为反叛，必有以坚持于始终也。

总之，法律问题，为护法政府之基本条件，如无完满解决，则全部议定之案当然无效。依《军政府组织大纲》，凡媾和条件须由国会同意，纵代表中有竟愿牺牲法律者，国会同人决不敢负诸将士及国民护法之苦心，冒昧赞同，以重罪戾。为此，合行电达，尚希毅力坚持，勿为国家、法律之罪人，是所企盼！

林森、金永昌、周震鳞、龚焕辰、杨树璜、丁济生、万葆元、陈承箕、王乃昌、梁星五、裘章淦、王鸿庞、张士才、申炳炎、黄元白、张光炜、王维新、李文治、杜汝舟、讷谟图、董昆瀛、汪汝梅、王湘、万鸿图、王家驹、陈嘉会、李建民、谢英伯、孔照晟、董耕云、林者仁、高振霄、樊文耀、廖宗北、邹鲁、陶礼燊、刘荣棠、方座彼、刘芷芬、赖德嘉、鲁鱼、李国桢、何晓川、李希莲、田铭璋、武俊、李素、田永正、袁鳞阁、秦广礼、孙品璋、毕鼎琛、黄翼、谭正、李含芳、魏筱涛、史之照、刘泽龙、龙鹤龄、于仲铨、凌钺、萧辉锦、徐清余、陈廷飓、张知本、沈殿三、李正阳、刘云照、寇遐、马君武、童杭时、项肩、李执中、李瑞、吴慈同叩。

（上海《民国日报》《时事新报》1919年5月4日）

与林森等再致议和南方代表电

（1919年5月4日）*

近上海和会提议国会问题，报章传载：忽有国会议员与伪国会议员自行接洽解决之谣传。夫事关国家根本大法，合法则存，不合法则废。片言决耳，岂如私人权利问题，可互相分配所事乎？邪说播载，殊骇观听。此种行为，断非尊重国家法律者之所承认者，特用声明。

林森、金永昌、周震鳞、龚焕辰、杨树璜、丁济生、万葆元、陈承箕、王乃昌、梁星五、裘章淦、王鸿庞、张士才、申炳炎、黄元白、张光炜、王维新、李文治、杜汝舟、讷谟图、董昆瀛、汪汝梅、王湘、万鸿图、王家驹、陈嘉会、李建民、谢英伯、孔照晟、董耕云、林者仁、高振霄、樊文耀、廖宗北、邹鲁、陶礼燊、刘荣棠、方座彼、刘芷芬、赖德嘉、鲁鱼、李国桢、何晓川、李希莲、田铭璋、武俊、李素、田永正、袁鳞阁、秦广礼、孙品璋、毕鼎琛、黄翼、谭正、李含芳、魏筱涛、史之照、刘泽龙、龙鹤龄、于仲铨、凌钺、萧辉锦、徐清余、陈廷飏、张知本、沈殿三、李正阳、刘云照、寇遐、马君武、童杭时、项肩、李执中、李瑞、吴慈同叩。

（上海《民国日报》1919年5月4日）

与冯自由等致徐世昌电

(1919年5月7日)

北京徐菊人先生鉴：

曹贼汝霖党恶卖国，外警日迫。顷闻大学诸君子激而一愤，焚巢毙丑。宋明太学，有此士气。全国大快。风传权奸欲横加[驱]散，望维持国脉，以之众怒难犯，急不择言。

冯自由、周震鳞、石广权、吴灿煌、张秋白、首绍南叩。阳。

(寒灰编：《金刚卖国记》，上海大书馆1919年版，第55页)

与林森等致唐绍仪朱启钤等电

（1919年5月9日）①

上海唐、朱总代表暨各代表、各报馆并转各公团、各省督军、省长、省议会、教育会、商会、农会、工会均鉴：

卖国贼曹汝霖、章宗祥、陆宗舆等甘为外人鹰犬，密与日本勾结，外而阻挠赴欧代表之要求，撤消《中日密约》及交还青岛，内则希图破坏上海和议，以遂卖国阴谋，罪状昭著，天人共愤。京津学生怵于国亡之惨，目击贼党横行，奋不顾身，义气勃发，焚毁曹宅，痛击章潦，有史以来，无此痛快！乃北廷不思卖国奸党，人尽可诛，反任意捕禁学生，并有将加惨害及解散大学之说。同人闻之，不胜诧异，爰于佳日特开两院联合会，群情愤激，一致议决，通电各省，要求北廷即释已捕学生，维持各校现状，严惩卖国贼曹汝霖、章宗祥、陆宗舆，以谢天下。诸公爱国热忱，宁减此莘莘学子？尚乞一致声讨，合力援救，为两间留正气，为国家扫妖氛。事机迫切，立盼进行。

参议院议长林森，众议院议长吴景濂、副议长褚辅成暨全体议员同叩。印。

（《申报》1919年5月16日）

---

① 原电未署日期，但从文中"佳日特开两院联合会"一语可知，应为5月9日。

与世界和平共进会等致总商会函[①]

(1919年5月12日)*

迳启者：报载贵会佳电，主张派使赴日磋商交还青岛手续，阅之不胜诧异。夫青岛归中日自行解决，固为日本力争而不得者。英日等虽有密约，巴黎和会虽有许日本承继德人权利之条，然只须国人誓死力争，专使不肯签字，协约诸国亦岂能悍然不顾，以吾国权利供其牺牲之理？日本之要挟继承德人权利者，特因不能争得中日自行解决，姑更进以恫喝耳。其声明将来交还吾国者，不过欺骗之手段耳。贵会何遂胆小如鼷，为荒谬之主张，以堕日人之谋耶？日人狼子野心，专意窥伺吾国之隙，国人莫不恨彻骨髓，力图抵制。贵会何心，竟谓尚系对于章宗祥具有愤懑不平之现象，而对于日本外交，并无别种举动耶？又谓国步艰难，国民须静以处事，试问年来国权沦丧非由于国人醉生梦死、箝口结舌、坐令政府订结卖国密约拱手奉送而何？时至今日。犹言静处，然则必至国亡而后方能有所言动耶？又"交还清国"一语，尤属荒谬绝伦。处于民国之下，竟敢为此背叛之语，国典具在，罪有应得，法庭自不能为贵会恕也。以上种种立论，国人痛愤达于极点，想贵会不无明达之士，是否一二奸人窃名播乱，则惟以贵会之声明如何为断。特此诘问，即希明白答复，幸勿延宕，以重国人之

[①] 本文原标题为：《三和平会致总商会函》。

疑也。

世界和平共进会、中华国民策进永久和平会、广东策进永久和平会同叩。

（上海《民国日报》《申报》1919年5月12日）

与世界和平共进会等致各省议会等电

（1919年5月19日）*

各省省议会、教育会、农工商会暨各团体、各报馆均鉴：

前者和议停顿，南代表所提出之先决问题北方迄未实行，徒以人民希望和平，呼吁迫切，南代表不惜委曲求全，赓续前议。乃和会复开以来，荏苒多日，仍无效果，最后南代表乃有八条之提出。以吾人之观察，揆诸护法讨逆之旨，已非根本之解决，不能尽满人意。今退一步言之，不欲为之批评。而北代表处此对于莫大牺牲、仁至义尽之条件，宜如何表示赞同，乃计不出此。深闭固拒，不稍容纳，则北廷毫无言和之诚意，概可想见。惟以表面议和，涂饰天下之耳目，以致南代表不得已全体辞职，北代表继之。日来军政府对于南代表加以慰留，并予以全权，而不意北政府悍然不顾，竟准北代表辞职离沪矣。是此次破坏和议之罪，实在北廷，无能为讳。嗟我人民，将见水益深，火益热，重陷于万劫不复之地。诸公渴望和平，志切拯救，宜速促北方当局者之反省，务激发其天良，苟能猛然悔悟，俾和议得以重开，庶国家有一线之生机。否则，无可挽救，是谓自杀。当此外交失败之秋，国内纷争如益加剧，欲国不亡，岂可得乎？迫切陈词，伫候明教。

世界和平共进会、中华国民策进永久和平会、广东策进永久和平会叩。皓。

（上海《民国日报》《申报》1919年5月21日）

与冯自由等致李纯王占元等电

（1919年6月4日）

南京李督军、武昌王督军、江西陈督军、上海卢护军使、衡州吴师长公鉴：

顷接天津学生会电称：昨十时北京学生演讲，被军警拘捕，现闭置泽学馆四百人，断绝粮食，四周架武器包围。又二人被步军统领拘去笞刑，镣铐下狱云云。以爱国之学生而罹此奇辱，国民悲愤异常。务请驰电营救，实为至祷。

广东中华策进永久和平会代表吴灿煌、冯自由、周震鳞、张秋白、首绍南等叩。支。

（《申报》1919年6月5日）

与林森吴景濂等致全国通电

(1919年6月6日)

督军、省长、省议会、商会、教育会、农会、工会、各报馆均鉴：

数年以还，政争不息，而起伏结束之因，必在国会。此何故也？卖国之辈，常秉国钧；卖国之举。如取囊橐。全国之人，莫可如何。惟国会依法得行其监督之职权，是彼辈卖国政策能否实行，实视国会存否以为断。经过之事皆然，而山东之事尤为显明昭著。当此欧洲和会警电传来，日本继承德国在山东一切权利，全国震骇，学生愤击都中，使者抗争海外，呼吁未息，尊俎方喧，乃闻北廷竟已由府院联合会议决，电令专使签字，并通电各省设法箝制舆论。呜呼！甘心卖国至于此极。综其罪状，擢发难数矣。溯我国会，民国二年袁世凯将中俄条约交议，即斥为此约签字，他国必有援利益均沾之例，以促我亡者，极端反对。论者或以蒙事已成事实，协约特从而追认，无关实际为言。国会又谓，国权丧失，罪在政府。不签约，他日犹有取回之余地，遂否决之。此皆当日主张之理由，可以复按。乃袁世凯既怀野心于国内，亟欲见好于外人，恶国会之阻止也，遂于是年十一月四日下令解散国会，次日即签字于《中俄协约》，举西北屏藩之外蒙一切实权于无人监督之中，一旦拱手而让诸俄矣。此约一经发表，果如国会所虑，他日利益均沾之要求，纷至沓来。四年五月七日，遂至有举国不忘日本"二十一条"之承认。向使国会存在，袁世凯何敢公然卖国？若此即有之，国会亦决不能容许。观于《中俄协约》，国会坚持不予通过，虽冒解散而不辞，固有与国人可以共信者矣。迨五年国会再集北京，而对德绝交议起。政府交议，我国会一致赞成。夫绝交、宣战，事本连带，安有赞成绝交复反对宣战者？惟以日本是时态度诡变，深可注目。初以嫉忌反对我国加入，嗣以交结我国武人，阳假协助参战为名，阴以输械、借款，攫我国军事实权。武人不知利害，则又欲利用之以压迫异己。我国会洞瞩内外之奸，因主张先改组内阁，再通过宣战案。于是彼派穷蹙，激起大波，督军聚哄，公民内扰，终至师袁氏故智，再演第二次非法解散国会。国会既经解散，因得为所欲为。过去二年中，种种卖国军事密约，胶济、吉开等七路合同，遂着着进行，国民虽愤，无奈彼何矣。此又我国会每一回顾椎心长叹，不能不以当时实在情形，重诉诸国人之前者也。夫对外订结条约，必经国会同意，为立宪国家通例。《临时约法》第三十五条，具有明文。我国会七年八月十九日宣言，非法政府所缔结之条约、契约，按照《约法》应由国会议决或同意者，在未经议决或同意以前，不得认为有效。我国人共鉴之，不以为非。乃彼卖国贼党，窥窃大柄，僭据首都，蔑弃《约法》，蹂躏民气，黩武经年，终不悛悟，遂使我国内同胞以一二人横暴专擅之故，分崩离析，无从求合。我直、鲁、晋、豫十余行省人民土地，长堕昏暗无法之中，今又对于山东问题，不惜稗贩国土，悍然为此无条件之签字，悖立国之原理，忘舆论之大公。呜呼！我国人其不可谓争之不力矣。大会遍于国中，呼声彻于原野，攘臂巡行，货弃于地，民心不死，真义日明。山东、保定军人，亦有声罪致讨之举。然北廷于七年三月与日本交换文书，已附有欣然同意字样。参战期限解释，又有曲意延长之附件。狐埋狐搰，其尚能望诸彼乎？呜呼已矣！夫国家者，我全体人民之国家，非一二卖国者所能私有也；政府者，我全国人民之政府，非一二卖国者所可霸占也。闻诛独夫，虐则我仇。自昔君主时代尚标此义，况我中国民国由中华人民组织之，中华民国之主权属于国民全体。《约法》条文，昭昭若揭。是卖国者彼，被卖国者我也。卖国者彼一二人，被卖国者我全体之人民也。呜呼！莽莽国土，谁作牺牲，其谓之何哉？其谓之何哉？我国会同人迭遭变乱，日与卖国之流拼死奋争，颠沛流离，在所弗恤，自当本其素愿，力图进行，俾达完全行使职权，依法取消一切卖国私约，以惩民贼，以复国权，以保我《约法》之光荣，以完我人民之责任。呜呼！河山满眼，涕泪陈辞。除电巴黎各国代表及美国国会声明山东问题不认日本继承德国一切权利、誓谋挽救外，特此宣告，诸惟昭鉴。

参议院议长林森，众议院议长吴景濂、副议长褚辅成暨全体议员同叩。鱼。印。

（《申报》1919年6月27日）

与徐绍桢等致汪精卫①等电

（1919年6月23日）

巴黎和会顾、王两专使交汪精卫、徐季龙两先生分转各国专使、各代表、各国政府、国会公鉴：

　　山东问题连带年来中日间不合法之（秘）［密］约，皆足促亡吾国而有余。野心国平时利用吾国之内奸，借款借械，以益我内讧，今且公然欲攫我土地之主权。吾民近来士罢学、商罢市、工罢业，誓死不能承认。吾国各特使对外得以全权代表吾民，万一有内奸挟持政府而有不合法之乱命，断送主权者，各特使义当却而不受。倘特使与内奸朋比，损我国权，吾民公讨之。各友邦主持公道，如果确欲树世界之和平，想断不忍抛弃其正义人道之主张，负我努力参战之苦心，而使受最后至不平之待遇也。共和国主权在民，望各友邦暨我特使注意焉。

---

　　① 汪兆铭（1883—1944），字季新，笔名精卫，原籍浙江山阴（今绍兴），生于广东番禺。1903年留学日本，后参加同盟会，曾任《民报》主编。1910年初谋刺清摄政王载沣被捕，被判处终身监禁。武昌起义后，由袁世凯开释出狱，任南方民军议和总代表伍廷芳的参赞，参加南北议和，后赴法留学。1917年回国后参加护法运动，任广东革命政府高等顾问、教育会会长、国民党本部参议。1924年后历任国民党中央执行委员宣传部部长、国民政府常务委员会主席兼军事委员会主席、武汉国民政府主席、行政院院长兼外交部部长、国防最高会议副主席、国民党副总裁等职。抗日战争时期，投靠日本，任伪国民政府"行政院长"兼"国府主席"。1944年病死于日本名古屋。

国民外交会徐绍桢、冯自由、周道腴、石广权、吴灿煌、刘瑞汌、张秋白、简玉阶、谢申岳、周逸等公叩。漾。

(上海《民国日报》《申报》1919年6月23日)

与世界和平共进会等致各省议会等电

(1919年6月23日)

各省省议会、教育会、商会、农会、工会、国民大会、学生联合会、各和平会、各报馆、各团体公鉴：

昨读和平期成会通电，主张新旧国会同时停会，以待时局解决，等语。本会切望和平，与期成会未尝有异，惟征求大多数民意，微有不同，愿更进一言：

民国八年以来，祸乱相循，迄无宁日。推原其故，多在是非不明，法律无效。欲谋永久和平，固希望双方有互让同情，然后磋商，庶易接近。但法律精神，吾人尤不能不认识。若完全牺牲法律，纵能弥缝一时，实酿无穷隐患。大盗窃国，更何惮而不为。法治主义至今日既无从打破，则法律问题亦即不容含糊。新旧国会在法律上实有真伪之分，焉能视同一律？若强欲以法殉人，天下大乱，恐即不可收拾。

慨自上海和会停顿以后，国事益陷危险，外交益遭失败，民心益见激昂，金融益加紧迫，四万万人民几入延颈以待死刑宣告之惨境。呜呼！阴风黯淡，鬼啸狐鸣，谁执屠伯之刀，武人固为祸首。暗中操纵，营私害国，假新国会为巢穴，玩国事如儿戏，视人民如鱼肉者，安福系之罪，实不在武人之下。欲清乱源，不能不从声讨安福系及解散新国会始。新国会产生，由于非法改选，天下皆知，其本身久无存在之价值，况安福诸议员盘据其间，鬼蜮为心，盗贼成性，选举总统，即视总统为弄儿；联络武人，实以武人为器械。包藏祸心，无恶不作，欲掠取全国金融机关为私产，乃通过恢复《二年中国银行则例》，欲尽吸举国人民膏血，以饱贪腹，竟要求数十简任、荐任职员，贪鄙无耻，几非人类。青岛问题关系国家存亡，此何等重大之事，全国人民奋起力争，不惜罢学、罢市、罢工，一息尚存，未敢稍懈。安福系议员既冒居人民代表，苟稍具天良，亦应有正当主张，为国家保留一线命脉，乃时而主张不签字，时而又主张签字，出尔反尔，徒以国家大事供彼党争窃夺，其交换条件必不惜陷全国于万劫不复之地，是可忍孰不可忍！危机四伏，万难再事姑容。凡我国民，应速起一致声讨，并一面由各省人民对于安福系本省议员，用民意宣布剥夺其终身公权，表示不与国贼并立之决心；一面要求北京政府速解散非法新国会，表尊重法律、服从舆论之诚意，然后再敦促南北代表赓续和议，以谋统一。害群之马既除，国事庶几有望。治乱安危，间不容发，迫切陈词，惟希公鉴。

中华国民策进永久和平会、世界和平共进会、广东中华国民策进永久和平会同叩。梗。

附　录

吴灿煌首绍南致周震鳞等电

（1919 年 6 月 23 日）

广州中华国民策进永久和平会冯自由、谭民三、张秋白、周道腴、李懋吾、张已正、常藩侯、简琴石、谢英伯、刘仲迈、陈献甫、席资生、李兰轩、邹海滨、叶竞生、林伯和、覃哲民、陈汉元、石奉春、李吟秋、陈山毓诸先生转世界和平共进会诸公、各省议会、教育会、商会、工会、全国学生联合会、各报馆转各名流公鉴：

敬（？）日和平期成联合会通电，代表民意，痛陈安福派危害国家情形，并请令停会，宏模远识，正气感人。而全国和平联合会力主解散以廿余省法定团体之公意，一致主张，足征该派倒行逆施为全国国民所共弃。惟是期成会则主张正式国会同时闭会，此种议论，颇资研究。窃以民国八年四乱，皆由无聊政客、不法武人所构成，而其所以敢于横行者，实由宪典未颁，目无法纪。现闻国会议员正在粤垣商榷制宪，凡我国民团体应如何督促进行，以期大法早成，以慰国人殷殷之望。同人等为维持根本大法及永久和平计，自应责成北京当事从速解散安福俱乐部暨非法国会，惩办大小卖国贼，以救中国危亡而谋世界人类幸福。

本会代表吴灿煌、首绍南同叩。梗。

（上海《国民新报》《申报》1919 年 6 月 27 日）

与世界和平共进会等致徐世昌电

（1919年6月27日）

北京徐菊人先生鉴：

签字德约，既以断送山东，复使密约存在，国本斲丧，万劫不复。公既未能排除万难，保全国家，乃复悍然不顾，通电各省，力主签字，以去就相要挟，以曲说惑人心，而与根本断送山东之密约，则毫不加以顾虑，倒行逆施，莫此为甚。试问，军财路矿等权，既被"二十一条约"及各密约悉数断送，国且不国，何贵乎日本有名无实之交还？何需于区区不可必得之有利条件耶？况国家国权，端赖自立，若如此苟且敷衍，列强何爱于我？势将为利益均沾计，协以谋我，以分尝此脔。以昔日德占青岛，英、法即继起而据威海卫、广州湾，暨今日西藏之事证之，其理甚明。列强同情与不同情之言，直以欺人自欺，谓非献媚外人、巩固私位，其谁信之？今特为最后之警告曰：如竟签字德约，卖国责任，由公负之，国人誓不承认。德约签否，转瞬即明，国人当以此而判其功罪。孰去孰从，幸慎择。

世界和平共进会、策进永久和平会、广东策进永久和平会。沁。印。

（上海《国民新报》1919年6月28日）

与世界和平共进会等致各省通电

（1919年6月27日）

（衔略）自段祺瑞通电力主签字以来，方以为段氏祸国自私，国人早已群起声讨。邪说谬论，虽北廷亦将有所顾忌，不敢悍然自承。乃徐世昌竟通电要挟签字，争以去就，解以曲说，而于密约则绝口不道一字。国人不察，因循苟且，莫敢直斥其非，致北廷勘破国人心理，电令专使签字。痛心之事，孰甚于此。夫日本之得山东权利者，以其有"二十一条约"及各密约为之根据故也。设竟签字德约，不仅断送山东，实予"二十一条约"及各密条以保证，使其永久存在，虽在国际联盟，亦无要求废除之望。军财路矿诸大权，既为此等密约所断送，国本已丧，何能自存？日本纵允交还青岛，有名无实，何裨于国？（中略）是则北廷主张签字，毫无理由之可言，纯以欺人自欺，献媚外人，巩固私位耳。时危势迫，呼吁无灵，愿国人速下决心，通告中外，否认签字之有效。如此，纵令签字既成事实，国人仍有挽救之余地。时不可失，唯速起图之。

世界和平共进会、策进永久和平会、广东策进永久和平会。沁。印。

（上海《国民新报》1919年6月28日）

与林森等致协约各国国会（除日本）电[①]

（1919年7月5日）

  我中华民国，前者愤德国潜艇政策之横暴，警告不听，继以绝交终至对德宣战，加入协约国战团。去年又随协约各友邦与德言和。凡以为人道正义而争，力求世界有真正永久和平之日，故希望以公道始者，仍以公道终也。巴黎会议系我协约国基于战胜之结果，对于德国订立议和条约，即谋所以巩固世界之真正永久和平，凡一切条约之足以骚乱世界和平者，皆应去之。在我协约国中之任何一国，更不应因战胜结果反于与德议和之条约中有所损失，致妨碍此次和会全体蕲求和平之目的。我中华民国人民对于与德议和条约除第四节中关于山东问题三款外，其他各条约赞同协约各友邦之主张，极为满意。查关于山东问题三款，实侵害我国领土主权甚大，万不能予以承认。我国对德宣战时，曾对各国宣言：因与德国立于战争地位，所有从前与德所订各条约及一切权利当然取消，决无再有由德国让与日本之根据。且同一战胜国，我中华民国于和约上反独受领土主权之损失，尤为不平。至

---

  ① 本文和下一文原标题：《旧国会之两院联合会》。文前曰："七月五日（星期六）国会开两院联合会讨论关于外交问题之电稿……兹录外交问题两电如下……"

高徐、顺济、胶济各铁路条约，乃日本与我国三数私人经手私订之密约，绝非国民所能公认。盖我国约法：所有条约，非得国会同意不能缔结也。故数月以来，除本会迭电巴黎和会郑重声明外，我国商工学界全体人民罢课、罢市，拼死力争，亦既为协约各友邦驻我国之公使领事所亲见。所以誓死必争者，一为我国领土丧失、主权受损之关系，一为世界后来之和平将因东亚问题而破坏。为我国计，为世界计，均不能忍承此三款也。我国代表受全国人民重责，要求于对德和约签押以前声明保留此三款，未蒙容纳；只求声明后日得再提议此案，亦不蒙允许。势不获已，只得因此山东问题三款不得保留之故，拒绝签约。此次我国自对德宣战以至媾和，皆与协约友邦共同一致，兹因对德和约中有侵害我国领土主权之三款，各友邦未能鉴谅致全约未能签押，殊为遗憾。但我国对于德国恢复和平之意，实与协约各友邦无殊，绝不因拒绝签约而有所变更。为此，将我国以上不得已之实情，电达贵国国会议员诸君，务祈谅察，为国际主持公道并望将此意转达贵国政府，深为感幸。

(《申报》1919年7月13日)

与林森等致各省督军省长等电

(1919年7月5日)

各省督军、省长、省议会、教育会、商会、农会、工会、学生联合会，各学校、各公团、各报馆，北京各学校、商会、学生联合会，上海全国学生联合会、商业公团联合会、平民商会、外交后援会、和平联合会、策进永久和平会、世界和平共进会、和平期成联合会，各团体、各报馆均鉴：

近据欧洲和会王专使俭电称，对德签约因关于山东三款主张声明保留不获，继持另文保留又不获，甚至请于签字前声明他日得重提此案，亦不获，遂拒绝签字，原为我全国民意之所主张，第签字既经拒绝，此后办法亟须商筹。

一、对于国际间亟应声明，我国拒绝签字之理由，乃因以协约战胜之一员，不应反有领土主权之丧失。至于对德和约全部除关于山东问题三款外，均为我全国国民之所赞同，对于德国恢复和平之意，实与协约各国无殊，绝不因拒绝签字而有所变更。

一、外交所宜挽救者，以山东问题为最大而最急，然与山东问题有密切关系之各种密约未经正式国会依合法手续通过者，我全国国民绝对不能承认，例如，民国四年五月与日本缔结之"二十一条"条约、民国六年以后中日军事协定及与日本所订胶济铁路换文，高徐、顺济各路密约均不能发生效力是也。而顺济、高徐等约尤为此次山东问题失败之总因。故欲收回山东领土主权，则不能不力谋先废此等密约。惟是种种国权丧失，万非空言所能挽救。今虽赖全国各界万众一心，作议和专使之后援，幸能不辱使命，未予签字，然欲收回山东领土主权，非仅不签字而已。今后进行之法，急应严责北廷向国人明白宣布废除一切私约，不得以废约须经双方同意为口实。盖一切不合法之私约，当然不发生效力，无征求他方同意之必要。而我国当决然宣布废止并将私订密约、盗卖国权之巨蠹从严惩办，不能以仅免曹、章、陆三数奸人而遂止。

两年以来，内哄未靖而国家沉沦之患近迫眉睫，所望全国人民本爱国之挚诚，为继续之奋斗，不达到除尽内奸、废弃密约、收回领土之目的不止。议员等能力所及，责任攸关，誓当同心御侮，共维国艰，诸希鉴察。

参议院议长林森，众议院议长吴景濂、副议长褚辅成暨参众两院议员同叩。

(《申报》1919年7月13日)

与万鸿图等关于粤垣罢市的质问书

(1919年7月中旬)

为质问事：自外交问题发生，各处罢市、罢工，奔走呼号，力拒签字，风潮彭湃，震撼全国。顷者广东市民群起响应，经开国民大会，要求护法政府三事：（一）下令讨贼；（二）取消中日一切密约；（三）任伍廷芳兼任广东省长。乃政府无相当办法，致起罢市已逾二日。今复有罢工之举，水火俱绝，若不速行解决，恐险象环生，不可终日。政府究应如何处置，限于三日内明白答复。

提出者：万鸿图。

连署者：居正、刘芷芬、马君武、王湘、卢式楷、董昆瀛、张知本、萧辉锦、于仲铨、李素、高振霄、李文治、黄绍侃、田铭璋、彭廷珍、周震鳞、何畏、王猷、裘章淦、李正阳。

(《申报》1919年7月23日)

与李执中等致军政府总裁电

（1919年7月31日）

军政府总裁诸公均鉴：

敬启者：湖南省议会改选一节，前经钧府与北廷交涉暂行缓办在案。兹据湖南各界缄称，张敬尧屡行违法举办，以不足三分一之少数区域竟包办全省选举，违反民意，阻碍和局，务请速向北廷严重交涉，即行阻止。再张敬尧将湖南第一纺纱厂机器拍卖于鄂商李紫云。查此厂系湘公产，百费经营，方能成立。当此议和时期，张乃任意破坏，与敌人劫掠行为无异。亦请严责北廷勒令张敬尧收回此项机器，并电鄂王督严谕李紫云勿与张私作此项交易，以免日后辘轇，至为叩祷。专此。即颂公安。

湘议员：李执中、周震鳞、陈嘉会、彭邦栋、田永正、陈家鼎、钟才宏、周泽苞、禹瀛、郑人康、刘彦、邓维受、石润金、向元均、罗永绍、覃振、文笃周、袁炳煌、黄策成、陈焕南谨启。中华民国八年七月三十一日。

（《公文》，《军政府公报》修字第97号，1919年8月13日）

书赠王禹卿[①]

（1919年7月）

　　国之良干，垂爱在民。蔽沛棠树，温温恭人。乾道不缪，唯淑是亲。

　　民国八年七月临张公方碑。奉禹卿吾兄大雅正之。道腴周震鳞。钤印：周震鳞印（白）；道腴（朱）。

（周震鳞手迹影印件）

与林森等复孙中山电

（1919年8月13日）

上海孙总裁鉴：

---

① 王禹卿系长沙明德学堂校友。

奉读阳电，辞军政府总裁职，两院同人，惶恐万状。我公手创民国，爱护备至。前年国会被非法解散，公投袂而起，率同海军来粤，首倡护法，义声所布，中外咸钦。不数月而奋然揭护法旗帜以起者，遍西南数省。北方爱国军人亦相继发抒正论，不肯谬附北廷，足证人心不死，公理不灭，爱国真诚，人所应同，但能毅力坚持，未必终于寡和也。

三年以来，西南十省军民亦既竭全力，以共撑持。观于近日，全国民气之勃发，舆论之趋向，与夫国贼之势穷理屈，我护法大业更不容稍挫于垂成。虽北廷自知情亏，逆料议和席上堂堂正正之谈判，国民共睹，决不能以私胜公，以邪黜正，乃诡谋勾结，冀幸单独媾和，施各个击破之术，为将来一网打尽之谋，币重言甘，近已破露。此在稍有常识者亦应自危。盖强权不并立，正义乃独尊。国贼既不惜毁法卖国，尚何能容许他人势力之存在，以妨害其行动。知我西南护法诸公，必有能觉悟及此者。

尊电本披缨之心，为垂涕之语，并承勉以努力奋发，使国会最高权〔力〕为根本上正当之解决。捧诵再三，（旁皇）〔彷徨〕感叹！国会遭非法解散者两次矣，同人忝列议席，深念国民付托之重，不忍屈从武力，任其毁法，为民国开一恶例，破万年民治之基，奋斗至今，未敢稍懈。本日开会议决，佥谓义始义终，与国法同休戚，即与民国共存亡，变象纷乘，此志不改。惟当风雨晦明之时，益切牖户绸缪之念，敢以公之责勉同人者，进而望公，务恳取消辞职，贯彻护法初衷，力挽狂澜，以为后劲，勿使国贼闻而快心，国民因以失望。竭诚请命，敬乞鉴纳。

参议院议长林森、众议院议长吴景濂暨全体议员同叩。元。

（《公电》，《参议院第二会期临时会公报》第 15 号，第 64 页；又见上海《民国日报》1919 年 8 月 22 日）

与林森等致朱尔典等电

（1919年8月13日）

北京公使团领袖公使朱爵使转银行团鉴：

闻北廷近有向贵国银行团商借二千四百万元之议，敝国人民痛愤万状。查我国内争数年，皆由北廷违法借债，酿成兵祸所致。贵银行团洞悉本源，曾经声明我国南北未统一以前，无论对于何方，不得借款。我国民全体久已感谢厚意。北廷此次借款如果成为事实，不独与贵银行团前此声明不符，实足以助长我国兵祸，牵动世界和平，当为主张正义、维持人道者所不为。依据我国《约法》，凡借款必须合法国会同意或议决。故本会曾于一九一八年八月十九日议决宣言第二条：凡北京自非法解散国会之后，非法政府所缔结之条约及其所发行之公债，按照《约法》，应由国会议决或同意者，在未经议决或同意以前，不得认为有效。以是本会赓续前此宣言，再向贵银行团声明，请拒绝北廷借款二千四百万元之议，直接减少我国之兵祸，间接谋世界之和平，想亦贵银行团所赞许者也。特此申明，希即查照为荷。

参议院议长林森、众议院议长吴景濂暨全体议员同叩。元。印。

（《公电》，《参议院第二会期临时会公报》第15号，第62页）

与林森等致各省督军等电

(1919年8月13日)

各省督军、省长、省议会、教育会、商会、工会、农商会、各报馆鉴：

我国内争数年，人民涂炭。推其原因，是由北方违法卖国，与日本屡订密约，借款购械所致。乃近闻北方又有向旧银行团订借二千四百万之议，并先与日本接洽，足见北方卖国奸谋，依然未已。山东问题，全国愤慨，均主张留待国际联盟会解决，表示不信任与日本直接交涉之决心。而北方少数私人，不顾国民心理，不顾国内和平，仍有此继续借款之举，假银行团名义，以掩国人耳目，用心尤为叵测。查银行团各国代表，希望我国和平最切，于我国上海和议初发生时，即曾宣言停止借款。如无日本关系，必不能于内争未息以前，贷予北方巨款，直接以表示国际之不公，间接以助长我国之内乱。至我国会对于北方此种违法借款，擅增人民负担，认为按照《约法》未经国会议决同意，不生效力，早经屡次宣言，兹除径电北京领袖公使转银行团切实声明外，特此布闻。务望全国人民一致否认，以救国危。

参议院议长林森、众议院议长吴景濂暨全体议员同叩。元。印。

(《公电》，《参议院第二会期临时会公报》第15号，第61页)

与林森等致全国各界电

（1919年8月18日）

全国省议会、商会、教育会、工会、农会、上海各公团、各报馆鉴：

　　数年以来，战祸不熄，生民流离，海内愁苦，商业停顿，外权失坠，此皆北方二三武人毁法好乱，有以致之。我西南屈已忍辱，承认和议。乃和议已开，北方犹急攻陕西，于是和议之机一挫，条件甫提，北方遽已撤回代表，于是和议之机再绝。西南以希望和平之故，总、分代表迄今留驻沪上，未移一步。万不料北方再派总代表，竟以安福系领袖王揖唐继朱启钤之后。按双方议和，但论主义，能否容接其所派人物之为圣贤盗跖，本可不问。然维以尊重主义之故，亦不能不论及人物。美总统威尔逊曾宣言：德国议和之人，须由平民政府选出，不得以威廉所属之人派充。正以与主义绝对之人议和，难期达于妥洽之目的故也。我西南此次之战，本为护法，法律、事实解决先后，前此已成争议。今王揖唐身充非法机关首领，其所抱主义不问可知，何能与议法律问题？此与西南主义法律上如何万不能容者一也。此次战争之起，基于护法而至于经年不决，则北方借款购械，不恤卖国，又实为重大原因。青岛问题震动全国，祸始作梗，前后实止一安福系。废除种种密约暨撤销参战军、国防军、边防军，唐总代表前提条件已列入第二、三项。今王揖唐为安福系领袖,即为主持借款购械之重要人物,决无商洽恢复国权之希望。此为西南主义外交上万不能容者又一也。至于北方主战属于某派,天下所共闻见,今忽变相言和,可决其必非出于诚意,与其苟且承认,终至决裂,反使窒碍和议,自应正言拒绝,以促北方省悟,方为我西南公正和平之表示。我国会讨论至再,根据上述理由,认王揖唐为与西南主义不相容纳之人,一致反对,不承认为北方议和总代表。除咨请护法政府严词拒绝,并通电告各国公使,以免误会外,特此电闻。

参议院议长林森、众议院议长吴景濂、褚辅成暨全体议员叩。巧。

(《公电》,《参议院第二会期临时会公报》第 15 号,第 72—73 页)

与吴景濂等致广州军政府等电

(1919 年 8 月 19 日)

广州护法政府各总裁、各部长、各省军区代表、莫督军、省议会、海军各舰长、马总司令、林总司令、沈总司令、赣军彭总司令,漳州陈省长、方会办,潮州伍军长、诏安林督军,黄冈吕督办、王副司令、陈师长,韶州李督办、武鸣陆总裁、南宁谭督军、李省长、省议会,云南唐总裁、省议会,成都熊督军、杨省长、省议会,贵阳刘督军、王总司令、省议会,郴州谭督军、赵总司令,夔州黎总司令、唐总司令、柏总指挥,豫军王总司令、万县杨总司令、巫山王总司令、辰溪周总司令,辰州田、张、胡、林、萧各总司令,陕西三原于督军、张会办,上海唐总代表及各代表、章太炎、吴稚晖、孙伯兰、张溥泉诸先生均鉴:

元日致孙总裁一电文曰:奉读阳电,辞军政府总裁职,两院同人,惶恐万状。我公手创民国,爱护备至。前年国会被非法解散,公投袂而起,率同海军来粤,首倡护法,义声所布,中外咸钦。不数月而奋然揭护法旗帜以起者,遍西南数省。北方爱国军人亦相继发抒正论,不肯谬附北廷,足证人心不死,公理不灭,爱国真诚,人所应同,但能毅力坚持,未必终于寡和也。三年以来,西南十省军民亦既竭全力,以共撑持。观于近日,全国民气之勃发,舆论之趋向,与夫国贼之势穷理屈,我护法大业更不容稍挫于垂成。虽北廷自知情亏,逆料议和席上堂堂正正之谈判,国民共睹,决不能以私胜公,以邪黜正,乃诡谋勾结,冀幸单独媾和,施各个击破之术,为将来一网打尽之谋,币重言甘,近已破露。此在稍有常识者亦应自危。盖强权不并立,正义乃独尊。国贼既不惜毁法卖国,尚何能容许他人势力之存在,以妨害其行动。知我西南护法诸公,必有能觉悟及此者。尊电本披缨之心,为垂涕之语,并承勉以努力奋发,使国会最高权[力]为根本上正当之解决。捧诵再三,(旁皇)[彷徨]感叹!国会遭非法解散者两次矣,同人忝列议席,深念国民付托之重,不忍屈从武力,任其毁法,为民国开一恶例,破万年民治之基,奋斗至今,未敢稍懈。本日开会议决,佥谓义始义终,与国法同休戚,即与民国共存亡,变象纷乘,此志不改。惟当风雨晦明之时,益切牗户绸缪之念,敢以公之责勉同人者,进而望公,务恳取消辞职,贯彻护法初衷,力挽狂澜,以为后劲,勿使国贼闻而快心,国民因以失望。竭诚请命,敬乞鉴纳云云。谨此电达,务恳一致挽留,以维国是。

参议院议长林森、众议院议长吴景濂暨全体议员同叩。皓。印。

(《公电》,《参议院第二会期临时会公报》第15号,第66—68页)

与吴景濂等挽留孙中山电①

(1919年9月4日)②

上海孙总裁钧鉴:

奉读阳电,无任悚惶。先生以护法主张多所扞格,迫而辞职,夫岂得已。然同人有不能已于言者:

溯自前岁先生创义粤中,同人等望风景从,原冀本正义之主张,为根本之解决,无如内部意见歧出,譬如琴瑟不调,不得不谋改弦更张,期以容纳各方面意见,团结实力,再图发展。乃自军府改组以还,益复因循混沌,兼之欧战告终,外交危迫,息争对外之说,深中于人心,遂致护法大业蹉跎至今,迄无效果。蒿目时艰,非惟先生引为痛心,即同人亦同深致慨。就现势推测,

---

① 本文原标题:《国会议员挽留孙先生》。
② 此件未署日期,据报载称:"国会议员三百三十六人由吴景濂、褚辅成两君领衔,支日电孙中山先生。"故发电于九月四日。

战既不能，和亦无望，所以株守不忍遽去者，无非欲保存此法律之统系，以待国人最后之裁判。无论北廷如何诡谋以求逞，无论西南如何委曲以求全，而兹法律系统断不容任其稍有破坏。倘并此最低限度终鲜救济，则同人以护法来者，自不能以毁法去。要当宣布始末，留此一件不了公案以诉诸国民，此实同人最后之决心。

至于目前，不能不相勉忍辱负重，尤不能不盼我先生始终维护。先生之在全国，实为共和之神髓，先生之在西南，尤负倡率之重责。矧国会制宪，正在积极进行，外交问题，犹复悬而未决，若因先生辞职，致议员来粤者裹足，卖国者、自利者横行，则大业败于垂成，敌计借以得售，又岂先生护法之初衷？务恳勉抑高怀，勿抱去志，励我同人，作我士气，以与毁法叛国者角最后之胜利，不胜迫切待命之至！（署名略）

（上海《民国日报》《申报》1919年9月12日）

附　录

孙中山复广州国会议员函
（1919年9月10日）

奉读支日快邮代电，殷殷以抑志勿去相勉，期以保存法律统系为最低限度，属望只此，复不能如命，良用增慨。

文所望于国会者，在于代表国民行使最高权，驱除不法政府，以达民权主义之主张。前电已述衷怀，非徒自为痛心，亦非但望国会同人致慨也。坐言起行，还以望之于群彦。至于制宪，自是国会本分，岂有文之去就能损益于其间哉？

诸公代表国民，先来者以护法而来，固有最后之决心；后来者以制宪而来，亦岂因文辞职而致裹足。文甚不欲以此无谓之顾虑，轻量暂未来粤诸议员之人格。若国会仍有推翻现制之决心，勿遽作最低限度之想，即或为牺牲于一时，尚可伸大义于天下。不然者，则在文虽有辱可忍，无重可负，诸公之属望，未免空悬矣。专复，即颂决心。

（广东社科院历史研究室等合编：《孙中山全集》第五卷，中华书局1981年版，第111页）

致孙中山章太炎等电

（1919年9月9日）

各省省议会、教育会、商会、农会、工会、各团体、各机关，上海商业联合会、华侨联合会、策进永久和平会、护法后援会各团体，孙中山、章太炎、孙伯兰、唐少川、胡展堂，各分代表、各报馆鉴：

民国不幸，政变迭乘。护法之战，两载于兹。内有毁法卖国之巨奸，外有蚕食鲸吞之暴邻。大好河山，不待他人强夺豪取而欣然断送之者，有人神明胄行将降为舆台，一线国脉不即沉沦于万劫不复之境者几希。本会同人怒焉忧之，爰本委曲求全之义，勉随国中父老昆季之后，主倡和平，固冀两方罢战言和，俾法律、政治得一适当解决，国治而民获康乐，内安而外患可除。孰意事与愿违，上海和会两次停顿，卖国党徒终不可期其向善，素受某国豢养之军阀走卒竟敢倡言中日合并，段祺瑞甘作李完用，徐世昌窃以能步韩王后尘为无量荣幸，故与吾国生死攸关。欧洲和会之签字问题，全国所拼死拒绝者，彼卖国政府则运动补签。段代日本招练之参战军亦全国所同声主张解散者，彼则力助其扩充日有加而无减。中日密约无意取消，且延长其时效。卖国借款不肯稍停，更猛进不已。满蒙藏早已为四方强者之砧上肉，曹、章、陆犹暗作卖国之经纪人，疆土虽广，何足供彼等一纸契约之拍卖？人民虽众，牛马奴隶之惨祸其谁能自拔除？日韩合并之前车可鉴，彼卖国政府当局之肉，尚足食乎？近更以彼非法众院议长、安福鱼头王揖唐出任议和总代表，非惟足征其无求和之诚意，实堪证明其有心先向西南挑衅，后对我全体国民宣战矣。以此言和，和宁可期，国安可救？同人等于失望之余，特开全体大会，决将前推赴上海和会陈述意见之五代表，除吴君灿煌已因公在湘被戕外，立电冯自由、张秋白、周道腴、曹权堂四代表即日回粤，别图策进永久和平之法。所望邦人君子，当知卖国政府终不可恃，群起以谋自救而救国家，实本会同人等热心所昕夕祝祷者也。临电哀愤，伫候教候。

广东中华国民策进永久和平会。青。印。

（上海《时事新报》1919年9月18日）

与林森等致广州军政府各总裁等电

(1919年10月7日)

广州护法政府各总裁、各部长、各省军区代表、莫督军、省议会、海军各舰长、马总司令、林总司令、沈总司令、赣军彭总司令，漳州陈省长、方会办，潮州伍军长、诏安林督军，黄冈吕督办、王副司令、陈师长，韶州李督军、武鸣陆总裁、南宁谭督军、李省长、省议会，云南唐总裁、省议会，成都熊督军、杨省长、省议会，贵阳刘督军、王总司令、省议会，郴州谭督军、赵总司令，夔州黎总司令、唐总司令、柏总指挥，豫军王总司令、万县杨总司令、巫山王总司令、辰溪周总司令、辰州田、张、胡、林、萧各总司令，陕西三原于督军、张会办，上海孙总裁、唐总代表及各代表、章太炎、吴稚晖、孙伯兰、张溥泉诸先生均鉴：

  北廷毁法乱国，腥闻中外。诸公不忍法敝国丧，诉于兵戎，势非根本廓清，决无罢战之理。北廷畏遭殄灭，乃以和议相诱。同人等烛知其奸，曾一再进以忠言。而诸公坦怀相示，谓彼果能悔祸，吾辈当遇以至诚，免至断丧国脉。同人等感诸公之仁慈，亦既默尔而息，尽瘁于和议者垂一年矣，今竟何如？和议初开，北廷即乘和议期中，急攻陕西，此其无诚意证一。和会复开，唐总代表提出八条，北代表即拒绝讨论，相率引退，此其无诚意之证二。王辑唐以卖国毁法之巨魁，国民共弃，主战殃民之首领，中外咸知。北方竟令若辈充和议总代表,此其无诚意之证三。近且靳云鹏内阁出现矣。靳云鹏者,非他段祺瑞之死党而军事协定签押之代表也?报载,彼有取消军事协定之议,被日使拒绝。夫以亲手签字之人,而忽有毁约之议,遭人(剥)[驳]斥,宁何待言?靳氏亦明知其无效,而故为此者,实欲欺罔国民,愚弄国民,岂真有毁约之意乎?靳氏狡骗如此,试问以此人而斡旋利局,无论王氏改换与否,究与和局何关?推北廷用心,不过假靳氏以缓和直、皖感情,为协以谋我之备,岂真有丝毫议和之诚意乎?更证以北廷之政象,无一不与西南相反。西南拒签德约,北廷则力图补签;西南主废除"廿一条"及一切密约,北廷则力谋保存;西南反对非法借债,北廷则大发公债,售于日本者,每百元只收卅元;西南反对参战军、国防军、边防军,北廷则力加扩充,并预布满、蒙、甘、新,为日人拓殖根据;西南反对卖路,北廷则于济顺各路换文之外,复益以洛潼;西南主张惩办卖国贼,北廷则重用卖国贼,奖励卖国贼;西南主张保护爱国青年,北廷则拘捕戮辱,且今山东参战军师长马良大倡中日合并之说,处反对者以极刑;西南日言救国,北廷则日谋卖国;西南日谋护法,北廷则日谋坏法。凡兹种种罪戾,多出于南北修好,国民酷望和平之时。彼如眼中有西南与国民者,应对于其暴虐行为,稍加限制,示吾人以接近机会。今其行为如此,则其蔑视国民之意,已为天下所共见。此而犹欲以口舌争论和平解决国是,自非至愚,宁肯出此?欧和会失败以来,国人已悟救国之道,专求在我。我不自爱其国,而望人之爱我国,决无是理。故民族自决之声浪洋溢乎国中。近且是非大明,沪滨商团联合宣言谓,非完全承认唐总代表提出八条,即拒绝开议。且谓与其苟且图和,勿宁忍死须臾。津沪各界请愿联合团宣言,亦以救国护法为前提。吾民族之决心于此可见。《传》曰:"得道者多助,失道者寡助。寡助之至,亲戚叛之。多助之至,天下顺之。以天下之所顺,攻天下之所叛。

故君子有不战，战必胜矣。"古训如此，西南诸公可以豪矣。

往者，军兴之始，单纯为法律问题。今则于法律之外，加以救国。法律开题，国中尚有未了解之人，救国问题，则固生长于斯者所喻之责任。诸公倘能奋臂一呼，吾知应声者必遍地有也。乃观诸公始终以求和为目的，北廷现象，如前所举，万无和议可言。即使成功，不过化中国为夷狄，奴五族为顺民耳，岂诸公兴师讨贼之初志乎？若明知其不成而姑与委蛇，将使外人益轻视我无组织国家能力，有起而代理之心；国人益不能满足欲望，有愈呈纷扰之象。国之祸福，未可知也。矧今者北廷已受制于倭酋，三韩覆辙不远。诸公席数省之地，拥百万之众，而不急声讨伐，图根本之解决，必待已沦为三韩而后凭赤手以挽神州，恐为时已晚。试一读韩人兴复运动之惨史，未有不泫然陨涕者。使韩人早自觉悟，何至今日备受人间未有之厄运乎？诸公当代俊豪，万流崇仰。诸公之精神，即吾族之精神。诸公之荣誉，即吾族之荣誉。诸君忍听吾国为三韩欤？抑乘时而图挽救欤？皆国人所急欲请命者。尚望周鉴舆情，速定大计，一致电请军府停止和议，下令讨伐毁法卖国之贼，率全国国民作最后五分钟之奋斗，行见正义战胜于强权，回复合法之和平与永久之和平，俾吾民循轧辙而图进取，与列强争生存于天壤，斯为目前唯一之急务，当为全国士夫所共认也。若犹徘徊观望，坐失机宜，以陷吾国于不生不死之境，以贻吾族志行薄弱之讥，甚非仁人志士所宜出此也。敢布血诚，伫候明致。

参议院议长林森，众议院议长吴景濂、副议长褚辅成暨两院全体议员叩。虞。印。

（《公文》，《军政府公报》修字第118号，1919年10月25日）

书赠李广濂[①]

（1919年12月）

孝弟渊懿，帅礼蹈仁。根道核艺，抱淑守真。皛白清方，克己治身。实柔实刚，乃武乃文。遵考孝谒，假阶司农。

民国八年十二月临《天玺神功碑》。奉芷洲吾兄法家正之。道腴弟周震鳞。印二。

（周震鳞手迹影印件；周用宜主编：《周震鳞墨迹诗文选集》，第175页）

[①] 李广濂（1879—1968），字芷洲，河北深州人。早年留学日本，后回国后任教。1913年，当选第一届国会参议院议员；1917年南下广州参加护法运动，驻粤五年。1951年被聘任中央文史研究馆员。

题　字

（1919 年）

诚勇。

民国八年。周震鳞。钤印：周震鳞印（白）。

（周震鳞手迹影印件）

与湘籍学生代表谈驱张①

（1920年1月20日）

现在默察各方面情形，我等只有强求军政府严电北廷，限期将张敬尧撤换。否则，电请南方各将领，作湖南之局部解决。我等三四日内可邀集各同系议员，在海珠酒店开一驱张运动大会，议定具体办法，请君等亦来与会，报告一切。君等不辞艰苦，远道奔驰，甚为钦佩。我等先人坟墓亦在湖南，桑梓之事，义当尽力。无论如何，誓将张氏驱逐。②

（上海《民国日报》1920年2月12日）

---

① 本文原标题：《湘人之驱张运动》。文前曰："（二）[一]月四日，符（狄良）、易（巽）、钟（秀）三君由京出发，十四日抵香港，十九日抵广州，次日即访国会湘籍议员，当晤周道腴、刘式南诸君。首由符、易、钟三君将张敬尧祸湘情形一一痛陈泣数。言讫，即讨论办法。周、刘谓……"

② 文后曰："二十四日晚七时，周、刘两议员邀集湘籍全体议员，在海珠酒店开会讨论驱张办法……最后议决办法，选派代表四人偕同学生代表五人到军府磋商一切，然后再往郴州一行，请湘南各将领共起驱张。"

与林森等致广州军政府等电

(1920年1月28日)

广州军政府，各省督军、省长、省议会、教育会、商会、农会、工会、学生联合会，各学校、各公团、各报馆，上海商会、教育会、农会、工会、全国学生联合会、全国各界联会会、商业公团联合会、各报馆、各团体，北京商会、教育会、农会、工会、学生联合会、各报馆、各团体均鉴：

两国宣战，所有条约，概行废弃，此国际之公例。我国自对德宣战后，中德间一切条约当然无效，德国根据一八九六年三月六日所取得山东之权利，亦即丧失。前对于巴黎媾和条约中之一百五十六、一百五十七、一百五十八之三条拒绝签字者，职是之由。该和约所关山东三款，我国既未承认，复得美国上院决议保留，英、法默认。是条约上山东各种权利，德国既无权转移，日本更何自取得。乃日本挟其强权，蔑视公法，对于山东权利，强欲承继，我国人民誓死不能认。现日本竟通牒北廷，借交还青岛为名，诱我直接交涉，彼之狡诈百出。前此"二十一条"之胁迫，军事协定之奸谋，丧权辱国，痛犹未已。今若再堕狡谋，自铸大错，匪特拒绝德约之前功尽弃，并失友邦主持公道之同情。况国际联盟业已开幕，正宜根据该会约章，提交公判，则山东主权或有挽回之一日。一发千钧，事机危迫。用特电恳我全国父老兄弟，同心抗拒，协力匡救，以绝后患，而保国权，不胜盼祷之至。

参议院议长林森、众议院议长吴景濂、副议长褚辅成暨参众两院议员同叩。勘。印。

(《军政府公报》修字第154号,1920年3月6日)

与孙中山等致徐世昌等电

(1920年4月24日)

北京徐菊人先生、靳翼青先生,天津黎宋卿先生、熊秉三先生、刘霖生先生,广州岑云阶先生、林悦卿先生、李协和先生,郴州谭组安先生,漳州陈竞存先生,各省督军、省长、护军使、镇守使,各师、旅、团长,省议会、商会、教育会均鉴:

前长江巡阅使、粤汉铁路督办谭石屏于四月二十四日丑时疾终上海法租界蒲石路昌余里五十号寓邸。

治丧人孙文、伍廷芳、唐绍仪、章炳麟、胡汉民、汪兆铭、林森、吴景濂、居正、李执中、周震鳞、曾继梧。谨闻。敬。

(上海《神州日报》1920年4月25日)

李执中致吴景濂函

(1920年7月6日)

莲伯先生大鉴：

弟等到湘后，对于地方自治颇觉上下一心，决定实行宪法中省制之一部分。组安尤矢决心，欲以湖南为中华民国之模范省，不日当可通电宣言也。惟地方自治各案，行箧中并未携来，务请嘱秘书厅将关于省制各案清检一（分）[份]，从速邮寄湘中，以为实行根据。切祷，切盼。再陈凤光、罗宜六两君不知已否由沪返湘。如其未也，亦盼代为催促，并恳。即颂议安！

弟周震鳞、李执中顿首。六号。

邮寄地址：长沙省城大东茅巷二号宜庄旁李公馆李周寄收。

（《北洋军阀史料　吴景濂卷3》，天津古籍出版社1996年版，第528—529页）

代谭延闿拟湖南自治电[①]

（1920年7月22日）

民国九年，内争不息，日言国家和平，而战祸日形扩大，与和平相去日远。推源祸始，皆由当国武夫官僚，蹈袭前清及袁氏强干弱枝政策，强以中央支配地方。

夫以吾华土地之大，人民之众，几等全欧，数倍北美，欲以中央至简单之机关，至少数之人才，经营至辽阔之各省，形隔势禁，百政莫举，理所当然。九年之中，纵无帝制发生、《约法》破坏、国会解散之事，而以中央凌压地方情势论之，亦当引起恶战剧争。盖民国之实际，纯在民治之实行；民治之实际，尤在各省人民组织地方政府，施行地方自治，而后权分事举，和平进步，治安乃有可期。

袁氏不察，挟前清督抚制之遗毒，改以将军、巡按之名，为厉行专制之具。段氏植党营私，变本加厉，更酿督军团构乱之奇祸。频年以来，中外人士，奔走呼号，打破军阀，注重民治，已成舆论，而废止督军之声浪，尤为一般人所赞同。延闿以为督军制之必宜废止，在今日已不成问题。然废其名而存其

[①] 王无为的《湖南自治运动史》（1920年12月出版）第20页说："（谭延闿在周震鳞等人极力压迫下）转过舵来，将周道腴所拟的电报发布出来，借以缓和人心。"

实，或因而更扩其权，如巡阅使、军区长之类，则舍督一省之军，而取督数省之军，流弊必更滋多，私心实难附和。鄙见以为吾人苟有根本救国决心，当以各省人民确立地方政府，方为民治切实办法。

近年海内明达之士，对于国家之组织，或主张联邦合众制度，或主张地方分权制度。即前此主张中央集权说者，亦认为肇历年内乱之媒，牺牲意见，赞成地方分治。国会在京在粤制宪，于地方制度讨论极详，虽尚未公布，然民意所趋，大体已定。湘省人民为创建民国，牺牲至重且大，历次举义，固为保持正义，翼卫共和，亦由汤芗铭、张敬尧诸人，对待湘民无异异邦异种，而湘民驱逐张、汤亦复如兹。使汤、张自治其乡，其待乡人，与乡人之待之，必不若此。观此两不相容之点，足知各省自治，为吾民共同之心理。即以今日直皖之争、川滇粤桂之争，实皆根本各省地方观念，相联络相号召，其他救国救民言论，乃为表面之旗帜，第二之主张。

湘人此次用兵，纯本湘人救湘、湘人治湘，一致决心驱张。虽具除恶之热诚，皆由三千万人民饱经痛苦，有历受教训，有此觉悟。阊及全体人民久罹锋镝，艰困备尝，欲为桑梓久安之谋，须有根本建设之计。爰本湘民公意，决定参合同会讨议之地方制度，采用民选省长及参事制，分别制定暂行条例，公布实行。

在湘人力图善后，认为非以湘政公之湘省全体人民，不足迅起疮痍，速复元气。揆之国人共同心理，必当不约而同。望我护法各省，一致争先，实行此制，则一切纠纷可息，永久和平可期。呜呼，国危矣，民困矣，武力统一兼并之策，利害亦既昭然。视己省则如天骄，视他省则如殖民地，视中央则如帝天人主，视各省则如供奉臣奴，此种谬见迷梦，一误再误，苟具爱国公诚，应有根本觉悟。阊患难余生，为国为湘，时深恐惧。痛定思痛，实不敢再蹈前此敷衍迁就之见，贻误湘省，贻误国家。所望贤达诸公，时锡南针，俾资循率。谨抒悃臆，统希明教！延闿。祃。

(上海《民国日报》1920年8月9日)

致孙中山书

(1920年7月31日)

先生钧鉴：

杨仲恒来沪，谨陈各情，想承洞察。鳞因祖庵①滑头无诚意，已与伟民②、步青及在湘有力同志，猛力依先生计画进行，现准备力量已逾全湘三分之二，惟须款甚急，又非少数小款所能济。兹特属伟民来沪报告一切，并请将款速交伟民携来，汇存外国银行，拨交鳞处，均听伟民妥办。且请派人同来，任军需职务。再，湘南方面，有四千劲旅，可直攻桂林，即黄钺所部。鳞在此间切实调查其干部，均可靠同志军人，其人数、枪械、训练，确实可用，防地去桂林百余里，南与湘乡驻军衔接，已经联合，拟先从此处发动。无论如何为难，务求先交二万元与黄钺，飞速由粤赴目的地发动。此乃已定之进

---

① 谭延闿，字祖庵，以谐音，或作组庵、组安、祖安。
② 张智，字伟民，湖南醴陵人。留学日本东斌学校时加入同盟会，黄花岗起义失败后参加广州暗杀团，广东收复后任民军司令，后走南京，为赣军某团团长。"二次革命"期间，曾奉孙中山命赴滇运动讨袁，两次被捕均得救。1922年，奉孙中山令赴攸县与湘军团长谭蒙交涉时被诱杀。

行计画，万不可误。余由伟民面陈。即颂钧安。制震鳞谨启。七月三十一号。

（周用宜主编：《周震鳞墨迹诗文选集》，第35页）

在宴请湘省新闻人士时的演说[①]

（1920年8月31日）

今日承新闻界诸君惠临，不胜欣幸。兹所急欲感谢诸君者，即诸君连年哓音喑口，主张湘人治湘，卒因不挠不屈，得达目的。湘省至此，亟须确定地方制度，以巩固民治，如谭省长祃电，即其发端。面对于环境之形势，则尤当以主张正义，拥护《约法》为指归。此次湘省完全克复，湘军之能力已极为可惊。其在外省之湘军一部者，则有陈竞存之所部。此项军队，素以勇敢善战著称于时。前此以陈竞存所带领，进驻闽境，尤显特殊战绩。不幸莫荣新辈为实行其部落主义，竟悍然与此连年暴露拥护《约法》之湘军挑衅，且并其最忠友之滇军，亦与断绝情义，极力排除。滇军两次救粤，牺牲至巨，人所共知，乃桂系不惟不加优待，且歧视最甚，以致滇军不能再容于粤而移驻于湘。多行不义，积愤愈深，国会之迁移，实由于忍无可忍。湘省此次进兵驱张，桂系

---

① 文前曰："三十一日午后，国会议员李执中、李汉丞、周道腴、唐支厦、张智诸君，假万利春饭店欢宴本省新闻界。首由周道腴君致词云……"

于财力、兵力，两无援助，且多所牵制，尤令人抱恨不置。故湘省现实应取之态度，即在首明正邪顺逆之分，而与粤军以重大之援助。四总裁在沪会议，原主张湘省出兵，吾人亦尝叩询本省各当局之意，均有出兵援粤之表现。所望报界鼓吹，以冀得舆论一致之赞成。

（上海《民国日报》1920年8月31日）

致孙中山电[①]

（1920年9月24日稍前）

湘军及赣军都已在途，五日可抵粤境，即望电令急攻；加派之别军，亦望兼程并进。

（广东社科院历史研究室等合编：《孙中山全集》第五卷，第334页）

[①] 转录之于1920年9月24日孙中山致李烈钧电。

致居正书

（1920年10月18日）

觉生兄伟鉴：

谭误大局，已有对付办法。李团已攻乐昌，在平石击破桂军两营，得枪四百余枝，弟筹有军队，由伟民偕同出发，须款甚急，缄到请即电汇万元，以济急为要。□□已获胜，湘军无愿敌者，惟谭而已。（详由段君节生面陈）即颂大安。弟制震鳞谨启。十月十八号。

（台湾国民党党史会藏件）

与谭延闿等为龙璋开追悼会通电

（1920年10月26日）

孙、唐、伍总裁，孙伯兰先生、各报馆、国会议员湖南同乡诸先生、岑林总裁并转国会议员湖南同乡诸先生、陆总裁、陈总司令、洪镇守使并转同乡诸先生、范静生、胡子靖先生并转同乡诸先生，黎前大总统、熊秉三先生、刘督军并转湖南同乡诸先生、督军、省长、省议会、各报馆、各团体并转同乡诸先生均鉴：

攸县龙研仙先生，以湘省宿学，奔走革命，家资散尽，至老不衰，毅力苦心，功在民国。于中华民国七年三月廿九日病笃家园，因长沙失守，忧愤不胜，遽尔逝世。遗嘱家人，湘省未复，不得受吊，绝命哀言，令人流涕。同人等恫念时艰，感怀前哲，特定于十一月廿七、八两日开追悼会，借表哀忱，专电奉闻，诸维公鉴。各界挽诔祭文，请寄长沙浏正街龙公追悼会筹备处为盼。

谭延闿、赵恒惕、章炳麟、张继、柏文蔚、曾继梧、林支宇、陈炳焕、石陶钧、李汉丞、李执中、陈嘉会、田应诏、李仲麟、唐荣阳、彭兆璜、姜济寰、周震鳞叩。寝。

（熊希龄：《熊希龄先生遗稿4》，上海书店出版社1998年版，第3866页）

追悼前长江巡阅使谭公石屏启

（1920年10月26日）

前长江巡阅使谭公薨于上海寓邸，长城顿失，哀思既被，域中灵輀，未还沉魄，犹羁海上。缅怀耆旧，伤元老之就凋；有造邦家，念大勋之始集。爰综公事，际我国人：在昔满清制命，党会同盟，公拔自黔首，屡集苍头，初既播越南陲，权乃挈提中部，长江千里，豪杰率类，相从武汉一呼，胡酋之命遂替。发难果推谋首，论功允为第一矣。矧当北马坌来，南风不竞，元戎东下，大旆西驱，公以武昌防御使，坐镇危城，一力支撑，汉上幸回，大命联军，纷集吴中，遂复旧都，宏开新国，此则挥戈回日，更宜铸鼎铭勋者也。若夫督办路政，则以蒙疆失驭，请终军系越之缨；巡阅长江，则以神奸盗权，兴廉颇用赵之志。远猷未见纳于枢垣，竟铸九州之错。正义乃被摧于权首，又浮三岛之槎。洎篡逆改元，归国声援滇蜀；废帝复辟，应招时就粤闽。国尔忘家，老而弥壮。至若论国家大计，尽人想见风棱；愤方镇骄横，传诵时多雪片。声施所被，遐迩同钦，想当一索智珠，不复再烦愚管也。呜呼，依迟江海，公惟乐炳烛之余年；破碎河山，谁复胜收拾之大任?! 敉宁尔戎，尚期挥斥，诸奸摇落，大星竟尔，见遭小竖，尽海涛之带咽，叹衡灵之墓开，以致烟瘴江南，旧是招魂之地，竟使铭旌粉字，久迟画翣之车。某某等窃以昔日知交，弥念故国。乔木际会，邦人自决，土宇重新，乃得请于省长谭公，特派专员赴沪护迎灵柩。归来神鹤，喜城郭之依然；敢约同人，尽哀荣之应有。素车白马，望吉路之奔来；细轴金葩，卷寒辉而向往。馥郁大招之赋，希赓宋玉之辞；哀摧投吊之文，期奋贾生之笔。灵輀到日，再刊报端。肃此先闻，统希察照。

发起人：陈炳焕、林支宇、周震鳞、李执中、曾继梧、冯天柱、陈润霖、李杜韩、仇鳌、蔡湘、李定群、李汉丞。

筹备员：汪磊、魏叔雅、杨稚梅、罗君毅、曾兆熊、李先教、魏国棠、刘鼎元。

（湖南《大公报》1920年10月26日）

致孙中山等电[①]

（1920年11月23日）

（衔略）谭延闿态度不明，政章失当，湘局与护法大局岌岌可危。湘军迫于公义，湘民激于众怒，覃日，于应祥起兵平江，诛谭党萧昌炽，复经李仲鳞、张智起兵醴陵，张振武、郭步高起兵湘阴、岳州。谭见大势已去，因请赵恒惕接总司令，求□林支宇、鲁涤平等阻义师不进省，义师允之。乃谭仍欲把持民政，并嗾死党运动军队，希图反抗。义师发现狡谋，立施攻击，四面逼省城，限谭即日交卸离湘。谭党畏罪尽逃，谭亦即日退职。军界会议，推赵任总司令，省会推林任省长，地方安谧如常。鳞夙以赵、林两公，本皆同志，护法以来，坚忍卓绝，久为众望所归。溥泉、懋老来沪，早托详呈内容。此次奠定湘局，指挥若定，匕鬯不惊，伏乞电令赵恒惕为湖南总司令，林支宇为湖南省长，湘民幸甚，大局幸甚。不胜迫切待命之至。震鳞。漾。印。

（上海《民国日报》1920年11月28日）

[①] 本文原标题为：《周震鳞致孙唐伍三总裁，请任湘省军民长官电》。

附　录

居正复周震鳞等电

（1920年11月25日）[①]

长沙东茅巷严庄周道腴先生、并转省议会赵总司令、林省长、宋旅长、廖旅长、鲁旅长、暨各司令均鉴：

新成密。道腴先生漾电经奉悉。谭氏被逐，赵、林两公被举分绾军、民两政，湘省阴霾之象，顿见廓清。以兹以鲜明之旗帜，贯彻西南正义之主张，诚大局之幸也。漾电到时，适孙、唐、伍三总裁及王伯群代表，已于今晨九时启轮赴粤，现经用无线电报知，俟得复再闻。先此奉贺。居正叩。径。

（罗福惠、萧怡编：《居正文集》，华中师范大学出版社1989年版，第400页）

[①]《居正文集》中该电的日期被判定为1921年3月14日，应误。

关于陈炳焕丧事的启事

（1920年12月8日）*

敬启者：陈护黄①司令昆季之尊翁前任财政厅厅长树藩先生于十二月二日寅时在藩正街寓宅仙逝。现因卜葬期近，已定本月八日即夏历十月二十九（庚子）日午时成服，九日启攒，十日成主，十一日家奠，十二日即夏历十一月初三（甲辰）日辰时发引，俟灵榇回乡安葬事毕，再行定期分讣开吊。特此奉闻。陈宅司书周震鳞谨启。

（湖南《大公报》1920年12月8日）

---

① 陈嘉佑（1881—1937），字护黄，湖南湘阴人。早年加入同盟会，参加辛亥起义，历任炮兵团长和步兵第三旅旅长。1922年任北伐军湘军第一路司令，次年任建国湘军第五军军长。1924年当选国民党中央执委，后历任国民革命军第二军、第十三军（后改为十四军）军长兼韶属警备司令第二军教导师师长，驻韶关。"四·一二"政变后，通电反蒋。宁汉合流后，宣布与蒋介石断绝关系。1935年迁居香港，两年后病逝。

与孔昭晟等提议《中华民国政府组织大纲（草案）》[①]

（1921年4月7日）

　　自军政府组织以还，奸人弄柄。九年之初，遂有岑、陆之变，及国会播迁滇、蜀，彼岑春煊、陆荣廷者，竟敢揭露真相，甘为降虏，使北廷得所借口，发布伪令，以统一欺罔中外，全国分崩愈陷于不可收拾。先岑、陆败坏国家大计，其罪固不容诛。然推原祸始，实由军政府之组织过于瞻顾，乱未平而本先涣散，乃必然之势也。同人等鉴于既往，并以为国家现状危亟万分，非彻底改造，不能有济。爰拟组织中华民国政府，选举大总统，畀以全权，俾得早日戡定变乱，统一民国。不揣愚昧，特提出《中华民国政府组织大纲（草案）》，以与我同人相商榷。成败利钝，在所不计。当否，诸候公决。

　　[①]　文前曰："周震鳞等人提出的《中华民国政府组织大纲》云……" 1921年4月7日，国会参、众两院非常会议在广州举行，通过了周震鳞等人提出的《中华民国政府组织大纲》。叶楚伧在《参观总统选举记》一文（载上海《民国日报》1921年4月14日）中说："这个提案，经周震鳞说明后，议场上发现出一种非常猛进和顺利的景象来。初读、二读、三读，都没有经过什么争论，简章轻便地通过了。"

《中华民国政府组织大纲（草案）》

中华民国国会非常会议，为伪廷毁法僭号，国纪荡然，大乱未已，军政府又以权责不明，变故迭出，惩前毖后，特制定《中华民国政府组织大纲》，选举大总统，付托以戡乱及建设之全权，俾促民治之实行，谋社会之改善，期完成民国真正之统一、永久之和平，谨宣布之。

第一条　中华民国大总统依本大纲之规定，行使职权。但缔结国库有负担之契约，须交国会非常会议同意或追认。①

第二条　大总统由国会非常会议选举之，以得票过投票总数之半者为当选。

第三条　大总统总揽政务、公布法令、统率陆海军。

第四条　大总统对外代表中华民国。

第五条　中华民国政府设置各部，掌理部务，部长由大总统任免之。

第六条　本大纲自宣布之日施行。

第七条　本大纲施行之日，《军政府组织大纲》即废止。

广东：孔昭晟、谢英伯、李清源、何铨绳、谢良牧、李洪翰、陆祺、饶英裳、刘裁甫、刘芷芬。

广西：翟富文（印）、张廷辅（印）、王乃昌、程大璋（印）、马君武。

安徽：谢家鸿、王庆云、郑济、马光晔、常恒芳。

云南：李文治、卢一品、岳昌侯、李正阳、张华澜。

湖南：周震鳞、李执中、周泽苞、覃振、袁炳煌、文笃周、田永正、禹瀛、向元均、胡寿昺、邓维受、王恩博、彭邦栋。

---

① 后一句湖南《大公报》1921年4月16日刊登的此文中无。

湖北：田桐、蔡达生、刘成禹。

江西：戴书云、邓元、徐邦俊、曾干桢、吴道达、王恒、潘学海、欧阳沂、陈友青、孔绍尧、邹树声、彭学浚、蔡突灵、汪汝梅、张峄、程铎、刘人炯。

山东：亓因培、阎容德、樊文耀、邓献璞。

陕西：尚镇圭、王鸿宝、焦易堂、史之照。

河南：凌钺、赵清泉、陈廷扬、孔梦深、刘荣棠、张善与、丁骞、刘峰一、万鸿图、周起梦、贺升平、王文郁。

直隶：王试功、王鹤林、王田、孟同和、孙芳、陈纯修、张瑞云、李东璧、庄怀广、李广濂、张敬之、李曾鲁、孙品璋、孙梦奇、吕泮林、魏笑涛、王玉树。

黑龙江：田铭璋、李伯荆、李梦更（现在不在粤，代签并负责）

新疆：张凤九。

蒙古：恩克河穆尔。

西藏：乌勒吉、巴达玛林沁。

江苏：石铭、周积芹、刘钦谟。

浙江：童时杭、赵舒、祝震、周学宏、项肩、程志卓、田稔、卢观球、王宗尧、陆昌烺。

四川：向作宾、傅用平、张知竞、杨肇基。

福建：唐睿、林鸿超、林者仁、方圣征。

[《中华民国史事纪要初稿》民国十年（1921）正月至六月，第319—321页]

非常国会重要宣言[①]

(1921年4月20日)

（衔略）民国成立，（一）[十]载于兹，祸乱相寻，迄无宁岁。始则有袁氏之称帝，继则有武人之毁法，毁法之祸未终，而复辟之乱又作。自是厥后，我中华民国遂无正式政府之存在，维时我国会暨前大总统孙公，不忍共和之颠覆，大法之陵夷，爰集南疆，建设军府，共负护法戡乱之大任。事业未成而有岑春煊、陆荣廷诸逆，背信弃誓，牵制破坏，坐是荏苒数载，大义未伸，大法未复，戡乱之业未终，救国之责未尽。总统一职，久虚无人，政府机关，缺焉不备，而北中奸慝，乘□□□，以伪乱真，举国彷徨，莫知所属。惟我会为民意枢机，本有选举总统、建设政府之责，曩以播迁于变乱之间，容与于合议之制，委曲调和，未遑他顾，瞻徇迁就，实具苦心。然狃于一时不健全之舆论，而忘立国久安之良谋，借鉴前车，知非长策，追惟往昔，良用心疚。洎乎粤军返粤，岑、莫潜迹，薄海人民，望风起舞，皆有根本改造之决定，内外舆情尤多改建正式政府之敦促，而总统一职，咸属望于开创民国之前总统孙公。佥谓民国成立以来，变乱频仍，国

[①] 本文原标题：《非常国会之重要宣言》。文前曰："国会于二十日午后开非常会议，议员周震鳞等提出之国会宣言，经众通过，但于文字上略有修正。原文如下……"

基未固，民生凋敝，法纪陵夷，皆由民国元年授权袁氏，付托非人，始基不臧，流毒无暨，驯致材官走卒，坐拥封圻；亡清妖孽，僭窃大号，对于国人及各友邦淆乱观听，纲纪荡然，以聚敛为内治，以鬻国为外交，墨吏盈庭，虎狼遍野。侈言统一，而晚唐藩镇、五代割据之威信不如；信口和平，而萧墙动立争相杀之事实不绝。近更蒙藩内犯，复辟之说再昌，共和命脉，不绝如缕，人民久困于水火，一切内治外交，纵有方策，谁为设施？盖彼帝制余孽，满清废僚，但知利禄之争，遑识建设之计。故从根本解决，非扫除群逆，无以开刷新之机；非选任硕望，不克建民治之极。秉此意见，请愿叠来，同人素自民间，受民委托，今兹民情如此，民意如彼，同人责职所在，讵容诿卸。乃公同讨论，亦以民国之事，惟热心民国者，方足与谋，而非彼帝制余孽、满清废僚所能为役也。况总统为一国元首，未可久虚；政府为众政枢机，岂是常缺？前大总统孙公手创民国，首倡三民主义，赤忱谋国，中外同钦。徒以事权不属，建设政策未一实行，而负责之心，始终如一。假使畀以大柄，必能使国基巩固，民权发达，民生乐利。爰于民国十年四月七日，依中华民国大纲之规定，票选前大总统孙公文为中华民国大总统，敦请克日就职，成立中华民国正式政府。从此正名定分，凡我国民及友邦，当晓然于中华民国正统之所存，行见发扬民治之精神，涤除专制之余机，排息纠纷，慎固邦交。民国前途，胥于是赖。倘有犯顺效逆，执迷不悟者，当与国人共弃之。特此宣言，咸使闻知。

（上海《民国日报》1921年4月26日）

与覃振①等发布廖宅治丧启事

（1921 年 8 月 26 日）

启者：廖邠芸、湘芸之尊人运祥先生于中华民国十年八月十九日酉刻疾终沪寓，享寿七十有二。今择于八月二十九日午前八时成服，十一时成主，午后四时家奠。即于是日治丧，三十日九时发引，移厝湖南会馆，另行择期扶榇回籍安葬。恐未周知，特此登报通告，即乞矜鉴。

主丧人：周震鳞、覃振、林德轩、唐蟒、李执中、程潜、林修梅、杨熙绩同启。

丧居：法界福煦路爱仁里三十九号。

（《申报》1921 年 8 月 26 日）

---

① 覃振（1885—1947），原名道让，字理鸣，湖南桃源人。1902 年肄业本县漳江书院，与宋教仁是同学。1903 年入常德府中学。1904 年参加华兴会，参与策划长沙起义，起义流产后赴日本留学，次年加入同盟会，任总部评议员。1908 年与焦达峰等回国准备发动起义时在长沙被捕，判处终身监禁。1911 年武昌起义爆发后被释放，后担任湘桂联军督战官援鄂，任中华民国军政府鄂军都督府秘书长，旋被派往参加各省都督府代表联合会会议。民国成立后，任南京临时参议院议员；1913 年当选众议院议员，参加"二次革命"，事败后流亡日本，加入中华革命党，并任湖南支部长。1917 年参加护法运动，任大元帅府参议、湖南巡阅使等职。1924 年当选中央执行委员并被派往武汉指导湖南、湖北的党务。1932 年后历任南京国民政府立法院副院长、代理院长，司法院副院长等职。抗日战争爆发后积极支持国共合作抗日；1937 年底随南京国民政府移往重庆；1945 年重庆谈判期间，与毛泽东会见数次。1946 年内战爆发后，辞职避居上海，次年在上海病逝。

致赵恒惕①等电

（1921年9月8日）

长沙赵总司令、省议会，教育会、农会、工会、商会，各报馆转谢镇守使并转宋总指挥、鲁军长，刘、邹、叶、赵、张、陈各纵队司令，各团、营长，蒋雨岩、孔文轩、何竹雪、金小岛、吴醒汉诸先生，夏司令、宝庆吴镇守使、永州罗旅长、辰州陈司令、常德蔡镇守使并转田、刘、唐各旅长、蒋团长，各厅长、各知事暨教育会、各农会、各工会、各商会，各报馆均鉴：

　　九月六日，奉大总统令：特派周震鳞为湖南劳军使。此令。等因。震鳞遵即克日回湘。诸公自护法以来，为国为湘，秉持正义，百战勋高，西南门户，赖以支持。去年粤军回粤，此次联军援桂，或遥为声援，或陈兵桂境，遂使大功速成，正式政府首区，皆增巩固。迩因北方军阀王占元兵变祸鄂，应鄂人呼吁，当盛暑如焚之际，且拯邻封。战争勇烈，有进无退，仅十日而竟驱王之

---

① 赵恒惕（1880—1971），字夷午、炎午，幼号瑛郎，湖南衡山人。清末留学日本陆军士官学校，加入同盟会，归国后历任广西督练公所会办、广西干部学堂监督、混成协协统等职。辛亥革命后，随沈秉堃率部援鄂北伐，后任第八师第十六旅旅长，戍守南京。因参加"二次革命"被捕，系狱北京，后经黎元洪、蔡锷力保特赦出狱。参加护国战争、护法运动，历任湘军第一师师长、代理湖南督军、湖南省省长、湖南省参议会议长等职，1971年病逝于台湾。

功。中外人士，同声颂叹。苟非吴佩孚乘机获利，违法称兵，则鄂民早出水火。吴佩孚前年受湘军卵翼，伪托民治，遂盗虚名。今忽揭去假面，奉伪廷号令，贪图两湖巡阅使地盘，倾直系全力，迫压我军，连决江堤，浸没五县，数万生灵，尽葬鱼腹，田庐财物，无一幸存，黩武残民，无所不用其极。且复挟伪廷卖国金钱，袭袁世凯武力统一谬策，贿赂军舰，袭我岳州，致使义军暂为退守。西南交通阻隔，援军势难同时赶到。凡我友军，莫不引为憾事。我大总统眷念前方将士躬冒万苦，以与吴佩孚诸贼周旋，前仆后继，饷短械缺，气不稍衰，日夕焦惶，思所补救。现已分令驻粤桂诸军，赶速筹备出发。一面先遣飞机四架，来湘助战，期与川、黔已出之兵，一致破贼。惟援军出功之先，必有与诸公一德同仇、情形熟悉之人来湘，宣传德意，俾吾湘军民咸晓然于大总统此次出兵全本救国救民主旨，兼以扶植急公好义之湘军，使始终奋斗，共成大业。震鳞奔走余生，为国为乡，匹夫之责，理所当尽。况值危难之际，奉命劳军，义更难辞。伏望诸君共体大总统之□心，激励将士，勿因小挫而隳壮志，国家前途，实利赖之。谨布区区，伫候明教。震鳞叩。庚。

（湖南《大公报》1921年9月11日；上海《民国日报》1921年9月17日）

致赵恒惕电

（1921年9月25日）

长沙赵总司令勋鉴：

　　震鳞奉命回湘劳军，前经电陈，计达聪听。总统轸念湘军劳苦，为国先驱，克期饬发，加意抚循。现于有日首途，由韶回湘。良晤匪遥，诸希面示。周震鳞叩。有。

附　录

赵恒惕复周震鳞电
（1921年9月27日）

韶关周劳军使勋鉴：

　　有电敬悉。湘军自苦战后，正事整理，远辱犒劳，温同挟纩。兹派李吟秋兄率队来郴欢迎，并电饬沿途军队及地方官，妥为迎护。吾兄如带有卫队，即可由湘边返粤，以免长途跋涉，往返维艰也。南望岳云，无任翘跂。并盼电复。恒惕。感。印。

（湖南《大公报》1921年9月30日；天津《益世报》1921年10月7日）

复赵恒惕电

(1921年9月28日)

长沙赵总司令鉴：

感电奉悉。弟以湘人，奉扬上命，为战士慰艰重，即为湘军固团体。辱承奖饰，并劳吟公远迎，尤滋惭恧。已于宥日抵韶，稍事羁留，即当遄归。候抵湘边，再行电达。随行均系同志，安分之人，卫队数十名，待有湘军接替，即当如命办理。特复。周震鳞叩。勘。印。

（湖南《大公报》1921年9月30日；天津《益世报》1921年10月7日）

致孙中山电[1]

（1921年11月上旬）

赵、吴[2]决裂，势在必行。万恳速转李部长、蒋次长、联军各部，立即出发，星夜赴衡，并祈先定取赣计划，以便一气呵成。望勿迟疑，致误军略。

（北京《顺天时报》1921年11月10日）

---

[1] 文前曰："行营复接赴湘周慰劳使来电谓……"文后曰："孙氏闻此，已定于日间赶赴桂林……"

[2] 指赵恒惕、吴佩孚。

复赵恒惕等电

（1921年12月31日）

长沙赵总司令、各师旅长、各镇守使、各司令均鉴：

宥电敬悉。省宪公布，民治胚胎，诸公煞费苦心，吾民乐观盛业。三湘之民，获得人权，庆幸之私，何可言喻。至诸公计及国宪一层，尤征卓识。犹忆前岁，茶陵①马电宣布，鳞曾与闻。人民自治，本斯世立国普通政理，地方分权，尤吾党数十年建国主张。惟联邦云者，虽重邦治，尤急国家联盟之精神，国所以立，德、美先进，事实昭然。国大纷多，联更重要。军阀独立，如唐末五代之割据祸国，岂得云联。现元首北征，即为全国各省除自治障碍，而华会失败，由于国基未固，威信尽失，见轻于人。伏望诸公辅佐元首，贯彻初衷，省民先安，进而成统一国家之业，则全功方竟，冀幸尤深也。敬颂新禧，统希亮察。震鳞叩。卅一。印。

（湖南《大公报》1922年1月5日；《申报》1922年1月12日）

---

① 指谭延闿，湖南茶陵县人。

与吴景濂等致赵恒惕电[①]

（1922年3月28日）

长沙赵省长炎午先生勋鉴：

前闻湘省公布省宪，纳民轨物，私心庆慰。旋传执事为华实纱厂罢工事，逮捕劳工会黄爱、庞人铨两君，未经审判，亦未宣布罪状，竟徇资方请求，即行枪决，实骇听闻。查湘省今年元旦公布之省宪法明定人民有集会、结社、言论、出版、游行请愿之自由权利，乃墨汁未干，即任意杀害工人，何以示信？更何以杜绝北洋军阀之南侵？况保护劳工，节制资本，为世界新潮，执事革命健者，何竟倒行逆施，一致此极？窃所未喻。甚盼改弦更张，树自治之楷模，保障工农，纳劳资于正规，以宏法治，而赎前愆，不胜翘企。

[①] 1922年1月17日，湖南劳工会领袖黄爱（原天津觉悟社社员、社会主义青年团团员）、庞人铨（社会主义青年团团员）领导长沙华实纱厂罢工，遭到军阀赵恒惕的镇压，黄爱、庞人铨被逮捕杀害。毛泽东闻讯后，即从板仓杨开慧家中返回长沙城，在一师校长易培基家召开会议，决定开展一个悼念黄、庞，控诉和反抗赵恒惕的运动。随后，毛泽东在船山学社先后两次主持黄、庞追悼会，并印发纪念特刊。周震鳞等得知消息后，也电诘赵恒惕。

吴景濂、邹仲辉、陈独秀、李书城、聂云台、曾熙、周震鳞、覃振、史量才叩。俭。

（湖南省总工会编：《湖南劳工会研究论文及史料》，湖南人民出版社1986年版，第346页）

与林森等致各报馆电

（1922年6月3日）

各报馆均鉴：

　　贼祸中国，忧乱频仍。外则辱国丧权，内则残民以逞。推原祸始，固由袁氏毁法种此乱因，而推波助澜、患无已时者，实由于北京武人不能守法所致，故所谓北京政府者，实皆祸首罪魁、叛法殃民之徒，此全国人所共知者也。以祸首罪魁、叛法殃民之徒，而忽然大声疾呼曰尊重法律、尊重民意，国人若不善忘，则今日所称尊重国会之人即日前迫散国会之党也；今日所谓尊重民意之人即日前违反民意之徒也。前日之毁法，欲武力以求逞，今者甲武人仆而乙武人起，武人亦知武力不可恃，又欲假借民意、法律以遂其政治上之阴谋。所谓政治阴谋，质言之，利用一部分已失议员资格之人，如王家襄等用以谋取总统位置而已。《语》曰："前事不忘，后事之师。"此种人即使遂其阴谋，试问能守法律以组织良好政府乎？吾民苦兵祸久矣，亦知以兵祸吾民者，非今日自称尊重法律、尊重民意之武人乎？指拨武人以图祸国者，非今武人所欲推戴之领袖乎？武人而果悔祸，当立解兵权，听诸法律裁判，庶乎祸乱可已。否则，以武力而主张法律，废置由己，取便私图，由而效之，其祸乱恐更甚于今日。愿邦人君子，实深图之。

国会非常会议林森暨三百六十六人叩。江。印。

（北京《顺天时报》1922年6月14日）

与林森等致黎元洪电

（1922年6月7日）

北京黎宋卿先生鉴：

近日直系武人有拥公复职之主张，闻公腼然受之而不辞，天下闻之哑然失笑，初不意有不知人间羞耻事者，至于此极也。稔公生平者，谓公一生为人傀儡，因以为利习与性成，无怪其然。然今所欲问者，则公所复者何职也？六年解散国会之非法命令，公实发之，借曰被迫使然，则匹夫尚不可夺志，况于国家之元首。况被迫程度，刑律固有分析，未可辄为援引。要之，违法之罪，公必无所逃。身既为国法之罪人，尚安得有国法上之地位？此公所当知者一也。张勋复辟，公狼狈逃死，事后通电，汲汲于引去，至自比于坠溷之花，难登衽席。国家名器，非可私有。不利于己，则避之若浼；有利于己，则趋之若鹜。此公所当知者又一也。六年以来，国家大乱，领土则分崩离析，人民之生命财产，则损失无数，谁生厉阶，至今为梗，公则怡然不以属意，借天津租界为安乐土，黩货嗜利，面团团作富家翁。公既果相忘天下若此，天下安得不忘公？此公所当知者又一也。借曰礼义廉耻，非可以相期，然公须知按之国法，公已为平民，今日之事，无所容其觊觎。盖六年之秋，公去职后，由冯国璋代理大总统，至八年之秋而任期已满，公之大总统之资格，消灭久矣。今日复职，诚不知所复者为何职也？道德以施于君子，法律以绳之小人，公纵不言道德，其如法律之究何？及今悔祸，毋与直系武人同恶共济，则一平民之生命财产犹得保全，释此不图，必无幸矣。

丁超伍、丁骞、丁象谦、王谟、王维新、王庆云、王兆离、王家驹、王恒、王猷、王鸿庞、王用宾、王斧、巴达玛林沁、孔昭晟、石璜、石铭、史之照、田桐、田永正、田铭璋、申梦奇、朱之洪、朱念祖、周志均、宋渊源、吕志伊、李希莲、吕荫南、李执中、李文治、李建民、李洪翰、汪汝梅、吴忠仁、吴道达、克兴额、居正、尚镇圭、马君武、林森、张峄、张凤九、张景纯、徐可亭、徐邦杰、祝震、程志卓、梁登瀛、刘汝麟、刘峰一、刘裁甫、刘芷芬、刘雪昭、黄元白、黄汝鉴、黄赞元、周震鳞、周起梦、叶复元、叶夏声、谢家鸿、谢持、谢良牧、曾昭斌、陈玉麟、陈永箕、卢式楷、卢仲琳、赖德家、焦易堂、傅用平、高振霄、杨声、谭正、童杭时、邹鲁、岑述彭、曾干贞、彭养光、彭邦栋、萧辉锦、陶礼燊、毕鼎琛、廉炳华、覃振、窦应昌。阳。

(上海《民国日报》1922年6月14日)

与林森等致吴景濂电

（1922年6月7日）

天津吴议长景濂鉴：

近日直派武人有恢复六年国会之主张，武人毁法久矣，今进而玩法，其心（逾）［愈］险，其计（逾）［愈］拙。虽然彼武人耳，不足责问，公亦与其事，则所大愕不解者。六年非常国会，非公为议长耶？八年正式国会开会，非公为众议院议长耶？宪法会议，非公为副议长耶？正式国会，既于八年开会矣，仍云恢复？开会之际，不到会之议员既照章除名矣，何云六年国会？我国会与宪法会议虽因政学系之作乱，而致法定人数不足，然机关之存在如故也，护法首都之无恙如故也，何时足法定人数，何时即可开会。凡此皆至著之事实，至浅之法理，他人有不解此者，公犹当喻释之；他人有违反此者，公犹当斥责之，初不料公乃惶惑失守至是也，然则六年以来护法之事实，皆为无意识，而公之领袖同人，历艰难险阻，以行其所职而不悔者，亦皆为无意识，公持何面目以见天下士耶？！

六年以来，全国人民之生命财产为国会而牺牲者，不可谓不巨，国会而有败类，国会之不幸，对于国民不能无惭。所犹为万一之望者，惟此艰贞蒙难之同人，真能尽护法之责任，虽万变而不渝，庶几六年以来之丧乱，犹得所补偿耳！今公以领袖同人之资格，而出于违反同人公意之举动，视国法如弁髦，为武人作傀儡，则公之罪，国会历来之败类无足以拟之，尚有何人能为公谅？公其图之，及今悔祸，犹未晚也。（名同前）

(上海《民国日报》1922年6月14日)

与林森等致各报馆通电

(1922年6月7日)

各报馆均鉴：

阳日致吴景濂电文曰："天津吴议长景濂鉴：（内容同前）"等语。特此奉闻。（名同前）。阳。印。

(《申报》1922年6月24日)

与林森等致褚辅成电

(1922年6月7日)

上海法界恺自迩路国会议员通讯处褚慧僧兄并转旅沪同人均鉴：

自黎氏下解散国会之乱命，我同人始南下而护法。自岑氏有牺牲国会之密电，我同人又离粤而之滇而之渝。数年来颠沛流离之苦，兄与同人备尝之矣。而泸州一役，我兄则几遭不测，此皆为国家存法统，为国会尽天职，为个人保人格，非得已也。兹者天道好还，人心未死，彼辈之解散我、牺牲我及肆行诋毁我者（吴佩孚曾有此电），至此亦悔祸投诚于我护法旗帜之下。此诚我主义战胜，可高唱凯歌而为国家法统庆，并为同人之数年奔走慰者。同人等现商定，趁此时机，仍于护法地点召集正式会议，进谋续议八年未决之宪文，以慰国人之喁望。我兄八年时筹备召集，经验既富，而热心毅力尤为同人所共仰，尚祈即日命驾来粤，并就近邀集旅沪同人联袂南下，则宪典之成，直指顾间耳。此不独同人之幸，国家实利赖之！至于近日喧传已失议员资格之王家襄等在津谋复六年国会，是犹下堂之妇求归故夫，已覆之水冀复原量，诚不值识者一笑！不然，六年国会之说，民国八年政学会已主张于前，民国九年王家襄复要求于后，均为同人所拒绝，而我兄尤为主持最坚者也，岂

至今日犹为其所惑，自蹈于非法乎？除另电莲伯①兄外，特电奉达，伫候明教。国会同人某某叩。（名同前电）

（上海《民国日报》1922年6月14日）

与林森等致各报馆通电②

（1922年6月8日）

各报馆钧鉴：

民国肇兴，乱无宁岁，六年以后，丧乱尤多。谁生厉阶，至今为梗，揆厥所自，黎元洪实为造乱之罪魁。民国之本，托命在国会。袁世凯违法解散，致有帝制及日本二十一条件之变；黎元洪违法解散，致有复辟及年来北廷种种卖国之变。然违法解散，袁氏尚不敢明令执行，黎氏乃公然为之；且袁私服天诛，罪人斯得，黎未经弹劾，法网犹悬，大法既堕，大乱未已。国人追怀祸始，未常不太息痛憾于六年六月十二日之一令，此其毁法之罪一。

手召张勋，冀全己命，京邑既陷，罔识所推，竟徇勋请，称臣逊清，至将民国统治大权，拱首献之宣统，中华民国几致中断，此其叛国之罪二。

元首死社稷，古今通义，平日备极尊荣，艰难竟忘国耻，堂

---

① 吴景濂，字莲伯。
② 本文原标题：《国会宣布黎元洪罪状电》。

堂民国总统，逃入日本使馆，吾国丑点，此为第一。不知有国，惟知怕死，贻羞国史，见轻外人，此其辱国之罪三。

准斯以观，黎元洪身为民国罪魁，其罪条一日未能解除，则国法一日不得卸责，此在法律上早丧其总统资格，况民国且被中断，总统更从何有？此黎氏在事实上亦失其总统地位。倘以法律、事实两不容许之罪人，而欲使之复职，其妄主张复职者又系少数丧失议员资格之分子，及当日干宪乱政之军阀，伪中作伪，宁非欺天？似此不独无裨统一，适一增长乱源。滑稽之事，孰过于此！国会职责所关，誓不承认。谨此宣告，与众共弃。凡有血气，其各鉴之。林森暨三百六十六人叩。庚。印。

（上海《民国日报》《申报》1922年6月24日）

致孙中山书

（1922年6月16日）[①]

大元帅钧座：

敬肃者：闻惠州督办更易，颇有风潮，此事是否属实，鳞处未知详情，不便妄参末议。然事牵洪兆麟，言之者众，或亦有因。查洪本吾党纯粹分子，此时为大局计，似不可于两粤出师赴湘之

[①] 原书未署年月，《周震鳞墨迹诗文选集》编者认为，应为假道湖南出师北伐的1922年。

际，冯、段协以谋我之秋，发生内部纷扰，致为敌人所乘。拟请传与洪有旧诸公，如竟存等，妥慎措处，免滋外间猜忌。

再，军政府势力，应由忍耐而养成之。养成之方，似宜兼顾全国，不可专重一隅。全国势力之发展与否，目前必视湘战之胜负，苟使桂军竭全力以保湘，军政府实力筹饷办械，以作四面策应之后劲，则各省之争先向义者，必群奉戴军政府，而军政府之势力即因而强固。虽有猜贰之野心，自利家终无如我何矣。若逞一时之小愤，而无持久远大之计画，则非常之业，绝好之机，或以躁妄覆之，则诚非梼昧之所知也。此意鳞曾屡次面陈，均蒙俯纳，至为感佩，今因惠州之谣又觇缕及此，诚恐吾党热心气盛分子，未得尽知处事之艰苦，仍乞钧座随时开诱之耳。

又据徐秘书长季农①缄，有彭勃、陈天庆、于克勋等三君，拟往郴州招集铁侠团旧部，曾叩钧座请示机宜。伊三人热心任事，情甚可嘉。惟此时军政府对于此种事件，当非一起，似宜俟大计完全决定，再行切实调查，分别编练。三君鳞虽未相识，然不敢以私招孤军之危险怂恿之也。此意湘议员同人意见相同，并以奉复，仍乞钧裁。即请崇安。周震鳞谨上。十六日。

（周用宜主编：《周震鳞墨迹诗文选集》，第43页）

---

① 徐谦（1871—1940），字季龙，一作季农，安徽歙县徐村人。1903年中进士，入译学馆攻读法律、政治。1907年授翰林院编修，不久调任法部参事，主持法律编查馆，次年任京师地方审判厅厅长、高等审判厅检察长，1910年赴美国参加国际司法会议，并考察了英、法、德、俄等国的司法制度。民国成立后，曾任北京政府司法部次长，加入国民党并被推举为本部参议。1917年随孙中山南下广州，历任护法军政府秘书长、最高法院院长。1922年任北京政府司法总长；1926年当选为中国国民党第二届中央执行委员，任广州国民政府委员兼司法部长；1927年受汪、蒋两派的排挤，转往香港。1933年11月，与李济深等由港入闽，参与组织"中华共和国人民革命政府"，当选为委员、最高法院院长兼农工幸福委员会主席，闽变失败，去香港。抗日战争爆发后回内地任国防委员会委员。1940年9月在香港病逝。

与杭辛斋①等关于护法宣言

(1922年7月2日)②

民国成立十一年耳，濒于危亡者二次，一曰洪宪之乱，一曰复辟之变，皆以解散国会肇其端，然国会职权，揭橥《约法》，非何种强力所能予夺。民国六年，孙大总统率海军南下，各省景从。刘建藩崛起零陵，以弹丸之地，毅然兴护法之师。厥后虽更多故而再接再厉，诚以护法（勘）［戡］乱，事不容已，道合志同，历久不敝也。乃陈炯明与吴佩孚狼狈为奸，一则借叛军之暴力麾议员便去，一则分卖国之余润招议员使来。归劫掠者既惨无人道，示优异者尤蔑视人格，举袁世凯、张勋不敢为者而悍然为之，纪纲扫地不有拨反则正气或几□息矣。某等忝列议席，民志所托，当沧海横流之会懔，裁胥及弱之痛，矢志讨贼，义无徘徊。邦人君子，其昭鉴之。

国会议员杭辛斋、刘人炯、丁惟汾、张知本、彭养光、谢英伯、李式璠、张效翰、方潜、茅祖权、凌钺、谭正、张鸿鼎、关棣、高振霄、覃振、谭维洋、马光晔、彭介石、周运苍、王乃昌、

---

① 杭辛斋简历详见周震鳞等1924年1月25日致孙中山电。
② 文前曰："昨日旅沪国会议员根据前日（二日）会议议决案发表宣言二通原文如下（第二次宣言）……"

刘芷芬、何弼虞、王宪章、申梦奇、李锜、李建民、田永正、张秋白、田铭璋、许森、邹鲁、凌毅、李执中、廉炳华、项肩、陈荣广、陈尚裔、周震鳞、周积芹、李希莲、李爕阳、岑述彭、吴忠仁、叶复元、邓元、王湘、黄汝鉴、卢促琳、王猷、朱之洪、周世屏、尚作宾、傅用平、王安富、徐可亭、孟同和、魏笑涛、康汝耜、张瑞云、王田、张敬之、陈纯修、李东璧、于洪起、亓因培、王玉树、宋桢、卢式楷、赖庆珲、蔡突灵、孔梦深、张振枢、丁铭礼、刘荣棠、刘积学、徐宗德、邹树声、赵清泉。

（《申报》1922 年 7 月 4 日）

与杭辛斋等关于护法再次宣言

（1922 年 7 月 2 日）①

国会在粤六年，已开常会，并依法选举总统，组织政府。法统国纲，峙如山岳。迩来，北方武人，嗾使三五不肖，冒集国会，拥黎僭位，背义毁法，早为国人共弃。兹复诱令陆军总长陈炯明称兵作乱，图覆国本，扰害一时之秩序其罪小，残破人类之道义其罪大。应由大总统行使国会赋予职权，外讨僭窃之奸徒，内清反侧之叛徒，澄奠民国，巩固共和，于焉斯赖，谨此宣言。

---

① 文前曰："昨日旅沪国会议员根据前日（二日）会议议决案发表宣言二通原文如下……（第三次宣言）……"

国会议员杭辛斋、刘人炯、丁惟汾、张知本、彭养光、谢英伯、李式璠、张效翰、方潜、茅祖权、凌钺、谭正、张鸿鼎、关棣、高振霄、覃振、谭维洋、马光晔、彭介石、周运苞、王乃昌、刘芷芬、何弼虞、王宪章、申梦奇、李锜、李建民、田永正、张秋白、田铭璋、许森、邹鲁、凌毅、李执中、廉炳华、项肩、陈荣广、陈尚裔、周震鳞、周积芹、李希莲、李燮阳、岑述彭、吴忠仁、叶复元、邓元、王湘、黄汝鉴、卢促琳、王猷、朱之洪、周世屏、尚作宾、傅用平、王安富、徐可亭、孟同和、魏笑涛、康汝粗、张瑞云、王田、张敬之、陈纯修、李东璧、于洪起、亓因培、王玉树、宋桢、卢式楷、赖庆珲、蔡突灵、孔梦深、张振枢、丁铭礼、刘荣棠、刘积学、徐宗德、邹树声、赵清泉。

(《申报》1922 年 7 月 4 日)

与赵清泉等致各省议会等电

(1922 年 7 月 4 日)①

各省省议会、农工商会、各师旅长、各司令、各团体、各报馆均鉴：

---

① 上海《民国日报》1922 年 7 月 5 日刊登此电，文前曰："广州国会议员被迫来沪，特于昨日发出通电云……"

陆军总长陈炯明①，于6月删日，黑夜称兵，谋弑总统，背叛国家。翌晨令杨坤如之副官赖永忠等，率匪军数十人，困海珠国会议员招待所。初时不准出入，继则按房抢劫。直至下午三时，胁迫所内各人，即时离去广州，衣服行囊，完全劫夺。及各人出门时，男女身上之长衣、眼镜、手表、戒指零碎等件一概搜括净尽。日暮，该副官等将衣服、银钱朋分后，所有书籍、器具等，均用汽车运至杨之司令部。次日，又至士敏土场第二国会议员招待所，亦如前次搜法，且加伤害。两所之同人，仓皇奔走，仅以身免。现在广州市面，每日抢劫，十室九空。似此盗贼行为，袁世凯之叛国，张勋之复辟，莫荣新之祸粤，不忍为不敢为之事，陈炯明之粤军，公然为之。是则陈炯明者，直匪首耳。匪而不肯自认为匪，胆敢饰词通电，谓旧会重集，请孙下野云云。夫孙大总统护法之目的，惟求国会能真正完全自由行使职权，其宣言大公无我，最为明白。该匪首此次叛乱，不但广州所有之公署机关，均被洗劫，近且奸淫女学，烧杀市民，是则张献忠、李自成之流，何得借口法律政治？盖陈炯明前借粤人治粤之名，盗取广东政权，今乃借国会恢复之名，劫掠广州财产。盗匪之面目，自行暴露。除请孙大总统就近严剿外，特将身受目睹之事实，敬为国人告之。

国会议员赵清泉、梅宝玑、亓因培、彭学浚、陈尚裔、王兆离、邹树声、朱之洪、徐可亭、李执中、周震鳞、汪汝梅、陈友青、刘人炯、李建民、邓天乙、高福生、于恩波、丁骞、何陶、田永正、张大昕、高振霄、时功玖、杨大实、蔡突灵、徐邦俊、吴道达、卢元弼、赖庆彭、彭邦栋、向作宾、向元均、张光炜、周恭寿、李式璠、董昆瀛、蔡达生、董耕云、王鸿宾、尚镇圭、

---

① 陈炯明（1887—1933），字竞存，广东海丰人。广东法政学堂毕业，清末当选广东谘议局议员，同盟会员，参加黄花岗起义任统筹部编制课课长兼调度课副课长。辛亥革命后任广东副都督、都督，"二次革命"失败后逃亡海外。后回国参加护国战争和护法运动，任援闽粤军总司令。后历任广东省长兼粤军总司令、军政府陆军部长兼内务部长。1922年发动兵变，反对孙中山，被击败，逃往香港，1933年病故。

史之熙、窦应昌、刘峰一、周之桢、乌友三、鲁鱼、魏笑涛、彭养光、孟同和、王宪章、田铭璋、李希莲、关棣、陈纯修、张敬之、张瑞云、李东壁、申梦奇、廉炳华、许森等同叩。

(《中华民国史事纪要1922年7—12月份（初稿）》，1983年，第18—19页；北京《顺天时报》1922年7月8日)

致杨庶堪林业明[①]书

（1922年7月14日）

沧白、焕廷两兄左右：

陈护黄[②]司令之参谋长易莱焘兄由湘过沪，即日须入觐元首。

[①] 杨庶堪（1881—1942），字沧白，四川巴县（今重庆市巴南区）人。早年治经史辞章，专心国学，入重庆译学会习英文，1905年加入同盟会，在重庆、叙永、成都等地任中学教师，密谋革命。武昌起义后，与张培爵等组织起义军收复重庆，成立蜀军政府，任顾问。1913年初当选为第一届国会参议员，参加"二次革命"，失败后逃亡日本，加入中华革命党，任政治部副部长。1918年任四川省长，1921年后被孙中山委以财政部长、大元帅府秘书长、广东省长等职，1925年任段祺瑞执政府司法部长，1932年选为国民党中央监察委员、国民政府委员。抗日战争时汪精卫诱其出任伪职，严拒之，由港返川，1942年病逝。

林业明（1881—1933），字焕廷，广东顺德人。同盟会安南海防支部主盟人，1907—1908年间，协助孙中山筹款支援钦廉、镇南关、河口等起义。河口起义失败后，往南洋宣传革命，1911年初回海防，购运枪械，支援黄花岗起义，1914年创办《真报》及《黄花三日刊》于香港，后参加护法运动，任军政府财政部长，1933年病殁于上海。

[②] 陈护黄，即陈嘉祐。

现护黄所率三梯团勉入粤，共同作战，易参谋自应立赴前敌襄理一切。然川资业已用尽，应请补给若干，以便赶速前进。事关军机，幸勿延误为盼。专此。即颂伟安！震鳞谨启。七月一四日。

（周用宜主编：《周震鳞墨迹诗文选集》，第 46 页）

与彭养光等致发起法统维持会宣言

（1922 年 7 月 23 日）

中华民国之法统创始于民国元年之《约法》，约法制宪之大权隶属于第一届正式之国会。国会职权之行使、议员资格之得丧，皆根据于法律，非何种命令所能支配。溯第一届国会自被黎元洪不法迫散，旋即集会广州，迭开非常会议、正式会议、宪法会议，中经蹉跌，改建政府，付以讨贼戡乱之大任，至《约法》究全有效之日乃止。《约法》完全有效云者，义在实行主权在民之旨，与民贼独夫势不两立，岂复容其假借伪托，滋为乱阶？乃黎元洪以待罪之身，忽承王家襄、吴景濂之私戴，僭称总统，谬行威权，招致业已解职议员，冒充国会，是吾人护法之责任未尽，而大盗毁法之技术弥工。盖明明毁法而诡称恢复法统，明明经济调查局员而忽又自称议员，宁非视国人为易欺，而以群狙相待乎？我旅沪国会同人第一次宣言书，亦既摘发奸回，照告天下矣。伏思中华民国开创于辛亥革命，巩固于《临时约法》，既不可自有法返于无法，使国家永无宁日，更不可认矫法为合法，使金壬长窃政权。

爰集同人，组织斯会，意在护法统、黜奸邪、辨真伪、明是非。惟是强力方张，习非胜是，拨乱反正，匹夫有责。国人须知：国会者，四万万人之所有，非数百议员之所有。中华民国者，四万万人之国家，非数百议员之国家。法统之存亡，国会之真伪，其为利害祸福，惟我全体人民实身受之。某等受民重托，滥竽议席，匡时乏力，寝馈难安，顾自到院以来，迭易寒暑，险阻艰难，备尝之矣。夫好逸而恶劳，某等亦犹是人情耳，而必严拒非义，誓与奋斗，含辛茹苦，踽踽海隅，朝斯夕斯，锲而不舍者，诚以法统不容僭乱，名器不得冒窃，真伪不能并立，是非不可混淆，未敢苟且迁就，贻国民羞，岂有一毫私意于其间哉？幸我国人念国命之垂危，明乱源之所在，共图补救，力挽狂澜，俾矫妄者无所施其技，则国家前途之福也。谨沥血披诚宣言如下，凡我国人，其昭鉴之。

彭养光、凌钺、吴道达、毕鼎琛、高振霄、亓因培、李希莲、刘云昭、杭辛斋、邓维受、曾昭斌、彭介石、张知奎、申梦奇、刘人炯、李曾鲁、丁象谦、张秋白、向作宾、关棣、岑述彭、谭惟洋、王用宾、叶复元、田铭璋、王曰俞、丁惟汾、宋桢、项肩、何弼虞、董庆余、张震枢、许森、方潜、凌毅、朱之洪、徐可亭、田锡恩、邹鲁、戴维藩、刘汝麟、曹振懋、康汝耜、陈荣广、孟同和、魏笑涛、王福缘、拉什泥玛、敬相太、王兆离、窦应昌、焦易堂、李爕阳、赖德嘉、于洪超、庄恒广、刘荣棠、王荣光、张华祖、周超彦、丁骞、张鸿鼎、王猷、石秉甲、万葆元、赖庆辉、董耕云、卢仲琳、王湘、吴忠仁、杨肇基、黄汝鉴、周世屏、傅用平、董杭时、刘芷芬、茅祖权、王庆云、马光晔、周恭寿、谢英伯、刘峰一、陈廷飏、王文郁、刘积学、赵清泉、万鸿图、黄垍元、陈尚斋、沈维周、李式璠、孔绍尧、李剑鸣、王安富、李国宜、熊兆渭、朱宝桢、周震鳞、李素、李执中、吕志伊、蒋恩澍、李恩阳。①

(上海《民国日报》《申报》1922年7月26日)

与彭养光等宣布法统维持会简章

(1922年7月23日)

  自民国六年国会再遭非法解散以后，国会本《约法》自由集会之条文，召集国会非常会议于广州，选举大元帅，付以讨贼戡乱之任。后以时局变化，改开第二届常会及临时会议，改组政府，另选七总裁，继续大元帅讨贼戡乱职务。殊以时局杌陧，仍无进步，国会同人多有主张速制宪法，以奠国本者。于是召集宪法会议，地方制度各章，在此会期中曾经二读。不料南北分赃和议起，岑、陆等违叛护法宗旨，私售西南六省，压迫国会迁滇、迁川，图存气羊。幸援闽粤军回粤，始破奸谋，重建政府，正式选举总统。不料直奉战后，北方武人，欲借名恢复法统，以遂其并吞宇内之私志，致令早经解职之王家襄等，在假日久之吴景濂辈，踞津安言恢复国会，僭称行使职权，欲将民六以后国会历史一笔抹煞，分

---

① 据1922年7月3日《申报》上《组织法统维持会》所载，在2日旅沪国会议员议决组织法统维持会时，推举周震鳞为湖南筹备员。另据1922年7月27日上海《民国日报》《时报》的《法统维持会宣言署名补遗》一文称："昨日发表之法统维持会宣言，除已列名之九十八名外，尚有继续列名之周震鳞、李素、李执中、吕志伊、蒋恩澍、李恩阳等六人。"

子既已羼杂，召集尤为荒谬。旅沪国会议员不忍负人民之委托，辜宇内之属望，更不敢以立法而自乱纪纲，危及立国之大本，谨以法统不容紊乱之义，一再昭告天下。至七月二十三日，发起组织法统维持会，开成立会于上海法租界尚贤堂，爰订简章如下：

法统维持会简章

第一条　本会以维法统为宗旨。

第二条　国会议员，凡赞成本会宗旨者，皆为本会会员。

第三条　国民赞助本会者，由本会会员三人以上之介绍，得为特别会员。

第四条　本部组织分为三部如下：

（一）总务部掌理会计、庶务及不属于文事、交际二部事宜；

（二）文事部掌理撰述宣传事宜；

（三）交际部掌理会外交际事宜。

第五条　每部干事无定额，由本会会员分任之。

第六条　各部干事须轮流值日，即以值日者为临时主任。

第七条　本会大会无定期，遇有紧要事件，经会员十人以上之提议，得随时开会。

第八条　本会会员如中途有违背法统之行为者，得由大会议决取消其会员资格。

第九条　本会会员非有正式委托书不得用本会名义向会外接洽。

第十条　本会经费由本会会员分任之。

第十一条　本会事务所暂设上海恺自迩路二百八十二号。

第十二条　本简章自议决之日施行。

第十三条　本简章至法统完全恢复之日废止之。

（北京《顺天时报》1922年9月2日）

与护法议员否认北京国会第一次宣言[①]

（1922年8月2日）

（衔略）按法载，国会以参议院、众议院构成之。参议院以参议院议员，众议院以众议院议员组织之。准据斯议，则非议员而冒充议员者，决不得认为议员；以非国会而冒充国会者，决不得认为国会。前者吴景濂及非议员王家襄等，于天津设立所谓国会，继续开会筹备处，自称行使国会职权。维时参议院议长林森等三百六十五人及旅沪同人，以国会在粤既未议决迁地，而王家襄等自六年国会非法解散以后，或为伪廷官吏，或为非法议员，或于七年国会正式开会延不到院，经参众两院依法宣告解职或自行辞职，经院议许可。议员资格久经丧失不得组织国会，业经宣言否

[①] 1922年8月3日《申报》以"旅沪议员否认北京国会宣言"为题刊发此宣言，文前曰："旅沪国会议员时功玖、茅祖权等一百人署名，昨发表否认北京国会之宣言一通，原文如下……"但署名为"国会议员时功玖等一百人"。北京《顺天时报》1922年9月6日、7日的《法统维持会创立始末记：旅沪议员否认伪国会宣言》一文云：该会7月23日的宣言发布后，"北京王家襄、吴景濂等果集合数百已经依法解职、现任北廷官吏之人杂入未解职之议员中，混合开会，旅沪国会议员等因雁彼等以伪乱真，致淆中外人士之观听，遂又开会，议决下列之宣言。该宣言原文如下……"并公布参与署名的全部议员名单。

认，乃不法之徒，罔知悛悔，复敢变本加厉，迁入宛平，明目张胆，盘踞两院旧址，擅行通告于八月一日开议，显违宪典，触犯刑章，肆无忌惮，至此而极。此就法律言，应行否认者一。

南北纷争于兹六载，兵燹所及，庐舍为墟。侈谈和平，而人心益愤；空言统一，而纷扰滋多。所以然者何？亦曰民贼不两立，法律不假借而已。往者，北洋首领妄思以武力经营天下，复败相寻，志不得逞。今其苗裔，更奋私智，武力之外，济以阴谋，离间煽惑，极尽能事。此在粤议员之所以蒙难出走，而宛平伪会之所以奉命而生也。前已私戴总统，又欲私立宪法，并私借外债，天下许多罪恶，皆得假国会之名以行其术，视公然毁法为巧，而其祸较决堤淹民为烈，盖公然毁法，不足箝天下之口。悍然矫法始溃天下之防，操莽篡窃，饰词禅让，流弊所届，伊于胡底？此就政治言，应行否认者又其一。

某等忝列议席，民命所托，目睹颠危，宁忍坐视？摘奸发复，义无可辞。用是郑重声明：依法解职之人所凑合之伪参众两院，根本不能成立，所有一切行为当然无效。特此宣言，咸使闻知。

国会议员时功玖、彭养光、李燮阳、张秋白、高振霄、李式璠、申梦奇、李锜、亓因培、李希莲、茅祖权、凌钺、周震鳞、戴维藩、何陶亢、覃振、李建民、陈家鼎、唐支厦、叶复元、孔绍尧、关棣、田铭璋、李执中、王宪章、黄策成、王福缘、董耕云、丁象谦、罗上霓、毕鼎珠、凌毅、彭介石、丁骞、刘人炯、丁惟汾、王自俞、申梦奇、毕鼎琛、张知本、李曾鲁、张鸿鼎、于洪起、刘积学、周起梦、方潜、刘荣棠、赵清泉、吴忠仁、陈荣广、杭辛斋、邹鲁、刘峰一、王文郁、王荣光、张华祖、刘芷芬、杜汝舟、李恩阳、刘汝麟、万保元、朱宝桢、石秉甲、徐可亭、朱之淇、谢英伯、吕志伊、孙芳、石璜、安宅仁、邹树声、王湘、欧阳沂、孟同和、谭惟洋、向作宾、黄汝鉴、李国定、卢仲琳、王安富、岑述彭、梁登瀛、王庆云、庄怀广、宋桢、李素、林者仁、张景纯、张凤九、刘云昭。

（《申报》1922年8月3日；《社会日报》1922年8月5日；北京《顺天时报》1922年9月6日、7日）

致北京护法议员电

（1922年9月4日）

北京护法议员联欢社同人公鉴：

　　陷日豪举，薄海同情，乃沪报载有调停之说，谅非事实。诚以法统问题，义无调停，是非不并立，真伪不并存，稍一迁就，便堕术中。某等不敏，愿随同人争最后五分钟也。法统维持会同人叩。支。

（《申报》1922年9月7日）

与护法议员否认北京国会第二次宣言[①]

（1922年9月6日）

自同人等第一次宣言后，以为国会自身问题，法律上当有正当之解决，不图旬日以来，吴景濂之弄法如故，持法者未得解决如故，兹为维持法统计，不能不再接再厉，抱一致奋斗之决心，惟恐真相未明，奸人从而谣惑，用将既往之历史及现在之主张，与夫将来之关系，谨为我国人言之：

甲、既往。民国六年，国会二次被逐后，即根据《约法》自行集会于广州。七年，续开二届常会期内之临时会。至八年冬，续开宪法会议，护法议长吴景濂曾领衔迭次宣言，通告中外，说明第一届国会为中华民国之真正法统所在地，并否认解职议员所造伪国会，大义昭然，中外共晓。当开会伊始，除通告开会日期外，并派人四出招待。彼时一部分议员组织北廷，不肯南下，始依《院法》第七条解除其

[①] 本文原标题：《护法议员之再接再厉》。文前曰："护法议员第二次宣言云……"是年9月初，周震鳞等旅沪议员赴京。8月25日北京《顺天时报》上《护法议员北上》云："旅沪之护法议员（即法统维持会会员）因鉴于北方两院开会之成绩并因孙氏已与北方携手，故有一大批已翻然改计于二十一日离沪赴京……以孙中山之进退为进退。此辈全数北上必已得有孙中山之同意。"9月4日上海《民国日报》上《护法议员在京活动报告》亦云："……众议院可足法数，参议员尚少数人，故要求在沪议员北上声援。"

职；又一面依照《院法》第十三条招集候补人递补。由是言之，国会之在粤开会，与议员之解职递补，无一非依法进行，不特不能推翻，即后世护法史亦当大书特书，为国家申正义。今吴景濂等毁弄法律，前后两歧，安能以伪乱真，掩盖天下人耳目耶？

乙、现在。连日以来，同人等迭次到院质问，有不能不亟于声明者五：

（一）系自动的，并非受何运动。

（二）完全为国会自身的法律问题，毫无政治及其他一切党派作用。

（三）以法律上国会之机关，求法律上正当之解决，并非反对国会机关。

（四）以达到真正的法统为目的，绝不为权利所移动。

（五）自本年八月一日起，法律问题未解决以前，凡议决各种法律，完全无效。

上述各点，为同人等一致主张。南山可转，此志不可移。法之所在，生死以之。

丙、将来。历年血肉相争，无非为法。今幸全国觉悟，一致遵从，正宜彻底澄清，为一劳永逸之计。若一面承认护法，一面又不依法处置国会本身问题，不独法律失其效用，即"护法"两字，亦不能为过去之名词，可断言也。参观章太炎等各电主张，可见公道在人，真伪立判，尚希海内明公，本法律之主张，弭将来之祸乱。否则，前日依法之国会行动，今日可随意推翻。恶例一开，祸乱无止，将何策以善其后？此不能不为我国人陈诉详加考虑者也。

以上所述，关系国家根本，人民存亡，苟于法律上得正当之解决，同人等虽牺牲一切，亦所弗计。皇天后土，共鉴斯言。中华民国十一年九月六日。

（上海《民国日报》1922年9月11日）

与护法议员否认北京国会第三次宣言[①]

（1922年9月19日）

北京国务院、各部、卫戍司令、步军统领、警察总监、宪兵司令、京兆尹、总商会、国立八校专门八校教职员联合会、中等以上学生联合会、各自治会、各法团、各报馆、万国报馆联合会，上海孙大总统、全国各界联合会、各法团、各界联合会、全国学生联合会、总商会、教育联合会、全国司法会议会、全国律师公会、各报馆，保定曹仲帅、洛阳吴玉帅、奉天张雨帅、浙江卢督办，各省区总司令、督军、都统、省长、省议会、教育会、商会、工会、农会、各报馆公鉴：

此次北京开会之所谓国会，并非依法继续民六后正式国会，所议各法案，同人业经叠次宣言，斥为不合法之集会，否认其一切行为，并力求国会本身为法律上正当之解决。乃本月十八日，竟有所谓国会闭会之谬举。开会既经非法，闭会尤为滑稽。且黎元洪前在总统任内，非法解散国会，促成复辟，今又出席，与破坏国会之解职分子，为此不伦不类之国会，尤为不经。同人对于

[①] 文前曰："护法议员第三次通电云……"

此种假借国会名义之弄法举动，认为系吴景濂及解职分子王家襄等私人行为。此四十余日之弄法，不过为其谋权利而已，于法律上国会会期任期，不生丝毫关系，应予绝对否认。特此布闻，中外咸知，邦人君子，实共鉴之。十九日。

（上海《民国日报》1922年9月21日）

与护法议员否认北京国会第四次宣言①

（1922年10月11日）

此次国会在北京集会，为护法战争之结果，亦即真正民意之实现。乃吴景濂、王家襄敢以个人私意，毁法诬民，于国会本身不依法继续，于议员资格则妄为予夺，以致真伪不分辨，良莠杂陈。同人等不敢背负国民，继续奋斗，历有宣言，昭示天下，谅共闻知。而吴景濂等犹欲撮拾浮词，蔽翳真义，著有舆论一斑，冀以荧惑观听，历经同人据理驳诘。旬月以来，理屈词穷，无力狡展，乃敢一意孤行，惟以金钱、位置相饵，以军警暴力相恐，复敢于十月十一日妄开三次常会，并请非法解散国会，促成复辟，致亡民国。依法丧失总统资格之黎元洪，出席国会，以辱我庄严

---

① 本文原标题：《护法议员第四次宣言》。文前曰："护法议员全体，已发表第四次宣言，通告当时情形，原文录后……"

神圣之议场。同人等责任在身，无可委卸，儒冠礼服，入数千军警包围之议院，与警察说明善意，警察一致感动，不忍加害。乃议院之中，突有吴景濂之便服私人，数十为群，强暴凶悍，无所不用其极，将议员何晓川禁之马槽，冠履尽失。其余则每便衣者四、五人，挟制议员一人，如捕罪犯，挟出院外，委弃于城根马路，肆意挤压，戟手谩骂。鬼魅昼行，暗无天日。议员尹承福折伤一臂，何晓川、亓因培、邓问山皆受伤咯血，襟袖烂斑。一面由出席同人诘问吴景濂，依何法开会？解职议员何以出席？护法议员何以不能出席？吴景濂噤不能言。又诘问黎元洪，六年非法解散国会何以不负责任？总统资格依法（销）[消]灭，今日以何资格出席国会？黎元洪亦噤不能言。擅敢鼓奏军乐，以乱质问之声；强读祝词，以词纸掩面。手颤面赤，国家尊严扫地。当局人格卑污，实为古今中外所无，而为今日民国独有之奇辱。此十月十一日到会旁听之数千中外来宾所共见，不容吴景濂、黎元洪两人一手掩饰者也。同人等外不负国民，内不负职守，所抱志愿，始终不渝。此种非法行为曾由同人在议场声言无效，惟无论如何奋斗，终不能不以国民为最终之利害机关，故敢据事直陈，掬诚通告。凡我同胞，备闻此言。民国十一年十月十一日。护法议员公启。

（北京《顺天时报》1922年10月13日；上海《民国日报》1922年10月16日）

与冯自由等致孙中山书

(1922年11月9日)[①]

先生钧鉴：

政局所趋，非速集合党众、整理党争不可。震鳞等已再四集商，现正准备积极进行，无论院内院外，胥纳于党范之中，较专争法统尤为强健有力。兹因萧炳章君回沪之便，特托其面谒先生，详述一切。即祈察鉴，敬请钧安。

周震鳞、焦易堂、张善与、冯自由、王用宾、王恒、萧辉锦、彭养光、续西峰。十一月九日。

（台湾国民党党史会藏件）

[①] 此书未见年份。查1922年6月，周震鳞等护法议员反对北京国会，主张维持法统，并陆续进入北京力争法统。故此书系周震鳞1922年11月在京时致上海孙中山书。

与张汉章等关于开滦五矿等工人请愿的质问书①

（1922年11月13日）

为质问事：接到本院印布开滦五矿暨秦皇岛三万七千工人等急电请愿一件，阅之不胜骇愤。查此次风潮缘于工人受经济之压迫，提出条件，要求矿局，乃洋员不能开诚劝告，而反施以暴力，以致群情愤激，风潮扩大，然充其量仅至同盟罢工，并非有叛逆之行为，何物杨以德②竟敢令保卫队开枪射击，死伤甚多。哀哉！工人离乡背井，不惜胼手胝足，累日穷年，为洋人服奴隶牛马之役，而其结果饱暖未得，饮弹惨死。孰非人子，谁无室家，天下惨目伤心之事，宁有甚于此者乎？夫以同盟罢工，此事在外洋视若寻常，即吾国近年亦数见不鲜，有何罪名之可言？如曰有罪，

---

① 1922年10月16日，开滦五矿（唐山、赵各庄、林西、马家沟、唐家庄）3700多工人联名向矿局提出增加工资、改善待遇等要求，未得满意答复。19日，在中国共产党的领导下，正式成立"开滦五矿工人俱乐部"，23日，在共产党人彭礼、邓培的直接指挥下，工人们一面继续向英国矿局提出条件，一面发表总同盟罢工宣言，并举行罢工，人数达30000多人。26日，反动军警开枪镇压罢工运动，打死工人6人，伤57人，并查封开滦五矿工人俱乐部。工人们遂联名呼吁并组织人员进京请愿。11月16日，矿局答应了工人部分要求，工人们最后忍痛复工。此次罢工持续了25天，是中国共产党在北方领导的一次规模较大的反帝斗争。

② 杨以德，时任直隶全省警务处处长兼天津警察厅厅长。

前此各部职员罢工索薪，未曾开枪射击，何一属劳工即不得享中华民国人民之权利乎？且即曰有罪，罪亦不至于死。杨以德据何法律而敢处工人以死刑？是其滥用职权，已构成刑事杀人之罪。京畿近地，竟发现如此暗无天日之惨剧，实难缄默。试问政府究竟如何处置？谨依法提出质问，限五日答复。

提出者：张汉章。

连署者：周震鳞、王洪身、毛玉麟、熊正瑗、刘正堃、叶兰彬、张鲁泉、苗雨润、林炳华、雷殷、黄元操、王伊文、任同堂、侯汝信、陈铭鉴、王凤翯、张骏烈、李凤威、萧承弼、吕祖翼、刘凤翔。

（《公文》，《参议院公报》第三期第二册，第9—10页）

附　录

开滦五矿及秦皇岛工人致参众两院急电

（1922年11月4日）

十万急。参众两院诸公均鉴：

为请愿事：杨以德残杀工人，媚外贪财，请即提出弹劾，依法惩办。窃工人等受经济之压迫，不得已而出于罢工，提出八条，本是最低要求，生活程度所迫，不得不尔也。奈矿务局不顾我工人等之经济即是我工人等及家族之生命，甘心以巨款与国贼杨以德反帝制余毒之保安队，而彼等竟敢甘受之以媚外，于是残杀工人六名，受轻重伤者五十七名。又失踪已查知者三十一名。失踪而未知者尚不知若干也。工人等早已受武力之压迫，众不欲生。此等情形，谅诸公已见诸报端，无须工人等再陈也。然杨以德倒行逆施，变本加厉，复于本月二日，对我工人等宣言：强迫工作，是伊之宗旨，万无更变；如唐山大街有工人三五成群，交头谈话者，均按军法从事。杨以德本一天津警察厅长而已，岂有所谓军法者，且伊之军法何以行使至唐山？更何以行使至于无罪之工人！且秦始皇并未在世，何以残杀工人至于此极？念议院诸公，既负有人民代表之重责，岂能忍数万工人受武力之压迫以死而不救耶？抑工人等遭此大害，公等尚未有所闻耶？谨此电陈，望诸公早日将杨以德提出弹劾，免职惩办。否则，工人等绝不受国贼武力之压迫，外国资本家之束缚，而不得不自争人格及生活也。是以众志所向，意外之事不免发生，如果流血惨剧愈演愈烈，则工人等绝不敢负此重责也。临电不尽流涕，谨此电陈。唐山开滦五矿暨秦皇岛三万七千工人同叩。一九二二年十一月四日。

（天津《泰晤士报》1922年11月6日）

与何畏等关于云南片马交涉事的质问书

（1922年11月14日）

为质问事：查片马地方属云南省保山县治登埂土司所管，距保山县城约二百八十里，地处怒江西岸，南通腾冲，西北达川、藏，为滇省西防门户。片马交涉自前清光绪三十二年十二月，英政府派兵二千、驼马二千五百匹，直抵片马，妄言高黎贡山以西为该国领土，滇人誓不承认，几欲用武。清政府极力制止，乃命驻英公使刘玉麟与英外部交涉撤退英国军队，同时清外部又与驻华英使朱尔典氏交涉多次，均不得要领。片马问题遂迁延而为悬案。近据报载，驻仰光领事张光威电告外部谓，英属缅政府已将片马划为缅甸县治，请严重交涉。等语。盖英人之侵占片马也，非片马一隅之问题，实欲背抄藏卫，俯瞰巴蜀，囊括长江上游，淹贯中原腹部，陆海联络，衔接一气，为一大包围之计划，蚕食经营历有年所未知。我国政府及外部对于此次英划片马为缅甸县治之行动，曾否提出严重抗议？一也。片马问题发生已久，我国外部与英外部之交涉，历年以来咸秘密主义，一般国民不得闻问，究竟内容如何，宜将经过情形宣示国人以明真象。二也。太平洋会议之设立，为调解太平洋沿岸诸国之纠纷，中国政府曾派专员出席，何以不提出片马交涉案于太平洋会议，请求美法诸国公平判断？三也。兹依约法第十九条第九项、议院法第四十条之规定，提出质问，应请将以上质问事由，限七日内详细答复，希即咨达政府查照办理。

提出者：何畏。

连署者：吕志伊、赵时钦、蔡复灵、王用宾、孙光庭、李正阳、江浩、沈智夫、郑宗荣、刘映奎、易仁善、邹树声、吴作棻、吴莲炬、王湘、刘正堃、周震鳞、李自芳、黄绍侃、龚焕辰、丁文莹、高家骥。

（《公文》，《参议院公报》第三期第二册，第12—13页）

与江浩等关于唐山工人罢工事的质问书

(1922年11月14日)

为质问事：查唐山罢工事件①，波连数处，延至浃旬，各方损失甚多，工人困苦已极。观察情形，尚无解决征象。据多方调查，此次工人之要求，确为生计问题，理由不为不正。罢工后亦尚无出轨行动，当局正宜审慎疏解，初无高压之必要，乃必调集兵警，围困逼迫，在当局或无残杀之意，而工人、兵警既未受完全教育，又复旨趣相反，使之紧凑接触，其冲突岂能幸免？冲突结果又岂是各方之福？近年以来，国内国外罢工风潮数见不鲜，威压方法屡试屡败，侥幸一时一部稍得平复，不旋踵间同地或异方又复暴发。不求根本解决，徒以专制故套希图了事，夫何能得除？矿局毒杀及兵警残杀若干工人，违法行为，如果属实，必须另案办理外，江浩等甚愿当局勿用武力解决，现在处理至何程度，并有无正本清源办法。谨依院法提出质问，希于三日内明白答复。

提出者：江浩。

---

① 1922年10月23日，唐山开滦矿务局工人在中共唐山地委组织下，为提高工资待遇举行大罢工，历时25天，斗争尖锐、激烈，遭到中外反动派的联合镇压，表现了煤矿工人坚强不屈，团结战斗的革命精神，受到共产国际的高度评价。

连署者：讷谟图、胡庆雯、张金鉴、王法勤、郭相维、易仁善、赵世钰、董昆瀛、黄树忱、张树枬、熊正瑗、郑濬、蔡复灵、吕志伊、赵守愚、王用宾、何畏、赵时钦、李安陆、周震鳞、魏鸿翼、高家骥、刘丕烈、辛汉、刘哲、刘映奎、林炳华、胡钧、鄂博噶台。

（《公文》，《参议院公报》第三期第二册，第10—11页）

与护法议员否认北京国会第五次宣言[①]

（1922年11月20日）

全国父老兄弟共鉴：

十一月十五日众议员常会，议长吴景濂主席，引用《院法》第七条，谓议员徐清和等一个月不到院，宣布解职。此次同时解职者乃七人之多。以护法主义论之，当然不承认此等非法之解职。但以就事论事，七人中尤以徐君清和之解职更与其非法有（乖）[关]，惟此事在力争法统之徐清和之个人，可谓毫无关系。盖国会尚须归到合法行动，则徐君等此次解职，当然无效，否则即在

---

① 本文为总标题《护法议员第六次宣言》下的第二篇，文前曰："又护法议员敬告国人书云……"但从内容看与第六次宣言有关，又未见第五次宣言，故应为第五次宣言。

今日环境之下，徐君是否必须取得出席，与争法统亦殊无甚关系也。惟同人对于此事有不能不为国人告者，即今日国会之秘书、警卫，无一不为吴氏私人，而《院法》已非国人共有法律，此实为今日惟一恐怖之事也。本期限开会为十月十一日，徐君清和因争法统又叠次出席，更于十月二十一日抬榇到院出席，痛骂吴景濂，遍载各报，为国人所共闻，尤为到院出席之铁证。十月份发给岁费，徐君尚为众院领费之一人。国会电告，明明记载十月（分）［份］岁费，是否徐君一人独有不到院，而坐领岁费之特殊权利，且徽章非本人不能领，院内各项文件通告，非到院议员不能发，即解职之日，徐君尚到院出席发言。就此五点，实有确凿不磨之证据。可见吴景濂显系因徐君屡次出席护法，出席痛骂，衔恨待发，遂不恤假公报私，湮没证据，以图个人一时之快，更将法律上事实上之真正理由一笔抹煞。恶例既开，人人自危。此等蹂躏法律，颠倒议员之事，中外实所罕闻。此外犹有应请国人注意者：国会在广州集会时，凡议员逾一月不到者，依法解职，此为民六解职议员之往事也。当时法律事实均属确凿，尚有今日民六、民八之争，《院法》第七条，于彼本应有效，而乃欲使之无效；于此本应无效，而竟强制以行。可见国法适用专供吴氏一人信口雌黄，而黑暗一至于此也。查到院与出席有别，《院法》第七条为不到院之专条，第八十条为不出席之专条，事实俱在，未可稍混，此其一。文书报到，与夫签到，皆属事实上之惯习，法无专条，议员既亲身到院，又何需乎声明故障，此其二。司签到簿而签"到"字之人，系秘书厅职员之责，亦为议长之责，并非议员之责。议员到院出席，原无亲自书"到"之规定，在议员只知到院出席，不负签到与否之责任，假使签到遗漏，有秘书厅之职员，负其遗漏责任，当然惩戒职员，与到院出席之议员无涉。无论法律事实，显然可以考核，何得以此法无专条之签到，而解议员之职？更何得以秘书厅职员之遗漏签到，而解议员之职耶？同人等决不为徐君一人，争非法之出席，惟欲天下共知吴氏之滥用法权，专遂个人之私。以此种偏狭暴戾、勇于为恶之人，尸位议长，非将民国道德秩序破坏无遗不止，故请国人急起图之。国家幸甚！

(上海《民国日报》1922年12月1日)

与护法议员否认北京国会第六次宣言[①]

(1922年11月20日)

自吴景濂勾结解职分子，窃据国会，破坏法统，我中华民国之最高立法机关遂在法律上失其根据地位，法统之争于焉以起。国会护法同人以统一制宪，解除纠纷大端，皆与法律问题有切要之关系，倘法律问题不求正当解决，则其他救国事体，势必治丝益棼，无术善后。故本正义公道，守定法律范围，力争法统，用期贯彻护法初衷，复还我神圣庄严之国会，及法律严格之效力，俾法治国家早日实现，国利民福由此增进，此则护法同人区区之意也。历经宣言，通告中外，并声明国会、法律问题未得正当解决以前，第一，对于法外一切政治概不闻问；第二，对于北京事

---

① 本文原标题：《护法议员第六次宣言》。文前曰："国会护法议员否认吴景濂违法解除议员徐清和等职第六次宣言云……"

实国会，一切非法行为，认作无效。大义凛然，炳若日星，所有法统之争，久已大白于天下，护法与非法，成当今时局中第一重大问题，无论时变如何，必须求正当之解决，不然则溃决横流，乱无已时矣！中外不乏贤豪，对此早多谅解，乃吴景濂阴毒百出，愈演愈劣，妄冀以非法之争，变为对人下策，屡以诡计谋伤我护法同人，幸早觉察，尽为揭穿。吴以计不得逞，又于本月十五日开会，舞弄狡狯，乱引条文，竟以夹杂之非法分子，解合法议员徐清和等之职，至七人之多。此等悖谬行为，经我护法团体再四宣言，不承认其为有效。第恐国人未察，真伪易混，除将各项非法事实随时宣布外，兹特郑重声明：

  我护法团体之争法统，即为巩固国本，初不计及出席与否，始终守定法律范围，积极进行，不达到法统完全恢复之目的不已。对吴景濂以非法中之违法解除徐清和等七人之职，绝对不能承认，理宜宣告无效。独是吴景濂以欺骗卑劣手段阴陷同仁、侮弄全院，甚至视国会为私产，待议员若属员，窃使印信，滥用职权，恶例一开，危险曷极，大局前途，不尽为吴景濂一人所颠倒破坏不已。望我水深火热之国人，早起图之，国家幸甚。谨此特告中外，咸使闻知。中华民国十一年十一月二十日第六次宣言。

（上海《民国日报》《申报》1922 年 12 月 1 日）

致参议院同人书

(1922年12月5日)*

参议院同人公鉴：

迳启者：本席到院逾月，每次到会，皆因王家襄、杨永泰两人竞争议长决选之故，意见纷歧，久未解决，致国会正常职权不能行使，一切议事，无法进行，院外责备甚严，院内痛苦益难容忍。本席自护法以来，九死拼争，专为崇重法统，维持国会，求在列强分逼时代，光振国家纪纲，庶可徐图强盛。幸南北当局，至今均能觉悟。解散国会非法之痛苦，无正式国会监督时代，政府之卖国殃民，遂有容我同人在京开会之此日。倘同人重持是非公道，平心静气，尽职奉公，对于国家统一，兄弟息争，收拾乱局之大业，固不难自同人成之。岂有本身竞争议长问题，互有不能解决之理？本席以为，议会常轨，在表决多数人之意见。临时主席通知开会，仍当（仅）[遵]守议事细则，开议时按照细则，维持议场秩序。今因选议长发生纠纷问题，经每次讨论协商结果，各方面已有具体之表示，临时主席但将各种具体之意思，一一揭出，分别讨论，表决赞成、反对，依次发言，一问题表决，再议他问题，已否决之问题，依细则院法，自不能再三提议。如此进行，则无词纠纷问题，若何之多，终有最后之解决。纵因争执激烈，多开会数次，亦必有善良之成绩。若毫无限制，经人乱争，则愈争愈乱，进行愈缓。或因群众心理厌乱之故，将诸公主张轻易牺牲之，则主张者反为失望，尤宜虑及也。此临时主席与全院同人皆宜注意者。本席在院，个人曾未表示主张，细察今次同人主张，问题不外下之数种：

（一）赞成或反对修改《院法》者。

（二）赞成［或］反对推倒决选，另开议长选举会者。

（三）赞成或反对选举临时主席者。

第一、二问题内似又有大同小异意见。主席亦无妨依主张者分别讨论表决之。

以上三问题，如经大多数否决，即可依原案问题，开会决选。否则，另开选举会。惟同人如有维持国会崇重多数人意思之诚心，则消极退席，抵制方法，似未可常施。盖议长问题，尚未如爱尔兰独立运动之重大也。本席以纠纷之际，不易发言，特陈是以笔代言，区区下怀，幸为察纳，惟同人进而教之。敬颂议祺。周震鳞谨启。

（天津《大公报》1922年12月5日）

与护法议员否认北京国会第七次宣言[①]

（1922年12月29日）

同人等到京以来，根据《约法》上赋予之权能，先后宣言

---

① 本文原标题：《护法议员第七次宣言》。

于世：

（一）法律上，大总统无解散国会之权，而国会议员可以自行集会，则解散命令当然无效。依法自行集会，无论何时何地当然有效。

（二）事实上，国会于民国七、八两年曾在广州开临时会及宪法会议，亦国人之所共见共闻者，法律既无可曲解，事实又不能打消，则由民六而民七、民八，迄于民国十一年，间之以时，绳之以义，国法上秩然不紊之统系，本当如是也。今乃为一部分解职议员窃据议席而不退，遂使循次前行之法统倒行逆施，硬折回头，以恢复民六国会之说，穿凿（传）〔附〕会，希图解脱，而法统从此颠乱，国会从此亵渎矣！十年来，国会屡遭暴力掊击而不死者，必自有生命在也。生命维何，法而已矣！是故武人违法，而国会守法，国之乱犹未大也，犹可以护法之大义，戡乱定国，而今而后，国会违法，则一国法律从出之机关先自不正，振纲饬纪，何从下手？大乱靡止，谁尸其咎？同人等所以晓音苦口，以纯正的法统主义宣言于国人者，意在斯也。而不图日暮途穷之解职议员，既无政治的忏悔之可望，而意在一手把持国会之吴景濂等，以此辈之易于驱策，亦锲而弗舍，相缘为奸，无所不为。其始也，希图分肥宪法借款，为国人反对而未成；其继也，包办唐阁，被军阀抗议而搁浅；而欲勾结武人，包办总统选举，早经喧传道路矣。挟制黄陂，包办内阁，且已滥用同意权矣。夫咨交同意及同意内阁、选举总统等等，均属《约法》上职权。黄陂复职，法律上容许与否，任期若何，必待合法国会之解释。未经解释以前，其地位与任期尚未确定，纯属事实上之总统，其同意咨文当然不生效力。而国会于未经合法以前，《约法》上国会职权尤其不容窃取。就令通过内阁，其内阁当然非法；选出总统，其总统亦当然非法。盖法律性属严格，丝毫不容假借。今彼辈盘窃议席，图卖票之金钱，冀借款之分肥，瓜分政权，巩固地位，欲以一手掩尽天下之耳目。百般弄法，一意孤行，一旦包办成功，战祸爆烈，憔悴欲死之民命，奄奄垂毙之国脉，奚堪一祸再祸！同人等所以始终护法，誓死力争，必使国会合法，引政法于轨道，期和平之实现，促统一之早成而后已。尚望国人本尊重法律之精神，有正本清源之主张，作正义之后盾，遏乱源于机先，则法律幸甚！民国幸甚！中华民国十一年十二月二十九日。

（北京《顺天时报》1922年12月31日；上海《民国日报》1923年1月3日）

在参议院议员聚会上的发言[①]

（1922年12月30日）

国会存在十年，被解散者两次。此次于北京开会，若想及六年来之政治上状况，可知国会之得存而且□活动者，其所供之代价实不少。然此次开会之始，即发生民六、民八问题，既又发生参议院院长问题。现在国会一举一动皆不能自由，长此以往，政治前途令人抱无限悲观。震鳞之意，以为现在既不诉之武力以求解决，当然要将现在的死局面化为活局面，第一步即应解决参议院议长问题。欲解决此问题，即应由我辈老同志商量一种解决方

[①] 1922年12月30日晚，焦易堂在上海东方饭店宴请参议院议员，周震鳞首先在宴会上的发言。

法。所以，现在焦君①既愿应选副议长，实解决此问题之好现象，故震鳞极端赞成之。

（《申报》1923年1月3日）

与护法议员声讨陈炯明檄文

（1923年1月14日）

革命党败类陈炯明，狐蜴其度，鸱枭其德。受中山先生之教义，赖民党同志之扶持，竖子成名，夜郎自大，侥幸天命，谬解人权，攸斁彝伦，卒成大憝，永垂历史以污点，共嗟之不祥，此实我父老兄弟所公认，不必同人过为喋喋者也。同人所欲言者，其为人乃跻诸三苗四凶、捣抗饕餮之伦，其得罪乃出于政治、法律成功失败以上。数其要者：一曰背师；二曰卖友；三曰作伪；四曰穷凶，非人间世所应有，与政治犯不同科，凡所敷陈皆为事实。

民党之有中山，不啻儒家之有仲尼，释教之有释迦，非徒袭其处世之方，亦且师其为人之道。而乃尹公之下竟有逢蒙，耶（苏）［稣］之徒，何来犹大？自有陈炯明而授徒讲学，谁不寒心。学道受人，皆成臆说。人类进化，政治之用狭，而教育之效宏。弑师之罪大于弑君，即叛教之恶，浮于叛国。此陈氏之罪一也。

---

① 指焦易堂。

陈炯明不学无术，文不能明法，武不能治兵，屡奏肤功，实资群力。文如廖、古，武如许、邓①，既为袍泽，又系友朋，然执信死于乱兵，仲元戕于毒手，皆成悬案，不获正凶。□茸宵小，闪烁其辞。马迹蛛丝，几微可辩。诱致仲恺，一命仅存。牢笼颂云②，半筹莫展。人待之以至诚，彼报之以诈术，使古人断金之义，同舟之谊，永沦亡于冠裳之族，而稍沉于天壤之间。此陈氏之罪二也。

知事民选，其居心只在敛财；联省自治，其主意不外弄法；选举总统，义在北伐，而诬孙公以急欲作宦；严禁赌博，道在安民，而惟个人之制造名誉；理财无方，则利用劳工，而拘捕淡友；割据非法，则勾结唐、赵，以胁制中央。举一切体国活世之良规，皆为陈氏覆雨翻云之方便，诬蔑学理，蒙获国民。此陈氏之罪三也。

七生径之弹，先入粤秀浴堂，中山先生卧室。五千人之师，应袭长洲要塞。二次上书，犹称总统。先生在军舰中，百发巨炮，齐起车歪③（大弹中舰腹，去中山先生才五尺耳）。得生孙文者五千，杀死中山者十万，陈逆悬赏购中山头。及至军［舰］离黄埔，舰泊白鹅④，犹敢密布水雷，以图一逞。人祸至此，天道何存？且也全体议员，尽予抄家，一介重民⑤，《广州晨报》记者姓夏，竟罹支解，其死极惨，人不忍言。凡盗贼不敢为者，陈氏一一为之。此陈氏之罪四也。

凡此四者，而有一焉，则不仅政治之罪人，而实为伦常之公敌。屏诸欧美，恐为人群所不容。投畀豺虎，将为兽类所不食。为之隐容者，其家必破；为之辩护者，其后不昌。故虽驱逐于政途，犹恐逗留于民国，去此灭伦之物，乃立人道之防。谨布檄文，

---

① 即廖仲恺、古应芬、许崇智、邓铿。
② 即程潜。
③ 车歪炮台。
④ 即白鹅潭，珠江流径广州，是广州对外迈商重要交通水道。
⑤ 即夏重民，曾任《广州晨报》社务、广三铁路局局长、广三警备司令等职，1922年6月19日被陈炯明暗害。

永为民鉴。护法议员公启。一月十四日。

(上海《民国日报》1923年1月17日)

与护法议员否认北京国会第八次宣言[①]

(1923年1月17日)

国会本身法律问题未解决以前，其一切行动，根本无效，迭经宣言于世。今吴景濂利用国人殷望宪法之机，勾引一般解职分子乱法、制法，行同儿戏。同人等深悉，此种宪法实为大乱之阶，宪成祸结，糜烂胡底，欲弭巨祸，迭与力争。盖宪法为国之基，其信效强弱，即为国运民命所系，故制宪机关付之两院。以两院由《约法》《选举法》《组织法》递邅而来，使宪法成立有后先一贯之精神，而利宪手续，更有绝对不可紊乱之关系，此法统之说所由来，抑亦此后大法告成，四万万人共同信守之必要条件也。民国五年，国会二次集合，曾继续民国二年第一次宪法会议之议案，续议宪法。六年非法解散，同人等奔赴广州，三次集会，同时开宪法会议，亦继续民国六年第二次宪法会议之议案，续议宪法，全部条文经过二读者，十居八九，大业垂成，卒被野心家所阻扰，以致中

---

① 本文原标题：《护法议员第八次宣言——反对吴景濂非法制宪》。

辍。然成案具在，断无任意毁灭之理，此次国会移京，即议宪法，当然依照前例，继续国会在广州第二次宪法会议议决之成案，循序前进，方有统系。乃众议院议长吴景濂串同解职分子，窃占议席，倒行逆施，竟将第三次宪法会议之成案弃置不顾，蠹法乱序，狐埋狐搰。古今万国议宪历史，断无拦截宪法议案之一段，而倒转议事日程之事，更无由议长一人，任意恢复曾经依法解职之分子而使之参与制宪之事。总之，现开国会，其中解职分子近二百人，议员解职即非议员，非议员即非法国会，况手续复紊乱，割（裁）［截］议事日程，毁法乱制，腼颜国宪。同人等一息尚存，誓不承认。望国人烛祸机之隐伏，本期宪之精神，一致主张正本清源，拥护法统，促成合法国会，制出庄严神圣、福国利民之宪典，庶几国家有扶上法治轨道之一日。国家幸甚！国民幸甚！

（上海《民国日报》1923年1月17日）

与护法议员致孙中山电[①]

（1923年1月19日）

上海孙大总统钧鉴：

---

① 本文原标题：《护法议员请孙总统赴粤》。文前曰："陈炯明逃走，讨贼军已陆续入广州，粤人之望孙总统入粤者，已连电劝驾，即在京护法议员，昨亦分致孙总统与林森两电，请孙总统进城。原电如下……"

陈逆①叛主，放逐议员。毁法之徒，窃踞议席。法统紊乱，国人痛心。我公以护法亏篑为惭德，同人以澄清国会为依归，瘏口晓音，曾莫之听，乱犹水火，益深益热，盖未有法统紊乱而国家可求统一者。兹幸天心厌乱，逆师倒戈，护法首都，戎衣大定。我大总统宜即倚顺人心，正位佗城，号令天下。同人誓当与公相终始，竟护法之业，建统一之基。人心未死，国事可为。已另电林议长依法召集国会矣！护法议员叩。皓。

（上海《民国日报》1923年1月22日）

与护法议员致林森电②

（1923年1月19日）

福建省公署林议长③鉴：

陈逆无道，放逐议员，护法大业，功亏一篑；毁法之徒，乘机盗据议席，棼乱法统。同人以澄清国会为己任，宣告天下，至再至三，当局不诚，曾莫之听。兹者天下悔祸，逆师倒戈，护法首都，戎衣大定。已电孙大总统即日正位佗城，号令天下。同人誓与孙大总统同终始，竟护法之（案）［业］，建统一之基。务乞

---

① 指陈炯明。
② 本文原标题：《促林议长召集合法国会》。
③ 林森时任福建省省长。

大驾即日回粤，依法自行召集国会，同人谨倚装以待后命。护法议员公叩。皓。

（上海《民国日报》1923年1月22日）

与孙中山等为宫崎寅藏[①]追悼大会启

（1923年1月）

宫崎寅藏先生，日本之大改革家也，对于吾国革命历史上，尤著有极伟大之功绩，此为从事于中华民国缔造之诸同志所谂知者也。不幸先生去冬病殁。噩耗传来，痛惋曷似。追念往烈，倍增凄恻。盖以先生之死，不惟于邻邦为损失一改革运动之领袖，而于吾国前途上亦失去一良友，不有追悼，何伸哀忱？同人等兹拟就沪上为先生发起追悼大会，以志不忘，而慰幽魂。如荷赞同，即希赐署台衔，列名发起，实深感幸。

孙文、杨庶堪、覃振、廖仲恺、田桐、居正、戴传贤、张继、刘积学、王用宾、孙洪伊、詹大悲、叶楚伧、邵力子、黄复生、柏文蔚、朱之洪、田桓、林祖涵、陈中孚、吕超、朱霁青、蒋中正、吴苍、顾忠琛、茅祖权、路孝忱、周震鳞、叶荃、吴介璋、

[①] 宫崎寅藏（1871—1922），别号白浪庵滔天，日本熊本县人。与孙中山、黄兴、陈少白等中国革命人士结交，参加同盟会，先后著《三十三年落花梦》，创刊《革命评论》《沪上评论》等，宣传反清革命，1922年12月因病逝世。著有《宫崎滔天全集》。

吕志伊、朱一鸣、杨赓笙、吴忠信、熊秉坤、于右任、章炳麟、蒋作宾、陈少白、周佩箴、周颂西、张静江、蒋尊簋、吴公干、杭辛斋、赵铁桥、黄大伟、汪兆铭、胡汉民、帅功、谢持、彭素民、何犹兴、钟孟雄、陈树人、刘伯英、曾省三、季宾、管鹏、凌昭、冯子恭、徐承爔、费公侠、周仁卿、张拱辰、朱克刚、张春木、叶纫芳、朱蔚、徐苏中、周雍能、杨述凝、施成、李凤梧、蒋宗汉、孙镜、郭培富、郑观、向昆、刘其渊、曾繁庶、陈树坍、刘彦、林业明、周景溪、丁惟汾、李儒修、张秋白。(以签名先后为序)

(广东社科院历史研究室等合编：《孙中山全集》第七卷，中华书局1985年版，第76页)

宫崎寅藏先生追悼大会筹备处通告(第一号)

(1923年1月)[①]

敬启者：宫崎寅藏先生，日本之大改革家也，对于吾国革命历史，尤著有极伟大之功绩，此为从事于中华民国缔造之诸同志所谂知者也。不幸先生去冬病殁。噩耗传来，痛惋曷似。追念往

---

① 此件于1923年4月4日至5月12日在上海《民国日报》连续刊登。

烈，倍增凄恻。盖以先生之死，不惟于邻邦为损失一改革运动之领袖，而于吾国前途上亦失去一良友，不有追悼，何伸哀忱？同人等兹就沪上发起宫崎先生追悼大会，以表哀思。如中外人士与宫崎先生有旧或素钦其为人，拟赠以诔词、挽联及花圈等事者，请送至法界环龙路四十四号收转为荷。至于公祭地点及日期时间等，一俟筹备完竣后，再行布告。先此奉闻，统希鉴察。

发起人：孙文、杨庶堪、覃振、廖仲恺、田桐、居正、戴传贤、张继、刘积学、王用宾、孙洪伊、詹大悲、叶楚伧、邵力子、黄复生、柏文蔚、朱之洪、田桓、林祖涵、陈中孚、吕超、朱霁青、蒋中正、吴苍、顾忠琛、茅祖权、路孝忱、周震鳞、叶荃、吴介璋、吕志伊、朱一鸣、杨赓笙、吴忠信、熊秉坤、于右任、章炳麟、蒋作宾、陈少白、周佩箴、周颂西、张静江、蒋尊簋、吴公干、杭辛斋、赵铁桥、黄大伟、汪兆铭、胡汉民、帅功、谢持、彭素民、何犹兴、钟孟雄、陈树人、刘伯英、曾省三、季宾、管鹏、凌昭、冯子恭、徐承燨、费公侠、周仁卿、张拱辰、朱克刚、张春木、叶纫芳、朱蔚、徐苏中、周雍能、杨述凝、施成、李凤梧、蒋宗汉、孙镜、郭培富、郑观、向崑、刘其渊、曾繁庶、陈树坤、刘彦、林业明、周景溪、丁惟汾、李儒修、张秋白。

（广东社科院历史研究室等合编：《孙中山全集》第七卷，第77页；又见上海《民国日报》1923年4月14日）

与护法议员否认北京国会第九次宣言[①]

（1923年2月28日）

《约法》之在国家，竖亘时间，横被四海，凡人民所必遵从，非言语所能轻重，此不独中华民国之当然，乃天下万国所莫敢不然者也。民国开创十二年，而政治至今不入轨道，察厥原因，不在乎无遵守《约法》之人，而在乎在玩弄《约法》之政府。上无道揆，下无法守，遂成今日军阀横行之世界。同人起而护法，正为此也。上年国会北迁，以伪乱真，至今成为悬案，各当局亦已表示悔祸之心，昌言和平统一。同人以爱国为前提，维持现状，徐图根本解决，亦既革新有路，敢不委曲求全。乃北京政府本月廿二日突发命令，谓国会已复，政府依法成立云云。阅览之下，令同人大惑不解。自六年解散国会以来，毁法乱国之祸首，既未惩办；依法解职之议员，复混迹于国会之中；总统任期，未经过合法国会解释；内阁同意，非出自合法机关。一言《约法》，则政府本身先有痛苦不堪之问题，且《约法》乃国民所以限制政府者也。纵令政府合法，亦只有绝对服从之义务，而决无转以号令国

[①] 本文原标题：《护法议员第九次宣言》。

民，使之服从之权利也。同人等以护法相终始，决不忍坐视弄法转而假法欺国民，故对于二月二十二日北京政府共遵《约法》之命令，认为示天下以不诚也。爰发宣言，咸使闻知。中华民国十二年二月廿八日。

（北京《顺天时报》1923 年 3 月 1 日）

与孙中山谈话[①]

（1923 年 2 月）

护法议员入粤与否，虽与实际无多大裨益，但以之点缀门面，岂曰无补。（并谓）南方多来一议员，即北方少一议员，日积月累，不难拆北京国会之台。至于经费问题，非无解决办法。将来可每人仍旧给予四百元，招集人数总以使北方国会不足常会人数为限，每月有十数万元之经费，即足敷衍。

（《申报》1923 年 3 月 4 日）

[①] 本文原标题：《护法议员之国会拆台运动》。文前曰："自孙中山氏入粤后，将来护法议员之行动如何，大可注目……湘籍议员周震鳞亦曾为此事向中山献策略谓……"另据 1923 年 3 月 3 日天津《大公报》载孙中山曾与周震鳞、谢持谈话云："国会有自由集会之权，并不主张电邀。如护法议员自由南下集会，开非常会议以解决时局纠纷，则本人亦不加阻止。"故可证明，孙中山曾与周震鳞谈及护法议员南下问题。

与王湘等关于张绍曾①
辞职电的质问书

(1923年3月14日)

为质问事：张阁辞职庚电有"粤中僭名窃位"之语，阅之殊不可解。窃自民国六年黎元洪违法解散国会，两院议员依照《约法》，自由集会于广州，开非常会议，选举孙文为大总统，负护法戡乱之责。民国十一年，北方军人赞助护法，驱逐僭名窃位之伪总统徐世昌，国会复得集会于北京。虽云法统恢复，而对于总统问题，始终悬搁，未经法律手续解决，其他政治上纠纷，如奉、浙、吉、黑、川、湖、滇、粤等问题，亦复如是。张阁就职之始，既知以和平统一为标榜，而数月以来，仅窃协议善后之名，周章敷衍，毫无办法。对于旅大、片马、外蒙及金佛郎各问题，则丧权辱国，一切不顾。今乃不引咎自责而反以"僭名窃位"责人。查孙文此次回粤，收束粤局，以护法事业终了，并未组织政府，

---

① 张绍曾（1879—1928）字敬舆，直隶大城（今属河北）人。早年留学日本，入陆军士官学校炮兵科。1902年毕业归国后，历任北洋督练公所教练处总办，清贵胄学堂监督、新军第二十镇统制。武昌起义后，通电清廷要求立宪，又与吴禄贞、蓝天蔚等谋攻北京，推翻清廷，事败后潜赴上海。民国后任绥远将军、北洋政府陆军训练总监。1922年任陆军部总长，次年任国务总理兼陆军总长，主张迎孙中山入京协商南北统一，为曹锟所忌，旋因直系倒黎（元洪），被迫辞职，寓居天津。1928年被人暗杀。

其情形与奉、浙、川、湘等省之自谋保境，以待国是之解决者相同，且主张首先裁兵，为全国倡，以谋实行和平统一，与张阁之空言和平政策者，大相径庭。张阁竟以"僭名窃位"罪之。夫"僭名窃位"，牵涉法律问题，究竟僭名者谁，窃位者谁，非经法律上正当手续，不能解决。张阁欲谋统一，宜如何平心静气，调停各方面，力持公允，以赴其途，乃妄逞意气，悻悻汹汹，自忘责任之重，抛弃彼此协函之方式，而动辄牵入法律问题，无端挑衅，使国民渴望之和平、南北接近之形式，陡然中断，轩然大波，起于阁电，宁非怪事？此后如有破坏和平之大乱发生，是否内阁负完全责任，谨此提出质问，请即明白答复。

提出者：王湘、王法勤、江浩、彭邦栋。

连署者：龚焕辰、万鸿图、李素、阎秉真、彭介石、熊正瑗、汤漪、张我华、赵时钦、孙棣三、宋桢、冯自由、焦易堂、黄绍侃、裘章淦、侯汝信、吴作棻、李恩阳、潘江、周恭寿、张金鉴、唐支厦、王用宾、王鸿庞、李文治、萧辉锦、童杭时、李正阳、窦应昌、谢良牧、周震鳞、何畏、萧炳章、蔡复灵、杨逢盛、张凤翱、胡庆霁、董昆瀛、田永正、雷哲明、王猷、盛时、邹树声、黄缉熙、牟鸿勋、李广濂、杨肇锡、李槃、萧文彬、讷谟图。

中华民国十二年三月十四日提出。

（《公文》，《参议院公报》第三期第五册，第27—29页）

与宋桢关于收回旅大通电[①]

（1923年3月24日）

大总统、参众两院、国务院，各部院、署局、检阅使、卫戍司令、步军统领、警察总监、京兆尹、各省督办，全国商会、农会，京师学务局、各巡阅使，各省督军、督办、帮办、总司令、师长、旅长、省长、护镇守使、海军并转各舰队司令、各都统，省议会、商会、教育会、农会、各法团、各报馆均鉴：

民国四年，日本以胁迫行为，强袁世凯氏承认日本提出之"二十一条"，我国民引为奇耻，矢死不能承认者，非一日矣。本年一月，国会本全国民意，自始否认之表示，对于中日条约及其附件中之各项换文加以否认，宣告无效。政府据此咨达日本，并与订期商榷接收旅大办法。乃日本概予拒绝，全不理会。按诸国际通义，凡国际间缔结条约，以基于两缔结国双方之同意，为成立条约之要素。若出于片面之要求，由于追胁之结果，如"二十一条"之往事者，而亦谓之条约，非所闻矣。兹请就日本复文中之尤为荒谬者加以辨正。

---

① 《中华民国史档案资料汇编 民众运动》，第635—637页上有录自"财政部档案"的此电，文中多有错漏，日期也误为1923年8月24日，但署名者齐全，而报上刊登此电的署名除领衔者外，均省略。

其复文谓：大正四年之中日条约及交换公文，原经两国取正当全权委任之代表正式签字，且经中日两国元首之批准。查国际间条约批准之手续，各依其国宪法之规定：日本之批权在天皇，而我国之批准权在国会。故凡未经国会承诺之条约，即与未批准之草约等耳。曩者美总统威尔逊与各国所订之国际联盟条约，一经上院否认，各国即认为条约不成立，而不以单方批准为有效者，正同斯意。然则，中日条约及交换之悬案，卒不得国会承认，而根本不能成立，亦当然之事也。其复文又谓：对于贵国政府所提议各节，如协议接收旅顺、大连之办法及该条约及交换公文废止后之善后措置，均无何等应酬之必要。查日本取得租旅、大之权限，根据于中日会订之东三省条约，该约第二款，明载日本政府承允按照中俄两国所订借地及造路原约实力遵行，而俄租旅顺、大连湾条约第二款，租地期限自画此约之日后起，定二十五年为限。照原约扣至本年三月，租期已满。日本应按照原约交还旅、大，乃对我提议悍然不顾其条约上义务之所在，而谓无何等应酬之必要。国际之间，讵无信义？条约之设，期于履行。彼竟不惜以破坏国际条约者，破坏其国际信义。苟利于彼，未正式批准者，强认作条约；不利于彼，本明白约定者，亦不为履行。是而可忍，孰为可忍。抑更进者，国会乃国民代表，政府乃国民公仆，其不承诺也，抗争也，固自有其职责之所在。然遇此外交棘手问题，使其持之不能不坚，争之不能不力者，则有待于全国民之严厉监督。近世国际关系之倾向，已由政府外交进而为国民外交，矧在我主权所属之国民，到此存亡关头，安有不被发缨冠，出而自救者乎？今海内方域，四分五裂，有此弱点，适以造成外力欺凌之机会。然语云："兄弟阋墙，外御其侮。"纵令内政问题不一致，而对外方针之所在，则应有举国一致精神之表现。此不能不彻大悟者。自民国四年以来，否认中日条约之国民运动，在国内、国外亦可谓百折不回矣。顾此次交涉，乃其最后之一日，而最后胜利，将于全国民之最后努力卜之。

愿我国民，父诏其子，兄诫其弟，朋友互相策励，奋发力争，坚持到底。同人不敏，愿效前驱。父老昆仲，共鉴斯言。

宋桢、王文芹、江浩、王法勤、李广濂、籍忠寅、郭熙洽、张树枬、臧景祺、孙乃祥、赵连琪、王秉谦、杨绳祖、萧文彬、赵成恩、赵学良、谷家荫、吴子青、逯长增、刘哲、李伯荆、刘正堃、姚翰卿、郭相维、杨崇山、战涤尘、刘凤翔、解树强、秦锡圭、王立廷、沈维贤、丁文莹、潘成锷、辛汉、丁铭礼、桂殿华、张我华、胡璧城、李靖国、张云翼、吕祖翼、黄缉熙、汤漪、邹树声、刘濂、符鼎升、蔡复灵、萧辉锦、毛玉麟、熊正瑗、王家襄、童杭时、许燊、金兆棪、郑际平、沈钧儒、王正廷、盛邦彦、孙棣三、李兆年、范毓桂、雷焕猷、陈祖烈、刘映奎、裘章澄、潘训初、刘芷芬、韩玉辰、董昆瀛、牟鸿勋、高仲和、张汉、周兆沅、廖辅仁、叶兰彬、周震鳞、盛时、田永正、向乃祺、彭邦栋、席业、刘星楠、尹宏庆、萧承弼、张鲁泉、王凤翯、张骏烈、王乐平、张汉章、王伊文、陈铭鉴、李槃、黄佩兰、毛印相、万鸿图、侯汝信、任同堂、张瑞、班廷献、苗雨润、田应璜、王用宾、张联魁、李素、续桐溪、窦应昌、焦易堂、范樵、李述膺、张蔚森、岳云韬、张凤翔、杨逢盛、赵世钰、万宝成、文登瀛、魏鸿翼、王鑫润、梁登瀛、范振绪、姜继、郑浚、赵守愚、李凤威、何海涛、蒋举清、阎光耀、李澜、刘隽佺、徐万清、师敬先、孔昭凤、王猷、吴莲炬、王湘、赵时钦、潘江、杨肇锡、潘大道、李英铨、黄锡铨、彭建标、易仁善、李茂之、李自芳、黄金声、杨永泰、林炳华、刘景云、郭椿森、黄绍侃、马君武、雷殷、潘乃德、陈峻云、李文治、王人文、李正阳、孙光庭、何畏、周泽南、张金鉴、黄元操、胡庆雯、吴作棻、张光炜、周恭寿、鄂博噶台、讷谟图、祺克慎、刘丕元、张文车、李端、多布、德巴赖托布、陆大坊、宋汝海、邓芷灵、博彦得勒、格尔棍布扎布、郭步瀛、龚焕辰、巫怀清、刘文通、巴达玛林沁、王泽敉、胡钧、李安陆、那旺呢麻、龚庆霖、陈寿如、沈智夫、冯自由。敬。印。

（《申报》1923年3月26日；《社会日报》1923年3月27日；据北京《益世报》1923年4月1日校）

致一二四五师将士书

（1923年4月16日）[①]

我最敬爱之中央直辖一二四五师将士诸公共鉴：

震鳞前此奉大元帅令到潮汕，与李总长[②]商办诸公与东路讨贼军换防事宜，深知诸公皆明大义，志趋远大，决心向外发展，故皆毅然服从大元帅命令，不避艰苦，随李总长来闽，舍宴安之鸩毒，进驰驱之坦途，凡在国人，莫不钦佩，不仅大元帅嘉慰，李总长与震鳞私心庆幸而已。震鳞见诸公移防以后，归粤待命，大元帅极感诸公见义勇为，尤眷念诸公长征困苦，又令震鳞来厦门

[①] 查周震鳞于1923年4月16日由潮汕返广州报告潮汕情形，此书应为行前所作。
[②] 即李烈钧（1882—1946），字协和，江西武宁人。清末留学日本陆军士官学校，加入同盟会。归国后任江西新军管带、云南讲武堂教官和陆军小学总办。辛亥起义后任九江军政分府参谋长、安徽都督和江西都督。"二次革命"中首先发动反袁起义。后历任护国军第二军总司令、护法军政府总参谋长、江西省政府主席、国民党中央委员、国民政府常务委员兼军事委员会常务委员等职。"九一八"事变后，致电蒋介石，主张尊重言论自由，改良政治，一致抗日。"七七"事变后患病休养，1946年2月在重庆病逝，国民政府予以国葬，周恩来、董必武曾亲往吊唁。

致谢臧总司令①招待诸公之厚谊，并接洽关于诸公饷需、协同动作各事宜。臧总司令开诚布公，慨然表示与诸公患难生死相共，绝无歧视之心，闻诸公得此强大友军之援助，地位已甚安固矣。又大元帅此次致李总长书，要旨在令震鳞助李总长安慰诸公，尤郑重申明尽力筹划后方接济，并令许总司令②就潮汕收入项下竭力补助。许总司令亦切实应允，则诸公后顾更无忧疑矣。至于李总长以民国元勋，军人泰斗，此次苦心孤诣，为国家定大计，为诸公策安全，不辞劳瘁，不避疑怨，精诚耿耿，皎如日星，天下后世，皆可传颂。诸公得此极精明、极荣誉之主帅，（连）［联］合友军，致力中原，较之转战数年，不出西南及两粤一步者，价值实有霄壤之别。且敌人称乱残民，为国人所共弃，舆论所不容，胜败之数，已可预决。以诸公百战余威，遇彼吴佩孚竖子，与夫竖子之竖子，正如摧枯拉朽，更不必馁也。夫敌人不足平如此，而诸公地位及前途责任又如彼，何去何从，吾信诸公趋向夙定，决无反复动摇之理。惟是群疑众谤之际，奸人造谣离间，难免淆惑听闻。况沈逆鸿英尚未肃清，不逞之徒，更多幸灾乐祸，张大其词，捏造胜负。须知吾辈顺逆既明，对于反复无常，毫无人格之剧盗沈鸿英，断不致有降心趋附，自贬诸公革命护法苦战之身价者。震鳞与诸公，或为同志，或为同乡，六年以来，时竭愚忠，共襄西南大局，与诸公始终相依，对于一二两师将士，关系更为密切。故视诸公之利害休戚，与震鳞自身之利害休戚无殊。震鳞既爱诸公，即不愿诸公一举一动之有迷误。中央有大元帅主持，直接照管有李总长，即诸公航远之南针也。一德同心，努力前向，达最后五分钟之目的，指顾间事，有勇知方如诸公，必不当机错过耳。震鳞今将回粤，觐见大元帅，详报诸公坚苦奋斗精神，并冀诸公谋种种之便利，特留芜书，以当面谈。区区微衷，统希察

---

① 臧致平，时任漳厦护军使。
② 许崇智，时任北伐军总指挥。

纳。周震鳞启。

(上海《民国日报》1923年5月29日)

法统维持会致全国通电

(1923年6月4日)

各报馆转全体国民公鉴：

北京现式国会，由非法分子凑合而成，擅行开会以后，摧残教育、破坏司法，久为我父老昆弟所痛恶。近更肆无忌惮，日假制宪及最高问题，以营私枉利，有二十元之出席费，则拥挤于宪法会议；有二百元之水炭敬，则奔竞于津保道上，正如白昼攫金者，只见有金，不见有人也。我国民素以重义轻利闻于天下，愿群起收回主权，毋令寡廉鲜耻者，冒据议席，辱我国体则幸甚。法统维持会叩。支。

(《申报》1923年6月5日)

致孙中山电

（1923年6月10日）

周震鳞密电中山，详述洪兆麟因受疑□，致附陈、林。乞以后与洪开诚相见，冀其转圜。□仍协同李烈钧出江西。

（曹天忠、敖光旭编：《各方致孙中山函电汇编第7卷》，社会科学文献出版社2012年版，第170页）

与童杭时等致孙中山电

（1923年6月15日）

广州孙大总统鉴：

窃维我公为中华先觉，民国元勋，受国会之重托，负统治之大任。乃自黎氏复职，不问任期如何，我公谦德退让，甘愿敝屣尊称，自治岭表。不意都门变起，军警横行，黎氏被逼离京，匿居津埠。张阁解组，莫能依法摄政，法纪荡然，人民惶恐。窃念国家不可有二元首，然亦不可无统治之人。兹经多数同人会同商榷，佥以政局纷乱，民心无系，累卵之危，在在堪虞。务祈我公速正名位，复总统职，昭告中外，慰亿兆云霓之望，延民国正朔之传。翘首南天，无任跂盼。

国会议员：童杭时、吕志伊、丁超五、李文治、萧锦辉、丁象谦、李希莲、焦易堂、田铭璋、杨大实、王用宾、陆祺、周震鳞、徐可亭等四百七十五人叩。删。

（《广州大本营公报》第18号，1923年7月6日）

对于北京政变之宣言[①]

（1923年6月16日）

曩者，黎元洪蛰居津门，无预政局，叛人曹锟、吴佩孚利其傀儡，矫法拥出，早经我同人暨海内明达痛斥其奸。今曹、吴又

[①] 本文原标题：《旅沪国会议员发表宣言》。文前曰："旅沪国会议员通信处于昨日下午三时开会，到会议员二十余人，公推周震鳞主席。凌钺说明理由，当由张知本报告所拟宣言。高振霄主张先须设法择地开会，办法从缓再说。张秋白谓所取步调须遵约法，张知本解释所拟办法与约法并不冲突。次谢持报告粤省战事状况及中山对京事意见，当经刘云昭等详细讨论，末推高振霄将宣言稍加修改，表决通过。次即设法接洽开会地点，俟有头绪再行集会讨论。兹录其宣言于后：……"

借冯玉祥之暴力，逼黎出走，以为彼可取而代也，借伪阁摄政为前驱，挟解职议员以自重，觊觎非分，情罪益昭。愿我全体国民，本主权在民之旨，一致与民贼宣战。同人无状，忝代民意，大义所在，始终以之。谨具所见敢告邦人：

（一）召集合法议员，择地自由开会。

（二）否认北京伪国会一切行为。

（三）曹、吴私设政府之一切行动，国民概予否认，并无纳税义务。

（四）南北当局及在野人士，凡有阿附曹、吴、冯者，皆视为公敌；凡能声讨曹、吴者皆引为良友，消灭一切党派及地域之狭隘私见。

上陈诸义，系吾人职权所在，责无可辞。至于改造大计及权宜救济办法，应就商于国人之前者，当此政局纷乱之时，或暂由合法国会选举有功劳于国家，名望素著者若干人，为摄政委员，组织摄政委员会，主持政务，或合法国会集会后由同人依法提案，将制宪权及选举总统权公诸全体国民，胥关国家根本，人人与有责焉。

（《申报》1923年6月17日）

与旅沪国会议员致全国通电

（1923年6月19日）

全国国民公鉴：

军阀矫法，勾结国会解职分子，集合北京，拥戴破坏《约法》、解散国会之黎元洪为总统，同人叠次宣言否认。今日愈演愈奇，迎合军阀意旨，随开两院会合会，否认黎元洪十三日后之命令为无效，同时又承认黎元洪同日辞职咨文为有效，狐埋狐搰，莫此为甚。更议决由国务院摄行总统职权，不知各阁员业经黎氏明令准辞，而列席者并无总理及外交、陆军、教育、农商，自不得以少数构成国务院，何能援引摄行之文，故即以彼辈之所谓法，亦复自语相违，不合逻辑，无怪自爱者纷纷退席。似此横行，专为军阀鹰犬，尚欲妄谈约法，以欺国人。用特严词拒绝，希共鉴焉。旅沪国会议员同叩。皓。

（《申报》《民国日报》1923年6月20日）

与章太炎等致孙中山等电[①]

（1923年6月20日）

大盗移国，全国失统，而粤兵火逼人，未能设政府，议员以畏途相视。宜贷陈炯明、黄大伟等既往，然后议员可至，政府

[①] 文前曰："香港电：章炳麟、柏文蔚、于右任、居正等号电孙谓……"此电原文尚未查到。

可设。

（《申报》1923年6月24日）

附录一

同题异文[①]

议员以粤兵凶战危，视为畏途，欲议员到粤，首当停战。

（上海《新闻报》1923年6月24日）

附录二

杨希闵等复周震鳞等电
（1923年7月5日）

上海章太炎、唐少川、柏烈武、周道腴、于右任、蒋雨岩、居觉生、但植之诸先生均鉴：

奉号日通电，具见诸公忧国急难之忱，至为佩仰。希闵等奉命讨贼，身在行间，师之曲直，不容无言。大元帅莅粤以

---

① 文前曰："香港电：章炳麟、于右任、柏文蔚等二十日致孙文电，促孙与陈炯明、黄大伟等言和，谓……"

来，日以和平统一为职志。虽沈逆犹思怀柔，于陈部更从宽假，授以权位，济以饷需，仁至义尽，无所靳惜。而彼辈朝言服从，日已背叛，乘我用兵北江，勾通北敌，嗾变李军，窜扰潮梅，进窥省会。赖我将士忠勇，蹙之惠州。其与北敌交通，函电俱在，诸公视之，谓有悔祸之心否耶？去岁广州之变，陈党附和直系，逼迫元首，致北伐之军功败垂成，延长战争，以祸国家。是今日变乱，陈实（户）[尸]其咎，曾无一悛悔表示于外，而日寻干戈，徇其私欲，为虎作伥，亦所不惜。诸公视之，尚有丝毫诚意否耶？侧闻沪上有人以为陈氏获罪大元帅个人，宜若可恕，然则，曹、吴今日所为，亦固其所，更不足问矣。国于天地，必有与立。自坏纪纲，何以责人！陈氏如从诸公教，矢诚悔罪于大元帅之前，躬率所部，北向赣、闽，讨曹自效，在大元帅宽厚待人，当可宥其既往。若仍负隅自固，俨同敌国，思以游词缓和我军，希闵等执金鼓以诛悖叛，陈与曹、吴更无轩轾，断不能听其假息也。谨布所怀，乞谅察之。

  杨希闵、刘震寰、许崇智、魏邦平、朱培德、黄明堂、林树巍、李福林、卢师谛、梁鸿楷、刘玉山、杨池生、杨如轩、范石生、蒋光亮、胡舜、韦冠英、严兆丰、黎鼎鉴、伍毓瑞、李济深、周之贞、郑润琦、吕春荣、陈天太叩。歌。

（《申报》1923年7月11日）

与褚辅成①等否认会合会宣言书②

（1923年6月22日）

万火急。分送大总统、国务院、各部院署、各省巡阅使、督军、省长、总司令、督办、督理、检阅使、护军使、镇守使、都统，师、旅长，省议会、总商会、教育会、各工会、各农会、各法团、各报馆均鉴：

昨接两院通告称：兹定本月十六日下午二时，开两院会合会，解决黎大总统辞职事件，届时务希惠临为盼。等语。又阅十七日各报载称：是日开会，由众议院议长吴景濂主席，延长时间至三时，报告签到议员五百六十七人到场，列席者仅四百六十七人。其余各员因主张不同，均在休息室，不愿列席。不足宪法会议或

---

① 褚辅成（1873—1948），字慧僧，浙江秀水（今嘉兴）人，监生出身。1904年留学日本东京警察学校，后转法政大学。1905年加入同盟会，年底受命回国，任同盟会浙江支部长，与秋瑾、徐自华等开展反清革命活动，后任嘉兴府商会总理、浙江咨议局议员。辛亥革命后任浙江省军政府民政长、参议会议长、军政府参事等职，并当选国民党参议、第一届国会众议院议员。1917年南下广东护法，参加国会非常会议，当选众议院副议长。1925年任善后会议委员；1927年任浙江省政府委员兼民政厅长。抗战时期任国民参政会参政员，主张抗日。1946年参与发起九三学，任常务理事。1948年病逝于上海。

② 1923年6月22—23日的北京《顺天时报》刊登此件，题为《声明六月十六日两院会合会违法开会根本无效书》，正文后为"赞成声明否认六月十六日会合会者请签名于次"，但签名名单到高家骥为止。后面37人名未录。

总统选举会之法定人数，不能开议。经林长民、骆继汉等先后动议，主开谈话会。照章旁听人一律退席。乃突由马骧提出动议，谓大总统黎元洪六月十三日离职出京，应即依照《大总统选举法》第五条第二项之规定办理，自六月十三日起，黎元洪所发命令文电，概不生效。旋由主席当场宣告，改开大会。即以马骧之提议付表决通过，遂宣告散会，并以此项提议备具咨文，钤用参众两院印信，会衔咨达国务院。等语。此种举动，种种违法，同人万难缄默不言。

查《国会组织法》第二十一条第一项，民国宪法之议定，由两院会合行之。前项会合，即名曰宪法会议，非有议员五分三以上之出席，不得开议，非出席议员三分二以上之同意，不得议定。又查《大总统选举法》第二条，大总统由国会议员组织总统选举会选举之。前项选举，以选举人总数三分二以上之列席投票，以满投票人数四分三者为当选。是前者由两院机关之会合而成独立之宪法会议，后者则由国会议员分子之集合，而成独立之总统选举会。各有一定之职权，各有一定之名称。遍查民国法规，并无所谓两院会合会者。今此次通告开两院会合会，俨成一种独立之机关，究竟根据何法何条？此违法者一。

民国总统准否辞职，辞职程序应由何种机关主办，法律本无明文。纵总统之职可辞，亦必由原选机关，所谓大总统选举会者办理。乃此次通告，不催开大总统选举会解决，而付诸毫无根据之两院会合会，其意何居？此违法者二。

是日到场列席人数，既未足总统选举会之三分二，且不及宪法会议之五分三，当然非国法上之机关。改开谈话会，以便私人意见之交换，原无不可。惟向例谈话会与私室谈心无异，不能适用表决，不能发生拘束力，安能对外有所表示？此违法者三。

查《临时约法》第二十一条，国会之议事须公开之。是日改谈话会后，乃乘旁听人之完全退席，忽又宣告改开会合会，任意变化。以政权更迭之重大事件，竟付之秘密议决，不令天下共见共闻，谓无隐情，其谁信之？此违法者四。

两院会合会，国法既无此种机关，会合会以过半数列席，列席员过半数之议决，尤为绝对无据。议员除名，依《院法》第七十九条，尚须出席议员三分二以上之可决；议长解职，依《院法》第二十一条，须得有总议员三分二以上之可决；弹劾国务员，依《约法》第十九条第十二款，且须总员四分三以上之出席，出席三分二以上之可决。今对于国之元首，解除其职务，移转其事权，乃由绝无根据之机关密议，以最低限之过半数行之。此违法者五。

辞职问题，非会合会所能解决。过半数出席，过半数表决，于法无稽。观是日在场议员之演说词，本一致承认。惟当场有人出而解释，谓此次突生政变，非法律问题，乃政治问题之一现象。两院既为谋统一意思起见，不妨以简单办法行之，遂置辞职事件于不问，避重就轻，由马骧提出此种含混其词之动议。果属政治问题，原专属国会之职权，自应由两院各别开会行之，岂容于法无据之机关妄行越俎。此端一开，此后凡属国会职权以内者，随时可为会合会攘夺以去。两院制之精神，将根本破坏。此违法者六。

查《大总统选举法》第五条第二项，大总统因故不能执行职务时，以副总统代理之，副总统同时缺位时，以国务院摄行其职务。各国元首离京，远适异地，数见不鲜，而执行职务之地点，法律更无限制之明文。出京固不得即谓之离职。而离职出京，亦不能径认为《选举法》上之所谓"因故"。军警流氓围宅骚扰，直构成刑法上之妨害公务罪，安得释为"因故不能执行职务"？如以此种犯罪行为强作"因故不能执行任务"之解释，则《总统选举法》实为教乱奖奸之资耳。同人并无所爱于黎元洪，亦无庸为其辩护。即退一步言之，此次黎氏离职出京，洵为选举法上所谓

"因故不能执行职务",亦应由宪法会议解释,万不能由两院会合会认定之。此违法者七。

查《国务院官制》第二条,国务院以国务总理,各部总长组织之。第三条,国务总理为国务员首领。第十条,国务会议时,以国务总理为议长。今之国务院既无总理,合法阁员不及半数,且全体辞职,复经免职,当然已无国务院之资格,亦安能摄行总统职务?此违法者八。

黎氏受迫,不能死守殉国,诚难宽其课责。惟辞职问题,既未经总统选举会之解决,而继任之日期,又未经宪法会议之解释,则未经依法解职以前,其所发布之命令函电,是否生效,岂能任意宣告?况两院会合会之自身,既为非法机关,又安能宣告他机关之行为无效?而该会竟悍然行之。此违法者九。

此次马骧所提之动议咨达国务院,既非在两院提出,亦未报告两院许可,何得擅用两院会衔之咨文,擅钤两院之印信?会合会之自身,并印信而无之,更何得谓为依法组织?此违法者十。

同人等对于今次政变,并无拥护何方、反对何方之成见,惟议员职责所关,在法言法,不能知而不言。况以一国元首,受军警流氓之骚扰致不能安于其职,而国会未闻主持正论,整饬纪纲,乃组织一似是而非之机关,与军警流氓相呼应合力以去之,天下后世,其谓之何?而今后之为总统者亦危矣。覆辙相寻,政变迭生,将永无宁岁矣。

夫以法律无据,权责不属、人数不定之机关,若竟听其任意处决国之大政,举国熟视无睹,不亟为匡正,则一切法律可以烧毁,一切机关亦可退听矣。毁法兆乱,同人慭焉忧之。兹合郑重宣言:

六月十六日两院会合会之议决,种种违法,根本无效。除要请两院依法组织合法机关,另行议决,以维法纪外,特电声明。

尚祈国人严重监视，一致匡持，大局幸甚。

参众两院议员褚辅成、吴崑、郭同、王用宾、白逾桓、李为纶、高仲和、黄云鹏、潘江、沙彦楷、杭辛斋、詹调元、丁惟汾、茅祖权、丁超五、刘荣棠、王恒、张大昕、凌毅、邱冠菜、田桐、田稔、王笃成、于洪起、赵舒、彭养光、于恩波、杨时杰、时功玖、刘燮元、覃振、张善与、王安富、王汝圻、王绍鏊、卢仲琳、汪秉忠、叶夏声、蒋凤梧、邹鲁、胡应庚、尚镇圭、高杞、丁佛言、讷谟图、周泽苞、郑万瞻、汤漪、刘星楠、解树强、向乃祺、王葆真、钟才宏、梁昌诰、孔昭晟、李执中、孔庆恺、王兆离、刘盥训、耿春宴、刘重、蔡达生、秦肃三、寇遐、李正阳、唐支厦、景定成、舒祖勋、陈国玺、袁弼臣、孙镜清、唐玠、丁骞、黄汝鉴、王廷弼、霍椿森、楚纬经、陈宗常、范熙壬、刘振生、王立廷、杨振春、张瑾雯、吴渊、李汝翼、汤用彬、黄肇河、熊兆渭、邢麟章、余司礼、廖希贤、王秉谦、焦易堂、董耕云、萧辉锦、萧炳章、童杭时、周震鳞、王乐平、续桐溪、窦应昌、李文治、吕志伊、冯自由、王鸿庞、谢良牧、候元耀、贺升平、张华祖、王法岐、陆祺、王宗尧、徐兰墅、邵瑞彭、王人文、孙光庭、赵伸、陈祖基、张大义、丁文莹、徐傅霖、李自芳、李凤威、王源瀚、刘新桂、李安陆、陈祖烈、金兆棪、杨永泰、文登瀛、符鼎升、王有兰、李肇甫、李英铨、雷焕猷、潘大道、黄攻素、周之翰、李克明、杨士聪、丁佩谷、万宝成、赵守愚、张华澜、梁登瀛、萧汝玉、姜继、魏鸿翼、韩玉辰、章士钊、唐理淮、张光炜、陈光谱、张则川、阮毓嵩、王斧、黄伯耀、朱溥恩、蒋曾燠、陈尚裔、徐兆玮、瞿启甲、杨择、孙炽昌、郭椿森、高家骥、金溶熙、沈椿年、张世桢、周继潆、郑际平、陈时夏、周学宏、丁俊宣、王弌、蒋著卿、余名铨、孙棣三、陈燮枢、傅师说、卢钟岳、朱腾芬、杨山光、杨梦弼、沈智夫、张映阑、张全贞、陈时铨、蒋宗、周乐山、刘楚湘、陈光勋、蔡突灵、潘学海、凌鸿寿、刘纬、曾铭、刘映奎、李爕阳、彭建标、胡兆沂、彭邦栋、祝光樾等同叩。祃。

[《参议院公报》第三期第十册，第46—50页；又见刘楚湘《癸亥政变纪略》，《近代稗海》（第7辑），四川人民出版社1987年版，第189—193页]

与褚辅成等致各省区军民长官等电

（1923年6月23日）

各省区军民长官、各法团、各报馆钧鉴：

顷据北京交通机关传出确讯，直隶省长王承斌致吴毓麟、高凌霨、王毓芝等个电一件文曰：顷接吴巡阅使号电开：顷致大帅一电文曰（原文见昨日本报）。特此奉闻，请即就近催促进行，是为深盼。等因。当此千钧一发之时，亟应由两院议员依法速办大选，以维国本。至宪法不许成立，更有把握。敬请诸兄就近设法，妥速进行，庶大选早日观成，借以消除反侧，至为盼祷。王承斌。个。等因。

查此次暴迫元首，主使有人，司马之心，路人皆见。兹阅前电，益骇听闻。夫人民自由，载在《约法》，议员保障，世界通诠，乃竟欲授意军警，监视行动，甘犯胁迫，毫无顾忌，将来或借公民之名，或假保卫之义，包围议会，强架议员，暴力横行，盗名窃国，极其所至，何事不为。凡有血气之伦，安忍强暴之辱。

尤可骇者，宪法未成，举国渴望，王承斌等竟谓不许成立，荒谬绝伦，令人发指。同人等久窥隐谋，早图防卫，冀存国家之正统，并保个人之自由。区区寸丹，天日共矢。兹复郑重声明：倘北京发生监视议员、强迫选举情事，依法当然无效。论罪且有攸归，特布中外，咸使闻知。

褚辅成、焦易堂、章士钊、郑万瞻、沙彦楷、邝克庄、丁惟汾、黄云鹏、白逾桓、韩玉辰、刘恩格、徐兰墅等二百八十三人同叩。漾。

(《申报》1923年6月27日)

与张继等离京之宣言

(1923年6月24日)[①]

民国十二年来，扰攘相仍，奸宄继起。推原其故，举曰无法。然《约法》早定于初元，同人迭会于南北，仅存之法，全等空文。制宪远谟，垂成屡败。是乃由于有大力者，非迳毁法以乱国，即求戡法以图私。同人等忽东忽西，穷于避就，为狙未觉，负咎已多。迩者六月十三日之变，益了然于政治浊乱，武夫犷悍之区，

[①] 6月26日北京《顺天时报》刊登此电的文前曰："又有一批国会议员离京，于二十四日在津发表宣言云……"1923年6、7月间，应北方同志电邀，并经孙中山同意，周震鳞由厦门启航至津，转道至京，劝说国会议员离京南下，拒绝参加贿选。后又与离京议员经天津赴沪。

无平情论政彻底立法之余地。以知立法救国，不过空谈。戡乱立法，始成条贯。黎氏出走，于其个人，本当别论，惟是军人动干大位，宵小把持政权，一国首都，化为狐鼠豺狼纵横隳突之地。纲纪尽坏，廉耻无存，国于天地，果何以立？同人等虱于其间，足一动而侦随，舌一摇而贿至。武人干宪之电，朗诵于议堂；暮夜叩门之私，公言于同辈。此而议宪，所议果为何事？此为大选，所选又为何人？午夜扪怀，宁不自愧？同人等本此微衷，敢为露布：国会在北京此时政情之下，其机关已陷于被围状况，其信用已濒于破产地位。爰自六月十五日起，相率陆续离京，别谋建树。凡当世所以诟病国会者，有则改之，无则加勉。有何见教，无不虚承。

江浩、张继、王法勤、王秉谦、解树强、王立廷、蒋曾燠、沈惟贤、章兆鸿、汪律本、萧炳章、汤漪、童杭时、盛邦彦、许案、雷焕猷、宋渊源、董昆瀛、彭介石、周兆沅、叶兰彬、韩玉辰、高仲和、周震鳞、章士钊、向乃祺、唐支厦、尹宏庆、王乐平、阎秉真、王用宾、续桐溪、焦易堂、钟允谐、谢持、潘大道、彭建标、李茂之、王鸿庞、黄金声、杨永泰、陈峻云、马君武、潘乃德、吕志伊、孙光庭、赵伸、张光炜、周恭寿、鲁琏、冯自由、谢良牧、吕复、王葆真、李永声、刘恩格、李秉恕、董耕云、杨振春、刘振生、汪秉忠、凌鸿寿、徐兆玮、王绍鏊、蒋凤梧、徐兰墅、姚文枬、瞿启甲、沙彦楷、茅祖权、孟森、董继昌、王汝圻、陈士髦、胡应庚、张相文、余縣、唐理淮、张敬文、郑衡之、常恒芳、凌毅、陈光谱、王恒、邱珍、郭同、黄序鹓、邹继龙、张崟、谢越石、欧阳沂、金溶熙、褚辅成、杭辛斋、张世桢、胡翔青、张傅保、卢锺岳、孙世伟、周继潆、沈椿年、陈时夏、田稔、余名铨、袁荣叟、刘景晨、赵舒、洪国垣、王宗尧、郑忾辰、丁超五、詹调元、范熙壬、汪哕鸾、杨时杰、张则川、张大昕、田桐、阮毓嵩、吴崑、白逾桓、彭养光、刘燮元、郑万瞻、时功玖、罗上霓、刘重、钟才宏、覃振、李执中、张宏铨、彭施涤、艾庆镛、丁惟汾、于洪起、于恩波、邓天一、丁骞、刘峰一、金焘、刘奇瑶、刘荣棠、谷思慎、刘盥训、焦子静、尚镇圭、高杞、张树森、李为纶、黄云鹏、陈国玺、李肇甫、王安富、张瑾雯、卢仲琳、张知竞、孔昭晟、林伯和、邹鲁、黄元白、王斧、张鸿佼、蒙民伟、翟富文、覃超、张华澜、岳昌侯、刘楚湘、李临阳、汤用彬、乌泽声等。①

（北京《顺天时报》《晨报》1923 年 6 月 26 日；《申报》1923 年 6 月 27 日）

与离京议员致两院同人书[②]

（1923 年 6 月 28 日）

两院同人公鉴：

　　自国会成立，时逾十稔，政变起伏，国是扰攘，迄无宁岁。综厥来因，或由于政策上之异同，或基于法律上之争议，背道而驰，不相为谋。究其失败之绩，观其对抗之局，乱象所

---

　　① 当时各报所刊此电署名仅覃振等 21 人，现依据参与者刘楚湘于 1924 年 9 月出版的《癸亥政变纪略》中的署名人员补足。时人孙光庭、章太炎、周震鳞、汤漪、潘大道等为此书作序。
　　② 6 月 29 日北京《顺天时报》刊登此电的文前曰："离京国会议员褚辅成、王用宾、焦易堂等于昨日（二十八）复致书两院同仁云……"随着离京的两会议员人数增多，此电和以下数电的署名人数均在上电 171 人的基础上增加到 295 人，且 7 月 1 日通电中有"离京议员已达二百九十余人"之语，故知 295 人中已包括周震鳞、

呈，亦自有其限度。当国家缔造之初，民志未定，虑始为难，大权在握，轻于一试，如是而已，斯固人类共同之弱点，不足为吾历史民族羞也。至若戴土匪之面目，倚流氓为心膂，总统为俘，国会为质，横行首都，盗窃名器，如今日者，则除临城事件而外，未有肇乱若斯之甚者也。公等不察，或疑言之过甚，则曷不一询此次政变经过之事实？以为尚有行使职权之自由，则曷不一考十三、十六两次谈话会之成绩？以为宪法尚有宣布之一日，则曷不一诵催办选举、不许制宪之各电？以为可以惩办罪魁，则曷不一思今日窃据国务院者，其人在法律之地位果居何等？以中国之大，四万万人之众，其权是非、衡利害皆不如公等所云云，公等其谓之何矣？同人等处此奇变，不得已而有移沪集会之议，所以为保持议员人格计，亦即所以为保持国家人格计。匪仅此也，凡我同人所负之重任，如完成宪法，选举总统，今之所为苟且求全而不可得者，皆不难次第行之。共和未改，则国会所拥权者之地位，炳若日星，固于金汤，苟有直接或间接障碍国会之自由者，所谓乱臣贼子，人人得而诛之。是知凡秉正义，悉为坦途，何惧何疑？而不出此，窃所未喻。论者以公等今日既处军警积威之下，重以利诱之秽闻，贻国民羞。节敬五百，票价五千，点名发放，有如恩饷，存折担保，到期支付，谥为猪仔，目为降卒，拟诸金营之徽、钦，冀分项羽之杯羹，怨毒之中于人心极矣，故上海总商会有根本否认国会之表示。同人等以为此虽逆耳之忠言，尚非诛心之露布。假使夺位之徒，果欲以利诱者，则今次第二临城之变，可以毋作，惟其无术点金，是以铤而走险。虽在贪夫，宁甘口惠？固知公等之智，决不出此也。尤有进者，昔春秋之义，别嫌明微，推隐至显，故能拨乱世而反之正，以其是非明而劝戒彰也。今世共和国家无虑数十，其所由建国于不拔之基者，纲纪整饬，裁制森严为之也。今日之事，不患倡乱者无悔祸之心，而患求治者无戡乱之志；不患毁法者窃名器以自固，而患立法者媚权奸以求荣，此则我两院同人所宜猛省，抑亦全国人民所不能宽其监视者。十年患难之交，区区积善之意，惟我同人幸垂察焉。

离京国会议员褚辅成、汤漪、焦易堂、郑万瞻、王用宾、杨永泰、乌泽声、覃振、白逾桓、王绍鏊、黄云鹏、韩玉辰、刘恩格等二百九十五人同启。

（北京《顺天时报》1923年6月29日；上海《新申报》1923年7月2日）

与褚辅成等劝在京议员南下电

（1923年6月30日）[①]

（衔略）顷闻高凌霨、王毓芝等包办大选，除强迫手段而外，并用利诱方法，现拟备空期银号存折多份，一面交付在京各议员，一面令各议员纳[木]质图章一颗，俟总统选出，取还图章，再行发给现款。云云。公然交易，已骇听闻，诈虞存心，尤为可哂。似此以猪仔自待，稍有羞恶，谁肯俯从？固属心劳日拙，不值一笑，而议会前途，何堪设想！民国十二年来，政象虽常变动，而

[①] 本文标题为：《离京议员又发两电》。文前曰："离京议员前昨两日发出通电两道……"此电为第一电，故知其时间应为1923年6月30日。

败政戡法，从无如此之甚者，既暴迫元首出京，又欲秽乱选举。在彼等虚悬芳饵，得鱼仍可忘荃，即使弄假成真，补疮何恤割肉。由前之说，譬如登徒诱奸荡女，方其未从，何妨饵以钗钏；由后之说，譬如剧盗贿买贪吏，全求幸脱，不惜资以重金。同人等奔走十年，全名不易，于此鬻身从伪，晚节不终，清夜扪心，何以自况？何去何从，谅必熟审矣！或曰：世运文明，百物翔贵，矧于人类，实长万灵。比年舞妓歌伶，动价千镒，民选议员，例数百万，亿民代表，讵估千金，必曰鬻身，未免厚诬贤者，流连京国，殆有故焉！然谓委曲以冀宪法之成欤，则与虎谋皮，早知不可，图穷匕见。今更有辞，谓诸公别有用心，则吾岂敢。谓诸公见不及此，未免相轻。欲观大宪之成，须择自由之地，否则适楚北辕，必得其反。谓爱惜现在机关，不忍遽去欤，大盗窃国，并窃圣智，职权不能行使，机关徒被利用，急应改图，又何恋焉？甘为台舆，则又何说？欲保国会之尊严，必争议员之自由，群谋迁地集会，正为保存机关。联袂离京，旬日集事，当机立断，何嫌何疑？或故投身虎穴，不畏强梁欤，则千金之子，坐不垂堂，杀身为轻，国事为重，见机而作，不俟终朝，诸公明达，岂容多赘？而诸公徘徊歧路，果何故哉？方今国家财政，罗掘俱尽；学校停课，官署罢工，皇皇首都，成何景象？而军警欠饷，动逾数月，饥寒交迫，隐患方长。即以议员论，积欠岁费，又及半年，当局之人，果有财力，何不解燃眉之急焰，发正当之岁俸；果无财力，则阴逗笼络之术，徒败议员之名而已。在彼因翊戴之功，不惜倒行逆施，而为议员计，意外之财，未可必得，得之未必久享。何者？比年以来，上下交困，农愁于野，商叹于市，即以京畿一隅而论，欲求半月之俸，以赡事畜，数元之饷，以求饥寒，而不可得者，比比皆是。议员号称人民代表，不能为民请命，反思利用人民所授之投票权，假手军阀以侵剥人民膏血，鼎铛有耳，民具尔瞻。《语》云："多藏厚去，众怒难犯。"不为国事计，宁不为身家计乎！《易》曰："见金夫不有彩。"诸公岂其然哉！所望惠然肯来，共策善计，国家幸甚！同仁幸甚！临风翘首，不尽欲言。褚辅成等二百九十五人叩。

（北京《顺天时报》1923年7月2日；上海《民国日报》1923年7月5日）

与褚辅成等致全国各界电[①]

（1923年6月下旬）

前得吴佩孚致曹锟号电，王承斌致高、吴、王个电，主张强迫选举，阻挠制宪，经同人披露，严加声讨，谅已达览。虽吴、王矢口否认，而京、津、保、洛各电局均有底号可查，他人岂能伪造？吴、王否认，尚属天良未泯，但该电是否真实，为双方人格所关。凡经同人所发举，誓以人格保证其非诬。兹更发现齐燮元致吴毓麟秘密漾电一通，文曰：

北京吴总长秋舫兄鉴：秋密。并转同人均鉴：唐少川来沪调和孙、陈，到沪后曾派员与弟接洽，彼主张在宁开一国民会议，借为彼辈活动之基础，弟婉言谢绝。日来与章太炎协商捣乱之策：

第一，先与沪上优秀分子结合，一面发表攻击北方言论。

第二，发电致外交系，如骏人、少川、儒堂等诘责之外，加

[①] 本文原标题：《离京议员之最近函电》。

以劝导，意在令其到沪，以绝我方之谋。

第三，发电致国会重要份子令其离京。

鄙意第一项，弟已派员到沪与唐接洽，并探唐意。第二项请兄等务与骏人说明，勿听其煽惑。第三项愿兄等在京设法注意为幸。齐燮元漾等语。

亟合披露，足见彼方阴谋，无所不至，尤足证明前所披露之号、箇两电，决非虚构。特再电闻。

离京国会议员褚辅成、王用宾、焦易堂、章士钊、杨永泰、韩玉辰、郑万瞻、丁惟汾、刘振生、乌泽声、黄云鹏、王绍鏊、刘恩格、邴克庄、徐兰墅、沙彦楷、彭养光、董昆瀛、白逾桓、蒋曾燠、余名铨等二百九十五人叩。

（《申报》《新申报》1923年7月2日）

与褚辅成等致全国各界电

（1923年7月1日）①

各省区军民长官、各法团、各报馆均鉴：

奸徒窃位，力肆阴谋，利诱威迫，无恶不作，证据确凿，前已迭电声讨，谅邀察及。兹接京函报告：前夕王承斌派员来京，

---

① 1923年7月2日《顺天时报》在两电的文前曰："离京议员前昨两日发出通电两道……"故此电和下电日期应为7月1日。

向国会当局协商，此时合法选举业已绝望，拟以非法手段出总统，其方法如下：（一）捏报出席人数；（二）以非议员冒名顶替；（三）强迫签到之议员人场，或以绑票方法，强制议员出席。闻已决议，大约自下星期二即当实行。等语。查离京议员已达二百九十余人之多，在津报名尚未离京者，两下合计已逾半数，因之以五分三开议之宪法会议，现已流会六次，可以证明。而选举总统之开会人数，较宪法会议为多，除非乘机舞弊，万无可以开会选举之事。假使奸人悍然不顾，变生不测，魑魅现形，尚希共伸大义，一致声讨，特此奉闻。离京议员褚辅成等二百九十五人叩。

（北京《顺天时报》1923年7月2日；上海《民国时报》1923年7月5日）

与褚辅成等致全国各界电

（1923年7月7日）

全国各界、全国各报馆转国民公鉴：

连日报载，北京所谓大典筹备处密定种种进行办法，愈出愈奇，同人等业于三十日通电，揭其奸谋，谅邀鉴察。查两院议员总额为八百七十人。《大总统选举法》所定选举会人数为总额三分二到会。又《国会组织法》所定宪法会议人数为总额五分三出席。以总额三分二计算为五百八十二人，以总额五分三计算为五百二十二人。除总额中，中央学会八人尚未选出，及各省区出席未经补选者共为三十五名外，去岁开会在京报到者实为八百三十五人。政变未发之前，其因亲丧疾病长期请假，早已出京者二十余人。此次政变，同人已经离京者截至六月二十八日为二百九十五人，其尚未离京者仅余五百十余人。况近日出京者络绎不绝，每日均在三四十人以上，通盘计算，不但总统选举绝对不能成会，即宪法会议之人数亦早已不足。故自政变以后，两院会合会以不足五分三之人数改开谈话会，宪法会议亦六次流会，即此已足资为铁证。兹合详细声明，倘北京以后再开宪法会议，或组织总统选举会，其为假冒捏造毫无疑义，同人绝不承认，待再电布达。

离京国会议员褚辅成、汤漪、王用宾、焦易堂、章士钊、杨永秦、郑万瞻、薛玉辰、丁惟汾、刘振生、黄云鹏、乌泽声、王绍鏊、白逾桓、刘恩格、邴克庄、徐兰墅、沙彦楷、彭养光、蒋曾燠、余名铨等二百九十五人同叩。

[《中华民国史事纪要 初稿 中华民国十二年（1923）》（七月至十月），第25—26页；《顺天时报》1923年7月8日]

与褚辅成等致上海总商会银行公会等电

（1923年7月上旬）

上海总商会银行公会并转各公团各报馆均鉴：

此次近畿诸将，因密谋拥曹，煽乱京师，致使中枢解纽，总统被逐，国会南迁，首都之地，沦为临城第二，罪大恶极，迭经贵会严词声讨，曷任仰佩。乃夺位之徒，怙恶不悛，日来竟勾结法使，进行国会根本反对之金法郎案，借债行贿，断送国权，以扶植中法实业银行复业及报效曹锟大选用款五百万元为主要条件，他非所惜。此约若成，国库损失，何啻数千万。而他国援例所要求者，尚不与焉。祸国若此其甚，虽由政府依法律手续行之，我国民犹当誓死不能承认。况以窃据首都之军阀代表，损害国家财产，以为贿买国会议员之用，倘不急起直追，诚恐稍纵即逝，则助长内乱，铸成大错，将此条约为导火线。尚希贵会通电全国，并国内外外交当局，一致力争，根本打消，国民受赐，宁有涯涘？危机一发，希速图之。

国会移沪筹备处汤漪、黄云鹏、焦易堂、彭养光、郑万瞻、刘恩格、白逾桓、潘大道、李为纶、杨永泰、王用宾、刘映奎、丁惟汾、董昆瀛、刘楚湘、王绍鏊、逯长增、乌泽声、唐理淮、韩玉辰、金兆棪等三百八十五人叩。

(《申报》《新申报》1923年7月10日)

与褚辅成等对内宣言

(1923年7月12日)①

全国各机关、各团体、各报馆公鉴：

民国肇兴，十有二载，奸宄迭起，扰攘频仍，《约法》既视若具文，制宪复垂成屡败，遂致国本动摇，人人自危，几疑共和政体之不可行，思之痛心，言之切齿。同人等受国民付托之重，颠沛流离，备尝艰苦。大法未立，负疚滋多，法统三复，鲜克有终。今兹六月十三日之变，又见告矣。横暴武夫，觊觎大位，威胁利诱，秽德彰闻，竟敢煽动军警，包围府邸，劫车索印，行同寇盗。旬日之间，以尊严之首都化为豺虎纵横之地，纲纪尽隳，廉耻道丧，国于天地，果何以立？一载以还，同人等以法统须经递嬗，宪法亟待观成，忍辱履危，黾勉从事，几于足一动而侦随，舌一摇而贿至。武人干宪之电，宣诵于议室；暮夜（扣）[叩]门之私，公言于白昼，以此制宪，其何能俶？以此大选，安得无良？况复矫命摄政，借债行赇，若金佛郎案之协定，若诈索盐商之酾金，若天津俄界隙地之变卖，若西北国道借款之密约，事实昭著，中外播闻。惟便私图，靡恤国权，倒行逆施，无所不至，实为人

---

① 北京《顺天时报》1923年7月13日刊登此两宣言，文前曰："昨又发出对内、对外两宣言。"《申报》本文原标题：《离京国会议员对内宣言》。

类所共愤，国法所不容。同人等维持法纪，责无旁贷，敢为露布，以告国人。首都已陷于无政府状态，国会在此危乱之区，不能自由行使职权，爰自六月十三日起相率陆续南下，开会于沪上，别谋建树，完成宪法。凡我国民，谅有同情。申大义于不昧，奠国本于将倾，死生以之，誓底于成。除对各友邦另有表示外，谨此宣言，惟希鉴察。

国会议员：褚辅成、汤漪、覃振、杭辛斋、丁惟汾、凌毅、童杭时、焦易堂、董昆瀛、乌泽声、郭椿森、蒋曾燠、吴崑、萧辉锦、茅祖权、于洪起、冯自由、黄元白、王斧、黄伯耀、田桐、吕志伊、章士钊、朱溥恩、胡兆沂、董耕云、李安陆、杨永泰、黄云鹏、石璜、秦肃三、刘振生、王乐平、陈义、方潜、王源瀚、李靖国、王鸿庞、于恩波、王茂材、易仁善、萧炳章、张世桢、袁荣叟、工国祜、丁（莹）[骞]、金焘、覃寿公、刘楚湘、程崇信、王宗尧、余名铨、张华澜、徐兆玮、邓天一、景定成、孙镜清、刘泽龙、祝光越、连贤基、杨士鹏、刘万里、林鸿超、田永正、程修鲁、金兆棪、陆祺、郭生荣、冀鼎铉、汪秉忠、钟才宏、凌鸿寿、刘重、张则川、李景泉、龚政、凌飞、林伯和、周廷弼、徐象光、周泽苞、彭施涤、雷焕猷、易宗夔、金溶熙、韩藩、沈椿年、金尚诜、刘盥训、盛邦彦、刘懋赏、黄赞元、张宏铨、瞿启甲、罗黼、阎鸿举、苗雨润、范熙壬、阮毓崧、周兆元、张海若、刘荣棠、刘峰一、彭建标、车林端多布、周继潆、王猷、张复元、王任化、丁俊宣、陈夑枢、周学宏、杨择、梁登瀛、李式璠、谷思慎、邱珍、向元均、彭邦栋、唐支厦、何鬻虞、赵连琪、罗上霓、高杞、刘燉元、禹瀛、李英铨、彭学浚、陈子斌、胡挚、谭焕文、文笃周、袁炳煌、邹继龙、汪汝梅、杨逢盛、张树桐、唐树基、张敬文、时功玖、黄懋鑫、戴书云、毛玉麟、潘乃德、张廷辅、赖德嘉、张大昕、汪哕鸾、邓元、欧阳成、黄缉熙、吕复、张善与、贺升平、张华祖、张嘉谋、曾昭斌、金镛昌、张联魁、刘纬、杨梦弼、黄象熙、席业、魏肇文、王恩溥、刘景烈、邹树声、陈友青、白常洁、李自芳、冯振骥、周学辉、黄汝瀛、郭宝慈、盛际光、金承新、周庆恩、覃超、尹宏庆、李广濂、蒙民伟、陈祖烈、刘彦、方表、张凤翙、李含芳、段大信、王鸿宾、王弌、杜师业、杨允升、高仲和、欧阳沂、王恒、寇遐、王兆离、尚镇圭、李文治、罗富文、丁超五、何海涛、马君武、岳云韬、赵烜、朱家训、阎琳、黄荃、姜继、萧汝玉、罗润业、李㐂年、王烈、阎光耀、陈祖基、角显清、陈光勋、张大义、王桢、由宗龙、段雄、李华林、丁佩毅、赵守愚、李克明、继孚、张瑞、刘隽佺、邱冠棻、程铎、沈智夫、饶芙裳、曾庆模、王有兰、艾庆镛、吴渊、汤用彬、李为纶、李肇甫、李永发、李含荃、那德昭、李澜、师敬先、席绶、孔昭凤、陈焕章、王永锡、詹永祺、罗增麒、黄宝铭、刘景云、龙鹤龄、李正阳、刘丕元、熙钰、黄金声、祺诚武、林绳武、祺克慎、陈绍元、汪震东、康慎徽、裴清洁、张树森、姚桐豫、谢国钦、朱观玄、韩玉辰、唐宝锷、孙光庭、曾干桢、窦应昌、蔡复灵、潘学海、刘濂、许植材、朱腾芬、杨山光、詹调元、戴维藩、潘大道、陆昌烺、曾铭、陈国玺、孙炽昌、盛时、叶兰彬、廖宗北、田稔、陈士髦、黄绍侃、齐耀瑄、程大璋、陈师汝、丁善庆、刘可均、余芹生、李秉恕、陈峻云、张鸿侅、王汝圻、胡应庚、张相文、王绍鳌、蒋凤梧、杨肇基、邢麟章、赵学良、刘兴甲、张光炜、白逾桓、薛丹□、傅航国、田美峰、彭养光、张振麟、吴日法、贺廷桂、王迪成、陈尚斋、杨振春、王用宾、李振钧、李永声、邵瑞彭、陈光谱、胡钧、沙彦楷、张浩、赵舒、秦楷、郭同、徐兰墅、郑万瞻、谢越石、杨时杰、姚文枬、向乃祺、阮性言、何铨谭、周震鳞、徐绳会、毛印相、江浩、李耀忠、孔庆恺、陈廷飏、何雯、黄霄九、唐理淮、马小进、赖庆晖、赵伸、黄序鹓、虑钟岳、陈邦燮、孔昭晟、董庆余、刘映奎、卢仲琳、王安富、陈宗常、李汝翼、张瑾雯、李执中、王洪身、逯长增、萧文彬、张雅南、范殿栋、关长庆、莫德惠、杨绳祖、刘哲、吴子青、李膺恩、高家骥、李秉恕、刘恩格、邴克庄、王秉谦、鹿鸣、杨渡、臧景祺、谢书林、杨显青、龚玉崐、马泮春、姜毓英、罗永庆、翁恩裕、仇玉珽、曾有翼、张嗣良、王文璞、杨国瑞、赵仲仁、李伯荆、战涤尘、车席珍、邵仲康、孟昭汉、陈世禄、讷谟图、恩克阿穆尔、业喜海顺、博颜德、勒格尔、寿明阿克兴额、卢元弼、张峄同叩。（共计411人）

（北京《顺天时报》《晨报》1923年7月13日；《申报》1923年7月14日）

与褚辅成等对外宣言

（1923年7月12日）

北京各国公使，天津、上海、汉口、广州各国领事公鉴：

此次北京政变，总统移津，全体阁员概行免职，北京为武人盘踞，正式政府一时尚未完成。国会为暴力压迫，决计移沪开会。所有六月十四日由三五免职阁员矫命摄政之布告，及六月十六日两院会合会不足法定人数之议决，认十三日大总统在京发布之免职命令为无效，而以十四日在津车站强迫所发之总统辞职命令，通电中外种种行为，迭经同人声明为非法。世界立宪国家，从不闻有此恶例，谅为贵公使、贵领事所共知。最可诧者，以大总统直辖军官，敢于包围府邸，逼令离京，以大总统特任疆吏，公然劫车索印，逼令发电，行同寇盗，闻者发指。综上所述经过之事变，可以证明敝国首都久已陷于无政府状态，自六月十四日起，北京免职各国务员对于贵公使所发文书、所订契约，断然不能发生效力，全国国民誓不承认。应请贵公使团拒绝交涉，扣留每月应拨之关余盐款，俟正式政府成立再行交出。庶几乱源杜塞，政治可望复上轨道。特此声明，即希查照。再现在报名移沪开会之议员，已有过半数以上，自本宣言发布之日起，所有在京议员之行动，当然与国会职权之行使毫无关系，合并奉闻。

中华民国国会议员：（署名同前）

（北京《顺天时报》《晨报》1923年7月13日；《申报》1923年7月14日）

与褚辅成等致王克敏函[1]

（1923年7月14日）

叔鲁先生足下：

近日报载伪摄政高凌霨、吴毓麟等竟任命足下长财政，并谓不日即将就职，以确定金佛郎案，得法人之报效二百万元，承认

---

[1] 此函和下一函原标题为：《离京议员函阻顾王上台》。文前曰："离京国会议员褚辅成等日昨特分函顾、王两氏……"

恢复中法银行及德人欧战赔款二三百万元，为曹锟运动大选经费。等语。闻之不胜骇异。夫辞职、免职后之高、吴等是否尚可摄政，此为别一问题，今姑不赘。然摄政阁员之能否任命阁员，此为足下今日在政治上之立足点，则不能不考虑者也。高、吴等之权源，发于何处？既不知权源所在，则足下今日之财政总长，将自何而来者？政府阁员可无法律之根据以产生，是与抱犊谷之孙美瑶自称总司令何异？足下历扬中外有年，区区政治上之常理，岂独未之知乎？丝毫之根据全无，而可以当国政、管度支？窃不知将何以号令员司，指挥部属也。夫足下以豪赌之故，而私财将濒于破产；以舞弊之故，而中行将至不可交代。频年以来，凭借银行，翱翔上京，欲得财部大权，以救自身之厄，以解中行之危，并以核销泉币司所存中行兑现之亏八百余万元旧案，所谓司马昭之心，路人皆知者也。往者，黄陂①正位京华，旁求及于足下，以国会同人多持正义，遂逡巡而去。同人等正诩足下独有自知之明也，乃夙愿不偿于罗、刘更迭之际，今始得于驱逐张英华之后，足下铤而走险，急不暇择之态，乌能逃天下人耳目哉！虽然足下平日从政之大节，未尝有卖国之行为，今亦未闻有加功助恶之举，固可称无大过者。乃必贪此虚荣，铸成大错，使国家受损，虎狼添翼，而足下亦徒博卖国附逆之头衔，事之损己利人，孰有过于此者？请足下返躬自问，残余岁月，尚有几何，何必如此，以开罪国民耶？同人等反对祸国殃民之曹锟，义无反顾，必至达其目的而后已。倘足下不顾恤舆情，惟知助恶，同人等代表民意，必有以对付之。足下本南人也，庐墓尚在南中，彼方人心若何，当非无所见闻者，奈何必与为敌乎？况足下年来所苦心经营者，中国银行也。此行分设各地，与社会相接之范围颇广，必非一直系之势力能保护之。倘以助曹之故，迁怒及于中行，或酿兑现之风潮，或

---

① 黄陂，即黎元洪，湖北汉阳府黄陂县（今武汉市黄陂区）人。

起分行独立之故事，或为他方实力派所胁持，则中行瓦解之患，不崇朝而见于国中矣。□足下即不顾念股东之血本，而自身之利害，独无所权衡乎？舍根深蒂固之中行总裁，而易数月动摇不定之总长，当非知者所乐为也。进退决于俄顷，荣辱系于百年，同人等言尽于斯，惟足下图之。专此，顺颂筹祉。不一。

国会议员褚辅成、汤漪等四百五十人同启。七月十四日。

（《申报》1923年7月19日）

与褚辅成等致顾维钧①函

（1923年7月14日）

少川先生足下：

乃者，保曹徒党屡劝足下就外交部职，同人等历经遗书忠告，勿为所污。区区相爱之诚，谅荷察纳。近闻玉体新瘥，征车甫息，

---

① 顾维钧（1888—1985），字少川，江苏嘉定（今属上海）人。1899年考入上海英华书院；1901年考入圣约翰书院；1904年入美国哥伦比亚大学，专攻国际法及外交，获博士学位。1912年回国任袁世凯总统英文秘书、内阁秘书、外务部顾问和宪法起草委员等职。1915年任北洋政府驻美国兼古巴公使；1919年参加巴黎和会，拒绝在将德国于中国山东权益转让给日本的《凡尔赛和约》上签字，次年任驻英国公使。1922年后任北洋政府外交总长、财政总长、代理国务总理。1931年后任国民政府外交部部长，驻法、英、美等国大使。1945年出席旧金山会议，任中国代表团首席代表。1946年任驻美大使；1956年辞职，被聘为台湾"总政府"资政。1957年后任海牙国际法院法官、副庭长；1967年退休，定居纽约。1985年11月于纽约逝世。

劝驾之使，络绎于门。有来告者谓，足下现已许人，不日到部。同人闻此，不胜骇异。窃以彼辈乱党，盗位窃名，匝月以来，举国声讨，端人与之割席，亲故因以离心，既无举鼎之力，必有折足之忧，祸在旦夕，因而瞿然，欲图借重清流，苟延残喘之命，此阳货交孔子、季氏、宰再有之故技也。苟为所用，盗宝窃国之罪，将与共之。虽在友好，庸能为之讳哉？足下翩翩平原，擅名坛坫，国中无党派之分，地域之判，妇女老幼之差，咸以一瞻荆州颜色为快。青年政治家得名如此，亦足自豪矣。政治生命之前途，殊未可限量。讵可以徇恶阀之意旨，而图目前之虚荣，贻后来以实祸乎？昔人皆讥扬子云仕莽之误，然东阁校书，为期犹十余载焉。今曹锟之势，远逊新室，其败也旦暮间事耳。足下纵得安居阁席，亦数月之虚荣而已。以前途最大、最远之事业，易今日最暂、最小之功名，如以利而言，枉寻而直尺，亦岂智者所为哉！矧足下之祖宗庐墓，均在南中，海上人心，激昂至于极度，此为足下所知者。倘愤助曹之孽，怒不可遏，至以火其庐，毁其墓相报复，如往者赵家楼故事，至时足下将何以告慰祖宗之灵乎？夫论今日之曹锟，依大法而为元首既不可得，觅正人而掌国政又不可得，相持寻月之间，必至土崩瓦解以灭亡，此尽人而信之者也。若得足下就职，为之通国际之好，壮内部之观，使贼势滋大，毒运延长，其祸乱之中于国家，亦必大必长。平心论之，其责任非足下负之乎？是足下而苟安心以祸国家也，则好官请自为之，同人等亦复何言。若犹有不忍于心者，则请少息征尘，洁身自好为上焉。或者谓迩以无政府之故，外人之谋我者甚急，得人焉以当折冲之任，将不无稍补。国内之政争，不当以外交为武器，此言似也。虽然论今日之外交，固诚急矣。然以足下之长才，而无国民之同情以为后援，席不完全之伪政府，凭个人三寸之舌，果能挽今日之危机乎？同人等窃未敢信也。况吾辈所以劝阻足下，不为伪政府阁员者，非徒破坏为也。合法政府之建设，已在筹议之中。总统既在，总理得人，对外政策，毫不停滞。(非如北京今日戴无冠之曹锟为元首,假冒名之高凌霨为总理也)倘足下果热心国事,愿负重托,盍归乎来?泰山石前,当虚一席以相待,此则同人等敢负推毂之任者也。足下其有意乎,幸赐教焉。专此布臆,不罄区区。祗颂勋祺。

国会议员褚辅成、汤漪等四百五十人同启。七月十四日。

(《申报》1923年7月19日)

与国会旅沪议员对内宣言[①]

(1923年7月14日)

国会成立以来,叠遭政变,同人忝为民役,恒用疚心,每于困心衡虑之中,为委曲求全之计,而其结果,乃有不忍为国人道者。六月十三日之变,畿辅军阀窃位乱国之罪,迹象章章,举国共瞻,无待申述。同人等既不敢以国宪为人驱除,将大位奉之国贼,复念吾国为礼让名教之邦,同人俱受父兄师保之训,又不敢稍越几希之戒,而为自鬻之谋,则今日南迁,势不容已,同人等此物此志,不约而同。兹谨于十四日下午二时,在上海举行移沪集会式,一俟数及法定,即行正式开会,行使职权。所有建国大计,自当顺应国民心理,按切时势要求,次第讨论施行。同人等

[①] 本文及下文原标题:《国会移沪举行集会式纪》。文前谓:此二电经离京议员集本讨论通过后发出。

任职有年，国是未定，区区此心，愧对父老，惟此守法持正，差堪自信。邦人君子，尚共鉴之。

中华民国参议院、众议院。盐。

（《申报》1923年7月14日）

与国会旅沪议员对外宣言

（1923年7月14日）

中华民国国会，以北京政变，伪阁窃柄，已无政府，加之武夫横行，威逼利诱，国会失其自由。同人为保全机关之神圣及个人之人格，决计南迁，现已到沪者，已达三百人以上，其余尚在京、津，克期待发，此皆守法持正之士。兹谨于十四日时午后二时在上海举行集会式，一俟足法定人数，即行正式开会，行使职权。经此集会，留京议员，陷于强暴，即有议案，不生法律效力。北京武人如有假借政府名义，不论与各国订立何项条约，磋商何种借款，吾国会概不承认。民国不幸，屡以政治问题，发生变乱，致烦各友邦之考虑，同人深为不安。惟此次播迁，由于武人盗国，事出非常，义不容已，其中情节，各邦明达，谅所周知。谨此宣言，伏希鉴察。

中华民国参议院、众议院。中华民国十二年七月十四日。

（《申报》1923年7月14日）

与褚辅成等致法国驻华公使函[①]

（1923年7月19日）

北京法国使馆傅公使阁下：

敬启者：前因金佛郎一案，足以助长北方之内乱，增加政局之纷扰，一再奉书，希望阁下洞明真相，毋贻后悔，谅荷察入记室矣。兹悉此案黑幕之一部分，在北京官僚欲借中法实业银行复业之机会，而为营私牟利之狡狯，由王克敏等筹集现款四百余万元，秘密收买中法实业银行存款债权，价值约一千数百万元，俟该行复业履行债务之际，可获净利千万左右，就中提出二百万报效保曹[②]，为收买议员、选举总统之用。似此卖国求荣，言之犹有余痛，然事实如此，又安忍讳疾忌医，而不举实情以告耶！为此再函奉渎，即希阁下顾念中法邦交前途，及敝国多数国民之同情，勿予北京官僚以乘机舞弊助桀为虐之便，暂时停止金佛郎案一切接洽，俟政局稍靖，自不难得当以谋解决也。专此布闻，即希查照。

中华民国国会议员褚辅成等公启。七月十九日。

（《申报》1923年7月24日）

---

① 文前曰："褚辅成等为金佛郎案再至法公使函云……"
② 指驻保定的曹锟。

与褚辅成等致英国公使函[①]

（1923年7月20日）

迳启者：我国自军阀谋乱首都以来，元首避地，枢府无人，国会议员多数赴沪开会，北京实已为无政府状态。我元首与国会现正筹议组织正式政府，以当内政外交之任，不料二三免职阁员把持北京，僭称摄政，全国人民愤慨已极。同人等代表民意，历经宣言，不承认北京之伪摄政等有对内、对外发令订约之权，想贵公使早已鉴及，而不惜予以同情者也。乃近闻高凌霨、吴毓麟等勾通贵国富商克利斯浦驻北京代表，承受借款，内定英金三百万镑，以烟潍、安正、陇海三路线及江苏、安徽两省田赋共作担保品，业由伪交通总长吴毓麟、伪同成督办陈策签字，并由众议院议长吴景濂公函该富商，代表国会，与以同意。此事经同人等调查，似系确实。查我国自有乱事以来，各友邦政府，迭经声明，不借款项，以助长内乱。四国新银行团最近在巴黎会议，决定态度，亦本此意。此各友邦政府及国民对于我国之苦意，我国民极为感谢者也。不料克利斯浦代表，以向未加入四国新银行团之故，

---

① 本文原标题《褚辅成等函阻克利斯浦借款》。文前曰："克利斯浦借款近有将签订契约之说，国会议员褚辅成等以此项借款如果成立，为曹锟所得益足逞其野心。昨特正式函达英使，请其竭力挽回，勿予成立。兹录原函如下……"

其在北京之行动，每多出人意料之外，乘此时机单独与军阀所把持之伪政府交接，借以取得特别权利，实为意计中事。夫各友邦政府及四国新银行团所以宣言不借款以助长内乱者，当然以款项之流入军用，足使军阀势力增厚，则为乱之能力亦必增大也。今之北京伪摄政系曹锟逐去黎总统而取得之者也，明明为军阀之代表机关，非我民国之民意政府，此世界有目者所共见、共闻而共知者也。克利斯浦借款三百万镑与北京伪摄政，即系直接借给于曹锟也。曹锟得此巨款，将逞其南征北伐之能力，以与我民意为敌，我民国之人民，因此三百万镑之故，将不知断送若何生命，几许身家也。是岂我友好之邻邦政府与人民所乐意者乎？况敝国法律，凡借外款须得国会同意。所谓同意者，系以议员大会决定行之也，非议长一人所能代表。此历来先例可援，吴景濂虽为议长，并无代表两院同意此项借款之权。同人等素谂贵公使就任以来，注意中英两国邦交，不乐于危急之际，援助何方，取得不正当之利益，而结怨于我多数之国民，以为两国邦交之梗，此则同人等所最感佩不忘者也。乃克利斯浦今竟有此等行动，实出同人等意料之外，当亦贵公使所意想不到者也。今特专函奉告，即请贵公使速即饬知该克利斯浦驻京代表等，即日废弃所签契约，停止交款。如果克利斯浦代表悍然不顾，必与该伪摄政等订约、交款，同人等先为声明，此项债权将来我正式政府必不承认。切望贵公使听受同人等一言，竭力为之挽回，勿使我两国向来最好之邦交，因克利斯浦之故，而令我国民对于贵国发生最不良之观念，使此后不能长保此最好邦交之历史，此则同人等所最深惜者也。区区之意，尚乞加察为祷。此致大英国公使。国会议员褚辅成等同叩。

（《申报》《新申报》1923年7月21日）

与褚辅成等致意大利驻华公使函[1]

（1923年7月21日）

迳启者：我国自军阀肇乱首都以来，元首避地，枢府无人，国会议员多数赴沪开会，北京实已陷于无政府地位。元首正与国会筹商组织正式政府，以当内政外交之任。当此之时，二三免职阁员，把持北京，僭称摄政。近畿军官，伙同谋逆，种种不法情事，历经敝同人等宣告中外，不认为有效，想贵公使当早鉴及，不惜予以同情者也。不料，曹锟等以此次肇乱北京，犹未满足其攘夺政权之野心，现正谋补足军用物品，充其实力，借以压制国民，肆其征伐。此等阴谋，同人等早已窥破。近日传闻，该逆党等与贵国人士勾通，将向存山海关之军用子弹，约七百万粒，搬运至该处火车站，以货车二十辆运至天津贵国租界背后之新车站。此外，尚有何军器，现正探查。查此项储存山海关之军火，原经吴佩孚派其党徒高恩洪前在交通总长任内，即与贵国人订立承买密约，以无现款故未交货。同人等有曾在吴佩孚处目见此项密约草底者。此项军火现既运至天津，其或曹锟、吴佩孚等已筹出现金付兑，亦未可知也。现自此项消息传出后，敝国人民极为惊恐

---

[1] 本文原标题：《离京议员注意天津意械》。文前曰："离京国会议员褚辅成等日昨得致函意公使……"

惶惑。值此时势不靖，万一因之促成变乱，则对内对外一切责任，贵国理应担负也。近年以来，英、美、日等国政府协议，不卖给军器、军火于我国军阀，以免内乱延长。贵国虽未加入此协议之中，然今日售卖多数军火于我国极恶之直派，在贵国对于我人民及列邦殊为不仁、不义。贪区区之小利，结深恨于我国民，为贵国利益计，亦岂为得策哉！？同人等现正式通告贵公使，请毅然与直派废约，不可交付，如能将现存天津新站及他处所存全数待卖之军器，速即一并公布焚毁，则贵国之义声，赫然震于国际，其所得于道德上之利益，当不仅此八百万元已也。我民国知情善报之国民，亦必思所以答此友好之义焉。区区微忱，尚乞鉴纳，无任祷盼。此致意大利国驻京全权公使阁下。离京国会议员褚辅成等同启。

（上海《时报》《申报》1923 年 7 月 22 日）

与褚辅成等复留京议员书

（1923 年 7 月 21 日）*

容斋、贡三两兄转联名诸君左右：

得君等二百十六人专电，殷殷以保持国会、完成宪法两事相勖勉，词严义正，敢不拜嘉。虽然、仆等此次所以毅然决然舍其旧而维新是谋者，其用心正与公等相同，而其观察于北京之事实，则适相反焉。不惜费词，敢为公等一言之：

尊电谓黎氏去职，既非国体变更，又非解散国会之比。又谓今日先行自杀以殉一人之进退，是殆公等认直系逐黎为合法，为正当者，乃有此言也。夫就法统恢复之历史言之，六年护法广州，其国会非常会议及军政府组织两大纲中均以总统复职、国会完全行使职权为护法兴师之标帜。直系军人主复法统，乃有黎与国会同复之事，是总统与国会同为护法成功之目的物，此吾人所身经之历史也。更就法理言之，总统为行政首长，对外为国家代表，与立法之国会立于对等地位，同为《约法》上之组织物。直系逐黎即系逐元首，即系破坏《约法》，即系颠覆护法历史之半部也。就犯罪责任之性质言之，变更国体为谋内乱罪，解散国会为滥用职权罪，而逐去元首则适用内乱罪之条文，不适用于滥用职权罪之条文，是等于变更国体重于解散国会也。乃当冯、王、高、吴①等逼黎、骗黎、夺黎之时，议长、议员坐视不肯开会为正义之纠正，独于黎去之后即日开会，以不足人数之谈话会，表决马骧解除黎职之提案，是直系去黎之自然人，国会去黎之法律上资格。就两者之犯罪性质言之，冯、王、高、吴与马骧等同为主犯，未可以首从分也。或者谓黎之复职，在法律上本有问题，即谓复职为合法，至今亦已任满者。斯言也，仆等尕不复与辩，唯黎自复职以来，国会与为对待也非一日，公文往还，明认为大总统也，亦非一次。在国会未经议决其为非总统，或任期已满，或准其辞职以前，黎在法律上之地位，在院外之人或可任意批评，在国会同人则无法可以否认之也。

直系曹锟既主复黎，又当受其命令，今以不正当之手段逐黎，是谓谋乱。国会不从合法之宪法会议解释其任期，或承认其辞职，而于直系逐黎之后议决解黎之职，是谓助逆。此虽善辩之马骧等，亦无词可解免也。或者谓大总统选举法，有因故不能行使职权一

---

① 指冯玉祥、王克敏、高恩洪、吴佩孚。

语，黎既因直系辱逼之故不能行使职权，故六月十六日会合会之议决，即系承认黎之不能行使职权也，虽然《大总统选举法》上之因故，岂即直系谋乱首都之故乎！果军阀谋乱以逐元首，国会即可决议以解其职，则是奖乱也。世界岂有此助逆之法律乎哉？吾辈为人民代表，自有主持正义、维持纪纲之责任。昔陈恒杀君，孔子请讨；项羽弑义帝，汉高为之发丧。今之黎元洪尊于齐侯，等于义帝，曹锟等逐而去之，衡以在春秋大义，应受乱贼之诛；论以民国法律，亦应科骚扰之罪。乃公等不独不为孔子、汉高之声讨，反为刘歆、华歆之拥戴。近日以来，袁家花阁送节敬也，大宴议员也，各党派走保定，商票价，蠢蠢蠕蠕，丑声震动九域，是果何为乎！非为选曹之预备而何？夫为民国之公民，本有当选总统，竞争总统之公权。然擅令部曲，谋乱首都，逐去元首，而为自取之地步，则其人即为刑法上之罪人，决不能再有候补总统之资格。公等独不顾法律，反抗民意，与为大选之筹备，是将以国会殉曹锟也，乃反以此相责，仆等岂任其咎哉！至谓黎氏被迫，尽可查办，政府姑容，即可弹劾，此本正当办法，仆等极愿赞同。唯此须有政府时行之，直系既逐黎元洪，复阻张绍曾，又否认李根源，是无政府也。而公等更并黎氏法律上之资格而去之，于张、于李亦复与直系同态度，反称高、吴等为合法之摄政，是直认贼作父也。而乃以查办、弹劾之言相拗塞乎！盖既使仆等无法以为合法之纠正，而又故意以合法之纠正相责难，公等之计，诚巧矣哉！况乎院外之乱可以查办、弹劾行之，而公等以国会为助逆，是将何以查办？何以弹劾乎？仆等图救济而无法，乃有迁地为良之举，是即善以保持此断而复续之法统也。尊电谓败宪法于垂成，又谓完成宪法以卸十年之责，此本仆等心之所同然者也。唯国家所以利有宪法者，必有人奉行之精神，而后乃有效焉。乡僻之愚夫愚妇信钟馗能食鬼，信张天师符能驱狐，悬之壁间，即可使妖祟匿迹，宪法岂如是者哉！盖今之《约法》，即刍形之宪法也，今之

《大总统选举法》，即宪法之一部分也。直系驱逐元首，谋乱首都，是即蹂躏宪法也。今之宪法，即不能伏直系之鬼狐，而谓将来之宪法，其效力能与纸上钟馗、帛上天师符等量焉！抑何视天下人皆乡僻愚夫妇若也？况今之直系军人、政客络绎于津、保之间，扰攘于京华之地，其意岂真在成宪乎！盖成宪本无须逐黎，乃必惊天动地，不惜犯天下大不韪以图之，其目的即在选曹，此三尺之童亦知其用心焉。公等乃以成宪责人，谓其权犹操诸我，此岂非梦呓语乎！大盗入人之室，杀其夫焉，其少艾之妇自裸其体以与共枕席，而曰彼必不强奸我也，我以此和缓其感情，使得抚孤以成人，今公等与盗伙同居京华，既受其食，复与之评价，是不啻自裸其体与共枕席也，后此之被强奸，岂尽直系之咎哉！虽曰国会职权非外人所能干与，议员而必制宪，即非直系所能强而变之也。今直系要人以此为旦旦之誓，是何异谓彼妇之身体，彼妇自操之，受奸与否，非共枕席之盗所能强而制之也。其理则然，其事实岂若是乎？姑与公等谈事实。去年黎之复职非曹、吴、王等所与要约者乎？伏地哀吁者何人？矢天奉命者何人？今年之逐黎，军警公民，逼官闹邸，拆电话、塞自来水管，而不发一言者何人？截车劫印，扣留至十二小时者何人？合前后两事观之，乃信今日之誓言不强奸人者，无非谎彼妇自裸其体，与共枕席之故技也。既入室焉，甘与同梦，反眼相向，图遂兽欲，盖自古敢于白昼杀人之盗，即敢暮夜奸人之盗，请取世界国志、野史而观之，岂有异同者哉！总统可逐可劫，议员岂不可逼可围！今日可寒黎氏之盟，他时岂难改吾辈之约，彼不干与国会之说，赞助制宪之说，大抵谎公等自裸其体，与共枕席之技也，乌能视为信守哉？虽然公等今日之留京，托名制宪，其存心固未可一概论也。仆等窃有以知其隐矣，今请分类以解剖之：

甲在拥曹以分政权，乙在选曹以得金钱，丙在成曹以安故居，此其大略也。仆等详考其实，曹党复杂，视北京为占领地，今日急于求人，何事不可以许人？他日曹果正位，攀龙附凤，争功不遑，保派、津派尚如凿枘，吴阁、孙阁徒成画饼，此甲类之结果也。曹性悭吝，己财素不轻掷，勒派于人，多观望而不纳，国帑如洗，点金乏术，俄界地皮无人受，盐商竹杠无人诺，金佛郎案则法商反对，德国赔款则德人无钱，张英华以此而败，王克敏亦将以此而倒，至今所有现款不过百余万元，三十万之垫款尚无着，五千元之票价何从而来，此乙类之结果也。议宪尚难成会，大选何能举行？依法之神器不可取得，出轨之拥戴势必发生；元年三月之故事，本其包办、罢岗闹饷之先例，近在目前，军警之风纪既坠，地方之糜烂难免，以安土重迁之故，被城火池鱼之殃，曹之功名不可成，己之危险必难免，此丙类之结果也。夫在仆等岂不欲委曲迁就，完成大法，唯就现局观之，则覆巢之下必无完卵是也；就将来论之，则猛兽蓄势必使在山是也。姑无论于今日形势下，宪法必不可成，即成焉，终不免选罪恶昭著之乱首曹锟为总统，以今日舆论一致的攻击，倘议员必悍然不顾，终于选曹，则国民以反曹之故，必迁怒国会，其结果必视宪法为唾弃之物，此必然之势也。夫近人之论统一也，无不望以宪法为媒介，寝假以选曹之故，遗累及于宪法，则大局愈陷僵死之境，更将不可收拾，而入于混战之状况，反不如保留宪法之权威，俟时局之大解决，得有结束之后，始成此百年大业，使实收统一之效，此仆等之重视宪法，不欲以苟且蒇事，仅为吾辈卸责地步已也。夫论今日之国家形势，诚岌岌乎危哉！外患之势迫于眉睫，内乱之机火线四伏，诚如公等所言，无可讳避者。虽然，此等危乱之机势果谁制造之者，元首在位，何以逐之？内阁得人，何人阻之？军警索饷，何人使之？公民闹事，何人役之？黎氏移津，国会何以解其职？曹锟祸首，议员何以捧其场？凡此所为，直系负其责，即公等亦负其责也。事前何不知其为祸，事后何反拾以耸人，天下之奇闻，孰有过于此者哉！不追究乱之所由起与乱之所由成，而欲归狱于人，谓有利用时机以为发难之具者。盖必有时机，而后有利用者；必有发难之具，而后有发难者，此因果之昭然者也。

公等既与直系同造时机，同制发难之具以与人，而反责人之不应利用，俗言只准官家放火，不准百姓点灯，其是之谓欤！若谓发难则易，收拾则难，诚如公等言也。不过如公等之所为，亦岂得谓之收拾乎！以仆等料之：或宪成而选曹，或宪不成而选曹，其结果必各方攻曹，并以毁及国会，不认宪法为有效，是选曹者为发难也，非国会南迁为发难也。至谓今之赞助吾辈南迁者，为向来主义臭味不同之各种势力，孙君伯兰指名为黎、段两派，度公等之意殆亦如是也。夫吾辈今日之主张，旗帜本甚鲜明，不问其向来主义何如，臭味何如，凡同情吾人今日所为者，皆吾党也；反之，不同情吾人今日所为者，即吾敌也，此岂仆等今日之创举乎！六年之役，陆荣廷、莫荣新之流，岂素与吾辈同主义、同臭味者欤？同人尝引为军政府总裁、部长也。去年之事，曹锟、吴佩孚之流，岂素与吾非同主义、同臭味者欤？同人亦尝借其力以复法统也。仆等不乏身亲护法事业之人，即公等亦多有与其役者，在曩时不以为非，今独不以为是者，何哉？即谓卖国、复辟，与夫破坏国会等事异于寻常，然试考曹氏兄弟，位居疆吏，尚无卖国之大权，其在乡里，尚卖租界于法国，卖实业于日本，近且令吴毓麟、陈策签订克利斯浦合同，卖烟潍、安正、陇海等路于英人，现又令王克敏长财政，将以金佛郎与德华银行两事大试拍卖之手段。吴佩孚派高恩洪长交通，曾与欧商密订多种条约，换取军器，是曹、吴等之卖国成绩也。复辟之役，曹锟首挂龙旗，称臣谢恩，阻马厩之群师。是曹锟之复辟历史也。六年督军团呈请解散国会，曹实列名其中；倪嗣冲称兵，曹亦派兵据京津路线，卒至解散令下而始退，此曹锟之破坏国会往事也。今公等以回复法统一役，宽其大恶，报以大位，独于他人过（迹）[失]，不能以功折赎，揆之情理，岂得谓乎？即假如孙君伯兰言，今之赞助南迁者为黎、段也，此其事固未必如孙君言，即姑以黎、段两人论之，其人格、资望、知识三者，视曹锟何如？夫人非圣贤，孰能无过？黎、段两公，其生平固非无訾咎，然平心论之，此之时流可与抗衡者几人？若视曹锟之为万恶魁首、为误国殃民巨憝，则岂可以道里计哉！即就今之赞助国会者言之，南为浙卢、北为奉张之二人者，一则持正不阿，一则勤政安乡，拟之曹锟，或其部下将领，均难望其项背焉！即其赞助国会亦只于能使议员自由集会、自由制宪而止。今之人辄曰：留北则托荫于曹，迁南则求庇卢、张，同为军阀也，受其金钱之资亦一焉而已，噫嘻！此殆拥曹者自解嘲之说也。夫虽同为军阀，而君子、小人则有分焉！华盛顿、林肯皆尝为最盛之军阀，未闻其因为军阀，贤者即与之割席也。而金钱之出于曹，与出于卢、张，则尤有别焉！孟子曰："于薛，予将有远行。辞曰馈赆，予何为不受？若于齐，则未有处也。无处而馈之，是货之也。焉有君子而可以货取乎？"夫寻常交际之间，先儒犹不受无名之金，而于国家政治法律攸关之际，讵可取不义之货？曹锟志在得总统，以金钱与我，是买我投票也，是不义也，贿也。卢、张志在成宪法，以金钱与我，是责我制宪也，是义也，非贿。明乎义与不义之分别，即足定吾取与不取之标准。彼亲曹锟与卢、张为一例者，岂真丹之可以乱素，紫之可以夺朱乎？今现公等所言明于求全于黎、段，而昧于责备曹、吴，其果利令而智昏欤？抑为亲故者讳欤？迩闻公等犹倡孙、曹携手之说，强罪魁祸首以与民国元勋合作，其能免于与虎谋皮之诮，而不遭反噬乎？以子之矛，攻子之盾，其复何说之词。仆等决意南图，义无反顾，成败利钝，窃所弗计。如公等鉴察诚悃，有大觉悟，明于顺逆之数，翻然来归，共成大业，则仆等所馨香祷祝以迎之者也。苟其不然，与鹿豕游，认贼作父，十年名节，败于一朝，公等纵不自惜，其如国会之机关何？夫我开国之第一届国会于建设国家之业，诚多缺陷之憾，而抗拒强权，不使得志，则十余年来如一日也。若此次之附逆，实为向所未有之大辱，果拥曹之计得遂，则真民国历史不可洗之污焉！倘公等犹有爱惜之意，不忍此岁寒松柏，与草木同腐也者，同请断念日前政权，舍弃五千大洋，以与十年旧友同最后之患难，共海上之生涯。逆党势如朝露，命比蜉蝣，告别燕京，只数月间耳！他时款段归来，重登王谢之堂，比之今日之伈伈睍睍，饛侯门之馂余，岂不尤快心哉！掬诚相告，言尽于斯，临歧话别，不胜依依。溽暑逼人，尚祈为国珍摄，此颂公绥。不一。

国会议员离京同人：褚辅成、汤漪、凌毅、杭辛斋、王用宾、焦易堂、丁惟汾、童杭时、彭养光、章士钊、周震鳞、刘重、乌泽声、田桐、郭同、韩玉辰、刘振生、茅祖权、黄元白、刘盥训、黄伯耀、冯自由、何诠绳、王斧、白逾桓、金焘、陈义、何铨、李为纶、田永正、周泽苞、杨永泰、窦应昌、贺升平、景定成、于洪起、覃振、陆祺、钟才宏、刘荣棠、李英铨、张善与、张华祖、覃超、杨允升、王恒、尚归圭、王有兰、沙彦楷、吕志伊、徐兰墅、郑万瞻、向乃祺、徐绳会、毛印相、江浩、孔礼恺、陈廷飚、卢仲琳、王安富、陈宗常、李执中、刘恩格、邬克庄、白瑞公启。

（《申报》1923年7月21—23日；上海《时报》1923年7月22日；《时事新报》1923年7月23日）

与褚辅成等致颜惠庆等书[①]

（1923年7月22日）[*]

骏人、儒堂、少川[②]先生执事：

政变日烈，影响外交，国家地位之危，未有甚于今日者也。公等樽俎夙望，内顾尽然，诚不能不引以为忧。惟是斡旋国际，宣导民情，固有其道，非可苟焉而已。比者，道路传言，谓公等将为曹氏效力大选，周旋使团，且谓少川先生将与王克敏氏同时就职，为之奔走外债，以供选费及扑减反对者之战费。而曹党各报复盛称，顾君就职之后，骏公、儒公均有某某等项重要任务。如果所传不虚，成为事实，同人等不徒为公等惜，且为国事前途惧，敢为公等进其忠告：

吾人对于现时国际形势之严重，及此次政局之骤变，不可不究其起因，与其责之所在。自直系以积年暴力，蹂躏全国，拥兵干政，大举内外债十数万万，以充军费，而对外财政，乃因之破产而不可复救，北部及长江各省，均成为曹氏之私产，驻防军队无虑数十万，忽兵忽匪，四出剽掠，行旅戒途，劫及外侨，而铁

[①] 本文原标题：《离京议员忠告外交系》。文前曰："离京议员褚辅成等昨致颜惠庆、王正廷、顾维钧函云……"

[②] 即颜惠庆、王正廷、顾维钧。

路共管之外论，乃因之而大起。凡现时国际地位之危，为数年来直系之武力横暴政策有以致之。此固中外时论所公认，而不能为之辩者也。最近，曹锟以营谋窃位之故，嗾使军警，率领流氓，包围公府，驱逐黎氏，津站劫车，医院夺印，外人笑骇，拟为劫盗，北京固已无政府矣。三五陪臣，鼠窃狗盗，号为摄政内阁，实即内外喧传津保公司之支店。所摄者，曹氏之政；所谋者，窃位之事。稍有政治人格者，方且避之若浼。公等以坛坫名流，何至为余赃所污，腼颜为之服役。比年，国内新旧人物，往往以缺乏定力，违反民意，进退不慎，卒以摧毁，言之犹有余慨。今者，国民方仰望公等有如麟凤，而公等乃自靖自献于国民所痛绝之军阀，而为之鹰犬，以与国民之公意相抗。卿本佳人，何为作贼，此不能不为公等痛惜者也。国家内政纷扰之际，外交人物所以对外宣扬者，不在匿其短与避其名，而在宣导国民真正之薪响，与其政治奋斗之精神所在，使国际间之觇国者不以一时之政况混乱，而起蔑视其民族性格之心，国民之赖有外交人物，以此而已。今直系之所为，如上所述，国民平时对之，已不免疾首蹙额。此次政变，尤深恶其毁法乱纪之暴行，而群起声讨其罪，此为政治上应有之正谊，亦即国民从事于政治奋斗之真精神，而为公等对外所负发扬宣导之责，所万不可违反而泯没之者。公等现时所持之态度若何，非同人所能揣测。若果如外间所传，则公等就职之时，即为吾侪国民降格之日。彼外人之视我也，以为国内无法纪、无正谊之可言，殆人人皆可为家奴，而以势力金钱驱使之者。彼其对外之领袖人物，犹复尔尔，他则何择。此在公等或认为无足置辩，而其诬我国民者，则已厚矣。公等尚其念之乎？国家对外地位，虽甚险恶，然苟国民努力于所持之正谊而不懈，而公等复能与国民一致，为对外之宣导，则政轨可以就平，而外人之一般观察，必为之胥变。否则，公等毁矣，其奚足惜，而国民对外之人格，乃随公等以俱堕。此则同人所懔懔而窃惧者。倚装贡词，自附直谅,幸勿以激切为罪。离京国会议员褚辅成等同叩。

(《申报》1923年7月23日)

与褚辅成等致各国公使及各外国银行团函①

(1923年7月23日)

迳启者:自军阀倡乱,首都沦陷,元首避地,枢府无人,国会议员多数南下,择地上海,正式开会。现在北京方面仅有二三免职阁员,僭称摄政,我国民全体反对,不承认其有存在之根据,同人等代表民意,业经正式通告。贵公使团转达各本国政府,谅荷察纳,乃彼等迭肆阴谋,欺蒙友邦,希图借得巨款,以为曹派对我国民用兵之助。据报载称,交通总长吴毓麟现假整理国有铁路为名,发行外国公债五六千万元,以京汉、京奉、京绥、津浦四路收入作担保品,内以公债所得之一部分偿还交通部到期之外债本息,其多数则拨充直系军费及伪内阁之政费,并贿买总统之用。观其致曹锟巧电,内有毓麟连日筹议发行交通外债一语,亦足证明此项阴谋并非尽无根据。查各友邦政府及银行团近年迭次声明,不再借款与中国政府,以免拨充军饷,助长内乱。此各友

---

① 本文原标题:《离京议员致各公使及银行团函》。文前曰:"离京议员……昨日又有致各国公使及外国银行团之函……其原函云……"

邦政府及国民主持人道，希望和平之盛意，我国民所同深感谢者也。不料，吴毓麟假整理铁路之名，欺蒙各国当局及商民，以遂其拥护军阀、征服国民之私心，言之令人愤慨。同人等现在正式通告贵公使及银行团，重申前议，务希对于吴毓麟所提议之交通借款，无论系何形式，系何担保，系何数目，均请一概拒绝。况非法阁员，本无代表我国政府与任何外国当局订立契约之资格，更不能借以巨大款项，使祸国殃民之军阀得以任所欲为。至于我国对各友邦所负债务，我合法政府成立后，自有正当办法，以与各国当局接洽也。倘贵公使及贵银行团不纳同人等之劝告，竟以巨款借给代表军阀之吴毓麟，使民国内乱延长，则我国民对于借款之友邦，难免不生反感。此则各友邦有以自取之，同人等不负其责也。区区忠告之意，尚乞加察为荷。此致各国公使及各外国银行团。国会移沪筹备处褚辅成等叩。

（北京《顺天时报》1923年7月24日；《申报》1923年7月26日）

与褚辅成等致符礼德等书[①]

（1923年7月25日）

北京领袖公使符礼德阁下并转各国驻京公使台鉴：

[①] 本文原标题：《褚辅成等致各国公使电》。

阅顾维钧梗日就职通电，不胜骇异。查民国《约法》第二十四条"大总统任免文武职员"。同条"任命国务员须得国会之同意"等语。顾维钧经黎大总统以外交总长提交国会征求同意，未经国会通过，且对于署职命令始即不肯承认，亦未就职，业经黎大总统于六月十三日，以明令与张阁全体阁员同时连带准免本职。既无内阁，外长何自产生？依上理由，顾维钧自称外交总长所发表之文书及代表中华民国缔结一切条约，概不发生效力。特此通告贵领袖公使，请为转知各国驻京公使，即赐转各本国政府，对于顾维钧以私人资格冒称中华民国政府外交总长之行为，概予否认。迫切陈词，惟希亮察。

中华民国国会议员褚辅成等三百七十三人同叩。有。

（《申报》1923年7月27日）

与褚辅成等致日本驻京公使函[①]

（1923年7月25日）*

敬启者：敝国不幸，政变又作。一切经过事实，早经同人宣布中外，属在密迩之交，无庸更仆以数。当兹正义与暴力激战之际，人民与军阀对簿之时，同人等所极端希望于阁下者，惟在严

[①] 本文原标题：《反对运盐出口之声浪》。文前曰："国会议员褚辅成等致日本驻京芳泽公使函云……"

守中立，勿涉左袒，则敝国人民拜赐多矣。

顷据留京同人切实调查，北京方面，有贵国人与伪摄政府私订依法无效之运盐出口合同，乘机敛财，供给军阀，助长内乱一案，不得不略具始末，为阁下一陈之：

贵国商人原辰太郎者，自去年来华，冒名原辰二，在津住大和旅馆，在京住锡拉胡同，专以运动中国输出盐斤为业，与贵国食盐专卖局结有秘密代办关系，并曾于青岛办中华盐业会社。今年四月间，与前财政总长刘恩源商议购盐出口，已有端绪，因受国会严重质问，终刘任内，未及进行。张英华就署财长，旧案重提，已于六月中旬签订合同，输出总额为一千万吨，有效期间为三十年，每年运盐三十万吨，不拘引岸，惟以由长芦经青岛出口为最有利，每吨除定价外，征收照费一元二角，以二角公开，而其他一元之照费，则完全入于军阀官僚之手。第一次起运后，即交款数百万，亦将全数供军阀倡乱之资。据探，原辰太郎自谓，中国阁员从前反对，费去贿赂数十万，始获成交，现北京方面担任接洽者，有王正廷、李松年、文群、孙润宇等人，长芦方面则有刘桐轩云云。假此营私牟利，乘机行贿，影响所及，使敝国军阀大获财政上之援助，增加政局上之纷扰，敝国全体人民当然一致反对，抑亦非洞悉真相、主持正义，如阁下者所忍坐视也。用特专诚奉恳阁下顾念中日亲善之夙谊，与敝国多数国民之同情，严予取缔，勿令进行，以绝乱萌而敦睦谊，无任感荷。专此奉闻，敬颂勋绥。

(《申报》1923 年 7 月 25 日)

与褚辅成等致德国驻华公使函[1]

(1923年7月29日)*

迳启者：我国自军阀动乱以来，占据首都，逐去元首，国会议员多数离京，此时北京完全为无政府状态，三数免职阁员，盘据要津，僭称摄政，全国人民同声愤慨。同人等代表民意历经正式宣言，凡伪阁员高凌霨等一切行动，均无法律根据，不能认为有效。想贵公使当早鉴及，不惜予以同情者也。近闻军阀领袖曹锟等，压迫免职之外交总长顾维钧到部就职，其阴谋无非欲借顾氏之力，通好友邦，对以种种手段，取得经济之助力而已。查贵国与我国修好通使而后，尚有战时赔款及德华银行复业两问题，犹待解决。该曹锟等现拟串通顾维钧与贵公使结束巴黎和会所定敝国应得之赔款问题，拟由民国二年之四国善后第一次大借款内之德国部分扣抵，而以许可德华银行复业为条件，如此一转移间，即可筹出现金二三千万，以为该军阀等自厚军力，压制国民之用。此等阴谋，我国民全体当然不能承认。夫我中德两国之邦交历来本极友善，德国国民之扶持正义及贵公使之高风亮节，大为敝国国民所佩仰，深盼贵公使顾全两国之交谊，而注意我

---

[1] 本文原标题：《离京议员致德公使函》。文前曰："离京国会议员褚辅成等致驻京德国公使函云……"

反对军阀之多数民意。如彼军阀代表之伪阁员顾维钧以前项问题或其类似前项之问题来与交涉，务请贵公使毅然拒绝，万不可徇彼辈之言，贪得目前之小利，贸然与之订约，致引起我国民之反感。则中德两国之邦交，自当益加亲善，而敝国国民感谢贵公使，当永远不忘也。区区微忱，尚乞谅察。特此通告，即希垂鉴为荷。此致德意志共和国驻北京全权公使阁下。离京国会议员褚辅成等同启。

（《申报》1923 年 7 月 29 日；上海《时事新报》1923 年 7 月 30 日）

与褚辅成等致顾维钧书[①]

（1923 年 7 月 30 日）*

北京顾少川先生鉴：

阅通电，公自称暂就外交总长署职，殊可怪诧。夫就职必有所受命，今所就之职，其谁命公者？通电中又称，拜署外交总长之命，倏逾两月，然则公意以为就两月前之署职耶？此署职于一月前公已自行辞退，上月十二日大总统明令，亦已准公免职矣。公其明明中华民国一无职之公民矣，乃忽腼颜曰：我署外交总长也，我就职也。此与孙美瑶在抱犊崮涣汗大号曰"我总司令也"，

[①] 本文原标题：《离京议员复顾维钧书》。

其何以异？恶俗移人，贤者不免，或者抱犊崮徽猷远播，贤者闻风而景仰思齐耶？故自法律言之，公已无可就之职。自事实言之，此次逆谋，事先公未参预，饶有自拔余地，更无就职之理。今悍然不顾，自就伪职，窃号自娱，直甘心附逆从贼耳？何必喋喋自辩？乃来电云云，俨若重为国忧，而以维持国际地位及时局安宁为己任者。呜呼！公可以休矣！夫外人共管干涉之说，何自而来，纯因我国财政紊乱，外债本息无着，养兵自肥者，竭全国之财源，据一系之势力，日思排除异己，武力统一，而置地方之安宁秩序于不顾，致北五省土匪横行，旅华外侨之生命财产，有时濒危险之虞，愤无可抑，遂倡此狂论，此公之所知也。然竭我财源、乱我财政者谁欤？大军阀也。空前之临城劫案，发生何地？直鲁豫巡阅使曹锟之直辖区域也。外人对于临城案，视为拳乱后之第二事件，外人对于曹锟亦视如拳乱祸首之端王载漪，如国有常刑，早应依法惩处，无俟外人之要求。乃彼昏不自敛迹，反倒行逆施，竟敢造成政变，觊觎大位，逼宫劫印，以逐元首，利诱威逼，以临国会，丑声四播，纪纲荡然。而今之北京摄政会议者，即曹氏发纵指示奉令承教之机关也；摄政会议中人物，即曹氏差遣马弁之集合体也。清流所不归，中外所同愤。公果心存祖国，应登高疾呼，共褰讨贼之旗，直接扫除祸国之障碍，间接维持中国之地位，此上之上者也。否则，避之若浼，凡我智识阶级，相约不与哙等为伍，听其自乱自毙，亦不失歼除罪孽，自保令名之道也。乃不此之图，降志辱身，自跻于曹氏差遣马弁之列，则今后公之所为，国人可以测知矣。所谓维持国际地位者，无非运动外人承认北京之伪政府耳！所谓维持全局安宁者，无非断送国权挹注外资，以燃北京残局之死灰而助直派之战费耳！国人以满腔之热诚，期待我公者甚远大，而公乃勇于自杀，为虎作伥，此真傀儡公者所快意，而爱护公者所痛心也。一念之差，迷途未远，望公熟思，及早回头。若其执迷不悟，是公自绝于国人，而国人必有以处公者矣。言尽于斯，惟公自择。离京国会议员褚辅成等同启。

（《申报》1923年7月30日）

与覃振等致湘省各界电

（1923年7月31日）*

长沙赵省长，宋、鲁两师长，谢、吴、蔡镇守使，叶、贺、唐、刘、唐、田、刘旅长，各团、营长均鉴：

前电计达。近据报载吾湘消息，内部纠纷，日形紧迫。震鳞等痛念桑梓疮痍，正宜设法补救，宁忍谋动干戈，重苦吾民。频年以来，兵多饷绌，徒以国乱未平，勉强维持，未敢自剪藩篱，致为敌瞰。诸公身任艰巨，独具苦心，吾民无论如何供（忆）[应]困难，亦能曲为原谅。惟养兵所以卫国，非以自卫个人。湘军令誉，炳耀区宇。（中略）若因本省问题自相残杀，无论同乡将士，各为战友，久共患难，兄弟相争，决无斗志，难期胜负之立分，即有一方之胜，亦属自损其实力，减少一致对外之精神，甚至内争未已，而强敌先临。诸公进退踌躇，究将何以善其后。且清咸、同间，湘军家法，内部绝无战争。民国以来，诸公相因不改，非有助北为恶事实，国人赞为美德。夷午①领袖群伦，各公治军，日夕伸警，假能赶速警备，乘时发展，则咸、同前武，未始

---

① 即赵恒惕。

不由诸公继之，或更发皇而光大焉。否则，鹬蚌相持，渔翁得利。川、粤前事，可为鉴戒矣。组庵三次督湘，对于桑梓当亦爱惜。倘诸公下采蒭菲，拯救桑梓，宣力国家，震鳞等决不至放弃天职，任少数人争夺地位，令吾三千万人作牺牲也。兹请唐君规严回乡代达悃臆，敬祈察纳见复为幸。

周震鳞、盛时、覃振、刘重、向乃祺、胡挚、张宏铨、周泽苞、向元均同叩。

（《申报》1923年7月31日；据北京《晨报》1923年8月3日校）

与褚辅成等致留京议员书[①]

（1923年7月31日）*

留京两院同人公鉴：

近有自京来者言，两院日内将开常会，专议金佛郎案，某议长已向当局承认负责通过，其原因由伪摄政内阁任命王克敏长财政。王氏财政计画之一，即承认金佛郎案，以便取回法人所扣留之近月盐余一百八十余万元，并得法人承诺东方汇理及中法实业两银行垫款各三百万元。王氏因某议长所领袖之团体，向为反对金佛郎案之先锋，恐其再作梗也，转托吴总长、边议长与之疏通，

---

① 本文原标题：《离京议员致留京同人书》。

继复降尊纡贵，自与某议长谈判，许以此案通过后，所得两行垫给之各三百万元内，拨给八十万元。又许以中法银行董事二名给其同党心腹张某、徐某，此其原议也。嗣因王氏鉴于环境之恶，而所抱之财政计划又多为总税务司及德人所不赞成，遂有知难而退之意。某议长恐王氏既退，所得之利益将如泡影昙花焉，遂传语王氏，请其决心，予可先通过此案，以为彼保障。此近日专议金佛郎案议程所由发也。夫金佛郎案果经确定，只论法国赔款一项，吾国损失已达七千数百万之巨，近犹未之实行，葡、比、意、日诸邦纷然援例以请，倘果通过，既以与法，更何能拒绝其他？总计将来损失，更不知若干千万。前者，国会同人表示反对，舆论翕然颂之。盖各省政府、商民固无不同声反对用金者也。王克敏本中法银行总裁，为此案之主动人，急欲确定此案，以规复其原有利益，借解本身破产之厄。张英华署财政，欲尝此中一脔，与法人交涉，将成行矣。王氏惧之，遂联合津之要人以倒张，自奋其老病垂死之残躯，年来半推半就之假面目，毅然出场，自取而代。盖此案与其本身利害关系之巨，即此可概见矣。今某议长以稍得染指，遂变反对为赞成。然无论此八十万元之利益为某氏个人之私，抑为议员岁费之公，然以涓滴之微，遂忘滔天之祸，饮鸩止渴，其是之谓也。即不论曹逆得此垫款之助，将愈恃其军威，以流毒于全国，而吾辈身为议员，年来虽被人攻讦，至今犹能立足国中者，因向于万恶政府积极增加国民负担之案，多未与以通过，其在消极方面所以保障人民之利者，固未可以一二计也。今倘并此区区之信用而去之，则吾人后此将何面目以见国中父老兄弟乎？某议长者，日暮途穷，倒行逆施，既得八十万，又得二董事，此生吃着不尽，亦复何事不可为？公等果何所为，岂能拾其唾余，为某议长作傀儡，彼赞成我亦赞成欤？仆等窃计公等之明，当必不至于是也。即某议长所领袖之团体，亦不乏廉明骨鲠之士。曩者研究此案，利害得失之数，言之极为详尽，此时岂遂盲从，言不顾行，为其首领之利益，隳自身之介节，有始有卒者，其为圣人乎？公等勉之，德不孤必有邻，人心未尽死，尚不患无人为之后盾也。仆等愤军阀之横暴，毅然离京，别谋建树，今犹未能忘情者，我十年患难之同侪而已。身陷贼窟未能自拔，诡怪阴谋伺隙而来，稍不留意，辄堕术中，言念及此，窃为慨然。《诗》曰："明哲以保其身。"《易》曰："君子见几不终日而作。"① 公等好自为之，勿令后人笑我拙也。区区爱国爱友之诚，尚希亮察。良晤匪遥，容俟面叙。顺颂公绥。不一。离京议员褚辅成等同启。

（《申报》1923 年 7 月 31 日）

与褚辅成等致上海总商会书

（1923 年 7 月 31 日）*

上海总商会、银行公会、教育会、农会、工会、律师公会、公共租界纳税华人会、各报馆均鉴：

北廷自毁法乱纪以来，专以搜括财源、抵借外债为重启战祸之准备，苟利私图，何恤于国。尤以金法郎一案进行最力，损失国权亦最巨，迭经同人通电反对，谅蒙洞察。查金法郎案交涉真相，系当局者仰承军阀意旨，不惜造作危言淆乱视听，

---

① 此句《易·系辞下》曰："君子见几而作，不俟终日。"

抉其奸谋，无非因觊觎四百余万之收入可以借充军费，与二百万之中饱可以充塞私囊而已。岂惟蒙蔽国民，抑且重诬与国。近日，顾维钧就伪外长职，乃以常耀奎为财次代理部务，皆为进行金法郎案一事而来。事机紧迫，千钧一发，尚希诸公一致力争，并迳电法政府，告以驻京法使，果与吾国军阀以援助，将为中法邦交上之障碍。事关国家权利，时局安危，此时多一番奋斗，将来即免一番战祸。仓遽陈词，幸希垂察。国议员褚辅成等三百八十八人同叩。

（《申报》1923年7月31日）

与离京议员等致各省各法团函[①]

（1923年7月31日）

（衔略）天祸民国，叛乱相循，荏苒者十二年，本院同人等流离播迁，席不暇暖，以身处暴力之下，无行使职权余地，先后来沪，于七月十四日集会海上，以正谊为保障，奉民意为依归，愿从国人之后，共筹弭乱安邦之策。东隅虽失，桑榆可收。公等主持清议，砥柱狂澜，睹武力之横行，讵容默视，扫搀枪[②]之妖氛，

[①] 本文原标题：《两院议员致各法团函》。文前曰："本埠参众两院议员昨致各省各法团函云……"

[②] 指彗星，俗称扫帚星。此处指乱党。

敢冀同仇，缅英国之蔷薇革命，乞援助于国民，等荷兰之议院播迁，诉同情于公理。谨奉对内、对外宣言数份，临书愤激，鹄候明教。

（上海《时事新报》《申报》1923年8月1日）

与汤漪等致陶普士书

（1923年8月1日）

陶普士先生鉴：

专启者：中国铁路经贵公司承办者，肇自京汉，旁及陇海，成绩卓然，在人耳目，曷任仰企。去年秋间，执事重游我邦，与中国政府代表高恩洪、罗文干等签订京绥路所属之包宁线购料合同一案，经中国国会否认，并请政府将高恩洪等查办。高恩洪等去职之际，贵公司曾将新债票在欧洲售出数十万镑，而高恩洪等则已将执事预付金二十二万镑供给中国军阀，用为助长内乱之资矣。至今思之，不无遗憾。自是厥后，所有该合同内未交之款，卒经贵公司郑重扣留，以俟中国政府依法解决。同人等对于此举颇为满意。不图近日复有人假借名义，与执事另订续约，并以原订材料作为沧石线内之债务。此等协议之目的，在贵公司有过欲求悬案之解决，而彼等则志在援助中国作乱之军阀，使政局益陷于纷扰。倘贵公司受其蒙蔽，冒然订约，则中国全体人民将群起反对，是两失也。查北京自黎大总统离职、国会南迁以来，久已陷于无政府之地位，同人等早经郑重宣言，自民国十二年六月十三日起，凡北京官吏对外所订契约，概不生效，布告中外无不周知，想执事亦早有所闻矣。深恐此次改订合同成为事实，是于此案问题之中再生问题，将来解决愈益困难，用特专函奉告执事，亟宜停止进行，毋贻后悔。至关于此项合同之如何改订，方为合法，则非俟我国内乱既平，政府依法成立，无从提起也。专布诚悃，顺颂时绥。

国会移沪筹备处汤漪、褚辅成等四百十人[1]同启。八月一日。

（《申报》1923年8月5日）

与汤漪等致马克斯书

（1923年8月初）

英国全权公使马克斯阁下：

专启者：自六月十三日政变发生以来，全国民意已否认北京政府之存在，无代表中国之资格，顾维钧之就任外长，尤为舆论所不齿，迭经同人宣告中外，谅为贵公使所深悉。乃窃据首都之官僚，犹复日思举债，以求一逞，借便私图，罔恤公愤。同人等代表民意，自不得不力谋挽救，毋使滋蔓，以杜后患。区区苦衷，当亦为贵公使所共谅。查敝国交通部派部员孙文耀与贵国福公司

---

[1] 8月4日的上海《时报》刊登此书中的人数为"五百二十三人"。

密商，以道清铁路合同为底本，改订道济铁路借款合同，总额一百万镑，分两年修筑，即以该铁路作为抵押，并拟日内签字。考其用途，实欲挪用此款以充军费。又查敝国口北蒙盐局总办魏宝琳，与察哈尔都统张锡元，现拟以当地盐池若干所，作为抵押，经与开滦煤矿公司有关之那森少佐，担任介绍，向友华银行借款五百万元，供给中国作乱之军阀。同人等闻此警耗，不胜惶骇。夫中国困于内乱久矣，推原其故，匪特吾国人政治能力薄弱，或缺乏爱国心之所致也。徒以各友邦之政府及商民，不能严守中立，以待吾国民之自决，往往因利乘便，助桀为虐，使内争扩大，延日持久而永无彻底解决之一日也。今日倡乱之军阀，实为民国之叛徒，国民群起反对，完全以纪纲正义为目标，非关党派或政策之异同，稍假时日，终必覆亡，可断言也。尚希贵公使顾念中英国民之交谊，暂取旁观中立之态度，对于贵国商民援助中国军阀之行动，如福公司及那森少佐之所为者，立予禁止，则同人等代表国民，敢拜嘉赐，岂有涯涘。况敝国此刻已无合法政府，国会正在南迁，若违法订约，万难有效。专此布闻，即希亮察，顺颂政绥。

国会移沪筹备处褚辅成、汤漪等五百四十四人同启。

(《申报》1923年8月6日)

法统维持会致全国各界通电

(1923年8月13日)

各报馆、各团体、全体国民公鉴：

迩者同人讳言法统，为救援列席曹家国会者脱离匪巢，共图讨贼也。乃时阅两月，议员南下者几何，非议员南下者几何，南下而不复北返者又几何，谓以法统为畏途欤，则同人早已自动的一再声言，以讨贼戡乱为急务，不惜隐忍迁就，权与彼辈为政治上之合作。彼辈尚何所顾虑而裹足不前，且合法议员，久应接淅而行，何亦留连京华，不忍舍去？谓有个人私事欤，则事孰大于洁身；谓将料理家务欤，则务孰急于出险。且以两月之光阴，任何私事、任何家务，何事不了？所以，若前若却者，得毋尚有恋恋于五千元之票价、四百元之岁费、二十元之制宪费者耶？一旦秋扇见捐，或太仓粟尽，则又款段出都，就食江南，彼包办伪选之吴景濂，一面哀恳伪摄政延长会期，一面又侈言南下主席，非彼辈无所不至之供证哉！嗟乎！如彼辈者，人气毫无，责以讨贼戡乱之大业，难矣！彼辈既甘终于为恶，以自绝于国人，我同人虽有与人为善之诚，亦未如之何也已。临电愤慨，不知所云。法统维持会。元。

(《申报》1923年8月14日)

致孙中山书

（1923年8月19日）①

大总统钧鉴：

陶振汉由陈嘉祐处来沪，报告我军惟一生路在倒赵定湘，以通桂、黔、川友军之气。陈嘉祐、朱培德现以极猛速之行军占得永州。蔡巨猷来书，约定会攻长沙。李执中由澧州唐荣阳旅长处来书，称唐旅与陈渠珍一致赞成周震鳞主张，决不与蔡巨猷立异，前经派何弼虞详陈矣。兹所请求者：

一、令鲁涤平（唐荣阳隶鲁师镇藩段彝）、唐荣阳会合蔡部田、刘两旅，与陈嘉祐、朱培德合攻长沙。

一、令蔡巨猷率所部与鲁师唐旅合攻长沙。

一、令陈渠珍为蔡、鲁两军援队。

一、令震鳞入湘代表钧处筹划讨赵事宜。

一、前由何弼虞上呈请款万元，即令陈嘉任、何弼虞带来，陶振汉到沪时务恳立即办妥。款项及命令由三人飞速送汉，即随鳞入湘西。再刘湘失败，川局必可与吾辈（连）[联]合，俟有具体办法，即当奉陈。专此。敬请福安。周震鳞谨上。八月十

---

① 原书未见年份，但从内容看，系为1923年8月谭延闿组织陈嘉祐、鲁涤平、蔡巨猷等倒赵恒惕事，此时在沪的周震鳞对此事十分关心，故此书应作于1923年。

九日。

再，蔡巨猷再三嘱托，湘西军事计画万不可与周毅与闻。因伊前此助赵挑拨蔡、唐、陈三部，几起战端。此次，周毅来沪系蔡部群起逐之。若再谎语招摇，务求拒绝勿理为妥。震鳞又。

(台湾国民党党史会藏件)

致全国各界通电①

(1923年8月21日)

各报馆转各机关各法团暨全国国民公鉴：

顷阅曹锟养电，以宪法会议经月无成相责望，其词若有憾焉者。虽然，宪法会议之所以无成者，何一非曹锟及其部下多方破坏之所致乎？如制宪经费一事，曹锟之党高、吴等于黄陂在京时皆竭力反对之，直系苏督齐燮元对客大言，决不令宪法完成，息壤犹在。直隶省长王承斌致电高、吴，谓宪法不许成立，更有把握。电文曾披露于各报，此其尤彰明较著者也。迹彼辈所以破坏制宪者，盖深恐宪法一布，则人民有所凭借，以相抗拒，而直系诸督将不得长保其地盘；又虑宪法早成，议员夕散，则曹锟所惨淡经营之总统，或不得如其愿以相偿，故翾之使不得就耳。即如

---

① 本文原标题：《南下议员辟曹锟促宪电》。文前曰："昨南下国会议员发通电云……"

此次黄陂被逐，其所以撄彼辈之忌而急不能待者，夫岂有他？亦以黄陂欲促成宪法而已。在彼辈之意，黄陂之促成宪法，即所以破坏大选，是故黄陂不去，则宪法必成；宪法有成，则大选无望。所以放逐黄陂者，为欲破坏制宪也。所以破坏制宪者，为欲攫得总统也。以欲攫得总统之故，不恤放逐黄陂，破坏制宪之曹锟，今也皇皇然通电全国曰："宪法会议不能开会，不胜过虑。"其群从子弟之将领，亦起而和之，如响之应声，若不胜其过虑者，其谁欺？欺天乎？抑曹锟辈之意，非直涂饰观听而已。彼以为国人之所属望者，宪法也，以此揭橥，则可以诱致议员而偿所大欲。不然，咎有所归，国人亦将谅解曹大巡阅之苦心，于南来议员及同情于南来议员之诸自治省，反可加以破坏制宪之罪名，甚且声其罪而致讨之。此其用心，可谓路人皆见者也。今请正告国人，同人此次南来，其消极的作用在保全国会之尊严，其积极的作用在完成宪法之大业。此物此志，终始不渝。所望邦人君子，鉴此微忱，作之后盾，俾盗国者志不得逞，则民国前途实利赖之。

国会议员潘大道、焦易堂、褚辅成等四百五十三人同叩。个。

（《申报》1923年8月22日）

致孙中山书

（1923年8月22日）[①]

大总统钧鉴：

朱少将泽黄业在前呈保荐，兹据朱君详谈，近日与湘西各旧部及川黔军中愿隶指挥各部分开具节略，综计可得劲旅万余人，皆派有代表到朱君处，请其出山督率，为钧座效力。朱君本安于恬退，因各代表责以大义，敦促情殷，震鳞亦以川湘之局不久解决，急须收蓄实力，以救时变，遂力劝朱君共任艰巨。伏乞垂注，并以相当名义手令朱君从速筹备进行，至为感祷。专此，敬颂福安。

周震鳞谨启。钤印：周震鳞印（朱文）。八月廿二日。

（台湾国民党党史会藏件）

[①] 此书未见年份。但书中谈及湘西及川湘之局，故与湖南1923年倒赵事有关，故此书应作于1923年8月22日。

与汤漪等致全国通电[①]

（1923年8月25日）[②]

上海《申报》《新闻报》转全国各报馆、各公团、各省省议会、各军民长官均鉴：

此次政变以来，同人相率离京，早经宣告中外。北京一隅，久已陷于有官吏而无政府，有议员而无国会之绝地。乃吴景濂为虎作伥，悍然不顾，明知留京议员，事实上不足五分三，犹复滥用职权，续发宪法会议开会通告。其名义以制宪相号召，其实际以出席相羁縻。国会信用之破坏，议员人格之损失，在所不计。必使南下同人永无自由集会之一日而后快。其罪大恶极，已为国人所共见。迨至宪法会议流会第二十七次以后，吴景濂乃揭开假面，竟于八月二十四日，利用会场，集众谈话，以一百五十二人之到场，七十七人之起立，通过支给常会出席费一案，每星期一

[①] 本电及下一电原标题为：《两院议员力斥吴景濂违法》。文前曰："此次吴景濂等为拉拢议员，以便促民大选起见，曾于本月二十四日两院联合谈话会，议决临时支给方法三条，业由各该院秘书厅正式通告，定于下星期常会。此举系属违法。当日议场中即有人力争，徒以多数人醉于金钱以致轻易通过。现时反对者已嚣然四起，离京议员汤漪、彭养光等除发表申讨吴景濂通电外，并由彭养光、韩玉辰向京师地检厅告发……兹分录如次……"

[②] 下一电中有"昨日吴景濂主席两院谈话会"之语，可知此反对常会出席费的三电时间均为1923年8月25日。

百元。是则以一谈话之结果，变更两院依法成立之法律也。查《院法》及岁费支给规则，既无出席费之规定，而《宪法会议规则》所规定之出席费，尤不能适用于常会。甚至以集众谈话，而变更民国法律，增加国库负担，根本上为法外行动。在吴景濂宁不知之，顾乃甘冒不韪以为之者，惟其以包办大选为生命，以依附军阀为后盾，而后举天下之恶，归之于一人，而无所惧也。是知有万恶之军阀，而后有万恶之吴景濂。有万恶之吴景濂，而后有无恶不作之谈话会。以大典筹备处为狭小，而乃假神圣之议场为其尾闾。以大选票价为未足，而竟不惜变更已成之法律，公然行贿。此则不特目无国会无法律，而且视全国无一人矣。用特列其罪状，诉诸公判。尚希邦人君子一致声讨，大局幸甚。迫切陈词，惟希亮察。

离京议员汤漪、杨永泰、林长民、彭养光、叶兰彬、郭同、褚辅成、韩玉辰、郑万瞻、焦易堂、王用宾、田桐、白逾恒、乌泽声等四百八十五人同叩。

（《申报》1923年8月31日，据刘楚湘《癸亥政变纪略》校）

与彭养光等参众两院同人通电

（1923年8月25日）

京津各报馆转参众两院同人均鉴：

昨日吴景濂主席两院谈话会，以百五十二人之到会、七十七人之议决，两院议员临时支给方法，每星期开常会出席议员，得由国会预备费内支给一百元。查议员岁费，每人每年五千元，载在《院法》，历来支给方法，每月至多不能过四百元。年来国家财政支绌，减成发给，至多月份未有过三百二十元者。是征之从前法例，议员除岁费外，断无其他支给之可言。吴景濂所为，是直向议员行贿也。以法律不生效力之谈话，竟变更《院法》及支给向例，尤为骇人听闻之事。即谓岁费旧欠尚多，应行补给，亦无在预备费项下支给之理。北京财政困难至于此极，岁费既多积欠，国会预备费之存储，果自何而来？若果有余款，何以前此不发岁费，必以破坏《院法》及成例为手段？必以出席常会相要胁？必使我同人陷于受贿地位而后快？是诚不解。查吴景濂于本月某日来津，为王承斌祝寿后，集合同党曹锐、张弧、吴毓麟、王承斌等密定于九月十号以前选出曹锟为总统，由锐、弧、斌、麟等担任巨款，使吴景濂收买议员，先之以常会，避人反对大选也。限以常会出席支给一百元，使得费者无从离京也。此计果行，则选举会之开即有把握。狙公饲狙，朝三暮四，暮四朝三，是吴景濂等直以我同人为狙耳。我同人百折不回，备尝险阻，至今犹能存立于社会者，以向有守法之精神故也。今若受吴景濂之牢笼，破坏《院法》，受其贿赂，则自身存在之价值根本动摇。其所得于吴景濂者不过九月十号选举会前之二次常会二百元而已，而本身信用、十年名誉为之扫地以尽。迩来北京军警教员官吏之欠薪，大都整年数月者，焉有如许私财供给议员？即使曹、张、王、吴等可以毁家行贿，然嗷嗷之军警教员官吏又焉能坐视议员之独饱乎？颇闻昨日谈话会时，除吴景濂私党外，多数同人均甚愤激，不甘为吴氏所把持操纵，至有当场退席声明，不愿领受此项非法贿赂者。同人等闻之，极为钦佩。窃愿公等确守清白，无堕浊流，为国会保垂尽之光荣，共起而声讨吴景濂及甘心受贿之议员等，使害群之马、贼国之蟊，不能立足社会，则小人道消，国家庶有豸乎。区区微忱，尚乞垂察。倘荷明教，不胜企祷。

离京议员彭养光、杨永泰、汤漪、郭同、韩玉辰、叶兰彬、王用宾、郑万瞻、乌泽声等四百五十八人同叩。

(《申报》1923年8月31日，据刘楚湘《癸亥政变纪略》校)

与潘大道等参众两院同人通电[①]

(1923年8月25日)

北京旅京同人公鉴：

顷阅报载各政团代表讨论关于支给经费问题，某方面充担任每人每月七百二十元，其三百二十元以宪法会议出席费名义发给，其四百元以维持费名义发给。又某日参议院谈话，亦有同样之记载。不知国民对之，当作何感想也。呜呼！同人岁费之外有出席费，出席费之外又有维持费，此层出不穷者，何一非人胼手胝足、铢积寸累之所致乎？人民之生产能力有限，诸公之支给名义无穷。以有限之能力，应无穷之支给，行且与诸公肉搏矣。抑出席费者，所以促成宪法，所费甚微，为期至短，其意本可以邀国民之谅解也。今明知宪会无成，而坐耗巨款以维持大选之人数，其用心已不可告人，然犹可诿曰：法有明文，事非创举。至于维持费者所

[①] 本电原标题为：《潘大道等致留京议员函》。文前曰："国会议员潘大道等因北京国会议决支给常会出席费特致电在京同人云……"

依据者何法？所维持者何事？关于国库负担是否可以不经正式会议，但由所谓某院谈话会、某某政团代表者任意决定之，此不能不请公慎重考虑者也。国民自决之日至矣，幸于自身直接利害之外，稍注意其远者、大者，其他仁义道德之说，不敢相渎。潘大道、褚辅成等五百三十二人同叩。

（《申报》1923年8月31日，据刘楚湘《癸亥政变纪略》校）

与焦易堂等致全国通电[①]

（1923年8月25日）

近日，京沪各报载，八月二十四日北京残留之两院议员以一百五十二人开两院谈话会，议决一种临时支给方法：两院于每星期开常会时，出席议员得由国会预备费内支给一百元。等语。此种贩卖总统之变相受贿案，俨然于中外具瞻、国人监视之下，以少数附逆分子假借国会名义，利用预备费名目，颟顸议决而实行之。若辈之贪利丧廉，枉法辱国，一至于此。骇诧之余，愤懑填膺。夫国会开会与议决，有一定之人数，议员应受公岁、旅费有一定之支给，载在国法，岂容造法者滥用表决，以图私人之便利。吾国议员取有给制，公旅费外岁费五千元，原有定额，不为不厚。

---

① 本文原标题：《国会议员反对常会出席费》。文前曰："国会议员焦易堂等因北京国会支给常会出席费特电告全国国民文云……"

即年来岁费欠缺，本可正当催补，既有出席一次优给百元之多金，胡不正大堂皇补发岁费，而必假名于预备费其为曲折贿赂？用心之苦，手段之卑，堪怜亦复堪笑。夫少数议员自甘堕落，何与人事，独吾南下同人不能不声明者：

今日南移国会尚在准备正式开会之中，残留北京一部议员及非法政府尚以国会名义供利用，今日以百数十议员为拥戴曹氏贪得多金，可以随便开一谈话会，议决增加国库负担之案为有效，则此后凡一切祸民卖国不法之提案，随时皆可以十百不肖议员援例开会而议决之。此而可承，危险将至何地！抑北京尚赇纹之政久矣，数月来大选声中，所谓炭敬、节敬、某某包办、某票若干，政府与议员间互用交易之市侩。然盘飧市壁，黑夜馈金，若犹惮于清议且暧昧授受，究属个人。弱女被污，犹得诿于诱拐、于强暴。兹制变相之受贿案，其犯罪者之起意与实施，乃公然假诸议场、议员之总意。所谓议员人格、国会尊严被若辈亵渎毁丧俱尽，是而不辩，岂惟泾渭不分。吾南下同辈，方将何以谢责于国人？兹特向国人为郑重之声明：北京自六月十三日以后国会陷于暴力，不能自由行使职权，所有一切议决，迭经宣言，概为非法。所有八月十四日北京两院谈话会关于总统之变相受贿议员案及以后少数人利用国会名义类于此种滑稽卑劣之议决案，吾南下两院同人咸认为系北京少数附逆分子之所为，绝对不予承认。岂惟不予承认，候国会正式开会后，尤当依法提案，务有以惩创而制裁之。愤懑陈词，伏维垂鉴。

参议员焦易堂、潘大道，众议员褚辅成等五百三十二人同叩。

（《申报》1923年9月1日，据刘楚湘《癸亥政变纪略》校）

与褚辅成等宣布曹锟罪状通电[①]

（1923年8月31日）

全国国民公鉴：

民国肇造，十有二稔，变乱相寻，迄无宁岁。吾民陷于水深火热中，几不克自拔。推原祸始，则军阀之顽强与官僚之险毒，狼狈为奸，阶之厉也。顾军阀为官僚之奥援，官僚为军阀之傀儡，若能铲除军阀，则官僚亦易消灭耳。今国内军阀之最强暴者，直系也；而直系之渠魁，则曹锟也。曹锟率其丑类据地十余省，攘兵廿余万，日惟沉酣于北洋正统、武力万能之迷梦，不惜倒行逆施，与民国为敌，近更谋以威胁利诱，窃夺大位。是可忍也，孰不可忍！同人受国民选举，置身最高立法之府，不忍以全国行政首长之重任，付托于元恶大憝，以重民国之祸乱，乃毅然南来，欲伸大义于天下，特揭曹锟祸国殃民之罪，敬告于全国父老兄弟诸姑姊妹之前，愿国人念国家兴亡、匹夫有责之义，共起而讨贼焉！

自武汉首义，各省从风，民国政府成立于南京。及清帝退位，民国统一，临时大总统孙文辞职，袁世凯被选继任，乃别蓄异谋，不愿南来就职。曹锟时任第三师师长，教唆兵变，蹂躏京、津，

[①] 本文原标题：《国会议员宣布曹锟罪状》。文前曰："国会议是褚辅成等昨发通电云……"

祸甚于庚子拳匪之乱，袁氏遂借口维持地方治安，效社鼠城狐，盘据数百年首善之区，种后日帝制自为之祸。此曹锟祸国殃民之罪一也。及袁世凯买凶毁宋①，违法借债，薄海同愤。赣、宁独立，袁氏恃其金钱、武力，幸胜一时，称帝野心遂愈潜滋暗长，顾民意可畏，逆谋未发。曹锟身任军职，不避干政之嫌，惟希逢恶之宠，自称直省代表，假托民意，请愿帝制，促成袁氏叛国，改元洪宪之巨变。此曹锟祸国殃民之罪二也。洎乎云南起义，拥护共和，川黔响应，举国震动。曹锟受袁伪命，率兵入川抗拒义军，幸滇、川、黔军队均义勇善战，而曹锟之军队，则事奸淫抢掠，至临阵溃逃，屡战屡北，甘为桀犬，枉作凶人。此曹锟祸国殃民之罪三也。迨袁世凯自毙，黎元洪继位，曹锟以叛人之党，败军之将，谬膺滥赏，擢任直隶督军，自宜效忠民国，力盖前愆。乃复枭獍居心，豺狼成性，入京示威，通电干宪。督团叛乱，逼京邑而弄兵。张勋复辟，称奴臣惟恐后，致国会被非法解散，民国几斩然中绝，此曹锟祸国殃民之罪四也。至国会移粤集会，西南护法兴师，义声所播，国人景从，而曹锟仍挟持武力，命吴佩孚率队侵湘，饮马洞庭，屯兵衡岳，以倒戈攻北之诡词，骗护法政府之巨款，后复背信灭义，北向邀功。此曹锟祸国殃民之罪五也。若夫兵凶战危，古有明训，必不得已而用兵，亦宜纯以卫国救民为主旨。乃直系之与皖战，与奉战，虽阳假救国之美名，实为争政权、夺地盘之私图。党同伐异，日寻干戈，以暴易暴、暴愈滋甚，致使直、鲁、豫、陕数省，赤地千里，十室九空，膏血流河川，尸骨积厚野。此曹锟祸国殃民之罪六也。又粤、蜀、黔、湘均属西南护法省分，在全国未统一时，自宜保境安民，不相侵越，乃曹锟与吴佩孚等，复时谋乘机入叙，黩武穷兵，招纳各省叛将，授以伪命，资以金钱，助以械弹，利用虎伥之愚，借收渔

---

① 指刺杀宋教仁。

人之利，致各省兄弟阋墙，同室操戈，内讧不已，民困愈深。此曹锟祸国殃民之罪七也。尤有甚者，民国大总统对内为全国行政首长，对外代表国家，非依宪法规定之大总统选举会无权黜涉，乃曹锟及其私党，恣作威福，任意废置，狐埋狐搰；有类博（奕）[弈]，招来挥去，直同儿戏。而其走狗高凌霨、吴毓麟辈以曾经免职之阁员妄称摄政，私相授受，日惟谋以卖国之巨赃，为贿买选票之代价，近更闻有欲以武力压迫异己，夺取总统之凶谋。小人为恶，肆无忌惮。此曹锟祸国殃民之罪八也。

以上八端，惟举其荦荦大者，余如摧残鄂省自治，则决江堤、荡民居；激成京、洛工潮，则驶机车、屠人命；纵容土匪，则临城劫客车，外侨并受其害；扰乱币制，则中行通用票，五省咸被其殃；破坏宪法会议，则前后通电自相矛盾；禁阻外交后援，则绅商爱国反令捕拿。综其罪状，罄竹难书。

要之，曹锟及直系之暴厉恣睢，无恶不作，实由彼自认曹锟长子之吴佩孚，所夸诩为北洋正统之谬想，深印于彼等腐旧之脑筋中而执迷不悟。顽梗不化，故生心害政，发政害事，拂国民之好恶，逆世界之潮流。今因多行不善，罪恶贯盈，不戢自焚，阴谋暴露，日暮途穷，反欲窃号自娱，而毫无悔祸自新之诚意。同人为国家存正义，为国会保尊严，为个人全人格，为国民作先锋，愿我邦人君子，惩前毖后，义愤同伸，为国保障，去彼凶残，共立于讨贼戡乱之义旗下，为最后之决战。有民国，决不容有北洋正统之曹锟；有北洋正统之曹锟，则民国必至名存而实亡，甚或并其名而亡之。为五族造幸福，抑为一姓作家奴，爱国男儿，当知所择。特此电闻，以当露布。

众议院议员褚辅成、参议院议员潘大道等五百三十二人同叩。

（上海《申报》《民国日报》1923年9月1日，据刘楚湘《癸亥政变纪略》校）

与李执中等致赵恒惕电

(1923年9月4日)

岳州探送赵炎武先生勋鉴：

报传台旌退驻岳州，长沙想已不守。此次湘省内讧，洛吴眈眈虎视，亟欲袭用残害川、黔故智，以残害湖南。惟湘省苟无杨森、袁祖铭其人为虎作伥，彼或未敢冒大不韪。迭（颂）［诵］执事近日通电，屡以湘人自治为言，川、黔（浩）［活］剧谅不忍复睹于湖南。湘局不靖，究属萧墙之争，外人不得而与。允宜各本自治之精神，一听舆论之公决，否则开门揖盗，终必两败俱伤。而作俑者乃为湘人之公敌，尚望执事始终［以］自治之心，顾全三千万人民之生命财产，为湘人留去后不尽之思，不胜幸甚。

李执中、周震鳞、彭施涤、田永正、石润金、何弼虞、刘重、胡挚、张宏铨、罗永绍、向乃祺、覃振、周泽苞、罗上（虎）［霓］。支。

(《申报》1923年9月5日)

致张秋白书

（1923年9月6日）

秋白吾兄左右：

　　石奉春愿书填好，外入党金六元，请将证书发下。下次一律通知预闻本党议员事务为要。又徐子俊一书，请交溥泉、精卫诸公一阅。大约湘局必难速定，对外亦须群力共举，特当局不能尽用吾谋耳。此颂勋安。弟震鳞手启。九月六号。

（台湾国民党党史会藏件）

与褚辅成等致全国各报馆等电[①]

（1923年9月8日）

全国各报馆、各公团、各省省议会、各机关公鉴：

---

① 本文原标题：《离京两院同人四百八十三人庚电》。

自近畿军阀煽乱京师，驱逐总统，矫命摄政，贿买议员，阴谋窃位，于是黄陂移津，国会移沪，以避暴力而存法统。大义炳若日星，危机系于一发。同人等虽以职责所在，不敢告劳，然其始固未尝预计成败，而后为之也。幸而三月以还，赖国民拥赞、舆论援助之力，两院合计陆续离京者，已达四百八十三人。在京议员不足半数，宪会及常会流会至三十四次以上，从无成会之一日，其明证也。乃吴景濂等竟敢利用国会，包办大选，其条件为常会出席者，每次一百元；总统选举预备会出席者，每人五百元；选举曹锟为总统者，每票八千元。似此蹂躏国会之尊严，侮辱议员之人格，固已罪在不赦；而于同人等四百八十三人离京以后，宪会、常会流会三十次之际，擅开选举总统预备会，定期选举，则其居心叵测，希图浮报人数，或冒名顶替，以一手掩尽天下耳目之黑幕，实已昭然若揭！同人等迭经宣言，自六月十三日以后，所有在京以国会名义决定之事件，完全为议员个人之行动，不能认为国会职权之行使，在法律上绝对不生效力。

兹更郑重声明：自后吴景濂等如有宣告常会开会，或执行总统选举之事实发生，同人等认为苟非虚报人数，即系冒名顶替，不惟绝对不负责任，抑且根本不生效力。邦人君子，幸垂察焉！

褚辅成、汤漪、王用宾、彭养光、郭同、韩玉辰、杨永泰、乌泽声、潘大道、郑万瞻、焦易堂、江浩、李广濂、李永声、王葆真、王法勤、刘恩格、黄云鹏、臧景祺、杨渡、谢书林、王秉谦、龚玉昆、杨显青、赵连琪、云毓英、翁恩裕、鹿鸣、张嗣良、曾有翼、邴克庄、刘兴甲、李秉恕、仇玉琎、罗永度、蒋宗用、乌泮春、杨绳祖、关长庶、王洪铁、毕子青、刘哲、逯长增、张雅南、董耕云、邢麟章、范殿栋、杨振春、莫德惠、赵东藩、高家骥、战涤尘、赵仲仁、柳国瑞、孟昭汉、邵仲康、傅航国、车席珍、王文璞、刘振生、薛丹曦、田美峰、马度长、李伯荆、解树强、（春）［秦］锡圭、沈惟贤、丁文莹、蒋曾燠、潘颖锷、杨择、王立廷、陶保晋、方潜、汪秉忠、凌鸿寿、徐兆璋、蒋凤梧、徐兰墅、姚文枏、翟启甲、沙彦楷、茅祖权、孟森、朱传恩、王汝圻、陈士髦、丁善度、胡应康、张相文、陈文、刘可钧、阮性言、胡兆沂、祝光述、王绍鏊、王荣林、戴维藩、高旭、夏寅官、陈尚斋、董继昌、石铭、章兆鸿、汪律本、张云翼、李清国、桂殿华、张我华、凌毅、陈光谱、周学辉、常恒芳、郑衡之、唐理淮、张敬文、余棨、吴自法、贺廷桂、张振稺、王迪成、何雯、王源潮、李振钧、彭昌福、许燊、金兆棪、盛邦彦、郑际平、沈钧儒、张复元、童杭时、周学宏、金溶熙、洪国垣、韩藩、杭辛斋、胡翔青、杜师业、张传保、王任化、孙世伟、陈（齐）［燮］枢、周（维）［继］溁、余名铨、张浩、袁荣叟、赵舒、王宗尧、陆昌烺、陈时夏、刘景晨、田稔、卢钟岳、张世桢、王烈、沈椿年、姚桐豫、邵瑞彭、徐象先、金尚铣、傅师说、陈焕章、雷焕猷、宋渊源、陈麟、刘映奎、陈祖烈、郑忾辰、丁超五、杨小光、朱腾芬、赖德嘉、詹调元、董庆余、李尧年、欧阳钧、刘万里、林鸿超、连贤基、朱观空、杨士鹏、彭介石、廖辅仁、董昆瀛、周兆沅、张藻、牟鸿勋、田桐、刘燮元、覃寿之、白逾桓、张则川、杨时杰、冯振骥、袁麟阁、陈邦燮、时功玖、汪唠鸾、胡鄂公、廖宗北、范乃钧、杜树勋、盛时、唐支厦、章士钊、曾继吾、席业、向乃祺、周震鳞、田永正、周泽苞、刘重、罗上霓、胡挚、何弼虞、陈家鼎、程崇信、石润金、罗永绍、魏肇文、王恩博、向元均、禹瀛、彭邦栋、王乐平、张汉章、徐宝田、尹宏庆、艾庆镛、于洪起、于恩波、周廷弼、周庆恩、于均生、阎与可、丁惟汾、邓天一、杜凯之、盛际光、胡鑫垚、贺升平、刘荣棠、方德九、丁骞、王荣光、李奎文、杜潜、陈竹畴、刘奇瑶、刘峰一、王法岐、毛印相、徐绳会、田增、李时灿、张善与、孔庆恺、张华祖、金煮、张嘉谋、陈廷飏、杨元叔、耿春宴、钟元谐、窦应昌、杨逢盛、张树森、尚镇圭、王兆离、焦子静、杨时晰、朱家训、阎琳、姚守先、任郁文、斌廷沈、赵烜、岳云韬、谢持、杨庶堪、赵时钦、潘江、杨肇锡、张知竞、陈宗赏、王官富、李为纶、卢仲琳、杨肇基、熊兆渭、李兆浦、舒祖勋、陈国玺、唐玠、奉楷、黄汝鉴、刘纬、袁弼臣、刘泽龙、古壹、余绍琴、孙镜清、王献、余芹生、李茂之、李自芬、胡藻民、黄锡铨、李英铨、邹鲁、林伯知、许峭嵩、孔昭成、黄霄九、郭宝慈、林绳武、马小进、曾庆模、杨梦弼、陆祺、黄元白、黄明新、易仁善、彭建标、陈垣、黄汝嬴、林树椿、李清源、何诠绳、王斧、王鸣胤、黄金声、郭椿森、陈峻云、潘乃德、马君武、张鸿淡、陈太龙、蒙民伟、覃超、翟富文、程修鲁、梁昌诰、刘锦才、雷殷、黄绍侃、吕志伊、孙光庭、赵伸、周泽南、何畏、李恩阳、张华澜、刘楚湘、李临阳、角显清、万鸿恩、陈光勋、岳昌侯、刘炳蔚、赵诚、陈祖基、刘尚衡、曾昭斌、符诗镕、孙世杰、张金鉴、周恭寿、吴作棻、吴树模、张光炜、张维镛、李安陆、胡钧、王弌、霍椿森、萧炳章、邹树声、刘濂、萧辉锦、王恒、王友兰、欧阳沂、刘京烈、邓元、邱珍、陈子、谢子斌、谢越石、邹继龙、黄序鹓、彭学俊、王汝梅、赖庆辉、吴宗慈、潘学海、毛玉麟、陈友青、张峰、卢元弼、黄攻素、蔡突灵①、曾干桢、戴书云、程铎、黄象熙、白瑞、讷谟图、博锡堂、寿明阿、何霖、吴渊、汤用彬、敬棍太、李芳、张海若、余司礼、林长民、蔡达生、乐山、刘折桂、张树桐、唐宝锷、汪震东、车林端多布、梁登瀛、赵守愚、范振绪、姜继、李克明、丁佩谷、张廷弼、魏郁文、魏鸣翼、萧汝玉、何海涛、孔照凤、师敬先、李澜、阎光耀、那德

---

① 即蔡复灵。1922 年 8 月申明由突灵改为复灵。

昭、刘宝佺、袁炳煌、罗阔业、张瑞、李永发、继孚、李含荃、徐万清、文笃周、杨增美、陈世禄、李式璠、谢良牧、冯自由、郑宗荣、黄伯耀、李庆芳、阎秉真、景定成、郑化国、谷思慎、罗黼、冀鼎铉、郭生荣、张升云、刘志詹、石璜、刘盥训同叩。(483人)

（上海《国民日报》《申报》1923年9月12日；北京《顺天时报》1923年9月14日）

与褚辅成等致全国各界电[①]

（1923年9月11日）

各省区军民长官、各省省议会、各公团、各报馆均鉴：

近日吴景濂等，盘踞北京国会议场，挟其议长资格，利用军阀武力与金钱，公开贿买议员，而犹不足，乃至破坏立法国之根本制度，以求其诡计之得逞，竟于本月七日常会，十日总统选举预备会，捏报出席人数，宣告成会。查两次开会，所有实在人数，业经被捏报而未出席之议员，及秘书厅在场职员证明，绝对不足法定人数。同人等曾于庚电及两院院内行政委员会（真）[蒸]电声明否认。当蒙鉴及。查前次列名庚电之两院议员四百八十三人，现除在奉省赵连瑛等四十九人，在津者彭养光等三十八人外，

[①] 本文原标题：《离京参众两院议员四百八十三人真电》。

余为褚辅成等三百九十六人,现均在沪,以此核算,在京议员,实数不过三百数十人。自六月十三日以还,时逾两月,迭次常会、宪法会均未能成,是其证明。今吴景濂既敢以捏报而成常会及选举预备会,则明日之伪选会,必仍取以少报多之惯技,捏报成会。竟一日之力,使曹锟得假借尊号,以入都门。察往知来,事必有然。前闻吴景濂等,曾伪造议员徽章,希图雇人冒名入场。各报喧传,举国皆知。查大总统选举会法定出席人数为五百八十人,现在京人数相差既多,吴景濂既敢捏报于前,势必雇员冒充于后,总以完成盗窃名器之伪选会为务。此等恶例既开,后之强有力者,但能盘踞首都,勾通议长,倒行逆施,复何事不可为?民国法律之谓何?国民公意之谓何?同人等为国为民,义难缄默,特再正式通告:吴景濂等以捏报及冒名之伎俩,拥戴总统,国人誓不承认,尚祈邦人君子,一致否认,同力声讨,以纾国难,则国家之幸,亦同人等之荣也。谨呈。(署名同8日电)

附　录

两院院内行政委员会通电
(1923年9月10日)

各省区军民长官、各省议会、各报馆、各公团均鉴:

　　本月八日,同人等联名发布宣言,声明自六月十三日以后,所有吴景濂等在京个人卖身之行动,不能认为国会职权之行使;一切议决,在法律上绝对不生效力。其唯一铁证,即在签名报到。实行赴沪之议员已达四百八十三人以上,乃吴景濂等肆无忌惮,作伪枉法，甘冒不韪，竟于九月八日宣告众议院常会开会，出席议员三百零九人，已足法定数。又于九月十日宣告开总统选举预备会，出席议员四百三十六人，仅足过半数。

以国会议员总额计算，旅京议员绝对不足半数，公然宣告开会，其为虚报人数，或代人签到，或冒名顶替，数罪俱犯，方能构成此剧，不问可知。同人等除依据此间两院秘书厅议员名册，及吴景濂在京发布之出席议员名单，切实调查，证明吴景濂犯罪确据，依法惩戒外，特行声明：所有本月八日、十日两次假借名义之会议，在法律上绝对不生效力，以明责任，而维法纪。事关国家根本，绝非院内争议可比，尚希公等主持正义，共同挽救，国民幸甚。谨此布闻，伫候明教。

参议院院内行政委员会、众议院院内行政委员会叩。蒸。

（北京《顺天时报》1923年9月14日；《申报》1923年9月15日）

与褚辅成等致全国各界电

（1923年9月12日）

各省区军民长官、各省省议会、各公团、各报馆均鉴：

自曹锟及其部属驱逐总统，盘据首都以来，吴景濂等为虎作伥，甘心附逆，公然以贿买、诈骗、浮报、冒名等不法手段，进行伪选，密谋拥戴，迭经同人声罪致讨，与众共弃，谅邀洞鉴。兹将九月十日吴景濂在总统选举预备会所作不法之证据，列举如下：查照民二、民六先例，总选预备会，须两院各有过半数之出席，方能开会，乃吴景濂但含混其词，谓签到者四百三十六人，已足法定人数，悍然宣告成会。证一。以吴景濂印布出席名单考之，当日未出席之议员，而被吴冒签者：计四川则有张瑾雯、李汝翼，湖北则有冯振骥，浙江则有刘景晨，福建则有李兆年，广东则有陈绍元、曾庆祺，河南则有方德九、孔庆恺、贺升平、陈鸿畴，山西则有李素、李景泉等。截至十二日止，已有张瑾雯、李汝翼、李兆年、刘景晨、冯振骥等，具函声明否认。证二。众院秘书厅科员孙曜，具呈向吴景濂辞职，声明当日预备会人数实为四百二十一人，并拟将在场分路查点人数之报告单，及经孙曜核算之数目，用写真版公布，以明真象。证三。按以上三项铁证，虽由合法机关行之，犹当宣告无效。以吴景濂等降志从贼，卖身军阀，固根本上为国人所否认者耶！预备会如此，伪选举会不问可知。凡我国人，果不忍坐视国家名器为鼠窃狗偷之辈所篡取者，其速图之。谨此布闻，惟希亮察。（署名同8日电）罩。

（北京《顺天时报》1923年9月15日；上海《时报》《申报》1923年9月17日）

与褚辅成等致各报馆电[1]

（1923年9月14日）

各报馆均鉴：

顷见北京《顺天时报》登载参议院岳云韬启事一则，不胜骇异。查岳君云韬于七月初六日在津支领赴沪旅费，并盖印签名于对内、对外两项宣言，迭经宣告中外，并经天津筹备处备案送沪，何得托词冒领，希图卸责！至于此次移沪集会，基于同人自由意志，纯为公开行动，既无所谓利诱，更无所施其强迫。在今日国民监视、社会裁制之下，自无一人甘冒反复无耻之嫌，以自绝于人类者。近据报载，某日某日有议员若干名北归云云，数见不鲜，何尝尽诬？惟其北归之任务，或为留京家属之省视，或为有关职权之接洽，虽其步伐未归一致，而其举动不越常轨。若乃降志从贼，利见金夫，参加伪选，甘受贿买，触犯刑律，助长内乱，则同人等所以自处之道，惟有宣布其附逆之罪状，与众共弃之。苟涉依违，不几于与不讨贼者同科耶。所幸怀刑之义，无间于君子，则履霜之戒，正深于此时。国会前途，庶其有豸。谨此布意，聊

---

[1] 本文原标题：《离京议员之两通电》，包括此电和下一电。周震鳞与褚辅成等9月8日通电中有"同人等四百八十三人"之语，故知此电及以下以"国会离京议员褚辅成、汤漪等四百八十三人叩"落款的数电应包括周震鳞在内。

当息壤。离京国会议员褚辅成等四百八十三人叩。寒。

(《申报》1923年9月21日)

与褚辅成等致全国各界电

(1923年9月15日)

各省区军民长官、省议会、商会、教育会、各公团、各报馆鉴：

昨由保定负责机关抄来蒸日北京伪国务院致曹锟电件文曰：本日两院人数实则四百零九人，由吴莲伯就两院书记编成三十人列席，凑成预备会半数之法定人数。惟大选会须三分二以上出席，四分三以上当选，实在人数尚差百余名，吴请先发百万方能办到此事。万一人数不足，此百万巨款掷于虚牝，不得不慎重，请转令王孝伯直接与莲伯商量办法。秋舫来电话，四帅[①]对于莲伯等颇不放心，决定非俟议员足宪法会议人数，不能将款放手。如何之处，仍盼卓裁。等语。

查十日大选预备会，冒名浮报，种种舞弊实情，迭经在场秘书孙曜及被冒签代到之议员张瑾雯等先后通电指证，铁案如山，谅邀鉴察。惟其顶替浮冒之人数，系由两院书记编成，匪夷所思，非个中人不能道破。连日吴景濂等极力进行宪法会议，以先宪后

[①] 指曹锐（1868—1924），字健亭，曹锟之弟，在兄弟姐妹中，曹锐排行第四，人称"曹老四"，与排行第三的曹锟关系最近。

选，或宪选并行为号召，意在必成，孰知此中黑幕，以要求百万巨款，格于曹锐，非俟宪会足数，不能听其诓取。故以制宪名号，愚弄我同人，遂其发财局骗之私。王孝伯亦适于寒夜入京，实行蒸电直接商量办法，蛛丝马迹，更历历可寻。该电内容业已完全证实，似此行贿作弊，白昼公行，情真罪确，此而可忍，不特廉耻道丧，实人心全死，国何以立？敢据实披露，唯国人实图利之。

国会离京议员褚辅成、汤漪等四百八十三人叩。删。

（上海《时报》《申报》1923年9月21日）

与汤漪等致各银行函

（1923年9月中旬）

敬启者：现在曹锟党徒，到处招摇，收买议员，选举总统，每名酌给票价五千、八千、万元、万二千、万五千元不等。其支付方法，系委托银行经理，一面与议员约定，凡愿票举曹锟者，商明价格后，即交给银行存款折据一扣，该议员随将提取存款之印鉴，交给居中介绍之把头，俟选举完毕，由本人携具存折、把头携具印鉴，同诣银行兑取。一面银行密约，此项存款折据，虽经发出，惟应采特别会计，不得登记于普通存户簿籍中，折据上所盖图记，亦勿用银行向来惯用之印章，选举告竣后，是否应照数付款，或仅付若干，仍以经手人有正式通知为准。此为曹氏党徒所规定之方法，连日分头进行，经理银行亦经指定数家。闻贵行亦在指定经理之列，不胜诧异。查收买议员，过付贿款，实犯刑律第一百四十二条及第八十三条之规定；特制存折，另盖印章，希图湮灭证据，而证据终不可得而泯，其是否付款，抑仅付若干，不凭存折，乃以经手人之通知为准，更□预图倒拔，扶同局骗，明系诈欺取财，又与刑律第三百八十三条相合。有一于此，已难逃法网。况数罪俱发，无能幸免耶。夫曹氏厌恶于国人亦深矣。昏庸独著，贪鄙性成，向无尺寸之功，只闻邱山之恶，遭逢时会，已领兼圻，不自量度，复觊大位，逼官劫印，以逐元首，利诱威逼，以临国会，冲破国家之纲维，败坏人类之道德。此而可助，是无天良；此而能成，是无天理。民国建元，已历一纪，其中凭借金钱、武力，横行城内，快意一时者，亦已有人，然其败亡皆忽然，殷鉴不远。曹氏之势力才智，不逮前人，而其倒行逆施，则远过之。彼辈末日之至，实可立而待。纵总统迷梦，勉强一图，亦洪宪之续耳。贵行管钥金融，懋著信用，自宜避之若浼，安可投入漩涡，为之过付贿款，串同局骗，自取罪戾？纵不为正谊计，独不为一行之前途利害计耶？某等敢以庄言正告：此次曹氏党徒，毁法乱纪，贻祸实大，国人万难漠视，力所能至，誓必歼除，以肃纪纲而伸大义。凡助恶长奸者，亦必一一置之于法，力矫从来宽大奖乱之习，以垂大戒。一切行赇贿赂之折据，现正从事搜集，一经取得，当先诉诸法庭，公诸舆论。纵暴力所在，一时不能求直，然曹党崩溃之日，即为汇总算账之时，公判执行，不容假借，特先声明，毋贻后悔。道路传闻之词，谓贵行经理此种不正业务，某等亦不敢遽信，但愿有则改之，无则加勉。勿牵于平素之情面，虚与委蛇；勿贪图一时之小利，自贻伊戚。敢布区区，惟祈自择。京华在望，不尽欲言。此致某某银行（中国金城、中南、直隶、边业、交通、盐业、大陆、东陆、劝业）。

离京议员汤漪、杨永泰、褚辅成等四百八十三人同启。

（上海《时报》1923年9月26日）

法统维持会致全国通电[①]

（1923年9月29日）

全体国民公鉴：

  北京伪参议院通过伪众议院所谓延期案，吴景濂、王家襄辈狼狈为奸，其同矫法之罪，愈益昭著，殊非口舌所能争。独怪我主权在握之国民，于曹锟、吴佩孚之假冒法统也听之；而国会内部，遂起纷扰，于吴景濂等之蔑视人权也听之；而傀儡总统遂指挥步军统领衙门，私擅逮捕，于该伪会之破毁司法、摧残教育也听之。而伪政府遂敢侵凌法官、殴辱学生，优容复优容，该伪议员益肆无忌惮，酿成今日公然贿选之局。谁为为之，孰令致之，则我国民亦不能辞其咎也。我国民乎，如欲甘心亡国则已，苟非然者，其速行使主人职权，对于法统真伪问题，予以明确之裁判，并请分省调查附逆议员姓名，布其罪状，与众共弃之。法统维持会。艳。

（《申报》1923年10月1日）

[①] 法统维持会于1922年7月成立，周震鳞是其中重要成员。

与汤漪等告留京议员书[①]

（1923年9月下旬）

自本年六月十三之变，大盗窃国，元首蒙尘，我两院同人怵正义之不可卒斩也，投袂南行，遵海而处，亦既四百有余众矣。其有留滞都门，一时未及走避者，凡关于不法之集会，则仍逡巡却顾，相率不前。观于宪法会议流会至四十余次，已可概见。此非人心不死，是非之未尽绝于天壤耶！

乃闻北廷党徒，急谋篡窃，威驱利诱，交逼迭乘，我两院同人处此积污丛垢之间，更将何以自免。然自我两院同人十年以来之历史观之，帝制、复辟，两遭解散，中间流亡岭表，播越滇蜀，晓音哠口，胼手胝足，至不能一日安其居，则以主持正义，不肯附恶故。今之所谓大盗者，其贪鄙之情，凶狡之状，比于帝制、复辟两役，为恶孰甚。其贿赂公行，强污民意，鄙琐龌龊，至不可以响迩。而谓我素持正义，不肯附恶之两院同人，必能出席选会，公然举彼大盗以为总统也，有是理哉！

虽然，履霜坚冰至者，士之所以自防也，小德出入者，又人情之所不能免也。处此铜臭熏天、众恶所聚之国都，而必谓我两院同人之尽为夷齐，不有跻跂利其贿赂而出席选会也，斯亦非谁

---

① 本文原标题：《汤漪等忠告留京同人》文前曰："离京议员汤漪等忠告留京同人不可出席选会书云……"

何之所敢自信者矣。《诗》曰："相彼雨雪，先集维霰。"又曰："人之多言，亦可畏也。"当兹义利交喻之冲，刑惠在怀之际，君子小人端视此举，他山之义，恶得无言。请申论之：

我国法制，比于欧美，殊为缺略。数千年来所恃以立国者，惟此纲常名教，犹足以范围天下之人心。今之总统虽不能比于君主，然彼黎元洪者，固曹锟、吴佩孚等所拥戴而尊为民主者也。乃一旦利其名位，逐而去之，其与曹操、司马懿之徒何以异？彼出死力以挤黎氏者，其与贾充、成济之徒复何以异？世无刘备，毋邱俭①起，而明正其罪，则亦已耳。若乃公然假以选举之美名，以为天下所共主，是以贾充、成济所不能为者，而两院同人优为之，天下后世其谓之何？此为扶植纲常计，不当出席选会者一也。

天下扰攘久矣，世之论治者辄争谋统一以救国，然统一必先得人，苟非功德足以服人，名义足以动众者，则不足以资号召，而天下且益纷裂而不可收拾。今之以金钱运动选举总统者，其为人奚若，徒闻辛亥之役，听人嗾使而兵劫京、津，丙辰之役，拥护帝制而蹂躏巴、蜀，附段而叛段，亲奉而背奉，黩货牟利，诛求无厌，兄弟亲娅，布满朝列，功于何有，德于何有，又有不义之名，彼即不为总统，而奉、浙、粤、桂、川、湘、滇、黔之师，且方秣马厉兵，环视而起，以问其罪。若复举为总统，将袍笏登场之日，即义旗指阙之时，统一之功，宁复可望？吾民之祸，安有穷期？此为国家统一计，不当出席选会者二也。

宪法为立国大经，全国人民莫不企踵以盼其成立。而吾国宪法草案，其争执之焦点则为集权与分权两派意见之不同，以致表决之无日。然一考其内容，则主集权者已不免被军阀指使之嫌疑，而无以自解。夫当彼辈尚未主政之日，即因不利于他日之作恶，而有预为指使之行为，则于宪法未制定以前，而遽举之为总统，

---

① 毋邱俭，魏国幽、豫二州刺史。

则此后之宪法，即不免对人关系，其破坏阻碍之也，亦当愈甚。所谓国权、地方制度及民生、教育诸章，将永无议决之日，而国家大法亦永无制定之时。然议者亦有为宪选并进之说，欲以蒙惑一时之人心，不知处北京军阀肘腋之下，舆论且被其摧残，议员职权安有自由行使之余地。以此而言制宪，更何宪法之足云。故欲图制宪，必先迁地为良。今既一时未克实行，岂可速选总统，以摧灭制宪之生机，而使宪法永无公布之望哉？此为宪法前途计，不当出席选会者三也。

国会之议事也，原只求多数之表决，而不限于全体之一致，故因政见之不同，每不免有各趋极端之处，然断未有公是公非已成定论，而国会内部犹有为两端之争持者。如中日"二十一条"及此次临案之抗议，有敢持异论者，天下人必共击之。彼大盗等之逐走黎氏，凡有血气之伦，无论中外，未有不戟指唾骂者。报纸腾讥，函电指责，目眩耳震，昭著人寰，此其是非之数，较之"二十一条"与临案，其明白易喻当十倍之。我两院同人若犹利令智昏，不别可否，举彼凶顽以为总统，则天下之人，其能不共起以对"二十一条"及临案者对国会耶？则国会其将何术而得存在于社会？即公等个人，亦各有身家，微论西南及东北各省，素为自治区域，地方父老将不复承认其为人，即北部各省人民，饫受华夏历史之教泽，亦断不容彼阿附操莽者宴然于乡里也。然则，公等其将安归耶？五千元之身值，宁足供一生之滥用耶？以区区不义之金钱，轻弃其乡里庐墓而不惜，窃为公等不取矣。此为国会信用计、为个人利害计，均不当出席选会者四也。

凡斯所陈，人所共晓，以两院同人之明达，宁待鳏鳏过虑，觊缕以争，而犹不能已于言者，则以旁观或清于当局，而一指蔽目，不见泰山，亦容恒情之所有也。如其处泥不滓，志趣皭然，众浊独清，孤标遒上，斯固国民之所薰沐，同人之所企望者也。其或借彼寇粮，资我膏秣，取之于盗，本不为贪，但能避席明心，何常有累大德？若乃贪慕宠荣，降志从贼，戮力大选，功狗自居，则是自绝于国家，不知有羞耻，同人等惟当尽揭逆名，宣布中外，著之简帛，贻厥后来，俾与贾充、成济之徒相辉映于无穷也。力所得为，义无反顾，何去何从，幸毋后悔。

离京两院同人汤漪、褚辅成、彭养光、王用宾、韩玉辰、杨永泰、乌泽声、范熙壬、郭同、郑万瞻、黄云鹏、张瑾雯等四百八十三人同叩。

（《申报》1923 年 10 月 3 日；湖南《大公报》1923 年 10 月 11 日）

与李执中等致湖南各界电

（1923 年 10 月 3 日）

长沙。省教育会、总商会、律师公会、总工会、省农会公鉴：

效电敬悉。桑梓变乱，久具悲怀。事起之初，曾电军政当局，劝息内争，免为渔人得利，惜未承双方采纳，至为惭歉。诸公倡导和平，仁言利溥，适获我心，仍祈就近速策进行，务成事实，无任感祷。

李执中、周震鳞、覃振、张宏铨、彭施涤、刘重、章士钊、向乃祺、钟才宏。江。叩。

（上海《民国日报》《申报》1923 年 10 月 4 日）

与李执中等致湖南父老电

(1923年10月6日)

湖南父老兄弟公鉴：

执中等辱父老兄弟委托，承乏国会以来，恒以时局艰虞，久尸议席，未能稍尽职责，起同胞水深火热之中，定民国长治久安之计，抱惭衾影，负咎神明。而迟迟未忍谢去者，实冀世局虽艰，人心未死，苟其国会无恙，终不难以最高立法之机关，收事半功倍之成绩。何图道德陆沉、廉耻沦丧，武人竟用国会作傀儡之场，议员且出己身为贩卖之品，丑声秽迹，腾笑全球。痛念时艰，愧愤交集。现在，选事竟以贿成，国本大遭摧毁，全国固将否认，名器实已玷污，深恐故乡道远，真伪莫明，或信金钱贿赂，悉为依法而行，或疑清白身家，亦在合污之列，特电桑梓，用别鱼珠。至曹氏虽膺伪选，执中等前既屡加申讨，后尤决不承认。嗣兹以往，誓当正本清源，诛锄乱孽，不使沐猴丑类久污国体尊严，庶几世道澄清，还我共和真相。

李执中、周震鳞、彭施涤、张宏铨、章士钊、向乃祺、钟才宏、罗上霓、覃振、刘重、唐支厦叩。麻。（自上海发）

(《申报》1923年10月7日)

法统维持会致全国通电

(1923 年 10 月 6 日)

全国国人公鉴：

　　昨载，曹锟、吴佩孚令吴景濂、王家襄等私设议会，意图僭窃，而矫其事曰"恢复法统"，诡其名曰"法统重光"，以愚国人。某等曾摘奸发伏，昭告国人，并叠次宣言，否认该伪会一切行动，根本无效。今该伪会果以贿选曹锟为伪总统，即罪证昭著，腥闻中外。若犹认其为国会，复何颜腼生人世，尚望国人，一秉良心，同声致讨，投畀有北，毋秽此土，谨此宣言。

　　法统维持会叩。鱼。

(《申报》1923 年 10 月 7 日)

与张继等致各省各界等电

(1923年10月9日)*

各省区军民长官、各团体、各报馆、各学校、全国父老同鉴：

自六月十三日北京政变，同人等猥以身受全国人民付托之重，为卫护国家纪纲法律，相率南下，集会沪渎，迭次发表宣言，当为全国所共鉴。乃直系军阀，仍悍然不顾，恃其金钱万恶，可以驱使一般无耻之徒，竟于十月五日，以五千元之票价，捏报五百九十人之出席，四百八十之票数，使民国罪魁及此次毁法乱纪之祸首曹锟，伪称当选总统。窃以共和国家，总统、国会，俱为全国人民所托命，今竟明目张胆，使神圣议会变为交易市场，尊严总统视若交易货品，显犯刑律，腾笑友邦。曹锟个人不足诛，其如中华民国之名誉何？卖票败类不足惜，其如四百兆人民之人格何？同人等诚不足以感人，力不足以弭乱，抚躬自问，负疚滋多。虽不敢谓保兹清白之身，为国家留线之正气，仍当大声疾呼，追随全国人民之后，明正贿选之罪，一致声讨。谨此宣言，统希鉴察。

移沪国会议员：江浩、张继、王法勤、王秉谦、解树强、王立廷、蒋曾燠、沈惟贤、章兆鸿、汪律本、萧炳章、汤漪、童杭时、盛邦彦、许燊、雷焕猷、宋渊源、黄昆瀛、彭介石、周兆沅、叶兰彬、韩玉辰、高仲和、周震鳞、章士钊、向乃祺、唐支厦、尹宏庆、王乐平、阎秉真、王用宾、续桐溪、焦易堂、钟允谐、谢持、潘大道、彭建标、李茂之、王鸿庞、黄金声、杨永泰、陈峻云、马君武、潘乃德、吕志伊、孙光庭、赵伸、张光炜、周恭寿、鲁琏、冯自由、谢良牧、吕复、王葆真、李永声、刘恩格、李秉恕、董耕云、杨振春、刘振生、汪秉忠、凌鸿寿、徐兆玮、王绍鏊、蒋凤梧、徐兰墅、姚文枏、瞿启甲、沙彦楷、茅祖权、孟森、董继昌、王汝圻、陈士髦、胡应庚、张相文、余棨、唐理淮、张敬文、郑衡之、常恒芳、凌毅、陈光谱、王恒、邱珍、郭同、黄序鹓、邹继龙、张峄、谢越石、欧阳沂、金溶熙、褚辅成、杭辛斋、张世桢、胡翔青、张传保、卢锺岳、孙世伟、周继漾、沈椿年、陈时夏、田稔、余名铨、袁荣叟、刘景晨、赵舒、洪国垣、王宗尧、郑忾辰、丁超五、詹调元、范熙壬、汪哕鸾、杨时杰、张则川、张大昕、田桐、阮毓崧、吴崑、白逾桓、彭美光、刘燮元、郑万瞻、时功玖、罗上霓、刘重、钟才宏、覃振、李执中、张宏铨、彭施涤、艾庆镛、丁惟汾、于洪起、于恩波、邓天一、丁骞、刘峰一、金焘、刘奇瑶、刘荣棠、谷思慎、刘盥训、焦子静、尚镇圭、高杞、张树森、李为纶、黄云鹏、陈国玺、李肇甫、王安福、张瑾雯、卢仲琳、张知竞、孔昭晟、林伯和、邹鲁、黄元白、王斧、张鸿侠、蒙民伟、瞿富文、覃超、张华澜、岳昌侯、刘楚湘、李临阳、汤用彬、乌泽声。①

（上海《民国日报》1923年10月9日；又见《申报》1923年10月11日）

---

① 《广州国民日报》1923年10月24日曾刊登此电，但署名为：移沪国会议员江浩、张继等一百七十一人。

主张续开合法国会宣言[①]

（1923年10月13日）

全国国民公鉴：

自去岁曹、吴军阀假名恢复法统，召集国会开会，因杂有依法解职之王家襄等三百数十余人冒充议员，强占议席，护法同人迭经通电声明非法开会，乃喑口哓音，难回众听。今日不幸，国贼曹锟，竟由该非法机关贿选为伪总统，国人至此，方始骇然，不知为时已晚。今日处此剧变时期，筹商应付，议论纷纭。有谓国会为最恶制度，宜予废黜者；有谓此届国会自杀，不克再存者；有谓国会专制，宜引全民政治者。由第一说，必将国体、政体悉行改变，势非复行帝制不可，自系感愤之谈，非负责之论，可不深辩。由第二说，则因误认曹家国会为合法，且不知举曹为矫法当然之结果，故彼虽宣告死刑，究不能以郑乱雅。由第三说，固所乐从，顾既别无表示全国民意总体之机关，所谓全国国民大会者，复非立法所能举。国会讳言革命，则为过渡应变计，惟有披沙拣金，保兹硕果，续开合法国会，暂为行使讨贼戡乱大权之中枢，庶能事半功倍。若云今日议员莠者已居多数，良者亦等于覆巢下之无完卵，纵许开会，安能足数？则试一稽国会人数，护法同人始终未曾列席北京国会者二百余人，前曾列席北京国会而此

[①] 本文原标题：《护法议员又有宣言发表》。

次反对伪选者二百余人,合计尚有四百七十余人。则可召集开会,是则反因此次大变,得愈显大法之不能假借,人格之不可幸致,于以完成合法国会,公议民意宪法。而消极方面,足证曹氏伪总统为私生,伪宪法为无效。拨乱反正,端在此举,未始非剥极而复之一良机也。倘犹拘执成见,强良善以殉贼难,或复怀挟私心,混薰莸以入溷圈,则将一无以平其衡,一适以益其过,当非诚心谋国者所出。同人患难之余,岂犹恶乎鸡肋,良以艰贞之会,允宜受此饩羊。沧海横流,谁欤击楫。空山风雨,伫闻足音。谨此宣言,视同息壤。

全体护法议员宣言。十二年十月十三日。

(上海《民国日报》《申报》1923年10月13日)

与旅沪两院同人致广州天津等电[①]

(1923年10月18日)

(衔略)贿选告成,大盗窃国,普天共愤,中外腾羞。同人等为维持国家纪纲,保全国民人格,迭经通电反对,誓不承认。惟法律制裁,已失效用,非以强力纠正,不足惩顽凶而奠国基。公等缔造共和,夙持正义,用是公同议决,协请齐树义旗,大张挞

---

① 本文原标题:《在沪国会议员之严重表示》。文前曰:"在沪参众两院议员昨日(十八)通电广州、天津、奉天、杭州、龙华、云南、成都、长沙、贵阳、厦门等处要人,请以强力对曹。兹录通电如下……"

代，庶孟津有大会之举，巨鹿无观望之军。民国存亡，胥在此举，惟公等实图利之。迫切陈词，伫俟明教。沪参议院、众议院。印。

（《申报》1923年10月19日）

与旅沪两院同人致孙中山电①

（1923年10月26日）

广州孙大总统鉴：

去岁陈逆内叛，曹吴矫法，政府蹉跌，国会流离，北伐之师，止于中道，伪选之局，遂以贿成。因果相生，为祸滋烈。大总统负拨乱反正之责，连年督师，而政府、国会中断经年。拟请恢复民国十一年六月十五日中断之国会及政府，对内成立统一之中枢，对外转移友邦之观听。同人等于本月养日集议，询谋佥同，用恳大总统当机立断，正名定分，以立民信，而饬纲纪。国家幸甚！国会护法议员全体叩。有。

（《申报》1923年10月27日；《广州国民日报》1923年11月1日）

---

① 本电和下一电原标题：《护法议员开会记》。文前曰："护法议员通信处昨日下午二时开会，公推关棣主席。主席报告致中山电稿并谓同人签名均已陆续寄到。……次张知本宣读复旅厦湖北同乡会电，均无异议……"可知两电日期同。

与旅沪两院同人复厦门鄂同乡会电

(1923年10月26日)

旅厦湖北同乡会公鉴：

铣电激浊扬清，读之感泣。窃念贿选为果，矫法为因，此理易明，宁待解说？彼象坊桥畔之猪仔，已为阿瞒所烹。而湖北会馆之似龙，犹冀叶公见好，将仍误认曹家所谓参众两院者为国会耶？则应服从多数。抑已觉悟曹家所谓参众两院者为非国会耶？则应依据法统。乃自我作古，一意孤行，较多寡则不衡其量，论真伪则不核其质，徒悬一空中楼阁，腼然号于众曰"参议院"也，"众议院"也。下不在田，上不在天，咄咄怪事，叹观止矣！我国民主权在握，必有起而拔除妖孽，以救国亡者。同人等尊重民意，敢不唯命是从。国会护法议员全体叩。

(《申报》1923年11月27日)

与旅沪两院同人致唐继尧电[①]

(1923年11月15日)

云南唐总司令鉴：

号电奉悉，极佩荩筹。当此元兄窃国，法纪荡然，得执事登高一呼，树西南之义帜，壮讨贼之声威，遂听下风，至深景仰。即盼指日誓师，（勘）[戡]乱救国，务使罪人斯得，是非昭然，民国前途，庶几有豸。至组织政府一层，现正与各方接洽，并望执事电商同志各省协力共进，早观厥成，无任翘企。移沪参、众两院叩。

(《申报》1923年11月16日)

[①] 本文原标题：《旅沪议员昨日开会纪》。文前曰："旅沪参众议员于昨日下午二时在湖北会馆开会，公推姚文枬主席讨论议案如下：①反对北京政府承认金法郎案……③复唐继尧号电，促其出师并报告组织政府一层已在与各方接洽……议毕散会。电函录下……"

与旅沪两院同人致全国通电[①]

（1923年11月15日）

全国国民公鉴：

顷阅报载，曹锟将以其僭窃之资格，承认法国所提金佛郎案。此事关系国库，损失甚巨，兹为我国民剀切言之：

查一九〇五年关系各国所订关于交付赔款方法之协定，声明一经择定交付方法之后，至赔款交清之日为止，不再变更。嗣经各国择定，一律用电汇交付。据此规定，我国应交法国之赔款，逐年以电汇佛郎（今译法郎），自无问题。盖该约所谓金币，系对银币而言。法郎即法国之金币也，在欧战期内，我国交付西班牙之赔款，曾经照此办理，即其明证。讵一九二二年法国因中法实业银行所欠远东存户之数，浮于赔款，乃强求二者相抵，并为债权者图意外之利益，不肯收受国际汇兑所通用之佛郎，欲变更汇兑为交付硬货，而以折合美金。我若承认，将使国库蒙八千余万之损失，故国会及各法团皆经坚决反对，此全国国民所共知者也。比以曹锟僭窃，惧不得当于外人，又以现任伪财政总长王克敏与

[①] 本文原标题：《移沪国会反对金佛郎之两电》。另一致法国参众两院电以移沪参众、两院临时主席姚文枬名义发出。此文前曰："又致全国国民电稿亦经前日（15日）开会时修改始行发出其文如下……"

中法银行有特别之关系，因图个人之私利，乃不惜拂逆民意，亏损国库而承认之。此其卖国殃民，罪无可逭，应请我国民一致反对，以资挽救。尤有进者，法博使节略，内载应行列入管理公司章程各条，第二条公司应尽力于中国及远东实业商业之发展，并与北京管理部研究，并设法履行中国政府及与中法实业银行所订之合同云云。查中法银行与政府所订合同，有北京浦口市政借款等，而尤以钦线铁路之关系为最大。因造此路，并定钦州商埠与海港均归其建筑，并许法军舰屯泊。此等合同妨碍粤、桂、滇、黔、川五省路权，并不啻割弃钦州海港。故我国民且以金佛郎为增加负担，其数犹有底止，因此而牵及（义）[意]、比、西等国，均为国库之损失。至如中法银行所定合同，则为我西南各省生死存亡之影响，而以此次中法银行之复业章程赅括之。据报载，法国方面之坚持，正由王克敏等之运动，今乘曹锟之急于媚外而成就之。自曹锟入京以来，所谓临城案件、俄发债票事件，无不如外人之要挟而画诺唯谨，所以然者，彼以其地位由非法贿买而得，为国人所不承认，不得不假外援以自重。故外人有求彼必应之，外人亦知其然也。平时所不要求者，于曹则要求之；平时所可让步者，于曹则不肯让步。默察曹之罪恶，盖犹浮于卖国。循此以往，恐中华民国之所有，行将为彼断送以尽。此固非空言之声讨，枝节之反对，所能奏效也。邦人君子，共起图之。移沪国会参众两院。印。

(《申报》1923年11月17日)

致行政委员会函

(1923年12月26日)

行政委员会同人均鉴：

敬启者：前此，本院为维护人数起见，曾变更岁费支给规则，此仅一时权宜之计，于法理、事实均不便长久施行。据请诸公会议决定，从本月起仍按月支给岁费，以昭平允并兼顾同人权利体面，否则吾辈议员竟同短期雇用人役矣。专此，即颂议祺。周震鳞启。十二月二十六日。

附　录

参议院秘书厅复周震鳞函

(1923年12月31日)

迳启者：昨接台函，以变更岁费支给规则，事出权宜，未便永久施行。等因。于本月二十九日开会，咨询院议。当以是项规则如何方昭平允，应由执事另提议案，以便公同讨论。相应函复。

即希查照可也。此致周震鳞先生。参议院秘书厅启。

(《公文》,《参议院公报》第三期第十四册,1923年,第41页)

致孙中山电

(1924年1月25日)

广州孙大元帅钧鉴:

本党参议、浙江代表、众议院议员杭辛斋同志于敬日在申病故。伏念杭君为党牺牲,主持正义,卅年奋斗,两入囹圄。去年北京贿选,首先南下倡义讨贼,忧愤日深,以致心力交瘁,老成陨谢。杭君生平砥砺节操,谋不及私,是以身后萧条。继等目击心伤,同深痛悼,用特仰恳大元帅俯念杭辛斋体国公忠,积劳病故,优予矜恤,以慰英魂。除公推蒋尊簋、焦易堂、张秋白、徐清和、凌毅面请训示外,谨先电闻。

张继、钮永建、周震鳞、田桐、覃振、邵仲辉、管鹏、吴崑、凌昭同叩。有。

附杭君略历:杭辛斋君,浙之海宁人,幼而歧嶷,稍长肄业同文馆,旋官前清中书科中书。光绪二十三年在津创办《国闻报》,北方之有报纸,自此始。庚子后,尤多尽力于新闻事业,历充《北洋官报》《商报》主任,嗣在京创办《大华报》《京话日报》,北方风气素称闭塞,至此始获一线曙光。然以遇事敢言,触项城之忌,以妄议朝政,处递籍禁锢之罪。在狱经年,经原籍耆绅力保,留办浙省实业，由浙抚增韫奏请报可。旋被举农工研究会会长、浙江农会总理，创办《农工》杂志及《爱国白话报》。辛亥革命，浙省秩序得君之力保全不少。光复后，君仍尽力社会事业，迭被举为国民协济会干事长，浙江工会总理，又创办《汉民日报》，提倡民生主义，遂于第一届国会当选为众议院议员。帝制发生，以反对故被捕，陷军政执法处者七阅月。共和恢复，始得出狱，仍充众院议员。君在狱得异人传授，研究易学，发前人所未发。上年曹锟运动贿选，君在京津一带，设法破坏，正谊派议员南下，君居中擘画之力居多。不料积劳成病，竟至不起，享年五十有五。

（《申报》1924 年 1 月 26 日）

《癸亥政变纪略》序

（1924 年初春）

　　国家变革之际，武夫恣权，难可裁抑，古今中外，理势常同。然祸乱纠纷，必有由肇，识时贤哲，穷厥端委，论列是非，因时立言，足资龟镜，斯固著作之林，难能可贵者也。腾冲刘子梦泽，任中华民国第一次国会众议员，震鳞与之同列，平昔主倡，未必尽同，而欲本其天职，与暴虐政府相搏战，树国纪纲，陈民艺极，其趋则一。君主时期，鼎革之后，诛夷骄桀，专赖一人威福，致之小康。今者缔造艰难，制采民主国会，代宣民众意志，共图长治久安，淬励忠悫，不忘所托，免贻以往君主窃笑于前，固吾人所共求也。会北洋军人首恶袁氏始谋称帝，而国会一蹶。继袁者更守武力统一遗策，而国会再蹶。西南各省，倡义护法，中枢失驭，相与睽离，因而自毙，不能慎厥始终，国会三蹶。于是北洋军人余孽，因缘为奸，构成癸亥政局奇变，争攘盗窃，置元首如弈棋，衰季群盗之所为，于今见之。涣散之国会，遭迍邅之运，不肖者或且为伥，未能一致自拔，益为社会所诟病。刘君梦泽《癸亥政变纪略》，乃不得已而作矣。夫武暴恣毒，谓可为治，则前史之例，人心之公，治乱剥复之理，皆难凭信，又复何言。至若由今之道，无变今之俗，愁苦之民，决不能忍而与此终古也。则梦泽之言，行之当远，非徒贾生空言太息而已。风雨如晦，鸡鸣不已。事会之来，国自有人。愿与梦泽共勉之。民国甲子初春。宁乡周震鳞。

（张志芳主编：《刘楚湘诗文选》，云南民族出版社2008年版，第116页）

为渭川先生题扇面

（1924年仲春）

无灭无生,历千劫而不古;若隐若显,运百福而长今;妙道凝玄,遵之莫知其际;法流湛寂,挹之莫测其源。①

甲子仲春,渭川吾兄雅属。周震鳞。印二。

(周震鳞手迹影印件,周用宜主编:《周震鳞墨迹诗文选集》,第133页)

鬻书广告②

(1924年5—11月)

甲子年订

楹联　四尺五元　五尺六元　六尺八元　七尺十元　八尺十四元　一丈十六元　丈二尺二十元

中堂　四尺六元　五尺七元　六尺十元　七八尺十四元　一丈二十元　丈二尺三十元

屏条　四尺四元　五尺五元　六尺六元　七尺八元　八尺十元　一丈十四元　丈二尺二十元

横幅　全幅同中堂　半幅同屏条　手卷每尺三元　册页同过尺以二尺算

团折扇每柄三元　行草不减

---

① 语出(唐)李世民《大唐三藏圣教序》。
② 本文原标题:《周震鳞鬻书》。

铜牌及书眉册页每字一元　榜书一尺字三元　二尺字四元三四尺字十元

寿屏　每幅二十元　碑志另议

隶楷同例　篆书倍　直行草比于隶楷减一元　墨费加一　润资先惠　约期取件　劣纸不书　屏碑志撰寿文另议

收件处：上海法界望志路顺昌里十六号宁乡周寓；海上停云书画社；上海各大扇笺店。

（上海《民国日报》1924年5月29日—11月5日）

与黄钺等致贺耀祖①等电

（1924年6月26日）

长沙贺师长、叶师长，刘、谭旅长，梅、刘、陶、童、刘、黄诸先生均鉴：

养电惊悉。巨浸奇灾，亘古未有。吾民何辜，罹此浩劫。震鳞等顷已邀集旅沪邑人筹商急赈进行事宜，当经决议在沪设立筹赈事务所，以便与各慈善团体及各仁人君子接洽。敝所即设法租界贝勒路望志路顺昌里十六号。贵所进行方法，极所钦佩。省政府已否拨款急赈？灾情奇重，善后更难，非官民协力积极通筹，未死遗黎，终无所托。湖南米盐公股存款及华洋筹赈路款，与夫

---

① 贺耀祖，时任湘军第一师师长。

一切可移缓就急之款,应请贵所速呈省署,并请愿省议会议决拨借,遴派妥员会同县绅核实散赈。本省久患困贫,力有未逮,并应函请当局通电全国及沪、汉、京、津当局,各慈善团体,请求协济。敝所同人,痛切剥肤,凡力所及,自当奋迅呼吁,以尽天职也。所有调查邑中被灾详情及急赈现状,仍乞随时电示,毋任企祷。

周震鳞、黄钺、胡曜、任炳煌、朱超、邓恢宇、黄文祺、陈家鼐等叩。宥。

(上海《民国日报》《申报》1924年6月28日)

致旅居各省同乡电[①]

(1924年6月28日)

(衔略)昨接贺、叶师长由长沙拍来告灾筹赈养电,情事急迫、另录附陈,鳞等当即会商旅沪邑人,成立宁乡水灾筹赈驻沪事务所,指定法界贝勒路望志路顺昌里十六号为本所驻址,以便与沪中慈善团体及各方接洽。尊处已否接有湘电,无从悬揣。惟吾邑此次灾难之重,前古未有。目前公私荡尽,已有衣食居屋财物一洗而空,而田禾淹没,秋收已属无望,塘堤冲决,来年春耕皆费踌躇,合急赈与善后两者统筹,非数百万巨款莫能有济。然

---

① 本文原标题:《旅沪湘人乞赈宁乡水灾电》。

此巨款断非一时一地所可措办。所望内外一心，众擎共举，则吾邑数十万之遗黎，庶免流为饿莩，数千方里之乐土，或不至坐视荒芜也。诸公救乡情切，夙抱慈祥，务恳分途广为劝募，迅筹的款，直接款汇湘垣，先济燃眉，徐图善后，不胜盼祷，伫候德音。周震鳞、黄钺等同叩。勘。

（上海《民国日报》《申报》1924年6月29日）

名医张峄僧应世

（1924年6月28日）

内科医士张峄僧精通男妇大小方脉，现设诊所于上海贵州路牛庄路口一百三十三号，爰为公订诊如下：门诊：上午九时至十二时，医金一元二角。出诊：下午二时至五时，医金五元二角。贫病送诊，路远酌加。电话：中央六千七百零一。

聂宗义、李鄂仙、俞奠孙、穆抒斋、周辅、周震鳞、李时蕊、关炯之、陶鸿钧、林志华。

（上海《民国日报》1924年6月28日）

与黄钺等致上海灵学会函[①]

（1924年6月30日）*

灵学会会长诸公赐鉴：

　　敝邑巨浸奇灾，数十万遗黎，百物荡尽，待哺嗷嗷，屡得湘中函电，其状至惨，业已随布新闻登载。前日接宁乡驻湘筹（振）[赈]事务所养电，注重电汇巨款，先施急（振）[赈]。震鳞等因即约集同乡会议决，定在本埠贝勒路望志路顺昌里十六号设立宁乡水灾筹（振）[赈]驻沪事务所。匆卒闻难，失措彷徨，伏蒙贵会悯念灾黎，立需仁泽，决定先电拨大款二千元，敬聆之余，大众感泣。沪上大慈善家，闻贵会救人急难热肠，必皆望风兴起，则敝邑人民，从兹再生，其感德何可言喻耶！专此铭谢，敬颂公安。周震鳞、黄钺、胡曜等谨启。

　　再，宁乡水灾驻省事务所驻长沙东茅巷十七号，贵会电拨（振）[赈]款，务祈确交该处。因该所为敝邑殷实可靠绅民所组织，乡人所共信仰也。事关款项，应特陈明，仍祈赐教。震鳞等再启。

（《申报》1924年6月30日）

　　[①] 本文原标题：《宁乡同乡的日尾款》。文前曰："旅沪湘南宁乡周震鳞等因灵学会捐款二千元助赈，特函该会致谢。函云……"

与黄钺等致伶界联合会函

(1924年7月1日)*

月翁会长,桂春、春恒副会长赐鉴:

敬启者:近接敝县绅民函电,为水灾告急,求募巨款,电汇回湘,拯济垂死难民,情词至掺,望教甚切,各报日为登载,震鳞等在沪设所筹赈,想经鉴存。进行之初,端赖有力团体首为提倡,方易集腋成裘。夙钦贵联合会善士如林,每遇中外人民水旱灾,所属各大剧曲家,莫不见义勇为,演艺施赈,菩萨慈悲,现身说法,佛心布施,广结善缘,已溺已饥,缨冠被发,功德无量,感格天人,伏乞垂悯。敝县数十万苍生,待哺嗷嗷,迅赐设法施仁,俾不至皆流饿莩,则再生之感,永远不忘矣。专代呼吁,伫盼德音。至演剧施赈办法,用如何方便法门速集巨款,均听诸公施设,早需而已。专此敬颂公安,并祝贵会群公百吉。

宁乡水灾筹赈驻沪事务所周震鳞、黄钺、胡曜、伍炳煌、黄静尘谨启。

(上海《民国日报》《申报》1924年7月1日)

致黄藻青等电

（1924年7月2日）

长沙总商会黄藻青、王聘莘、李敬修、傅南轩暨诸公台鉴：迭接公私各电，知宁乡水灾情形极惨，同人于本日组织湘省水灾义赈会，并邀沪上慈善团体王一亭诸君协助赈款，以济灾区。惟恐缓不济急，兹特电恳尊处，先行挪垫一万元，交由周季鸿、郑漱石、史春霆、吴佩棠、陈子辉诸君中，公推一二人，即行亲往灾区，会同当地廉洁善士，相机散放救济。敝会并推举柳菊生日内起程回湘，会同办理。该款随收随即汇还，并希电复。

余肇康、左孝同、曹广桢、袁思亮、周震鳞、黄钺、邓恢宇、孙调鼎、周砥、陈家瑞、李孝仪、李德庸、柳大柱、聂其杰叩。冬。

（《申报》1924年7月3日）

与熊希龄等致程克^①函

(1924年8月11日)

为呈请备案事：窃查此次湖南水灾，绵亘月有余日，漫延五十余县。灾情之重，为本省历来所未有，亦全国各省所仅见。旅京湖南同乡，迭准省议会、水灾救济会等各团体函电奔驰陈报，业于前月二十六日开全体同乡大会，佥以水灾奇重，非筹赈无以救灾黎。筹赈事繁，非集会无以成赈务。爰即决议通过简章，选举委员，组织旅京湖南水灾筹赈会，遵即于本月三日正式成立，开始执行会务。所有本会发起及成立各缘由，理合备文，连同会章暨职员表，呈请鉴核，准予备案，至为公便。谨呈内务总长。

旅京湖南水灾筹赈会理事长熊希龄，理事范源廉、马邻翼、刘揆一、曾鲲化、周震鳞、袁家普。民国十三年。

[中国第二历史档案馆藏件；转录自周秋光编《熊希龄集（下）》，湖南出版社1996年版，第1589页]

---

① 程克（1878—1936），河南开封人。1902年毕业于河南大学堂，留学日本，参加同盟会。民国成立后历任内务部参事、总统府咨议、陕西汉中道尹、阿尔泰办事长官、国会众议院议员。1923年，任司法总长兼修订法律馆总裁。1924年1月，任内务总长，同年9月辞职，居天津。1930年至1931年任河南大学法学院教授。1934年2月，任天津市市长。1936年4月病逝。

致西南各省各军电[①]

（1924年8月25日）

（衔略）震鳞自上年反对贿选，息影申江，不问世事，本年因家乡水灾，前赴北京，勾留月余。适逢曹、吴两贼乘各省疲困，欲成武力统一迷梦，东南对浙，东北对奉，积极动员，不惜民命，甘为戎首，卢、张[②]迫而应战，遂构今日祸端。震鳞于本月十八号由京至津，目睹贼巢重地，招兵拉车拉夫，秩序混乱，封报馆，押记者，对于败耗，讳莫如深，早知贼情已虚，到津探访知好兼阅报章，则知奉军已于三日前攻下朝阳，进窥热河、古北口一带。对直作战，或居高临下之势，十九日上午十一时，奉军进攻榆关。震鳞于是夜登舟，昨日到沪。察度两军形势，胜负之数，可为预决，略有数端。奉岂直凶，秋后用兵，北风渐劲，一则乘之南下，其势顺；一则迎之北上，其势逆。直军出征，皆御单衣；奉军入关，绒皮均备，此士卒温饱不同，奉优于直一也。奉军布置，上扼咽喉，势如建瓴，进兵地利，识者共见。而连年兵器之准备，如新式飞机之多，骑炮各兵之精利，尤具特殊技能，皆为直军所不敌者又一也。奉军卧薪尝胆，与浙沪联军同，张帅收罗天下贤俊，吏治、财政、兵政条理井然，知天安民，于斯为

[①] 本文原标题：《周震鳞致西南各省电》。文前曰："湘籍国会议员周震鳞昨致电西南各省各军云……"

[②] 卢指卢永祥，时任浙沪联军总司令。张指张作霖，时任奉天督军、东三省巡阅使。

盛。直系则曹昏贪而敛怨，吴骄暴以失人，舆论欲与偕亡，内部各怀离贰，此奉优于直又一也。由此言之，曹、吴此次妄发大难，实为罪恶贯盈。天夺之魄，讨贼国军，以合肥段公主持正义，卢、张两帅率有主义争自治之良将劲卒，奋斗而前，加以贼区范围，仗而待发者尚有人在，则此贼之灭，无待著龟矣。惟吾国危亡，吾民愁困，当今已极，倘得义声同应，克期出师，即可缩短战期，障碍早除，国基早定，小民倒悬，可以立解。西南各省各军，坚苦卓绝，撑持积年，为国家□自治耳。今幸浙奉崛起，仗义执言，诸公之德固不孤矣。审势待时，夙仰高明，宁肯错过？至年来西南因事势不顺，内部不免偶涉差池，尤望尽捐前嫌，共赴一的。古来贤哲，释仇怨、图大业者，历史传为美谈。诸公皆创国元良，必不稍存庸俗睚眦之见，置大局于不顾也。特布微忱，伏祈察纳。周震鳞叩。有。

（上海《民国日报》1924年9月24日）

为《三希堂画宝》题签

（1924年夏）

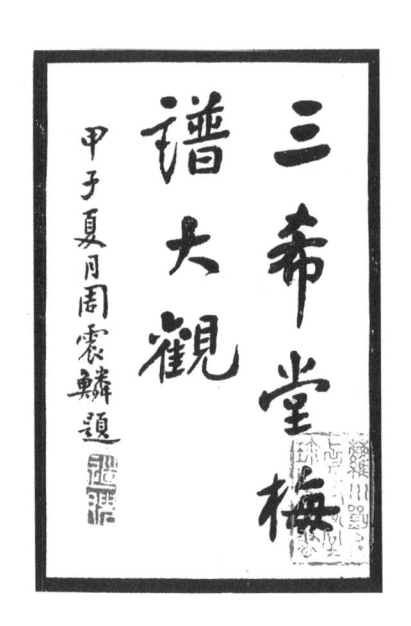

三希堂梅谱大观。

甲子夏月。周震鳞题。钤印：道腴（朱）。

（周震鳞手迹影印件，周用宜主编：《周震鳞墨迹诗文选集》，第131页）

与章士钊①等反对吴佩孚②通电

(1924年10月27日)

　　(衔略)吴佩孚有日通电,有法统恢复,国会重光,选举正式总统,成立正式政府,中华民国宪法,同时宣布,薄海人民,方庆国基大定,平成可期等语,意在假借法纪,肆志寻仇,巨谬极戾,莫此为甚。中夏夙以名教立国,廉耻立命,知法犯法,厥罪有加。佩孚平日好作大言,侈陈古训,此等大义,宁竟蒙然?往

---

① 章士钊(1881—1973),字行严,笔名黄中黄、青桐、秋桐,湖南长沙人。1901年入武昌两湖书院;1903年被聘为《苏报》主笔,与黄兴等创建华兴会,后留学日本、英国,常为国内报刊撰稿,介绍西欧民主政治制度。辛亥革命后,任《民立报》主编、参院议员。"二次革命"时,任江苏讨袁军司令部秘书长,失败后,亡命日本,创办《甲寅》杂志。后历任护国军务院秘书长、北京大学教授兼图书馆主任、广东军政府秘书长、北京政府司法总长兼教育总长、国民参政员等职。中华人民共和国成立后,历任政务院法制委员会委员、全国人大常委会委员、全国政协常委、中央文史研究馆馆长。

② 吴佩孚(1873—1939),字子玉,山东蓬莱人。1898年入北洋武备学堂开平班学习步兵科;1902年入保定陆军速成学堂学习测绘科;1906年任北洋第三镇步队营督队官,后又任第三镇曹锟协炮兵营管带。民国后,在曹锟部任团长、旅长,并先后随曹锟入川、入湘分别与西南护国军和湖南护法军作战,后任直鲁豫巡阅副使、两湖巡阅使;1922年在第一次直奉战争中拥曹锟,任直军总司令,将奉系张作霖击退山海关外。1923年2月镇压京汉铁路大罢工,史称"二七惨案"。1924年发动第二次直奉战争,被奉系打败。1925年在浙江督办孙传芳拥护下,发动反奉战争,任"讨贼"联军总司令,但次年在湖北国民军和北伐军的夹击下彻底失败,从此一蹶不振。抗日战争爆发后,拒绝出任伪职。1939年12月因牙疾经日本医生治疗后暴死。

岁以国法最尊之机关，通国秀士之所总集，公然行贿，拥立大酋，此诚古今万国人伦道德之奇变，自有心肝，所当痛哭。佩孚志切党同，饰词害义，号为依法，何异欺天？既立之后，彼酋凭借非分，黩政无方，秽德流闻，衣冠扫地。一年以来，若辈啸聚丑类，盗弄政权，以洪水猛兽之力，发挥小人无忌惮之根性，一无余蕴。海内浊乱之迹，至为五代十国之所未经。佩孚职居心膂，亲同子孙，一意拥兵，未闻匡政，徒使天下为独夫锟之故，毒流祸稔，欲哭无声，南北兴戎，绎骚无已。所庆何事？定从何来？所云政府，大抵弄儿牵引之下流；所云宪法，不外伙同掩耻之长物。佩孚晨兴发省，被酒偶醒，试思今之狐兔几群，赃私几许，以此自诩，丑何可言！士钊等名在议林，应谙法式，同人凡未参加贿选，有二百七十九人之多，名籍森然，早经布达。以议员总额八百七十一人除去中央学会及各选区未行补选之二十三人计之，受贿投票者亦绝不足法定之三分二数，正式云云，其又谁欺！窃迹佩孚色厉似刚，言刻似正，语其行己，亦有片长，无如所事非人，情殷阿附，戾气所至，不惜举全国之身家性命，为之牺牲；杀人盈城，目不留视，栖栖转战，足不暂停，如此强顽，古今未有。佩孚骂敌，辄以吕布相加，不知己即自命忠勇，窃比彦章，而曹锟之庸妄卑污，则且远出朱温之下。时当廿纪，政尚共和，吾国竟以佩孚一人之戴盆望天，师心黩武，尺土一民，举不能安，斯乃天下之公耻，匹夫之通责！谨此露布，咸使闻知，凡佩孚徇私灭理，违心长乱之誓言，所当严斥。

　　章士钊、林长民、彭养光、潘大道、叶兰彬、向乃祺、王绍鏊、郑万瞻、乌泽声、胡钧、高杞、邵瑞彭、刘恩格、孟昭汉、范殿栋、汤漪、褚辅成、沈钧儒、黄云鹏、韩玉辰、钟才宏、杨永泰、孙光庭、王用宾、白逾桓、覃振、田桐、周震鳞、汤用彬、范熙壬、李肇甫、李为纶、陈光谱、董昆瀛、刘振声、刘楚湘、徐兰墅、沙彦楷、汪秉忠、王汝圻、蒋凤梧、胡应库、吴崑、杨时杰、李执中、刘重等二百七十九人同叩。感。

(上海《民国日报》《申报》1924年11月2日)

与吕复等致冯国璋孙中山等电[①]

(1924年11月4日)

北京冯总司令、胡副司令、孙副司令,天津段芝泉先生,奉天张总司令、卢总司令,上海何副司令、唐少川先生、岑云阶先生、章太炎先生,广州孙中山先生,各省军民长官、省议会、各法团、各报馆均鉴:

元凶窃国,召祸兴戎,不戢自焚,致有今日。回念去岁大选,行贿舞弊,种种不法,举世皆知。同人等苦日力争,始终拒绝参与,良以逆取,理所难忍,反动势有必然。转瞬一年,不幸言中。祸机四起,宁弗疢怀。曹锟之来,论法律则干犯国家刑章,言道德则破坏社会廉耻。此次擅开战祸,牺牲国家人民生命财产,更难数计。仅令退避,不足蔽辜,应行严加监视,依法诉追,方足以申纲纪而正人心。至于如何善后,千端万绪,切望全国父老急起直追,共筹根本澄清之方,免贻将来流血之祸。同人等恪守正

[①] 本文原标题:《国会议员请监视曹锟》。文前曰:"前日(四日)参众两院议员吕复等在太平湖饭店开茶会,讨论对于处分曹锟问题。到会者八十余人已公同草拟一电依照签到簿次序列衔拍发,兹录该电文如下……"

义，永矢弗渝，仍本奋斗之精神，以谋政治之改造。硁硁愚见，他非所知。先此电闻，余容续布。

吕复、阎秉真、窦应昌、王源瀚、张则川、范熙壬、张宏铨、何海涛、梁登瀛、王宗尧、白瑞克、兴额、吴渊、张光炜、逯长增、刘映奎、彭建标、刘景晨、黄功素、朱溥恩、刘盥训、张我华、张善与、李为纶、彭施涤、张相文、张瑾霏、李文治、陈国玺、黄序鹓、张鸿俅、谭启桂、钟允谐、孔昭晟、金兆棪、潘乃德、李肇甫、杨择、王立廷、周兆沅、胡鄂公、高仲和、覃寿公、李英铨、童杭时、周恭寿、黄金声、陆祺、李庆芳、林绳武、寇遐、彭邦栋、翟富文、洪国垣、廖辅仁、韩玉辰、阮毓崧、叶兰彬、王兆离、胡钧、向乃祺、周震鳞、唐支厦、罗上霓、彭养光、蒙民伟、时功玖、吴子青、张大昕、汪唠鸾、焦易堂、冯自由、续桐溪、郭同、王绍鏊、王葆真。支。印。

（《申报》1924年11月4日、13日）

致全国各界通电[①]

（1924年11月25日）

各报馆转全国各界诸公均鉴：

顷致段执政电，文曰：北京段总执政尊鉴：欣闻执政，无任

---

① 本文原标题：《周震鳞裁兵主张》。

欢迎，环诵马电，主张彻底改革，以定一时之乱，而开百年之业，伟抱佛心，莫名钦佩，尤复开诚虚纳，采及群言，虽在野人，敢忘献曝。前日奉书略陈，收拾时局及建设方案，宜以收束旧军、新练国军为先。良以十年大乱，并非民众比户凶顽，纯为军界侵官离局，无论南北，覆辙则一。今之人心厌乱，非独战时，残杀鸡犬不留，无所逃死而已。即在平时，巡阅、督理、总司令以下军人，莫非横征暴敛，生杀予夺，人民遭其鱼肉，敢怒而不敢言。国家行政、司法机关，被其把持蹂躏，官吏任其进退驱使，凡财政、交通、关税、教育、实业，恣意破坏，无法整理进行，无可究诘告诉，遍地荆棘，百业裹足。盖割据地盘，恶习种其因；群盗如毛，乱气收其果。二十世纪新创之民国，陵夷至于此极，洵为伤心惨目者也。当此剥复否泰之交，万民共切来苏之望，苟非全国一致，大觉彻悟，挟雷霆万钧之力，将此失纪为乱、谬种流传之暴军尽锄而去之，根本废去佣兵，实行征兵之制，则所谓彻底改革者，仍恐徒托空言也。国中时彦，遍历东西列强者，不乏其人，问其有横暴万能如吾国之军人者乎？外国军制之良、军法之严，即其兵之所由强，国之所由安而不乱，与吾正相反也。近年来，外交家动言收回租界，然吾民生命财产，咸思寄托于此，即军人所得之私囊，所置之私宅，亦莫不共趋于此。于是，十年以来，租界之发达繁荣与内地适成反比例。盖避乱而求安者，人之常情。军人苟从此激发天良，推己及人，则解铃系铃，为事甚易。民国元年，黄公克强在南京尽一月之力，解散南方军队至二十余万之多，未见各军恃功反抗也。今日，民怨饷绌，远非昔比，各级长官，择肥而噬，安富尊荣极矣，可以休矣。况屡经私斗骄惰之兵，戢服不易，哗变时虞。乘早解除责任，于国于私，为计两得。此则所望我公反复开譬。兵亦国民，试使反身静思而不憪然自失者，非人情也。至此次战役，申大义于天下，首难将士，应抱持迭次宣言，始终守正，树之模范，决不可以暴易暴，覆车相寻。如复徇私养患，仍然多一次内战，增一次兵额，则当此财政破产，外交紧迫，恐非激出绝大民变，外人干涉裁兵不止。故吾国现势，数语可决：将帅自动裁兵，兵易裁而国可臻于富强；受人干涉，被动裁兵，兵裁而国家体面已失，国权或亦随之而亡。利害晓然，未可临祸忘忧，终于噬脐也。窃以为我公主持，用善后会议解决时局纠纷，宜即以裁现在之佣兵，筹未来之征兵为第一议题，用国民代表会议，解决一切根本大计，制完国宪，亦当以废除佣兵、定制征兵载入条文。此项难题解决，则凡驻防制度，不废而自废，南北各省，中央地方，猜疑尽泯；割据地盘，拥兵争权之患，永远消除，一班军人即能各安本分，念念国防，抱高尚雄远之略谋，措国家于不倾之地，对于内争不足重轻之胜负，必所羞言。于是，自强御侮之业，可渐期矣。如此，则我公不虚此出，张、卢诸公不虚此战，国民不虚此牺牲，彻底解决问题，实莫大于此。吾人将以此举之实见与否，卜民国治乱安危，我公三奠民国之勋业，彪炳千世者，亦应以此举之成功为最难、最大也。我佛普度众生，树无量无边功德，吾人馨香而祷祝之矣。又国家对于军政，乘时建立继往开来之宏规，急宜在中央设立高等军事委员会，为赞襄大元帅整军经武之独立机关，此时特任各省巡阅、督理、总司令充之。凡最高级军官同居首都，平时令其检阅、督练、筹议国防，有事令其统率指挥，予以年俸，加以礼遇，除守边疆大员外，不得兼辖地方，略如各国大将、元帅之制。此亦应在善后会议切实施行，明定规制，著为令典者也。周震鳞叩。有。等语。诸公饱经祸患，惩后惩前，尚祈共进良谟，策成上治，无任叩祷。周震鳞叩。有。

（上海《民国日报》《申报》1924年11月26日）

与章太炎①等致冯玉祥②电

（1924年11月30日）

北京国民军冯总司令鉴：

　　读执事解除兵柄电，凤翔千仞，脱徒尘氛，何容复有后言？屈君雅尚，惟念此次兴师，非徒（勘）[戡]定伪曹，兼亦廓清屃虏。支柱中华，赖兹一役。而悠悠之口，铄金渐多，执事果有澄清之志，直道在人，何惧谗构？况逋寇倔强于洛阳，殷顽潜伏

---

　　①　章炳麟（1869—1936），初名学乘，字枚叔，后改名绛，号太炎，浙江余杭（今杭州市余杭区）人。1897年任《时务报》撰述，因参加维新运动被通缉，流亡日本；1903年因发表《驳康有为论革命书》和为邹容《革命军》作序，与邹容同时被捕入狱；1904年与蔡元培等取得联系，成立光复会；1906年出狱后，为孙中山等迎至日本，参加同盟会，主编《民报》。1911年上海收复后回国，主编《大共和日报》，并任孙中山总统府枢密顾问，后任袁氏总统府高等顾问，东三省筹边使。宋教仁遇刺后，参与策动讨伐袁世凯，被袁禁锢。"五四"时期，脱离国民党。"九一八"事变后，主张抗日。1936年6月在苏州逝世。

　　②　冯玉祥（1882—1948），字焕章，祖籍安徽巢县，出生于直隶青县。1896年入保定五营当兵，1910年任陆军第二十镇第八十标第三营管带，武昌起义爆发后曾参与发起滦州起义。民国后，历任北洋军营长、团长、旅长、师长、湘西镇守使及陕西督军等职，1922年任河南督军，1924年发动北京政变，组建国民军。1926年赴苏联考察；1927年后历任国民革命军第二集团军总司令、河南省主席、行政院副院长兼军政部长、黄河水利委员会委员长、中央陆军军官学校校务委员、军事委员会副委员长等职。1935年授陆军一级上将。抗战爆发后，先后任第三、六战区司令长官并当选国民党中常委。1946年奉派赴美国考察水利，1948年当选中国国民党革命委员会常委、政治委员会主席，反对蒋介石裁制度，并应中共中央之邀参加中国人民政治协商会议筹备工作，自美国回国途中在黑海遇难。

于朝野，大局岌危，如燕巢幕。执事一去，则宗社之遗孽复横，洛派之死灰更燃，事败垂成，未得为功成身退。尚望迟回数月，坐致清明，使民权大伸，国基永固，所谓军不成阀，阀不代兴者，于此实现，然后远师郭令，近法蕲王，不亦可乎？

章炳麟、徐绍桢、柏文蔚、杨庶堪、马君武、焦子静、石青阳、庞元澂、谢持、居正、周震鳞、刘成禺、颜德基、冯自由、谢良牧、管鹏、但焘、邓泰中、茅祖权、周佩箴、顾乃斌、顾忠琛、郭泰祺、刘咏阊、张一鸣、马素、田桐。卅。

（上海《民国日报》《申报》1924年12月2日，据天津《大公报》1924年12月9日校）

介绍痔医

（1924年12月14日）

江君岳崟系法国医学肛门专科博士，对于痔疾研究最精，新法注射，不用刀割，永断根株，绝无痛苦。友人鲁君荡平患痔七年，屡医无效，昨经江君施用手术，不数日已告痊愈。特为介绍各患痔者速往诊视，幸勿自误。江君医院在文监司路。

介绍人：周震鳞、于右任、柏文蔚、徐元诰、彭程万、邵力子、叶楚伧启。

（上海《民国日报》1924年12月14日）

与彭邦栋等致段祺瑞函

（1924年12月15日）

芝老先生阁下：

　　敬启者：我公此次应时势之要求，经国人之推举，出掌国权，原冀以光明正大之道躬，革除一切卖国肥私之秕政而更新之，以清明公廉之盛治。乃自执政以来，方始兼旬，一切大政新猷，毫未见诸施行，而独于举国向所反对之金佛郎案，首蒙光顾，如各报所载，谓执政府已决计将此案交付国际法庭判决，外交部已发出各公使电报九件，转求各国同意。云云。夫金佛郎案原由，昔时奸人当权，借口恢复中法实业银行，故不惜勾结法人，为用金无理之要求，以图卖国肥私。曾经众院议员褚辅成、刘重等提出不承认用金之决议案，又经参院议员张我华等提出遵约办理，经电法国议院，请其自行提议取消之决议案。两年以来，其他议员之提案质问，各地方团体之通电反对者，尤时有所闻。即如我公上年亦曾警告吴佩孚，劝其勿轻办金佛郎案，以蹈违法卖国之嫌。言犹在耳，曾几何时，在人不可为者，比及在（已）[己]，而遂可为耶？或曰为此议者，固亦深知承认金案为卖国，不免全国之反对，故特委其责于国际公判，以卸直接承认之责。不知国际法庭，列席各强大多数为我之债权国家，与金案有密切之关系，故外交团对于金案，往者已曾徇法人之请，有要求之联衔，今我乃请其公判，是与请法人自己裁判者何异？换言之，即不啻请债权各关系人，向债务者自为清算之处分，自非为破产之宣告者，绝不出此，其必为扶同谋利、协以图我，乃意中事，尚有何公理之可言？不过巧设此变相之承认，以为压制国人之利器，便于实收卖国之利而已。至于损失国利，丧害国权，实较之直接承认者浮十倍不止也。

盖直接承认虽违法卖国，犹出于本国人主权之自动；若付之公判，则我人直退居被动之地，实不啻与外人以干涉内政、共管国财之先例，毫无主权之可言。又直接承认，吾国人犹可以特别优待市情法人为相当之要求；若出于公判之承认，则纯为义务责任，毫无情惠之可言。又直接承认，吾国人尚可根据国内法主张自国利害为种种指摘比付之研求；若出于公判之承认，则直成为世界舆论压吾国人全处于顺受处分之穷途，国内法固等于零，更无比付研求之余地。此其误国祸国也，宁尚可以道里计耶？夫以已经两院决议不承认之案，在政府只有执行力争之正义，无变更之特权。又原约及换文之文字，尊用彼国通行国（弊）[币]，行之廿年，意甚明了，在事实上亦只宜据约力争，无强付公判之必要。今忽然将此当争之正义放弃，必守之议案违反，而转求之于协我之列强公判，此为有病狂之奸人，利用我公威望，以行其卖国营私之黑幕诡术者。明达公忠如我公，奈何于莅政之初，万几未理，而遂被人舞弄，替人受过若是耶？邦栋等本迫于爱护国家，及爱戴我公之热忱，敢贡其曝暄之愚忠，以及如各报所载，非确系一种宣传作用，则请速行更正，以免生奸人之心，而启国人之疑。如所载实有拟议之动机，亦请我公审慎周详，毅然舍去，以免蹈卖国之嫌，致望实之两损，实为公便。临楮毋任神驰。此候崇安。

彭邦栋、周震鳞、冯自由等同启。十二月十五日。

[财政科学研究所、中国第二历史档案馆编：《民国外债档案史料》（12），档案出版社1990年版，第336—337页]

与章太炎等护党救国公函

（1924年冬）

敬启者：吾国原始民党以同盟会为最先。当时羁栖学舍，手无斧柯，只此本驱除鞑虏、恢复中华、创立民国、平均地权十六字之誓言，发挥民族、民权、民生三大主义，以澄清中国。不惜躯命，前仆后继，虽建置职员，而实归平等；虽分布群策，而各无异同；虽片时纷争，而不蓄私憾，故能树之风声，为全国军民所信仰。其时同盟支别，又有共进、光复诸会。名虽小异，体实大同。众志成城，赫然振发。于是有辛亥光复之役。议者或以光复为易事，苟非忠信相孚，亦乌能应于万里乎？在会同人，志多恬退。大勋已就，而乘车戴笠者各不相猜。虽环堵萧然，亦无怨悔。追怀旧雨，实令人叹慕无穷。嗣后旗帜渐分，始有共和、国民二党。其时同盟余烈犹未全衰。癸丑金陵失败，民气日消。及袁氏覆亡，民党已四分五裂。幸各党皆有同盟旧友为之纲纪，间招时俊，颇亦得人，相与支持不坏。然政党相猜，易破道义。淳朴之气，日渐浇漓。甲是乙非，争端无已。自六年护法至今，虽西南孤峙，存此孑遗，而各省意志，常非一轨，甚乃抗兵相攻，自生仇衅。一时利用，旋即乖离。曩无尺寸之借，而能取中夏于满洲之手。今有数省之力，而倒授军阀以主器之权。则知诚信日衰，转相携贰为之也。某等以国是不定，由民党涣散之故，所以犹有余烬者，则同盟会精神未尽磨灭，阴与维持，而受之者身不自觉。向使同盟尚在，凡民党在朝在野者，必不为尔寂寂。虽有桀黠之徒，亦不得递司神器矣。为是感念旧交，力遒来轸，冀以同盟旧人，重行集合团体。稍就次，乃旁求时彦熔于一冶，以竟往日未伸之志，而为将来匡济之谋。将伯频呼，反思不远。执事夙同大义，勤劳廿年，阅事既多，德慧日进。惟望赞成此志，加以匡扶，则死友得酬，存者知感。膏沐天下，为泽无穷矣。特书申意，不胜悃款之至，专此布达。敬颂□□先生冬安！

周震鳞、管鹏、焦子静、茅祖权、章炳麟、田桐、居正、冯自由、马君武、但焘、谢良牧、刘成禺同启。

通讯处：上海南阳桥裕福里二号章太炎先生寓。

民国十三年　月　日。

[冯自由：《革命逸史》（上），东方出版社2011年版，第46—47页]

致孙科[①]等电

（1925年3月13日）

孙哲生、朱之龙、谢无量各同志均鉴：

真电悉。是日开封党部宴集同志，狂风忽起，黄雾四塞，昼为之昏，举座惊顾，叹为罕见之天变，孰料即为先生赍志长逝，吾人永痛之纪念日也。大难未平，建设方殷，遽失国父，民何所依。所愿诸同志继续先生奋斗精神，始终勿懈，确守主义，猛策治安，则先生虽死犹生，国人不致失望，同志之责洵匪轻也。至于饰终之典及一切身后事宜，国家公道、友朋私交，在京同志必能商酌妥善办法以慰英灵。鳞定一星期内回京，并闻。震鳞叩。元。印。

（刘斌，孙宏云：《各方致孙中山函电汇编　第10卷》，社会科学文献出版社2012年版，第59页）

[①] 孙科（1891—1973），字哲生，广东中山人，孙中山长子。五岁时随着祖母杨氏移居夏威夷檀香山，并在檀香山完成中学学业，然后前往美国留学。1907年加入同盟会；1917年任广州市市长；1931年任南京政府行政院院长；1932年任立法院院长、宪法起草委员会委员长；1947年任南京政府副主席；1948年任行政院院长，次年辞职，后长期旅居法美等国；1965年任台湾"总统府资政""考试院"院长、东吴大学董事长等职；1973年病逝于台北。

与王家襄致段祺瑞函

（1925年3月15日）

芝老执政钧鉴：

敬启者：前阅沪报载称，国会议员刘重①，在湖南汝城县被赵省长部下李旅长枪杀等事，当即驰函跟问。兹据刘宅家人暨郴中友人来函均称，刘君于阴历十二月初旬回家，本拟收拾一切，迎眷来京，为久居计，因赴广东乐昌之坪石市清理房产，于十二日下午在于距离坪石三十里之樟树桥（距郴县七十里，重永兴县人，坪石为通商要市，故有房地在彼云）被驻军拦截，不准通行，旋被搜去众院徽章一枚，更恃蛮凶阻，备加侮辱。十三日押解回郴，十六早十时，李旅长品仙忽执行枪杀，亦未宣布罪状。云云。查刘君为拒选同人之一，去年同人移沪刘君被推为行政委员，任事最为热心，对赵省长亦常常为之鼓吹联治，赵氏之得与此次改革发生关系者，刘实为其中出力之一人，旋经省署聘充顾问，于今二年，同人无不知者。今一旦忽在其家乡之郴县途中被赵氏部下枪杀，实出同人意外。盖无论以何项罪名诬陷刘君，均应提解省

---

① 刘重（1882—1925），又名进修，号钦实，湖南永兴县人。早年追随黄兴、谭人凤等参加革命活动，先后参加华兴会、同盟会。辛亥革命后，曾任永兴知县、国会众议院候补议员，参加"二次革命"、护国运动、护法运动，后任众议议员。1924年12月回湖南汝城清理房产时，被赵恒惕部李品仙枪杀于1925年1月8日。

城，依法讯究核办，方为平允。今该旅长乃拟将刘君于半途中邀截枪害，以为死无对证，此真凶狡小人周兴、来俊臣①之流，惨杀贪功者之所为，应与彻查者一。旅长虽尊，究无专杀国会议员、省署职员之权。刘君之为国会议员，郴属三尺童子皆知，今该旅长乃公然将刘君擅杀，则湘中政刑之欠清明，民命之被草菅，更何堪设想？此就杀人举动太易，杀人机关太多言，应与彻究者又一。又刘君素以热心爱国、洁己奉公为职志，平生私蓄毫无，今虽被诬而死，总算为国牺牲。顷闻其少妾稚子，流落湘沪间，殊堪悼悯。此就其遗族言，应为抚恤者又一。故同人特公呈前来，希乞钧座即电饬长沙赵省长，嘱其速派贤员，严查旅长李品仙诬陷刘君，究竟何种人证、物证，何时何地何事截拿，何时何地何罪枪杀，何以当时不解交省城讯究而迫不能待自行擅杀，是否挟嫌图报抑系惨杀贪功，务祈彻底根查，以事昭雪而肃法纪，并恳钧座垂念刘君昔日守正之义，奉公之勤，厚加恤抚，以活遗族而慰英魂，实为德便。临楮毋任盼祷之至，专此，肃候钧安。

　　王家襄、褚辅成、彭养光、焦易堂、韩玉辰、周震鳞、彭邦栋、冯自由、孙光庭、乌泽声、王绍鉴、杨永泰、向乃祺、李为纶、范熙壬、高杞、时功玖、张光炜、马君武、罗上霓、邓天一、丁惟汾、于洪起等六十七人同启。三月十五日。

（北京《晨报》1925年3月18日；《申报》1925年3月21日）

---

① 周兴、来俊臣，均为唐代武则天在位时的酷吏。

在上海大学追悼胡景翼[①]
大会上的讲话[②]

(1925年5月10日)

胡公以非常之人，成非常之功，半由天才，半由努力。天才难学，而努力易学。其天资甚高，记忆力极强，读书过目成诵，与友人谈，亦久而不忘。十余岁，便奔走革命，实少读书机会，然史、汉各书，能对答如流，作数十行之函件，数分钟便成。早年，中山先生及其他友朋之谈话，至今皆能记忆。此固出于天资，然亦由暇时手不释卷及勤作日记。又能耐苦奋斗，与将士共甘苦。秦俗本尚武善战，从事者多读书人，重以胡爱才好士，故极团结亲爱。昔有父子兵，今之陕军则可谓之兄弟兵。其能以少胜多，

[①] 胡景翼（1892—1925），字励生，亦作笠僧、立生，陕西富平人。1908年入西安健本学堂，结识井勿幕等人；1910年加入同盟会，并促成陕西同盟会、哥老会与新军联合。武昌首义后，在陕西举兵响应。民国初年曾两度赴日本留学，1914年回陕，在陈树藩部下先后任营长、团长等职；1917年参加于右任为总司令的陕西靖国军。1922年第一次直奉战争期间任冯玉祥部师长，与河南督军赵倜激战；1924年第二次直奉战争期间，与冯玉祥等发动北京政变，控制北京，任国民军副司令兼第二军军长，击败直系吴佩孚进军郑州，任河南办理军务收束事宜（相当于督军），并将陕西督军刘镇华及其部下憨玉琨驱逐出洛阳。1925年4月突然病逝。

[②] 文前曰："上海大学于前日（十日）下午在第二院举行追悼胡笠僧君大会，到三百余人……周道腴讲演略谓……"

实由于此。胡又能忍辱负重，卒集大功。吾人今日欲救国难、御外侮，皆不能无兵。青年应注意于此。胡又极爱护教育，甫抵河南，即确定教育基金独立，豫省收入千余万，今确定教育经费每年三百六十余万元归教育厅等独立经管。此为全国军民长官所不能办者。生平以国家与主义为前提，不治家产。尝有言曰："现在有兵的人，就要争地盘。我却不然。我是以主义为地盘，有人阻碍三民主义之进行，我便要打他。"此种精神，最可为青年模范。

（《申报》1925年5月12日）

在胡景翼追悼大会上的讲话[①]

（1925年5月31日）

胡上将军历史，诸君想已熟知。章太炎先生所作之传，尤为详细。胡将军有功国家，其回兵倒曹、扫除叛逆。今国民既一致追悼笠僧，是与之精神一致，至为可慰。

（《申报》1925年6月1日）

---

① 文前曰："胡景翼追悼大会昨日下午二时在宁波同乡会开会到者一千余人……开会情形，先由周震鳞报告略谓……"周震鳞为胡景翼治丧筹备处主任。

挽胡景翼联

（1925年5月下旬）

夷门宾客拟信陵，事业方兴，未终所志；
频阳将军踵王翦，苍天何酷，独夺其年。

（《申报》1925年5月28日）

与章太炎等致全国各界通电

（1925年6月1日）

北京临时执政、国会非常会议、省议会联合会、商会联合会、各省区军民长官，各省议会、教育会、农会、商会、工会、律师公会均鉴：

五月三十日，上海各校学生因反对外人越界筑路及加码头捐事，游行演说至英租界，被拘四十余人，因复拥至南京路英巡捕房，要求释放。英捕交涉未已，任意开枪，伤学生及路人二十一名，当场死者四人，重伤致毙者七人。英捕房自谓保护治安，而学生实未携带金刃，空言求请，何害治安？乃竟开枪杀人，波及行路，似此妄行威虐，岂巡捕之职当然？事后学生要求驻沪交涉员与领事谈判，请将行凶巡捕治罪，而该捕房犹始终狡展，连续两日，仍于马路枪杀市民不绝。是则租界吏役擅杀华人，一切可以保护治安借口，恐虽专制君主，亦无此残戾也。某等以为英捕而不治罪，固不足以肃刑章；英捕而果治罪，亦未必足以防后患。惟有责成外交当局，迅速收回租界市政，庶几一劳永逸，民庆再生。且向日租界所以自诩者，不过曰内地官厅保护商民之力，远逊于租界耳。然自顷岁以来，绑票行劫之事，层见叠出，租界巡捕，无奈之何，比之内地都会，鸡犬不惊者，防护之力，优劣悬殊。而今英捕复恣以兵器杀人，则内地警察，固无此事。苟人民为自卫计，政府为保护人民计，以收回租界市政开议，英人虽悍，当亦噤口无词。至收回以后，英人所置私产，仿日本居留地法，仍可任其管业，则于通商原无所碍。惟租界之名，在所必废。英人所设市政廨宇，在所必收。戢凶暴而惠黎元，殆无逾此。素知诸公爱国卫民，无间遐迩，用是直陈愚悃，恳请一致主张，期于必效，使水深火热之民早登衽席，则非仅上海一方之幸也。

　　章炳麟、褚辅成、周震鳞、曾彦、张冲、王丽中、袁华选、蒋光亮、张启荣、但焘、王心三、徐伟、程耀楠叩。东。

（《申报》1925年6月6日；广州《时事报》1925年6月9日）

与章太炎等致全国军人通电[1]

（1925年6月16日）

（衔略）上海英捕房肇衅，贼杀吾民，交涉未了，而汉口英租界戕杀苦工之事又见告。是则英人于此，绝无悔祸之心。究其所以跋扈如此者，实由频年军界内争，置外患于不顾，故英人得伺隙而起，临时政府及工商学界，对于此案，非无严重之抗议，相当抵制，而彼方犹恃顽强，听之藐藐。然则樽俎之外，当有折冲，非可以徒手交涉明矣！历观诸公对外交各电，濡笔陈词，非不慷慨，然果使同心卫国，何不连名署电，表示一致，使英人有所慑而不为？！且国家之设军队，自警备队外，皆名国防，年来内战频（烦）[繁]，其始或能树名义，其终且自为私图，乃并国防名义而亦忘之。长夜未醒，外衅猝至，若不尽释旧嫌，武装卫国，微特本案永无了结，正恐英人所以蹂躏吾民者，又将出于上海、汉口之外。彼焰愈张，民心愈愤，此后越出轨道之举，又焉能保其必无，则遍地皆成荆棘，诸公亦无所借手矣！窃请连名署电，敦促临时政府函外，更尝请求临时政府开一国防会议，以国防纪律之师，卫国防重要之地，庶足对现局而觊方来。仆等手无尺兵，不得不以空言督责。诸公身绾军符，高权在手，若亦以空言自了，

---

[1] 本文原标题：《章太炎等唤醒军人电》。

甚非所以望于介胄之士也。

章炳麟、褚慧僧、蒋尊簋、黄大伟、周震鳞、袁华选、但懋辛、蒋光亮、但焘、熊烨、顾忠琛、王绍鳌、朱树藩、曾彦、聂豫、叶增铭、吴永珊、王丽中、焦子静、赵铁桥、汪东、杜仲伏、王心三、高振霄、孙锄云、石隽寿、宋韬、徐伟、程耀楠叩。铣。

（上海《时事新报》《民国日报》1925年6月19日）

赞胡景翼像赞

（1925年）

桓桓上将，天挺魁奇。发名成业，崛起关西。提师十万，绥靖京畿。还旆中原，斩七蛟螭。秉打无畏，负重而趋。心广体胖，为国忘私。菩萨转世，给佛示慈。虽死犹生，赫弈威仪。

（李凤权编注：《胡景翼将军遗墨选萃》，陕西人民教育出版社2011年版，第91页）

与李仲三等致全国各界电

（1926年1月上旬）

各报馆、各省议会、国民军各将领、全国国民公鉴：

段祺瑞乘曹、吴溃败之际，伪托革命，毁弃《约法》，以马电宣言欺朦国民，谓将以善后会议，收拾乱局，以国民代表会议建设国基。当时海内忧时之士，曾大声疾呼，力伐其奸，而国民因困于水深火热之中，急不暇择，冀其一反安福时代之所为。而段氏乃得率其党徒，营私误国，执政以来，行不顾言，用人失当，安福宵小，尽据要津。且刚愎犹昔，益以伪诞，召集善后会议，颠倒是非，好恶由己，垄断议席，阳为善后，阴行构乱，使各省疆吏疑怨交并，善后会议之席未终，地方之战事已起，段氏此时犹不知引咎去职，以让贤哲，尚老马恋栈，苟延旦夕，所作所为，愈益乖戾。解决金佛郎案一举，损失国库一万数千万元，举畴昔之张目反对曹锟者，躬自蹈之，言行不符，一至于此。张作霖乃乘此民心叛涣之日，掉臂入关，以相胁侮。适"五卅"事起，倖延残喘，乃张皇补苴，滥设骈枝机关，冀殖私党，以图固位，耗费巨款，正供无著。各省告灾，赈救不闻，而一年之政费则支出一万万元，比之历任总统，超过二倍。其无丝毫经国吊民之念，可见于此矣。犹欲托命于列强侵略政策之下，置"五卅"惨案数百爱国青年之屈死于不问，而反以为个人之利，以类似于私和人命蘗取赃款之方式，腼颜发出请柬，召集关税会议，等国耻民意于无视，欲以此暗结外援，弹压群阀，以希延长其党徒黩货贼民之虐政。至此，段氏之威信已全部失坠，非承命军阀，再无自容之策。纪纲凌铄，变本加厉，上无道揆，下无法守，达官要职，鼠匿豕窜，腾笑中外，玷污京邑，何莫非段氏一年以来倒行逆施之所致也。我国民于此痛定思痛，应知国家图存，当有与立纪纲是也。段氏否认民国十四年以来相承之纲纪，而毁弃《约法》，当日段氏所挟以欺朦国民代替《约法》者，马电是也。今照实质言，段氏就职以来，并马电之假面具亦已无存。不但国民代表会议不能如期召集，狐埋狐搰，而又自改其执政制度，以许世英组阁，叔疑不用子弟为卿，此段氏家事，国民雅不愿闻。中华民国非段氏私产，既已听其纵厥党徒，任意坏法，殃民卖国，任意卷款，使其党徒沉酣于笙歌粉黛之乐，坐令人民呻吟宛转于刀锯鼎镬之苦，亦云足矣。事至今日，无论反对段氏之行为者，应当挥之使去，即令有尊敬段氏之为人者，亦当赞成其速退，以谢国人，略保晚节之人格。邦人君子，其共鉴之。

  李仲三、张继、王用宾、刘守中、惠文光、林森、郭英夫、周震鳞、周耀武、覃振、田桐、刘霭如、谢持、汤孝英、邹鲁、李养初、谷思慎、居正、张景纯、焦子敬、续桐溪。

（北京《社会日报》1926年1月11日；《申报》1926年1月18日）

书石鼓文赠丽生

（1926 年夏）

　　吾车既工，吾马既同。吾车既好，吾马既阜。君子员猎，员猎员游。麀鹿速速，君子之求。驲驲角弓，弓兹以寺。吾殴其特，其来趩趩。走宪㲋㲋，即御即时。麀鹿走束，其来大次。吾殴其朴，其来之卖，射其猏蜀。①

　　石鼓文体态之美，笔意之妙，昌黎"鸾凤翔翥众仙下，珊瑚碧树交枝柯"与语尽之矣。兹依阮刻天乙阁所藏临宋拓本橅第一鼓文，奉丽生老兄法家正之。

　　丙寅首夏。周震鳞。钤印：周震鳞鈢（白）；道腴（朱）。

（周震鳞手迹影印件）

---

① 此为周震鳞临吴昌硕《临石鼓文轴》之《吾车》部分内容的释文。陈仓石鼓，于唐代在陕西宝鸡发现，共十个，每个重约一吨。其上有石鼓文十首四言诗共七百字，现存三百字，记载了秦国国君的狩猎盛况。《吾车》是其中一首。

与田桐①致蒋介石函

（1927年7月8日）

  国急。限即刻到。桐密。鱼日抵徐，□安七军十五年南撤奉鲁，贼军乘而反攻，十军单独抵敌铁道正面，苦战四昼夜，各路援兵不能赶到，致死伤二千余人，滕县、临城得而复失，现奋力扼守韩庄、利国驿之间待援。查此次失败原因，一为冯军爽约不进，十军遂至突出过远；一为七军等撤回，十军势成孤立，加以共产党造谣，谓皖省已为彼有、南京震动，等情。说者谓武汉共党已与奉鲁勾结，弟等以为尊处急，宜好辞安慰十军，令其固守阵地，不得轻进，对攻鲁各军，亦宜通令须俟冯军确实向前作战，方可协同动作，弟等在此候暇，西行察看情形，再行报告。震鳞、桐叩。印。

  （王杰、张金超编：《田桐集》，华中师大出版社2011年版，第332页；原件藏台北"国史馆"）

---

  ① 田桐（1879—1930），字梓琴，笔名恨海，湖北蕲春人。早年入武昌文普通中学堂，因宣传革命被开除，遂赴日本求学，与白逾桓、宋教仁等创办《二十世纪之支那》杂志，参与创建同盟会，任总部执行部书记兼评议部评议员，后到新加坡主持《中兴日报》，与保皇党论战。辛亥革命时助黄兴守汉阳，任战时总司令部秘书长，后任南京临时政府内务部参事、临时参议院参议员，并任《国光新闻》主笔。1913年当选众议员议员，"二次革命"后赴日，加入中华革命党，任党务部副部长，后历任广州大元帅府宣传处长、江汉宣抚使兼湖北省政府委员、南京国民政府委员、立法院立法委员等职。1930年病逝于上海。

与田桐致蒋介石函

（1927 年 7 月 26 日）

南京总司令尊鉴：

密。武汉肃清，则群敌瓦解，凡事易于就范，请放手为之。弟等拟勾留半月，两湖情形，乞随时电示。震鳞、桐。宥。

（王杰、张金超编：《田桐集》，第 333 页；原件藏台北"国史馆"）

与田桐致张继李烈钧等电

（1927 年 9 月 29 日）

国民政府张溥泉先生、李协和先生并转军事委员会、国民党同志诸公均鉴：

川密。本日北方总司令阎公①在太原举行北伐誓师典礼，阎公老谋深算，举重若轻，接触以前，不独敌人不知，地方人民亦视若无事。观其布置妥慎，将士一心，民情欢慰，胜算决其可操。惟兵贵声援，倘得党军星夜进捣徐、鲁，定能一鼓荡平，使北方人民速出水火，数十年扫穴犁庭之志愿一旦获偿，想诸同志必皆奋袂而起也，无任鹄候。弟周震鳞、田桐叩。艳。印。

附　录

军事委员会复周震鳞等电

(1927年9月30日)

顷奉艳电，欣悉百川同志业经誓师北伐，深算老谋，动静攸宜，极深佩慰。此间北上之师系分三路并进，早已越过明光，进逼蚌徐。兹得晋豫同时动作，尤当督励将士，星夜进取，痛饮黄龙，为期不远。谨电布复，伫盼捷音。军委会。卅。印。

(《申报》1927年10月4日)

---

① 指阎锡山（1883—1960），字百川，山西五台人。1902年考入山西武备学堂，次年官费留学日本，入日本陆军士官学校，加入同盟会，回国后任山西陆军小学堂教官、监督，山西新军第四十三协第八十六标教练官、标统，辛亥革命时在山西起义，任山西都督。民国后历任山西督军兼省长、国民革命军北方总司令、国民革命军第三集团军总司令、山西省政府主席、陆海空军副总司令、陆海空军总司令、太原绥靖主任、第二战区司令长官、国民政府行政院长兼国防部长等职。1960年病逝于台湾。

复曾杰^①电

（1927年10月2日）

艳电敬悉。百公②讨奉，京绥卓山、平地泉、丰镇三处之敌人三师，一鼓扑灭，现正进柴沟堡，张［家］口不日可下。京汉由石［家］庄攻下正定，击溃敌军两师，正在分路剿击。晋军理直气壮，精锐无比，开战以来，节节胜利，实堪欣敬。焕章③亦允协同东出助攻，东胡可望驱除。惟百公不避艰险，力当前趋，我政府全局统筹，万宜泯除一切，速出劲旅，遥为声援，以壮北方同志之气，祈协力催促为要。周震鳞。冬。

（《申报》1927年10月8日）

---

① 曾杰（1886—1941），字伯兴，湖南新化人。早年就读岳麓山高等学堂；1904年参加华兴会，并与谭人凤、李燮和等在宝庆策划响应长沙起义，事败后逃亡日本，次年参加同盟会，后回湖南从事革命活动。1911年7月与谭人凤等组织中部同盟会总会，谋在长江中下游地区发动起义，10月参与长沙起义，担任湖南都督府参谋长兼军政府秘书。1912年后赴美、德留学；1916年回国，先后任教北平民国大学、上海中国大学；1927年北伐时任武汉国民政府首席参议，后任南京国民政府立法院立法委员。抗日战争中，反对蒋介石不抵抗政策，赴上海创办《义勇周刊》，呼号抗日。1933年11月参加陈铭枢、蒋光鼐等在福建组织的中华共和国人民革命政府，后任张治中顾问，协助其主持湖南抗日救亡运动。1941年遇害。

② 阎锡山，字百川。

③ 冯玉祥，字焕章。

与田桐致南京军事委员会电[1]

（1927年10月6日）

晋军自开战以来，攻克正定，击破敌人十五军汲金纯全部，掳获铁甲车六辆、火车头六个、军车二百余辆、军火无算。东路军于四日进击新乐敌十六军荣臻、十七军胡毓坤两军，悉数击破。是役，阎总司令亲自督战，前锋已于五日占领定县，六日克复望都，现正进攻保定。北路军将平地、泉丰镇相继攻克，击破敌十二军，俘伪镇守使郭希鹏等军官十数员，得枪炮、现款甚多。复于二日攻克怀安县柴沟堡，四日攻克宣化城及距城三十里沙岭子车站，晚二点占领张家口。伪都统兼九军军长高维岳部之主力悉被击破，现正向南口进攻中。九日之间摧破敌主力军五军，京津震动，敌胆已寒。

（《申报》1927年10月16日）

---

[1] 文前曰："军委会十三日曾发出关于北方战事情形之通报二则兹录如下：顷据太原周震鳞、田桐麻日电称……"

与田桐致南京军事委员会电[①]

（1927 年 10 月 9 日）

  我军追击队至达望都之线，敌主力军王树常、戢翼翘等军增加反攻，我追击部队亦陆续赶至。敌尽保定所有之第八、第二十九等军完全加入。自昨日起至今日午后三时止，战事极为激烈，卒将强敌击溃。同时，我第十军及各旅断敌后路，敌遂纷纷逃窜，不能成军。我军当即迫近保定附近，掳获重要兵器甚夥，今晚约可追至保定以北。此战，敌精锐损失殆尽，北伐工作完成大半。

（《申报》1927 年 10 月 16 日）

[①] 文前曰："据周震鳞、田桐青日无线电称……"

与田桐致南京国民政府等电

(1927年10月18日)

南京分送中央特别委员会、国民政府、军事委员会同志均鉴：

　　川密。奉元电，敬悉大举北伐，期竟革命之功，莫名钦佩。据商总指挥①删电，我师击败吴、傅、李等数师，已围攻北京，都城大为震动等语。又绥中滦州、榆关、热河等处民军纷起响应北伐，扰敌后方，特为转报。至此次阎公决心为党国牺牲，两旬以来，日居前敌，不避艰险，实堪敬佩。胡房受此打击，已惊馁不堪，我军以节制之师，进退有度，最后胜利终自我操，万乞转饬各军，放胆猛进。万恶军阀，必（艰）[难]久负隅也。永丞在此，候北事稍定，即偕弟等南来。周震鳞、田桐。巧。印。

（《申报》1927年10月20日，据台湾国民党党史会藏件校）

---

① 即商震。

与田桐致何键①电

（1927年10月25日）

南京军事委员会飞转太湖宿松投送何军长芸樵兄鉴：

我军频年讨贼，摧吴破孙，只余张逆负隅未除。目下阎总司令北伐，张逆连战匝月，而唐生智外勾张逆，内复屯兵下游，其意何居，不待智者而解。吾党大义，昭著天下，湘中父老子弟，为革命牺牲者，前仆后继，凡三十年，此有声有色，可贺可贵之历史，岂可以随唐氏一人之私怨而隳之？兄负党国之重寄，为全三军之干城，大义所在，宁肯让人？望伸正义，一摅愚忠，千秋史册，自有公评。何去何从，不容犹豫，道远关怀，伫候明教。周震鳞、田桐叩。有。印。

（上海《时报》1927年10月31日）

---

① 何键（1887—1956），字云泉，后改号芸樵，湖南醴陵人。早年就读湖南法政学堂，辛亥革命后，相继入湖南将校养成所、武昌第三陆军中学、保定陆军军官学校第三期步兵科学习；1916年毕业后历任湘军营长、骑兵团团长、旅长、师长和第三十五军军长、江左军总指挥兼安徽省代理主席、湖南省政府主席、讨逆军第四路军总指挥、国民政府内务部长、军事委员会抚恤委员会委员等职；1956年在台北病逝。

与田桐致中央特委会电

(1927年10月下旬)①

湘人本属急公好义，唐生智自甘反叛，应使该逆个人退避，所部仍令效命党国，以免糜烂地方，牵掣北伐，并望先重北援，协破直、鲁，请电示遵。

(《申报》1927年11月2日)

---

① 1927年11月2日上午9时中央特别委员会在中央党部开第八次常务会议，研究周、田此电。

为赵戴文[1]书联

（1927年秋）

萧曹起丰沛；房杜衍河汾。

次龙先生盟长正之。民国十六年秋日周震鳞。钤印：周震鳞玺（白）；道腴篆分章草（朱）。

（周震鳞手迹影印件）

---

[1] 赵戴文（1867—1943）字次陇，一作次龙，山西五台人。早年留学日本，加入同盟会，历任山西都督府秘书厅厅长、山西督军公署参谋长、国民政府内务部长、国防会议委员、国民党第三届中央执行委员、中央政治会议常务委员、监察院院长、山西省政府主席等职。

与田桐致何应钦①电

（1927年11月7日）

军事委员会转何总指挥敬之兄勋鉴：

闻公北伐，支抵濠梁，士气壮盛，此间同志，距跃三百。一战克徐，再战克鲁，三战克燕，指日可待。窃会师武汉，为吾党北伐之中期。会师幽燕，乃吾党成功之初步，犁庭扫穴之日，弟当挽马执杯，以为公寿。周震鳞、田桐叩。阳。印。

（上海《新闻报》《民国日报》1927年11月10日）

---

① 何应钦（1890—1987），字敬之，贵州兴义人。1908入日本振武学堂学习，次年加入同盟会，武昌首义后，回国参加沪军。1913年再到日本就读于陆军士官学校；1916年秋回国任贵州讲武学校校长、黔军参谋长等职。1924年赴广州参加护法运动，任大本营参议、黄埔军校总教官兼教导第一团团长、旅长、师长、军长等职。北伐后任国民政府委员、浙江省政府主席、陆海空军总司令部参谋长、军政部部长。抗日战争时期，任第四战区司令长官、中国远征军总司令、中国战区中国陆军总司令；1945年9月在南京代表中国政府接受冈村代表日本政府投降。1946年任中国驻联合国安理会军事参谋团中国代表团团长；1948年任国防部长，次年3月任行政院长，5月辞职，8月去台湾历任"总统府"战略顾问委员会主任委员、"中华民国联合国同志会"理事长等职。1987年在台北病逝。

与田桐致中央特别委员会电

(1927 年 12 月 18 日)

（衔略）静密。铣日，何总指挥①所部各军攻克徐州，协同冯军向鲁追击。直、鲁残部经此聚歼，鲁省不难即定。从此，冯、阎二公合力肃清京汉线，不足则以坐汉十万党军相机协助，完成革命在此时矣。惟鲁省受军阀蹂躏之惨为各省冠，中枢宜严饬部队敬恭地方父老贤才，用以慰民望、安民心，使党军所至，闾里晏然。则朔北之局，从此底定，统一对外乃如反掌矣。若兵燹之后，再扰害地方，使民失望，则所得不偿所失，诚宜引为前鉴。诸公全局统筹，眼光远大，必早计及此也。弟周震鳞、田桐。巧。印。

(上海《民国日报》1927 年 12 月 21 日，据台湾国民党党史会藏件校)

---

① 即何应钦。

与田桐致蒋介石函

(1928年1月5日)

蒋总司令赐鉴：

得中枢电，知东山再起，受任元戎，行见北伐完成，澄清区处党义，实现民众安和，不胜欣庆。弟等留晋半年，目睹百士杀敌之勇，一切情形，多由协和先生转陈枢府，吾兄想必尽悉，念此后如何速定大计，拯救北方时雨之盻，苍生所同也。弟周震鳞、田桐。歌。

(原件藏台北"国史馆")

与田桐复蒋介石函

(1928年1月10日)

蒋总司令赐鉴：

川密。虞电奉悉。巩固党本，完成北伐，深得居今扼要之图，欣佩无已。协和兄电赞吾兄虚怀若谷，大度有容，此乃古来伟杰成功本领，尤深敬服。广东湘鄂之民为革命牺牲甚大，而受共匪之祸独惨，闻造祸之人已被查办，尚谋回都，再事捣乱，痛定思痛，想忠于党国同志，必有以处此也。弟见晋中被攻，既剧且久，但盼我公速先解决北方军事，似不必因党事分心也。辱承下问，敬布乞察。弟周震鳞、田桐。蒸。十日。

（王杰、张金超编：《田桐集》第335页；原件藏台北"国史馆"）

与田桐致阎锡山电

（1928年1月11日）*

奉令（勘）[戡]定幽燕，万家昭苏，似春回气转，特此敬贺。周震鳞、田桐。

（《申报》1928年3月11日）

致程潜^①白崇禧等电^②

(1928年3月13日)

弟偕孙禹行、孔云生、邓宝珊诸兄昨抵汉，极思晤教。适诸公驻节湘垣，未得畅叙，无任怅然。弟等此行，专为晋苦久战，乞诸公速出北援之师。现湘、鄂又安，苍生食福，河朔倒悬待解，想同一关怀。百川兄有详函致诸公，已请怀九兄代交，统希鉴察。弟等拟日内赴京也。弟周震鳞叩。元。

(湖南《国民日报》1928年3月16日)

---

① 程潜，时任湘鄂临时政务委员会主席。
② 本文原标题：《周震鳞电请西征军领袖从速北伐》。文前曰："周震鳞由汉口元日电程、白两总指挥及鲁、陈各军长，请速出北援之师，以解河朔倒悬。其原电如下……"

在汉口答记者问

(1928年3月14日)

问：四委员①何日起程赴京？

答：今明即乘轮东下。本人或将再来汉，惟不一定回晋。禹行②及孔委员③则将赴南京办理军委会事务。宝

---

① 指国民政府委员周震鳞，军事委员会委员孙岳、孔繁蔚、邓宝珊。
② 孙岳（1878—1928），字禹行，直隶高阳（今属河北）人。1904年考入保定武备学堂；1906年入陆军行营军官学堂（陆军大学的前身）第二期速成科学习，加入中国同盟会，毕业后入清军第三镇任管带，中校参谋；1911年参加滦州起义，后任苏松宁扬镇五路军总司令。民国成立后，被江西都督李烈钧招聘参赞军务兼督办庐山牧场，参加"二次革命"、护国运动，后入直系，任曹锟部军官教导团团长，先后参加直皖战争、第一次直奉战争；1922年任第十五混成旅旅长兼冀南镇守使，驻河北大名。后投向孙中山，1924年第二次直奉战争爆发后，与冯玉祥等人联合发动北京政变，后历任豫陕甘"剿匪"总司令、陕西督办、直隶督办兼省长、河南省政府委员、军事委员会委员等职；1928年5月病逝于上海。
③ 孔繁蔚（1885—1969），字云生，山东省滕县人。1902年岁考入山西武备学堂，毕业后被陆军部选派入日本陆军士官学校；1906年加入同盟会；1909年毕业回国；1911年与阎锡山等响应武昌首义在山西起义，历任山西陆军第十二混成旅旅长、第二师师长、第四军军长、警卫军总司令、晋绥军训练总监；1928年后历任国民政府代表、军委会委员、山东省建设厅厅长、山东省参议长等职。1948年受解放军华东野战军之托在济南策反吴化文起义成功；1948年10月受中共中央军委之委托，北上说服傅作义起义。中华人民共和国成立后当选山东省第一届人民代表、第一届政协常委、民革中央团结委员。1969年病逝。

珊①不久即回河南。

问：周委员此行，是否专为赴京任中央职务？

答：此行重要目的，在代百川与中央接洽北伐事宜。且以樊醒民②、岳西峰③两军与焕章④固属妥协，惟尚须进一步共同努力，实行北伐。我因在国民二军甚久，与西峰、醒民交谊较深，故特在驻马店勾留数日，约其磋商一切。

问：与樊、岳接洽结果如何？

答：极为圆满。除具体之军事计划不便发表外，该两部对于冯焕章绝无隔阂，愿一致北伐，消灭奉系军阀。

问：昨接驻马店讯，岳部七军人数果有多少？

答：并在陕西者言之，约有八万上下。

问：外间谓奉军退大同，对山西取守势。确否？

答：完全不确，且系相反。奉军不仅未退，而且进攻甚急。盖按军事计划，奉军必先欲攻下山西，故对晋取绝对攻势。盖山西表里山河，形势险要。如奉逆攻下山西，由正太与道清路联络，可与德州相策应，同时可攻潼关，使陕、豫吃紧，则京汉、津浦，不易发展。纵或攻下北京，亦不能守矣。故山西现在北伐形势下，系全局安危，最关紧要。奉军取守势，及退大同之说，绝对不确。

问：阎总司令守雁门，必甚有把握？

---

① 邓宝珊（1894—1968），原名邓瑜，字宝珊，甘肃天水人。早年在新疆加入同盟会，参加伊犁起义；1918年在陕西三原与胡景翼创立靖国军，又参加冯玉祥的国民革命军，历任国民党陕西绥靖公署驻甘肃行署主任、代理甘肃省主席、杨虎城部新编第一军军长等职。抗日战争期间任第二十一军团军团长，晋陕绥边区总司令，赞同民族统一战线政策，多次赴延安会晤中共领导人。1948年8月任华北"剿总"副总司令，代表傅作义同人民解放军谈判；达成和平解放北平协议。中华人民共和国成立后，历任西北军政委员会委员、国防委员会委员，甘肃省人民政府主席、省长，中国国民党革命委员会常委，全国政协第一届委员，第一、二、三届全国人大代表，第三、四届民革中央副主席和全国政协常委，并获一级解放勋章。1968年病逝于北京。

② 即樊钟秀。

③ 即岳维峻。

④ 即冯玉祥。

答：把握虽有，然以一省之力，当奉军之冲，彼且有帝国主义为其后盾，自属处境困难。且山西为高原，地瘠民贫，其收入不敌湘省或鄂省之半。幸百川政治设施颇有成绩，不然决不能支持如此之久。以现时形势言之，必须各方一致北伐，方能成功，否则均感困难。

问：周委员对北伐观察如何？

答：本党以前能打倒袁世凯，现在本党力量如此，反不能打倒奉系军阀，实属可耻。现各领袖一致团结，不出一月，当能打到北京。若济南攻下，则奉逆命运即已告终。

问：周委员经过河南，对第二集团军有何批评？

答：冯焕章治军勤苦得法，纪律严明，实属难得。且其部下一律党化，精神焕发，诚最有希望之军队。至建设方面，焕章亦极力提倡，但建设为整个的，一省究讲不到。我在河南日短，其他情形尚不十分明白。

（《申报》1928年3月19日）

与孙岳致程潜白崇禧电[①]

（1928年3月15日）

请速提师北伐，俾与晋军收夹击之效。

（《申报》1928年3月18日）

---

① 本文原标题：《汉口孙岳周震鳞删电程白》。

与孙岳致程潜白崇禧电[①]

(1928年3月17日)*

请速出征湘之师，以解河朔倒悬。

(《申报》1928年3月17日)

在南京答记者问[②]

(1928年3月18日)

问：沿途经过情形若何？

---

① 本文原标题：《湘西各军候命北伐》。文前曰："长沙周震鳞、孔繁蔚、邓宝珊等自汉电程、白……"

② 本文原标题：《周震鳞之山西近况谈》。文前曰："民心社记者昨（十八日）特谒周氏于国府招待处梅溪山庄，比承接见，所谈晋省最近情形，颇关重要，爰记之如次……"

答：此番迭次奉政府电召，爰于一日由太原启程。因石家庄尚在敌人手中，不得已绕道由陇海路再转京汉路，再由汉口乘船来京。所过各处，大都兵燹之余，诸如一切设施尚未完全恢复原状。惟民众方面，对于主义认识，已有相当了解，观其焕发之精神，已可断定革命之成功。此吾人所引为欣慰者也。

问：晋军对奉交战之经过？

答：去岁，阎百川同志鉴于我革命军伸展长江，认为山西军事发动业已成熟，故不惜以重大牺牲，毅然决然，突出奇兵，响应党军，以分敌人之势，前锋业抵京畿，原可直取北京，出逐敌人出关，嗣因党军师次徐州，忽生变化，同时冯军方与敌人酣战陇海路，未能直下大名，袭取保定，为我军策应，故以徒取北京，延长战线，不若缩短战线，退守原地，静以待时为益。此其大略者。实则孤军深入，为兵家之大忌。与其作无谓之牺牲，毋宁保存实力，待北伐各军已至相当时期，再一举而成全功也。①

问：最近一月以来之军事状况若何？

答：我军为保存实力，静以待时，前已言之。但敌人为彻底应付党军起见，以为晋省所居地位重要，非从速解决，不足以解除后顾之忧。故自我军撤退以后，曾以全力谋我，但我军训练有素，器械精锐，加以深受主义洗礼，故虽以毫无接济之十万余众，当彼号称精锐之三十余万众，犹能坚持至今。② 距今一月以前，敌人曾竭全力攻我，我方从容应战，俟其力竭，然后迎头痛击。我军虽略有损伤，但查敌人之损伤，已十倍于我。敌人经此次最大打击以后，已深知我军非可轻侮者。故最近以来，前线虽时有接触，然无最大战决。③ 据闻敌人最近已变更战略，对我取守势，对冯起攻势，俟对冯军事得手，再全力围攻我军。是虽传说，亦不

---

① "实则……全功也。"两句，《民国日报》未载。
② "加以……坚持至今"一句。《民国日报》未载。
③ "故最近以来……最大决战"一句，《民国日报》未载。

可信其必无。故余此来，甚望大军从速北进，毋使敌人从容整理谋我也。抑者晋省交通不便，各方接济维艰，以一省之兵力、财力，对彼数省之兵力、财力，其不能持久，自属意中事，况复有帝国主义者之接济，以及交通运输远胜于我者乎！此不能不请求大军之速发，以分敌军对晋之力，即所以维持革命大局者也。[1] 吾人深信，我革命军有今日若斯之局面，已难能可贵。若再因循不前，是甘予敌人以可乘之机。与其为敌所乘，曷若先发制敌，时机坐失，智者不为。政府统筹全局，当计及之。第吾人深恐当局者之未尽能明了此中情形，不能不申请者也。

（上海《民国日报》1928年3月20日；据同日《时事新报》补校）

在南京各界欢迎大会上的演说[2]

（1928年3月21日）

今日承大家盛意，实深感谢。兄弟对党国无功，本不敢受欢迎，但孔、孙、邓三位是在北方很受辛苦的。他们是北伐的极先

---

[1] "抑者晋省……大局者也"等句，《民国日报》未载。
[2] 1928年3月21日下午2时，南京各界假金陵大礼堂欢迎由山西莅京的周震鳞、孙岳、孔繁蔚、邓宝珊四委员，蒋作宾、宋渊源、黄一欧、彭邦栋及各机关团体代表五百余人参加欢迎会。蒋作宾为大会主席先致欢迎词，并分别介绍四人简历。次由周震鳞演说。

锋，今同来此，应当欢迎。兄弟赴晋原系奉中央使命去的，此次回来，应当对蒋总司令及各当局复命。这段经过，可以略为报告。去年由京而徐，由徐而洛，与冯总司令协商北伐，甚为圆满。旋至山西，与阎总司令接洽，以兄弟二十年之旧交，当然感情隆厚，对于应行计划，无不努力实施，加以晋人信仰总理不让南方民众，总司令部下武装同志尤皆忠实分子，故唐生智去年派代表联奉联晋，阎乃杀然誓师讨奉，其代表几为民众所杀，后涿州之役，晋军死守，三面受敌，孤军深入，不免损失，不能不变更战略，暂为缩短战线。不料，奉逆旋亦改以全力攻晋，幸晋省地势高，又值寒冬，不易进攻。此时冰冻将解，甚望北伐军迅速出发。兄弟此来，要求各界同志帮助蒋总司令进行北伐，是为急切之图。现在奉逆照前次攻南口办法来攻山西，兄弟到郑州即接电报，业已击退。此刻若不速援，恐难持久，况总理灵柩在北，我们尚再迟延，不但对不起山西人民，而且对不起总理。兄弟在郑遇冯总司令及樊钟秀、岳维峻两同志亦均一致托为代达，取大联合战线。昨已将以上种种向当局陈述矣。

（上海《民国日报》1928年3月23日）

附 录

同题异文

此次由晋回京，辱承各界欢迎，实不克当。但与各同志久别，一朝相聚，幸何如之。孔、孙、邓三同志均于革命具有光荣之历史，总理在时，曾以北方革命重任相托。总理逝世以后，三同志较前益加努力，造成今日之局面。惜总理不克相见，此憾事也（词长下略）云云。

(上海《时事新报》1928年3月23日)

在汉口答记者问[①]

（1928年5月8日）

问：先生此来任务，各报略有记载，究竟情形如何？

答：冯焕章与樊醒民[②]正当北伐军大举进讨奉、鲁时候，忽于河南意见相左而发生接触，于革命前途，自不无影响。中央不忍武装党员同室操戈，除有电令外，特派兄与邓宝珊先生前往解调。

问：冯、樊意见相左，究竟因何而起？

答：冯焕章自出潼关以来，因大军北伐，必须甘陕豫三省收入，方足够军饷。而樊醒民亦以对北伐具有相当成绩，如由粤到

[①] 本文原标题：《周震鳞到汉调停冯樊》。文前曰："某记者昨（八日）特访周氏……兹得谈治撮要志下……"

[②] 樊钟秀（1888—1930），原名全有、钟秀，字醒民，河南宝丰县城西夏庄（今平顶山市西区）人。少年时拜少林寺和尚为师，后在宜川家乡组织武装，抗击官匪。1923年被孙中山任为豫军讨贼军总司令、建国豫军总司令。次年被选为国民党第一届候补中央监察委员。1926年率部参加北伐战争，在南阳、邓县一带追击吴佩孚。1928年冬，因对蒋介石不满，被迫通电下野旅居上海。1930年率旧部参加阎锡山、冯玉祥的联合讨蒋战争，同年5月23日，在视察阵地回许昌司令部时，遭蒋军飞机轰炸，重伤致死。

豫，转战万里，卒使吴佩孚莫敢谁何，迨北伐军兴，更与吴逆在豫大小数十战，终使田逆维勤、寇逆英杰等，疲于奔命，不敢南下，声援吴逆，而所部达五六万人，因中央财政困难，给养自不能不半取诸地方。因是军饷问题，逐渐发生意见。

问：冯玉祥电达中央，请免樊钟秀职，确否？

答：确有其事。不过在许久以前。

问：冯玉祥电请后，樊对冯有无态度表现？

答：有的。樊氏也曾提出几个条件，请求中央采纳施行。总之，中央对于此事，极费苦心，归根一句话，始终不愿后方多事，妨碍北伐的进行。

问：先生此来，衔中央重大使命，调解冯、樊，有无把握？

答：颇有把握。原来冯焕章乃本党健者，樊醒民又为本党老同志，当能体贴中央的意旨，各归原防，不致再生意外。好在两方都有主要人在汉，我决定想等到邓先生到达，略事休养后，先在汉口商量一公平的办法，用符中央的意旨。

问：先生还到河南去否？

答：不一定。大致最短期内是不能行的。

（上海《时报》1928年5月13日）

与谭延闿等述蔡公时[①]事略

(1928年5月上旬)[②]

蔡烈士公时，以字行，别号痴公，江西九江人。清末，权贵窃政，国事益危，种族思潮，勃然发动，与同郡烈士张华飞、徐子鸿，深相结纳。岁壬寅，组织一慎所染斋于浔郡，明为讲学，实则传播种族思潮，江西内地之有革命运动，殆以此为嚆矢。清吏嫉之甚，勒令闭之。君于是时，偕徐、张诸君，东渡扶桑，入宏文学校。时先总理赴东，宣传革命，有同盟会之组织，君即与焉。及卒业归国，于甲辰、乙巳间，偕黄克强、谭石屏两公，赴钦、廉谋革命，事泄，清吏捕之急，乃走安南，辗转返赣。旋被任为法政学校教授，仍秘密作革命宣传，不少懈。

辛亥光复，继武汉而起者为九江。君就南昌，结合同志，密谋响应，时遣人来浔军政府，密告省中情况，促即出兵攻之。及

---

① 蔡公时（1881—1928），字公时，别号虎痴、公痴、痴公，江西九江人。中华民国外交官员。清末时追随孙中山参加革命，北伐战争时，任国民革命军总司令部战地政务委员兼外交主任，1928年5月3日于济南被日军杀害，称"五三惨案"。

② 原文未署日期。查蔡公时于1928年5月3日被害，可推知此文作于1928年5月上旬。

均阳①率兵往攻，赣抚冯汝骙乃表示顺人心，遂组织军政府，推吴公介璋为都督，君乃被命为交通司长。

民二，讨袁军兴，君适任九江保商局长，事急，晋省商大计，复间关赴粤请援。及抵粤而赣事已败，亡命于日本，再入东京帝国大学。其元配桐城姚夫人，因捕君事急，家产又被抄没，且念君亡命艰辛，惊忧成疾，竟卒于母家，亦可哀矣。

七年，声涛治军潮、汕、漳、厦间，约烈士臂助。因事与某方龃龉，将决裂，烈士以有关大局，力任排解，乃某方疑甚，拘禁之，欲加害。而烈士宅心以诚，为谋而忠，坦然居之，卒被感动脱险。自是居汕头，读书习字，潮人索书者，竟有洛阳纸贵之势。继配郭夫人景鸾，慕烈士品学，誓结文学姻缘，乃订婚媾。结缡后，唱随相得，人多羡之。十一年冬，烈钧奉先总理命，收抚潮、汕，编陈炯明残部为五师，悉归节制，任烈士为参议，复改任秘书。未几，调防闽南，师长赖世璜输款于陈炯明，叛迹渐露，烈士愤甚，力主捕而洽之。烈钧欲以至诚感化，促其觉悟，然赖卒以叛，人多服烈士有特识焉。十三年冬，先总理入北京，应段祺瑞等之请，至则病作。烈钧得电往视，不幸先总理不能起，凡侍病、治丧，烈士皆躬与其役。

北伐军兴，湘、鄂、赣次第底定，孙逆传芳败退江、浙，东征军方自赣垣出动，烈士以孙部某将与有旧，握兵尚厚，言于中正，愿往说利害，备历险阻。江、浙大定，沪埠组织工统委员会，烈士乃委员之一，经营擘划，颇具苦心。十六年五月，赤民②任金陵关监督兼交涉员，因奉命回闽，举烈士以代。会日本南洋丸肇事，烈士与之交涉，颇能举职。七月解职，复居沪。

本年春，中正奉命督师，进行第三期北伐，政府特组织战地政务委员会，烈士被命为委员，兼外交处主任。五月一日，又被

---

① 即蒋均阳。
② 即林赤民。

命为山东交涉员，三日午前就职，方谓值此军事外交紧迫之时，烈士正可抒其外交敏腕，裨益军事。不料霹雳一声，竟以被杀闻。初，日本出兵山东，托词保侨，我政府以其侵主权，违公法，一再抗议，无效，竟悍然派兵入鲁，意在挠我师徒，破坏北伐，延军阀之残喘，遂侵略之阴谋。讵料我北伐将士，忍辱负重，用兵神速，一鼓而下济南，殊出日人意料之外。日以计不得逞，遂不惜多方寻衅。故烈士就职未逾三小时，交署即被日军包围。并有形似官长者，率兵廿余人，入署出纸，逼其签字，弗许，复极端恐吓，烈士亦毫不畏怯，彼伧遂率兵而返。延至午夜，竟形同盗寇，破壁直入，击烈士与职员十余人尽杀之，拳足鞭（鞁）〔挞〕，尽其辱，割耳削鼻，极其惨。闻烈士与殉难诸君当授命时，犹侃侃诘责不稍逊。噫嘻，烈哉！呜呼，痛哉！

烈士性刚直，学纯正，尝赋《吊黄花（冈）〔岗〕七十二烈士诗》，有"功名都在死中求"之句，不意竟成谶语。溯烈士为党国宣劳，于兹二十余载，未尝治生产，身后萧条，仅此遗孤灿璠，才六龄耳，尤可悯也。烈钧等，或共交游，或同患难，睹其殉国之忠，死事之惨，悲不复胜，含泪为状，以告国人。

周震鳞、谭延闿、蒋中正、李烈钧、蒋作宾、黄郛、孙科、方声涛、祁耿寰、杨虎、方觉慧、吴铁城、杨赓笙、张定璠、林赤民、熊公福、郑绍川、俞应麓、袁逸波、郭景生、卢治三、丁伟涛、张干夫、蒋均阳同述。

（卞孝萱、唐文权编著：《辛亥人物碑传集》，凤凰出版社2011年版，第254—256页）

与李宗仁邓宝珊致中央特委会电[①]

（1928年5月上旬）

（一）冯、樊两部停止军事行动，各回原防。（二）请中央派员点验樊部枪枝，并给总指挥名义。（三）岳维峻部编制，由邓赴豫与岳接洽再商。

（《申报》1928年5月17日）

与许世英等介绍亚康节广告

（1928年5月22日）*

先生于星相一门颇有经验，如前年批蒋介石得志及孙传芳之

[①] 本文原标题：《冯樊冲突完全解决》。文前曰："（汉口）李宗仁、周震鳞、邓宝珊电中央，报告解决豫事经过。"

失败，去年批唐生智风波，上月批张宗昌、孙传芳同日同时失败，又批张绍曾之遇难，均预登申、新两报，未及一月均次第实现。此乃全国共知，恐不烦多赘。

　　许世英、蒋作宾、张寿镛、周震鳞、方声涛、范石生谨启。现寓跑马厅二马路口平乐里。

（《申报》1928年5月22日）

复阎锡山电[①]

（1928年5月23日）

　　翼青、朴忱转来蒸、文电诵悉。保定已下，幽燕直趋，安内攘外，晋北雄强，快慰何似。承召似应投谒相从，已请示中枢，得复后，即由汉北来。□□兄（原按：空二字或系奉方有志反正，共图革命之人物也）救东三省、救国，此其时矣，乞转京指示为感。

（上海《时事新报》1928年5月25日）

---

① 本文原标题：《周震鳞即将北上》。文前曰："周震鳞漾电复阎总司令云……"

与许世英等介绍亚康节广告

(1928年6月3日)*

大星相家　北京　亚康节　先生现寓跑马厅二马路品平乐里。介绍人：许世英、张寿镛、方声涛、蒋作宾、周震鳞、范石生。

(《申报》1928年6月3日)

在沪宁车中答记者问

(1928年6月上旬)

问：近传先生奉派与奉方代表有所接洽，已至何种程度？
答：曾有非正式接洽，惟尚未有具体结果。
问：阎电促北返，将任何职？

答：约两周内北返。

问：收拾东三省以政治办法，抑用军事？

答：以军事为政治后盾。

（上海《新闻报》1928年6月11日）

题蔡公时像赞

（1928年6月12日）*

常山之舌，睢阳之齿。呜呼公时，而今已矣。岱宗之麓，济河之汜。碧血丹心，流芳千祀。孰复斯仇，孰忘此耻。睹此音容，惕我后死。

（《申报》1928年6月12日）

答天津《益世报》记者问[①]

（1928年6月18日）

问：先生此次赴京（指北京），关于接收任务以外，尚有其他事务否？

答：接收各机关，为予（周自称）北来任务之一部，拟乘此时设法将国内战线缩短，战期结束。因连年内争，人民实已不堪，再不终止，将见国家之不能我属。此非予之过言，事实上实已至此。

问：先生对于东北方面解决之法如何？

答：东北问题，予与蒋总司令主张，以政治手腕去解决。今晨于珍、邢士廉两君已至予处，详细磋商，予将用全力来做此事。如果东省各将领有觉悟，此事不难办到。同是中国之人，无有不能相谅之处。现候于、邢回奉一行，当有相当办法。

（天津《益世报》1928年6月19日）

[①] 本文原标题：《周震鳞对本报记者谈》。文前曰："国民政府派往北京监督接收多机关专员周震鳞氏寓国民饭店十号。本形记者昨往趋谒，志其谈话如下……"

与北京新闻记者的谈话[1]

(1928年6月19日)

接收各机关：期尚有待[2]

北京肃清之日，国民政府以北京文武机关案卷物件，至为重要，确有特派专员入京接收之议。余因急须赴北一游，因偕何雪竹（成濬）[3]先行买舟北上，过津阅报，始悉国府委余为接收各文事机关专员。昨晚到京，查中央特派各员，尚在途中。兹事重大，势须群策群力，方能进行。故何日可以接收完竣，应俟各委员到齐后，始克预定，此时不能奉告。至接收以后，对旧有官吏

---

[1] 文前曰："国府代表周震鳞于前日（十八日）下晚八点一刻由津乘专车来京。周系湘人，为民党老前辈。去岁晋阎之易帜，实周氏暗中进行之功。此次虽奉国府特派来京接收各行政机关，而所负任务之里面，颇为重大。某社记者爰于昨日上午八时许赴东四十一条第二招待处访周，当承其亲自接见，对于军事、政治各问题，俱有所探询，周氏一一答复。兹志其谈话如下……"

[2] 粗体字部分为记者所加的小标题。下同。

[3] 何成濬（1882—1961），字雪竹，也作雪舟，湖北随县（今随州市）人。早年与黄兴在武昌两湖书院同学，后留学日本陆军士官学校第五期，加入同盟会。1912年任南京临时政府陆军部副官长、南京留守府总务厅长，1916年任黎元洪总统府咨议。1917年起参加护法运动，历任中央直辖福建各军总指挥、湖北招讨使兼建国军北伐总司令部参谋长等职，1925年后历任东征军总部总参议、国民革命军总司令部总参议、鄂北绥靖主任、军事委员会委员及国民革命军总司令部高等顾问、第一集团军参谋长兼徐州行营主任、国民政府参军长、南京政府军事总参议、北平行营主任、湖北省主席、武汉行营主任、湖北省参议会议长等职。1961年在台北逝世。

如何处理，届时政府当有办法。

对关外事宜：趋重政治

先总理以主义范围天下，并无对人关系。张作霖虽属军阀，但亦中国人。此时彼方如能服从主义，改易旗帜，中央政府定可大度包容。况奉军前日撤退时，能安然保全北京秩序，不作孤注之思，亦具有爱国之念。政府当然宽其既往，纳入轨途。即就鲍毓麟而论，亦属中国军界人材，政府爱材若命，自当特别录用。况关外情形至为繁复，用兵到底，固可灭此朝食，但结果必为第三者造机会。东三省为中国之领土，国民党人，决不卖国。本此结果，政府为安内攘外计，此后，对关外奉军，当然用政治解决，绝对不致用兵。且国府与奉方久有接洽，不自今日始。现下阎总司令主持北方局面，当然由彼负责办理。现在，张作霖已亡，障碍已除，大约此次邢（士廉）、于（珍）回奉以后，必有相当之结果也。至于张学良虽无统辖三省之能力，然必有人能以统辖，况如服从三民主义以后，主权在民，本无所谓首领。将来东三省共同设一政治分会亦可，每省设一政治分会亦可，此系三省未来内部之事，现下无从解决也。

京政会主席：以阎为宜

北京政治分会，现下尚未决定，无从得知。惟北方政治，最好以熟习北方之情形者担任，较为适宜。以余观察，主席最好由阎总司令担任。因阎氏虽系武人，然究系文人出身，与一般武人不同。否则，以张溥泉（继）为相当之人选。张本北方人，秉性耿直，颇得各方之信仰。例如，青年中之民党以及一般留法学生，均极佩其人格。即东三省之人士，对彼亦颇钦敬。外传以易寅村（培基）为主席之说，殊属不确。因南人在此主政，不免隔阂，殊觉不宜也。

最近，阎因旧疾复发，已曾电宁请假，惟京、津问题，诸待整理，预料政府复电必难允准，日内定可力疾视事。

统一内政后：再言外交

至于外交事件，则防止外侮，先在统一内政，一俟军事收束，中国成了整个后，所谓济案问题、外交问题，自可次第解决。国际既有公理，伸张不患无时也。

建都于南京：似少成分

一国首都，应以交通集中为要素。先总理尝言，一俟陆海全境通达，中国首都须移建长安。足见无一定地点。至南京定都一事，系因当时北伐未成，故暂先决定。去年共产党人曾以武汉为首都，旋蒋总司令及各同志为清共计，又改都南京。目前究以何处为都城，应俟将来举行国民会议时决定。然北京克复之后，南京似较偏僻，此又非余个人所可主张者也。①

冯阎两氏间：毫无意见

日来，外间对二三两集团，虽多挑拨之词，但阎、冯两司令均系遵照总理遗训，以国家为前提之人，当然不致发生意见。且国民革命系为民众谋福利，无论何人，当然不能脱此范围，而犯大不韪。外传各节，别有作用，不足置信。

为解决一切：蒋定来京

阎总司令因北方种种问题，须蒋总司令来京协商。蒋为解决一切问题起见，自必赶速来京，日内即可成行。冯总司令是否同来，尚无确报。

召国民会议：采取严格

时局至此，国民革命第一步事业，算已告成。现在，第二步应做之事，即为训政问题，最终归结，应由国民会议中分别解决。但所谓国民会议，各须真正富有学识之国民代表出而组织，绝对不许流氓加入也。

（北京《顺天时报》1928年6月20日；《申报》1928年6月28日）

---

① 1928年6月28日《申报》所刊此段，只有"至首都问题，应俟将来举行国民会议时决定"一句，其余均无。

附录一

同题异文

　　中央所派接收委员尚未到齐，故何时接收完竣，亦难预定。至旧有官吏如何处理，中央自有办法。奉派如能服从主义，改易旗帜，中央定予容纳，况奉军撤退能保全北京秩序，不无爱国之念。此后对奉当然由政治解决，绝对不用兵。又外传二三集团军情形，均系挑拨之词，别有作用，不能置信。蒋总司令何日北上，冯总司令是否同来，尚无确讯。北伐第一步已告成功，现因实施训政，归结于国民会议之召集。

（上海《新闻报》1928年6月20日）

附录二

同题异文[①]

　　予（周自称）此次奉令北上，当然以与收废京各机关为主要之任务，一如外界所传。此外，予尚负有协助阎总司令处理北方大局之任务。至关于对奉问题，原定先以肃清关内为第一步，但

---

① 本文原标题：《周震鳞之时局意见》。文前曰："周震鳞于十八日下午八点三十抵京，记者于翌十九日驻军造访，叩询周委员此次北上，除去本国府明接收密京机关一切文卷，档案以外，尚有其他任务否，周委员答称……"

因山海关方面，日本派遣军麇集，一旦操之过急，势必便宜外人。高旅之被缴械，殷鉴非远。是以国府最近趋势，确主以政治手腕，解决东北，无论奉、直、鲁军，苟能翻然觉悟，国府无不可予以尽量容纳，使反革命分子皆得从事于新中国建设之工作。国都问题，国府决定听凭将来国民会议之公决。南京、北京或武汉，皆无成见。惟国府多数主张，国都须在全国交通上最适中之地点。

（天津《益世报》1928年6月20日）

致蒋介石张静江电

（1928年6月20日）

国急。限即刻到。蒋总司令、张静江先生赐鉴：

密。巧日安抵北京，见京津一带商民安堵，皆由中枢用人得当。百川①措置咸宜，而奉、鲁各军听同志宣传，各派劝告，深发天良，一致对外，亦为可感。惟倭奴志在夺取满蒙，故在榆关阻奉后退，若我军再进，无异为日本作前驱。百川深虑及此，故极主张怀柔，纯用和平解决，万望布告焕章②、健生③、德邻④诸兄，务宜用此主张，隐消外侮，以保国疆。事关重大，幸勿瞻循，我

---

① 指阎锡山。
② 指冯玉祥。
③ 指白崇禧。
④ 指李宗仁。

公荩筹远虑，定早见及此也。弟震鳞叩。号午。

[秦孝仪主编：《中华民国重要史料初编　对日抗战时期　绪编》，（台湾）"中央"文物供应社1981年版，第212页]

答某社记者问①

（1928年6月23日）

余（周震鳞自称）来此有数日，对于接收部院事宜，尚无具体决定，因接收人员现时尚在途中，势必俟彼到此，集合群力，方能着手进行。

至将来之接收办法，总期安详安贴。外传谓此次系采革命手段，对于旧有人员，概不留用之说，此乃不明国府革命之真谛。所谓革命者，系对军阀而言，并非为部吏而发。查北京部曹，向属清苦，大半平时勤谨秉公者，薪金必定微薄。国府对于彼辈，现宜嘉奖，以资鼓励，何能一概屏弃？不过，对于通逆有证之官吏，其因造孽过重，国府应有相当之惩戒，以儆后效。余等实行接收时，必有一度缜密之考虑。因北京设都，历年已久，各部档案，尤关重要。将来对于熟悉是项之人员，理应特别录用，缘以决非此事突易生手，所能办理。征之史乘，萧何入关，先收图籍。古人用意甚深，盍不在此中寻味？深望各部院人员，尽可放心，

---

① 本文原标题：《周震鳞昨日之表示》。

切勿自滋忧戚。国都纵即南迁，对于重要之部吏，亦当阅（？）之而南徙也。

（北京《顺天时报》1928年6月24日）

与天津《大公报》驻京记者的谈话①

（1928年6月27日）②

问：蒋总司令昨晚由南京启程否？冯、李两司令是否偕来？

答：蒋总司令昨晚由南京启程消息，尚未接有确报。冯总司令闻尚在百泉，定今晨赴新乡。李宗仁则准于四日内，由汉北上。京中各方，均接有报告。

问：蒋、冯、李三司令北来之最重要任务若何？

答：此来任务，除祭告总理外，其余尚有三点：

（一）阎总司令因北方连年用兵，民不堪命，目下收编奉、鲁、直军，在十万以上，给养困难，亟思想一办法，实行整顿裁汰，拟在京举行重要军缩会议，总期将军队减少，以轻人民负担。蒋、冯、李三司令均经赞成列席。至于地点及日期，刻尚未十分确定。

---

① 文前曰："记者于今晨九时访国府在京委员周震鳞，对时局重要消息，作详细之询问，兹志其谈话如下（记者问，周答）……"

② 文末注："廿七日。"

（二）对奉军事计划及以政治解决东北方略，均有待于共同商洽之必要，预料蒋总司令来京后，东北问题即有重要发展。

（三）视察津浦南段、京汉北段以及近畿军事之状况，兼亲自慰劳。预料蒋在京约有两星期之耽搁，即仍回宁。

问：总理灵榇是否由蒋总司令迎接至宁？

答：此层尚未决定。宁府颇有主张，如此……始能确定。

问：北京政治分会何时可以开始组织？

答：北京政治分会委员已经政府发表但李煜瀛①（石曾）主席前日始由巴黎动身回国，沿途并稍有耽搁，至早亦须在下月杪始能抵京。凡在国内各委员，下月初即可全部抵京坐候。

问：河北省政府何日可以成立？

答：主席商震，目下在津因筹划军事，尚无余暇，但中央已来电催促，赶紧成立。预料一星期内外，即可着手组织。

问：奉方投诚事件，接洽若何？

答：近数日尚在沉闷中。因奉方正在努力于收束军队，又兼有丧事，现时尚未详商。但各重要人，故倾向国府，则无问题。

问：东北舰队投诚事件若何？

答：此事由孙祥先将军接头，孙已于昨日赴津，谅系与各舰长、司令作详密协商。

问：北京特殊机关已开始接收否？先生所担任接收系何机关？

---

① 李煜瀛（1881—1973），字石曾，笔名真民、真，直隶高阳（今属河北）人，李鸿藻三子。1902年留学法国，修生物学；1906年加入同盟会；1911年回国参加辛亥革命，出版《民意报》。"二次革命"失败后避往法国，组织留法西南维持会、勤工俭学会；1917年回国任国立北京大学生物系教授；1920年在北京创办中法大学，任董事长，同年赴法国创建里昂中法大学。1923年任中法大学理事长，兼代校长。1924年当选国民党中央监察委员；1926年任故宫博物院院长；1927年任国民政府委员；1928年6月任北平临时政治分会委员兼国立北平大学校长；1929年任大学院委员、北平研究院院长；1930年2—12月任国立北平师范大学校长，后任北平文化指导委员会副委员长、国民政府建设委员会常委。抗战爆发后，往欧美，从事外交事务。1948年任总统府资政；1949年以后去瑞士；1954年定居台北。1973年9月病逝。

答：予所担任接收机关为总统府、国务院、参议院、众议院等处，因此处（姚宅）房屋狭小、不能办公。已令各职员，于今日起，迁入总统府内旧财政处，并定自明日（二十八）起，分途派员接收。

（天津《益世报》1928年6月28日）

在河北省政府成立大会上的讲话[①]

（1928年7月4日）

奉中央命令，来此参与河北省政府成立典礼，至为欣慰。河北省政府之成立，其意义极为重大，迥与他处不同。本省在革命历史上观之，清末有滦州之起义，十三年有国民军之奋斗，其事迹，俱带革命性质，为至可纪念之工作。本省久为北洋派军阀之根据地，革命势力虽欲奋斗，然未获成功。今次战事，因民意之依归，各方同志努力，北伐始获胜利，不可谓为非国民革命之成功。

惟是连年战争，各方民众生命上、财产上之损失，殆不可以数目计，而以河北省为尤甚，以军阀多为本省籍，战祸频仍，迄无宁岁。且此时军队集中，有四十万之众，提饷糈给，复取之于民众，其负担之重，不待言喻。故切希望各委员，本党义及救国救民精神，努力拯济，使人民得安居乐业，互相慰藉。总理在时，

---

① 当天，周震鳞代表国民政府到场监誓，并致训词。

当以实现三民主义，应首先使人民安居乐业为念，此意可深长思也。

对于地方行政，最重要者为吏治，用人应格外慎重，须去除不合民众心理之积习与政策。至于民生经济方面，则有总理所著之《实业计划》可依照□□□行，如为民众谋衣食住之安全，酌减军队，借轻民众之负担□□□□实行总理遗志也。果能如是，则民生经济，始有办法。省……于民众势力之上，日趋巩固，光扬发大，均意中事，外交进行，自亦必随之，较为顺适也。本员代表中央希望各委员努力向前做去。

（天津《益世报》1928年7月5日）

附录一

同题异文

震鳞奉中央之命，来会监誓。河北为最重要之一省，亦为军阀盘踞最久之一省。盖自袁世凯以来，未曾一日脱离恶势力也。地方元气损害最甚，人民痛苦受之最深，所以盼望国民革命军之至也，亦最切。今军事总算结束，鄙人所见，各位委员所负责任却愈重大，甚望努力建设，毋负中央之委托与人民之期许。

（天津《大公报》1928年7月5日）

附录二

同题异文

震鳞奉中央命令，到场监誓。惟河北省为恶军阀盘踞日久，人民所受痛苦亦最深。自袁世凯以后，几无日不在水深火热中。所以各位省委诸君，当兹就职伊始，所负责任与人民期望，非常重大。甚望本党义与救国救民精神，努力工作，使仍民安居乐业。又地方行政最重吏治，用人一节，尤须格外慎重。

（《申报》1928年7月12日）

在故宫欢迎大会上的演说[①]

（1928年7月8日）

故宫情形已由各司令报告，甚为明了。严为保管，此系当然。

[①] 是日下午，北京故宫召开欢迎赞助该院之各方人士，周震鳞与阎锡山、冯玉祥、李宗仁、白崇禧、李品仙、吴敬恒等出席。周震鳞在大会上发表此演说。

因内存古董，与文化在在有关。吴稚晖①先生亦是一位古董，保管古董，尤甚赞成。所谓古董，并非满清遗物，乃我们祖先遗产，数千年文化尽在此。倘我们不能尽力保管，即不是皇帝之子孙，即谓之不肖。因为中国有中国之文明，有中国之历史，欲求进步，须在历史中去做工夫。深望同人为政府负责保存。虽有共产党，亦不令施其破坏伎俩。

（北京《益世报》1928年7月9日）

致南京国民政府电②

（1928年7月11日）

据蒙古代表团来言，自北伐完成，内蒙各部表示内向。近闻中央有人主张处理蒙古，提出多案，嘱转恳保留，俟蒙族多数代表陈述意见，再行慎重办理。等语。查蒙、藏两地，风俗殊异，变革当出之以渐，否则，徒滋纷扰。凡废王公各问题，似宜先将蒙藏委员会移驻北平，就近审慎筹划，相机渐进。如

---

① 吴敬恒（1865—1953），原名朓，字稚晖，江苏武进人。早年就读于江阴南菁书院，后留学日本，归国后任北洋大学教习、南洋公学校长；1902年与蔡元培等组织爱国学社，后去伦敦加入中国同盟会，任发刊于巴黎的《新世纪》周刊主编；民国后多从事文化运动，提倡国语注音与国语运动，历任国民党中央监委、制宪代表主席等职，1953年病逝于台北。

② 本文原标题：《周震鳞陈对蒙意见》。文前曰："周震鳞十一电国府……"

何乞示。

（《申报》1928年7月18日）

在北平特别市[①]市长就职典礼上的讲话

（1928年7月13日）

先述何市长以前努力革命，及北平市应振兴各事，希望市政办好，将不平等条约亦向各国取消。周氏于不平等条约一点，发挥特多，但语音甚微，几不可辨。

（北京《顺天时报》1928年7月14日）

---

① 1928年6月28日，国民政府通令，直隶改称河北省，北京改称北平，为北平特别市，国民政府定都南京。北平特别市首任市长为何其巩。

挽黎元洪联[①]

（1928年7月19日）

休戚与亿兆相关，慷慨遗言，为忧国难兼民谟；
艰危痛元良遽丧，纵横老泪，既哭中山又我公。
周震鳞敬挽。

（北京《顺天时报》1928年7月19日）

在民国大学欢迎大会上的讲话[②]

（1928年7月20日）

各位同志、同学请兄弟来到民大维持，并备甚大礼节欢迎，

---

① 1928年7月19日，黎元洪在天津出殡，此为周震鳞为之题写的挽联。
② 1928年7月20日，周震鳞受北平私立民国大学校务维持会之敦请担任该校校长，并在张继陪同之下前往赴任，受到该校全体师生的热烈欢迎。此为周震鳞在欢迎大会上所致训词。

隆重盛意，实不敢当。民大创办，系总理与黄克强先生苦心，兄弟亦系发起人之一。在从前军阀之下，民大尚能维持至今，皆赖诸教职员之努力，更希望能始终维持，以造成教育界之一异光。兄弟自辛亥以后，即未与闻教育事业，自问对于教育，荒废已久，但是唯一要谛，即是要学生安心求学。须知学生所担负之责任甚大，建设国家，取消不平等条约，打倒帝国主义，都是学生的责任，希望此时不要外骛。

（天津《益世报》1928年7月21日）

在丁春膏等就职典礼上的讲话[①]

（1928年7月24日）

丁、韩、李三委员今兹就职，河北省政府从此完全成立。三委员及各位委员于此次革命，均有功劳。现在军事将告终，训政将开始，此后当努力建设，民政、财政，尤待革新整理。三委员从前在山西等省服务，成绩极好，希望将山西等省好成绩，移至本省，造成革命的新河北。

（天津《大公报》1928年7月25日）

---

① 1928年7月24日，河北省政府举行丁春膏、韩复榘、李鸿文三委员就职典礼，周震鳞任监誓委员，并致辞。

祭张绍曾文[①]

（1928年8月1日）

维中华民国十七年八月一日，国民政府特派本府委员周震鳞致祭于张上将军绍曾之灵席前曰：

燕赵之士，感慨悲歌。公尤杰出，翊赞共和。滦州回戈，特信大义。剪裁国仇，还我神器。十有七载，战血玄黄。公虽在北，思所有匡。岭南表仰，与民合作。既定江南，复归河朔。夫惟俊杰，烛于机先。岂期贼忌，志决身殒。追念平生，实多奇节。盗竟杀之，忍令流血。肃清燕蓟，大告武成。益怀功烈，允锡宠荣。清涵一樽，生刍一束。临其鉴诸，祚德以福。尚飨。

（上海《国民日报》1928年8月6日）

[①] 1928年8月1日下午二时，北平各界在中山公园举行张绍曾追悼会，蒋介石、冯玉祥、阎锡山等送挽联。周震鳞主祭并致悼词还发表演说。

在张绍曾追悼大会上的演说

（1928年8月1日）

国府对张被害，甚为悼惜。今日特派兄弟主祭。张先生为北方革命先觉，当辛亥革命之初，革军力弱，幸张在北方响应。清廷终至推翻，张之力实多。今虽革命成功，在北实赖张等先为之倡，筑有基础。故今当垂成之日，而张因努力革命之故遭军阀之忌，竟为毒害。追怀先烈，实深哀痛，故今当开追悼之日，应纪念张一生奋斗、努力革命之功绩，而未完事业则尚需各位负责力行也。

（上海《国民日报》1928年8月6日）

复李济深[1]电

(1928年8月5日)

南京李总参谋长任潮兄勋鉴：

江电奉悉。武力告成，统一实现，诸公勋烈，罕与比伦。然欲保今日成功，在速树国家建设大计。建设何先？首在建设四万万人共循之轨道。此轨道为何？即促成吾党所主张之五权宪法是也。宪法不行，民权何托？一党中少数人负责，易流于暴民专制，群盲专制，多头专制，武人专制，其害与军阀相等，其变乱或更加烈，人民痛苦无所告诉，必又有起而革吾党之命者，国事愈不可为矣。华盛顿独立战事甫平，而汲汲先定宪法。后吾国革命德、俄诸邦，军事初定，宪法立布。盖人情至涣，政治万端，必先有共守之标准，

---

① 李济深（1885—1959），字任潮，广西苍梧人。早年被选入黄埔陆军中学读书，毕业后入广东新军任见习官和新军学兵营排长，后又入讲武堂学习。1910年入保定陆军预备大学堂（后由保定迁至北京，正式定名为陆军大学），1913年毕业，留校任教，并在陆军部军学司任职。1920年南下广州历任护法军政府所辖粤军第一师副官长、参谋长、第一师师长兼参谋长、西江善后督办、大元帅大本营西江办事处处长、国民革命军第四军军长等职，1926年起历任国民党中央执行委员会委员、中央执行委员会常务委员会候补委员、国民政府委员、国民政府军事委员会委员、黄埔军校副校长、中央政治会议委员、国民政府军事委员会常务委员兼办公厅主任和训练总监等职。1946年发起成立中国国民党民主促进会，被推为主席。其间曾因反蒋三次被"永远开除党籍"。1948年发起成立中国国民党革命委员会，被推为主席。中华人民共和国成立后，任中央人民政府副主席、全国人大常委会副委员长等职。1959年10月，在北京病逝。

共依之保障，而后各项建设，方能稳定进步也。若拘牵共党、苏俄不完全之章制不能自拔，反将总理促开国民会议、实行宪政的遗教，无形延期，此不过共党把持政权之阴谋，国人必有议其后者。辱承下问，辄布所怀，望与忠实同志共商之。周震鳞叩。歌。

（北京《顺天时报》1928年8月6日；南京《中央日报》1928年8月7日）

与杨熙绩呈国民政府文①

（1928年8月初）②

（一）查亡清东西陵各跨地数百里，而林矿最富，依民生主义之原则，应即收归国有，由国家经营一切，以裕民生。况迩来直鲁残军盗掘弘历及叶赫那拉氏之墓，利其宝物，一如杨琏真珈。③

---

① 本文原标题：《明清两陵将实行接收》。文前曰："国民政府委员周震鳞、国民政府特派接收北平府院办公处主任杨熙绩日前电呈国府数事……"

② 原文中未见日期。但文后云："以上各项。业由国民政府特派接收北平府院办公处于五日奉国府（文）[支]电：各陵并旧东荒垦植局暂可接收。七日该处又奉国府鱼电：三海及中山公园应由北平市政府管理，至如何保管开放，由周委员督同市政府妥筹办法，呈候核定。居仁堂拨归北平图书馆，应照准云云。"由此可知，此文应作于8月初。

③ 杨琏真珈，元人，吐蕃高僧八思巴帝师的弟子，见宠于忽必烈，1285年任江南总摄。史载杨琏真珈善于盗墓，曾盗掘南宋诸皇帝、皇后陵寝、公侯卿相坟墓达一百余座，把盗来的陪葬品用作为修建寺庙的资金。

昔文王发政施仁，泽及枯骨，虽建房自努尔哈赤以后，获罪于我之祖宗，然坐视诸酋遗骸暴露，亦仁者所不忍也。拟请钧府准由职处接收亡清东西陵。又昌平县之明十三陵，亦应一律接收。

（一）中海、南海已多荒废，将见高台倾而曲池平。此实我先民千百年之脂膏，不可轻弃。故当以独夫民贼所据为私有者，由我政府还诸民众，恳将中海、南海概予开放，与北海合并，定名为三海公园，由本府制定章程，由北平特别市政府监督，由人民团体组织委员会或董事会，以管理之。则三海自能永久保存矣。且此举若行，所以符我总理民有、民治、民享之旨甚大。

（一）大学院北平图书馆筹备委员会函请职处拨居仁堂为馆址，应如何办理之处，乞核示。

（《申报》1928年8月14日）

与杨熙绩致国民政府电

（1928年8月6日）

南京国民政府钧鉴：

查北平电车公司于民国十年六月间成立，十三年十二月间开车营业。该公司股本系根据中法五厘金币借款合同，由中法实业银行出资二百万元作为官股，由商民出资二百万元作为商股，组成官商合办公司。官股董事额设六人、监察一人。除借款合同规定，由中法实业银行洋经理一人为官股董事外，其余董事五人、监察一人均由旧国务院派员充任。历届政局变化，均经照章改派在案，现在该公司之官股董、监各员，尚系奉张时代所委派，自未便任其继续任事，亟应由钧府遴员接充，以免间断。兹谨拟就在平各员中推荐汪秘书洛、高秘书近宸，又黄一欧三同志为该公司官股董事，所余董事二人、监察人一人，应请钧府照额派定，并予电示。即当遵饬在平各员，先行就近前往接洽，以重官股，至为恳祷。周震鳞、杨熙绩叩。鱼。

（北京《益世报》1928年8月11日）

致北平特别市政府函

（1928年8月7日）

国民政府特派接收北平府院办公处公函第五八号

迳启者：案奉国民政府鱼电开：江电悉。三海及中山公园应由北平市政府管理。至如何保管开放，由周委员督同市政府妥筹办法，呈候核定。等因。奉此，自应遵办，并即函请查照为荷。此致北平特别市政府。

国民政府委员周震鳞、办公处主任杨熙绩。中华民国十七年八月七日。

附　录

北平特别市政府复函
（1928年8月14日）

迳启者：准贵处函开：案奉国民政府鱼电：三海及中山公园应由北平市政府管理。至如何保管开放，由周委员督同市政府妥筹办法，呈候核定。等因。奉此，函请查照。等因到府。查中山、北海两公园，业经接到内政部电开，均归本市政府管理，现已派员分别前往接收在案，俟接收完竣后，关于保管开放办法，自应遵照国府鱼电，商承周委员妥筹办理。相应函复贵处查照为荷。此致国民政府特派接收北平府院办公处。中华民国十七年八月十四日。

[北京市档案馆编：《北京档案史料2000（1）》，新华出版社2000年版，第70、71页]

复李烈钧电①

（1928年8月9日）

南京李协和先生赐鉴：

虞电敬悉。战后经营，视此会议。国之安危，党之改善，亦在乎此。群情所注，必当有美满结果也。窃见吾民久苦苛政，加以积年兵祸匪祸，死者既众，生者皆发生生计恐慌问题。即北平一市，因首都南迁，失业者达数十万，河北一省聚兵四五十万，所在人民之衣食居行，均失所依。复因准共产党口号标语，满贴通衢，各项工会，同时组织，稍有资力者，皆畏祸远避，蚁附旅大，托庇外人。据平津银界调查，一两月内，金银外寄，数近万万。长此流而不返，推及冬防，不寒而栗。弟以为，今日要着，首在颁布保障人民生命财产之信条，以符革命为人群谋幸福之意义。大信既著，则社会事业与社会经济，相因发展，民气昭苏，国基斯固。裁兵固为要图，然裁以后，若再蹈军人万能积习，权

---

① 本文原标题：《保障人民生命财产：周震鳞电李烈钧请国府速颁信条》。北平市党部对于周震鳞发表此电提出严厉批评。1928年8月11日《申报》刊发的《北平党务杂讯》云："市党部以周震鳞发表致李烈钧函，有市党部组工会，作准共产运动及准共标语口号，今三时紧急会，决警告周：一、先生在党国地位，发此言可惜。二、民运依中央决议，并有训令电报及中央特派员指导。三、准共标语口号，果何所指。四、违反党纲。"

限不分，不学而制，终无异于知进而不知退之失败军阀。政治轨道，无法遵守，循环踵乱，兵亦随裁随加，朝四暮三，有何实际。弟以为，诸公既知今日为危急存亡之秋，即宜大彻大悟，不为英雄豪杰新奇可喜之空言，但遵二十世纪法制建国之常轨，急起直追，内政设施，外交应付，自能途途是道也。公吾党柱石，忧国心长，仍乞随时见教为幸。弟震鳞。佳。印。

（北京《益世报》1928 年 8 月 10 日；天津《益世报》1928 年 8 月 11 日）

复国民政府电

（1928 年 8 月 10 日）

佳电奉悉。兹遵拟加派周秘书仲良、何子奇同志为北平电车公司官股董事，司徒俊彦为监察人。查旧案监察人均系旧财政部人员充任，以便稽核账目。司徒俊彦现充本府财政部会计司司长，以之兼充斯职，似为适宜。除转知汪、高、黄三员先往该公司接洽外，敬祈汇案派委，毋任恳切待命之至。震鳞、熙绩叩。蒸。

（北京《益世报》1928 年 8 月 11 日）

复吕苾筹①电

(1928年8月10日)

佳电诵悉。已遵政府电令，续请加派周仲良、何子奇为北平电车公司官股董事，司徒俊彦为北平电车公司官股监察人，希于本府派定后，汇案办文寄平。再查电车公司除常务董事应常驻公司，办理日常事务外，其余董、监仅于每年开常会时出席会议，毋须常川驻平。周、汪、高、司徒四员系实缺人员，文内请用"兼充"字样。希即查照办理为荷。震鳞、熙绩叩。蒸。

(北京《益世报》1928年8月11日)

---

① 吕苾筹，时任国民政府秘书长。

北平民国大学招男女生

（1928 年 8 月 12 日）

招收班次：

新生：大学预科专门部、预科教育专修科、体育专修科、专门部商本科各一年级新生。

插班生：大学本科经济系一、二、三四年级生，法律系、政治系、英文系、中文系各一、二、三年级生，专门部法律本科、政治、经济本科各一、二、三年级生，大学预科教育专修科、体育专修科各二年级生。

报名：即日起，八月十八日止，随缴证书、相片及报名费二元。

考期：八月廿日起。

校址：西城太平湖。简章函索即寄。

校长：周震鳞。校务长：曾杰。

（北京《益世报》1928 年 8 月 12 日）

致蒋介石电[1]

（1928年8月13日）

国急。南京蒋总司令介石兄赐鉴：

公欲以五次全会，解决战后一切问题，用心良苦。奉读宣言，谋国亦忠。惟专凭统系复杂、首领失驭之党，处理全国大政会议即不发生纠纷，举措岂能事事适当？鄙意在国民会议未开，宪法未布以前，仍须维持国民政府现状，军事当局专管收束军队事宜，政府则积极令各省地方实行自治，一面筹备国民会议，制定五权宪法草案，以便国民会议通过颁布。报载五次会议到会委员，有开国民会议、审查《约法》两案。内容如何，虽未尽知，然关系实为重要。《约法》效力，固曾中断，而总理护法以来，曾未宣言废弃。今日制定五权宪法，《约法》前两章不必改定，但将立法、行政、司法、考试、监察五项大纲，分章增入而已。若当全国纷扰之际，不立共循之轨道，共守之常经，偏信英雄贤人政治，则圣帝明王之设施，何以不能百年无弊？伟人豪杰，谁能保其十年不死？区区之愚，以为整理一党，与授权全民、监督行政，宜划

---

[1] 本文原标题：《周震鳞之国是论：从大处着眼是真护党者》。文前曰："昨日周震鳞拍致电蒋介石一电云……"而1928年8月13日《中央日报》却以《周震鳞不懂以党治国》为题刊登此电。

为两事，并行不悖。总理既逝，一党负责过重，恐非国家之福，亦非吾党之幸也。危机四伏，不忍不言。所望审处熟思，择及菭菲为幸。静江、溥泉、组安、协和诸兄均此。弟震鳞叩。元。印。

（北平《新晨报》1928 年 8 月 15 日；据《中央日报》1928 年 8 月 13 日校）

关于东陵被盗案的调查报告

（1928 年 8 月中旬）

（一）盗陵时期。盗陵时期，外闻传说不一，兹由守陵人切实证明，系由五月十七日起，至五月二十四日止。在盗陵期间，守陵者均已被驱逐，陵由军队团团围（往）[住]，故其动作，除当事人外，外间不得而知。

（二）主动军队。在五月十七以前，该地开到孙殿英、谭温江两部，并有第七、第八两旅，孙与谭事先大造空气，谓对手方将挖陵，因此严重戒备。旋孙、谭勾接一气，共同动作。

（三）挖陵手续。乾隆之陵，本应自地宫门下去，挖开隧道，然后直达陵寝，彼等为图简捷起见，系自琉璃鼻影，由上直挖。此非熟于内中情形者，不能办。康熙及慈禧二陵，更为炸药所伤。据目击者云，工兵中有须眉苍白者二人，此决非军营中人，当系指导盗陵者也。

（四）损失数目。陵中古物被盗者，估计当值一万万，仅珍珠一项，有三四十斤。其无价之宝，则为玉石西瓜。此项西瓜，系天然长成者，有藤有叶，有皮有瓤，现不知为何人得去矣。挖陵之后，有宋汝梅其人者，自称国民政府接收东陵委员，大发无印布告，将隧道中古铜佛二十四尊，乾隆朱砂御笔条幅十幅，欲行盗去，因北平护陵兵赶到，乃遁走，物件留下，所保存者惟此而已。

(天津《益世报》1928年8月28日)

与《京报》记者谈话①

（1928年8月21日）*

此等事我无暇过问。不过，有些军人在军事解决之今日，本应当即去，让有政治头脑者出来整理国事。我从前与总理朝夕在一起，总理对于建国方略上之训政时期，曾亲手用红笔圈，对大众云：若全部军事解决，训政可以不用。军政终了，即开始宪政。现在应即时成立宪法，召集国会，俾政治速上轨道，若虑议会捣乱，同时成立监察院，备纠弹议员之用，以副总理遗志。现在一般无知青年来主持党务，何以令人发生信仰？前天我打电致协和即李烈钧，他人还来质问我。我自十三年容共之后，即不问党事。

---

① 文前曰："记者昨晤周震鳞，询以最近南京蒋总司令有回奉化原籍之说，中央政府有无变动。周谓……"

我自己固不以党员自居，然而我亦决不视彼辈为党员。党员应对于本党有历史之关系，有工作之成绩，方有党员资格。此次军事成功，不能谓战术上得胜，乃奉直鲁当局之残暴虐民，自取灭亡。后来者不知自悟，仍不异以暴易暴。此种军队能对外国打仗吗？故我主张，火速尽量裁兵，力谋建设，网罗专门人才，振兴实业，制造利器，然而再练整齐军队，巩固国防。现在战死无数青年，是驱国人而战，无异不教而杀，我极端反对。我从前在湖南办报，见到之处，即要说话。你们现在一句也不敢说，阿谀逢迎，有何用处！

（北京《京报》1928 年 8 月 21 日）

徐清和事略[①]

（1928 年 8 月）

徐公清和，字希三，吉林宁安人也。少失怙恃，弟兄五人，公居其仲，长兄复早殁。性沉毅果敢，素怀大志，以抚育诸弟为己任，友爱异于常人。尝谓："大丈夫当乘长风，破万里浪，岂可徒守蓬门？"嗣以诸弟成年，家事付托有人，得遂初衷。丙午，经吉林将军咨送北洋高等警务学堂，毕业后，立志不为满清官吏，慕先总理之主义，遂加入同盟会，从事革命运动。辛亥反正，临

---

① 本文原标题：《徐公清和讣闻》。

时政府成立，初办选举，本省咸重公之为人，故复选当选第一届国会众议院议员。民二四月，召集开会，纯以党纲之精神，从事工作，每逢出席，建议最多，宏论皇皇，实全院之杰出。当选第一任大总统时，愤袁氏之专横，包围议院，公毫无忌惮，反对益力。袁氏阴使进步党，以数万金钱运动脱党，公力为拒绝，直斥其非。及洪宪帝制发生，公与同志亟谋反抗，卒为袁氏所嫉，逮捕入狱，几遭惨害。袁死，黄陂继任，始得出狱。六年，复辟祸作，遄返故乡，奉天驱逐孟恩远时，奉先总理命，在哈经营军事，联络同志，破产为之，在蒙边吉奉交界一带工作，不幸失败，致被通缉。时先总理统海军护法于广州，因而入粤，与诸同志主张召集国会，制定宪法，推倒非法政府。适政学会与北政府搆合，于是中辍，不得已间关滇南，西走巴蜀，倡言护法到底。民十一，曹、吴当国，召集民六非法国会，为遵重法统起见，由粤回沪组织法统维持会，乃北至燕京出席，力争法统，纠合同志，设护法办事处，立护法联欢社，主持真正法统。并编辑护法史，及《护法月刊》，甚至舆榇出席，誓死力争。乃经吴景濂运动多数议员，强制出名。公不顾生命，奋斗如故。预知总统选举非人，与不足人数之宪法颁布，乃大乱之阶，毅然出院，重赴羊城，力言维持《约法》，出师北伐。适值本党为应付环境计，采容共策略，公力持不可，反复陈述利害，表示反对。虽见谅于先总理，而实遭忌于鲍罗庭，几被共产［党］暗杀。今吾党反共，当推公为先觉也。至斡旋滇黔，调和同志，无时无地不表现爱国爱党之真精神。民十三，三角同盟，讨伐贿选，公派遣同志，联络各方。如运动刘荆山遇机举义，援助北伐。彼时饷需支绌，复由粤返沪，而津而奉，各方奔走，筹数十万之巨款，接济北伐，以故前敌樊醒民司令，始得逾南岭、渡长江，攻入中州。先总理抵津，接到樊氏入豫之电，喜极而泣，抚公之臂，而称其功。每值战事激烈之际，搜捕党人之时，而能不避险难，在津迭发艳、勘两电，痛诋直系误国，并斥国会贿选之罪。追讨曹功成，方期党义大明于天下，致国家于民治，使三民皆备，五权实施，不意先总理因病逝世。公以在党多年，共历艰苦，目的未达，功亏一篑，感痛之余，不胜有出尘之想。且鉴于国势衰微，人民涂炭，由于世风不古，道德沦亡，爰集同志，研究挽救，非使人心向善，不足以救国救民，遂退处林泉，谢绝酬应，闭户著述，提倡文化，启迪民众知识，抵制邪说。复提倡国术，讲求体育，进求佛学，维持世道人心，曾著有《身体变化学》，及《中国文学研究法》，其用意之深，顾虑邃远，人不可及，乃脱稿未及付梓，而与世长辞矣。计奔驰南北，念（廿）载有余，轻财好义，处世率真，愤俗慨世，嫉恶如仇。又见道之弗行，因积劳而成病，乃于十六年秋，病势颇重，幸延医得法，略见功效。此次北伐，仍力疾党国工作。今胶东民军司刘荆山隶归国府，尽忠党国，收复胶东，皆公力也。于收复平津之际，公为平津民党办事处委员，劳苦过甚，心力交瘁，忽于本（十七）年八月初一日病重逝世。呜呼已矣，伤哉痛也。同志等不忍没其贤与功，特叙其事略，以告邦人君子。公以国事毁家，室如悬磬，生者饔飧不继，死者旅榇莫归，救济之道，其责又在乎吾党。

王正廷、林森、孙科、胡汉民、邹鲁、周震鳞、张继、王恒、王用宾、王秉谦、焦易堂、杨大实、谢持、田见龙、向乃祺、周兆沆、范熙壬、窦应昌、李希莲、彭光养同启。

（台湾国民党党史会藏件，又见黄季陆主编：《革命人物志》第三集，第 383—385 页）

致河北省政府函

（1928年9月3日）

迳启者：八月六日奉国民政府支电开：明陵及亡清东、西陵并旧东荒垦植局暂可接收。同月七日又奉国民政府鱼电开：清东、西陵接收后，应交河北省政府管理。各等因。奉此，当由本处遵照，令派刘人瑞、张宗海、俞奋、谭肖岩、黄伯度为本处接收明陵、清东陵委员会委员，以刘人瑞为主任；李聘三、吴超澂、黄寿仁、顾仪曾、孙天麟为本处接收清西陵委员会委员，以李聘三为主任，并经呈请国民政府备案在案。兹据各该委员会先后呈报关于接收事宜，现已遵令分别进行到处，除俟各该委员会接管就绪再请国民政府核示外，相应录令并将遵办情形函达贵政府，请烦查照为荷。此致河北省政府。

国民政府委员周震鳞。
办公处主任杨熙绩。
中华民国十七年九月三日

（《公函》，《河北省政府公报》1928年第46期，第26—27页）

致国民政府电[①]

（1928年9月5日）

请明令北平政分会，对于前清子弟，一体保护；昔年第宅，不得视同逆产，任意侵犯。

（《申报》1928年9月8日）

---

① 文前曰："周震鳞歌电国府……"

与袁德宣①等发起粤汉铁路促成会宣言

(1928年9月初)②

粤汉铁路为南北正干,全国枢纽,关系我国政治、文化、实业、外交,种种重要,尽人知之。此次全国交通会议由武汉政治分会、广州政治分会与湖南省政府、湖南铁路协会及北平《交通丛报》社、各团体提议,或请拨英国退庚款基金发行公债,或以各国退还庚款之一部为基金发行公债,或请于庚款未退以前招募华侨股款发行钞票,或请于庚款以外由政府筹拨若干万、再由粤湘鄂三省各筹若干万为建筑费,主张不一而欲完成粤汉之决心皆同。各案均经大会议决,至庚款审查结果应作苦基金由交通部专用于筑路事业,虽未指明建筑粤汉,而粤汉较陇海、同成各路尤关重要,以之先成粤汉,当无异议。特是交通会议已经闭会,而提议各代表纷纷退散,非设立一机关互通声气,不免有涣散之虞。震鳞等特商海内同志创设粤汉铁路促成会,以集思广益之谋,为

---

① 袁德宣,字鍊人,醴陵人。清末留学日本习军事,于东京组织湖南日月学会,同盟会员,时任交通部参事,北京《交通丛报》主编,著有《交通史略》《中国铁路史》等。

② 此文和下文均未见日期,但从1928年9月8日致北平左一区警察署函中可知该会应在此前后发起。

众志成城之举，暂假北平《交通丛报》社为会址，并于南京、上海、广州、汉口、天津、长沙各设通讯处，凡会员对于粤汉完成方法有建者，由各通讯处寄交本会汇陈交通部采择施行，庶几全国一致，克期可成。再本会为督促进行起见，凡各会员所建议案，按月刊行，俾广传播。至各会员入会手续，均载本会简章，兹不赘及。总之，众志奋扬，当闻风而兴起；群情踊跃，必不日以观成。党国幸甚！粤汉幸甚！本会幸甚！

发起人：周震鳞、李壮怀、袁德宣、刘键、陈敬汉、鲁荡平、陈嘉言、文斐、王文豹、陈登高、吴超澂、唐世泰、叶瑞棻、许有庆、周凤璋、汪度、陈怡、郭志任、李海涛、汤铁樵、巢功赞、毕惠康、吴德润、张艺、袁厚、陈大智、梁祜、钱镛、张熠光、张骧龙、李卫、张钱英、张元群、成国钧、欧宏范、曹璜、王昌国、王建中、吴宣光、陈增玠。

（《杂俎》，北平《交通丛报》第132期，1928年，第1—2页）

粤汉铁路促成会暂订简章

（1928年9月初）

第一条　本会专为粤汉铁路督促进行，俾早完成为宗旨。

第二条　本会由全国同志组织而成，凡有志赞成本会者，经本发起人或赞成员及已入会会员二人介绍得为本会会员。

第三条　入会会员须具简明履历并载明住址交由介绍人汇寄本会。

第四条　本会暂假北平东城豫王府夹道七号《交通丛报》社为会址，俟觅有相当会址，再行迁移。

第五条　本会于南京、上海、广州、汉口、天津、长沙各设通讯处，各会员皆可就近随时通讯。

第六条　本会设主持委员一人，执行委员若干人，文书委员若干人，财务委员若干人，宣传委员若干人，由会员公推。

第七条　凡会员对于完成粤汉办法有建议之权，其建议案可就近交通讯处汇寄本会转呈交通部采择施行。

第八条　本会发行月刊，凡会员所建议案及有关重要各文件择要刊入，出版后分寄各会员并广为传播。

第九条　本简章有未尽事宜，由会员三分之二提议，随时修改。

(《规章》，北平《交通丛报》第132期，1928年，第6页)

致左一区警察署函

(1928年9月8日)[①]

敬启者：粤汉铁路为南北要干，宜赶速完成。兹由粤、湘、

[①] 1928年10月中旬，该会致北平公安局文中有"已于九月八日函报内左一区警察署在卷"之语。

鄂三省旅平同乡发起粤汉铁路促成会，共促进行，暂假东城豫王府西夹道《交通丛报》社为会址，俟择有相当地点再行迁移。现制有木质长方牌一方，名曰：临时粤汉铁路促成会事务所。又木质小方章一颗文曰：粤汉铁路促成会之章，相应函达，敬请贵署查照备案为荷。此致左一区警察署。

（《附录》，北平《交通丛报》第133、134合期，1928年，第1页）

复国民政府电

（1928年9月12日）

国急。限即刻到。南京国民政府钧鉴：

腴密。真电敬悉。具见钧府安民和众至意，旗族商民，当感戴无已矣。本年张绥、雁北均告灾歉，河北大军云集，溃卒穷民，相聚为匪，农民失业，秋雨过多，近日粮食价昂，民困益甚。万乞严饬平、奉南段，多拨车辆北来，以利民食及商货运输。关内肃清在即，亦乞早电奉省，预先准备。平、奉通车后，多放车辆，不使缺乏，庶可互救。北方民众痛苦，勉度难关。特此上陈，想枢府疴瘝在抱，必允立饬遵办也。周震鳞。文。印。

（《公牍》，《国民政府交通部交通公报》第31期，第17页）

致国民政府大学部电

(1928 年 9 月 16 日)

查北平国立九校，私立五校，均办理十余年。军阀时期，尚能维持。若本期延不开学，青年因为受损，社会必更不安。创造之时，财政奇困，部中苦况，本所深知。但为安定北平市面人心起见，无论如何，国立、私立大学各校，必求先行拨汇一批的款，令其开学。此后继续分批酌拨，似属可行。立候示复。周震鳞。铣。

(北平《京报》1928 年 9 月 17 日)

在民国大学开学典礼上的演说[1]

（1928 年 9 月 20 日）

诸君须发愤求学，以备将来出校而到社会上应用，即受时局刺激，而作社会运动，同时亦当注重学问。孙总理之成为伟大人物，即时时手不释卷，对于中国旧学问，亦有深刻之了解。所以，诸君对于中国文字，当求清顺。

（北平《新晨报》1928 年 9 月 21 日）

---

[1] 文前曰："民国大学昨（二十日）上午举行开学典礼。到阎锡山代表李庆芳、市长何其巩、公安局代表及该校教授十余人、学生约二百人。开会如仪，首由周校长训词。略谓……"

与熊希龄等致鲁涤平[①]电

(1928年9月28日)

湖南省政府鲁主席勋鉴：

本会自发起后，各界踊跃赞成，交通部亦极端赞许，自应赶速进行，但派员与政府及粤鄂各处接洽并刷印宣传品等项，在在须款。同人皆已捐助，尚难济事。此举与吾湘关系甚巨，特恳尊处筹拨贰千元，迅即电汇来平，事后由会归还。先盼电复。

粤汉铁路促成会周震鳞、熊希龄、袁德宣、吴超澂、刘键等叩。勘。

[①] 鲁涤平（1887—1935），字咏庵，亦作咏安，湖南宁乡人。早年入湖南兵目学堂，毕业后历充新军排长、队官、督队官等职。武昌起义后，任湖南新军管带，参加援鄂之役，后历任第四师十四团、第二团团长。1915年加入中华革命党，参加护国战争、护法运动、北伐战争等，历任护国军第三旅旅长、第二师师长、湘军第二军军长、建国军第二军军长兼左翼指挥、国民革命军第二军军长、湖南省政府主席、第五军军长、武汉卫戍总司令、江西省政府主席兼第九路军总指挥、浙江省政府主席、国民党军事参议院副院长等职；1935年1月在南京病逝。

附 录

鲁涤平复周震鳞等电

（1928年10月15日）

国急。北平探交周道腴先生并转熊、袁、吴、刘诸先生勋鉴：

勘电嘱接济粤汉铁路促成会经费二千元案，已提经本府公决：照数接济，款由本府十七年度预算总预备费内开支等语，记录在卷。先此电达，即祈查察照。鲁涤平叩。删。印。

（《附录》，北平《交通丛报》第133、134合期，1928年，第3页）

与熊希龄等致李宗仁电

（1928年10月4日）

南京探投武汉政治分会李主席德邻勋鉴：

粤汉铁路为南北要干，关系极为重要，同人秉先总理铁路救国之要旨，会拟英国退还庚款作为公债基金，并详具切要办法，请由交通部提出交通会议，经会议决庚款作为建筑铁路基金。同人以议案通过，亟须进行，特集海内同志发起粤汉铁路促成会，共期孟晋，当推我公为特别赞成员，比经函达武汉政治分会。我公为谋民族生存，力图建树，荩筹硕画，佩仰殊深。驰电奉陈，敬恳随时赐示，俾作南针，党国幸甚！本会幸甚！

粤汉铁路促成会周震鳞、熊秉三、吴超澂、袁德宣、刘键等叩。支。

附　录

李宗仁复周震鳞等电

（1928年10月7日）

周道腴先生、熊秉三先生并转吴、袁、刘、张诸先生勋鉴：

奉支电，承推仁为粤汉铁路促成会特别赞成员，义不敢辞。谨当追随诸公后，共策进行。特复。李宗仁叩。阳。印。

（《附录》，北平《交通丛报》第133、134合期，1928年，第2页）

呈国民政府文

（1928年10月上旬）

呈为转呈事：现据本处接收清西陵委员会主任李聘三等呈称：

奉派接收清西陵等因，遵即驰往该地，业将接收大概情形呈报在案。伏查西陵界址毗连四县，东至涞水，西至涞源，南至易州，北至房山，周围约一百五十八里。旧日梁各庄地方，置有泰宁镇总兵暨守护大臣，各项衙门负守护管理之责。现在该地仅余泰宁镇守使署暨行宫一座，皆为驻军占用。其余官厅大半坍塌，基址无存，究系何时何人处分，尚待确实调查。此次接收第一困难之点，系因泰宁镇守使署将各项卷宗调往该署焚毁，遂至一切事项，均无头绪可寻。军阀万恶，言之愤慨。兹谨分别为钧座陈之：

一、陵墓。查西陵帝后陵寝凡四：一为雍正之泰陵。一为嘉庆之昌陵，一为道光之慕陵，一为光绪之崇陵。又妃嫔、亲王、公主、太子陵墓数处，均经聘三等亲往踏勘。各帝后陵寝咸建有隆恩殿、隆恩门，规模宏壮，惟殿门各项铜饰门钉等件均被盗去，门牖等亦不完全，多已毁坏，惟墓陵距村落较远，稍见完整，一切荒废情形仅供游者之凭吊。

一、祭器。查各陵备有金银铜祭器多种，向为嗣主谒祭之用，历年以来所有金银各件暨其他贵重物品均为历任镇守使或因公变卖，或私自移去，大半无存，仅承办衙门尚存铜器四十余箱，因保管人员在平，未能启视清点，均加本会封条，令原保管人员妥为保存。此外，墓陵尚存残缺铜鹤、铜鹿既景泰蓝、五供铜鼎炉等，亦令其妥慎保存。

一、地亩。查地亩一项共分东西南北中五区，中区之地均逼近陵寝，为红桩范围以内之地，不准开放。闻近日有十余顷已私自开发耕种。其他四区之地，顷数未能详悉。现除镇守使历年变卖各地外，尚余四百顷，分配八旗绿营内务府礼部各旗户租种，所有办法因无案卷可稽，各旗户所言亦不一致，未能详晰查明。

一、森林。查各陵树木闻共有八万余株，所有古柏、大松约为历任镇守使砍伐，运至北平变价，间亦有土人盗伐，为数亦不在少。现在所存者二万余，多均系小株，不堪作梁栋之用。

一、牧场。查陵外空旷地方最利畜牧，从前牧场共有六处，均系各镇守使派员经办，每年所获之利未详。现因军兴，牲畜多补征调镇署，又复移徙一空，遂致无形停顿。以上所陈，仅就踏勘调查所及，疏略之处甚多，余另具整理意见书外，伏乞鉴察等情。

正核办间复据该主任等呈称：窃职会前将接收西陵大概情形呈请钧处鉴核在案。查西陵地址地面辽阔，历任官厅又视为个人私产侵占盗卖，百弊丛生，委员等奉令前往接收，调查卷宗，无一存在。嗣后函询易、涞等县，旋准复称向归泰宁镇守使主管，县中无从过问，寻源探委，良非易易。惟既承委任，自当殚精竭虑，借期补救于将来。谨贡一得之愚，聊效芹荛之献，敢为我钧处详陈之：

一、森林宜保护也。西陵前后树木繁茂，多年松柏蔚然可观，自民国九年后历年镇守使擅自砍伐运至北平变价，众口同声，无可讳饰。其余又为土人偷窃，现查所存甚属寥寥。为今之计，亟应禁止采伐，并令于隙地酌量补种，兼树桑树养蚕，行之数年，利源自开，致富之道，无逾于此。

一、牧场宜整理也。山岭之地茂林丰草所在，皆是从前驴羊牛马任人牧放，酌收牧资。军兴以来，牛马半为军用，兼之出谷土匪蜂起，人民裹足，天然牧场，无形停顿。今当力事扩充，劝导人民广畜牛羊，由公家担任保护，以免货弃于地，深为可惜。

一、地亩宜分别公有私有也。公有之地，招人承种，应分上中下三等，发给执据，按年收租。私有之地，饬令呈验契约，果须领有军阀占据或亩数不符者，悉数没收。如此宽严互用，人民可安居乐业，幸得者亦无由幸免。

以上三项，首当着手进行。此外该陵附近矿产极富，八旗生计亦当兼顾，以及振兴教育，便利交通，苟能次第推行，自必人人称便。委员等一再筹度，既不愿繁苛以扰民，尤不可操切以从事。愚昧之见，是否有当，理合具文，呈请钧处鉴核施行。各等情。据此，理合具文转呈，察核示遵。谨呈国民政府。

国民政府委员周震鳞。

办公处主任杨熙绩。

附　录

国民政府内务部致西陵管理处训令
（1928年10月13日）

令西陵管理处刘处长

为令知事：案准国民政府秘书处函开：敬启者：奉常务委员发下周委员震鳞暨特派接收北平府院办公处主任杨熙绩呈为据接收清西陵委员会主任李聘三呈报接收西陵大概情形，并条陈整顿西陵森林牧场办法三项转陈察核呈一件，奉谕交内政部等因，相应抄同原件函达查照等因，并抄送原呈到部。准此。查该原呈条陈整顿西陵森林牧场办法三项，颇有可采，合亟抄发原呈，令仰该处长斟酌采行并将整理情形随时具报备查。此令。西陵管理处刘处长。

计抄发原呈一件。

中华民国十七年十月十三日。

内务部长薛笃弼。国民政府内政部印。

（国民政府内政部编：《国民政府内政部内政公报》1928年第1卷，《训令》，第10—12页）

致旅平湖南同乡会函

（1928年10月上旬）

敬启者：粤汉铁路为南北要干，与吾湘关系甚巨。本会自发起以来，各处赞成踊跃，已函电交驰。惟会所亟须择定前借贵会所管湘学校房屋为会所，业经函达在卷。但湘学校现有数家住居，尚未迁出。惟中央女学校房屋亦系贵会所管，现女校并未开学，所余房屋甚多。昨与该校长商定，暂借数楹作为会所，俟湘校住户迁出后再移该处。特此函达，即希查照并希见复为荷。

（《附录》，北平《交通丛报》第133、134合期，1928年，第2页）

致北平公安局函

(1928年10月上旬)

敬启者：本会为促成粤汉铁路起见，上月由旅平粤湘鄂三省同乡发起，前假《交通丛报》社为临时会所，已于九月八日函报内左一区警察署在卷，九月二十三日正式成立，公推国府特派接收府院周委员震鳞为本会主席，择定宣武门外西砖胡同三十六号为会所，即于本月十一日迁移，特先函报，祈即查照为荷。此致北平公安局。

(《附录》，北平《交通丛报》第133、134合期，1928年，第2—3页)

与蒋介石等发起追悼黎元洪启事

(1928年10月16日)*

敬启者：中华民国十七年六月三日，前大总统黎黄陂公疾终津寓，嗣奉国民政府明令，以公起义武昌，功在民国，丧葬典礼，务示优隆，具见国家崇报元勋，礼仪至重。窃维公翊赞共和，厥功甚伟；抵拒僭号，大节尤昭。昊天不吊，竟与先总理后先徂谢。人之云亡，邦国殄瘁。追怀伟业，薄海同钦。当苴躬绵缀之时，正北伐成功之会，精诚默契，应慰志于泉台。遗电忧思，更廑怀于国计。同人等仰维遗绪，弥切哀思，爰于十月二十六、七、八日在北海公园天王殿开会追悼，以表微忱，即希各界同志，届时莅临，并惠赐鸿文，无任盼祷。

发起人：蒋中正、冯玉祥、阎锡山、李宗仁、李济深、王士珍、白崇禧、商震、陈调元、何其巩、周震鳞、马福祥、熊希龄等一百八十九人同启。

(北平《新晨报》1928年10月16日)

与熊希龄等复李宗仁电

（1928年10月24日）

武汉政治分会李主席德邻勋鉴：

奉阳电，本会承鼎力赞助，同深感荷。惟本会上次提议在英庚款未退还回以前，即以湘省盐税为首先开办之用，业经全国交通会议议决在案。现查湘省盐税，原为地方经费，后经提作军费。现军事结束，请将是项盐税拨作粤汉铁路湘粤段建筑之用。除电湘政府查照办理外，特此电达，即祈察核施行，并盼电复。

粤汉铁路促成会委员周震鳞、朱绶光、熊希龄、陆梦熊、彭养光等叩。敬。①

---

① 此电又见天津《益世报》1928年11月8日。

附 录

李宗仁复周震鳞等电

（1928年11月7日）

急。粤汉铁路促成会周道腴并转熊、朱、陆、彭诸先生勋鉴：

敬电奉悉。所示以湘省盐税拨充粤汉铁路开办费一节，硕画荩猷，实深钦佩。经提出本会议决，以湘中军政各费近来竭蹶异常，此项盐税一时未能遽行腾作他用，斟酌把注，尚待统筹等因。特此电复。武汉政治分会李宗仁叩。庚。

（《附录》，北平《交通丛报》第133、134合期，1928年，第5、6页）

与熊希龄等复鲁涤平电

（1928年10月24日）

湖南省政府鲁主席咏安勋鉴：

奉删电，承接济本会经费二千元，同深感谢。现宁、汉各处函电交驰，亟须派员商洽，尊款如承早汇更盼。在上次，本会提议在英庚款未退还回以前，即将湘省附加盐税为开办建筑之用，业经全国交通会议议决在案。查我湘盐是项盐税，每月可获四十余万元，原本划为地方经费，后提作军费。今军事结束，应请拨为粤汉铁路湘粤段建筑之用。除电武汉政治分会查照办理外，特此电达，即希察核施行，并盼电复。

　　粤汉铁路促成会委员周震鳞、熊希龄、朱绶光、陆梦熊、彭养光等叩。敬。

附录一

鲁涤平复周震鳞等电
（1928年10月25日）

粤汉铁路促成会周道腴先生台鉴：

　　皓电敬悉。促成会助款二千元，业饬建厅具领汇寄，即请查收见复为荷。鲁涤平叩。有。

附录二

鲁涤平等复周震鳞等电
（1928年10月26日）

粤汉铁路促成会周道腴并转朱、熊、陆、彭诸先生勋鉴：

　　敬电奉悉。查湘省盐税附加除教育、路股、慈善各项指定用途未便挪移外，其前充军费者亦因清乡、赈灾以及实施安辑民生、兵工政策，须款孔殷，尽数提用。惟建筑粤汉路费用必待另筹。特电奉复，即希查照。湖南省政府主席鲁涤平、财政厅长周岳峙、建设厅长刘召圃。寝。

（《附录》，北平《交通丛报》第133、134合期，1928年，第4、5、6页）

与熊希龄等致王伯群等电

（1928年10月24日）

南京国民政府交通部伯群部长、次公次长勋鉴：

粤汉铁路为南北要干，宜速完成。前由震鳞等纠集海内同志在平发起粤汉铁路促成会，业将宣言并简章寄阅，比承惠函赞许，即应积极进行，已于上月正式成立。现又推定委员，分任职务，除将委员名单另寄外，特先电达，即祈查照备案，并恳鼎力提倡为祷。

粤汉铁路促成会委员周震鳞、朱绶光、熊希龄、陆梦熊、彭养光等叩。敬。

（《附录》，北平《交通丛报》第133、134合期，1928年，第6页）

祭黎元洪文[1]

（1928年10月26日）

大中华民国十有七年十月二十六日，周震鳞谨代表国民政府致祭于前大总统黎公宋卿之灵前曰：

呜呼！黄炎既邈，民气阗堙。异族颛制，神胄踽踽。天眷中华，笃生先觉。大义宣扬，张我汉族。洸洸江汉，接轸而起。飞霆破空，清廷失据。传檄四方，云兴豹变。遂建共和，功成一旦。天人合应，胸爽光明。鄂州建纛，遐迩仁声。何图国运，厄于鼍紫。朝献歃符，宵横羿矢。时处危疑，正气弥张。孤忠耿耿，大节觖觖。两握政权，中更忧患。恺恻含弘，寰区共见。退隐海滨，尊荣靡恋。托志瞿聃，天怀静澹。国军北迈，底定幽燕。咨猷询治，幸有勋贤。胡不憖遗，失兹元老。云黯津沽，神归箕昂。于戏伟哉，功在民族。于万斯年，光昭史牒。轩鼎还仙，郑春辍相。峨峨丰碑，巍巍遗像。缅维勋德，怆悼何穷。英灵不昧，庶鉴明衷。尚飨。

（《申报》1928年11月1日）

---

[1] 1928年10月26日上午8时，北平各界追悼黎元洪大会在北海公园天王殿举行，周震鳞代表国民政府前往致祭。

挽黎元洪联

（1928年10月26日）

毁誉有公评，十七年护惜共和，始终不渝，世称长者；
交游在弱冠，两三载契阔谈宴，竟成永诀，我哭故人。

（北平《新晨报》1928年10月27日）

与熊希龄等复刘召圃[①]电

（1928年10月29日）

国急。湖南建设厅刘厅长勋鉴：

铣电敬悉。承汇省政府拨助本会会款二千元如数收讫，特此

---

① 刘召圃，时任湖南省建设厅厅长。

电复，即希查照。

粤汉铁路促成会委员周震鳞、熊希龄、朱绶光等叩。艳。

附　录

刘召圃致周震鳞等电

（1928 年 10 月 16 日）

北平粤汉铁路促成会周道腴先生并转熊、朱、彭三先生勋鉴：

奉读省政府发交贵会庚电敬悉。公等因促进路务需款甚急，兹将省政府决议接济贵会款洋二千元如数汇上，计票四张，每张洋伍百元，即乞核由电示为祷。刘召圃叩。铣。印。

（《附录》，北平《交通丛报》第 133、134 合期，1928 年，第 5 页）

与熊希龄等致鲁涤平电

（1928 年 10 月 29 日）

国急。湖南省政府鲁主席咏安勋鉴：

承拨助本会会款二千元，业由建设厅汇到，如数收讫，特电申谢，即希查照为荷。

粤汉铁路促成会委员周震鳞、熊希龄、朱绶光、陈嘉言、彭养光等叩。艳。

(《附录》，北平《交通丛报》第133、134合期，1928年，第5页)

与熊希龄等致孙科[①]电

(1928年10月30日)

南京铁道部孙部长哲生勋鉴：

荡平颂美，砥天扬休。听鹊报之遥传，喜莺迁之共庆。持丌专部，为宣缉毂之猷，借重长才，知著扶轮之绩。远瞻乔谒，曷罄钦迟。本会秉总理铁道救国之遗训，并本部长所订《建国大纲》，首先完成粤汉铁路之要旨，特纠合海内同志，发起粤汉铁路促成会。成立以来，各界闻风兴起，踊跃赞成，函电交驰，群情鼓舞。惟冀大力提倡，多方指导，速慰三省之望，早完九仞之功。驰电抒怀，临风致臆，顺颂勋绥，恭贺任禧。

粤汉铁路促成会委员周震鳞、熊希龄、朱绶光、陆梦熊、彭养光等叩。卅。

---

① 孙科于1928年10月24日任铁道部部长。

附录一

孙科复周震鳞等电
（1928年11月3日）

粤汉铁路促成会周委员暨熊、朱、陆、彭诸先生大鉴：

卅电敬悉。铁道事业，万端待理。每怀遗训，时懔冰渊。所冀不遗在远，示我周行，是所至祷。孙科。江。

附录二

孙科复周震鳞等电
（1928年11月下旬）[1]

粤汉铁路促成会周委员暨熊、朱、陆、彭诸先生均鉴：

奉诵台函，备聆种切。粤汉铁路为南北要干，关系至为重要，诚如尊论。敝部成立伊始，对于完成该路，自当着手规画。昨经派陈伯庄司长、颜德庆参事赴汉与德邻主席先事接洽。特此电复。孙科。

（《附录》，北平《交通丛报》第133、134合期，1928年，第3、8页）

---

[1] 原电未见日期，但1928年12月7日周震鳞致李宗仁电中有"旋接铁道部孙部长电开"之语，可知此电应在11月下旬。

与熊希龄等致李宗仁电

（1928年10月31日）

武汉政治分会李主席德邻勋鉴：

敬电计先邀阅。本会上次所提议案有"办法既定，即就湘省适中之地设立粤汉路株韶段工程筹备处"等语，案经全国交通会议议决，正拟派员会商办理，顷见报载尊处拟在武汉设立完成粤汉铁路筹备处，并会同粤鄂湘三省政府派员组织，苾筹硕画，实获我心。敝会建议，事属一体，自应协同赞助，倘有一得之愚，自当竭忱贡献。特先电达，即祈察照迅复为荷。

粤汉铁路促成会委员周震鳞、熊希龄、朱绶光、陆梦熊、彭养光等叩。世。

附　录

武汉政治分会复周震鳞等电

（1928年11月10日）

粤汉铁路促成会委员周道腴先生暨熊、朱、陆、彭诸委员勋鉴：

敬、世两电均悉。贵会荩筹，至所佩仰。容俟各方将筹备员派定，即拟从事组织。如有良谟，盼随时惠教是幸。武汉政治分会叩。蒸。

（《附录》，北平《交通丛报》第133、134合期，1928年，第4页）

致王伯群[①]函

（1928年10月下旬）

伯群部长勋鉴：

敬启者：粤汉铁路为南北要干，关系至为重要。前由本会员袁德宣提议请拨英国退还庚款完成是线，业经全国交通会议并案议决。震鳞等在平纠集同志，发起粤汉铁路促成会，以言论机关为宣传工作，业将宣言并简章寄请察阅，比承惠函赞许，即应积极进行，已于九月二十三日正式成立，十月二十四日电请大部备案，并祈鼎力提倡。兹寄本会委员名单暨纪事录各一份，敬乞察

---

① 王伯群（1885—1944），原名文选，字伯群，以字行，贵州兴义人。1905年留学日本宏文学院政治经济科，后入中央大学；1910年升入研究院，其间加入同盟会。1911年回国，曾参加统一党、共和党、进步党；1914年代表贵州赴京参加政治会议，次年与蔡锷等发动护国讨袁战争，后又参加护国运动，任广东军政府交通部长。1924年在上海参与创办大夏大学，先后任董事会主席、校长等职。南京国民政府成立后，历任交通部长、川滇黔视察专员、行政院驻平政务整理委员会委员等职。抗日战争爆发，领导大夏大学辗转迁到贵阳。1944年病逝于重庆。

存并候复示，俾有遵循。专肃。祗请勋安。

附　录

交通部复周震鳞函
（1928年10月下旬）

道腴先生大鉴：

顷奉惠函，谂粤汉铁路促成会已正式成立，无任欣慰。该路为南北要干，全国想望，规画完成一载于兹，秋间全交开会，各方所提议案多至十余起，一致主张积极进行。今复幸铁道已设专部，设计敦促，益复猛晋，闻不日派员至汉，筹画一切，尤望贵会就近商榷，期达促成之旨。至以湘省盐税拨为开办建筑之费，极佩荩筹。此后若何进行，随时赐示，尤为盼企。专此奉复，祗候道安。

（《附录》，北平《交通丛报》第133、134合期，1928年，第6、7页）

书赠吉堂

（1928 年秋）

吉堂志兄雅属
　　山前得黄石；江表唯朱方。
　　戊辰秋初。周震鳞。钤印：周震鳞鈢（白）；道腴篆分章草（朱）

（周震鳞手迹影印件）

与熊希龄等致李宗仁电

（1928 年 11 月 16 日）

国急。武汉政治分会李主席德邻勋鉴：
　　蒸电敬悉。尊处对于完成粤汉铁路筹备处，拟俟各方将筹备员派定，即从事组织，苾筹硕画，至为仰佩。但筹备人员似须学识、经验两者俱备，兹有本会委员袁德宣、吴超澂、刘键前曾创办粤汉湘路，卓著勋劳，此次组织本会更多工作，至对于筹款、兴工各事，计画尤详，应请贵会加入筹备员，借资赞助。特此电达，即祈察照，并盼电复是幸。

粤汉铁路促成会委员周震鳞、熊希龄、朱绶光、陆梦熊、彭养光等叩。铣。

附　录

武汉政治分会复周震鳞等电

（1928年11月26日）

急。探投粤汉铁路促成会委员周道腴先生暨熊、朱、陆、彭诸委员勋鉴：

铣电奉悉。承推袁、吴、刘三委员为完成粤汉铁路筹备员，为事择人，极感盛意，容俟该处组织时，再当奉闻。特复查照。武汉政治分会叩。宥。

（北平《交通丛报》第133、134合期，1928年，第7页）

致国民政府电[1]

（1928年11月）

中南海非令北平政治分会就近依中山、北海公园成例从速正式开放，无法管理。敬乞俯准所请，俾卸仔肩。

（徐俊德主编：《北京档案史料》2000年第1期，新华出版社2000年版，第76页）

---

[1] 此电从北平临时政治分会致北平特别市政府函中析出。

致阎锡山函

（1928 年 11 月）

仇同志亮①死难后，事蓄无措，其内兄刘键来书，并抄附《仇亮传》一件，请转达枢府，优予给恤。

（《北平政治分会会报》1929 年第 1 期）

---

① 仇亮（1879—1915），原名式匡，字蕴存，湖南湘阴人。1900 年肄业长沙求是书院；1903 年留学日本，入东京士官学校，学习陆军；1905 年参加同盟会；1909 年归国，次年任山西督练公所督练官；1911 年 10 月，发动山西新军响应武昌起义。南京临时政府成立后，任陆军部军衡司司长。后到北京主办《民主报》，反对袁世凯；1913 年"二次革命"时到南京赞助黄兴讨袁，失败后在京遇害。1929 年 3 月 27 日，南京国民政府下令，对仇亮照少将阵亡例给恤。

与熊希龄等复李宗仁电

(1928年12月7日)

国急。武汉政治分会李主席德邻勋鉴：

宥电奉悉。本会所推袁德宣、吴超澂、刘键三委员为完成粤汉铁路筹备员，承示以事择人并握蒙嘉许。旋接铁道部孙部长电开：完成粤汉，着手规画，已派陈伯庄司长、颜德庆参事赴汉与德邻主席先事接洽。又接交通部王部长函开：铁道部对于粤汉，敦促猛晋，已派员至汉筹画，望贵会就近商榷。陈、颜两员到汉已久，筹议想已就诸。本会前推袁、吴、刘三委员拟促即日束装来汉，借襄盛举。特先奉达，希即查照为荷。

粤汉铁路促成会委员周震鳞、熊希龄、朱绶光、陈嘉言、彭养光等叩。庚。

(《附录》，北平《交通丛报》第133、134合期，1928年，第8页)

临孙过庭《书谱》赠惠叔[①]

（1928年12月）

　　夫自古之善书者，汉、魏有钟、张之绝，晋末称二王之妙。王羲之云：顷寻诸名书，钟、张信为绝伦，其余不足观。可谓钟、张云没，而羲、献继之。又云：吾书比之钟、张，钟当抗行，或谓过之。张草犹当雁行。然张精熟，池水尽墨，假令寡人耽之若此，未必谢之。[②]此乃推张迈钟之意也。考其专擅，虽未果于前规，摭以兼通，故无惭于即事。评者云：彼之四贤，古今特绝。而今不逮古，古质而今妍。夫质以代兴，妍因俗易。虽书契之作，适以记言，而淳醨一迁，质文三变，驰鹜沿革，物理常然。贵能古不乖时，今不同弊。所谓文质彬彬，然后君子。何必易雕宫于穴处，反玉辂于椎轮者乎？又云：子敬之不及逸少，犹逸少之不及钟、张。意者以为评得其纲纪，而未详其始卒也。且元常专工于隶书，百英尤精于草体。彼之二美，而逸少兼之。拟草则余真，比真则长草。虽专工少劣，而博涉多优。总其终始，匪无乖互。谢安素善尺牍，而轻子敬之书。子敬尝作佳书与之，谓必存录。

---

① 有签条：周震鳞字屏，惠叔藏。
② 此处略二十六字。

戊辰岁暮节临书谱。奉惠叔吾兄同志属。周震鳞。钤印：周震鳞鉨（白）；道腴篆分章草（朱）。

（周震鳞手迹影印件）

恭贺新禧答各报记者

（1929年1月1日）

迭奉瑶章，令于新年特刊，贡其谫陋。震鳞不文，何能为役。然民国十八年矣，国民政府统一全国矣，合四万万人之能力，共立治安长久之业，将于今年元旦基之，则固不可无言也。

回溯十八年今日，总理受任中华民国大总统于南京，同盟会总协理孙、黄两公，建设国家，与民更始，宣言至大至公，纳民轨物，盖昭昭然揭日月而行也。当时起义之军，赞成共和之军，南方之全部，北方之大部，皆同盟会同志十数年万死不顾，一生运动宣传之结果。不阶尺土而得天下，非如文武隋唐袭可为之势也。惟其以至大至公、救国救民之心，昭示国人，国人乃安之、服之、讴诵之。世界友邦亦同情而援助之。《约法》之颁布，袁世凯之信任，吾总协理（袒）［坦］然无丝毫之私。倘袁氏能以吾总协理之心为心，则所谓实行宪政，废除一切不平等条约者，早于欧战前后行之，不待今日之举国骚然也。

袁氏误国于前，军阀、官僚、政客误国于后，循环起伏，内乱日深，外债日重，一切建设计划，迁延十七年不获进展，国家人民之牺牲损失，殆非可以数计。而前后误国之人，莫不身败名裂，亦同遭损失，是何为者耶？盖皆无至大之度，至公之心，予智自雄，不知进退。存亡之正，所谓生于其心，害于其政，发于其政，害于其事，固非彼辈始料所及，而因果倚伏，终必至此。在头脑明静，深通政理者，当此辈张牙舞爪，志满意得时，固已早见及之，特当局者迷于目而迷于心耳。由此以观，则今后共谋治安长久之业，又岂在多言耶！

夫治安云者，非一二人所能为也，必全民求治，全国求安，而后可云治安。为政者，合全国人才，谋全国治安，而后可以实现治安。吾国土地之大，人民之众，几等于全欧数十国，以言治安，非如各国之简单容易也。故遵守法律、政治修明之普通原则而外，更宜速以古圣先贤治国平天下之道。其道为何？至大至公而已。至大至公之道，治安大国之道也。吾国之大，为世界所未有，至大至公伟大之精神，即为吾国人所应知也。今之言治者，专引外国政象以衡吾国，如中央地方权限之争，恒易引起纠纷之祸。居中央者，偏于集权；治地方者，注重分权，殊不知吾国之特殊之情形，自来强盛治安之世，莫非由中央宽大之治权授地方，而后内外一心，一致发展。衰乱之朝，中央疑忌百出，朝令夕更，愈束缚驰骤，而愈分崩离贰；愈求彻底，而愈不彻底；愈求治，而乱愈甚。何也？悖乎至大至公之道也。今之言政治者，专重消极主义，作旁观之批评，无积极之主张，为正当之贡献，正与当局者偏于消极治标政策，而无积极治本政策同一科臼。长此不变，则人心、风俗日流于嚣薄暴戾，政象何由即于光明轨道，忠厚祥和？吾恐去治安之途将更远矣。

贵报负指导国政、转移人心之责。诸公忧时俊杰，远瞩高瞻，当此剥复否泰之机，必多至大至公之论，结中华最伟大之民族，共砺天下为公之治，则此元旦之增刊，洵足发抒中华治化，而不虚费纸墨也。专此布达。敬祝贵报风行，记者康吉！

（天津《益世报》1929年1月1日）

在沈阳答记者问[①]

（1929 年 1 月 3 日）

此来一庆祝易帜；二接洽筹备东北党务；三监督张学良就职。

（天津《大公报》1929 年 1 月 6 日）

致国民政府电

（1929 年 1 月 6 日）

南京国民政府杨文官局长转呈主席、各院长赐鉴：

江日抵奉，尽三日之力，与各界领袖相见，并考察社会情形，

---

① 文前曰："周震鳞与王用宾、黄一欧等一行七人由北平乘快车江日抵达沈阳，周语记者云……"

建设成绩，均为内地各省所未有。易帜后人心大安，诸同志宣布党义及防共决心，尤所欢慰。日内即当回平，特为报告。周震鳞。鱼。

（天津《益世报》1929年1月13日）

在沈阳与记者谈话

（1929年1月11日）

关外易帜，日人干涉，故以迅雷不及掩耳手段，提前易帜。元旦，日本官署照例悬中日两国国旗，因恶青天白日并日旗亦不悬挂。二日，全市商民遍悬青白旗，欢欣鼓舞，举市如狂。日人见民气奋兴，遂顺应潮流，将青白旗与日本旗交叉悬挂。现在，奉天新旧派感外交压迫，已泯除意见，一致团结，拥护国府，服从党的主义。三省政府已着手筹备，旧机关即日结束，俟中央监誓委员到奉，即正式成立。奉方建设事业猛进惊人，新筑成铁路达二千余里，无线电台密布如棋，短波大电台可与全世界通讯。此种设备，日本尚无。本人十二［日］早车赴平，耽搁一星期即晋京报告视察经过。（十一日下午五钟）

（《申报》1929年1月12日）

与天津《益世报》记者谈话[①]

(1929年1月14日)

赴奉之原因：予（周氏自称，下同）在民十三以前，总理在时，所有东三省代表来见总理者，均由予接洽。前年，奉将领于珍及军官百余人为晋军截留时，予正在太原，曾向阎为彼等缓颊，同时并向彼等宣扬党义。彼等均能领会。有此二因，故与奉方将领尚能接近。此次赴奉，一则参观关外情形；一则为党国略尽一部分之劳。

东省之现状：东三省物产丰富，人民朴实，尤具爱国之心，因其位于日俄两大之间，所受国际刺激甚深，故爱国之心较强，至于对国民党之信仰，亦有根蒂。因辛亥以前吴禄贞、蓝天蔚、宋遁初等在东省暗中均有一种组织，以是该省资格较老之人在同盟会者，民国以后，入国民党者亦不少。不过张作霖在日，因政见关系去掉者多矣。

东省之政治：东省政治，中央已有任命，其于省政府尚未就职者，一因中央之特任状及印信尚未送到，闻由方本仁由京赍送，方既未到，当然不便先行就职。二因政治改革，须有一种筹备，当然一面筹备，一面静候中央颁布特任状及印信也。

---

① 本文原标题：《周震鳞昨由津返平》。

东省之党务：予在东省，对于党务，当然有一种接洽。现在奉天预备先组织筹备处，着手筹备一切（记者按：昨日沈阳已设立矣）。至于办党人员，则由中央委派。前日报上所传名单，将来是否无更动，尚不可知。

杨常之被杀：杨常被杀，在予走后次日。但此事予事先并无所闻。予到沈阳后，各高级长官设席宴予时，无论公宴或私宴，彼等同席时多，观其态度，丝毫不露痕迹。抵天津后，方知此事。

易帜之经过：奉天易帜事，予事先迭有函电催促，张汉卿（学良）内谋三省之一致，外受强邻之干涉，故尔迟迟。最后决定，汉卿主张之成分占多数。予将至奉天时，某国尤以吉敦路事件促其承认。汉卿无法，曾于八日电请国府请示，其服从中央之心，当无丝毫疑义矣。

两张之态度：张汉卿固为青年，然因为老派之后，一切皆与老派同调。张作相年虽四十八岁，然人甚时髦，常作洋服，并不觉有官僚或军阀气者。（十四日）

（天津《益世报》1929年1月15日）

北平民国大学县治育才班招生

（1929年1月29日）

本校育才班早经足额，近据各县投考人员纷请入学肄业，兹特添开春际始业班，限本年年终毕业，定二月二十八日考试。志愿研究县治者，从速报告为要。校长周震鳞。

（《华北日报》1929 年 1 月 29 日）

在五十四师特别党部执监委员会宣誓典礼上的演说[①]

（1929 年 2 月 26 日）

以前，本党在野时代，政治、军权皆在军阀、官僚手中，人民对本党期望甚切，对官僚怨恨甚力。刻下，本党秉政，诸事应毋变人民切望之心为失望之心。武装同志之举动，亦应与军阀有别，应在党的监督之下，服从党的政策。世界之强国，非指兵多即强，乃用兵力维护国家内外事业之发展。国强则兵饷有所出，故兵须与民众结合。

（《华北日报》1929 年 2 月 27 日）

---

① 本日，张继代表中央监誓，周震鳞出席宣誓典礼上并作此演说。

祭孙中山文[①]

（1929年3月12日）

维中华民国十有八年三月十二日为先总理逝世四周年纪念之辰，周震鳞暨诸同志谨致祭于灵前曰：

呜呼先生！挺不世之姿，当玄黄水火之世。奋起粤东，奔走中外，告成南京，其功其德，振古以来，所未有也。自古匹夫而有天下者有之，以匹夫取天下而还斯民者，则先生一人焉。纵观千古，横览八极，事功之巨，莫巨于先生。观成之难，莫难于先生。震鳞附疏奔走，垂数十年。共和既就，统一已成，景运方新，而真人不享。呜呼哀哉！临风一奠，洒泪千河。情绪难尽，系以哀辞。越山苍苍，珠海泱泱。天生异人，启我中邦。靡国不到，轮轨周行。汤武革命，无周无商。先我伐罪，绥我万方。大勋既集，躬返帝乡。呜呼伤哉，天折地臧。抚棺一恸，裂我肝肠。呜呼哀哉！尚飨。

（上海《国民日报》1929年3月19日）

---

① 1929年3月12日，国民党北平政分会在西山碧去寺举行纪念的逝世四周年大会，周震鳞在孙中山灵前致祭。

与北平报界的谈话

(1929 年 3 月 21 日)

湘事如见兵戎,只有请他们回广西去。湘境不能再罹战祸,余已劝告湘军官,在党国之下,不要再替少数人拼命。(二十一日下午十二钟)

(《申报》1929 年 3 月 22 日)

《黄兴传记》[①] 后序

（1929年3月）

　　民国十七年夏，国民革命军平定北方，完成统一。余奉使居北平，故都人士知余与黄克强先生共患难最久，屡欲详叩其生平事迹，宣传当世，俾国人咸知民国缔造艰难。余以政务繁剧，执笔鲜暇。会老友刘霖生兄一时退居闲散，乃以此相属。观其全稿，觉黄公之言行志事，无不昭然若揭，足使读者有廉顽立懦之感。霖生殊不自满，欲以此稿公诸海内外同志，俾得各就其所知，增补订正，使成完书。意甚善也。余惟前清末季，法纲森罗，黄公以一命之士，特起篑序，连合同志，转移十数省湘军，光复神州，手奠共和之局。及至南京罢兵，光明磊落，敝屣权势，纯然以天下为公之心，植国家百年长久之计。孙总理推许为革命军唯一之将帅，岂偶然欤！当秘密运动之际，同志散居海内外，分途进行，侦者四布，一切事实，非文书所得详。其可惊可喜、可歌可泣之

[①] 《黄兴传记》作者为刘揆一（1878—1950），字霖生，湖南湘潭人，刘道一之兄。早年结交会党，与哥老会首领马福益交往甚厚；1903年入东京弘文学院速成师范科，年底归国任醴陵渌江中学堂监督，与黄兴发起创立华兴会，任副会长，并策划长沙起义。起义流产后，逃亡日本，1907年加入同盟会，任代理庶务。民国成立后，历任北京政府工商总长、国会议员、国民党史编纂委员会编修、国民政府行政院顾问等职；抗日战争时期主张停止内战，共同抗日。中华人民共和国成立后，任湖南军政委员会顾问；1950年11月在湘潭病逝。

举，同志中或甲知之者，乙未必尽知之；或海外知之者，海内未必尽知之。黄公不幸早世，随从部众及患难老友，日久渐多死亡星散。霖生与公自华兴会至同盟会，辛亥起义，民国成立，始终相依。秘密历史，知之最多者，盖无如霖生者也。民国二年，赣宁失败以后之事，霖生虽未必事事躬与，然名业已成，一举一动，人所共见。搜罗补辑，自易为功。然则霖生此作，洵足表彰先哲，照示来兹矣。中华民国十八年三月，周震鳞序。

（刘揆一：《黄兴传记》1929 年版）

京华美术专门学校招编级生

（1929 年 4 月 1 日）

（一）名额：中画系一、二年级，西画系一年级各五名。
（二）报考日期：四月十五日截止。
（三）投考资格及考试日期详载简章。
（四）校址：中海（进运料门），内电西二九二九。
董事长：周震鳞，校长徐宝璜。

（《华北日报》1929 年 4 月 1 日）

续西峰李岐山追悼会启事

（1929年4月21日）*

　　崞县续西峰、安邑李岐山两先生，辛亥之役，北方首举义旗，袁氏称制，继续奋斗。天不慭遗，李先生以民国八年成仁于长安之十里铺；续先生以奔走忧劳于民十五年春病殁津寓。新邦再奠，两公已逝，未与戡乱之役，竟成不朽之人。抚时流涕，何止惘然。同人等与两先生或同袍泽，或缔缟纻，追念勋旧，弥切悲怆。爰定五月八日假西门方斜路白云观为两先生举行追悼，并思题请褒恤及建立永久纪念之品，以垂久远。两公平生夙敦风义，域内不乏知交，海外尤多同志，尚冀惠然来贲，共襄兹举，曷胜翘企之至。

　　发起人：柏文蔚、但懋辛、孔祥熙、赵戴文、宁少清、郭子兴、刘守中、熊克武、管鹏、曾杰、赵丕廉、张冲、刘觉民、凌毅、薛笃弼、余际唐、杨虎城、成柏仁、王用宾、史之照、王法勤、胡景瑗、刘盥训、周震鳞、王缵绪、胡景铨、张继、景定成、黄钺、章炳麟、赵光亭、马悦川、刘积学、梁上栋、郑伯奇、邓宝珊、凌钺、徐永昌、党仙州、阎志远、王北方、续范亭、曾道、谢持、刘永祥、续式甫、谢百城、卢师谛、石潗、赵惠臣、焦子静、林宝、张善与、韩忠、姚以价、樊钟秀、周耀武、马青苑、于右任、叶荃、刘蔼如、冯钦哉、左善楚、蒋尊簋、弓富魁、武勉之、田桐、叶楚伧、黄元白、裘由辛、张淑琳、李镜蓉、段宗林、郭宗道、谢良牧、杜□。

总务股办事处设西门白云观。南京通讯处：户部街乙巳俱乐部刘孚若君。北平通讯处：石驸马大街八十号梁次楣君。粉房琉璃街解梁会馆李健吾君。太原通讯处：平民工厂李晓峰君。①

（《申报》1929 年 4 月 21 日）

工商银号简章②

（1929 年 5 月 20 日）

第一条　本银号以辅助工商业之发展为宗旨，故定名曰工商银号。

第二条　本银号按照银号通行则例组织之，呈报市政府核准。

第三条　本银号设总号于北平，各大商埠得随时设立分号。

第四条　本银号资本总额暂定为国币十万元，分一百股，每股一千元，由发起人认总额十分之一，先行开始营业，股东所认股本，须一次交足。股本收到，先付收据，俟股票印就，再行换给股票。

第五条　本银号股本，周息六厘。

---

①　总务股等等办事机构信息据 5 月 6 日之连载补入。

②　本文原标题：《工商银号设立筹备处》。文前曰："周震鳞、贡桑诺尔布、三多等集资办工商银号，已志本报。兹闻该创办人已在煤市街中间设立筹备处，并拟定简章十八条。兹特照录如下……"

第六条　本银号股东以中华民国国籍为限。

第七条　本银号股票用不记名式，但亦应将执票人之姓名、住址报告本银号，以便遇事通知。

第八条　本银号股票如买卖让与他人，及抵借款项时，须到本银号登记，方生效力。

第九条　股东因遗失股票，向本银号请求补给时，须具失票补给书，详记其事由、号数，登报申明，觅具妥保，始得补给之。

第十条　通常股东会于每年正月初间举行一次，报告一切经过事项。遇特别事故发生时，得随时召集临时股东会议决之。

第十一条　本银号业务之经营，以下列种类为标准：

（一）定期存款。

（二）活期存款。

（三）储蓄存款。

（四）抵押放款（古玩、字画、金、银、珠饰以及有价证券皆属之）。

（五）短期拆息及贴现放款。

（六）买卖生金银及各国货币。

（七）办理各省汇兑。

（八）收售各种公债及一切有价证券。

（九）代客买卖各项公债，须依照交易所章程，先收保证金，然后办理。

第十二条　本银号设总经理一人，经理一人，由股东中推任之。总经理综理一切事务，并谋营业之发展，担负完全责任。经理襄助总理一切事务。总理因公外出，得代行其职权。其他办事人员，由经理选任，然须得总理之同意。

第十三条　本银号如添设分号时，由总经理于临时股东会提议办理。

第十四条　本银号内部事务，设事务员若干人，秉承总经理、经理之命及委托襄理各项事务。遇事皆须振作负责，不得推诿。

第十五条 本银号每届年终决算一次，所有一年内之账目盈亏，须核实计算，不得稍涉虚伪。由总经理制成总收支表、资产目录、损益表、余利分配表，于股东常会报告之。

第十六条 本银号年终总结开除经费及特别奖金外所得纯益，提股息全部及公积金二成外，所有盈余按十一成分配，以一成为发起人招认股本之酬金，六成为股东红利，四成为职员花红。

第十七条 本号如遇有特别情形而致亏累时，由股东按股均摊之。

第十八条 本章程如有未尽事宜及应行修改之处，由总经理提出股东会修改之。

（北京《新中华报》1929年5月20日）

在民国大学毕业典礼上的讲话[①]

（1929年6月6日）

希望各生努力服务社会，安分守己，勿为恶势力所感染，尤须于做事之暇，勿望读书，以免思想落伍。

（北京《益世报》1929年6月7日）

[①] 1929年6月6日，北平民国大学举行毕业典礼，周震鳞主持典礼并致此训词。

拓鲁生书例

（1929 年 7 月 18 日）*

同辈拓君鲁生早擅书名，奔走海内，垂念余年。近以倦游来沪，踵门索书者日多，同人等代商润格，借息贤劳。君书篆宗石鼓，隶法石门、西狭，真、行、草合南北碑、唐宋帖自成一派，诚未易获之珍也，拟例如下：

楹联：丈尺二十元，七尺至八尺十六元，六尺十二元，五尺十元，四尺八元，不及四尺者以四尺论。

中堂：丈尺三十元，七尺至八尺廿四元，六尺十八元，五尺十五元，四尺十二元。

屏幅：丈尺每幅二十元，七尺至八尺十六元，六尺十二元，五尺十元，四尺八元。立幅准屏幅例，横幅半幅准屏幅，全幅准中堂。

榜书：一尺字每字二元，二尺字每字四元，三尺以外递加，不足尺以尺计。

手卷：每尺四元。扇面册页：每件四元。寿屏碑志另议。

篆、隶、真书加半，金笺加半，代款加半，加乌丝栏加半，磨墨加一。先润后作，半月取件。

总收件处：上海四马路美术图书馆及各大笺扇纸店。

章炳麟、张继、于右任、熊克武、田桐、周震鳞、黄宾虹、冯自由、黄元白代订。

(《申报》1929 年 7 月 18 日)

致李滂^①函

(1929 年 9 月 11 日)^②

敬启者：敝校定于本月十六日（星期一）上午十时在本校大礼堂举行开学礼，恭请台端届时莅临指导，并祈颁赐训词，俾诸生有所遵循，至深企盼。此致李少威先生。

北平国民大学校长周震鳞谨启。九月十一日。

（虞和平主编：《近代史所藏清代名人稿本抄本》第 1 辑 139，大象出版社 2011 年版，第 205 页）

---

① 李滂（1896—1979），字少微、少威，江西九江人，近代藏书家、学者，李盛铎第十子，1934 年，任北平国民大学教授，主讲《目录学》课程。

② 原函缺年份，周 1928 年 7 月至 1929 年 10 月任民大校长，经查 1929 年 9 月 16 日适值星期一，而 1928 年 9 月 16 日为星期日，故知为 1929 年。

在民国大学开学典礼上的演说[①]

（1929年9月16日）

今值开学伊始，新同学来自远省各地，考入本校，各不同班次，聚新旧同学于一堂，乐何如也。所希望于诸君者，即在养成良好学风，均能安分求学，准备将来为国家社会之用。当此内忧外患，政治不良，土匪遍地，各地民众，最感痛苦之时，家庭父兄尚能节衣俭食，供给诸君前来求学，煞是不易。所以，我们当时时体察父兄之心，努力自进。要知读书是人生最快乐的时代，出校以后，社会事务纠纭错杂，处处能令人感觉不快。诸君当利用此快乐时光，努力养成真正学识，将来才能应付社会，不感痛苦。现在，国家社会纷乱不已，学生应时存改良建设之心，注意报章言论，为将来建设之预备，切不可盲从他人，做无益的牺牲，先自放弃学业，是万不可的。要知有所不为，然后才能有所为。我很希望诸位有所不为而专心努力读书，将来由我民大同学蔚成校风，继往开来，造出一般救国志士，建设极完善的国家。若是为人利用，不安分，专跟他人贴标语、喊口号，把读书忘却，是万不可的。现在政治不良，军阀专横，我们不要用积极的手段去

[①] 1929年9月16日上午10时，民国大学举行开学典礼，市政府有关负责人及全校师生六百余人出席，校长周震鳞首先发表此演说。

管他。我们应该研究学术，养精蓄锐，以待将来。勇敢读书，不干外事，希望于诸君的至高且大，诸君勉旃！

（北平《新晨报》1929 年 9 月 17 日）

《太平杂志》章程

（1929 年 10 月 1 日）*

第一条：本志定名太平，月刊一次。

第二条：本志以发挥三民主义、敷布五权宪法、收拾时局、永致太平为宗旨。

第三条：本志立言以端风化、正人心，惟事劝导社会、不事攻击个人。

第四条：本社设二部处理事务。

一、董事部：董事长一人，董事若干人，由社员选举。

二、社务部：社长一人、副社长一人、主笔一人、记者若干人、理事一人、干事若干人。

社长、副社长、主笔、理事由董事会委任之，记者、干事由社务会议委任之。

第五条：本会经费以下列二项充之。

一、社员之担负。

二、同情者之捐助。

第六条：本章程自　年　月　日施行。经董事会议决得修改之。

发起人：张继、周震鳞、田桐、蒋尊簋、王朝俊、刘绩学、冯镇东、叶荃、颜德基、张善与、刘承烈、刘觉民、马君武、马宗豫、葛崑山、裘越隽、李翊东、史之照。

社员大会未开以前，董事会尚未成立时，由发起人临时公推社务部人员分掌事务，计列如下：

社长：张继，副社长：周震鳞。

主笔：田桐；理事：刘觉民。

（《太平杂志》第一卷第一号，1929年10月1日）

《太平杂志》出版预告

（1929年10月15日）*

《太平杂志》总主笔田桐

蕲阳田梓琴先生，毕生从事革命，出处行谊，当世之所备知。辛亥以降，鉴于政治成绩不良，慨然有澄清之志，乃综合今古中外所以治乱兴亡之故，深探极研而后著以为策，行之列国而无弊，按之国情而不悖，当一代之大法，开建国之规模。倘亦救时，君子所乐与商榷者乎。

发起人：张继、田桐、蒋尊簋、王朝俊、马君武、葛崑山、刘积学、冯镇东、叶荃、周震鳞、颜德基、张善与、刘承烈、刘觉民、裘越隽、李翊东、史之照、马宗豫。

创刊号目录：发刊辞　习化篇　书清党实录后　盐政论　导河根本计划书

出版日期：十八年十月二十日。

定价：每期三角。

总代发行所：泰东图书局。

（《申报》1929年10月15日）

为《华北文艺新刊》题词

（1929年10月）

文之精神，为礼与乐。艺之名实，自古有作。尼父所游，元公所学。宁曰鄙事，至教假托。华北上国，文物宝藏。新刊出现，艺苑声详。

周震鳞。钤印：周震鳞印（白）。

（《华北文艺新刊》创刊号，1929年10月）

跋黄兴手札

（1929年11月30日）

以上两书及《同行人报告书》①为民国三年七月克公避美时所作。当失败之后，同志流离困苦，时有责难。孙公失意之余，怨愤尤甚。癸丑之冬，于是有中华革命党之组织。指文严誓，一反同盟会以来网罗豪俊共求国家宏旨。克公虑党生分裂，忠告孙公，勉抑孤愤，调和同志感情，共图进展。孙公不从，更露恶语相诋。余与谭石屏、田梓琴、刘劭裏、熊锦帆、白楚香、胡汉民诸同志从中劝解。陈英士独祖孙公主张，且倡言侮及克公。于是多数不平同志，成立欧事研究会，分途进行。此会发生于克公抵美后、欧战方起时，党员内部团结而用此名，为避耳目防疾忌也。然与中华革命党部同驻日京，不久遂违言纷至，谓此乃黄派党员团结以防害孙公进行者。余与克公及石屏、劭裏诸人，于中华革命党、欧事研究会均未参加，日奔走于民党之大（连）[联]合，准备进行倒袁。克公旅美，往来讨论极多，书中有"此间党情于道腴缄中另纸述之"，即详论中华革命党在美洲新树旗帜，强迫党部更名入党，及筹款纠纷情形；兼容并包，苦心和解，并及集款

---

① 指黄兴在美国于1914年7月8日和7月29日致刘承烈两书及所附《同行人报告书》。

不易，望余与石屏等往南洋筹画等事。惜此书在沪寓遗失，使克公爱国忠党尽情表见之作，不能传之于世，至可惜也。然有九月十二日一书，亦足观其大要。余与石屏得公此书，次年一月遂赴南洋筹饷。居数月，余病，仍返日京，则松坡①派人往还，与克公接洽赴滇举兵事已久。旋松坡密过日本，将袁赠勋位、勋章交克公办事处，忽入滇，约桂、粤同时起义。附《致莫伯恒书》，则滇已入川，桂军已应，克公自美返日，将归国时所作也。三书下笔皆精妙绝伦，秀逸之气，飞跃纸上，洵必传之至宝也。

十八年十一月三十日。道腴又识。钤印：周震鳞钵（白）。

（周震鳞手迹影印件，周用宜主编：《周震鳞墨迹诗文选集》，第 70—77 页）

---

① 蔡锷（1882—1916），字松坡，原名艮寅，湖南邵阳人。早年入长沙时务学堂，师从梁启超、唐才常等维新人士，戊戌政变后赴日本，入东京大同高等学校；1900 年回国参加唐才常策划的自立军起义，失败后复返日本，入成城学校；1904 年 10 月陆军士官学校第三期毕业后回国，先后在江西、湖南、广西、云南等省从事军事教育、训练新军；1911 年春任云南新军第十九镇第三十七协协统。武昌起义后，领导发动起义，收复云南，并被举为云南都督。1913 年 10 月调北京，任政治会议议员、参政院参政、经界局督办、统率办事处办事员等职。1915 年 11 月为反对袁世凯称帝潜出北京赴昆明，于 12 月 25 日与唐继尧等通电宣告云南独立，任护国军第一军总司令，举兵入川与袁军激战，迫使袁世凯取消帝制。袁世凯毙命后，任四川督军兼署省长，不久赴日本就医。1916 年 11 月 8 日病故，翌年 4 月国葬长沙岳麓山。

复唐生智①电

（1929年12月8日）

郑州唐总指挥孟潇兄勋鉴：

接诵各电，息兵救国，义正词严。惟求永久和平，必待政循正轨，各党各派，咸得其所，方免循环革命战争。前以此意，聒之介石，惜不能从，始有今日。战乱十八年，皆由当事得权则私，推倒满清专制，已更厉行专制。鄙见所及，曾经畅谈。现国危矣，

---

① 唐生智（1889—1970），字孟潇，湖南东安县人。1914年毕业于保定陆军军官学校第一期步兵科，历任湘军第一混成旅旅长、第四师师长、湖南省内务司司长、国民革命军第八军军长、湖南省政府主席兼军事厅厅长、武汉卫戍司令、武汉国民政府委员、南京国民政府委员、第四方面军总指挥，1927年10月因反蒋被国民政府以"通敌叛党"罪，免去本兼各职，并被开除国民党，后往日本。1929年3月蒋桂战争复出，任讨逆军第五路军总指挥，12月1日与宋哲元、刘文辉等七十余人通电主息内争以对俄，实行反蒋，7日被蒋介石下令褫免本兼各职并全国通缉，流亡香港、澳门，以及新加坡。1931年12月蒋介石下野后，复至南京任军事参议院院长、国民训练总监部总监、陆军一级上将等职。1937年指挥南京保卫战，接蒋介石命令发布撤退令后辞去一切职务。1949年4月担任湖南各界人士组织的湖南人民自救委员会主任委员，同年8月通电起义。中华人民共和国成立后，历任湖南省人民政府副主席，湖南省政协副主席，中南军政委员会委员、第一届全国政协候补委员、中南行政委员会委员、中国国民党革命委员会团结委员会委员、第一届全国人大代表、国防委员会委员、第二届全国政协常委、湖南省副省长、湖南省政协副主席、民革中央常委、第二届全国人大常委会委员，第三届全国政协常委、第三届全国人大常委会委员等职。1970年4月病逝于长沙。

务望诸公注重民权，完成民国，远师华盛顿，近法兴敦堡①，个人专制、一党专制同时扫除，国事庶其有豸也。叨在不弃，特布所怀。各同志均此。周震鳞叩。庚。

(北京《顺天时报》1929年12月9日)

附 录 一

唐生智等致各省主席等电
（1929年12月1日）

各省主席、党部、政府、各军民长官、各民众团体、各报馆均鉴：

　　溯自中东路交涉以来，苏俄藐视我主权，蹂躏我人民。我愈求和平，而彼愈加横暴，以致国威不张，疆土日蹙，东北则迭陷满洲里、海拉尔、博克图等要地，复进迫我齐齐哈尔、哈尔滨，西北侵我新疆，企图大举。猖獗至此，岂徒祸及边境，实亦国家之危。改革以来，所以求吾民族自由独立者，适得其反。顾我袍泽，各以卫国之热诚，激为阋墙之惨祸，及此不维，将以刀俎授人，而听其宰割，痛何如之。当此之时，惟有立息内争，同心御侮，俾四万万同胞，知国耻所在，群起自强，为吾外交之后盾，

---

① 兴敦堡，今译兴登堡（1847—1934），1847年出生于贵族之家，父亲为普鲁士军要塞司令。1860年，兴登堡进入柏林第一士官学校，后成为皇家候补军官，后历任军事学院教官、陆军部步兵局局长、第四军军长等职，晋升陆军中将，六十四岁退伍。第一次世界大战中，兴登堡重新受命，任第八集团军司令、德奥联军司令、德军总参谋长等职，晋升陆军元帅。德国战败后，兴登堡自动解甲归田。1925年4月，兴登堡以七十八岁高龄当选德意志共和国总统。1932年3月，兴登堡以八十四岁高龄再次当选德意志共和国总统。1934年病逝。

转危为安，即在我爱国军人一念之间。是以生智等近日以来，五内痛极，难安寝馈，佥以为救国之道，即在立息内争，一致对外。固望国内贤德，群起相助，则同舟共济，实为责无旁贷。有违斯旨，仍存自私者，即全国公敌，誓当立予铲除。良心所迫，至死不渝。至于内政如何改良，应听国人解决。惟吾同胞鉴焉。唐生智、宋哲元等75人同叩。东。印。

（北京《顺天时报》1929年12月8日；《国闻周报》第6卷第49期，1929年12月15日）

附 录 二

唐生智等致蒋介石等电

（1929年12月2日）

中国国民党第二届执行委员会，广州汪精卫先生、张向华先生，梧州顾孟余先生、黄季宽先生，南京蒋介石先生、太原阎百川先生、沈阳张汉卿先生，西安朱明轩先生、孙少云先生，开封韩向方先生、蚌埠石汉章先生，各省各县军民长官，各级党部，各人民团体，各报馆均鉴：

赤俄内寇，东北危急，迁延至今，不救将亡。乃者陕豫构兵，战乱饥馑之后，加以师旅，民生憔悴，将士愁苦。介石先生，军临前敌，目击惨状，会逢返斾江南，共喜止戈为武，后此团结袍泽，西北、东北固圉，销弭内争，以清明之贤政，为全民谋公利，完成革命，岂不懿欤？比闻国府诸彦，仍请力征，又欲用兵西南，必以武力统一，而东北国防，反若无睹，缓急轻重，似未细加考虑。民力已尽，外寇已深，而犹欲逞干戈于邦内，仁者何忍出此！前方将士，锋镝余生，效忠党国，不敢告劳，惟以民众的武力，用之于非民主的斗争，皆期期以为不可。湘、鄂、川、豫、皖、鲁各军师旅及团体代表麇集郑州，群请申张正义，维持和平，诋毁大局，众口一词。窃以为今日之事，非恪奉总理天下为公之教，必如治丝益棼，兵连祸结，不至于国亡种灭不止。介石先生在革命过程中，军事上之努力，与其勋劳，人所共见。人各有能有不能，政治上之得失，正不必为贤者讳。君子之过，如日月食，应请翻然改图，立允罢兵，尊党国先进之意见，缓和革命军人之感情，努力奋斗，共救中国。销兵气为日月之光，登斯民于衽席之上。生智等虽犯严谴，犹拜嘉德。临电怅惘，毋任屏营。唐生智、刘文辉等同叩。冬。印。

（北京《顺天时报》、天津《益世报》1929年12月8日）

再跋黄兴手札

（1929年冬）

以上克公与劢襄①书十二件②，为民国二年亡命日本时所作。

---

① 刘承烈（1883—1952），字劢襄，湖南益阳桃江人。1902年留学日本法政大学，结识黄兴、宋教仁等，加入同盟会。辛亥革命后任湖南实业司司长，参与"二次革命"，失败后流亡日本。后回国参与北伐战争、抗日战争。中华人民共和国成立后任政务院参事室参事。
② 此指黄兴手札十一件与《同人报告书》一件，均系赣宁讨袁之役失败后，黄兴在日本与美国时致刘承烈、谭人凤、柏文蔚、周震鳞、莫伯恒之信札，原分装为两册。

癸丑夏五月赣宁起兵讨袁世凯，克公居南京督阵，余与劢襄居湘应援。当南方裁兵之后，江、皖、赣三省战兵不满三万。兵家皆主张慎重，以避袁氏凶风。克公笃实君子，颇纳其言。孙公则决心速发。多方敦促。不得已，出为牺牲以全党谊。苦战旬月，四面受敌。会湘弹药被炸，谭祖安惮战，投黎元洪，赴京向袁请罪。克公见事无可为，将以身殉。左右劝走日本，作后图。余与劢襄亦由长沙出走。舟抵九江，袁贼要劫余，将即海舰杀之。赖日领派嵯峨舰强硬交涉，始得脱险。途中迁延阻滞，秋深乃达江户。克公与劢襄则已先一月至。其忍难应交，九死一生，忧国相遭，朝夕共处，是不幸中之大幸也。初余三人同寓并区，数月后，余与劢襄移寓小石川，始有书札赠答，故此册起于癸丑腊底也。克公为人诚朴不苟，睹此遗墨，关于党务、国事固一秉大公至正，不敢背信阿世，即饮食、书画小事，偶一着笔，皆闲雅庄重，高风可抱，令人钦敬不已。至如书中"主义所在，不敢变换手段以苟同"。"自己十余年来所提倡之平等自由主义，不惜以权利相号召，效袁氏之所为"，决不［赞］同其语，尤为治党之药石。年来祸乱纠纷，民国风雨飘摇，未知所底，皆由不以克公之心为心所致。诵公遗音，为之泣然。其不独书法可宝贵耳。

民国十八年冬。周震鳞笔识。钤印：周震鳞印（白）；道腴长寿（朱）。

（周震鳞手迹影印件，周用宜主编：《周震鳞墨迹诗文选集》，第63—68页）

《坦途》周刊发刊词

（1930年1月1日）

《坦途》周刊何为而作也？为政府及吾民指导共由之常道，应遵之生路也。

中华民国自辛亥成立以来，战乱十八年，国力之损失，民生之凋敝，争夺相杀残戾不仁之气，充塞于神州。始由于袁世凯之破坏南京《约法》，称帝专制，继由于北洋武人专制。民国十五年，国民党政府北伐，不二年而统一告成，宜可以回复民权，豁清专制，完成民国矣。乃当事者不顾前辙，迷信武力，复成一党专制、武人专制之局，于是反动之声，遍于全国。一年四战，莫知所止；灾害并至，不之顾惜；饿莩载途，不之拯念；兵多饷绝，政乱民愤，不之觉悟，以图根本救济。《易》之象曰："否极思泰，剥极思复。"时至今日，政府与人民均趋绝地，大乱之状，不独满清所未有，即袁氏及北洋武人专制时代亦所未有。政府与人民苟非大彻大悟，打破迷津，同求觉路，吾恐锦绣山河，尽丛荆棘，兽蹄鸟迹，交错禹域，人皆相食，华族且亡矣。然乱愈甚，人民厌乱之心愈切，政府定乱之术愈易施。所谓饥者易为食，渴者易为饮也。

何以定乱？曰：使各党各派各得其平而已。人情各得其平，则相安于无事。故今日救乱之道，与其曰戡定，不如曰平定。不可曰消灭各党各派，但求各党各派共守政治正轨，自由活动于国法之下，则一切争夺惨剧，皆可停演，而永久之和平，真正之统一，不求致而自致矣。

所谓政治正轨者何？共和宪政是也。所谓国法者何？所以保障民权，即南京《约法》所规定之人民自由权也。吾人既自号曰中华民国矣，中华民国何由而生？曰：由南京《约法》而产生。中华民国之名词一日未亡，即《约法》所规定之民权一日未失效力。政府与人民，苟循此以促进宪政，则大乱可以立止。各党各派不平之意见，皆可从容讨论，咸得其平。此所谓"坦途"也。

吾政府吾人民，其各鼓其勇气，而一鹄以相趋，勿犹傍徨歧路，多栽荆棘，以苦吾民、祸吾国也。坦途在望，盍归乎来。

（江之洲等：《刘人瑞事略》，《近代史资料》总65号，知识产权出版社2006年版，第95—96页）

征求全市学校运动会奖品启事

（1930年5月13日）

敬启者：本会定于月之二十四、二十五两日举行北平全市学校运动大会，夙仰先生奖进体育，素具热忱，敬祈惠赠奖品，借资鼓励，不胜钦感之至。肃此函达，顺颂台祺。（惠赐奖品种类、数目，务希于五月二十日以前交教育局代收）北平全市学校运动大会启。

名誉会长：张相轩、沈尹默、徐次辰、熊秉三、刁作谦、周寄梅、吴雷川、李石曾、李慕颜、罗家伦、陈大齐、楚晴波、李云亭、徐旭生、刘半农、陈援庵、周道腴、萧子升、李润章、余同甲、江翊云、徐伯轩、谢瀛洲、徐轼游、段发庵。

（北京《益世报》1930年5月13日）

与邹鲁等致阎锡山电

（1930年6月26日）

太原阎总司令勋鉴：

醒民①灵榇，亟待运平。前上敬电，请拨长辛店原存专车，亮荷垂察。前潘交通司令拨用之闷车，颠（播）[簸]殊甚，有妨英骸，寸心难安。渥蒙存恤，乞即电饬平汉路局，迅拨原存运灵专车，俾便速运，不胜企盼，伫候复示。

周震鳞、邹鲁、谢持、王法勤、覃振、刘觉民同叩。宥。

（北京《益世报》1930年6月28日）

---

① 即樊钟秀。

致谭延闿等电[①]

（1930年7月31日）

（衔略）自北伐完成以来，震鳞日以从速召集国民会议，制定宪法，实现法制，永除一系专国乱政之害，忠告介石，乃介石不加采纳，更深闭固拒，使舆论不能表见，遂致积愤日深，内战以起，全国骚乱，军民交困，流离死亡，不可收拾。今南北大军会战中原，而湘赣共匪，乘虚并起，内外人民生命财产，均陷绝地。长久相持，祸乱将伊胡底，惩前毖后，无论何党何派何方，应彻底觉悟，须知吾国地域之大，人民之众，既为世界列强所重视，复为国内所必争，所有权位，决非一部分人士所能把持。所有疆土，决非一方面全力所能统一，务必各得其所，纳诸相当之途径，平均发展，庶几国是渐定，治平可期。诸公爱国心长，伏望力劝介石下野，南北一致，主张息战，凡事以国民会议解决，一切报国之诚，不平之见，均可尽量发抒。盖无论战至何时，无论何方胜至何地，终非武力可以了事，奈何箕豆相煎，死亡枕藉，以相逼也。至吾国久负债务，外力深侵，若因焚使馆、杀教民，种种行为，引起责言，拳匪前车，共管尽说，宁可漠视？明达如诸公，

[①] 本文原标题：《周震鳞通电劝蒋下野》。文前曰："周震鳞氏自北平通电谭组安先生等，文曰……"

谅皆计及。区区之忱,伫希察纳见复为荷。周震鳞叩。世。

(天津《大公报》1930年8月3日)

致国民政府电①

(1930年8月27日)

南京国民政府诸先生均鉴:

世电呼吁,想已察及。南北均称一党,所争止在个人。四万万人自十五年以来,同俱覆巢毁卵之忧,共存息事宁人之望。乃本日飞机竟投弹北平,用意更非所解。北平虽只立都千年,而五千年故都重器,悉萃于此,实为全球古代文物之中心,世界人类所共相保重。重以使馆林立,外人错居,且离战区尚远,无关战争胜负,何必为此,以扰民群?特此布达,敬乞饬知前方,勿再妄举。至吾湘共匪为虐,恶焰甚张,仍望俯察民情,早息战祸,令各军回防剿共,无任感祷。周震鳞。感。

(北京《益世报》1930年8月28日)

---

① 本文原标题:《周震鳞电宁》。文前曰:"周震鳞作为飞机投弹事,发出一电云……"

复张学良[①]电

（1930年9月22日）

辽宁张长官勋鉴：

近读巧电，主张和平，思深虑远，语重心长，敬佩莫名。弟蒿目时艰，杞忧久抱，以为内争不息，国力潜消；外患纷乘，无以为御。前陈世电，分劝互让，共救国难，绝不敢私袒何方。窃见内争之起，必因不平。今求和平息争，似宜先请各方停战，再开代表会议，尽量讨论，不平之点，由调人征采国论，使趋于平，庶可不挟气以争胜，祥和乃有可言。若调人救恃，虽具热心，处措偶有不慎，不独不能得各方之情，甚切有以激不平之气，由困兽犹斗，争胜之心或更不择手段。国家前途，将何以堪？尊电明示纳言，敬作芹荛之献。苟有所私，天日共弃，伏希鉴察为幸。周震鳞。养。

（北平《京报》1930年9月23日）

[①] 张学良（1901—2001），字汉卿，号毅庵，辽宁省鞍山市台安县人，奉系军阀首领张作霖的长子。1920年毕业于东三省陆军讲武堂，先于奉系军中担任要职。1928年6月张作霖被日本关东军炸死后，继任为东北保安军总司令，坚持"东北易帜"，促使中国从形式上走向统一，后被国民政府任命为陆海空军副司令、东北边防司令长官、武昌行营主任、西北"剿总"副司令（代行总司令职权）等职。1936年12月12日，与杨虎城兵谏蒋介石，造成震惊中外的"西安事变"，促成国共二次合作，结成抗日民族统一战线。西安事变后遭蒋介石父子长期软禁。1990年恢复人身自由，1995年起离台侨居美国夏威夷。2001年10月病逝于檀香山。

附　录

张学良通电

（1930年9月18日）

国急。南京中央党部、国民政府钧鉴：各院部、多委员会勋鉴：各省市党部、各省市政府、各总指挥、各司令部、各军师旅部、各法团、各报馆均鉴：

窃以企图建设，首宜力弭兵争，绥定邦家，要在曲从民意。当国内衅端初启之时，良曾规劝各方，勿以兵戎相见。东电所述，中外共闻。其喑音苦口，未经宣示国人者，稿本之多，几于盈尺，卒以力薄言轻，未能挽回劫运。战端一起，七月于兹。庐里丘墟，人民涂炭，伤心惨目，讵忍详言。战局倘再延长，势必至民命灭绝。国运沦亡，补救无，方追悔何及！此良所为慄慄危惧者也。人之好生恶死，既有同情；厌乱思治，终无二致。以良所见，无论战区内之身遭祸难者，固已憔悴难堪，即战区外之幸免颠连者，亦无不和平是望。良委身党国，素以爱护民众、维持统一为怀，不忍见各地同胞再罹惨劫。用敢不揣庸陋，本诸东电所述，与夫民意所归，吁请各方即日罢兵，以纾民困。至解决国是，自有正当之途径，应如何补救目前、计划永久，所以定大计而餍人心者。凡我袍泽，均宜静候中央措置。海内贤达不妨各抒伟见，共谋长治久安之策。良如有所得，亦必随时献纳，借供采择。众志成城，时艰共济，庶几人民生活得免流离之苦，国际地位可无堕落之虑，是良区区所企望者也。迫切直陈，惟希亮察。张学良叩。巧。

（《申报》1930年9月19日，据《国民政府战史编纂委员会档案》校）

与居正等祭何声焕文[①]

（1930年12月12日）

维中华民国十有九年十二月十二日，许崇智、居正、邓泽如、周震鳞、程源铨、山西纯三郎、蒋尊簋、孙本戎、田桓、陈中孚、马君武、庞元澂（中略）等，敬以清酌庶馐，致祭于仲吕何公之灵曰：

悲回风之飒飒兮，更冷露以凄怆。感景物以变易兮，益吾心其忧伤。嗟哲人兮顿萎，缅遗范兮难忘。惟先生之学业兮，文章既彪炳乎皖江。弱冠已飞声泮水兮，乡试复高撷夫桂香。宣智能之美备兮，余枝更精研夫歧黄。惟先生之德望兮，殚孝思以奉高堂。克友恭于兄弟兮，训子孙于义方。承先志以启后兮，美哉大学何堂皇。救灾恤邻无畛域兮，恒竭力慷慨以输将。犹凛乎孽因与孽果兮，谆谆然身口意之严防。宜乎积善之家兮，天降之以百祥。芝兰丛生于庭阶兮，群相羡乎玉笋之班行。理财施政惟国是利兮，循法省刑为民之保障。际兹陵替之世运兮，尚幸得景仰夫元良。为伦理之先导兮，为万世之表坊。何巫阳兮遽召，乃鹤驭兮高翔。继自今其安放兮，卓彼昊天而坏吾才梁。溯音容其何在

[①] 何声焕（1865—1930），字仲吕，号竹轩，1924年与其子何世桢、何世枚在上海创办私立持志大学（今上海外国语大学前身）。

兮，忍瞻夫素旐之飞扬。荐生刍以一束兮，灵其鉴我衷肠。言虽有穷兮，哀思孔长。呜呼！尚飨。

（《申报》1930 年 12 月 13 日）

为《光华日报》创办二十周年题词[①]

（1930 年 12 月）

《光华日报》廿周年纪念：

神州黯淡，专制毒延。建房尸罪，吾侪倡言。大哉光华，洞烛几先。武汉一呼，共和诞焉。四亿同胞，复旦熙喧。如何袁氏，约法推翻。继此加厉，赤焰薰煊。岁月如流，逾十九年。寄语作者，笔伐双肩。

周震鳞敬祝。钤印：周震鳞印（白）；道腴（朱）。

（《光华日报二十周年纪念刊》，1931 年）

[①] 《光华日报》于 1910 年 12 月 20 日由孙中山先生创刊，是马来西亚也是世界现存最老的华文报之一。

又跋黄兴手札[①]

（1931年夏）

以上两书及《同行人报告书》[②]为民国三年七月克公游美时所作。当失败之后，同志流离困苦，时有责难。孙公失意之余，怨愤尤甚。癸丑之冬，于是有中华革命党之组织。指文严誓，训政专制，一反同盟会以来网罗豪俊共建共和、巩固国本宏旨。克公虑党生分裂，忠告孙公，勉抑私愤，调和同志感情，共图进展。孙公不从，又以恶语相诋諆。余与劲襄、石屏、汉民、锦帆、楚香诸同志从中劝解。英士独迎合孙公主张，且倡言侮及克公。于是同志多为不平，乃成立欧事研究会，分途进行。兹会发生于克公抵美后，欧战方起，谋党员内部团结，用此名为避耳目防疾忌也。然与中华革命党部同驻日京日久，遂违言纷至，谓此乃黄派党员（连）[联]合抵制孙公者。余与克公、石屏、劲襄诸人，中华革命党、欧事研究会均未参加，专奔走于民党之大（连）[联]合，策画倒袁。克公旅美，往复筹商极多，书中有"此间党情于道腴缄中另纸述之"，即详论中华革命党在美洲新树旗帜，强迫党部更名入党及敛钱纠纷

---

① 此件与1929年11月30日所书跋记的内容大同小异，应为重新书写一次。
② 指黄兴在美国于1914年7月8日和29日致刘承烈两书及所附《同行人报告书》。

情事。克公兼容并包，苦心和解，并虑集款不易，望余与石屏等往南洋筹画。惜此书在沪寓遗失，使克公爱国忠党尽情表见之作，不能传之于世，良可恨也。然有九月十二日一书，亦足观其大要。余与石屏得公书，次年一月遂赴南洋筹饷。居数月，余以病仍返日京，时松坡已定计赴滇起兵，密趋日本与余辈接洽，遂入云南，约两广同时起义。附《致莫伯恒书》，则滇已入川，两广已应和，克公自美返日归国时所作也。三书下笔皆精妙绝伦，秀逸之气，飞跃纸上，信可传之至宝也。书面①"（刚）[岗]本"，为克公居日隐名，"陆奥"则劲襄隐名也。附记于此。

民国廿年夏日。周震鳞又识。钤印：周震鳞印（白）；道腴（朱）。

（周震鳞手迹影印件，周用宜主编：《周震鳞墨迹诗文选集》，第79—82页）

致孙科书（节选）

（1931年12月28日）*

哲生世兄部长左右：

介石下野，中国五千年专制应作一总结束。尊翁手创共和，虽因袁逆世凯等破坏，大计失败，创立中华革命党时，愤而有训

---

① 即信封。

政之说，然回国后多次秉政，曾未见诸实行，临危主张开国民会议，再三表示还主权于主人，决不至主张民权者而剥夺民权，创国民党者，不要国，不要民，专要党，如介石独裁时代，党部一切言论行为也……内战多，必武人专权，此皆历史失败教训。武夫青年，不读书，故作无理之高呼狂叫。今日四全大会①，聚领袖于一堂，又当世人轻侮，谓我不成国家形式，危亡眉睫之际，似不可以主张介石下野者，再蹈介石所为也。闻同志李协和多人，有提案立即结束训政，即时召集国民大会制宪，实行宪政，诚为此时惟一通衢大道。苟各方根本觉悟，一致赞同，则天下后世，犹有原谅国民党者，望足下猛力鼓勇，与诸公图之也。近有主张民主，而仍欲一党训政者；主张财政公开，而不成立民意机关者；主张人民守法，而不欲人民立法及司法独立，保障人民一切自由者；主张举国一致赴难救国，而欲始终一党把持者。此皆不通之论，未可与言政治常轨者也。数十年来，痛国家危亡者，辄以印度、朝鲜及各殖民地相警，试观印、鲜人士，求独立自主者，无非欲求参政权也。党政府硬视国人为阿斗，不许有发言之余地，则己自以印度、朝鲜待国人，并自待矣。自待若此，欲人之以英、美列强待我，其可得哉？不独此也，殖民地人民，不过无参政权也，一切生命财产安宁，尚有相当之保障。回视吾国，则全国主政皆武人，到处皆土匪，无时不戒严，随时随地，皆杀人劫财，随在皆苛捐杂费，人民求一夕之安而不可得。如此状态下，故华侨之居殖民地者，尚可苟延残喘，自谋生活，而不肯回国。印度、朝鲜人欲其舍英、日而入华籍，固不可得也。国政败坏至此，吾人苟平心思之，谓尊翁初心，欲中国堕落至此，其谁信之？谓今日现象为尊翁遗教，是实诬尊翁于地下，欲使天下后世，归过于尊翁，以自逞其私也。其心尚可问乎？德国、日本之忍辱图强，

---

① 即1931年12月2日至29日召开的国民党四届一中全会。

在确立德意志联邦宪法及万机公诸舆论，巩固国本为先。欧洲有数万人、数十万人之小国可以存在，盖为国能安民众，不为人类之贼。国虽小，可以不亡，若今之武人，竟执外人鄙我之语，谓华人无立宪资格，以便其飞扬跋扈，杀人劫财之私。此风不改，国人将永为印度、朝鲜亡国奴而不可得，尚欲高呼救国耶？震鳞自与黄克强先生组织华兴会，革命近三十五年，同盟会成立后亦三十年，自信于共和外别无所求。现年垂耳顺，更不愿国家久乱，共和善政，不成于吾人之手，坐视专制亡国之祸。故近五年，对老友时发诤言。尊翁早谢矣，老友以次凋丧，言之耿然。所冀此次得最后之结果，俾震鳞得保全鬻字营生之苦况，长为共和之民，归田里有面目见父老子弟足矣。痛苦之言，百不尽一，稍事屏当，即南归也。专颂政祺。周震鳞启。

（天津《益世报》1931年12月28日）

为黄尊三《三十年日记》题写书名

（1931 年 12 月 30 日）

黄尊三著　三十年日记　周震鳞题。钤印：周震鳞印（白）。

（黄尊三：《三十年日记》，湖南印书馆 1933 年，封面）

黄尊三[1]《三十年日记》序

（1931年12月30日）

"乾"之象曰："君子终日乾乾，夕惕若，励无咎"；又曰："天行健，君子以自强不息"。"恒"之象曰："恒其德，利贞吉"；又曰："不恒其德，或承之羞"。孔子曰："南人有言曰'人而无恒，不可以作巫医'"；又曰："日知其所亡，月无忘其所能，可谓好学也矣"。圣人教人修己为学、立身处世之方，深切著明若是也。自来贤人君子，进德修业，砥行砺名，卓然自立，有所表见于天下后世者，类皆出于克苦勤奋，不敢一日自懈，其切实着力之处，即为书写日记。乡先哲曾文正，所以自课与其训勉子侄者，皆举此为重要力行之功修。盖自强不息，与恒之为德，非此不足以时尝策励，而祛作辍暴寒之病也。

黄子达生，自弱冠从余游有年，早知其为笃信谨守之士，考送日本留学后，适当改革之际，痛国势之日衰，知自强之在学，

---

[1] 黄尊三（1880—1950），原名为礼达，字德生；后改名为尊三，字达生，湖南省泸溪县武溪镇人。1897年，中秀才，不久入湖南高等学堂读书。1905年5月赴日本官费留学，先后在宏文书院、正则英文学校、早稻田大学、明治大学学习。民国成立后，先后在江汉大学、中国公学任教。1928年7月，被周震鳞任命为私立民国大学总务长，一直到1930年11月。"九一八"事变后，举家回泸溪县，在常德中学任教、后任泸溪县县立简易师范学校校长。

乃益发愤求进，用写日记，以自克责。从光绪三十一年四月十日，至民国十九年十一月二十九日，或学或仕，无忙无暇，无居无游，无险无夷，无安乐，无忧患，前后近三十年，未尝有间，兹衷集成书，略分"留学""观弈""修养""办学"四类，卓然巨帙，将刊行于世，属为弁言。

余为国事，奔走四方，学植荒落，睹黄子修身慎行，一日不苟，深抱惭赧。然今日之青年后进，一学未成，而舍己耘人，不解日就月将沉潜向学为何事，徒随俗暴戾，叫嚣凌轹，以为父兄病，以为国家人才羞，苟求挽回风气，谋立国自强根本，则老师宿儒，坚苦卓绝之法，终有不可不遵守步趋者，则此书之出，不独表见黄子为学为人，出处斯世，半生卓伟之人格而已，而其向遗后进，有功于扶世翼教者，实为不鲜。时乱国危，挽救之术，仍在培人才，固国本。列强之所以强，皆青年有志之士，恒其德，竟其功，日进不已。故无论物质与精神，凡人之所长，皆能移植其国，而得其实用，则不必决之疆场，即知其民族必有自存之理也。岂今之一事不知，放纵卑劣者，所能与之言复仇雪耻耶？黄子伟矣哉，青子勉乎哉！民国二十年十二月三十日。周震鳞。

（黄尊三：《三十年日记》，湖南印书馆1933年版，第1—2页）

为《粤汉要刊》① 题写刊名

（1931 年）

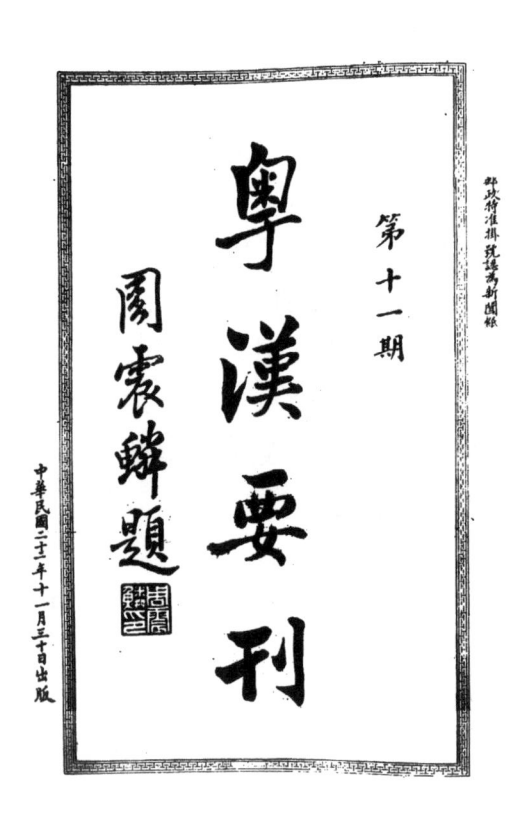

粤汉要刊。周震鳞题。钤印：周震鳞印（白）。

（周震鳞手迹影印件）

---

① 《粤汉要刊》为粤汉铁路促成会创办的机关刊物。

与熊希龄等致何键等电

(1932年2月初)

长沙何主席、各委员、各军师旅团营长、各法团、湖南国难救济会、各报馆同鉴：

月前日人假殴日僧事，乘隙提出取消沪上救国运动，当局含忍接受，日领已表示满意，忽于二十八日夜举兵犯境，我十九路军力图自卫，相持一旬，敌锋迭挫。窃虑创敌于一时，恐难继续于持久，顷阅报欣公已整师应援，待命遄发，大义昭著，先声夺人。惟兵贵神速，事戒稽迟，以卫国图存之决心，为赴义恐后之实举。临电翘企，伫盼云麾。

熊希龄、周震鳞、刘揆一、赵恒惕、彭允彝、章士钊、程子楷、陈强、唐蟒、黄一欧、陈方度、袁华选、任福黎、刘人瑞。

(《申报》1932年2月8日)

致胡汉民①书

（1932年2月15日）②

展公左右：

　　旧腊底，焕庭③来，并赠两千元，极感。弟独支多年，亏累极巨，一切进行，又无法中正，各方虽偶有补助，曾无稍多之数，足以弥补积欠者，处境之□，非老共事，实难以告语！而每每贻误事机，皆由于此。所赖吾兄曲为体谅，托南中同志宽予接济，使弟坐沪中稍尽曲突徙薪之责，于大局或缓急可裨耳。旧历二月内，弟欲赴湘一行（就便与鄂中当事相晤），望公特别设法为备用费二万元，一作川资，一还急债。盖民九援粤，民十一救总理，

---

　　① 胡汉民（1879—1936），原名衍鸿，字展堂，自称汉民，意为不做清朝臣民，做大汉之民，广东番禺（今广州）人。清末留学日本，加入同盟会，任评议部议员、书记部书记和《民报》编辑。辛亥革命后任广东都督、南京临时政府秘书长，1913年参加"二次革命"，失败后于1914年随孙中山在日本成立中华革命党。1917年至1921年随孙中山在广东进行护法活动，曾任交通部部长、总参议等职，后历任广东省长、国民党中央政治会议主席、国民政府主席、立法院院长、国民党中央常务委员会主席等职，1936年5月病逝于广州。

　　② 原书未署年份。查1932年2月初，周震鳞等致何键电中有"我十九路军力图自卫，相持一旬，敌锋迭挫"之语，而此书中有"十九路军申数百年未申之大义，连战皆捷"之语，皆指1932年1月十九路军在上海抵抗日本进攻之事，故可知此函应在1932年。

　　③ 即林焕庭（1881—1933），胡汉民之亲家，本名林业明，字焕庭，广东顺德人。1907年加入同盟会；1923年任国民党本部财政部长，后任孙中山葬事筹备委员会常务委员，负责财务。

两次回湘，除家产荡尽外，借债至数万元之巨，连年付息已属不少，此次虽不全还，孤儿寡妇之生活费为弟所累者，未可不酌为清理也。劭襄①家累亦重，欲其作事，亦请格外体恤。何时北返，望详示一切。

十九路军②申数百年未申之大义，连战皆捷，虽有秦桧在后，主权在民之国，究不易擅杀岳飞，尤恃公与两粤同志为之作气。弟已遣同乡促芸樵③声援。各省同乡会，如陕、赣等皆分电鼓动舆论，沪商则不许降日者筹款。再：秦桧现因财政山穷水尽，日令其党在沪再图利用抵日，发行爱国公债④，望公告南政府决定二事：（一）此后无人民监督，财政、行政机关不得举借及缔结对外条约；（二）华侨助饷由粤政府保管，得由侨代表监察。

民心之齐一，乃祖宗五千年历史所养成。中国之不亡，赖有此耳。公全局统筹，想有确定计划，措国于不倾也。护黄⑤于所事接洽皆有成算，兹特派葆薪（心）⑥详陈一切。总之，湘军不可

---

① 刘承烈，字劭襄。
② 十九路军"国民革命军第十九路军"的简称，1930年8月由国民党陆军第六十、六十一师扩编而成，以蒋光鼐为总指挥，蔡廷锴为副总指挥兼十九军军长。1931年，曾参加蒋介石对中国工农红军的第一、二、三次"围剿"，部队扩编了陆军第七十八师，全军达到三万余人。"九一八"事变后被调往京沪沿线，担任沪宁地区的警卫。1932年1月28日，日本侵略军发动对上海的进攻，第十九路军在全国抗日高潮推动下，进行了英勇抵抗，给日本侵略者以沉重打击。5月5日《淞沪停战协定》签字后，被调至福建进攻红军。1933年11月蒋光鼐、蔡廷锴同李济深、陈铭枢等在福建组织"中华共和国人民政府"公开与蒋介石决裂，并与红军订立抗日反蒋协定。失败后，军队被蒋介石改编，十九路军番号即被取消。
③ 何键，号芸樵。
④ 1933年，日本侵入热河，战事又起，南京国民政府为此发行爱国公债两千万元。
⑤ 陈嘉祐，字护黄，陈嘉任之兄。
⑥ 陈嘉任（1890—1958），字葆心，湖南湘阴界头铺人，陈嘉祐之弟。长沙明德学堂肄业，奉派留学日本早稻田大学政治经济系，同盟会会员，参加辛亥革命、讨袁护法及抗击北洋军阀的诸次战役，后又随嘉祐兄从事反蒋工作，历任国民党湖南省党部委员兼组织部长、省政府委员兼民政厅长、湘阴县县长（抗日初期任）、代理省长（代理程潜）等职。1958年在台湾病逝。

再任唐生智捣乱。护黄忠于吾党,惟总理之命是从。总理辞世,则为吾党领袖如公者之命是从。望公告陈主席①诸公放手援助之,于事局必有益耳。余由葆薪(心)面陈。书不尽意,即颂伟安!弟周震鳞启。印。二月十五日。

(陈红民辑注:《胡汉民未刊往来函电稿 13》,广西师范大学出版社2005年版,第217—223页)

致林森汪精卫函②

(1932年4月)

(上略)再三思之,外交处理,当秉全民公意,当以国民为后盾,因尺地寸土,半缕分文,皆属之国家、国人所公,非政府少数人、一党人所得而私。宣战、媾和、缔结条约,中华民国《约法》载明,必经参议院同意,民意后盾机关所在也。无民意机关批准,一切条约,皆为无效。今天下之人,皆斥公等为秦桧矣!无论公等如何之委曲艰苦,皆不易体谅。一切条

---

① 指陈果夫,时兼任江苏省政府主席。
② 本文原标题:《周震鳞的一个主意》,作者:老西。文前曰:革命老前辈周震鳞先生,本来和林子超、居觉生、石青阳诸先生是一条战线上的人,近几年来,不知何以无声无臭。最近因眼看国难危迫,实在过不去,特发表他写给林子超、汪精卫的一封信,话说得对不对,不知道,可是他也算有他的主意,将原函摘投《战鼓》,也算国难中一点小(供)[贡]献。

件，无论国人不信，即敌人亦未必尽信。即公等自处之道，与其多设不发动于全民之附属机关，劳费而无补，何若毅然决然，先布告汉满蒙回藏各族各省各军各界各法团，限期限名额，依《约法》召集临时参议院，使之监督政府，自由□□。凡各人民团体请愿陈诉，皆有□□，不至逸出常轨，反难应付，成败利钝，全民负责，不至以一党一派少数人单独负重咎，而以余力草定宪章，议决选举，颁宪程序，则内政外交，可同时解决。岂非宽平正道，进行无阻之方便法门乎？

（《南京晚报》1932年4月10日）

致林森①蒋介石等书②

（1932年12月17日）

子超、介石、静江③、溥泉、右任、梯云、觉生、理鸣诸兄同鉴：

国事扰攘，多年不定。内乱外祸，日兆危亡。公等忧劳，百倍于弟，每念辙迹，难释于怀。窃维政治失败之由，端由主权在民之

---

① 林森，字子超。
② 此书原标题：《周震鳞函：抗敌安内宜施行宪政》。文前曰："民党元老周震鳞氏，昨函党国要人，对于实行宪政有所论列，兹录原函如下……"
③ 张静江（1877—1950），谱名增澄，字静江、人杰，江苏吴兴人。1901年随孙宝琦出使法国，任商务随员，后在巴黎开办通运公司，创办《新世纪》周刊，1909年回国，办理通义银行，加入同盟会，资助孙中山革命活动；1912年参与发起留法俭学会，后任国民党中执委常委会主席、国民政府委员、建设委员会委员长等职。

国而无民宪以保民权。政府跛行，施政耳目，无正式民间机关为寄托。于是猜疑并起，天下之恶，皆归于政府矣。今日兵多财穷，债累山积，生财之道，不外统一安定，四民复业，养成税源。统一安定，太平之局，固非个人武力所能致，尤非一党党义所可行，务望诸公下大决心，立循世界宪政之常轨，修明国家典章制度，依据国法，行使一切职权，则秉国法而成统一安定之局，全国人民、各党各派共成之，不由一党一派、私人私智把持之，事未有不成者。今日外患之深，远过于逊清末季。外交应付，纯赖举国一致，无民意正当机关，即无切实后盾。社会私人言论，群相诟詈，无所折衷；通人达士，正言谠论，无所容纳。人民专供牺牲，而无监督行政之权力，怨恨所积，誓与偕亡，人心不附，安能责以一致敌忾？故对外必先安内，安内不外速行宪政。行宪政，首在中央、地方立时成立正式民意机关，于是用人公开，财政公开，中央、地方政治莫不公开。政府但为国家公仆机关，一切主权，发动运用，一以民意为依归。于是，宣战、媾和、缔结条约，政府与人民共负其责，个人固可不劳而理。施策亦必不稳安宁，此尤望诸公毅然主张者也。孙哲生君对三中全会提案，有促成宪政办法，仁言利溥，不愧总理哲嗣。弟以为原定实行宪政之期已至，宜立即成立宪政筹备处，甄采宪法草案，草定国民代表选举法，设备议院、会场等事，责成办理。二十二年三月，必为选举期，五月必为召集期，十月必为颁布宪法期，二十三年元旦，必为实行宪政期。从今日起在实行宪政期内，中央、地方政府，宜时时于文武分途，政治公开，四民复业诸端，做切实工夫，以便交代宪政政府，所谓未上台先谋下台也。如有不忠于国，不忠于党与友，造成环境，使贤者不能自拔，将来祸败之来，口言假托先总理，先总理在天之灵，决不为诸公负咎也。迫切陈词，敬希察纳。弟周震鳞启。十二月十七日。

（《申江日报》1932年12月18日）

与日日社记者谈话[①]

（1933年2月2日）

　　本人久不入都，最近中央忽有以余备员国府之命，愧不敢承。余平生向不做官，独于国计民生有利之事，虽以山野闲散之身，亦必时贡其刍荛之见。目下敌军压境，三省早沦，华北亦殆。无论古今中外，未闻有失地万里，而不急图收复者。此时朝野上下，非同站在抗日战线上，决无以救亡。此理至明，勿待本人再为词费。政府诸公，果能有悟于前此倚赖他人之失，奋发淬厉，急起图存，则本人更何惜此衰朽之年，而不谋所以共挽此危局？本人之备员枢府，其事甚小，而中央早定抗日大计，所关固甚大也。至从速制宪，早定国家与人民共守之大法，尤为余平日惟一之主张。哲生院长[②]在沪相晤时，余亦时贡此说，深望垂老欣见兹事之早成也。

（《上海商报》1933年2月3日）

[①] 本文原标题为：《新任国府委员周震鳞谈话》。
[②] 指孙科，号哲生，时任立法院院长。

答《南京晚报》记者问

(1933 年 2 月 13 日)

问：先生今日来京①是否就职？

答：予已到国府出席纪念周，无所谓就职。

问：已晤见林主席否？

答：已晤见。惟因时间忽促，未能久谈，下午拟再往访谈谈。

问：先生对于现在国府组织有何意见？

答：现在之组织系训政时期之组织，将来实行宪政后之组织如何，当以大家意见定。

问：先生是否将在京久住？

答：予拟二三日后仍返沪。嗣后如有事务当随时入京。

(《南京晚报》1933 年 2 月 13 日)

---

① 京，指南京。

关于制宪的谈话①

（1933年2月15日）*

中国过去各地秩序不安定，政府未得建设机会，以后须赶紧完成宪法，庶全国上下有正轨可循。

（上海《民报》1933年2月15日）

---

① 本文原标题：《周震鳞谈须速完成宪法》。

在国府委员就职典礼上的答词[①]

（1933 年 2 月 20 日）

决本匹夫有责之义，尽个人力量，望中央及主席时加指导。

附　录

蒋介石致周震鳞贺电
（1933 年 2 月 20 日）

删电悉。入赞中枢，深慰群望。讦谟定命，四方具赡。中在赣督师，尚稽良觌。一江衣带，延伫为劳。盼时示周行，借抒翘企。中正叩。（廿日。中央社）

（《申报》1933 年 2 月 21 日）

[①] 本文原标题：《国府委员周震鳞昨就职》。文前曰："新任国府委员周震鳞，二十日晨于国府纪念周后宣誓就职。参加典礼人员与纪念周同行礼后，中央代表邵力子及林主席先后训词，大意谓：周为革命先进，在党卓著勋劳，道德文章亦为同志崇仰。值此国难严重、强邻入寇之时，革命元勋前来中枢，望本昔年革命精神，为国家负责。周答词……"

关于抗日的谈话[①]

（1933 年 2 月 21 日）

余不参国事已数年矣。现中央筹备实施宪政，决心抵抗强暴，适与吾平日主张吻合，故特来京就任。回忆吾党在昔，每遭一同志牺牲，全国为之痛悼。而民十六国共分容以来，一般优秀青年以共党嫌疑而遭杀戮者，为数当以万计，转似无足轻重，至堪痛心。改弦更张，实为吾党今后之要着。我为文明古国，土地广、人民多，世界无与匹伦，今竟受一岛国之欺凌，可耻孰甚。鄙意以为吾人枪炮子弹，虽远不若敌人之精锐，但能举国上下团结一致，以四万万同胞之血和肉，与暴日作长久之抗战，最后胜利当属诸我。故此种奇耻大辱，唯有血与肉足以洗尽之。然内不安亦难攘外，今后内政之整理，亦刻不待缓。余二十二晚离京[②]赴沪，今后当常来京。

（《申报》1933 年 2 月 22 日）

[①] 本文原标题：《周震鳞在京之谈话》。

[②] 京，指南京。

关于筹组监察使署的谈话[1]

（1933年3月6日）

现值国家危难之际，当务之急，惟在如何救亡，故何日北上，组织使署，此时尚难谈到。

（《申报》《中央日报》1933年3月7日）

---

[1] 1933年2月24日，国民政府特派周震鳞为第十监察区（热河、察哈尔、绥远）监察使。

致韩国钧①书

（1933 年 7 月 20 日）

紫石先生左右：

老友廖麓樵兄②每一晤及，必称道长者之为人，仰慕者匪伊朝夕矣。昨敝戚雷君天鸣自维扬③来申，备述优游珂里，扶履康和而忧国爱民之怀，在朝在野，始终如一。或者天留长者，以为收拾乱局地乎。

天鸣对于运河工程，办理诚实，平日讲明道德，尚得人和，尤赖长者随时指示关照。董傅讲经之地，杜牧壮游之邦，震鳞有缘或来一游，并访东山谢公耳。专此。敬颂起居万福，潭第增祥不尽。

周震鳞启。七月廿日。钤印：周震鳞印（朱）。

（周震鳞手迹影印件；周用宜主编：《周震鳞墨迹诗文选集》，第 126—127 页）

---

① 韩国钧（1857—1942），字紫石，亦字止石，晚号止叟，江苏海安人，人们敬称其为紫老。1879 年中举，先后任行政、矿务、军事、外交等职，曾任吉林省民政使。民国成立后，历任江苏省民政长，安徽巡按使，江苏巡按使、省长、督军等职，1925 年辞去本兼各职归里。

② 廖麓樵，即廖楚珩，湖南宁乡人。

③ 今江苏扬州。

为抗战题词

（1933 年秋）

　　白水黑山风云变色，天下雄关竟成虚设。岂无良将效死负戈，蓟辽挫师尸责谁何。南董尚存不忘明季，笔伐口诛春秋大义。
　　癸酉秋。周震鳞题。钤印：周震鳞印（白）。

（周震鳞手迹影印件，见卞修跃、古为明编：《抗战题词精选集》，华文出版社 2017 年版，第 195 页）

为陈贞瑞①著作题签

（1933 年）

陈墨西先生癸酉述怀。
周震鳞题。钤印：周震鳞印（朱）。

（周震鳞手迹影印件，周用宜主编：《周震鳞墨迹诗文选集》，第 135 页）

---

① 陈贞瑞（1869—1960），字墨西，湖南衡阳人，作家琼瑶（陈茹）的祖父。1890 年授廪贡生；1903 年任两江师范舆地教习，后留学日本，加入同盟会，与黄钺领导收复甘肃，历任甘肃临时军政府教育司司长兼军政府秘书长、《真共和报》总编辑、孙中山大元帅府咨议、广东惠阳县县长、衡阳道宁远县县长、北伐军总司令部政治顾问兼北伐第二军政治顾问、浙江省政府顾问等职；1936 年，回归故里从事教育。中华人民共和国成立后，当选为湖南省第一、二届人大代表和衡阳县政协委员；1953 年任湖南省人民政府参事室参事，次年任湖南省文史研究馆馆员。

为苏群临怀素《自序》

（1933 年）

张旭长史，（维）［虽］姿性颠逸，超绝古今，而模楷精详，特为真正。真卿早岁，尝接游居，屡蒙激劝，教以笔法。①

临为苏群吾兄属。周震鳞。钤印：周震鳞玺（白）；道腴篆分章草（朱）。

（周震鳞手迹影印件；周用宜主编：《周震鳞墨迹诗文选集》，第 133 页）

---

① 录怀素《自叙》句。

介绍傅绍岩[①]文

（1934年1月9日）*

吾湘傅梅根先生，别号东池居士，文学名家，五十余，书法精美，尤为海内所宗仰。平生所临碑帖，无虑百数十种，每临一家，辄逾五六百通，年将七十，犹临池不倦，可谓好学者矣。近者莅沪，因书此为当世好文嗜书诸君子介绍，梅翁亦出有润例，各大扇庄便取观。周震鳞。

(《申报》1934年1月9日)

---

① 傅绍岩（1866—1937），字梅根，晚号汮陀，湖南宁乡人，同盟会员，精书法，有《东池诗集》传世。

黄花冈中学招男女生

(1934年1月17日)*

班次：高中普通科一二年级各六十名。商科一年级六十名，初中一二年级各六十名。

报名日期：即日起至二月十五日止。

试期：二月十六日。

简章：函索附邮票二分。

校址：上海闸北止园路沈家花园。

报名地址：（一）本校。（二）西门大吉路上海市教育会内。

创办人：张群、周震鳞、张继、蒋中正、林森、孙科、吴醒亚、徐元诰、萧芹、戴修骏、拓鲁生、傅秉常、何遂、王曾善、朱履龢、何克夫、吴尚鹰、楼桐孙、邱鸿钧、张志韩、曾道、彭养光、马寅初、卢仲琳、黄右昌、马宗豫、梁寒操、杨虎、冯自由、刘盥训、孙祥夫、焦易堂、谷正纲、李培天、周一志、黄介民、钮永建、陈肇英、王秉谦、刘景新、卫挺生、钟楚珩、陈立夫、黄复生、吴醒汉、朱和中、杜起云、颜德基。

(《申报》1934年1月17日)

与黄一欧①等为湖南赈灾启事②

(1934年11月7日)*

吾湘距辛未水灾不过两稔，地方元气待苏，人民喘息未定，而又有今年六十余县空前之旱灾。不独偏僻山邑，秋收绝望，即素称较腴县（分）［份］，亦各颗粒无收，老弱沟壑、疫疠蔓延，啼号达千数百里以外，惨酷如入十八重地狱，流民披图，怆然涕下，发棠请粟，义不容辞。敝会谨竭诚代吁于我海内慈善大家、乡邦贤达君子之前，伏乞哀此孑遗，速予拯济，虽属一粟一丝，亦足以救一人一命，上拜解衣推食之仁，岂止结草衔环以报。如承各地、各界、各大善士慨输赈款赈品，并请直寄长沙湖南旱灾救济委员会查收，以期简捷而昭慎重。敝会敬代全湘灾黎九顿首

---

① 黄一欧（1892—1981），黄兴长子。7岁进明德小学读书；1905年秋东渡日本，次年入东斌学校学习陆军，加入同盟会；1911年参加广州起义。武昌起义后，参加收复上海之役，并参与组织江浙联军，任沪军先锋队副司令，率部收复南京。民国时期历任湘省铁路警备司令、长沙市政公所总理、广州国民政府参事、安徽榷运局长、国民政府立法委员、湖南省政府顾问。中华人民共和国成立后，历任湖南省军政委员会顾问、湖南省人民政府参事、省人民委员会委员、第四届省政协副主席、民革湖南省委员会主任、民革中央委员、第五届全国政协委员等职。

② 文前曰："湖南旅沪同乡会为湘省旱灾乞赈，昨日发出致中央府院部会及国民政府赈务委员会呈电多件，同时分致各地慈善机关、各地湖南同乡会、本埠各慈善机关、各公法团体、各报馆、各同乡函千余件。文曰：……"

以谢。挥泪陈词,伫盼博济。专肃,顺颂善祺,统惟慈察不尽。

　　湖南旅沪同乡会谨启。常务委员周震鳞、叶开鑫、陈介、黄一欧、沈祖儒、陈鹤汀、李支。

（上海《时事新报》《申报》1934 年 11 月 7 日）

与何键等启事①

（1934 年 12 月 5 日）*

　　敬启者：长沙余母彭太夫人,明秋、啸秋、剑秋、楠秋先生昆仲之母夫人也,康宁好德,子孙众多,早播徽普,咸称寿母。民国二十四年一月二十四日为太夫人七十大寿之期。太夫人以时艰民困,戒其贤郎贤孙等,毋许称觞,命将备寿之资,悉数捐作复旦大学、湖南大学两校免费学额,以助贫寒力学之士,节取虚华之糜费,移充有益之公用,仰兹嘉惠,无任钦迟。惟是同人等介寿登堂礼不可阙,而太夫人之励学宏旨,亟应开拓发皇,共襄盛举,用彰贤德。凡荷贶赠祝仪,拟请删除繁缛,折备现款,于寿期前惠送下列各银行代收取据,以便转交汇捐两校,借遂太夫人之夙愿,当亦诸君子所欣许也。

　　发起人：何键、陈立夫、石瑛、邵力子、张翼鹏、鲁涤平、贺耀祖、宋鹤庚、张公权、陈光甫、曹典球、李登辉、周诒春、

---

① 本文原标题：《为余范传、籍传、簪传、楠秋先生之太夫人七秩寿庆请移寿仪充奖学基金启》。

胡庶华、唐生智、何成濬、周震鳞、赵恒惕、杨永泰、贺国光、刘建绪、周作民、汪诒书、胡元倓、卞寿孙、唐有壬、何浩若、傅笠航谨啟。

收仪处：上海宁波路上海银行总行信托部、江湾复旦大学会计处、天津法租界八号路中孚银行、长沙坡子街大陆银行、南京中正街交通银行、汉口德托美领事街大陆银行。

（《申报》1934年12月5日）

与杨庶堪等发起赈灾书画展览会启事

（1935年1月20日）*

岭南名书画家温克刚、吴公虎赈灾书画展览会。

地址：湖社本市北京路贵州路。

日期：一月二十一日至二十七日。

时间：每日上午九时至下午七时。欢迎参观。

杨庶堪、张之江、吴醒亚、俞鸿钧、刘侯武、于右任、周震鳞、柏文蔚、薛笃弼、杜月笙、孙科、经亨颐、梁寒操、潘公展、黄宾虹、吴铁城、陈公博、覃振、石瑛、陈策、李烈钧、王祺、杨虎、文朝籍、郭顺启。

（《申报》1935年1月20日）

与黄一欧等致陈果夫等电

(1935年2月20日)

江苏省政府陈主席、民政厅长均鉴：

湘乡灾民抵青浦泖淀地方，被当地居民聚众械毙男女老幼五十五人一案，以逃难灾民罹此惨杀，同是人类，何竟残忍如斯。事变奇酷，至骇听闻。敝会已派员调查确实，侨沪湘人，非常愤慨。先行电请贵处派员彻查，严厉法办。其余详情另达。

湖南旅沪同乡周震鳞、叶开鑫、陈介、黄一欧等二百余人同叩。号。

(《申报》1935年2月21日)

与覃振等为张廉丞继母报丧

（1935年3月11日）*

张廉丞、秉丞先生昆仲继慈蔡太夫人于国历廿四年三月八日在湖南原籍仙逝，即行遵礼成服，另期设奠，特此奉闻。周震鳞、覃振、叶开鑫、李午云代告。

（《申报》1935年3月11日）

与段祺瑞等鸣谢霞飞医院周寰西博士

（1935年6月22日）*

先生研学东瀛，十有余载。归国后，设院北平，并历任平津官医院长、各大学校医、卫生局顾问、戒烟所长等职，造福社会，蜚声华北。自去夏移旌海上以来，每遇疑难险症，一经施治，无不着手成春。震鳞今春以六一衰龄，忽患背疽，险象环生，势极危殆，幸赖先生针药兼施，内外并治，逾月而愈，痕迹不留。其技之神，叹为观止。先生擅长儿科，兼诊内外杂症，妙手佛心，为同人素所钦佩，爰特介绍，俾病者知所问津，以宏先生救世济人之愿焉。院址：霞飞路四二〇吕班路口。电话：八五八四九。

段祺瑞、许世英、章士钊、王晓籁、李思浩、赵恒惕、叶开鑫、黄一欧、周震鳞、虞洽卿、杨庶堪、覃振、程潜、许汝为、陈蔗青、骆通同启。

（《申报》1935年6月22日）

与熊希龄等为湘省赈灾电

（1935年10月8日）

上海申报馆慈鉴：

嗟我湘民，天胡不吊。民五而后，屡告灾祲。今日霪雨倾盆，山洪倒海，湘西之石门、慈利、临澧、澧州四邑，城垣冲毁，村落邱墟。而慈利一县，死亡至万二千余人，其他惨酷情状，可以窥见一斑。至于滨湖十一县，更以上游汜滥，江水倒流，巨浸滔天，积时累月，竟致溃决堤垸一千五百余处。故此次湖南重灾县份十有五，其次者凡三十。以损失计，稻谷达二千八百五十三万余石，屋宇、桥梁、牲畜、农具值约一千五百八十余万元。灾区之广大，灾情之惨重，与辛未不相上下。虽有未经被害区域，收获可望丰稔，而萧、贺暴匪，乘虚窜扰，湘西津、澧、常、桃各处，新谷登场，被其饱掠，囊括而去。以历经水旱劫掠之湘民，久已喘息难苏，因之以剿匪军旅之往来，公路建设之需要，劳役总疲奔命，影响遂及地方。处此艰难时局中，即属丰年，亦感供张竭蹶，况值凶岁，何能免于死亡。此我湖南被灾深重，情况特殊之概略也。震鳞等侨居沪渎，乡难痛心。两月来呼援文电，积案盈尺，满纸哀音，无非血泪。嗟我湘民，何以卒岁。最近固已荷中央政府、社会慈善大家，一视同仁，先后酌颁赈济，但以灾区广阔，惠泽难周，杯水车薪，实苦无法善后。因此，特再竭诚呼吁，哭效秦庭，伏乞党国领袖、政府长官、邦人君子、同乡父老，其一念及此寒无衣、食无粮、住无屋、行无路、疾病无药、投靠无门、风餐露宿、日炙雨淋、男啼女号、人亡家破之四百余万待死湘民乎！救灾恤邻，古有明训。扶危济困，人有同情。尚冀大发慈悲，普及施布，或凭笔墨口舌之劳，广为劝募；或节游宴娱乐之费，共策输将，精神物质，均是鸿仁。岳峻湘深，永铭骏德。云天翘首，无涕可挥。特电奉达，伏维慈察。

湖南旅沪同乡会常务委员：周震鳞、叶开鑫、陈介、黄一欧、沈祖儒、陈鹤汀、李支。

湖南水灾救济总会驻沪委员：熊希龄、覃振、章士钊、聂其杰、谭泽闿、聂其焜、陈强、罗介夫、唐有壬、周砥、张慕先、舒礼鉴、舒光宝、洪子仪。

湖南水灾救济总会驻沪请赈代表：程潜、周震鳞、赵恒惕、陈介、李午云叩。庚。（呈中央代电文同，从略）

（《申报》1935年10月12日）

题普庵法师手书加颂金刚经[①]

（1935年10月10日）

《金刚经》偈云："若以色见我，以音声求我，是人行邪道，不能见如来。"又云："一切有为法，如梦幻泡影，如露亦如电，应作如是观。"是佛说《金刚经》已为多事，普庵法师之颂之、注之、恭书，众信之舍金庄严，更为多事。然佛说《金刚经》为一大事，普庵法师颂此经、注此经、恭书此经，发誓宣咒与佛一如，惟恐人之不解此经；众信舍金庄严，惟恐人之不尊此经，亦为一大事。然则，非多事即是大事，非大事即是多事，亦非多事，亦非大事，即是多事，即是大事，却为何事？人能从此悟入勘透，则佛说《金刚经》，普庵法师之颂、注、恭书，众信之舍金庄严，南泉门徒之珍重供养数百年，近又不毁于兵燹，得袁君庆寿智取保存，圆通居士拟影印流通，自能了知其故。愿见闻此经本或影印本者，信解受持，必皆利乐人天，绍隆佛种，灾劫无害，福德永臻而证菩提。

[①] 此为周震鳞1935年10月在南京观江西宜春市藏《普庵加颂金刚般若波罗蜜经》后题词。《普庵加颂金刚般若波罗蜜经》为宋代宜春慈化寺开山祖师，佛教禅宗临济宗第十三代传人普庵禅师于1164年始，历时五年，刺血为墨，调众信士捐助的金粉手书而成。该经全长一千八百五十厘米，宽三十五厘米，共两万余字，由普庵禅师亲自作序，并总注颂，全经三十二相，每相首、尾，均有普庵禅师的"加颂"偈语。

中华民国廿四年双十节。周震鳞敬题。钤印：苦行翁（朱）。

（周震鳞手迹影印件；周用宜主编：《周震鳞墨迹诗文选集》，第138—141页）

与徐永昌谈话

（1935年12月24日）

汪（精卫）前年出国用国家款七十余万，此人真要不得，他要在南京，我不来南京。

（《徐永昌日记》1935年12月24日条）

书赠向哲浚[①]

（1935 年）

身要严重，意要安定，色要温雅，气要和平，语要简切，心要慈祥，志要果毅，机要缜密。[②]

书为明思贤友大雅属。周震鳞。

（周震鳞手迹影印件；周用宜主编：《周震鳞墨迹诗文选集》，第135页）

[①] 向哲浚（1892—1987），字明思，湖南宁乡人，周震鳞二女婿。1910年考入留美肄业馆，1917年留学美国，获文学、法学学士学位，1925年回国，先后任北京大学、北京交通大学、河北大学、北京政法大学教授，1927年入司法界工作，历任司法部秘书、最高法院检察督首席检查官、最高法院湘粤分庭首席检查官、远东国际军事法庭中国监察长等职。中华人民共和国成立后，历任东吴大学、复旦大学教授，第五、六届民革中央团结委员，上海市国际关系学会、法学学会理事等职。

[②] 语出（明）吕坤《呻吟语·补遗》。

悼胡汉民电

(1936年5月13日)

广州西南政务委员会勋鉴：

惊闻展兄逝世，元勋凋谢，党国何依？瞻望南天，凄然涕下。伏冀同志诸公，同心共济，以竟遗志，不胜感幸。周震鳞。元。

（军事新闻社编：《胡汉民先生哀思录》，军事新闻社出版部，1936年，第36页）

挽章太炎联

（1936 年 8 月）

继往开来，勋业文章两无憾；
榱崩栋折，交情党祸不胜悲。

（《制言》半月刊，第二十四期，第 1 页）

为大麓中学[①]十五周年纪念专册题签

（1936年）

大麓中学十五週年纪念專册

周震鳞題签

[①] 大麓中学，民国时期湖南私立学校，1921年由湖南高等学堂（岳麓书院前身）同学会代表雷铸寰、任凯南、黄衍钧、罗芬、刘光明等人发起创办于长沙晴佳巷，学校命名取岳麓书院名联"纳于大麓，藏之名山"之意。1953年10月改为公办，定名为长沙市第九中学，现更名为长沙市雅礼书院中学。

大麓中学十五周年纪念专册。

周震鳞题签。钤印：周震鳞印（朱文）。

（周震鳞手迹影印件）

在湖南私立含光女子中学的演讲

（1937年5月）

今天和各位女青年见面，异常的欢喜。但临时讲话，没有充分的材料贡献给各位，这是很抱歉的。我近二十年来，常在外面，回湖南的日子很少。听说贵校开办已十六年，规模也大，同学也多，先生们很热心，故在湖南教育界，要算成绩很好。本来中国的教育，湖南很有名，所造就的人才在外面干事的不少，多能勤职耐劳，没有什么恶习。大凡一个国家，欲竞存于世界，全靠一班青年品质良好，若青年无好基础，国家当然不能强盛。所以办教育，比无论什么事业都重要。讲起国民，男女都是一样。其实女子的体质性格与男子不同，最要紧的，要女子安女子的本分，男子安男子的本分，才是设学校的本意。我以为，女子教育，尤关重要。一个国家的生产事业，男女都要尽责任，而女子更大的责任在研习美术。因为美术能使人思想高尚，使国家文化优美。女子性格幽闲精细，宜于学习美术。现在固然是物质文明突飞猛进的时代，然而物质文明的结果，不仅不能保护人类，反而戕杀人类；不仅不能促进文化，反而毁灭文化。比如打仗，古代系用刀矛弓矢，杀人也就有限。后来发明枪炮，杀人很多，破坏力很大。最近发明了飞机、坦克车、毒气种种新式武器，杀人更凶，破坏力更大。物质文明固然很进步，但是弊害也就随之而扩大。现在的世界，固然是弱肉强食，我们是积弱的民族，要求生存，不能不准备国防。人家拿飞机、大炮打我们，至少要能够抵抗他。第二次世界大战，既然是不可避免，中国当然不能逃出战争的旋涡。那时壮年男子不可不到前线去抗战，女子要负后方的责任，尤其要负教育的责任。你们在学校中，各种科学固属要紧，然本国文史为本国精神文化所寄托。女子要负担教育责任，就要使小学生知道中国文化的高尚，知道要保存和发扬固有的文化，知道中国的可爱。你们学校注重文史，这是我所钦佩的。中国文化比欧美文化高尚的地方在哪里？讲起来长得很，不是很短的时间可以说得完的。现在讲一件容易理会的事，就是经书上讲得很多的"男女有别"。你看周公制礼，对于男子向女子求婚的礼节，怎样的繁重，先之以纳采，次之以问名，次之以请期，次之以纳吉纳征，才能到亲迎，怎样的看得女子重。尤其男女有别，禁止乱婚，所以人口繁殖，文化增进。我们汉族有五千年的历史，虽说现在势力微弱，但人口数量，仍占全球人口总数四分之一。回顾与汉族同时文化最古之民族，有些已受淘汰，有些只有一点子遗，栖息于深山僻野。就讲本国，蒙古、西藏、青海、新疆等处地方比本部十八省还大，而人口则稀少得很。考察他们人口所以不繁殖的原因，就是男女无别，婚姻没有礼制。可见我们的祖先，思想如何高尚，文化如何优美呢。这样文明种族，绝对不会灭亡。所以发扬固有文化，就是复兴民族的必要条件。你们女子是要负传递文化的责任，要有好国民、好家庭，国家才会兴盛。这个关键，全靠女子。贵校各位先生，学问品行都很好，热心把女子教育来提倡，这是培植国本的事。敬望各位先生继续努力，造就一般女青年，将来从教育，保全文化，做复兴民族的工作。（初二十四班曹莲贞、徐提本记录）

（《含光青年》1937年第9期，1937年5月25日）

与冯玉祥的谈话[①]

（1938 年 10 月）

军队的军纪太坏了，老百姓简直不能活。军队要吃鱼，他不到塘里去摸，他们把塘里的水都放了。这一来，塘里所有的鱼都弄走了。鱼都弄走了，还不要紧，最厉害的是水没有了，将来栽秧怎么办呢？他们不是吃鱼，简直是要人的命。

（冯玉祥：《我所认识的蒋介石》，中国青年出版社 2015 年版，第 97 页）

[①] 1938 年 10 月，冯玉祥前往湘、黔、川检阅军队，在长沙至常德途中曾前往看望隐居宁乡的周震鳞。此为周震鳞与冯玉祥的谈话。

与赵恒惕复孔祥熙电

（1939年1月3日）

重庆孔院长赐鉴：

密。湘省府转来赈委会俭电敬悉，仰见体恤灾黎，无任钦感。震鳞、恒惕遵于十二月皓（十九）日到达长沙，会同彭静仁、仇亦山、胡彦远①三先生详勘灾情，宣示德意，并与省当局洽商善后。查火灾经过，具如中宣部、政治部所宣布。省府组织临时救济委员会办理急赈，及恢复市场，清理街道，维持交通及秩序等事，甚为得力。仅救济一项，用费达九十余万元，受赈灾民十二万余人。现市民逐渐来归，市面日呈活气。经与省府商定，请款续办小本借贷，裨维灾民生计，并决策大规模进行善后建设，确定财源，制订计划，一俟大局敉平，即行着手。兹事体大，似宜由中央领导统筹于上，地方政府及民众奉命戮力于下，方能有成。省府当局事前疏于防范，而事后救灾之切，负责之诚，补过之勇，弥堪赞尚。谨先电闻，借纾廑注。周震鳞、赵恒惕同叩。江。

（湖南《国民日报》1939年1月4日）

---

① 彭静仁，即彭允彝。仇亦山，即仇鳌。胡彦远，即胡迈（1883—1953），胡元倓养子，早年留学日本早稻田大学，曾任湖南省议会议员，明德中学校长、湖南省财政厅厅长、省田赋粮食管理处处长、广州大元帅大本营参事、黄埔军校校长办公厅秘书长、南京国民政府行政院秘书、行政院会计长等职。此次代胡元倓赴湘视察灾情。

附　录

行政院致周震鳞赵恒惕电
（1939年1月11日）

湖南省政府译转周道腴、赵炎午两先生：

俭电①诵悉。长沙火灾善后救济，承先生指挥进行，秩序已复，人心渐安，至为佩慰。胡秘书彦远回院，携来湘省府所拟善后建设处组织大纲及举办小本借贷纲要，已交部审查，将来复兴计划，自应中央、地方，共策进行。一切仍希就近切实督导，常惠佳音。除特达委座外，特复。行政院。真六。

（湖南《国民日报》1939年1月15日）

---

① 此电暂未找到。

在薛岳就职湖南省主席典礼上的训词[①]

（1939年2月1日）

薛将军是军事重要领导者，现在又是湖南的政治领导者，一定能够运用兵力、民力，兵民合作，民安则兵安，兵民互相倚重，互相帮助，则抗战建国之大功必成。……湖南人才最多的时候，是咸同年间，因为那时有一个大的战争，一般有识之士，觉得世乱如麻，民众可怜，都要立志救民。广东的骆文忠[②]在湖南办团练，曾、左、彭、胡以及罗罗山[③]等人，都是这时由骆文忠引出的。他在湖南把开诚布公的把团练办好，以湖南为基础，打到南京去，把太平天国之乱平定。薛伯陵将军也是广东人，而现在所处的时代更有甚于咸同年间，希望薛主席领导湘人，如骆文忠

[①] 1939年2月1日，湖南省党部举行新任省主席薛岳就职典礼，周震鳞受国民政府委派前往监誓并训词。

[②] 骆秉章（1793—1867），原名俊，字秉章，以字行，改字吁门，号儒斋，广东花县人。道光进士，选庶吉士，迁御史，后任湖北按察使、贵州布政使、湖南巡抚。1852年9月太平军围攻长沙，率兵顽抗八十多天。1853年支持曾国藩创办湘军，次年助曾在靖港、湖口等地作战。1861年任四川总督，派重兵防守大渡河，断石达开后路，并俘杀石达开。1867年病逝，赠太子太傅，入祀贤良祠，谥号文忠。

[③] 曾、左、彭、胡分别指曾国藩、左宗棠、彭玉麟、胡林翼以及罗泽南。其中，前四人并称清朝"中兴四大名臣"。

一样。

(湖南《力报》1939年2月3日)

附　录

同题异文

效法骆文忠公，尽举湘中贤士名将，以结束民族神圣抗战，而争取最后胜利。

(湖南《大公报》《国民日报》1939年2月2日)

关于抗战前途的谈话[①]

（1939年2月4日）

据谈，本人暂不往重庆，不日仍将往乡间小住。周氏对抗战前途极乐观，以当前局势分析敌情，认为敌人决无进攻能力，因作豪语曰：余（氏自称）若回头十年，甚愿往前线，与诸将士同生死。恨余已老大，恐更累于人耳！周氏以古稀之年，谈锋犹健，而精神矍铄，慈光满面，令人见而起敬。

（湖南《国民日报》1939年2月5日）

[①] 本文原标题：《周震鳞氏谈抗战前途乐观》。文前曰："此次新省府成立，国府监督委员为周震鳞氏。周氏吾湘宁乡人，为党国元老，革命前辈。记者昨特赴省府招待所谒见周氏……"

为湖南《国民日报》题词

（1939年2月4日）*

知行合一。周震鳞。

（湖南《国民日报》1939年2月4日）

为鲁实先[①]题写书名

(1940年)

史记会注考证驳议。

周震鳞题。钤印：周震鳞印（白文）。

（周震鳞手迹影印件）

[①] 鲁实先（1913—1977），湖南省宁乡人。早年就读长沙明德、大麓中学，后从几位国学大师学经史，潜心研读中国古史，获益匪浅，心得良多，得到时任湖南大学中文系主任、文学院院长杨树达之赏识，推荐于上海复旦大学中文系主任陈子展教授而入该校任教授。中华人民共和国成立后去香港、台湾大学任教，继续研究文史，从事著述，其门生广布香港、台湾，以及日本等地。1977年，病逝于台湾。其所《史记会注考证驳议》一书，于1940年由湖南长沙湘芬书局印行，杨树达为之作序。

题《宁乡县志》

（1941年6月）

宁乡县志。

周震鳞题。钤印：周震鳞印（白）。民国三十年六月刊。

（《宁乡县志》，1941年，首页）

《宁乡县志》序

（1941年6月）

吾华地广人稠，治重郡县，田野岩穴，人事蔚兴，地方文献，乃垂典荣。自昔国史，多资方志，著录家列入史部，有由来也。民国肇建三十年矣，政府殷望省志、县志及时并修，以备辀轩之采久矣。惟是祸变迭起，战役频膺，官私文籍，扫地将尽，老成宏雅，凋谢日多。疲敝之余，事益难举，虽有督促，罕观其成，则此继往开来大业，实堪隐忧也。余以衰病归养家山，适睹邑中官民协力修志。文坛耆宿，不避艰困，殚精竭虑，执简为劳，谫陋如余，亦令与闻其事。志稿既成，勉为寓目，方知作者传载盛美，宗旨正大，义例精审，遂以付刊，应时势之需要，而继八修县志。七十四年间，沩靳区域，潜德幽光，前修后起，使咸有述，表彰诱进，二善皆备，诚盛事亦乐事也。爰书数于简端，不多赘焉。

苦行翁周震鳞。时中华民国三十年六月。钤印：周震鳞印（白）；苦行翁（朱）。

（周震鳞手迹影印件；周用宜主编：《周震鳞墨迹诗文选集》，第145—148页）

与鲁荡平[1]撰黄钺生平

（1941年）[2]

  黄钺，年七十二岁，湖南省宁乡县人，出身前清，由优贡生承袭二等男爵湖北特用道工作，素具革命志愿，于纪元前十一年庚子七月，值拳匪之乱，在北平统领杨武楚军，拟在南京、涿定一带，邀截西幸之清西后，毙之于途，因西后密出怀来误道致逸，率部南至清江，因军饷无着，即时遣散赴沪，与张通典、禹之谟、马君武、张继等，进行革命事业。癸卯、甲辰、丙午间，借故友英人麦士尼为能之力，而救章炳麟与厄，一救黄兴、张继、章士剑等于狱。辛亥，以散秩大臣记名都统甘肃军事参议官兼混成协协统，并统骁锐汉回各军，建节皋兰。时清室虽严防汉人，然对于勋臣世胄任用，颇示优异。是年秋，武昌民军首义，陕西、湖南诸省应之，陕抚钱能训逃，陕甘总督长庚荐钺文武兼资，才堪疆寄，请以继钱，朝廷允之，冀借以羁縻，钺意不屑也。统其所部驰抵秦州，联络甘南一带罗平安驻军援

---

[1] 鲁荡平（1895—1975），字若衡，湖南宁乡人。1910年加入同盟会；1915年毕业于北京政治大学，后回湘任国民党湘支部总干事，曾任益阳知事、湘乡知事、湘军第七路军司令、驻粤建国湘军第三路军司令、国民革命军北伐战地政委会前方办事处主任、天津特别市社会局局长兼市党部常委、北平市党部主任委员、政务委员会委员，民国大学校长、国民党中央监察委员、河南省政府委员兼教育厅长、立法委员、中央政治考核委员会主任委员、国防最高委员会委员、中央监察委员会常务委员、武汉行辕秘书长等职。1949年去台湾，1975年去世。

[2] 原文未署日期，但文中有"黄钺，年七十二岁"一语，查黄钺生于1869年；逝于1943年；享年七十四岁；故知此文应作于1941年。

狭。时攻陕主将升允所率马安良、张行志各军已破长邠洴陇。马部围乾州，张部攻凤翔，陆洪涛等攻克醴泉，咸阳、长安势甚岌岌，旦夕莫保。钺于天水举义，推任都督，建设甘肃军政府于秦州，升允虑后路为钺部所截，勉强停战。共和告成，端在此举。民国既建，钺以关陇底定，解甲还湘，旋受上将衔陆军中将、勋二位。二年反对袁世凯，遭褫职通缉。三年逐袁党湘督汤芗铭，钺部唐晋、徐任等死者数十人。五年，胡景翼逐袁氏爪牙陕督陆建章，钺与衡阳陈贞瑞为主谋。七年北洋军阀张敬尧督湘，钺时奉大元帅孙命，充湘鄂豫招抚使，组游击队击之，前后一年，部将如谭廉忠、喻雪冬死之。十一年洪兆麟叛变，先总理避居黄埔永丰兵舰，钺与谢良牧等组队讨洪，请命于先总理，汪兆铭、韩恢、居正、谢持等预闻是计。因洪部罗肇雄（火）[伙]夫泄谋，致成振湘等殉难，大计不成，钺亦赴沪。十三年，胡景翼、冯玉祥、孙岳攻击曹锟及吴佩孚，三军一致，皆钺与钮永建奔走构成。是时钺亦任豫北游击司令。十五年，经喻杰（培之）等介绍入国民党。是年夏，国军由粤北伐，钺任鄂豫边防司令，联合豫军任应岐、李振亚两师为之用；又令旅长张纛掘毁湖北横店、祝家湾一带铁路，吴佩孚果逃，几遭擒获。及克武昌省城，钺部团长张廉又预伏健卒内应，开中和门以迎国军。是时钺部独立第一旅旅长任笑山，亦克复徐州、韩庄、藤县一带，以为北伐国军先驱。是役，钺部特派员鄂人陈定一狙击吴佩孚于汉口后城马路，不中遇害。迨首都奠定，钺任行政院参议，所有受任文件及党证，十七年元月二十二日在汉口万寿街湘益栈被火，荡然无存。惟念该同志从事革命，拥护国家，始终一致，其事迹已载邹鲁所辑国民党史料及钺自著《陇右光复记》《革命回忆录》等书，闻謦思将，弥念前劳，显微阐幽，匹夫有责。国民政府委员周震鳞、中央委员鲁荡平。

（秦孝仪主编：《革命人物志》第20集，台北："中央文物供应社"1979年版，第205—207页）

为《锄经余草》题签

（1941 年）

九溪①遗书之一　锄经余草。

周震鳞题。钤印：周震鳞印（白）。

（周震鳞手迹影印件；周用宜主编：《周震鳞墨迹诗文选集》，第 142 页）

---

① 王文清（1688—1779），字廷鉴，一字九溪，湖南宁乡人。雍正进士，官终御史，告养归，主讲岳麓书院，于经学外兼工诗，著有《锄经余草》等。

为《蕲中校刊》题字

（1943年6月1日）*

蕲中校刊。
周震鳞。钤印：周震鳞印（朱）。

（《蕲中校刊》创刊号，1943年6月1日）

与赵恒惕等代范傅昆仲讣告

（1943年12月31日）*

　　长沙余范、傅簪、傅籍、傅楠秋先生之尊慈彭太夫人春熙老人于中华民国三十二年十二月二十二日（即夏历癸未岁十一月二十六日）戌时寿终耒阳金盆塘寓所内寝。太夫人享寿七十九岁，一生仁厚勤俭，相夫教子，治家井然，乐善好施，爱人以德；晚年奉佛养心，捐资奖学，随其所亲，历游宁、沪、津、港各地，眼见儿孙繁衍，皆能各自独立，辄以为国效忠，毋隳家声相诫勉。今慈福寿全归，九原含笑，范傅昆仲，谨承遗命，在国难期间，礼应从简，于即日遵礼殡殓成服，择吉扶柩归葬长沙东乡。恐未周知，谨代讣告。

　　周震鳞、赵恒惕、何键、周斓、王凤喈、覃振、唐生智、王光海、胡迈、李觉代告。

（湖南《国民日报》1943年12月31日）

醴陵文斐革命事略

(1943年)[①]

文斐，字牧希，一字幻园，湖南醴陵人。光绪癸卯，与李燮和等肄业湖南师范馆。适日俄战起，忿清政府不能有为也，遂相约各同志，以革命为己任。乙巳春，渡日本，与焦达峰同毕业东京铁路学校，订刎颈交。时同盟会成立，由黄克强先生之介绍，同为同盟会会员，亲聆先总理革命学说，益复争自策励，不与满酋共戴天。丙午冬，萍醴事起，与宁调元、何陶、萧翼鲲辈归国，图大举，甫抵湘，而事已败，党人被拘者踵相接。因与潘昉、刘泽湘、文俊勋等设法营救，借而活者数百人。继有人告密，谓文等皆革命党，宁调元被捕，遂与萧冀鲲等复渡日，入东洋大学习法政，为破坏后建设之研究。戊申返国，主教醴陵渌江中校及湖南广益学校、湖南铁路学校，专以三民学说灌输后进。门下士类多光复首难之人，如彭昭、唐㷫诸烈士。其尤著者，先是禹之谟、黎尚雯、宁调元、刘谦、刘劲、李隆建等。在湘创立同盟会湘支部，以清吏防闲过严，进行甚为秘密。庚戌冬，文与曾杰、龙毓峻、洪荣圻、吴超澂、龙养源、刘泽湘等，重行组织，开成立会于福寿楼酒馆之第三层特别室，推文斐、龙毓峻为正副会长，龙养源为会计，龚从龙为庶务，刘泽湘、彭延炽为书记。时文等皆任铁路学校教职员，故假铁路学

[①] 文斐，1872年出生；1943年逝世。

校为通信机关。辛亥二月，谭人凤偕何陶、萧翼鲲、刘劭裏、谭二式等来湘，召集湘同志开秘密会于路边井日人所设之旅湘居乐部，文与何陶、曾杰、龙毓峻、刘文锦、龙养源、钱梦熊、龙毓彪等到会。议决运动军队，为广东三月二十九之响应，并设广惠矿业公司于北正街，以为党人藏集之所。推杨任赴常辰，主持西路；谭二式赴衡永，主持南路；焦达峰赴萍醴，与文斐、曾杰等主持中路；谢价僧赴宝庆，联络新化、邵阳、武冈等县，以谋南路之策应。既而广东事败，湘军蠢蠢欲动，大有不可收拾之势。文以徒伤精锐，不如留以有待也，遂极力劝止。未几，铁路国有问题发生，因与诸同志组织湘路协赞会，号召数万人在教育会开会，历数伪廷罪状，主张罢市、罢课、抗税，语极激烈，大为伪抚杨文鼎所忌，（革）〔格〕杀勿论，以违制论等。伪示布街衢。而文与龙璋、王猷、文经纬、吴超澂、彭国钧等，坚持不少动。尤复印刷最沉痛之传单，四出布散。盖欲借是以激动人心，冀图大举也。长沙知县沈瀛，请捕文斐、粟戡时等数十人，以弭隐患，几不免。迨八月十九，武昌起义，即密约诸同志，联络军队，急图响应。时抚署排列机关枪，军人多畏葸不敢动，文因发匿名信数百函，邮送市民，谓机关发射，全城将无（焦）〔噍〕类，约同迁徙出城，纷纷惊扰。盖欲借是以警余伪抚，使之不敢拥炮自卫也。二十二日，文面谒巡防统领黄忠浩，讽劝反正，黄不可；复商龙璋往劝之，黄亦不应，遂知黄之不可有为也。因密遣心腹，联络所部军队，借以减损其战斗力。二十三日，文偕刘劲往说谭延闿，请出主持大计。是日焦达峰、陈作新来路校，与文斐、曹杰、龙铁元、吴超澂等，密商机宜，并报告新军部署已有头绪。复派曹贵屏、沈紫卿、邓贵生等，联络各巡防营。盖防营与新军积不相能，设有反抗，全城不免糜烂。二十四日，文与曾杰，吴作霖等十数人，开会于南门外寄园，密议机要。时各处电线，均经割断，余伪抚假铁路电报，饬醴陵巡防管带赵春廷，拔队来省。并电驻萍乡赣军，共谋攻守株洲站。电员谢浴淮，亦同盟会党员也，故将电码颠倒，使赵及赣军莫明其旨，而密将电稿送之于文。文以赵春廷为防营中之最骁勇者，非妥为收抚不可。二十五日，文潜赴醴陵，联络赵春廷，并密约潘昉、谢肖庄、丁洪海等，布置醴陵会党，防御赣军。二十七日，文随赵春廷率所部来省，驻扎北城门。适胡燮槐自武昌归，报告武汉情形，谓各省无响应，民军势将瓦解。时新军已跃跃欲试，焦达峰坚持九月二日之约。盖浏醴民军必九月二日始能抵省也。时余伪抚用黄忠浩言，发给防营子弹，新军颗粒不发，故新军兵士恨黄刺骨，遂有八月二十六日起事之约，因伪吏防范过严未果。二十八日，文商洪荣圻，编撰湖南军政组织，以为破坏后之准备。旋据本党密探报称，余伪抚采用营务处条陈，将新军调驻岳州，檄巡防营守城，即尽搜党人而戮之，以清内尤。文以事急，商之焦达峰、陈作新、曾杰、龙铁元、左学谦、彭国钧、吴作霖、吴超澂等，改于八月三十晚起事，由炮营马厂放火为号。因情势隔阂，延至九月一日午前五时，始宣布独立。兵分两路进城，陈作新领四十九标第二营、五十标一部及辎重马队，由北门进城，占领军械局，直趋抚署。时守北城为巡防营赵春廷部，举枪敬礼，故不战而克。焦达峰指挥四十九标左右队及工程炮队，由小吴门进城，直趋抚署，与陈作新会合。伪抚余诚格穴后墙以遁。党人常治手书"汉"字白旗，悬之桅杆，而光复之局遂定。是日被戮者，仅统领黄忠浩及营务处申锡寿、王毓江、长沙县知事沈瀛四人而已。旋就咨议局开会，推举焦达峰为都督、陈作新为副都督，设军务、财政、教育、交通各部，秩序井然，秋毫无犯。盖文与诸同志先事布置之力也。是晚黄忠浩之侄及其旧部甘兴典攻北城，文急檄赵春廷出击，甘兴典知大势已去遂降。又伪藩司黄以霖，踞藩署作负隅计，曾杰、王猷前致劝降书，卫兵开枪，王猷中弹欲绝。焦忿极，调炮营轰击。文以藩署前后，人烟稠密，炮发必尽成齑粉。且藩库尚存巨金，一击必尽化乌有。因请收回成命，推龙璋、陈文玮前往劝降，遂得收其库储簿册，借知湘省财政之要领焉。初，民军入伪署签押房，得告密书数十件，皆当时各伪吏顽绅致余伪抚请杀党人者，文悉焚之，以安反侧。初二日，文请将巡防营改编一镇，以管带赵春廷为镇统；新军改编一镇，以标统余钦翼为镇统（南北统一后始改称师）。时有请搜索满人者，文力持不可，故长沙之满族无一被害之人焉。旋组织参谋部，焦、陈两督命文与曾杰、文经纬、龙铁元、吴作霖、吴超澂等十数人任参谋，统属军民两政事宜。文虑汉奸暗泄军机，且以北伐之急宜增军械也，因派潘培敏驻电局，监督电报；派胡燮槐赴武昌，领取枪弹。初三日，焦督密以内政属之曾杰，外政属之文斐，准便宜行事。时黄以霖出藩署，复盘踞提学署。文虑延久变生，下令捕拿，复密推龙璋促使逃窜，盖不欲为同种之残杀也。初四日，组织参议会，专管民政事宜，以谭延闿为会长，文斐、曾杰、文经纬、粟戡时、左学谦、吴超澂等二十六人为委员。赣省袁临瑞、兵备道杨焜，调常备军统领齐宝善，率管带胡谦等，分驻老关、上栗市各要隘，大有南下窥湘之势。文檄赵春廷陈师老关，密遣谢浴淮、谢逸如、潘振纲、李昌郁、李蔚春等十余人，分途接洽，并檄新委协统潘昉，相机策应。适满酋派冯国璋统兵南下，武汉危急请援，文建议出师援鄂，密保王隆中、刘玉堂为协统。又以湘军援鄂，虑桂军之袭我后也，乃假用湘绅王先谦、王闿运等名义，电促桂抚沈秉堃独立。附录两电如下：

桂林巡抚部院沈钧鉴：满酋窃据华夏，垂三百年，奴隶我同胞，占领我疆土。近更割地媚外，宁赠朋友，勿与家奴。本军政府仗义兴师，已于九月朔日继鄂省独立。白旗招展，万姓欢呼。汉族重光，全球雀跃。桂省密迩湘境，为本军必争之地。望速举义旗，会师北伐。豪杰重非常之举，春秋复九世之仇。千载一时，毋遗后悔。湖南军政府委员王先谦、王闿运、谭延闿、孔宪教、叶德辉、龙璋、焦达峰、陈作新。支。印。

长沙探送王葵园诸先生鉴：支电悉。堃。鱼。印。

辛亥独立后，叠经变乱，当时文电荡然无存。上二电系文近从旧箧中检出，特录于此。

时宪政派忿革命派持权，鼓动军心，希图破坏。初六日，文与曾杰、谭人凤、何陶、贺寅午等，开秘密会于南阳印刷局，设法维持。初七日，鄂派代表来湘，焦、陈两督召集全体，开欢迎会，刘嵩衡历数宪政派争权罪状，顿触谭人凤怒，当众辱诋，声色俱厉。文虑两派意见益深，决非新造国家之福，因以温语慰解之。时军事倥偬，财力支绌，文复提议，除军界外，所在行政官吏，暂时概不支薪，计自九月起至元年三月止。此项节省经费，不下数百万元。初八日，萍乡代表钟铁元等来湘，请以萍邑割隶湘省，文力拒之。盖革命宜统筹全功，不欲以部落主义，致启邻封之恶感也。时武昌又以十万火急电乞援，文促王隆中、刘玉堂两军，迅速前进。又以各反正州县，抢风益炽，非安内不足以攘外也，遂画团练策，通饬各县遵办。初九日，文商财政司长陈文玮，急筹煤米，接济武汉。适驻老关赣军投诚，因檄赵春廷，分兵守安源，以保煤矿。时驻上栗市赣军陈鼎、吴楚藩，因潘振纲等之运动，率部来降，令编入第二镇，以劝来者。初十日，通电各省官吏及咨议局，劝令反正。时参议院革宪两派并峙，党争甚烈，文与何陶等商议，取消参议会，另谋行政之组织。至午后三时，文与潘昉等，在景桓楼处理政务，忽人声鼎沸，有营长梅馨，促兵士数百人，扭焦督从楼下过。文呼毋暴动，兵士遽以排枪相向，墙壁为穿，群呼只杀焦、陈、文、曾，余不牵连。文乃从枪林弹雨中逸走，藏复壁中。傍晚，谭延闿任都督，出示安民，始逃出。时焦、陈两督已授首移时矣。

查文自戊申由东京毕业回湘奔走运动，至辛亥九月初一，手定湘局，甚为焦、陈所倚重，艰苦备尝，而忽遭此惊天奇变，闭户疚心，几不欲复问世事矣。长沙自初一反正，市廛安堵，秩序井然，至是则险象环生，焦、陈旧部在城近万人，群挟复仇主义。有主张放火屠城者，有主张攻扑督署诛锄元恶者，风声鹤唳，居民迁徙，大有不可终日之势。十二日，谭督觅文与曾杰出维大局。时曾杰走宁乡，文以友人之敦促，出任调停，至垂涕泣而劝者十数次，终约谭督礼殡焦、陈，抚恤遗族，建祠铸像，而党人乃徐徐解散。十四日，谭委文任第二镇参谋长，经略赣省，乃荐潘昉任江西宣抚使，随大军后担任抚绥。并商镇统赵春廷兵分两路开拨：一沿蜀水经万载、上高、高安，趋南昌；一沿袁水经宜春、分宜、新逾、清江、丰城，趋南昌。十六日，抵萍乡，召集全县绅民，开演讲会，宣布用兵意旨。十七日，接刘泽湘函报驻上栗市赣军管带胡谦，以部下纷纷逃亡，不能自存，函呈湘政府投降，请协助饷械。文以胡冥顽狡诈，电谭督请拒绝之。十八日，接瑞州来电，南昌已于十四日宣告独立，因电谭请示行止。又以安源为洪会渊薮，矿工万余人，因薪饷无着，势将哗变，文商赵春廷分兵弹压，并电谭督拨借五万元，维持现状。二十三日，奉调移驻醴陵，以武汉危急，请率师取荆襄，趋云梦，逼孝感，以捣满军后路。二十九日，奉调援鄂，十月初七由长沙出发。时汉阳失守，全湘震动，谭督因饬驻扎临湘城、[城]陵矶一带，暂固门户，相机进攻。初九，抵岳州，与府知事何陶筹商防守事宜。初十日，抵临湘，分兵驻要隘，遂偕其弟文敞，扮作商人，潜赴武汉，调查战线。十三日，抵汉口，雇小舟渡江。龟山敌弹射江心如雨，几不测。抵武昌，谒鄂督黎元洪及军务部长孙武、次长张振武，计画战事。时武汉人心惊扰，大有朝不保夕之势，即电谭督请速增援兵，以救危急。十四日，北军请停战议和，因间道走汉阳，密相地形。十五日，返湘。十七日，抵临湘，令饬各营切实整理，预备出发。十九日，奉谭督电令，以南北议和饬缓进。自是驻扎临湘，固守边圉，厉兵秣马，席不暇暖者三阅月。迄南北统一，大局奠定，文遂上书辞职，脱离军籍，调任都督府顾问。继以政体骤更，舆论庞杂，遂出而总理《长沙日报》，专以提倡实业、监督行政、指导社会为职志。湘省自反正至此，秋毫无扰，缩编减饷，各协机宜，赞助鼓吹之力，文实有不可磨灭者。民国元年，湖南商办粤汉铁路公司，票举陈文玮为总理，文斐、龙璋为协理。满清末造，以铁路国有为革命导线，文固反对最力者，至是知路非国有，不足以谋统一，乃主张收归部办。除发还公商股本外，毫无他项条件。二年，宋渔父被刺，袁世凯逆迹暴露，文主办《长沙日报》，声讨最力。至二次独立，文与程潜、唐蟒、周震鳞等十余人任湖南都督府军事参议会委员，山师讨袁，多所策画，失败后走日本。汤芗铭抵湘，悬赏缉拿，目为湖南暴党。六君子通电有曰龙、曰凤、曰蟒、维文、维武、维周等语，盖即指龙璋、谭人凤、唐蟒、文斐、蒋翊武、周震鳞也。在东京与仇鳌、刘建藩辈，组织政法学校，集同志百余人延聘日方名宿，讲求学术，以谋建设之准备。四年，袁逆帝制自为，文潜归谋举义，被捕羁湘狱，袁败获释。谭畏公二次督湘，委充省公署顾问，兼涵德女校校长。六年，段祺瑞叛国，委傅良佐督湘。刘建藩首义零陵，文与刘同乡，多与密议。桂督谭浩明，率师授湘，委文任粤汉铁路局长，运兵转饷，备极劬瘁。义军南退，随谭督走南宁，任广西督军署秘书。旋返湘，任湘南总司令部参议。自民元至此，护国护法，靡役不从。九年，谭畏公三次督湘，仍任省公署顾问，专注意民生事业，如开矿、造林，颇收良果。十六年，任永兴县长。近以衰迈家居，因乡人之推举，任醴陵救济院院长。如育婴孤儿诸善举，多赖维持。而尤以全力劝募，创设同仁医院一所，专为极贫民众施给医药，岁活人以万计。综其生平所为，大多为党为国、利物济人之举。

周震鳞[①]、吴超澂、刘谦。

（郭汉民等编：《湖南辛亥革命史料（二）》，湖南人民出版社2011年版，第605—613页；原件藏台湾国民党党史会）

[①] 该文将作者周震鳞错成"周鳞"。

为《长沙日报》题写报名

(1945年12月1日)*

长沙日报。

周震鳞。钤印：周震鳞印（朱）。

(《长沙日报》1945年12月1日)

挽周震鹍[①]联

（1945 年）

百年教泽留沅澧；一脉书香继宋明。

（宁乡县政协编：《宁乡文史》第 8 辑，1994 年，第 207 页）

[①] 周渭舫（1861—1945），即周震鹍，周震鳞族兄，花明楼乡西湖村清水山庄人。清秀才，先后任沅陵、辰溪等县教谕、龙阳书院主讲、常德西路师范校长。曾主持宁乡县学务委员会的工作，晚年在清水山庄设帐讲学。著有《龙阳乡土志》《武陵风物志》《沩宁风物志》《靳水四乡掌故琐记》《四照堂文集》等。

近代湘贤手札跋

（1945 年）

　　莳溪①先生辑其先德及师友手札，装池成册。民国三十三年秋，抗战胜利，相见于长沙，把酒话旧，欢慰平生，犹若四十年前风雨飘摇、患难相处情形也。伯坚②世兄出示此册，属为题记。敬观一过，见祖安③分简详跋，健实④亦为题后，吉光片羽，皆以人重，其言无以易也。当时受降献捷，人事纷呶，老躯偶以寒疾匆匆回乡，初未著笔。本年至省，伯坚复以是为请。且郑重告曰：世父砚仙⑤公手泽，曾获题记，逃难（展）［辗］转山谷兵匪之间，恨已遗失。此册杂衣被中，仅得保存，公何可无一言及之。余重伯坚之意，乃就谭、徐二公之言所未及者，补书其有关革命者焉。间尝论之，湘人革命，自甲午至辛亥，成一大段落，始于保清，终于光复，庚子前后，宗旨似不相同，此特时势推迁应有经过。而前后出力之人，皆具一贯之精诚，相友相成，同赴一的之美德，则昭然之事实也。党同伐异，挟私护短，以争胜负，此

---

　　① 龙绂瑞（1874—1952），字莳溪，湖南攸县人。清末任明德学堂监督，又创办经正学堂、湖南第一女学。辛亥革命后曾任湖南交通司司长，1917 年任湖南官产处处长，后参加湖南和平解放运动。辑有《近代湘贤手札》一卷，1935 年上海中华书局印行。
　　② 即龙毓莹，龙绂瑞之子。
　　③ 即谭延闿。
　　④ 即徐崇立。
　　⑤ 即龙璋。

民国元年后政党分立变幻离合之事态，光复时同人初不若是，是即其所以成功者乎！余因此册，生此观感，益见其重若球图矣！盖甲午之后，湖南士气独盛。壮飞①主持南学会，被尘②作湘学新报，昌言维新改制之说，为满廷所侧目。由是而有戊戌政变，壮飞赴六君之大狱。壮飞死，湖南同志愈拂郁奋厉。由是被尘因庚子拳乱误国，谋起兵武汉，肃清昏昧愚顽之宫（庭）[廷]。事败，被尘以次湖南髦俊骈死者数十人，其牺牲比戊戌更为惨重！湖南全省人心共愤，同志之士誓不与满族共戴天矣。笃生③者，与于戊、庚两役，其与壮飞、被尘交谊，无异于黄溪昆仲。两次失败连朋结类，咸趋排满革命一途，促成辛亥之局。故庚子一役，实甲午、辛亥段落中间转移之一大关键，笃生则关键中声应气求，异常努力之人也。砚仙起循良，负大略，为湘军将帅所倚信。庚子之乱，居新宁刘公之幕，主张合南陂张公，成保护东南各省之约，信望大著。笃生失败，请依之。凡长江上下，湘人革命，逃出清吏罗网，未有不为护惜，开诚结纳，吾侪同志未有不知龙大先生之人，自是始也。明德学校之创立也，因同志惩戊、庚两役失败，皆由教育未兴，风气未开，宣传未遍，民众、军队心理未有一定之趋向。克强、笃生在日本，成立湖南留学同乡会，推子静④与龙氏昆仲负此使命。于是砚仙筹之于外，黄溪筹之于湘，子静任校中全责。由是吾侪企图，不至徒托空言。吾与克强，且得立足从容，筹划布置。壬寅、癸卯、甲辰之三年，湖南教育日趋发达，革命风气日趋激烈，旧党反响亦日趋恶劣，而尤集矢于余与克强。每遇狂潮

---

① 谭嗣同（1865—1898），字复生，号壮飞，湖南浏阳人。早年师从著名学者欧阳中鹄，中日甲午战争后痛感考据词章，无补于事，决心致力维新变法；1897年与唐才常等在浏阳筹建算学馆，并参与创办湖南时务学堂、南学会和《湘报》，宣传变法思想，次年被荐入京，任四品卿衔军机章京，协助光绪推行新政。戊戌变法失败后被杀于北京菜市口。

② 即唐才常。

③ 即杨毓麟。

④ 即胡元倓。

巨警，子静喘汗相告，英溪则趋庭细陈，辄得芝丈片言而解。及至清吏罗卒相临，仍依英溪之力脱险。言友道，言党德，平生所罕覯也。乙巳以还，砚仙退归，湖南党务一以委之。辛亥起兵发难之先，秘密结合，虽设机关多处以避耳目，而龙宅实策动总汇，砚仙则发纵指使领袖。盖砚仙为人，大公无我，处事精细，接物平易勤恳，故同志乐与亲附，咸为之用。是以指挥若定，匕鬯不惊，而成非常之功也。蔚庐①、泽生②与龙氏昆仲、祖安、秉三③友善，泽生亦维新派中人，书生治军，以曾、左自负，而非其时，不用砚仙、祖安之言，致取丧败，可哀也已。蔚庐当焦、陈两督惨变之后，清军攻武汉甚急之时，从余之请，出司民政。砚仙以巡按使名义，乃得一意收抚泽生负固不服之旧部，安定全省。全湘安，援鄂之师乃顺利无阻矣。克强先与余约，彼出总义师，成败利钝在此一举，湖南同志必除蠲一切意见，并力协助，方能有功。蔚庐出，既佐祖安坐镇长沙，更电属铁珊④促广西反正，刻日督师驰援。克强得湘桂两省声势，而后光复长江下游，取南京，奠定共和大局，其功尤不可泯也。蔚庐长于砚仙，于吾辈皆以忘年论交。民元之初，内争迭起，两公始终扶持正义，与吾侪同进退、安窨辱而不惜，艰苦卓绝，易簀之日，方以息肩。湘人老辈风烈如此，特表而出之，后之同志所当取法也。夫辛亥革命成就之大，固非一朝一夕之功，一手

---

① 即刘人熙。
② 即黄忠浩。
③ 即熊希龄。
④ 王芝祥（1858—1930），字铁珊，河北通州（今北京通县）人。1885年中举人，曾任河南、广西的知县、知府，1906年后任广西按察使、布政使。武昌首义后，在广西响应，任广西副都督。1912年元月，率桂军六大队北上援鄂，后任南京临时政府第三军军长兼陆军部高等顾问、南京留守府军事顾问。唐绍仪组阁时，与革命党人协议，拟推王为直隶都督，但被袁世凯拒绝，改任南方军宣慰使。后曾任统一共和党干事、国民党理事、京兆尹，1924年冬任侨务局总裁。此后致力于社会慈善事业，任中华红十字会总会会长，并创办分会数十处。晚年寓居家乡，1930年7月在通州病逝。刘人熙为王芝祥的姐夫，1885—1900年，刘人熙曾借居河北通州王芝祥家五年。

一足之烈也。然缔造时期,恒恃恢奇伟异、先知先觉之人,凭借可为之地,敝屣丰厚荣利之私,奋其智勇以犯天下之大难。及其成功也,则谦让未遑,若不与焉。龙氏昆仲其有之矣!至于册中诸公,各有行实,各有遗著,固非寻常书札片纸所可考见。莫溪先生老矣。伯坚踵起晖映,公余之暇,与有心文献君子,旁搜博采,综其条贯而汇纂之,以为志乘之资,是则区区之所企望者也。周震鳞。

[(民国)湖南文献委员会编:《湖南文献汇编(第一辑第二辑)》,湖南人民出版社2008年版,第137—140页]

在明德中学的演讲[①]

(1946年上半年)

本人离开明德(按:周老先生曾与黄克强先生同时在本校教课)为时甚早,而一直未曾回校过,今能与各同学相见,甚为愉快,但无以佳肴供献给同学,姑就"明德"二字作一阐述。此二字本出自《大学》之"明德亲民"一章,本校所以取"明德"二字为名,其意即欲同学能奉行先哲之道。《大学》是言"知",《中庸》是言"行"。故知而能行是谓完人……现在我们不要专重科学,而忽视我国固有之

---

① 原文标题:《阐述"明德"二字真义》。文前曰:"本校第九周周会,校方特敦请辛亥革命元勋周道腴(震鳞)老先生莅校演讲。周老先生布履蓝衫,头童鹤须,虽年逾古稀,而精神健旺。首由胡校长略为介绍后,周氏即于掌声中起立致训谓:……"

道德与文学……此即余供献给同学之一点家常便饭。

(《明德旬刊》第六卷第三期,1946年)

赠陶晋圭①联

(1946年10月)

无官我自能成佛;有福人当许读书。

(《长沙市北区文史资料》第2辑,1986年,第98页)

为梅湖学校题写校名

(1946年)

梅湖学校

---

① 陶晋圭,字菊盦,长沙北乡人,抗战胜利后在长沙城北中山路又一村经营乐陶大厦。

梅湖学校。

(黄祖同提供)

贺彭国钧 70 华筵联[①]

（1947年1月）

湘学干城，民党柱石；齐眉锡嘏，绕膝延休。
周震鳞敬祝。

（《长郡青年》1947年第4卷第1期）

---

① 彭国钧（1877—1952），原名深梁，号贤访、潜舫、泉舫，后更号全方，湖南安化人。1898年考取秀才，在乡授徒两年后入长沙岳麓书院，后考入明德学堂速成师范第一班；1905年任教修业学校，不久加入同盟会；1908年任修业学校校长；1912年创办湖南长郡公立中学校，并担任第一任校长。

挽覃振联

（1947年4月下旬）①

避嚣何处觅桃源，撒手作西归，千万绪牢愁，都成解脱；
问病长征东歇浦②，伤心主东道，四十年形影，瞬隔人天。

（宁乡县政协编：《宁乡文史》第8辑，第210页）

赠庞子鹍四秩寿联

（1947年）

穷经益智能驱惑；养气知言不动心。

（陶成武提供，原载《今日宁乡报》2000年7月30日）

---

① 覃振逝世于1947年4月18日，故此联当作于是年4月下旬。
② 指上海。

致湖南省参议会某君书[①]

（1949年3月下旬）

    李宗仁既主张和平，则召开之国是会议，应该请各省参议会议长及国大代表出席才有意义，乃仍然系找一些高级官员会商，殊不可解。（他[②]对湖南省参议会要求停止征兵、征粮的主张，备加称赞）纵令李未答应，也应请程主席[③]俯顺民情。总之，湖南在抗战时期受损害太重，人民痛苦不堪，再不能将湖南供内战牺牲。我们必须坚持和平，政府当局所争的一切问题，仅可移至将来各党派协议宪法时再讨论，此时绝不应枝枝节节，阻碍和平。

（《舆论导报》第51期，1949年3月）

---

    ① 此文标题为《周道腴力主和平》。文前曰："湖南耆老周震鳞氏，近日有一函致省参会某君说……"
    ② 指周震鳞。
    ③ 指程潜，时任湖南省主席。

与唐生智等通电[1]

（1949年8月4日）

国贼蒋中正，出卖革命，背叛主义，专政二十余年，剥削民膏，培养豪门，虐待士兵，大伤元气，结党营私，祸国殃民，种种罪行，罄竹难书。桂系军阀李宗仁、白崇禧等，以封建余孽，巧夺政权，反蒋而袭其故智，自利自私；主和而其食诺言，狐埋狐搰。综观蒋、桂之所行所为，实为反动集团之一体两面。此贼不除，国难未已。顷读程颂云先生通电，呼吁和平，谴责蒋、桂，理直气壮，义正词严。蒋、桂冥顽不灵，负隅肆虐，湘中军民愤激，义帜高悬，毅然脱离广州政府，而与人民解放军合作，顺天应人，利群克己，导和平解放之先路，启统一建设之契机，凡有血气，莫不赞叹，惜乎行之不早耳！湘人在蒋中正魔掌玩弄之中二十年，生意垂绝，近在白崇禧铁蹄蹂躏之下百余日，压迫敲诈，如火益热，群盗同恶相济，与民为仇。今幸军民同心，自行解放，而遥瞻西南各省尚被劫持，以痛苦之经验，起深切之同情，敢谓各省贤达，奋起自决，慎毋为宣传所惑，而徘徊瞻顾，延长痛苦。

---

[1] 文前曰："本省耆宿及各界人士为响应程、陈两将军和平解放之伟大号召，特于昨日发出通电，吁请西南、西北各绥靖主任，各省主席，各湘籍将领，湖南各区警备司令，各专员、县长，迅即采取一切行动以完成全国解放事业。其原电如下……"

湘人在革命军中，赴义向不后人。自灭清以来，倒袁、北伐、抗战，无役不从，牺牲最大。今当进入真正人民民主时代，自应精诚团结，为西南各省做后援，自救救人，愿共努力。

唐生智、周震鳞、仇鳌、曹典弥、龙绂瑞、陈长簇、彭国钧、曹孟其、彭汉怀、方鼎英、黄山、徐崇立、唐伯球、席楚霖、曹伯闻、左学谦、冯天柱、周润、周鳌山、彭一湖、程一中、程星龄、雷飙、岳森、易鼎斌、汪士楷、陈浴新、凌兆尧、方叔章、周用吾、周维寅、粟威、周翰、李佳白、刘岳厚、谢慕韩、邓介松、萧作霖、李觉、李维城、胡善恒、胡迈、宋仁楚、段梦晖、唐生明、周君南、杨任严、刘公武、杨盛嘉、杨宙康、陈兴、蔡杞材、陈云章、陈芸田、黄雍、李序族、温汰沫、蒋崐、张严佛、李祖阴、邓飞黄、萧训、仇硕夫、程煜、程炯、龙毓莹、戴朝镇、周翊襄、甘复初、汤继成、蒋绍葵、石晶川、高伯融、何家鹏、石冲白、刘伯谦、罗益增、唐赞宁、李维国、唐哲明、许松圃、周芳冈、袭励初、汪浩、苏本善、罗湘、黄定成、陈粹劳、文斌、赵可夫、钟伯谦、李人士、周乃古、张福云、张以藩、陈采夫、周昭怡、杨慎宜、王慎武、劳启祥、粟显扬、黄英博、何畏、周匡斗。未支。

（长沙版《中央日报》；湖南《国民日报》1949年8月6日）

为再全书联

（1949年）

再全仁兄雅属：

物不求余随处足；事如能省即心清。

苦行翁周震鳞。时年七十有四。钤印：周震鳞印（白）；道腴（朱）。

（周震鳞手迹影印件；周用宜主编：《周震鳞墨迹诗文选集》，第168页）

为某君题词

（1949年）

知稼穑之艰难，则学成有用。故家贫学可贵。

书与式廓有志。苦行翁。钤印：周震鳞印（白）。

（周震鳞手迹影印件周用宜主编：《周震鳞墨迹诗文选集》，第152页）

自　　序

（1950年4月10日）

余致力革命数十年，辛亥革命前后，无役不从。历次事实，兹不赘述，但就关于重要者约略言之。甲午中东之役，满清丧权辱国之次年，湘鄂督抚，锐意维新。湘有南学会，鄂有两湖书院。余以湖北规模较大，名师较多，急往考入。前后六年，科学之外，赖贤师益友之指授切磋，颇肆力于中西历史政治之比较，社会哲学之探讨。休暇之日，尤好谈兵，与将士交游。留鄂各界，均相器重。丁酉，谭继洵抚鄂，其子复生（谭嗣同）为之招揽豪俊入幕，余与沈荩[①]、舒菩生[②]等与焉，朝夕研求变法改制之道。余之革命事迹，盖造端于是时矣。

[①] 沈荩（1872—1903），原名克诚，字愚溪，湖南善化（今长沙）人。甲午、戊戌之际，积极参加以康梁为首的维新运动；变法失败后，东渡日本，与唐才常等密谋起兵"勤王"；1990年夏，参加唐才常等在湖北组织的自立军，被委任为右军统领，驻守湖北新堤，事败后潜往北京从事反清活动；1903年，因在报纸上揭露《中俄密约》，引发全国轰轰烈烈的拒俄运动，被清政府逮捕杀害。

[②] 舒闰祥（？—1900），字蒲生，亦字菩生，湖南长沙人。县优廪生，随父宦游湖北，与唐才常至交，参与自立军之事，事败逃回长沙，被人告发，被捕杀。

戊戌政变，复生死，谭抚罢，南学会停，士气大挫。满后政府凶顽误国之焰日张，遂酿成庚子拳匪之乱，发生八国联军入京之奇祸。于是同学唐才常，会合南学会诸英俊，谋起兵湖北，直捣幽燕，勤王为名，继戊戌六君子而奋斗。事败，才常以次死者数十人；吴绶卿（禄贞）① 等武备学生，亦此次脱离虎口者。是役死者，皆两湖俊彦。余平生遭受打击，无痛于此者。乃与同学黄克强（兴）、龚敬夫（超）② 合失败余党，决定革命必先排满，非继太平天国，利用满清不平等积年界限，鼓动民族革命，不能建民权自由鹄的。痛定思痛，湘鄂同辈，均依约分途组织，奔走结合，猛力进行。自是长江上下游，人心一致，军学各界，弥漫排满革命口号。满政府忌甚，所在捕治。吾侪虽严守秘密，而同志之牵引被害者，所在皆有，尤以湘人为多。盖是时长江文武势力，均归湘人。以湘籍革命党员出入湘军，较易奏效故也。

自庚子大计决定，适拳匪既平，八国联军退出北京。辛丑，满政府缔结天津辱国条约，海内哗然。满政府始以兴学、练兵、派送留学生相掩饰，并由各省遴选高才、新学成名人士，入日本

---

① 吴禄贞（1880—1911），字绶卿，湖北云梦人。1897 年入湖北武备学堂，次年入日本陆军士官学校中华班第一期；1901 年冬毕业后回国，任武昌武普通学堂教习、会办，其间创建花园山秘密革命机关；1903 年赴湖南筹设速成武备学堂，其间与黄兴等发起组织华兴会。1904 年 5 月奉调入京，历任清政府练兵处军学司训练科马队监督、延吉边务督办、新军第六镇统制等职。武昌起义后，赴滦州约张绍曾等举兵反清，又回石家庄与山西民军联系，策划直捣北京，事泄被刺死。

② 龚超（1879—1922），字敬夫，亦作镜芙、镜乎，湖南湘乡人。1896 年入两湖书院，结识黄兴；1898 年赴日留学，结识孙中山。1900 年回国参加自立军起义，幸免于难。后两次因谋划起事，被捕，均经友人营救出狱。1911 年初考入广州巡警教练所，参加黄花岗起义，帮助运送和收藏起义的武器。起义失败后逃往云南，协助蔡锷发动重九起义，后赴武汉辅佐黄兴。民国成立后，曾任南京临时政府总统府庶务，后到江西协助李烈钧发动"二次革命"，失败后回家乡养病，1922 年病逝。

弘文师范，考察学务。克强①即在所送之列。余以两湖毕业，派送士官。会新化邹师②由张管学百熙聘助办京师大堂，荐充舆地教习，劝勿赴日。旋经湘绅电阻，留湘办学，克强更力为怂恿，以为此乃转移湘人顽固脑筋，养成多数革命党员，以为宣传运动革命前驱准备，绝大良机，不可坐失。此余不顾一切回湘讲学之肇端也。

壬寅，留学弘文师范之胡元倓、俞蕃同诸公，相继回湘，热诚勇进。先改官立落星田湖南大学堂为高等学堂，黄泥塅设师范馆，聘余充地理教习。元倓则承克强、笃生（杨守仁）③留日团之使命，更得龙璋兄弟捐资，发起私立明德学堂。元倓奔走于外，余主持于内，招收有志青年，灌输革命宗旨。精神教育，早为旧党指目，集矢于余，谓明德为革命学堂，阴图陷害。会内部学生出余手笔批语告密，巡抚赵尔巽将兴大狱，并欲破坏明德。幸龙公芝生④，为湘绅巨擘，力为保全，仅以离开明德了案。而学生激愤不服者，人数甚众。余多方解说保全明德苦衷，并荐克强自代，风潮始平；仍有愤而离校自费赴日留学者。中有十二人，发起私立修业学堂（甲辰之役事先，余与克强制造炸弹、储藏武器之地，今则规模宏大，与明德、周南为四十余年之著名私立学校）。此次虽历万险，而可证明湘省民气之盛，老辈爱惜后进风义为尤不可及。

癸卯暑期，余既辞去明德，感老辈及国内外同志共相维护，益奋励前进。鉴于官立学堂之扩张困难，私立学堂之孤危易惹指

---

① 即黄兴，字克强。
② 邹师，即邹代钧。
③ 即杨毓麟。
④ 龙湛霖（1837—1905），字芝生，湖南攸县人。1862年中进士，选翰林院庶吉士，散馆授编修，后充会试同考官、乡试副考官、江苏学政、刑部右侍郎。1903年出资筹办明德学堂，自任总理，聘请胡元倓、龙绂瑞为正副监督，同年附设经正学堂于西园，创办速成师范科，聘黄忠浩为总理。1905年咨请湖南巡抚端方，促成政府公派甲班全体学生留学日本，同年夏病逝长沙。

摘，于是首倡改宁乡试馆为中学堂，分劝长沙府属各县试馆均成立中学堂，皆附设速成师范及小学。外府如邵阳、新化、武冈、衡永试馆，均争先恐后，改立学堂。熊秉三①由湘西来，倡办三所师范学堂。李光炯居抚幕，倡改安徽会馆为安徽旅湘公学。外省子弟，亦能道一风同，隐消官场阻力。许玉屏创办第一女学，朱剑凡创办周氏家塾（即今周南女学）教职员不提倡排满革命者，几不能列席讲座。未及二年，而学堂之多，学生之众，竟为各省冠。国内外同志莅湘参观者，莫不惊叹。而克强、遁初、霖生②、行严③诸公，乃迫不及待，欲乘甲辰十月西后诞日起兵长沙矣。虽事泄失败，主要同志均得脱走，在事会员，警敏遣散，损失尚小。而辛亥首义种子，多潜布于是役。失败为成功之母，此语信然。

　　甲辰失败，风潮初定，各学堂百计弥缝，幸未动摇。余兼任高等学堂教务长，改建岳麓书院为校舍，由落星田迁往（原有校址先后改为实业学堂游学预备科）。于是专心一意，日夕训练学生。科学之外，教以军事。休暇之日，率领入山，口授革命宗旨方略。盖余招收高等学生，事先审筹，由全省州县选送高才，严格考试，均额取录，故学生成就甚易，分布全湘，势力普遍。寒暑假期，令其携带各项革命宣传品（如《猛回头》《警世钟》、各省革命报纸、杂志等）相地散布，以为鼓动革命资料，使全湘风气同时转移。学生得此经验，各知组织，以充革命干部，遂收事半功倍之效。湖南至今为革命策源地，非偶然也。

---

① 即熊希龄，字秉三。
② 即刘揆一。
③ 即章士钊。

乙巳，同盟会成立于日京，孙、黄两公令同志宁调元①、廖炳煌②、陈家鼎持手书介绍加盟，以湖南党务付托。余各方审慎主盟，数月之久，有力友朋，学生髦俊，多入吾縠。丙午年夏，孙、黄两公遣乔宜生偕法人欧契乐调查党务，长缄属详细报告。余钞名册密交，接待五日，并以军事布置渐有基础各项情形相语，极为满意。不料二人不慎，舟中用英、法语泄露机密。鄂省侦悉，遂下令缉捕。因爱护者多，闻风安全脱走，辗转由沪抵日京。是时，长江至上海，吾党机关分布，所在招待，无异家庭，精诚团结，殆无有逾于是时者矣。满政权之必倒，即卜于是时矣。在日本，与克强同居数月，挂名法政大学，而与孙、黄及办《民报》诸同志运筹革命大计之日特多。适《民报》开周年纪念大会，同志意气莫不激昂，满廷仇视日甚。忽得同志报告，甲辰散布浏、醴、萍乡一带同志，布置军队起事，克强又促归主持。到湘之日，兵弱早败，同志在省者，资遣隐匿，以为后图。而刘道一③、宁调

---

① 宁调元（1883—1913），字光甲，号仙霞、大一，湖南醴陵人。1903年秋入明德学堂速成师范班，华兴会会员，1905年留学日本，加入同盟会。1906年春夏间，回湘与禹之谟等倡议公葬陈天华、姚宏业于长沙岳麓山，为官府搜捕，避至上海，与陈家鼎等创办《洞庭波》杂志，宣传反清革命。《洞庭波》被清政府查禁后，赴东京。同年冬，萍浏醴起义爆发，受同盟会本部委派，复回国谋策应，在岳州被捕，监禁三年，参与创建南社。出狱后，至北京任《帝国日报》主编。1912年曾任广东三佛铁路湘省总办。宋教仁被刺后，与熊樾山在汉口策动讨袁，被黎元洪杀害。

② 经查，同盟会早期会员名单中无廖炳煌，疑为廖秉衡，湖南宁乡人。1903年留学日本工手学校；1905年加入同盟会；1906年初与陈家鼎等回国，在上海、湖南等地开展革命活动。

③ 刘道一（1884—1906），刘揆一之弟，原名吉唐，字炳生，号培雄，后自号锄非，以明推翻清朝之志，原籍湖南衡山，迁居湘潭县白石铺八斗冲。早年就读于湘潭益智学堂和长沙修业学堂；1904年在长沙加入华兴会，后赴日本留学；1905年在东京加入同盟会；1906年奉派回国运动军队，重整会党；萍浏醴起义爆发后，在长沙被捕下狱，同年12月31日就义于长沙浏阳门外。

元、胡经武①等，或杀或拘，损失亦大矣。此丙午岁暮丁未春初事也。而辛亥起义，长沙新旧军下级干部多出于此，协助江西光复将士亦多出于此。失败一次，人情勇往一次，经验增长一次，党员加多一次。余主持党务，同志号为乐天派，非乐观也，志不缀，气不绥也。自是余在湘更不能露面，遂匆匆避走芜湖安徽公学（即李光炯在湘开办之安徽旅湘公学迁回芜湖办理）。

余居芜湖安徽公学半载，仍任历史、地理教习。学生风气，无异于湘。暑假，皖同志约游安庆，寓徐锡麟②同志巡警道署，借谒沈师子培先生（两湖历史教习，时任安徽提学使）以掩耳目。返芜开学，而刺恩铭之事发，锡麟就义。端方侦余在芜湖，必与其谋，派三防营围捕，得熊秉三飞救乃脱。熊与余至交，在湘同起兴学，出力互助，如左右手。捕卒未到半日，熊忽至公学，约往舟中谈话，登舟即启碇溯汉。余乃匿于武昌邹师③所创之舆地学

---

① 胡经武，即胡瑛（1884—1933），原名祖懋，字敬吾，后改名瑛，字经武，号宗琬，原籍浙江绍兴，寄居湖南桃源。早年与宋教仁同学漳江书院，继肄业于长沙经正学堂；1904年加入华兴会，被派往湖北活动，任华兴会湖北支部总理，并组织科学补习所，任总干事，后因刺杀铁良失败，流亡日本，加入同盟会，任评议员。1906年底回国策应萍浏醴起义而被捕，判终身监禁。武昌起义后获释，任鄂军都督府外交部部长。民国成立后任山东都督、众议院议员。1915年与杨度、孙毓筠等组织"筹安会"，支持袁世凯称帝，袁死后避居故里。1917年参加护法运动，任湘西招抚使、靖国军第三军军长；国民革命军北伐时任山西驻南京代表，阎锡山反蒋介石战争时任第十路总指挥，反蒋失败后逃入汉口租界。1933年病逝于南京。

② 徐锡麟（1873—1907），字伯荪，浙江山阴（今绍兴）人。1903年赴日本考察；1904年回国参与创办热诚学堂，提倡军国民教育，并在上海加入光复会；1905年在绍兴参与创办大通师范学堂，暗中培养反清军事人才；同年冬，赴日本学习陆军；1906年回国筹资捐了候补道，于当年秋任安徽巡警处会办兼巡警学堂堂长。1907年与秋瑾准备在皖、浙两省同时起义，7月6日，乘巡警学堂举行毕业典礼时仓促起事，枪杀巡抚恩铭，并率少数学生攻占军械所，因弹尽被俘，当天就义。

③ 即邹代钧。

会。自是长江下游亦不能露面矣。会袁树勋①任顺天府尹，秉三入其幕府，陆咏霓亦往开办《帝国日报》，主笔须人。时吴绶卿已有军权，汲引田梓琴（桐）、白楚香（逾桓）诸同志均入京办报。秉三、咏霓诸友，乃力主张余速赴北京，主编《帝国日报》。秉三又荐刘霭堂充顺天高等学堂监督，兼师范学堂总理。刘与余亦至交，因得任两校地理教习。自是同盟会员联袂入京活动者日多，余以功课过忙乃荐宁调元（由湘出狱抵沪）充《帝国日报》编辑，余但于星期暇日作社论、短评而已。自戊申至辛亥黄花岗之役，三年之间，余与绶卿各同志专力联络布置北方各省实力，从东北至西北，皆应机觅人组织进行。讲学办报，则为制造革命舆论、抨击满人恶政、破坏满廷威信之先锋武器。资政院召集之后，满人假立宪行为毕露，吾人乃尽情反对。南方排满空气，亦因而继长增高。至广州失败，同志优秀分子多葬送于三月廿九日。余乃愤不可遏，于是有从旁听席投椅击散资政院之事。事出之时，院警围拘至局。旁听学生大哗，呼朋引类，登时数千人闹入警局，呼吁开释。绶卿立即往民政部军咨局，令警局好言释归，随密送至天津日租界。寓居数日，而学部斥职通饬遍传矣（通令各省不得聘余任教习）。辇毂之下，演此学潮，轻易解决，固由平日知交广、信望孚，而人心厌满，已可概见；然非绶卿有胆有识，敢作敢为，机敏应变，余真危矣。居津仍化名作新闻记者。得秋季新军会操消息，遂买舟南下，与上海同志策划长江发动，并密派同志刘定坤、黎兆枚持书至陕甘，促井勿幕、黄幼蟾（钺）准备响应（辛亥夏，幼蟾为升允奏调充甘肃巡警道，余在京曾多方为之定计，谋断满人右臂）。幼蟾复介绍定坤径赴迪化起事。留沪数

---

① 袁树勋（1847—1915），字海观，号抑戒老人，湖南湘潭人。1894年中日甲午战争爆发后，随刘坤一在山海关办理军需；1895年出任江西景德镇知府；1900年擢任湖北荆宜施道，旋调任苏松太兵备道；1901年任上海道；1906年后任江苏按察使、顺天府尹、民政部左侍郎、山东巡抚等职。1909年署理两广总督，主张开国会、消祸萌，未为清政府采纳，次年辞官居上海。1915年病卒。

日，遂先回两湖。抵湘与同志集议，依照党中大计，决定分立机关，力戒再蹈泄露覆辙。余尤不可久在省垣，使人注目，群促立即避地，免误大局。余乃化装回宁乡家宅，以待消息。此辛亥回湘布置起义情形也。

余家居月余，因寒暑奔波，卧病颇剧。长沙光复之第五日，洪春岩、洪兰生之专缄并焦、陈①两督安民布告始至。余扶病到省，告以克强回沪，不日至鄂总领义军。然焦、陈年少望浅，咨议局及各界人士虽群起相助，而新旧两军将士争功，都督府人多口杂，纷纷扰扰，殊少纪律。焦、陈出生入死，举事前后半月，军书旁午，日不暇给，食不甘味，寝不安席，语言粗忿，应付失宜，固所常有，事外之人，亦能原谅。不料奸人蓄谋，纵兵叛变，焦、陈两督起义首功，同时被害。一时市民惶骇，军警四散，人山人海，谣诼繁兴，或欲搜杀焦、陈余党，或欲为焦、陈复仇，湘局之危，不可终日。谭祖安②虽被推为都督，亦惶不知所措。石屏③在省人面生疏，言词短拙，更难出面镇压。于是同志及文武各界推余力为维持。余为革命全局统筹，深虑湘局再乱，鄂局难支，各省响应，将生观望。乃以"不做官、不争权、专做事"九字相约，征询众意，排除万难，挺身主持，演说痛陈利害，略谓既欲拥护祖安，即当保持都督威信，为之壮胆，出任艰巨；首先痛哭旌恤焦、陈两督，以明是非；重行整饬风纪，严令新旧两军不准寻仇报复，互相歧视，听候编组援鄂、北伐、援赣、援川各军。且知湘人意向，非得老成宿望，不能安固人心。于是一面以龙研仙④巡按湘西，一面延请刘艮生⑤先生到省任民政司。而刘先生之出山，则纯以余之交谊相强。祖安能用余言，折节罗致，遂促成

---

① 焦达峰、陈作新，长沙收复后被举为湖南省正、副都督。
② 谭延闿，字祖安。
③ 谭人凤，字石屏。
④ 即龙璋。
⑤ 即刘人熙。

广西独立，湘桂联军援鄂北伐，不独巩固湘局，而总帅克强，得此声势，长江次第奏捷，士气大振，全国响应，南京政府成立，皆有莫大关系。克强特电奖饰，谓革命成功，赖此一举，非尽夸也。艮生为复生、拂尘之师，笃信船山之学。余为高等学堂教务长时，先生任中路师范监督，渡河往来，常相讲论。因余攻船山遗书颇久，互有进益。老人诱掖后进，引为忘年交。其生平事故，家庭状况，茶余酒后，莫不倾吐。而其生平最得意学生，则为其内弟王铁珊[①]先生，由浪子教之成立者也，艮老夫妇之命，莫不顺从。当祖安未迎此老之前，余假其口气，电王独立，当得回电"千里同心，唯命是从"八字。祖安乃派人专迎到省，时余与祖安出王复电，跪谢矫电之罪，老人笑谓"好好，正合孤意"。祖安不敢面求，委以民政，余再三以全湘及全局利害陈之，遂慨然允许。焦、陈殉后，革命进行无阻，艮老之功不可泯没。

湘局粗定，克强苦战汉口，已不能支，鄂局日危，催援之电，日夕飞来；江西乞援，亦须分兵驰救。祖安任事时，库空如洗，兵增饷绌，竭蹶万分；汉市焚洗，亦待协济，不独援师必赍粮而行也。于是克强电湘，强以筹饷局事相委。余生平不愿理财，且调兵遣将，事多躬亲，筹饷要政，辞难兼顾。同志再三责勉，不得已暂居总办之名，为立章程，出布告，另委坐办遵章执行业务，财政司代管收支、发行公债而已。事繁弊少，富室指捐，颇收军事济急之效。援鄂之师，既星夜驰赴汉阳，石屏随往参佐，因又力持十余日，克强始能分身赴上海指挥。黎元洪、谭石屏合湘鄂同志，全力固守武昌。旋得南北停战机会，而上海、镇江、苏州、南京各军，内外呼应，次第光复；安徽、江西先后底定。义声所播，举国一致。南京政府遂于壬子元日正式成立。自武昌首义，用兵时间仅三阅月，推倒满清，宣布共和，由民族主义争取到民

[①] 即王芝祥。

权主义，此空前历史之大革命顺利成功，岂一朝一夕之故，一手一足之烈哉！

　　蔡松坡之起义云南也，实西南革命军人之领袖。蔡为湖南南学会高才，留学日本士官最早，原为梁卓如培植。庚子决定排满革命之后，一从余与克强主张。余在高等教习时，蔡充武备学堂教习，排满情绪之热烈，更过于余。每劝其韬晦蓄势，养成学生，博得兵权再动。彼则行动招忌，卒招辞退，幸入广西练兵，开办干部学堂，广招湘籍革命学生训练军事，克强往来其间。方充协统，又遇排陷离桂。然革命实力，已在新军；革命种子，早经散播。王铁珊起义之兵，及率之入湘，组织北伐湘桂联军，归赵恒惕统带，拨入南京第八师者，皆松坡旧部也。会李经羲总督云贵，调充云南协统，兼办讲武堂。松坡遂又得合该省士官同志，潜图大举。武汉首义，云南响应，秩序独佳，并能声援川、黔、两广，使克强无南顾之忧，功诚伟也。松坡在南，绶卿在北，实力相等，又同庚子脱逃、同学日本士官者。清廷不信，所谓摄政政府起用袁世凯，授以秉国大权。袁氏深知绶卿历年所为，恐革命成功之后，出为政敌，疾忌如眼中钉，于是阳荐升山西巡抚，阴贿刺之于石家庄。绶卿既殉，北方响应各省坐失保障领袖。于是袁氏狼子野心，阴谋称帝，为所欲为矣。驯致南北议和，条件左右为难，吾党意见纷歧，不能不委曲迁就矣。盖自甲午至辛亥，前后二十年，革命过程中，历次替嬗，历次演进，正如剥蕉缫茧，层层待理，层层生新，每经一次失败，即牺牲一次人才，丧失一次元气，变更一次党系。同盟会原合各派而成，克强在珠江流域领导起兵失败凡十余次，合之各处奔走运动，随时遇害、海内外愤而自杀者，多为一时俊杰。武汉首义成功虽速，而湘鄂苦战，革命中坚分子丧失过半。余尝谓，革命成功，而革命党员牺牲失败，诚至痛也。南京政府与袁世凯迁就调和，非贸然也。加以全国舆论，新立政党，责望和平，如出一辙；党中主张北伐再战者，反遭唾骂。革命之局，限于时代与环境，盖如此也。

总而言之，自咸同以后，全国军权、政权均移于湘淮两军之手。湘军兵力，散布最广，约居淮军三分之二。当时，两军文武将士，忠顺事清，皆如初入关之汉军旗。革命党赤手空拳，以图冲破网罗，造新时势，谈何容易。戊戌、庚子，利用两军乘满清误国罪恶昭著，托兵谏之名，犹取失败，此皆由于运动时机尚未成熟，奴役风气积重难（反）［返］之故。庚子革命方针决定，吾侪一致从广兴教育、多办报章入手。湘南为湘军子弟群萃州居之邦，尤赖二者普及，以期驱使其子弟，说动其父兄，效果当然易见。湖南文武学生宣力运动军队者最多，挺身投军革命牺牲者亦最多，职此故也。余尝谓，辛亥革命党利用湘军起义，淮军赞成，必有凭借，方有成功。中国之大，历史之久长，人心之复杂，南北议和，不能一次彻底尽扫旧污，皆由于此。然而驱逐满清，废除帝制，旗帜鲜明，昭示世界，洪宪复辟之乱，随起随灭，自取覆亡，有为呼冤报仇者乎？北洋军阀，觉悟就范，有能长久割据者乎？此固孙、黄诸公先后坚持、始终奋斗之功。而南京政府结束，辛亥成功，宣布《临时约法》，树立国家不拔之基，天下后世，固有不可轻侮逾越者在也。曾忆克强、遁初①民国元年回湘，在欢迎席上郑重表示让袁政权，吾党在野，专尽力于农工商实业，协助政府，力图富强，天下为公，政见彰彰在人耳目。倘无袁氏一人之私，构成内乱，肇生外侮，或者国家早有建设，世界早得和平。拉杂写来，亦人事代谢得失之林焉耳。

南北议和成，南京政府取消，初设留守，旋亦裁撤。同盟会改为国民党，交通初代理理事长。孙、黄两公，均以办理实业空名宣布在野。余在湘办理党务，克强以颂云②等佐祖安整理军事。余旋代表湖南入京见袁，察其谦恭下士情形，有如王莽。遁初名

---

① 宋教仁。
② 程潜，字颂云。

为农林总长，方居万牲园，筹办国民党，与袁周旋。克强亦为袁欢迎入京，随即回沪。余在京月余，与袁晤面多次，为公事商请，久无结果。惟派人招待，格外殷勤。知其疾忌吾党，绝无诚心。适武汉首义之张振武、方维公然被害于京，余乃不辞而去，并劝遁初从早出京，回湘策理党务。此次袁衔我最深，曾电质问祖安，有"不知何事开罪周某"之语。国会召集，余被选为参议院议员，袁、黎攫取正、副总统，依议和条件也。而正式政府，国会同意唐绍仪总理组织一条，袁则食言而肥，坚持用赵秉钧以拒唐，国会亦迁就以赵代唐。当时谣言倾动，谓国民党主张提名遁初为总理。由是袁使赵贿应桂馨置遁初于死地。吾党忍无可忍，孙、黄两公讨袁军不得已而组织矣。

民国二年春，余由湘奔走于江西李协和①、安徽柏烈武②及京沪之间，催促速为之备。然自袁操国柄之后，早将北洋势力侵入南方，复假军民分治之名，各省皆设民政长以掣都督之肘，再设护军使，直接受袁调遣指挥，以削都督之权。克强历来负吾党军事之责，明知其必败，勉强出而牺牲。赣宁一役，不过宣布袁氏潜图称帝罪状、预先警惕国人勿助桀为虐而已。赣宁战事失败，辛亥起义都督皆取消独立，与孙、黄两公亡命日本。余与湖南取消独立同人，皆不能立足。黎元洪在鄂，迎合袁旨，百端胁迫，阻碍亡人。余尤袁氏欲得而甘心，行至九江，被捕于日本舟中，非援外交惯例，各方营救，几不能脱。辗转亡命日本。是时君主立宪党结合同盟会分立之共和党，包围元洪，妄想排出国民党，得袁欢心，即可保持地位，瓜分利禄。孰知袁持一网打尽成见，乘各省独立取消，立派段祺瑞率北洋重兵督鄂，迫使黎元洪只身入都，冯国璋率部分布江、浙、福建。于是称帝、称王、颁爵、筹备大典之逆昭著矣。一年之间，各省解甲入京之要人，或明戕，

---

① 李烈钧，字协和。
② 柏文蔚，字烈武。

或暗害，或羁縻，或软禁，莫不失其自由。于是人心厌苦袁氏，是非渐明，舆论渐转矣。孙、黄两公分途准备声讨，克强赴美活动外交（是时美人袒袁），且知松坡尚有实力在滇，将欲密促发动，非待军饷不能出兵。于是以余与石屏、协和、锦帆（熊克武）、韵松（方声涛）、隐青（林虎）往南洋筹募。时岑春煊以斥袁反叛，亡命槟榔屿。余与同人齐往游说，托其劝告老桂系领袖陆荣廷，一致讨伐。未及半年，款有成数。余先回日本，报告留日总机关。而松坡软禁，不易出京，同人莫不忧惧。此民国三年秋日事也。民国四年秋，松坡阳示颠狂废疾，往津就医，乘间逃往日本赴滇，电协和、锦帆、韵松携款先至滇布置。十一月廿五日[①]，护国军义旗遂高举于昆明矣。松坡以唐继尧坐镇云南，以协和率张开儒、方韵松两师经桂入粤，自提劲旅入川，派锦帆充川军总司令，收集旧部，刘显世举黔以应。陈二安[②]，袁倚为西南重臣者，亦吁请立即取消帝制，颂云由川、黔回湘西，会师驱汤（芗铭）。袁氏四面楚歌，段祺瑞、王士珍等亲近部属相率警告，凡劝进者转而劝退，袁逆羞愤而死。中国帝制余孽，从此告终矣。松坡底定西南，以积劳成疾，亟思息肩养病，于是以罗佩金代将，预先扶植唐继尧为川滇黔联军总司令。陆荣廷逼走龙济光，统一两粤，以谭浩明充湘粤桂联军总司令，率军经湘北伐，拥刘艮老为督军兼省长，颂云乃卸职退避。国会恢复，举黎元洪为大总统，冯国璋为副总统，同意段祺瑞为国务总理，讨袁军事乃告最后结

---

① 应为12月25日。

② 即陈宧（1870—1943），初名仪，字二庵，又作二安，湖北省安陆县人。清末入湖北武备学堂，毕业后历任四川新军第三十三混成协统兼四川武备学堂会办、陆军小学会办、云南新军协统兼云南陆军讲武堂堂长、奉天督练公所总参议、东北新军第二十镇统制等职；1911年赴德国学习军事。辛亥革命后归国，历任北京政府参谋部参谋次长、陆海军大元帅统率办事处办事员、四川巡按使、成武将军兼行督理四川军务等职，支持袁世凯称帝。护国战争中，与蔡锷领导的护国军鏖战川南，终于1916年5月被迫宣布四川独立，7月6日被北京政府任命为湖南督军兼署省长，因湘人反对，未敢到任。后曾任明威将军、军事善后委员会委员。1943年病逝天津。

束矣。孙、黄两公回沪，余往来京、沪，筹商应付北洋军阀之策。余主张克强督湘，以备领导西南各省，应付非常，而忌者阳相应和，阴促黎元洪命谭祖安督湘。自此北洋势力日张，曹锟率部横断湘鄂之间，益轻视西南矣。克强在美医肺疾，未愈而归，方与国会同志进行分化府院直皖各派之计，天不厌乱，病发而卒。松坡养病日本，得电数日悲痛，相继以逝。民党军事长城已失，直、皖两派更肆无忌惮矣。

民国六年，会葬黄、蔡已毕，段祺瑞以傅良佐易谭祖安督湘。湘人或逆（谓傅同乡又和平）或拒。旋刘（建藩）、林（修梅）起义驱之。段复以张敬尧继之。直系吴佩孚等进据衡、宝，祖安往郴州率部据守湘南。是时直、皖分化，已见事实。湘人（连）〔联〕合直系，让出湘境，回师鄂、豫。祖安乃以所部驱张，三次督湘。国会解散，余随孙公及唐（少川）、伍（秩庸）两公，由程璧光率领海军入粤，开非常国会，举孙公为大元帅，主持护法。令陈竞存、许汝为①等组织援闽粤军，进援漳、厦。大元帅府一切设施，均为莫荣新阻挠。孙公遂有令海舰炮击督署事件。非常国会徇滇、桂各方之议，废大元帅制为总裁制，推定岑春煊为主席总裁，希望维持护法局面。孙公见陆荣廷部旧将暮气已深，但求把持地盘，无心前进奋斗，民国八年，仍回沪另定大计。先使援闽粤军回粤，驱逐莫荣新等；随即号召全体议员，以足法定人数，正式集会于粤，选举总统，成立政府，而后大举北伐。余代表孙公至漳州晤竞存、汝为，商定粤军回粤计划。竞存、汝为以余回湘说祖安，分兵入北江作声援为定，并议定孙公筹助开拔费，军入粤境，全由粤省供给饷需。余回沪报告，孙公欣然允许。于是多方筹凑经费，不足则以上海住宅押款以济。余先将孙公报诚付托情事缄告祖安。祖安复书，唯唯从命。余始赍孙公缄回湘交祖

---

① 即陈炯明，字竞存。许崇智，字汝为。

安。懋吾（李执中）、理鸣、烈武、溥泉①先后皆来长沙相助。初抵长沙，祖安承诺如约进行。余乃放手传集各军，晓以大义，宣布孙公德意。驻省鲁咏安（涤平）、陈护黄（嘉祐），驻醴陵第六区司令李仲麟，皆争先恐后，服从孙公指定方针，各自调动所部，纷集省城附近待命。时祖安忽听反对派之言，中途变计，迁延逗留。时已民国九年八月，粤军如期发动矣。余舌敝唇焦，久无成功。祖安则招致蔡元培②、吴敬恒诸名流，酒食征逐，游山玩水，故示闲逸，使余难堪，视孙公若无物。不得已，余乃决计劝祖安离湘，令赵夷午（恒惕）为总司令，林特生（支宇）为省长，以促援师早出。同志张伟卢（智）又以协和留湘李名扬、姚季逊同志一部，先行开拔而南，张柏生杀不服从调遣之萧昌炽，廖素孚率第三旅会合各部，逼近省城。余先备船请陈凤冈告祖安立即登舟，以免（挠）[扰]乱长沙秩序，并约出兵后立即回沪道歉。于是陈嘉祐等先后率众将至韶州，莫荣新、沈鸿英旧桂系大骇，相率退出广州。余由沪转粤，总裁制取消，积极筹备参、众两院集会于粤。无何，长沙主张援粤同志被害巨案发生，可知祖安三次督湘，势力究不可侮。而此后北伐之阻力，又相继发生矣。

民国十年五月五日，国会选孙公为大总统，正式就职，开府于观音山。命竞存、汝为合广西同志打倒桂系。旋由展堂（胡汉民）、汝为、仲元（邓铿）负责组织北伐军，设大本营于桂林。命余回湘劳军。行至郴州，护黄极意欢迎，其他则意见不一，谓湘当南北之冲，湖北直系盘踞，南方兵力不敌，以假道江西北伐为便。竞存战

---

① 即覃振、柏文蔚、张继。

② 蔡元培（1868—1940），字鹤卿，号孑民，浙江绍兴人。1884年取秀才；1889年中举人；1892年中进士，授翰林院庶吉士，后补编修，曾任绍兴中西学堂监督、嵊县剡山书院院长；1902年与章太炎组织中国教育会，1903年与章太炎、邹容利用《苏报》宣传革命思想，1904年与杨毓麟等在上海组织爱国协会，为华兴会的外围组织；1905年加入同盟会，为上海分会负责人，1907年留学德国莱比锡大学。民国成立后，历任南京临时政府教育总长、北京大学校长、中法大学校长、国民政府常务委员、监察院院长、中央研究院院长等职。1940年3月在香港病逝。

胜而骄，复恐广东再战，供亿为难，内部又生阻力。孙公亲征，居桂已久，迁就改道，零陵、衡州始听令，筹备大本营以迎。改道之议既定，竞存公然反对北伐，辞职归惠州。孙公移节曲江，令余返粤计议，余以竞存已弃职，总统应回省城镇摄。无何，竞存所部叛乱，攻观音山。余得同志熊守一密报（熊充洪兆麟参谋长，为余主讲明德时学生，事先约其为谍报），飞告孙公，登舟回沪。余走沙面，觅舟至香港，接待国会议员，旋即到沪。时已民国十一年秋矣。是时汝为已率粤桂军讨叛逆，洪兆麟、赖世璜部汹惧，迎余与协和前往抚定，滇军留粤省者迎沧白。① 余知祖安可提旧部为助，乃介绍入党，晋谒孙公，谈次大激赏。孙公令速即买舟。余与沧白、协和、祖安皆从赴粤，登舟之日，适值农历除夕也。

民国十二年，直系战胜皖系之后，解散安福国会，恢复旧国会，贿选曹锟为总统。北京秽乱之声，每况愈下。余与同志赞襄孙公复位，随又代表孙公与协和、雨岩②至闽，联合皖系臧致平、卢永祥，协同讨伐。余得北方同志王励斋、刘允丞、焦易堂等电，促北上倒曹。乃托秘书徐于（子俊）同志回报孙公，以时机不可坐误。遂由厦航津，与冯焕章、胡笠僧、孙禹行③代表及北方同志会商，决定组织国民军，推焕章为第一军、笠僧为第二军、禹行为第三军，焕章兼充三军总司令，同时发动。一、三两军会师逼北京、保定，二军驻开封、郑州。曹锟以直系部属涣散，段系军队及奉军南北牵制，无力相抗，逃入天津。国民军一面拥段为临时执政，一面托余回沪迎孙公入京。孙公命余先行慰劳各军，待其先赴日本活动，再到天津议定方略。临时执政乃发号施令，任焕章为直隶善后督办、笠僧为河南善后督办。此民国十三年冬季事也。是时禹行派叶香石为三军副军长，杨杰为之练兵于郑州，

---

① 杨庶堪，字沧白。
② 蒋作宾，字雨岩。
③ 冯玉祥，字焕章；胡景翼，字笠僧；孙岳，字禹行。

助笠僧进击豫西刘（镇华）、憨（玉昆）两部。余往来战陈之间，不能分身。

民国十四年一月，孙公到津卧病。余与允丞入谒，已难畅谈。余与允丞以战事正酣，急返豫西前线。孙公主张开国民会议，段派主张续开善后会议，争持未决。而孙公肝病益剧，入协和医院割治，因以不起。豫西既平，笠僧捷归开封，意态欢娱，同志称庆。三月十二日，余与纯士（刘积学）诸公正燕饮梁园，春天忽狂风，飞沙走石，昼为之昏，对面不能见人，群相惊愕。移时归寓，则孙公与吾党长别哀电至矣。余居开封，正为笠僧诸同志日夕筹定善后，未能入京襄助治丧。笠僧忽患疔疮，割治毒发而卒。国民军中坚又蒙莫大损失，同志灰心丧气，未有甚于此时者也。旋推师长岳西峰（维峻）继任河南善后督办，余仍居开封相助，并代往鄂、赣联络萧耀南、方本仁以为缓冲之地。

民国十五年，奉军入关逐段，拥徐世昌为总统，旋即废之。张作霖自称大元帅，据北京。蒋介石办黄埔军校，前四期毕业，组织国民革命军，誓师北伐，占领武汉。祖安充国民政府主席，介石驻江西指挥。黔军王天培，湘军鲁涤平、贺耀祖、叶开鑫、陈嘉祐，夹江并进。冯焕章之西北军，岳西峰、蒋朗亭、郑思诚之陕军及樊钟秀等之豫军，东西侧击。孙传芳三江势力全灭。介石遂入南京。旋宁汉合作，国民政府迁都南京，祖安仍任主席，余被选任委员，旋复往豫（连）［联］合焕章之西北军，岳西峰、蒋朗亭、郑思诚各部，与湘、黔各军合攻直、奉残部。由徐州抵济南，日本领事武官出兵干涉，我交涉使蔡公时被杀，遂顿兵不进。余与梓琴由豫入晋，与百川（阎锡山）筹商驱奉军出关。张作霖方遣代表于珍居晋，（连）［联］合百川。百川拘其代表，出兵申讨。余乃赴津晤段并直系败将，痛陈日本侵略大陆，步步实现，非全国统一，不能应付，请其释嫌救国。百川与北洋军人，夙称接近，与段关系尤深，直、皖两系均辱于奉张，莫不乐为百川助。褚玉璞、张宗昌不战而交出直、鲁，于是傅作义出涿州之围，百川大部与禹行所部之徐永昌，焕章所部之韩复榘，匕鬯不惊，奠定幽燕。余乃奉命接收府院，此乃民国十七年事也。十八年元旦，张学良迎余至沈阳，东北易帜，回京与各省军事首长接洽为多，一时苟安。

民国十九年，扩大会议开会北京，汪、蒋内讧，蒋与阎、冯之战以起，随统一，随分裂，余数十年苦心孤诣，均成泡影，不得已摆脱一切，不再问国事党事，洁身居津二年，以临池为日课。廿一年至沪，鬻书为生。廿三年，痈发于背，缠绵床褥八阅月，九死一生。医嘱操劳过度，务宜多事休养，遂更不问世事。廿五年归长沙，廿六年抗战军起。廿七年由长沙归乡庐，息交绝游，期长为农夫以没世而已。三十二年，长沙四会战，失利沦陷，宁乡随之。恐作日俘，避走湘乡。湘乡继陷，复避安化。三十三年夏初，颂云来电，促避重庆。避渝旬日，炎暑如焚，乃西游成都。至灌县，觅离堆、灌口、都江堰李冰治水遗迹、青城灵岩诸名胜、居灵岩山寺月余。同寓美侨得广播日本战败行成消息，余乃迅返重庆回乡。旋有宣慰湘、鄂、赣三省之名。余以无实惠及于人民，空言粉饰，徒劳地方接待，乃电托同人往鄂、赣，仍退居家乡。三十六年春，烈武、理鸣居沪病危，知必不起，亟往探视。两公与余，患难相共，情同手足。病榻握语，皆具深心。未及二旬，先后终命。伤心惨目，视殡而归。此次留沪两阅月，偶察海内贤者来言，知社会犹有变革。归经南京，访晤旧友，苦闷亦然。于是遄返故乡，苟延岁月，以度暮景。

驹光如驶，又届三年，七十六老矣，犹得目睹人民政府簇新盛治，祖国前途无限乐观，是在当事诸君子努力前进耳。

以上所述，虽关个人经历，而党之变幻离合，军之互相雄长，驰逐纵横，政之纷政混乱，烦苛残暴，数十年来，几无一夕之宁，孰令致之？共和初奠，国人未习民主法度，不解运用政党政治，固其通病。若夫罪魁祸首，则不得不归咎于袁氏之反复无常、帝制自为矣。老病记忆力衰,海内旧友,犹多健者,补其阙漏,正其疏失,理而董之,是所企幸。

周震鳞。一九五〇年四月十日笔述于湖南长沙。

(中国社会科学院近代史研究所编:《近代史资料》,总91号,知识产权出版社2006年版,第248—264页;据周用宜主编:《周震鳞墨迹诗文选集》校)

在人民政协全国委员会第三次会议的大会发言

(1951年10月30日)

主席、各位委员、各位同志:

这次我列席人民政协全国委员会的盛会,感到万分的荣幸和兴奋。在会议上我们已听到了毛主席的开会词,周总理的政治报告,以及各首长的重要报告,我衷诚拥护毛主席的英明指示,完全同意大会的各项报告,这使我更进一步的认识到中华人民共和国开国两年来,特别是一年来的抗美援朝、土地改革与镇压反革命三大运动中,由于毛主席与中国共产党英明的领导,中国人民已经在各个战线上取得了辉煌的胜利。中国人民已经空前地团结起来了,人民民主专政业已巩固起来了,中华人民共和国是今日世界和平民主阵营中的强国,是东方保卫和平事业的有力支柱。

今天中国人民志愿军能够在朝鲜战场上和朝鲜人民军一道，有力地抗击着美帝国主义的疯狂侵略，能取得伟大的胜利，这是必然的结果，在此，我要为伟大祖国的光辉成就而欢呼！

我来自湖南，就将湖南的情况说一说：湖南解放两年来，随着全国胜利形势的发展，各方面的工作同样也取得了巨大的成绩：现在全省公开活动的土匪特务武装已经肃清了；经过镇压反革命运动以后，湖南的社会秩序也完全安定了；土地改革在全省大部分地区已经完成，剩下一小部分地区即将在今冬和明春全部完成；抗美援朝运动正在继续深入和扩大；爱国公约已逐渐普遍订立，并进行检查与贯彻执行；增产捐献武器运动目前已完成缴款一千亿元以上，今年冬天即将完成并超过认捐一百零三架战斗机的号召；在抗美援朝爱国主义热情的鼓舞下，广大的工人，农民，开展了爱国增产运动，使今年稻谷生产比去年增产十五亿斤，约增产百分之十一，明年将可能达到和超过战前生产水平；地方工业也在迅速的恢复和发展；其他文化教育事业等都有着新的进步；同时各革命阶级，各民主党派与广大的社会人士的觉悟也提高了，团结也加强了。湖南是毛主席的革命故乡，湖南是具有光荣革命传统的。湖南人民正满怀胜利的信心，为建设新湖南，为保卫祖国与世界和平事业而继续的前进。

以上仅是我个人所看到的和所知道的事实，这就足以说明人民民主专政制度的优越性，回忆我早年随孙中山先生从事国民革命，数十年来，目的也在求中国的繁荣富强，但一竟没有成功，而中途被蒋介石等反动集团所破坏。今天，中国人民革命的伟大胜利，不但转变了中国历史的方向，更转变了亚洲历史的方向，这的确是毛主席领导中国人民进行新民主主义革命的胜利，也就是毛泽东思想的胜利。看到今天全国的胜利，想起过去的失败，无限感奋。我今年虽是七十七了，却始终站在反对帝国主义，反对蒋介石匪帮的一面。我愿意和大家一道，为人民事业而献出我的一份力量。同时，我极端热忱的希望各民主党派，各民主人士，各少数民族和全国人民更加紧密地团结在毛泽东的旗帜下，继续加强抗美援朝的工作，增加生产，厉行节约，积极支持中国人民志愿军，为争取抗美援朝的最后胜利，为建设祖国，为保卫世界和平而奋斗！

最后，我以极兴奋的情绪谨祝大会胜利成功！

中国人民大团结万岁！

毛主席万岁！

（《人民日报》1951年11月1日）

跋章太炎手札

（1955年12月22日）

太炎先生翰札，流传同志者孔多，或者文学，或涉党政、祸变，短简长篇，随手写来，皆独具风致。然如答聘述同志一书之切合当时□务详赡该括者，亦所罕见。是时余与太炎相携至粤。粤局初定，太炎旋经滇、黔、川、鄂，而作是书。盖倒袁以后，谋除军阀筹计也。

难先老哥命题，爰识其经过于此。

乙未冬至。周震鳞。时年八十有一。钤印：周震鳞印（白）。

（周震鳞手迹影印件，周用宜主编：《周震鳞墨迹诗文选集》，第129页）

爱国侨胞应尽的责任

(1956年10月上旬)[①]

解放前,碰到辛亥革命纪念日这一天,我总不免要回忆当年革命的情景,仰慕中山先生,怀念同甘苦、共患难的朋友们。不过,在祖国解放以前,看到国家一年比一年糟,人民一年比一年苦,我的心情也就一年比一年沉重、难过。我又常常问自己:先烈的鲜血、头颅换来的就是这样的结果吗?中国革命还有没有前途呢?可是我找不出一个答案。等到中山先生逝世后,失去了我敬爱的领导者,我更彷徨了,更悲观失望了。虽然我挂名国民政府委员,从没有进过国民政府大门,最后我走上一条旧式文人的老路,回家乡隐居起来,不闻不问事。

感谢中国共产党,感谢毛主席,于1949年领导中国人民完成了新民主主义革命,摆脱了帝国主义的枷锁,建立了真正独立自由的新中国。中山先生的理想实现了,先烈的鲜血开花结果了。

从1949年到现在,我亲眼见到祖国日益繁荣昌盛,人民生活日益改善提高,并展望美好幸福的将来,怎能不欢欣鼓舞哩!自然我的心境也随之大变,一年比一年更加高兴的欢迎辛亥革命纪念日。正因为如此,我不能再留在乡下了,满怀热忱地跑来北京。

---

① 本文未署日期,但为纪念辛亥革命四十五周年而作,故应在10月上旬。

虽然我今年八十岁了，但并不服老，还要在伟大祖国的社会主义建设中，尽一份力量，以了我多年未了的心愿。相信同盟会的老朋友，参加过辛亥革命和曾出钱出力的爱国侨胞，都会有和我相仿佛的心，或许比我有更大的作为，那也不辜负我们的初衷了。

吴玉章先生在中国近代史讲座的报告中说："辛亥革命是近代中国的一次伟大的民主主义革命。这次革命推翻了继续两千多年的君主专制制度，为中国人民的解放事业的胜利打下了基础。"这是对辛亥革命的很高的评价，同时也间接了颂扬了我们爱国侨胞的革命功绩。因为我们知道，中山先生最初的革命组织"兴中会"，华侨会员占总会员数78%，以后的各次武装起义和宣传活动等经济来源，大部分是靠华侨的捐献，还有不少青年华侨回国投身革命运动，这些足够说明华侨对辛亥革命的贡献是很大的。中山先生曾称华侨为"中国革命之母"，就辛亥革命这一点讲，似乎不是没有理由的。写到这里，我联想起有一次奉中山先生之命去南洋募款，轮船上的全体华侨海员开会欢迎我，要我报告国内革命进行情况，并当场一元或几角的踊跃输将。当时华侨海员是工作很苦，待遇很低的，所以这种用自己血汗赚来的一元或几角的捐款，比有钱人捐数千百元还要难能可贵，这种满腔热情的表现，真令人感动泪下。为什么华侨这般狂热的赞助革命呢？道理很简单，就是由于凶恶的帝国主义要瓜分中国，而满清王朝又不能保国卫民，反弄得民不聊生。特别是海外华侨，身受非人的虐待，残酷的剥削，命运更为悲惨。因此大家认识到，除了革命就无法挽救国家民族的危亡，解脱自己的痛苦。但不料革命的果实被顽固势力盗窃了，正如当年所传说："皇帝老子是推翻了，而革命党是失败了。"由此全国人民和侨胞的热望落空了，多受了三十八年的灾难。

1949年全国解放了，中国人民挺直胸膛地站起来了，国家日益富强，国际地位日益提高，华侨的黑暗时代已过去，再不会受外人的无理欺压了。这只要侨胞们把自己在解放前后的处境对比一下，就会从自己亲身体验中深深地感到，今非昔比，做一个新中国的人民真是光荣，必然会更觉得祖国的可爱。饮水思源，没有共产党就没有新中国，也必然要更热烈拥护共产党，敬爱我们伟大领袖毛主席。

　　亲爱的爱国侨胞们，共产党领导中国人民革命的目的，不止是要把中国人民从帝国主义、封建主义、官僚资本主义的统治下解放出来，而且还要把中国建成为现代化的社会主义工业的强国，建成为人类最理想的最幸福的社会主义社会。我们要实现这光荣的历史任务，在现阶段就要求全国人民集中人力、物力、财力、智慧做到超额完成第一个五年计划，当然希望我们侨胞发扬传统的爱国精神，大力支持祖国的建设事业。其次，我国要顺利进行建设，需要一个和平环境，可是帝国主义及其附庸，为了垄断资本家的最大利润，在总的国际形势趋向缓和的今天，硬要制造紧张局势，挑起新的战争；而美帝国主义强霸我领土台湾，更是对我国安全的一个最大的威胁。很显然，为了祖国的统一，为了祖国建设的顺利进行，为了亚洲及世界和平，我们是一定要解放台湾，而且要争取和平解放台湾。这是我国内政问题，我们有权又有力量解决自己的问题，爱国一家，决没有解决不了的问题。当然希望我们侨胞共同努力，运用各种便利条件，促成解放台湾的和平谈判，使台湾早日回到祖国的怀抱。这是爱国侨胞当前的两大中心任务，也是爱国侨胞应尽的责任。

（《侨务报》1956年创刊号，第10页）

孙中山先生的伟大思想和伟大人格[①]

（1956 年 10 月 24 日）

过去有人把孙中山先生叫做"孙大炮"，其实这是一个笑话。所谓"孙大炮"，顾名思义，就是说孙中山先生不怕专制王朝的皇帝，也不怕封建社会的军阀，他有一种大无畏的精神，敢于向那些压在人民头上的皇帝和军阀进行斗争。

孙中山先生的生活也很简单。譬如他的胃不好，因此好吃素的，不爱吃肉，也不抽烟、不喝酒。在工作之余，爱看书报，经常手不释卷。

孙中山先生还有一种美德。他能用人，还能听取别人的意见。即使对于不同的意见，他可不敷衍，不对就说不对，既不恭维人，也不敷衍人。

自从我第一次见到了孙中山先生以后，一直到中山先生临终的前一年，在和中山先生相处的日子里，我总是看到中山先生喜欢接近革命的群众；只要是谈起革命来，中山先生就滔滔不绝地谈起他的爱国主张。辛亥革命以后，中山先生从海外归来，他当

[①] 这是孙中山先生诞辰九十周年纪念的前夕，周震鳞与《人民日报》记者刘时平的谈话记录，发表时的标题为：《孙中山先生的伟大思想和伟大人格 同盟会老会员周震鳞先生的谈话》。

时很高兴地看到辛亥革命的成功，推翻了清朝专制政府，建立了民国。但是由于革命的不彻底，帝国主义者暗中在北京布置了袁世凯的再起，用偷天换日的手段维持了中国的封建主义和买办政权。

中山先生坚决主张讨伐窃国大盗袁世凯。但是当时党内意见纷歧，有的人认为自己力量不足，不同意讨袁。最后因为中山先生反复说明必须坚决讨袁的道理，意见才统一起来。后来，讨袁不幸失败，中山先生又到日本，组织中华革命党，坚持自己的革命主张。

在十月革命以后，中山先生受到了巨大的鼓舞。中山先生在给列宁的电报中，表示承认苏联，从那个时候起，中山先生就看清楚了谁是中国人民的朋友，谁是中国人民的敌人。主张"以俄为师"。

中山先生经常教导我们："在政治制度上一定要采取最新式的，要以俄为师。因为新的制度是从旧制度中脱胎出来的，旧的制度已经走了许多曲折迂回的弯路，我们不能再跟着它走弯路。一定要积极进步，不要保守。"

因此，在国民党改组以前，中山先生曾派廖仲恺先生到苏联去学习。①廖仲恺回到上海以后，中山先生知道了苏联共产党的党内统一和军政统一，许多好处，使他十分感动。又鉴于国民党内组织不严密，团结不坚固，决定改组国民党。遂于1924年在广州召开第一次全国代表大会，发表宣言主张联俄、联共、扶助农工的三大政策。

不幸的是在第二年——1925年，孙中山先生因积劳成疾，在

---

① 周震鳞11月1日致信《人民日报》称："这是原来的计议，但因当时廖仲恺先生的任务极其繁重，未能实现。可是此时中山先生已多次与列宁函电往返，联系日益密切，终于1923年派廖仲恺先生到日本和越飞见面，商定了中苏携手的大计。"(《人民日报》1956年11月2日)

北京逝世。中山先生临终前的遗嘱说:"革命尚未成功,同志仍须努力。"可是那一次革命又因为蒋介石背叛了中山先生而致于失败。在中山先生没有逝世以前,我就看透了蒋介石这个人是一个挂羊头卖狗肉的人。当着蒋介石跟中山先生的时候口里也讲三民主义;但是一离开中山先生就完全违背三民主义了。

最近蒋介石集团在台湾散布什么"民族主义与共产主义二者终是互不相容的"谬论。这种论调完全和李承晚如出一辙,他们不要祖国,不要人民,甘心出卖祖国,寄身在美国侵略者的篱下,盘据在台湾,丧心病狂,如不悔祸回头,恐将亡无日矣。

中山先生在生前一向是主张民族独立解放,主张民族团结,主张打倒殖民主义者的,如果中山先生活着的话,看到蒋介石的所作所为,不知将如何痛心疾首。

我在今年辛亥革命四十五周年纪念日的广播稿和在侨务报创刊号上写的《怀念在台湾的同盟会老友》及《爱国侨胞应尽的责任》两篇文章中,已经说了我对于解放台湾问题的意见。在那篇广播词里,我向在台湾的同盟会老友,提出了恳切的愿望:"我们革命党人的气魄是不甘外人欺侮的,是勇于承认错误的,决不能意气用事,硬走失败的道路,自绝于祖国人民。因此,我相信你们虽困居台湾,但对举世赞扬祖国建设事业,没有不动心的。凭我们同盟会会员过去的光荣斗争历史,谁能不热爱祖国,何况今天正在一日千里前进的祖国,更谁不热爱呢!?"

孙中山先生的革命目的,在求中国之自由平等,而辛亥革命以后的三十八年中,并没有达到这一目的。一直到七年前中国共产党领导中国人民取得了新民主主义革命的胜利,建立了中华人民共和国,中国人民才真正地获得了解放,摆脱了帝国主义的压迫和奴役,成为新中国的主人翁,而孙中山先生的理想和我们参加革命的初衷也才真正得到了实现。因此,在今天来纪念孙中山先生九十周年诞辰,我真有无限的兴奋和感慨,但愿全国同胞更加团结在中国共产党的周围,来建设社会主义社会。

(《人民日报》1956年10月24日)

忆中山先生

(1956年10月30日)

孙中山先生于1905年在日本创立同盟会,他从日本派了密使回到国内发展组织,邀请我参加同盟会,我欣然参加了。当时在湖南的华兴会的人,差不多都参加了同盟会。不久,我们在长沙办同盟会的情形为两湖清吏侦悉,下令逮捕,我就亡命日本。1906年到了日本,会见中山先生那天,正是12月2日同盟会的机关报《民报》创刊一周年。同盟会的人在东京锦辉馆开会纪念。我在那天开会之前,见到了中山先生。他对人很热情,非常关心国内的革命情况,不厌其详地问起湖南、湖北同盟会的情形。在那天的纪念会上,中山先生讲了话,详尽地阐述了同盟会的革命主张。

中山先生每与人谈,都是宣传革命的道理和他的革命主张。他喜欢与群众接近,凡是和他见过面的人,都能回忆起他那诲人不倦、和蔼可亲的态度。他喜欢讲话,也善于听取别人的意见。但是,不是关于革命的话,他既不讲,也不愿听。

五十年前的中山先生正是壮年,他大我八岁,有时候我们在某些问题上也有过争论。我们提出的正确的意见,他很乐于接受。他认为他的意见是正确时,不管如何争执,他还是坚持他的意见。

比如在同盟会成立之时，他主张在会章上加上"创立民国、平均地权"的政治纲领，当时有些人不同意，他就说我们应有远见，革命的目的不只是推翻清朝，还应有我们的政治主张。在这个问题上经过激烈的争论，中山先生很坚定，最后还是确立了这个政治纲领。在这些重大问题上，他从来是不让步的。

中山先生经常教导我们说："在政治制度上一定要采取最新式的，免得走迂回曲折的弯路。"他对新的事物感觉很锐敏，这是他的革命主张能够不断发展，不断丰富的重要因素。在俄国十月革命以前，他就受到1905年俄国革命的影响，开始研究社会主义。1905年成立同盟会时提出"创立民国、平均地权"的政治纲领，可能就是受到俄国革命影响的。

俄国十月社会主义革命对中山先生的鼓舞是很大的。他热烈地欢迎十月革命。1918年他发电报给列宁，祝贺十月革命成功和苏维埃政权的成立。草拟电文那天我也在场，我看见中山先生的情绪非常激动。1921年，他提出中国革命应"以俄为师"，肯定地认为："今后之革命，非以俄为师，断无成就。"1922年又说："法、美共和国皆旧式的，今日唯俄国为新式的。吾人今日当造成一最新式的共和国。"

我最后一次见中山先生，是1924年12月在天津。中山先生是由广州、上海绕道日本到达天津的。我奉命从河南到天津去见他。那时候，中山先生的肝病已发，正由医生为他诊治。在那种严重的病情下，他还详尽地询问我河南方面的情形。当时北方的局势很紧张，段祺瑞等军阀、政客正筹备在北京开"善后会议"。中山先生在天津只住了十几天，就带病到北京筹开"国民会议"去了。我就回到河南。从这最后一次见面中，更使我认识到中山先生的伟大。他不避艰险，不顾个人的生命，至死都要为革命奋斗到底，这种精神，是值得我们每一个人都要好好学习的。

（《光明日报》1956年10月30日）

对台广播讲话[1]

（1957年11月）

（周震鳞提醒台湾当局）你们叫嚣"反攻大陆"已经八年了，结果又如何？我看到你们没有接受周总理和平谈判的倡议，企图作最后的挣扎，主要是由于你们想利用第三次世界大战的时机，借美国的力量，恢复旧日的反动统治。可是，第三次世界大战的可能性一天天地减少了。（周震鳞从几个方面对台湾当局分析说）第一，世界人民要和平不要战争。第二，帝国主义国家间同床异梦，矛盾日深；美帝国主义挑起战争的妄想已经不现实了。朝鲜被迫停战，日内瓦会议达成协议，扑灭了越南战火，就是很好的例证。第三，第二次世界大战之后，西大辟营的力量对比已经发生了根本性的变化，以苏联为首的社会主义阵营已经成为世界和平的坚强堡垒。第四，事实证明，美帝国主义也只是一只纸老虎，它独霸世界的梦想已然破灭了。（周震鳞告诫台湾当局者们）你们的反攻大陆的梦想也该放弃了。三次大战打也罢，不打也罢，总归对你们没有半点好处。假如你们不愿悬崖勒马，及早回头，那只有误国害民，罪孽深重了。

---

[1] 此讲话原稿由周用宜提供给《周震鳞传》作者，但现在已找不到原件，此文从《周震鳞传》中摘出。

（在讲话最后，周震鳞说道）总之，台湾是中国的领土，必须解放，这是你们知道的。同时你们到了日暮途穷的境地，这又是中外皆知的事实。那么你们还有什么可倚靠和等待的哩？我诚恳地劝告你们：为了祖国的统一，为了自己的出路，为了子孙的前途，应该当机立断，早日走和平解放台湾的道路，只有这一条爱国自救的光明大道。

（《周震鳞对台广播稿》，周用宜提供）

与《大公报》记者的谈话[①]

（1958年6月24日）

毛主席《关于正确处理人民内部矛盾的问题》的讲演，我仔细读过了，我很赞成，也很佩服。我特别注意了题目中的"正确"两个字。所谓正确处理，就是不要歪的，不要虚妄的，而是切切实实的做法。就我的阅历和经验来看，能够提出并能做到正确处理人民内部矛盾的只有共产党。毛主席提出的六项标准，不仅我们今天辨别是非用得着它，今后也可以用它作为衡量一切事物的标准。

（谈到帮助党整风，老先生认为）当个别党组织、党员有了

[①] 本文原标题：《八三老人周震鳞纵谈国家大事：新社会主义大步前进共产党英明贤能少数人反对社会主义犹如螳臂挡车》。

"三个主义"①的缺点时，作为一般群众或民主党派的成员，应本着毛主席正确处理人民内部矛盾的精神，以朋友之道，随时随地对党组织和党员同志提出规劝，对他们说："你这样做不对啊！不符合毛主席的主张啊！"只要披肝沥胆，相见以诚，任何尖锐的意见，相信共产党都能够接受，而且一定会根据大家的意见，改进自己的毛病。如果有人在帮助党整风时不是以朋友之道，而是以攻击、猜忌等等不良态度来对待党，那就完全是另一回事情了。我不知道像章伯钧他们那样的人，已经当了部长了，还在胡思乱想些什么？扪心自问，他们究竟对人民，对国家，有何功劳，竟想分庭抗礼，真是可鄙之极！

（对于人民民主专政，老先生说他极为赞成。他说）我见过议会制，我也最不喜欢议会制。那时的议员们各人代表各人的利益，一年到头争吵得没完没了，哪里还有工夫来替人民办事？我看，要把中国治好，除了马列主义、无产阶级专政而外，没有第二条路。为了国家的独立富强，多少先烈牺牲了，就拿辛亥革命来说，光我们湖南死了多少人啊！

国家积弱百年，受尽了帝国主义国家的侵凌。只有在中国共产党领导下，才一天天强盛起来。这是每一个有血性、有良心的人看到的。如果拿人来打个比方的话，中国原先是个垂死的人，现在不但活了过来，而且长肉了，发胖了。既然是中国人，到这时候却又表示反对，那么，他究竟是何居心？

现在，我们这个社会正在大步前进，少数人的反对，也是螳臂挡车。难道这些人想另走一条路么？想把分了的田还给地主么？想把合营了的企业还给资本家么？那真是白天做大梦，办不到的！

（四十年前，老先生在北京住过。他兴致勃勃地向记者叙述今昔鲜明的对比）那时候，道路不平，乞丐满街。可是今天，不仅

---

① 即官僚主义、主观主义、宗派主义。

是乞丐绝迹，连蚊子也没有了。这是共产党的功劳。不光北京是这样，其他的城市、乡村也一样有了很大的变化，而且远及云南、贵州、青海、新疆……任何偏僻之区，都在次第开发。这能说是共产党没本事，能说共产党的政策不好么？

旧社会虽然已经一去不复返了，可是几十年来的变化我还记得十分清楚。一句话，在中国历史上，从来没有过这样英明的党，也从来没有过这样贤能的政府。同时，我亲眼看到的领导国家走向繁荣富强之途的共产党却并没有去享福，成千上万的共产党员天天在做最艰苦的工作。

流水不腐，户枢不蠹。从整风运动可以看出，有了这样的胸襟和气魄，共产党就一定会领导中国人民走向社会主义，走向共产主义。

（北京《大公报》，1958年6月24日）

为周用美书联

（1958年）

书山有路勤为径；学海无涯苦作舟。
书与用美长孙。苦行翁。时年八十三。

（周震鳞手迹影印件；周用宜主编：《周震鳞墨迹诗文选集》，第171页）

为周用美书联

（1958年）

年青人，让你的青春更美丽吧。
书与用美长孙。苦行翁。时年八十三。

（周震鳞手迹影印件；周用宜主编：《周震鳞墨迹诗文选集》，第156页）

书　　联

（1958年）

竖起脊梁立定脚；拓开眼界放平心。
周震鳞。时年八十三。印二。

（周震鳞手迹影印件；周用宜主编：《周震鳞墨迹诗文选集》，第170页）

为邓宝珊书联

（1958年）

江南蓟北三千里；读史筹边二十年。

宝珊老弟同志法正。周震鳞。时年八十三。印一。

（周震鳞手迹影印件；周用宜主编：《周震鳞墨迹诗文选集》，第169页）

关于建国十周年的谈话

（1959年9月）

国庆十周年是中国人民的大喜事，届时一定要大大地热闹一番。这正是"普天同庆，薄海欢腾"！像我一个参加辛亥革命的老人，还能躬逢其盛，更是感到高兴，同时愿为祖国的繁荣昌盛而祷颂。

共产党的伟大和成功,我觉得可以用两句话来概括:"实心实践,善政善教。"所谓实心,就是共产党员都有颗真实的爱国爱民的心,一点不虚假。所谓实践,就是对人民有益有利的事,党就去做,而且说到做到,不说空话。所谓善政,就是主义好,政策好,对症下药,指出了建设社会主义新中国的方向和途径。所谓善教,就是教育党员、群众方法好,提高大家觉悟,自觉自愿地做好工作。有勤劳智慧的人民,有指导我们的马克思列宁主义,有领导我们的共产党,有全心全意为人民服务的党员,而且地大物博人众,如此什么事情我们不能做?什么事我们做不成?过去十年,我们已经完成了许多前人所未做过的事业,今后,我们将创造出更多更大的奇迹,加速建设成美好幸福的社会主义社会。

(竞夫:《中国人民的大喜事——周震鳞老先生谈建国十周年观感》,中国新闻社国庆特稿,1959年,由周用宜提供)

纪念孙中山诞辰要发扬反帝思想和革命精神

(1960年)

中国民主主义革命先行者孙中山先生诞辰94周年纪念日到了。

我们知道,中山先生毕生致力革命,推翻了清朝帝制,建立了民国，结束了中国数千年来封建帝王的统治，写下了中国历史上光辉的一页。他的功绩，在中国人的心里是永远不会忘记的。

中山先生所以伟大，还在于他随着时代发展，不断追求进步。中山先生在革命初期，只看到了清朝的腐朽，仇恨某些外国的侵略行为，对于整个资本主义尤其是帝国主义的面貌还认识不足。所以在那时只能提出"驱逐鞑虏，恢复中华，创立合众政府"的政纲，希望按照西方资本主义的道路，把中国建成为一个资产阶的民主国家。但是经过革命斗争的实践，使中山先生越来越清楚地看到了封建统治阶级和帝国主义的狼狈为奸，资本主义世界的日趋没落，特别是苏联十月革命的胜利和中国共产党的成立，更使他看到了社会主义的光芒和中国政治历史舞台上的新生力量，他毅然决然地联合中国共产党和接受苏联的援助，坚决勇敢地采取了联俄、联共、扶助农工的三大政策，改组了国民党，重新解释了他所倡导的三民主义，成为联俄、联共、扶助农工的三民主义。他庄严地声明，"今后革命非以俄为师断无成就"要"走俄国人的道路"。

中山先生这一革命转变，是经过一场猛烈的斗争的。他在这场斗争中表现了作为伟大政治家的英明、果敢和爱国的崇高品质。我们还清楚地记得，国民党里有很多辛亥革命时的热情参加者，可是辛亥革命以后，在新时代面前就开倒车了。当中山先生提出三大政策的时候，他们却坚决反对。宁愿中国继续作帝国主义的殖民地，坚决反对中国共产党。而中山先生决不甘心革命失败，他认定中国共产党是使中国革命获得发展的力量，不同这个力量合作就得不到中国的解放。所以他斥责坚决反共的顽固分子说："你们不同共产党合作，我就解散国民党，加入共产党。"中山先生坚定的革命意志和不断追求进步的革命精神，在这个问题上突出的表现了出来。中山先生就这样终于从一个旧三民主义革命者成为新三民主义的革命者，成为中国共产党的朋友，成为无产阶级在革命中的同盟者。

　　中山先生不但有进步的革命思想，更有坚定的反帝立场。他的革命事业是同外国帝国主义的利益对立的。当他认清了中国的封建统治阶级和袁世凯等军阀政客都是帝国主义所利用的工具的时候，他就立即宣布帝国主义是中国革命的敌人，在实际斗争中体验到，要使革命胜利，必须把帝国主义从中国赶出去。帝国主义破坏中国革命的企图越是显著，中山先生的反对帝国主义和发展革命运动的决心也越是坚定不移。同时，他也认识到，要彻底地反对帝国主义，就必须依靠国际工人阶级的社会主义革命运动。所以，他又宣布，他是社会主义的朋友。中山先生在反帝斗争中立场坚定，敌友分明，永远是我们学习的榜样。今天回忆一下，对我们是有很大意义的。

　　中山先生毕生革命，目的是为求中国之独立、自由、平等。四十年来，中国共产党领导全国人民完成了中山先生所未完成的革命事业，并且把这个革命发展为社会主义革命。现在全国人民正以万马奔腾之势，建设着自己美好繁荣的社会主义国家。我们的祖国日益强盛，我们的国际地位日益提高。在这样伟大的日子里来纪念中山先生诞辰，我们感到无比兴奋。但是也不能不想起偏处台湾的国民党人。我们与你们今日处境是这样的大不相同。我们是心情愉快地生活在独立强大的中国里，而你们却寄人篱下，郁郁终年，忍受着美帝国主义的长期压榨和欺凌。你们心情是可以理解的。但是中山先生所教导国民党人的反帝爱国思想，应该对你们有所启发。

　　近几年来，美帝国主义者加紧对你们的控制。它不惜用种种卑劣手段打击你们、分化你们，一方面挟持你们为他们去压榨台湾广大人民，从中获得高利润，使你们失尽了人心；另一方面扶植少数极端亲美分子同你们作对，瓦解你们的力量，使你们陷于孤立。美帝国主义长期以来利用你们，现在又加紧扶植少数极端亲美分子。其目的都为了实现其"两个中国"、永远霸占台湾的阴谋。这些事实都清楚地说明，帝国主义者是从来不怀什么好心肠的，也是决不肯放弃他们侵略的野心的。中山先生在晚年革命言论中反复地教导我们："如果不从根本上把帝国主义势力赶出中国去，一切都谈不到。"中山先生的英明远见在中国革命中证实了。你们困处台湾的十年也是有力的见证。

二十世纪六十年代的今天，帝国主义者在世界称王称霸的时代已一不复返了。它已腐朽没落到了垂死阶段。"美援"再也蒙蔽不了觉醒了的人民。亚洲、非洲、拉丁美洲的民族运动的蓬勃发展，非洲许多国家的纷纷独立，尤其是六百万人口的、美国后门口的国家古巴，也敢于起来和美帝国主义者进行针锋相对的斗争。这都说明了美帝国主义者是多么的不得人心，说明了全世界被压迫的民族和人民都在觉醒，并且已经站起来展开斗争了。台湾的国民党人自称是中山先生的信徒，那么，处在今天的情况下，你们就应该很好地温习一下中山先生的遗教，对我们的最凶恶的敌人美帝国主义进行斗争，不能妥协，不能犹豫，应该按照中山先生所指出的方向，站在爱国主义旗帜下，和祖国人民一道，把美帝国主义者从我们的领土台湾赶出去！

（此件打印稿由周用宜提供）

为李淑一书毛泽东《蝶恋花·答李淑一》

（1960 年）

　　我失骄杨君失柳，杨柳轻飏直上重霄九。问讯吴刚何所有，吴刚捧出桂花酒。　　寂寞嫦娥舒广袖，万里长空且为忠魂舞。忽报人间曾伏虎，泪飞顿作倾盆雨。

　　淑一贤侄雅属。周震鳞。时年八十六。钤印：周震鳞印（白）；道腴（朱）。

（周震鳞手迹影印件；周用宜主编：《周震鳞墨迹诗文选集》，第 157 页）

为邓宝珊书毛泽东《清平乐·六盘山》

（1960年）

天高云淡，望断南飞雁。不到长城非好汉，屈指行程二万。

六盘山上高峰，红旗漫卷西风。今日长缨在手，何时缚住苍龙。

宝珊老弟雅正。周震鳞。时年八十六。钤印：周震鳞印（白）；道腴（朱）。

（周震鳞手迹影印件；周用宜主编：《周震鳞墨迹诗文选集》，第159页）

关于黄兴、华兴会和辛亥革命后的孙黄关系

（1962年8月5日）

一 黄兴、华兴会和甲辰之役

"华兴会"这个革命团体创建的日子，是一九〇三年夏历九月十六。这天是黄克强先生二十九岁诞辰，在省革命志士置酒二席称祝，地点在长沙保甲局巷彭渊恂的住宅。席间一致认为非组织革命团体，积极进行排满革命，不能够挽救国家于危亡，其中有的人激动得声泪俱下，于是决定大家结盟，团结奋斗。当日参加结盟的有宋教仁、陈天华、谭人凤、吴禄贞、苏曼殊、张继、刘揆一、柳聘农、周震鳞等二十余人。一九〇四年，华兴会在湖南计划策动武装起义，因起义计划在预定起义日期的前一个月被清朝政府侦悉破获而失败了。这就是所谓"甲辰之役"。这次起义虽未成，但是它扩大了革命的影响，为以后"浏、醴之役"准备了一定的条件。

关于黄克强先生早期的革命活动、华兴会在湖南的活动情况和甲辰之役的始末，现就个人所知所见，略述如下：

克强先生的父亲筱村先生和我的叔父理琴先生，都在长沙教

馆，常相过从，因此，我和克强先生在青少年时期就订交了。后来我们又在湖北武昌两湖书院同学五年，同住一个斋舍。克强先生原名轸，字堇午，甲辰失败后改名黄兴，字克强。他是一个爱国的血性男儿，平居沉默寡言，治学行事，脚踏实地，对待同志，披肝沥胆，因而能够得到一般革命同志的衷心爱戴。

清朝政府于甲午中日战争丧权辱国以后，逐渐激起了国内维新运动的高潮。一八九五年，张之洞在湖北开办了两湖书院，陈宝箴在湖南开办了时务学堂。梁启超在时务学堂讲学，传播维新思想，成立南学会，积极宣传变法改制的政治主张，谭嗣同、沈荩、舒菩生、杨笃生和秦力山等，都是其中的主要人物。一八九七年，谭嗣同的父谭继洵就任湖北巡抚，谭嗣同延揽这班南学会人士进入他父亲幕府，朝夕相与研讨变法改制的道理。我和克强先生因杨笃生、秦力山是我叔父的门人关系，也就经常和谭嗣同等来往，从此关心政治，研讨时事。但由于我们接受了欧美资产阶级的民主革命思想，认为清朝政府以异族统治中华，媚外卖国，决不能够救亡图存，因此不同意他们的保皇主张，拒绝参加他们的团体。戊戌政变，谭嗣同等六君子在北京遭害，南学会人士痛恨清朝慈禧太后和一般顽固官吏的专横腐化，急思变革，但仍固执保皇主张。克强先生累次以民族民主革命的道理向他们进行劝说，都没有效果。

庚子八国联军侵入北京，保皇党唐才常等痛感国是日非，并想为戊戌六君子报仇，计划在武汉发动"勤王起义"，结果唐才常被捕牺牲，起义又告失败。这次失败，湘籍南学会人士在武汉、长沙两地牺牲了三十余人，几乎一网打尽，幸免于难的仅杨笃生、秦力山等少数人而已。当他们准备起义的时候，我和克强先生曾协助他们运动清军中的湘籍军人不加阻碍，事后其中有部分中下级军官被清军加以捕治不力的罪名革职。这是克强先生第一次运动军队，初步了解了当时清军的内部情况。

杨笃生、秦力山等经过这次失败，思想上有了很大的转变，多次来到我们的斋舍商议以后的革命行动。而克强先生看到戊戌、庚子两次的失败，更加坚定了根本推翻清朝政府的意志，决心从事排满革命，而且深深地感到武装革命的重要性。

杨笃生和秦力山出亡日本的前夕，克强先生和我在书院斋舍秘密为他们饯行，力劝他们丢掉保皇的幻想，只有革命，才能够救亡图存，为南学会死难烈士报仇。杨、秦等痛定思痛，认识了我们主张的正确，表示完全接受。他们当即同参加饯别的人们一致决定以根本推翻清朝、光复中华、建立共和政体为以后革命的奋斗目标。至于所采取的步骤，决定首先利用满汉不平等的积年界限，宣传鼓动民族革命，然后进一步推动民权革命。又决定从文化教育事业入手，兴学办报，制造舆论，尽情抨击清朝政府的腐朽政治，特别着重揭露它丧权辱国的媚外政策，从而唤起全国人民的爱国革命思想。而且通过兴学办报，得以培养革命青年，作为革命运动的前驱。杨、秦到了日本以后，不久就创办了《新湖南》《游学译编》等刊物，积极宣传鼓动革命。

一九〇一年①，克强先生毕业两湖书院，被选送留学日本，入弘文学院。我本也被选送留学日本士官学校，但因这时湖南一般比较进步的士绅向管学大臣张百熙争取我回湖南办学，张百熙注重桑梓教育，欣然允许。克强先生就坚决要我抓住这个机会，回湘办学，打破湖南的顽固风气，培养革命青年，为革命创造条件。我当即放弃了赴日留学，毅然决然回到长沙，担负起积极办学的事业。而克强先生一抵横滨，看到了日本维新后的新气象，回顾祖国，则是外侮频仍，危如累卵，因此，革命情绪更加激昂，他每次给我来信，都是督促我为革命作好准备。一九〇三年夏历三

---

① 应为1902年。

月二十九日，胡元倓、龙璋、龙绂瑞①等在长沙创办的第一个私立学校明德学堂开学。四月②，胡元倓到上海延请教习，适值克强先生学成归国，到了上海，当即偕同回湘。同年六月，我因明德内外反动派勾结向湘抚赵尔巽告密，说我在明德昌言革命，引起风潮；为了保全学堂，不得不辞去明德教习。革命学生坚决挽留，乃推克强先生到校任教，开始在明德教博物和图画课程，不久又别立经正学堂，由克强先生主持开办速成师范班。同时仍积极进行秘密革命活动。

一九〇三至一九〇四两年之间，湘籍留日学生纷纷回到湖南分布全省，开办了许多学堂。其中华兴会会员，都就地设立秘密革命机关，印刷宣传品，制造炸弹，购置枪械。一方面借学校讲坛，向学生传播革命思想；另方面联络会党，利用他们的武装力量，待时发动起义。通过以上活动，也就建立了湖南华兴会的骨干。

当时华兴会在湖南的骨干分布情况如下：宋遁初（教仁）在常德中学；刘霖生（揆一）在醴陵渌江中学，谭石屏（人凤）在新化中学；在长沙的则有章行严（士钊）、柳聘农、张溥泉、曹亚伯以及一班革命教师和学生。关于具体分工：章行严因与江南陆师学堂赵伯先（声）等有同学关系，便往来长江一带，担任联络工作；柳聘农担任各地秘密革命机关的交通联系；刘霖生侧重联络会党；我则侧重联络文武学堂的教师和学生，克强先生统筹全局。

---

① 龙绂瑞（1874—1952），字萸溪，晚号希静，湖南攸县人，刑部右侍郎龙湛霖之子，因排行第八，人称八先生。幼随父宦游，幼随父宦游，从学于欧阳中鹄、沈业祉；1903年春捐资助胡元倓创办明德学堂，任监督，旋又集资创办经正学堂及湖南第一女学堂，并对黄兴与华兴会的活动多所赞助。1907年曾任四川洋务总办。辛亥革命后，历任湖南交通司司长、湖南官矿局处长，抗日战争期间流寓湘西，后为湖南和平解放作过贡献，中华人民共和国成立后任湖南省文史研究馆馆员。

② 应为是年夏，即7月。

一九〇四年初①，蔡松坡（锷）先生毕业日本士官学校，也回到了湖南担任武备学堂教习，这时他已放弃了康梁的改良主张，积极赞助排满革命。我在岳麓山高等学堂任教务长，他经常来访，革命情绪异常激昂，跃跃欲试。我每劝他韬晦蓄势，目前应该加意培养革命青年，等到掌握了实力再动。但由于他锋芒太露，不久就被反动学校当局辞退，随即被调到广西，训练新军，开办干部学堂。我当时介绍了部分高等学堂中革命意志坚强的学生，投考干部学堂，随蔡去广西。从此克强先生往来于湘桂之间，积极进行革命活动。

经过一系列的秘密活动，克强先生认为湖南的军学两界已经联成一气，急欲发动。我则认为时机尚未成熟，学生还很幼稚，新军既未成立，旧军也没有完全运动妥帖，如果轻举失败，徒然损害了军学两界的革命基础。但是，这时刘霖生、宋遁初、谭石屏等，已经分别联络好会党首领马福益、游得胜，迫不及待。我只得加紧筹措经费，储备武器，准备起义。

克强先生为了全面指挥革命战斗，早于一九〇三年冬以兴办实业作掩护在长沙南门外开设了一个"华兴公司"，表面订立章程，招集股本，凡属重要同志，都给以股东名义，以便参与起义机密。

刘霖生和马福益联络了会党二万余人，并联络了安源煤矿的工人；其他同志也在各方面作好了准备。于是克强先生决定在夏历十月十日慈禧太后"万寿节"那天，乘着省城文武官员齐赴皇殿祝寿的时机，在长沙发动起义。

在起义前一个月，克强先生独自来到我的住宅密议，商定万一起义失败的退步办法，嘱我在起义中隐藏勿露，以便万一时能

---

① 应为1905年初。蔡锷1904年10月24日由日本陆军士官学校毕业，同年12月回国应江西巡抚夏时之聘充江西材官队教官，不久夏时他调，蔡锷又应湖南巡抚端方之聘，任湖南新军教练处帮办兼武备、兵目两堂教习。

够设法保全革命实力，掩护同志安全撤退。这是因为张之洞、张百熙以及当时的湖南学务总办张鹤龄，对我都有好感，可能得到些方便。这次起义失败后，华兴会的骨干分子，除了曹亚伯有教会作掩护，得以安然无事外，我果然在张鹤龄的极力维护下仍得留在湖南，执行了克强先生事先交代的任务。

起义失败的原因，是由于马福益①、游得胜等在浏醴一带的旧军中出入频繁，人多口杂，以致风声透露，被反动当局侦悉底蕴。因此，华兴会的秘密机关多数被破获，储藏的武器也被查抄，忠于清王朝的旧军更已严加戒备，到期无法调集起义军队。同时，马福益部下有一人在醴陵车站被捕，供出一切机密，并说出这次起义的首领是长沙黄堇午②老师。于是长沙府、县衙门开始在省城搜捕革命党，并悬赏缉捕克强先生和刘霖生、宋遁初等。游得胜在驰赴长沙的中途被捕死难，马福益当时在湘潭脱险走广西，但在翌年仍被捕牺牲了。

克强先生于夏历九月二十五日才得到搜捕革命党的消息，当即由紫东园住宅来到龙萸溪（绂瑞）家。我和张溥泉正在龙家午餐，克强先生态度从容地同我们一起吃了饭，才告知这一消息。我马上回家派兄弟周震勋（华兴会会员，高等学堂体操教员）出外打听，才获悉马福益部下被捕的情形，急返龙家报告。克强先生这时才对龙萸溪说："有一个重要的箱子，放在酉长街长沙中学后进的一间房内，所有同志的全部名册和革命秘密计划都在里面，如果被抄去了，全体同志将被一网打尽。"当时情况紧急万分，萸溪表示愿意冒险去取。萸溪事前并未参与机密，也不是华兴会会

---

① 马福益（1866—1905），原名福一，又名乾，湖南湘潭人。初充江南清军营弁，入哥老会；1891年自创回龙山，招收会众，势力发展至湘、赣、鄂、闽诸省。1904年华兴会策划长沙起义时，黄兴等与他密会于湘潭，决定以所属会党群众分五路同时响应，并担任副总指挥，后谋泄事败，避走广西。次年潜回湖南，谋在洪江起义，中途被捕，在长沙遇害。

② 即黄兴，一字廑午，又作堇午。

员，这样见义勇为，令人感佩。第二天清早，荑溪伪装访友，坐着轿子前往长沙中学，打开克强先生所指的房间，找到了那个重要箱子，另外还发现房中有几支步枪，也一并放在轿内带回家中，交给了克强先生。箱中除了名册、计划之外，还有手枪和旗帜等重要物件，另有克强先生秘密通信和发布命令用的小水晶图章一颗。克强先生特为检出赠给荑溪，留作纪念，其他重要文物概行烧毁，步枪、手枪则投入了龙宅池塘中。就在这天，克强先生的住宅被搜查了，但没有查得任何证据。龙宅门外虽有府、县衙门的捕差巡回侦探，但因当时的绅权特大，龙荑溪的父亲龙湛霖是退职的刑部侍郎，他们没有确实证据，不敢入内搜捕。因此克强先生得〔以〕在龙宅安居了三天。这三天里，曹亚伯和圣公会的黄吉亭牧师为克强先生作好了出走准备。到第四天，克强先生坐一乘轿子，放下轿帘，作为龙宅女眷出外的样子，张溥泉扮作跟随，在轿后步行保护，安全地到达了圣公会。克强先生在圣公会隐藏了一个多月，风声渐平，才由黄吉亭牧师亲自护送，偕同张溥泉搭乘日轮沅江丸，经汉口转轮到上海。

克强先生早在湖北武昌刘敬安同志开办日知书社的时候，就和我一道由曹亚伯介绍，认识了黄吉亭牧师，并由他介绍我们入教，以作掩护。黄吉亭虽然信仰宗教，充当牧师，但是一个忠于革命的同志。为了掩护秘密革命活动，日知书社最初就设在胭脂山他的教堂中。他到湖南来传教的另一个任务，是率领十多个通洋务的学生来湖南开办邮政局。这次营救克强先生脱险，邮局人员也多尽力相助。在"华兴公司"没有设立以前，克强先生曾经假圣公会开过几次重要的秘密会议，并寄存重要文件。这是因为自从义和团运动以后，清朝政府是不敢干涉教会行动，更不敢擅入教堂搜查捕人的。黄吉亭牧师利用教会帮助革命，掩护同志，不遗余力。同盟会成立时，他也加入了同盟会。两湖的革命同志，都认为他对于辛亥革命取得胜利所作的贡献是很大的。

克强先生和张溥泉到了上海以后,辛因万福华刺王之春案牵涉被捕,但经同志多方营救,复得脱险走日本。这时中山先生经过兴中会在惠州起义的失败以后,游历欧美东归,也在日本。于是在中山先生领导下,将兴中会、华兴会和光复会三个革命团体,合并组成革命同盟会,于一九〇五年八月开成立大会于东京,提出了革命政治纲领,决定团结全国革命同志,共同推翻清朝政府,建立民国。又经过六年时间的艰苦奋斗,终于取得了辛亥革命的胜利。

二 辛亥革命后的孙、黄关系

一九〇五年革命同盟会成立以后,黄克强先生在孙中山先生的领导下,指挥了钦廉、镇南关和黄花岗各次的起义。这几次起义虽然都失败了,但革命的声势震撼了清朝政府,也显示了革命党人的英勇气概。此后辛亥武昌首义,获得了十七省的响应,终于推翻清廷专制,建立了中华民国,选举了中山先生为临时大总统。在这一系列艰苦斗争的过程中,孙、黄两先生的关系基本上是好的。但是,辛亥革命以后,在接着进行第二次革命的过程中,他们之间却曾一度发生过意见上的分歧。这主要表现在讨袁军事与整改党务两个问题上,尤其关于整改党务的问题,克强先生所持意见完全与中山先生相反,因此,当时外间对于孙、黄关系多滋猜议,反动派更是乘隙进行挑拨离间,大肆宣扬"孙黄分家"。其实,在革命主张上黄克强先生终始服膺中山先生,矢忠民国,直至后来在策划护国军云南起义的时候,也能够在中山先生领导之下精诚团结无间;在党务方面,克强先生也终能化除成见,服从中山先生的统一领导。现在就我个人记忆所及,将讨袁前后的一段经过事实,谈出一鳞半爪,以供了解孙黄两先生关系的参考。

一九一二年元旦,中山先生就中华民国临时大总统职于南京,克强先生任陆军总长，统辖南方各省的革命军。南方的革命军在辛亥起义以后，数量上都有很大的增加。未几，南北和议达成，溥仪退位，中山先生以公布《中华民国临时约法》作为让出政权的条件，向临时参议会辞职并荐袁世凯自代，从而奠定共和民国的基础。袁世凯原无拥护共和诚意，对于南方革命势力多所畏忌。他初则借口北方重镇，不能轻离南来，于同年三月十日在北京就任第二任临时大总统；继又借口南方军队骤增，糜饷过巨，南北既已统一，国民希望和平，倡议裁兵。克强先生当以既经让出政权，为了表示和平建设，也同意裁兵倡议，当即通令南方各省革命军严加裁汰。各省多数单命同志，起初对此举是不意的。但是，克强先生坚持了他的意见，说是要想训练精兵，也必须先裁冗兵。各省同志一方面感到兵增饷绌，另方面恐怕加重人民负担，也就奉命执行了。裁兵之后，克强先生随即撤销南京留守府，随中山先生北上，着手筹划全国铁路建设事业。而袁世凯在各省进行裁兵的同时，急图将北洋势力伸入南方，于是进步采取了阴谋措施，首先假军民分治之名，在各省设立民政长以削督军之权，继又增设护军使，直接受其指挥调遣。

一九一三年三月，袁世凯在上海暗杀了宋教仁。孙、黄两先生电召各省重要同志到上海开会商讨对策，我由湖南奉召参加。当时中山先生主张立即师讨袁。他认为"宋案"的发生，是袁世凯阴谋消灭国民党革命势力，以便帝制自为，全党同志对此极为悲愤，必须乘机立即调集各省兵力，一致声罪致讨；并认为袁世凯就任正式大总统为时不久，对于各方面的阴谋布置还未妥帖，推翻较易，切不可延误时机。克强先生则认为袁世凯帝制自为的逆迹尚未昭著，南方的革命军又甫经裁汰，必须加以整备才能作战，因而主张稍缓用兵，以观其变。各省领兵同志多同意黄的意见。中山先生格于众议，只好从缓发动。因此，第一次讨袁会议的结果，仅议定进行全面布置的准备工作。

不久，袁世凯举借二千五百万镑的五国大借款，未提经国会参议院通过，就非法成立了。参议院议员多属国民党，对此极为愤慨，力促孙、黄两先生迅即讨袁。于是孙、黄两先生又召集重要同志到上海举行第二次讨袁会议，我又从北京前往参加。这时袁世凯的帝制阴谋已经完全暴露，全国舆论哗然，群情激愤，在此形势之下，国民党发动第二次革命，已再不容迟疑犹豫了。于是会议当即决定派出同志，分赴各省督促兴师讨袁。

关于湖北和江西两省，孙、黄决定派宁调元、熊越山两同志前往。宁、熊二人本已买好船票，拟赴粤分别就三佛铁路督办和秘书长职务，奉命后临时将行李搬回，改搭江轮分赴赣、鄂进行讨袁活动。我则奉派回湘策划，得能调集革命军三旅，待命发动。三省布置粗定，一九一三年七月，李烈钧就在湖口揭起了讨袁义旗，湘军随即北上进入鄂境，柏文蔚以淮上军响应作战，克强先生亲赴南京督师。但是，这次长江用兵，上游方面由于湖北的黎元洪勾结袁世凯暗中作梗，虽有胡汉民、陈炯明、许崇智等在闽、粤，熊克武、杨庶堪等在重庆先后响应，都因交通阻滞，应援不及。北方的陕西和山西又为北洋军所扼，势孤不能发动。袁世凯调集北洋重兵冯国璋、段芝贵、李纯等沿长江一带进行包圈。经过两个月的鏖战，革命军不支挫败，各省取消独立。黎元洪奉袁旨杀害了宁调元、熊越山两同志。可是，他并没有达到保持地盘的目的，袁世凯立派段祺瑞率北洋重兵督鄂，迫使他只身入京，并派冯国璋率部分布闽、浙。一时南方革命实力，大部趋于瓦解。

讨袁军事失败，孙、黄两先生和各省革命同志只得东渡日本，以图再举。中山先生总结失败经验，认为"宋案"发生后本应立即兴师讨袁，不应等到大借款成立以后方始举事，以致袁世凯得以从容布置，使革命军遭到失败。因此，中山先生对于克强先生有责难。关于党务方面，中山先生认为党内精神涣散，行动极不统一，必须恢复民国以前的精神面目而加以严格的整肃，因而决意另行筹建中华革命党；原来的国民党党员，志愿参加的，也必须各具誓约，服从党魁一人之统率，并须在誓约上用中指按上手模，以志矢忠。克强先生则认为当时亡命日本的国民党党员，都是参加讨袁且被通缉的，不应该在这时对他们严加整肃，而主张就原有基础发展反袁的其他革命分子，以便团结更多的力量共同奋斗。因此，他不同意中山先生另组中华革命党，并且表示他个人决不参加。当时两人的态度都很坚决。中山先生虽然一时不能说服克强先生，但仍积极筹建中华革命党，而将协理职务仍然虚以待黄。当中山先生成立中华革命党的时候，各省重要同志二十余人一方面拒绝参加，另方面又发起成立欧事研究会，其中半数为湘籍。陈英士方面的人早就觊觎协理一席，欧事研究会的出现，更使他们振振有词了。当时还有少数叛徒已被袁世凯收买充当"袁探"，乘隙进行挑拨离间，尤其大肆宣扬"孙、黄分家"。克强先生因奔走革命多年，已染胃病，亟思易地疗养，乃向中山先生表明对革命事业始终不渝的态度，于一九一四年夏离日游美。中山先生对他仍然极表关怀，当电告美洲支部同志曹亚伯等为克强先生照料旅居方便。克强先生在美洲各地发表演说和谈话，内容也仍然是宣传中山先生的三民主义。足见孙、黄两先生虽然在意见上发生了一时的分歧，而在革命的根本主张上仍然是一致的。

克强先生离日赴美后，欧事研究会同人逐渐认识到革命组织不可分裂。覃振首先加入了中华革命党，并担任湖南支部长，主张解散欧事研究会。我原先因为不同意中山先生所要求的填写入党誓词和打手模的做法，拒绝参加中华革命党，但我是始终反对党内派别分立的，此刻在覃振同志的力促下，也就按入党手续参加了。同时，李烈钧等也陆续办理了入党手续。中山先生大为嘉慰。从此一般革命同志皆能蠲除成见，又复团结在中山先生统一领导之下，继续共同进行艰苦的革命战斗。关于孙、黄两先生间的意见分歧，我曾从中尽力斡旋，为双方解释，颇得嘉纳。关于党的名称问题，在讨袁军事将告结束的时候，我以国民党在国际国内影响较大，成员较多，也曾向中山先生建议：不如今后仍改称国民党，并为了区别于日本的国民党（日本的犬养毅等所组的政党也称国民党），可以冠上"中国"二字。当时中山先生亦予默许。

当蔡松坡先生在云南揭举护国军讨袁义旗的时候，曾迭电促克强先生回国。迨克强先生由美回国，归途中在日勾留时，我即托赴日欢迎的同志带给他一封长信，把我斡旋他和中山先生关系的情形详告。克强先生得知中山先生对他完全谅解，急回上海。他行装甫卸，就晋谒中山先生。中山先生旋即回访克强先生。两人相见，握手言欢，极为亲切快慰。这时袁贼已死，讨袁军事结束，孙、黄两先生又在上海共同召集革命同志，筹商反对北洋军阀的策略，并命我赴北京在议会联络同志，进行分化北洋军阀的工作。不幸克强先生病势沉重，竟于一九一六年十月三十一日赍志以逝。中山先生顿感失去革命臂助，异常悲痛。党内同志组成了以中山先生为首的治丧委员会，翌年国葬克强先生于湖南岳麓山，典礼隆重。由此也可见孙、黄关系始终是建立在革命的友爱上面的，一时意见上的分歧，庸俗的猜议，固不能有所中伤，而奸人的乘隙挑拨离间更难施其狡技。我们对此应该有这种正确的认识。

（湖南省政协文史资料研究委员会编：《湖南文史资料选辑》第一集（修订合编本），湖南人民出版社1981年版，第74—85页）

谭延闿统治湖南始末

(1962 年)

(一)

湖南自咸、同以后，许多文官武将，出力镇压太平天国农民起义，被称为"中兴功臣"。他们退职回籍后，地方官吏自巡抚以次，都特别尊重他们，不敢得罪。因此，绅权之大，常能左右一切。当湘籍留学生纷纷回省办学的时候，绅士中有一群特别顽固的人，以王先谦、叶德辉和孔宪教为首，拼命反对开办学堂；而一般青年志士，则认为中国要救亡图存，必须首先多办学堂。于是湖南新旧两派的斗争，突出地表现在教育界。一九〇三年春，胡元倓等开办了私立明德学堂，成了新派的中心。因为该校的教员，如黄克强先生、吴禄贞、张继、苏曼殊和我，都是革命派。顽固派王先谦等，对明德学堂大加指责。两派相互斗争，曾引起多次风波。

明德学堂开办的这年夏天，谭延闿从北京会试归来，应邀来校参观，当表示热心赞助，并愿为学堂负筹措经费的责任。可是这时他的父亲谭钟麟还在世。谭钟麟也是一个顽固派，尽管搜括的民财很富，却不愿出一文钱办学堂。谭延闿的妻子方夫人，出身官僚家庭，陪嫁的金器首饰不少，谭就取出兑换，支援了明德的经费。我们看到他这样热心教育，就把创办其他私立学堂的立案、请款和拨给校舍等事情，请他出面和官府及士绅们打交道，以便减少阻力，顺利地解决问题。这两年里，湖南学堂之多，学生之众，为各省冠。国内外革命同志来到湖南参观的，莫不惊异赞赏，而且借参观的机会，进行革命联系，彼此互通声气。当时的谭延闿，不过是一个热心教育的绅士而已，关于这些革命活动，我们对他是严守秘密的。

辛亥湖南光复前夕，官绅们已经看到了革命迅速发展的形势。湖北首义后，湖南已呈山雨欲来之势。对于新的主政人物的选择，官绅们自然要为他们自身的利益作打算了。他们原来属意巡防营统领黄忠浩，想把他捧出来维持局面。当时龙璋和谭延闿，都曾向黄劝说过。直到焦、陈起义，杀掉了黄忠浩以后，官绅们才转而谋推戴谭延闿出主省政。

（二）

一九一一年夏历九月初一，焦达峰、陈作新在长沙领导了起义。我在两个月以前奉黄克强先生之命，由北京经上海秘密回到湖南，在长沙约集各方面同志秘密开了多次会议，布置军事，约定夏历十月起义，并严诫毋蹈过去因事机不密以致失败的覆辙。为了避免暴露，大家要我避居宁乡原籍，到期派人掩护入省。由于湖北提前起义，湖南势必提前响应。长沙光复的第五天，由洪春台、洪兰生派人持焦、陈两督的安民布告促我晋省。我到省后，看到督署新旧军人争功论赏，纪律很差；焦、陈两督军书旁午，穷于应付。两督见我到来，也没有和我商谈革命的具体问题。有一次，我因事到督署会晤焦达峰，他正在案头摆着一堆礼服样本，和裁缝工人一道，挑选研究都督制服的式样。我当时感到他已经有点陶醉于革命的初步胜利了。

湖南光复后，黄克强先生由上海到武汉主持军事，派谭人凤到长沙，督促出兵援鄂。焦、陈两督正在一心调遣军队援鄂之际，不料新由益阳防地调省的第五十标营长梅馨纵兵叛变，两督以湖南起义首功，竟同遭杀害。梅馨利欲（薰）〔熏〕心，加以出身留日士官，自恃才高，不肯下人，竟充当了戕害革命领袖的刽子手，其结果终身为社会所不齿。

发纵指使这次叛变的主谋者，一般公认是谭延闿所主管的原咨议局；特别是副议长陈树藩（炳焕），为谭出力不小。当湖南光复，一般咨议局议员叫嚷推举谭为都督的时候，他表面上是既不首肯，也不拒绝。实际上自从焦、陈以起义首功被推举为正副都督的那一天起，咨议局议员就四出进行诽谤，特别是挑拨新旧两军之间的关系。他们攻击焦都督是"会党"，陈副都督在起义前不过是一个新军中的排长，并强调"维持秩序"，扬言焦、陈两督"年少望浅，不能服众"，大有不达到拥谭篡夺革命政权的阴谋目的不止之势。谭延闿就职伊始，即用都督印信给陈树藩的亲属下委札，不下五十余件，旋又用公费为他们派送了好几个西洋留学生，而陈树藩本人一直做着湖南省财政司长。这种种做法，在当时是人言啧啧的。

焦、陈两督被害后的头两天，市民惶骇，谣诼繁兴，说革命派要为焦、陈报仇，反动派还想继续残害焦、陈部属。谭延闿初任都督，一方面感到湖南局势还未稳定；另一方面感到革命党人对他的压力很大，终日胆战心惊，惶恐不安。

恰好这时克强先生来了一封长函给我和谭人凤，对湖南事变作了详尽的指示。内容大致是：为了稳定全局，湖南局面不能再乱，如果再乱，湖北将会支持不住，其他各省响应亦恐发生迟疑观望。我们再不能失去这次两湖光复千载一时的机会。既然谭延闿已经被推举为都督，就应权且维持他的威信，共同安定湖南。信中一再强调，当前首要任务是迅速出兵援鄂，并指定我留在湖南为谭延闿壮胆,调谭人凤返鄂参赞戎机。

我遵照克强先生的指示,表明了个人不做官、不争权、专做事的态度。于焦、陈被害的第三天,在金盆岭广场召集新旧两军开会演说,人民群众也围聚倾听。我首先代表同盟会和克强先生旌恤焦、陈两督,以明是非。然后对他们说:现在清朝皇帝还没有退位,敌人的兵力还很强大,因此,摆在我们面前的斗争任务非常严重。大家都是爱国者,革命者,新旧两军决不容许互相歧视,互相排斥,而应该严守纪律,听候黄总司令编调援鄂北伐,共同奋斗。至于湖南的局面,谭延闿既然做了民国的都督,就得革命。既然革命,我们就得维持他的威信。值此革命紧要关头,必须目光远大,顾全大局,才能得到全国各省的响应和支持。最后把汉阳吃紧和湖南省库空虚的实际情况都告诉了他们。他们都深受感动,热烈鼓掌。我本来带着几万元准备犒劳他们的,他们听说省库空虚,援鄂饷糈重要,一致表示不受。从此人心日趋安定,很快地组成了第二批援鄂部队,出发援鄂,与湖北起义军在汉阳并肩苦战,支持了十余日,又共同扼守武昌。

我还同谭延闿一道挽请了刘人熙出任民政司长,龙璋担任湘西巡按使。如上所述,谭延闿第一次督湘,革命党人迫于形势,是支持了他的。

谭延闿的统治地位既趋稳定,就逐步在各方面布置自己的势力。他的政治活动骨干始终是原来的咨议局议员,亦即宪友会会员。他选派了唐昆臣坐驻北京,通过汤化龙的关系,进而和黎元洪、袁世凯勾结。另外还有一些在京的湘籍官僚为他奔走。唐昆臣从北京向谭延闿密报消息的函电极勤,我在督署经常目击这种情况。至于他们内部的阴谋活动,谭延闿对我是保密的。

(三)

中山先生让总统位于袁世凯以后,同盟会旋改为国民党,又改总理制为理事制，中山先生任理事长，设国民党本部于北京，派宋遯初（教仁）代为主持党务。遯初头脑明细，手段灵敏，办党数月，袁世凯所支持、利用的共和党不能相与匹敌。临时参议院宣布召集国会，遯初南北奔走活动，党势益振，在国会选举中国民党已操胜算。当时流言，如由国会产生政府，仍将选举中山先生和克强先生为正、副总统，遯初为国务总理。于是袁党和共和党都集矢于宋遯初了。

我于一九一二年春，被推为组织政府的湖南省代表，到了北京，曾和袁世凯面谈几次。他对于湖南地方关于财政、外务方面的要求，口惠而实不至，只是以官位拉拢个人。我看出他对国民党深怀嫉忌，绝无拥护共和的诚意，不辞而别，回到湖南。当时宋遯初任农林总长，住在三贝子花园（现在的北京动物园）办理党务。我在京时曾和他在畅观楼同住了一个多月，协助工作，并提醒他对袁世凯严加注意。国会选举完毕，袁世凯暗杀宋遯初案发生，中山先生和克强先生急电湖南，要我和谭延闿迅速准备长江上游的军事。我先到江西、安徽，和李烈钧、柏文蔚商议共同准备，然后到上海参加了布置讨袁的会议。会后，中山先生和克强先生仍派我回到湖南，积极准备行动。

一九一三年春，袁世凯帝制自为的阴谋日益暴露。我催促谭延闿加紧布置军事，他却故意延宕，没有积极行动。后来虽在革命党人的压力下不得不宣布独立，但不久又取消了独立。听说他在致徐世昌的密电中有这样一段话："湖南独立，水到渠成，延闿不任其咎；湖南取消独立，瓜熟蒂落，延闿不居其功。"这就表明了他当时的两面态度。在取消独立的前夕，他害怕革命党人据湘讨袁，便纵容袁世凯收买的奸徒向瑞琮等，放火焚毁了我们艰苦经营的军械局，企图用消灭革命武器的办法，迫使革命党人离开湖南。取消独立之后，谭延闿还想恋栈投降，但是，袁世凯却认为他不可靠，并且要把北洋势力伸展到西南门户的湖南，就改派了汤芗铭督湘。谭延闿在汤芗铭抵湘前离省，后来竟无耻地入京向袁世凯请罪。汤芗铭下车伊始，就大量捕杀革命党人，残酷地镇压革命。

（四）

一九一六年讨袁军事结束，中山先生和克强先生回到上海，筹商对付北洋军阀的策略。我主张克强先生亲自督湘，以便领导西南各省，应付非常。这时谭延闿也在上海，表面上附和，背地里却从北京通过黎元洪由段祺瑞发表了他自己二次督湘。接着黄克强、蔡松坡两先生相继逝世，革命党人失去了军事长城，直皖两派军阀更加轻视西南；曹锟陈兵湘鄂之间，北洋军阀势力日益嚣张。谭延闿也因黄、蔡两先生的逝世而减轻了对湖南革命党人的顾虑，专心致志地去巩固他自己在湖南的统治地位了。

一九一七年，段祺瑞承袭袁世凯的故技，撤换了谭延闿，改派傅良佐督湘。傅良佐在湘没有实力，不久就因刘建藩、林修梅在零陵起义而被驱逐下台。段祺瑞又派拥有兵力的北洋军阀张敬尧督湘。这时直系军阀吴佩孚进据湖南衡阳、宝庆一带，谭延闿率部据守湘南郴、永一隅。适值直、皖关系日益恶化，谭延闿联合直系，吴佩孚让出衡、宝，回师鄂、豫。到一九二〇年六月，谭乘张敬尧被驱逐的机会，实现了三次督湘。

湖南自谭延闿取消独立以后，经过汤芗铭、傅良佐和张敬尧等北洋军阀的残酷统治，人民受尽了痛苦，革命党人或惨遭屠杀或被迫流亡。其他各省情况也相类似。但是，中山先生始终没有因革命实力遭受挫折而气馁，而是百折不回、再接再厉地领导着革命继续前进。

（五）

　　一九二〇年，中山先生在上海决定北伐大计，先使陈炯明、许崇智率援闽粤军回粤，驱逐旧桂系莫荣新、沈鸿英等；随即号召国会议员南下，凑足法定人数，正式开会于广州，选举总统，成立革命政府，然后大举北伐。这年夏天，我代表中山先生到福建漳州会晤陈炯明和许崇智，商定回粤计划。陈、许主张我回湖南说服谭延闿分兵入北江声援，并议定由中山先生筹措开拨费用；湘军进入粤境，即可由粤方供给饷糈。我回上海报告，中山先生完全同意，命我积极进行。我先用个人名义，写信给谭延闿，传达了中山先生的北伐大计和对湖南的要求。谭延闿回信唯唯从命。我即持中山先生手函回湖南面交谭延闿。我到长沙不久，中山先生又派李执中、覃振、柏文蔚和张继先后来长协助工作。我就放手召集各军的军官和士兵开会，宣布中山先生的北伐大计，以及对于湖南军人发扬革命传统的期望，给予他们以极大的鼓舞。当时驻省军官鲁涤平、陈嘉祐，驻醴陵第六区司令李仲麟，都积极拥护中山先生北伐，各自调遣所部，集结省城待命。而谭延闿则态度冷淡，故意延宕，不肯发布出兵明令。直到一九二〇年八月，援闽粤军如期发动了，谭延闿还是处之淡然，邀请吴敬恒、章太炎等来湘演讲，游山玩水，酒食征逐，无视中山先生的北伐大计。我催促他早日出兵，说得舌敝唇焦，他还是推诿不决。于是我决计和湘军将领合作倒谭，议定推赵恒惕为总司令、林支宇为省长。与此同时，张振武杀了不服调遣的萧昌炽，廖家栋率第三旅会合各军，逼近省城。① 我认为倒谭时机已经成熟，就委托护法国会议

---

　　① 姚大慈在《关于萧昌炽和廖家栋》一文中认为，萧昌炽和廖家栋均未参加"倒谭"，且萧昌炽也不是被张振武所杀，而是被其原部下于应祥所杀。（《湖南文史资料选辑》第1集第3辑，湖南人民出版社1962年版，第217页）

员陈嘉会劝谭延闿自动离开湖南。谭打电话向我哀请等安葬了他的夫人再走，因为他的夫人死在上海，灵柩正在运回湖南的途中。我回答他说："为了维持省城秩序，为了保证你的安全，务必马上离开。至于使你不能够为夫人亲营葬事，我不久回上海当面道歉。"他只得忍痛登舟，回到上海去了。

倒谭以后，陈嘉祐等率兵到了韶关，声援援闽粤军回粤，驱逐了旧桂系莫荣新、沈鸿英等。于是中山先生重返广州，组织大元帅府。不料赵恒惕在我赴粤复命的时候，竟背信弃义地在长沙惨杀了李仲麟等，又成了中山先生北伐的障碍。

一九二二年，陈炯明在广东叛变以后，中山先生和其他革命同志多集中在上海。不久，许崇智奉命率粤军和新桂军讨逆。叛将洪兆麟、赖世璜等，向我和李烈钧表示悔改，愿意立功赎罪，欢迎我和李烈钧去粤。同时，留粤滇军欢迎杨庶堪。谭延闿这时也在上海，向我表示悔悟。我正感革命武装力量薄弱，认为谭延闿如果真有悔悟之心，忠诚地参加革命，还可以号召湘军旧部鲁涤平、陈嘉祐等，提兵相助，以壮革命声势。因此，重新介绍他加入中国国民党，晋谒中山先生。谭延闿在辛亥革命后加入过同盟会和国民党，但和中山先生的会见，这还是第一次。一九二二年夏历除夕，李烈钧、杨庶堪、谭延闿和我四人，随同中山先生由上海搭乘海轮驶赴广州。

谭延闿到了广东以后，还是不忘情湖南的地盘。他的党徒曾包围中山先生，想借中山先生之力恢复他在湖南的统治地位。但是，这在事实上已经成为不可能了。

关于谭延闿统治湖南始末，仅就个人接触所及，回忆如上。湖南的老年人士，知道详情的还有不少，尚望补其缺漏，正其疏失。

（湖南省政协文史资料研究委员会编：《湖南文史资料选辑》第1集第2辑，湖南人民出版社1961年版，第1—8页）

为朱长松①八十诞辰题词

（1963年）

如月之恒，如日之升；如南山之寿，不骞不山崩；如松柏之茂，无不尔或承。

录《天保》②第六章之六条。周震鳞。道腴。

［《茅庵居士诞辰120周年纪念（1883—2003）》，2002年，第101页］

---

① 朱长松（1883—1978），号茅庵居士，湖南宁乡人。早年在宁乡县城一家杂货店当学徒，由学徒到店员，成为理财高手，先后在宁乡、靖港、汉口、上海等地开设钱庄、盐号，为1934年修复宁乡沩山密印寺的主要捐助人之一。

② 即《小雅·天保》。

北洋军阀时期国会概述

（1964年）

我当选国会参议院议员的经过

1912年，全国各省成立省议会并选举国会，谭延闿以都督任同盟会湖南支部长，仇鳌以民政司司长任副支部长兼选举总监督。我当时在湖南担任筹饷局总办职务，革命党内定我竞选省议会议长。湖南素来有西路、南路和中路的地域界限，加之我的筹饷办法，对于省城以及各县的豪绅和大资本家，一律指名捐输，对于谭延闿的长兄谭人吾，也是毫不徇情，因而招致了他们对我的嫌怨。辛亥前后，两湖反革命诬蔑我们革命党是"一等暴徒黄兴、周震鳞，二等暴徒田桐、白逾桓"，他们为了破坏我的竞选，就大肆叫嚷，"如果让一等暴徒当选，将在湖南为患不已，永无宁日"。因此，我只有得到中路多数的把握。谭延闿虽然表面赞助，实际上也在暗中作梗，他害怕我当选了省议长以后，革命党更可以运用民意机关来对他进行监督，使他不能为所欲为。这场选举的结果，西路的黄右昌当选了省议会议长。按当时规定，中路和南路得票最多的应当选副议长（议长一人，副议长二人），但主办选举的人，认为以我的资望不应居黄右昌之下（黄是我的学生），就改选我为国会参议院议员。参议院议员是由省议会选举产生的，每省名额10人；众议院议员则由各县选举产生。国会两院议员总共800余人，其中参议院的人数是200余人，众议院的人数是500余人，当时所谓"八百罗汉"即由此得名。这样安排，以谭延闿为首的官僚缙绅，认为一则安置妥帖，二则也达到了他们排斥革命党的目的，都欣欣然有喜色。可是，我却始终没有放弃湖南关于党务和军事方面的革命工作。黄右昌不久也辞去议长，北上讲学。

袁世凯国会

中山先生让出政权后，临时参议院随即北迁。同盟会改称国民党，领导机关改为理事制，中山先生任理事长，宋教仁以理事代理党务，设国民党本部于北京。这时国民党内部已呈分裂现象，立宪派拥黎元洪、章炳麟成立共和党，袁世凯复从中利用操纵，使之与国民党对立。正式国会既经各省选举产生，临时参议会任务完成，就宣布召开国会。宋教仁南北奔走演说，号召国人拥护共和民国，颇得民心，国民党声势大振，这就很自然地招致早存帝制野心的袁世凯的忌恨。由于当时中山先生真心诚意地让位给袁世凯，国民党在国会中虽占有多数议席，选举结果还是袁世凯当选。

1912年春，我曾赴京同袁世凯商讨湖南善后事宜，接谈数次。他对于湖南财政、盐务的要求，口惠而实不至，无具体答复，只是对我个人以高官厚禄为饵，派熊希龄、朱启钤等包围拉拢，招宴馈赠，并留我在京任教育总长。我看到他毫无拥护共和诚意，尤其嫉忌革命党，当即严峻拒绝，不辞而返。

当我到京与袁接洽时，正值宋教仁全力组织国民党。由于清末我在京师大学堂和顺天高等学堂任教，社会关系较多，便帮助他联络北方同志，扩大国民党影响，并参加了订立党章工作。我把袁世凯对待我的情况告诉他，提醒他对袁的野心提高警惕，密切注意袁的动态,就赶回湖南视事。

袁世凯攫取了大总统权位后,决不容许国民党宋教仁出组责任内阁。因此,就在1913年3月派人暗杀了宋教仁。宋案发生后,孙、黄两先生电召我到上海开会。中山先生主张立即兴师讨袁,克强先生认为南方新裁军,必须稍加整备才能作战,命我再到北京议会同袁世凯虚与委蛇,观察形势,我于是第二次入京。及至袁世凯大借款成立,中俄交涉失败,国会议员愤不可遏,催促孙、黄两先生即日兴师,我又奉召由北京到上海开会,议决讨袁。我奉派回湘促谭出兵北进。讨袁军兴,克强先生赴南京督师。不久李烈钧在湖口失利,各省讨袁军也相继败退。我在九江被捕得脱走日本。此后袁世凯破坏约法,解散国会,我都不在国内了。

黎元洪国会

1916年春,我从日本回到上海。孙、黄两先生以及亡命日本的各省同志,都已先后回国集中上海。这时袁世凯已死,讨袁军事结束,黎元洪继任大总统,仍以段祺瑞为国务总理。经过护国军向北洋军阀提出条件,达成了和平统一、南北罢兵的协议,北京政府公布恢复《约法》,重开国会。孙、黄两先生当即召集在上海的各省革命同志开会,筹商对策。会议决定,凡属参众两院的议员同志,齐赴北京同北洋军阀进行议会斗争。

会议以前,我曾向孙、黄两先生建议,力主克强先生回湖南任都督,重整军备,扼守西南门户,待机北伐,个人愿相协助,未获采纳。这次会议决定以后,中山先生促我速赴北京,在议会联络北方同志,进行分化北洋军阀的工作。临别再三指示,不要锋芒太露,徐图进击。

1916年8月1日,国会复会,依据《约法》补选黎元洪为大总统,冯国璋为副总统,段祺瑞则由国会信任组织责任内阁。他们扬言"反对帝制,同具忠诚"。黎元洪是没有兵力的。段祺瑞在袁世凯称帝前后即以北洋派首领自居,飞扬跋扈。他之所以同意恢复《约法》,重开国会,只是为了需要民元《约法》上的责任内阁制,使他的独裁合法化,以便进一步达到武力统一全国。在他的心目中,黎元洪不过是一个政治傀儡;冯国璋实力在长江一带,当然不肯放弃江苏地盘,因而驻在南京,遥领着副总统名义,不敢轻率入京。

我自从到北京议会以后,就和孙洪伊积极从事分化北洋军阀的工作,孙又联络了吴景濂相助。吴是众议院议长,孙是众议院议员,他俩都参加了国民党,又都接近直系,国会选举冯国璋为副总统就是我们运用分化北洋军阀这个策略的第一步。孙洪伊任段内阁的内务总长,一方面同段祺瑞展开正面斗争;另方面采取了纵横捭阖的手法,制造了直系、皖系的派别。当时直系以冯国璋为首,下属曹锟、吴佩孚、王占元、李纯等;皖系军阀以段祺瑞为首,段芝贵、吴光新、傅良佐、张敬尧等均属之。

这时在两院议员中,表面上国民党仍占多数,实质上分子复杂,形成了一些政客小集团。真正在中山先生领导下行动的,只是少数同盟会的骨干分子,如参议院中的张继、林森、王法勤、居正、谢持、马君武、周震鳞等;众议院中的邹鲁、田桐、白逾桓、丁象谦、张我华、覃振、李执中等。而同盟会会员中的政学系和共和党,则是拥护黎元洪的。我们为了共同对付北洋军阀,采取了支持黎元洪、反对段祺瑞的策略。黎元洪在占多数议席的国民党支持下,面对着段祺瑞咄咄逼人的专横手段,也就不甘心充当傀儡总统,敢与抗衡了。因此,府院权力之争,日益激化,终于酿成了府院交恶。

欧战发生后,1917年段祺瑞主张对德宣战,国会坚决反对。段祺瑞原为要做责任内阁,以便独裁,才同意恢复国会的,结果适得其反,岂肯罢休!当时我们还在会外办了好些报纸刊物,尽力揭露他的卖国阴谋。我主办了《真共和日报》，并联络辛亥在北方革命、与北方军界有联系的同志，共同进行分化北洋派内部的工作，如刘承烈、刘文锦兄弟等，都积极参加，四处奔走。

段祺瑞经过不断地对国会施加压力，仍然不能顺利通过参战议案，于是决意解散国会。可是按《约法》规定，国务总理是无权解散国会的，只能在大总统命令下副署。他就发动了以张勋为首的督军团，通电辱骂国会是"暴民专政"，胁迫黎元洪下令解散。随后段祺瑞在府院交恶下被免职，伍廷芳以外交总长代理国务总理，拒不副署，离京赴津。段祺瑞就利用江朝宗代理国务总理，由江副署，非法解散了国会。

张勋进京后搞了一幕溥仪复辟的丑剧，事实上是段祺瑞一手造成的。张勋复辟，黎元洪引咎辞职，下令以冯国璋代理大总统，仍以段祺瑞为国务总理。段祺瑞又虚张声势，大吹大擂地在马厂誓师，声讨张勋。张勋的辫子军不堪一击，旋即败退。段祺瑞乃得掠取"再造共和"的美名，重新上台达到了驱黎的目的。

国会被段祺瑞非法解散后，我们就在天津和上海设立招待所，号召议员南下护法。海军总长程璧光宣布独立，率北洋第一舰队由上海护送中山先生偕唐绍仪、伍廷芳以及我们部分重要国会议员乘舰开赴汕头，得到了西南六省（广东、广西、云南、四川、贵州、湖南）军人的拥戴，进至广州护法。

段祺瑞国会

1918年8月，护法军政府在广州成立，形成了南北对峙的局面。段祺瑞为了参战和亲日卖国，虽然在他的政权下都是些帝制余孽，却要打民国招牌。但是没有国会这个装饰品，就不成其为合法政府，不能够和帝国主义签订卖国条约，于是以众议院议员王揖唐为首，成立了"安福俱乐部"，组成所谓临时参议院。由于国民党议员南下护法，他们一时拼凑不足人数，就把参议院议员名额减半，由原来每省十人减至五人，把一些候补议员递补了南下议员缺额。后来又非法包办了选举，成立了伪国会，这就是所谓"安福国会"。王揖唐任众议院议长，田应璜任参议院议长。

我和孙洪伊虽然随中山先生南下护法，但仍利用直皖两系军阀的矛盾，继续进行分化北洋军阀的工作。在天津、上海之间，信使往还，派人联络，用文字揭露安福系亲日卖国，鼓动各界人士，包括直系军阀，共同起来反对以段祺瑞为首的皖系军阀。

孙中山非常国会

南下护法议员，在我们到达广州两个月后陆续齐集广州，前后报到的约300余人，设招待所于河南士敏土厂，假省议会为会场。这时的参议院议长是林森，众议院议长是吴景濂。因为不足正常时期的法定人数，所以称为非常会议。1918年8月，国会非常会议开会，制定军政府组织大纲，选举中山先生为大元帅。中山先生就职，军政府宣告成立，下设各部，孙洪伊担任了内务总长。

一般南下议员，住在招待所，过着清闲自适的生活。自由组合，或研究书画，或吟诗唱和，有的雇小船到花地去赏花饮酒，有的甚至到赌馆去赌番摊。

前此西南军人以陆荣廷、唐继尧为首通电宣布所谓"自主"，对北洋政府所持的政治态度是模棱两可的。他们反对段祺瑞，却不反对冯国璋。军政府成立以后，仍与冯国璋函电往还，侈谈统一，可见他们表面上虽然拥戴中山先生护法，实质上不过是割据西南，合力拒段而已。同时，南下的政学系议员，则倡言黎元洪仍然是合法的大总统，主张迎黎南下。凡此种种，适足说明当时在中山先生领导下的革命政府的基础是并不巩固的。

南下护法的政学系议员，复挟桂系之势，拥岑春煊为首，卒至有1919年改组军政府的举动。他们运动非常国会，取消大元帅制，改为总裁制，选出中山先生以及唐绍仪、伍廷芳、岑春煊、陆荣廷、唐继尧、林葆怿等七人为总裁。中山先生辞不就职，离粤赴沪，他们就推举岑春煊为主席总裁。革命党议员大愤，纷纷离粤。我对于湘籍粤军稍加布置，也回到了上海。

1920年，冯国璋死，徐世昌由北京伪国会选举为大总统。副总统选举流产，据说是虚位以待西南投降派。岑春煊和徐世昌同属前清官僚，勾结有素，这时公开降徐。护法政府被岑春煊等断送到这般地步，南下议员也离粤四散，非常国会无形解体了。

中山先生在沪愤甚，命令援闽粤军陈炯明、许崇智等回粤讨伐桂系，并命我回湖南促谭延闿出兵应援，合力驱逐莫荣新、沈鸿英等。谭延闿推诿不决，我和湖南将领陈嘉祐等倒谭后出师韶关，莫荣新等败退广西，中山先生返粤重组大元帅府。翌年又肃清了以陆荣廷为首的桂系军阀。两粤局势大定，中山先生再度在广州召集非常国会。

1921年4月，非常国会复会于广州。参众两院议员，全体一致投票选举中出先生为大总统，当日出席人数是330人，中山先生以全票当选。吴景濂在选举进行期间，忽持异议，反对选举总统，主张南北合一，被我们群起而攻，把他轰到上海去了。因为选举大总统是以参议院为主的，有无他这个众议院议长，丝毫不影响选举的进行。

1921年5月5日，中山先生就大总统职于广州。各界团体和市民，群集总统府庆祝，欢欣鼓舞，情绪热烈。中山先生看到人民大众拥护革命政府，心情极为兴奋。在就职典礼中，我代表非常国会向中山先生授大总统印玺。

中山先生就职后决计北伐，筹组党军，注重加强部队官兵的教育，组织官兵一体入党。中山先生认为我和滇湘各军联系密切，命我担任广东支部的总务部长，积极进行这一工作。

陈炯明是中山先生一手扶植起来的。当我们主张召集国会，选举中山先生为大总统的时候，他就抱着消极态度，尤其对于我们联系他的部下官兵加入国民党，更是明显反对。中山先生提出北伐大计，他又多方阻挠，不肯发给友军饷械。幸得廖仲恺先生负责财政，统筹全局，才维持着滇湘各军给养。

当1917年直系军阀吴佩孚驻军衡阳的时候，便与西南军阀相互勾结，为了共同反对段祺瑞的中央集权，他们高唱救国民治之说，主张联省自治。旋起直皖战争，皖系失败，直系势力日张。陈炯明在回粤后就与直系军阀开始勾结，早已潜蓄背叛革命的阴谋了。

直皖战后，北洋军阀势力分裂，北方同志切盼中山先生早日北伐，集结广东的各路军队也要求向外发展，于是议定北伐。我以劳军使名义督湘军为前锋，奉命驻扎郴州，筹组大本营行辕。北伐军出发在途，陈炯明不允接济饷械，中山先生只得改道回粤。陈炯明乘大军出发江西的机会，尽调他留在广西的军队回粤作乱，炮击总统府。中山先生登兵舰讨逆，我趋赴兵舰晋谒，命我绕道回湖南领兵应援。当我经上海搭船到汉口时，接到香港同志来电，告以讨逆军失利，暂勿入湘。我约集湘军同志到汉口密议，决定暂时按兵不动，以待后命，仍回上海。中山先生炎暑困孤舰，经同志们苦劝离舰回沪。这时皖系战败之余，就与国民党联合共对直系。皖系将领臧致平驻兵闽南，承段祺瑞意旨容留了讨逆军许崇智、黄大伟余众。

陈炯明发动叛乱，不得人心，被胁从的部下怀念中山先生，多有悔悟。皖奉两系均派人到上海和我们联络，这就是所谓三角联盟。段祺瑞命令驻闽皖系军队和许崇智等合力驱逐了李厚基、王永泉；滇军杨希闵等从四川败退到黔桂交界处，杨庶堪运动他们由广西入粤共同讨逆；陈炯明的部下也纷纷要求立功赎罪。于是军势大振，很快地驱逐了首逆陈炯明，迎接中山先生回粤。1923年2月，中山先生复就大元帅职于广州。我和李烈钧、杨庶堪、谭延闿随同中山先生到达广州。这年的上半年，我来往于福建汀、漳、厦门和广东潮汕之间，为中山先生作调整各军关系的工作。

曹锟贿选

直奉战争以后，曹锟、吴佩孚驱逐了徐世昌，复迎黎元洪为总统。1923年秋，我看到南方意见分歧，革命军事屡起屡挫，不能出长江一步，于是上书中山先生，愿赴北方联络同志，起兵中原，合力打倒直系军阀。中山先生复书嘉纳，嘱我便宜行事。

曹锟、吴佩孚迎黎以后，旋即运动国会，阴谋攫取总统，皖奉两系极力反对。我急赴京津，一方面劝议员南下；另方面与北方领兵同志冯玉祥、胡景翼、孙岳等密议军事行动。

这时一般议员的品类，由于几经变迁，比之被段祺瑞非法解散、南下护法的时候，可说是每况愈下了。有的议员经过我们说服，到了上海，住在招待所，及至曹锟贿选投票有期，又瞒着我们搭车北上，参加贿选。最使我痛心的是个别同盟会会员也参加了贿选，如湖南的陈嘉会、陈家鼎等。包办这次贿选的是吴景濂，而孙洪伊也参加了活动。在北洋军阀黑暗统治时期，运动国会议员，贿赂公行，是司空见惯、不足为奇的。可是像曹锟这样公开贿选，每票五千元，确是旷古未闻的。

曹锟贿选成功，皖系将领卢永祥、臧致平起兵声讨失败，粤军由江西出援受挫。这时直系军阀势力虽然貌似强大，而以冯玉祥、胡景翼和孙岳三人秘密组成的国民一、二、三军，也逐渐发展壮大了。1923年至1925年间，我和北方同志中的国会议员王用宾、焦易堂等，经常往来于冯等军中，分别联系策动推倒曹、吴。

1924年底，国民军倒曹胜利，迎接中山先生北上主持国是。中山先生由上海出发，访问了日本后北上，到天津病发不能入京。段祺瑞在奉系军阀张作霖和北洋派的支持下，以执政名义重登政治舞台。中山先生力疾入京，主张召开国民会议，但病势垂危，不久长逝，停灵西山碧云寺。我执绋后回到上海，过了一段时期的鬻书生活。旧中国军阀混战时期以议会斗争为嚆矢的历史过程，也就从此结束了。

（一九六四年周世贤整理）

（全国政协文史资料研究委员会编：《文史资料选辑》第82辑，文史资料出版社1982年版，第124—134页）

书熊亨瀚[①]《途中》

（1964年）

昨夜洞庭月，今宵汉口风。明朝何处去，豪唱大江东。

熊亨瀚烈士途中诗一首。周震鳞。时年九十。钤印：周震鳞印（白）。

（周震鳞手迹影印件；周用宜主编：《周震鳞墨迹诗文选集》，第164页）

[①] 熊亨瀚（1894—1928），湖南桃江人。1926年加入中国共产党，往来奔走革命；1928年11月，在武汉鹦鹉洲不幸被捕，旋即被害。

书对联

（1964年）

萧散云林笔；纵横海岳书。
周震鳞。时年九十。印二。

（周震鳞手迹影印件；周用宜主编：《周震鳞墨迹诗文选集》，第172页）

书　　联

（1964年）

咏怀山水乐；观感古今文。
周震鳞。时年九十。印二。

（周震鳞手迹影印件；周用宜主编：《周震鳞墨迹诗文选集》，第173页）

为耆英书联

岂关名利分荣路；犹恐行藏堕俗流。
耆英吾兄。周震鳞。

（周震鳞手迹影印件；周用宜主编：《周震鳞墨迹诗文选集》，第74页）

书邵雍[①]语

君子生于浊世，当思所以善处，必须虚己接物，和易谦恭，方为处世良法。

录邵康节先生语。周震鳞。钤印：周震鳞印（白）；苦行翁（朱）。

（周震鳞手迹影印件）

---

① 邵雍（1011—1077）字尧夫，自号安乐先生，北宋哲学家、思想家、教育家，谥号康节。

挽周海南[①]

跟守财奴比高低,自然超庸俗一等;
与有识者论成败,只须看子孙何如。

(《宁乡文史》第8辑,第208页;周用宜主编:《周震鳞墨迹诗文选集》,第260页)

挽邻人

三春盛馔饷劳人,晤对殷勤,扶病方期占勿药;
五福箕畴归长者,乡邻咫尺,问疑从此叹无缘。

(《宁乡文史》第8辑,第209页;周用宜主编:《周震鳞墨迹诗文选集》,第261页)

---

① 周海南,宁乡县石潭乡水佳山庄人,乐善好施,奖掖后进生中将祖遗田产尽行变卖,以培养子孙成材,鼓励有志青年勤奋学习。

赠夏寿华[①]联

得吾乡洞庭间气；是民党鲁殿灵光。

（湖南省政协编：《湖南文史资料选辑》第15辑，湖南人民出版社1982年版，第135页）

书赠华卿

子敬已下，莫不鼓努为力，标置成体，岂独工用不侔，亦乃

[①] 夏寿华（1854—1924），字卓春，晚号思痛，湖南益阳人。早年入长沙岳麓书院，1897年应顺天乡试，议叙通判。甲午战争后，入汉阳兵工厂任事，1900年参与自立军起义活动，失败后东渡日本。1902年初回国，次年至云南，密谋起事不果，再至日本。1907年到奉天，与罗永绍密谋刺杀东三省总督徐世昌，未果。次年，与雷光宇等上书请开国会，结识黄兴并参加同盟会。1909年赴广州，任袁树勋总督府陆军参谋、陆军参议，暗中协助新军起义；1911年任广州巡警教练所所长，参与筹划黄花岗起义。起义失败后，掩护幸存者安全转移至香港。旋又到云南蒙自、临安策动军警响应省城独立。辛亥革命后，任河口督办。1913年回湖南任谭延闿督府顾问，后于澳门创办《救国日报》，抨击袁政府，护法运动时任武岳招抚使。1924年因愤于时政，在汉阳鹦鹉洲蹈江自尽。

神情悬隔者也。或有鄙其所作，或乃矜其所运。①

华卿吾兄属。周震鳞。钤印：周震鳞印（白）；道腴长寿（朱）。

（周震鳞手迹影印件）

书赠秀南

精卫衔微石，将以填沧海。刑天舞干戚，猛志故常在。同物既无虑，化去不复悔。徒设在昔心，良晨讵可待。②

秀南我兄正。弟周震鳞。钤印：周震鳞印（白）；道腴（朱）。

（周震鳞手迹影印件）

书赠子彬

凡才人皆虽风气为转移，贤者亦不能自拔，故人不可导天下

---

① 节录孙过庭《书谱》。
② 节录陶渊明诗。

以恶习耳。

　　子彬仁兄雅属，周震鳞。钤印：周震鳞印（白）；道腴（朱）。

（周震鳞手迹影印件）

书赠仲绰

　　不随时俯仰；自得古风流。
　　仲绰仁兄属。周震鳞。钤印：周震鳞印（白）；道腴长寿（朱）。

（周震鳞手迹影印件）

为一鸣书陶渊明《咏荆轲》

　　燕丹善养士，志在报强嬴。招集百夫良，岁暮得荆卿。君子死知己，提剑出燕京。素骥鸣广陌，慷慨送我行。雄发指危冠，猛气充长缨。饮饯易水上，四座列群英。渐离击悲筑，宋意唱高声。萧萧哀风逝，淡淡寒波生。商音更流涕，羽奏壮士惊。心知去不归，且有后世名。登车何时顾，飞盖入秦庭。凌厉越万里，逶迤过千城。图穷事自至，豪主正征营。惜哉剑术疏，奇功遂不成。其人虽已没，千载有余情。

书为一鸣兄大雅之属。道腴　周震鳞。钤印：周震鳞印（白）；道腴（朱）。

（周震鳞手迹影印件）

书赠朱浩怀[①]

天子以至于庶人，人人得其本心以制万事，无一不合宜者，夫何难而不济。[②]

朱子语。录为浩怀吾兄属。周震鳞。钤印：苦行翁（朱）。

（周震鳞手迹影印件）

[①] 朱浩怀（1900—1985），字晚庆，广东平远县人。1927 年毕业于北京国民大学经济系，历任南京国民党中央组织部登记股总干事、湖南省党部执行委员兼书记长、广东省党部执行委员及平远、蕉岭、顺德县县长等职。1949 年初去台湾，曾任台中市政府秘书、台湾省政府社会处秘书等职。

[②] 语出朱熹《送张仲隆序》。

题　　词

刚健笃实。

周震鳞。钤印：苦行翁（朱）。

寄岳阳李宇澄

我有温泉子有湖，相将来往不愁孤。青山古桂团团树，野水沙鸥泛泛凫。每望一来情胜具，何妨终日茗兼蔬。输他驴背奚囊便，先写枫林策蹇图。

（王斌主编：《宁乡读本》，方志出版社2012年版，第95页）

为叶楚伧[①]题词

孟子以无恻隐、羞恶、辞让、是非之心，非人。今之不顾国家，专争私利，残民以逞者，人心之祸，盖较战国而尤烈。君子

[①] 叶楚伧（1886—1946），原名宗源，字卓书，笔名楚伧，后以笔名行，江苏吴县（今江苏省昆山市周庄镇）人。早年加入同盟会，并与柳亚子、陈去病等开展南社活动。1912年在上海创办《太平洋日报》，1913年入《民立报》馆，主编副刊；1915年任上海《民国日报》总编辑。后历任国民党中央政治会议秘书长、中央宣传部部长、江苏省政府主席、国民政府立法院副院长等职，1946年病逝于上海。

以孟氏之义，口诛笔伐宜矣。

楚伧吾兄大雅正之。道腴。周震鳞。印二。

（周震鳞手迹影印件）

后　　记

　　本集的搜集和编辑，是经我的博士生导师饶怀民教授提议，并在同门师兄弟钟声、黄俊军、阳信生的大力支持和帮助下开展的。本书的主编暨周震鳞孙女周用宜先生对于本集的编辑和出版工作给予了大力支持和帮助，不仅提供了所收藏的部分周震鳞手稿，对本集的编辑工作提出了宝贵的意见，安排初录部分遗著，还不顾80多岁的高龄，为落实出版经费和联系出版事宜而奔波，从而使本集得以顺利面世。同时，本集在搜集、整理和编辑出版过程中，还得到了武汉大学萧致治教授，周用美、简树人、周用仁、唐耀武、周用和、李淑兰、向隆万、蒋馥、向宇澄、梅小璈、郑楚宝、张明澄、施路远、姚小东、黄祖同、黄向秦、陶子林以及国家图书馆、上海市图书馆、广东中山图书馆、南京图书馆，广西、陕西、四川、云南等省图书馆和湖南师大图书馆与长沙师范学院《特立研究》编辑部的领导和同志们的大力支持和热情帮助；中国社会科学院离退休干部工作局副局长曾军、学习科研处处长石蕾，中国社会科学出版社党委书记、社长赵剑英，总编辑魏长宝对于本集的出版工作给予了高度重视和大力支持；责任编辑安芳对本集的编辑和出版，付出了辛勤的劳动；周慧敏、郭娟、赵浩、张爱华等也为本集的出版给予了帮助，在此一并表示衷心的感谢。

  限于编者的学识和能力，本集可能存在一些差错与遗漏的情况，敬请广大专家和读者不吝赐教。

邓江祁
2021 年 5 月 21 日